A

TONY RÉVILLON

Son vieil ami

LOUIS PÉRICAUD.

LE

THÉATRE DES FUNAMBULES

BAUGÉ (MAINE-ET-LOIRE) — IMPRIMERIE DALOUX

A mon cher et vénéré Maî
Ferdinand Dugué, souvenir d'un m
bien passé.

L. Péricaud

LE THÉATRE

DES

FUNAMBULES

SES MIMES, SES ACTEURS

ET SES

PANTOMIMES

DEPUIS SA FONDATION, JUSQU'A SA DÉMOLITION.

PAR

LOUIS PÉRICAUD

PARIS
LÉON SAPIN, LIBRAIRE
3, rue Bonaparte, 3

1897

LES FUNAMBULES

CHAPITRE PREMIER

Questions ?

Le théâtre des Funambules ! ! !

Qu'est-ce que cela ? En quel pays fantaisiste ce mythe a-t-il bien pu vivre ? Où cette fiction éthérée a-t-elle existé ?... Dans quel quartier perdu, cette impalpabilité a-t-elle du prendre corps ?.. Prouver son droit à l'existence ?... Naître un être ou une chose ?... Remuer, bondir, ramper, crier, rire, pleurer, attirer, charmer, passionner les foules, les dominer, les vaincre à quelque degré de la Société qu'elles appartinssent ?

Vers quelle époque une construction quelconque, portant a son fronton le nom Saltarellique de Funambules, a-t-elle jailli de terre ?

Quel architecte l'a conçue, construite ?..

Quels acteurs ont empanaché ses planches ?

Quels musiciens ont enfanté de suaves mélodies, de terribles trémolos, d'amoureux duos, de bruyants septuors, de graves *andante*, pour accompagner les situations palpitantes qui se sont déroulées sur cette scène microscopique ?..

Quels auteurs ont noirci leurs plumes à son intention ?.. Quels poëtes ont fait vibrer les sept cordes de la Lyre divine en son honneur ? Quels charpentiers dramatiques se sont mis la cervelle à l'envers pour créer d'originales intrigues, d'inattendus dénouements, d'idiots calembourgs, des chutes acétiques de couplets, afin d'attirer, de masser, d'entrainer, de captiver cet être hybride, incohérent, fantasque, rétif, ingrat et prodigue qui a nom « le Public » ?

Quels décorateurs ont surchargé leurs palettes pour lui enfanter des apothéoses ruisselantes d'ors et de diamants, des palais idéaux, des paysages ensoleillés ou enlunés, des chaumières fantastiques remplies de gnômes, de lutins, de farfadets et de fantômes ?

On s'est donc occupé de cet X Algébrique ?

Qui le prouve ? Quel document reste-t-il ? Quel manuscrit a survécu ? Quelle affiche, quel programme ont été retrouvés ? Quel auteur se glorifie d'y avoir été joué ?.. Quel journaliste se vante d'en avoir parlé ?.. Quel grand artiste en est sorti ?

Le silence — en accordant une voix au silence — répond seul à ce bloc de questions.

Une sorte d'engourdissement limbique plane sur les cendres de ce qui a été gerbes de rires, cascades de joies, fusées de gaieté.

Pourquoi ?..

Le théâtre des Funambules a cependant une histoire, tout aussi bien que le Protoplasma, dont, prétendent que nous descendons, les observateurs Darwin, Haeckel, Béchamp et autres paléontologistes distingués.

Cette histoire d'un théâtre minuscule doit être cependant connue, parce qu'elle a remué des idées et des hommes.

Le livre fantaisiste de Jules Janin : *Déburau, Histoire du théâtre à quatre sous, pour faire suite à l'histoire du Théâtre Français*, date de l'année 1832.

Déburau n'étant mort qu'en 1846 et le théâtre des Funambules n'ayant été démoli qu'en 1862, on voit qu'il reste une large part à l'historien continuateur de l'illustre critique des Débats.

Et encore, le livre de Jules Janin n'a-t-il été écrit qu'en vue d'un formidable éreintement de Messieurs de la Comédie, en l'année Philippéenne de grâce, 1832.

Les inexactitudes s'y montrent nombreuses, flagrantes ; et cela se conçoit ; le Prince des critiques ne peignait les Funambules qu'à gros coups de brosse, sur le dos du Théâtre Français.

Il n'y a plus de Théâtre Français, dit-il, dans son pamphlet humoristique, il n'y a plus que les Funambules ; il n'y a plus de parterre littéraire, savant, glorieux, le parterre du café Procope ; en revanche il y a le parterre des Funambules, parterre animé, actif, en chemise, qui aime le gros rire et le sucre d'orge.

Autrefois l'art dramatique s'appelait Molé ou Talma ; aujourd'hui il s'appelle tout simplement Déburau. Tout se compense.

Ceci était écrit au moment de la plus puissante évolution littéraire et dramatique qui se soit produite ; au lendemain du jour où le parterre, fustigé si fortement par le satyrique auteur de *l'Ane mort*, se battait pour la réussite *d'Hernani*; alors que la Comédie Française comptait au nombre de ses pensionnaires Ligier, Firmin, Joanny, Menjaud, Monrose (le père), Samson, Geffroy, Mlles Mars, Anaïs Aubert, Mmes Touzez, Brocart, Noblet, etc., etc.

L'amas de paradoxes accumulés dans l'opuscule de Jules Janin prouve surabondamment la passion avec laquelle il a été écrit.

Voilà pourquoi l'histoire vraie du théâtre des Funambules, était à faire ; parce qu'elle était à refaire.

Qui connait aujourd'hui Déburau, le colossal, l'épique Déburau? Celui que le même Janin dénommait le *Prince des Pierrots*; que Théophile Gautier — le divin Théo — désignait comme *le plus parfait acteur qui ait jamais existé* ; dont Georges Sand disait : *je n'ai jamais vu d'artiste plus sérieux, plus consciencieux, plus religieux dans son art.*

Le théâtre des Funambules c'était Déburau ; ou plutôt Déburau était à lui seul tout le théâtre des Funambules.

On voyait bien s'agiter, se mouvoir, turbulenter autour de lui de vaillants fantoches, de remarquables mimes, de merveilleux Polichinelles, de mirifiques Arlequins, de délicieux Léandres, de ganacheux Cassandres, de rutilantes Colombines et de déliquescentes Naïades, Ondines, Elphines, Gnomides et Fées ;

Il y avait bien d'inimitables grimaciers, danseurs, sauteurs tragiques et comiques, répondant aux noms inconnus aujourd'hui, de Placide, Vautier, Cossard, Laurent aîné, Amable, Laplace, Alex. Guyon, Dérudder, etc., etc.

Mais quelque talent que possédassent ces grandes ombres dont Déburau se faisait la lumière, c'était lui que l'on venait voir, lui quand même, lui toujours.

Pierrot seul attirait la foule engodaillée ; Pierrot suffisait pour remplir le coffre-fort des Directeurs, parce que Pierrot c'était Déburau !

Telles, les étoiles s'éteignent dans l'immensité du firmament quand apparait le soleil étincelant.

Déburau mort, les Funambules succombèrent. Longtemps après, m'observera-t-on, puisque Déburau mourut le 16 juin 1846, et que les Funambules ne rendirent leur véritable dernier soupir qu'en 1862, lors de la démolition des théâtres du Boulevard du Temple.

Il n'importe.

Le premier coup de pioche de 1862 ne fut que le second, donné dans le donjon de la Pantomime ; le véritable premier avait été flanqué le 16 juin 1846, alors que la vieille coupeuse Atropos avait tranché de ses terribles ciseaux le fil au bout duquel dansait le pauvre pantin.

Le 14 juillet 1862, s'effondrait le théâtre à bon marché, le théâtre accessible à tous, c'est-à-dire l'engouement, la *furia* populaire.

Le 14 juillet 1862, le gobeur recevait sur la nuque le coup de grâce, et le blagueur naissait, des décombres funèbres.

Le 14 juillet 1862, le bonhomme « Théâtre » râlait sous la poigne formidable, sous l'étreinte colossale de l'entrepreneur de bâtisse, Georges-Eugène Haussmann ! Au bout de trente années l'infortuné « Théâtre » est à peine remis de cette formidable attaque à main armée.

La dispersion des théâtres populaires aux quatre coins de Paris, dérouta le public ahuri, dont une partie s'en fût se réfugier dans les cafés-concerts de son quartier.

Avec le boulevard du Temple disparut l'un des coins les plus originaux, les plus pittoresques et les plus excentriques du monde entier. Deux voyageurs qui se rencontraient à Helsingfors, en plein cœur de la Finlande, se donnaient rendez-vous devant la Gaîté, ou au café des Folies-Dramatiques.

En ce temps là, *on* n'allait pas de préférence à « tel théâtre », *on* allait « au théâtre ». Arrivé sur le boulevard, *on* se décidait pour celui-ci ou cet autre.

Donc, le 14 juillet 1862 mourut définitivement ou à peu près dame Pantomime, ravivée quelques instants après par les continuateurs du célèbre enfariné : Paul Legrand, Charles Déburau, Alexandre Guyon et Kalpestri ; mais fatalement condamnée depuis la mort de Déburau-Colosse, de Déburau-Léviathan, de Déburau-Aimant, de Déburau-Soleil.

Lui seul, nouvel Atlas, était assez puissant pour porter sur ses chétives épaules ce petit peuple de grimaces, de taloches, de pirouettes, de cascades, de flammes du Bengale et de coups de pied au cul.

Lui disparu, tout ce monde de brimbalants devait s'effriter, se disjoindre, s'écrouler, se dissoudre, tomber et finir en poussière.

La preuve en est qu'il a essayé de renaître des cendres d'antan, le pauvre théâtricule. Il a tenté, tout clopinant, de se reconstituer boulevard de Strasbourg. Il a râlé, crevant ses interprètes, ruinant ses directeurs, épuisé, fourbu, affamé, anémique, rendant le souffle comme une outre crevée.

Le panache blanc du grand Déburau n'était plus là pour entraîner les masses à l'assaut de son paradis.

C'est donc d'un théâtre bien mort que je vais reconstituer l'histoire.

C'est donc un monde bien éteint que je vais esssayer de faire revivre.

Ce sont donc de véritables fouilles archéologiques auxquelles je vais me livrer ; fouilles d'autant plus arides que le maigre petit théâtre n'a laissé aucune note, aucun indice ; à peine quelques affiches, quelques programmes accaparés par les collectionneurs, prouvent-ils qu'il a véritablement existé.

Les Funambules peuvent aujourd'hui passer à l'état de théâtre-Fossile.

CHAPITRE II

1816

Date acquise

Je venais d'entrer au café de l'Ambigu.

A une table, Alexandre Guyon causait avec un petit vieux, maigre, rachitique, osseux, aux paupières peaussues, l'œil éteint, une chair de cire molle, assez gris pour ne pas être blanc, assez vivant pour ne pas être mort, assez paroleux pour ne pas être muet, assez malpropre pour faire estimer la quasi-propreté.

— Mon cher ami, me dit Guyon, vous m'avez souvent demandé de vous présenter à l'Empereur des Polichinelles présents, passés et futurs ?... Le voici.

— Vautier ?...

— Moi-même, fit majestueusement le petit vieillard, se redressant et se campant sur ses ergots.

Je me mis à examiner ce prétérit, comme on contemple un sarcophage.

C'est qu'il y avait de la momie dans cette apparition.

Si, tout-à-coup, le gaz s'était éteint, et que le café se fut soudainement éclairé des flammes bleuâtres d'un bol de punch, certes, mon ex-Polichinelle eût revêtu les formes fantastiques d'un Molock de la décadence.

Du reste, Punch et Polichinelle s'allient. La même mère les a bercés sur ses bosses, la même Mer baigne leurs sabots.

La voix du personnage répondait à la carcasse de l'individu. Grèle et stridente avec les éraillements d'une crécelle. Une *pratique* avait dû rester dans ce gosier collecteur ; mais une pratique usée par le temps, faussée par l'usage, trouée par le vent qui s'échappait empuanti de ce corps en détresse ; une pratique rouillée par la salive visqueuse qui se desséchait au fond de cette cavité démeublée de toute denture.

C'était donc là ce qui restait d'un être que j'avais vu sur la scène, grouillant, sautillant, dansant, cassant, buvant, jurant, battant, tuant et traversant la sueur sans faiblir.

A peine une ossature recouverte de parchemin, une prétention de vie.

— Guyon m'a dit que vous voudriez écrire une histoire des Funambules, glapit la pratique entre deux hoquets. Je me ferai un véritable plaisir de vous fournir le plus de documents que je pourrai ; j'ai accumulé certains souvenirs inédits que je vous soumettrai, vous en tirerez ce que vous voudrez et ce que vous pourrez.

Le lendemain je recevais du brave homme, un petit cahier de notes, en tête duquel était écrite la lettre suivante dont je respecte le style et l'orthographe, aussi bizarres, aussi étranges que celui qui l'a tracée :

Je vous dirai que je n'est écrit cesi que pour me rappeler de ce que ma mémoire pour rait me faire défaut je nait seulement l'intention de le faire imprimer car ce n'est intéressant que pour ceux qui ont connue le peutit théâtre des Funambules et cela ne pourait cervire qu'à l'auteur qui voudrait écrire l'histoire des théâtre et des artistes dramatiques ; si mes souveuirs peuve servire à quelque chose temmieux je naurait pas toutafait perdue mon temps. Je reprodhuit dans ce livre quelques Biaugraphies d'artistes et quelques artiquels de joursnaux fait par des main plus abiles que les mienes enfaint tant que posible je récolte tout ce qui a raport au théâtre des Funambules et aux artistes qui en ont fait parti.

D. Vautier.

Que l'âme du pauvre Vautier me pardonne cette note comique sur sa tombe.

Ma seule intention en livrant sa lettre à la publicité est de prouver l'authenticité des documents que j'ai recueillis pour écrire ce livre.

La danse vertigineuse et macabre de cette étonnante orthographe n'est qu'un contrôle, un poinçon, une marque de fabrique.

A quelle époque exacte le théâtre des Funambules a-t-il été construit ?... a-t-il été ouvert ?

L'almanach des théâtres, publié par Dechaume en 1852, dit : Ce théâtre qui joue un si grand rôle dans la vie de l'apprenti et du petit public parisien fut ouvert en 1813.

Pallianti, dans son *almanach des spectacles*, pour 1853, donne également l'année *1813* comme date de l'ouverture des Funambules.

D'autre part, l'*Architectonographie des théâtres*, commencée par Alexis Donnet et Orgiazzi, continuée par Kaufmann, en 1837, dit :

Le *Théâtre sans prétention*, connu, avant la Révolution, sous le nom des *Associés* est aujourd'hui occupé par les *Funambules*.

Ce qui est une erreur :

Le théâtre des *Associés* puis *Sans prétention* était devenu, le *Théâtre de Madame Saqui*, pour prendre en 1841 l'enseigne définitive de : *Délassements comiques*.

Arthur Pougin, dans son *Dictionnaire sur le théâtre*, fait remonter à *1815* la fondation des *Funambules*.

Dans l'*Histoire du Boulevard du Temple, depuis son origine jusqu'à sa démolition*, M. Théodore Lefaucheur écrit :

Encouragé par l'exemple de Mme Saqui, en *1816*, un sieur Bertrand obtint d'ouvrir par tolérance un petit théâtre avec le titre de *Funambules* qui signifie danse de corde.

M. Maurice Sand dit également dans ses *Masques et Bouffons*.

Le théâtre des Funambules fondé en *1816*, par Bertrand, était un spectacle de chiens savants, de parades et de danseuses de corde, où l'on jouait parfois des pantomimes.

A travers les notes recueillies par le bon Vautier, je relève celle-ci :

Ce n'est qu'en *1817* que MM. Bertrand et Fabien eurent l'idée de faire construire un théâtre dans l'ancien salon de figures de cire de M. Dupont à qui ils achetèrent la propriété.

Vautier est le premier, le seul, qui cite l'associé de Bertrand, M. Fabien.

Les notes de Polichinelle continuent :

Il n'y avait au commencement dans ce théâtre, que des Acrobates auxquels Madame Saqui, dans son établissement voisin, faisait un tort considérable par son immense talent. Messieurs Bertrand et Fabien engagèrent des artistes de première force dans ce genre. Citons Madame Williams, la rivale de Mme Saqui. Mais cela ne suffisait pas encore pour attirer la foule. Il fallait à M. Bertrand des mimes sauteurs pour jouer, comme chez sa voisine le genre que l'on appelait alors : la *Pantomime sautante.*

C'était assez difficile à trouver, car outre le théâtre de Mme Saqui, le théâtre Bobino, situé rue Madame, et celui de la Cité, accaparaient les meilleurs acrobates.

Le brave Polichinelle fait également erreur en donnant la date de 1817 ; nous le démontrerons par la suite.

Il se trompe comme Pallianti et Dechaume, comme les auteurs de l'*Architectonographie des théâtres*, comme Arthur Pougin.

Seuls, MM. Lefaucheur et Maurice Sand sont dans la vérité et nous allons en fournir la preuve.

C'est à la rentrée des Bourbons, vers la fin de 1815, que Madame Saqui avait obtenu d'ouvrir son théâtre.

M. Bertrand, n'ayant créé les Funambules que pour établir une concurrence à la célèbre danseuse de corde, n'a donc pu le faire ni en 1813, ni en 1815.

Cependant, je trouve dans des notes recueillies par Heuzey, artiste des Variétés et des Folies dramatiques, auteur d'un volume fort curieux sur Paris, la cause de l'erreur commise par Pallianti et Dechaume.

En 1813, disent ces notes, un individu obtint la permission de construire une espèce de salle pour y montrer *des chiens savants*. Le public était obligé de descendre six marches pour pénétrer dans cette salle qui ressemblait à un caveau. L'orchestre se composait de trois aveugles.

Ce théâtre changea de propriétaire. Aux chiens savants, succédèrent les Monrose, acrobates de réputation, auxquels il fut permit d'exécuter quelques scènes mimiques, à la condition qu'en entrant en scène, chaque acteur danserait un pas sur la corde raide toujours tendue sur le théâtre.

Bientôt un nommé Bertrand — ce sont toujours les notes d'Heuzey qui parlent — obtint de faire construire à la place de la *baraque* un véritable petit théâtre auquel il donna le nom de Théâtre des Funambules ; mais ce ne fut qu'en 1816.

Ce Bertrand, ancien marchand de beurre à Vincennes, s'était fait voiturier. Il avait acheté un *coucou* puis un autre *coucou*, et transportait les Parisiens à Vincennes et les Vincenois à Paris.

Un jour qu'il conduisait Mme Saqui et son mari à la fête du

Donjon, une discussion s'éleva entre le conducteur et la célèbre acrobate. Celle-ci le traita de fabricant de rosses, de marchand de beurre en gras de veau ; elle l'appela détrousseur de grand's routes, etc., etc.

Bertrand, furieux jura de se venger de la *sauteuse* comme il l'appelait.

Se venger!... Comment?

Parbleu, en lui créant une redoutable concurrence.

Mais Bertrand n'avait pas assez d'argent pour accomplir seul le gigantesque projet qu'il roulait dans sa vaste tête.

Il alla trouver un ami, M. Fabien, marchand de parapluies, fort amateur des spectacles du boulevard du Temple, et lui communiqua son idée.

La fondation d'un véritable théâtre à côté de l'infect bouiboui de *la* Saqui.

Fabien accepta et apporta sa part de fonds.

Bertrand sollicita du gouvernement de Louis XVIII le privilège d'ouvrir un théâtre qu'il appellerait *Funambules ;* il n'obtint que l'autorisation du titre et *la tolérance* de l'exploitation, sans privilège spécial.

Cette tolérance pouvait lui être retirée du jour au lendemain.

Il importait peu à Bertrand. L'âpre désir de la vengeance était en lui, l'aiguillonnait, l'irritait, l'enflammait. Un architecte fut choisi, et le monument se mit à sortir de terre. Il grandit, et chaque pierre qui l'élevait fût l'occasion d'une jouissance inexprimable pour l'âme vindicative de Bertrand. La petite salle fut construite en trente-huit jours.

Il s'agit à nous maintenant de préciser l'emplacement.

Jules Janin écrit :

> Déburau, fatigué de suivre son père, d'être battu souvent et de ne pas manger toujours, entra, *à force de protection* au théâtre des *chiens savants* pour y jouer la pantomime sautante. Ce théâtre des *chiens savants* est aujourd'hui le théâtre des Funambules.

De son côté, Brazier, qui vivait à l'époque où le petit théâtre ouvrit ses portes, Brazier, enfant du boulevard du Temple, Brazier, qui crapoussinait autour des bateleurs et des paradistes, dit dans son *Histoire des petits théâtres de Paris :*

> Le salon des figures du sieur Curtius, qui était à la place qu'occupent aujourd'hui les funambules....

Est-ce chez Curtius ? Est-ce chez les chiens savants que MM. Bertrand et Fabien élurent domicile ?

M. Théodore Lefaucheur nous éclaire encore sur ce point. C'était chez l'un et les autres tout à la fois.

Cependant, *Curtius n'occupant pas tout le terrain qui l'entourait*, avait vu se dresser à côté et derrière lui, une barraque où l'on faisait des tours de force, où l'on dansait sur la corde. Bertrand obtint d'ouvrir là son petit théâtre.

Voilà ce que dit Théodore Lefaucheur qui, comme Brazier, avait moutardiné sur ce même boulevard du Temple.

Curtius étant accoté au théâtre de Nicolet, dit *Théâtre de la Gaieté* depuis 1789, il résulte que Bertrand et Fabien choisirent la partie droite du terrain touchant le théâtre même de Madame Saqui.

La guerre était déclarée ! La concurrence était établie ! Le théâtre des Funambules était créé ! L'air était imprégné des prodrômes d'une combativité vertigineuse ! On se mesurait du regard ! On se traitait de part et d'autre de Cabotins, d'histrions, de paillasses, de mangeurs de filasse ! On se préparait à se jeter des pantomimes à la tête ! Et c'est bien 1816 qui vit se préparer cette lutte homérique qui, comme celle des Rois Maures contre le Cid, ne devait finir que faute de combattants.

CHAPITRE III

1816-1817

Frédérick Lemaître

Même à cette époque reculée, il suffisait qu'un théâtre, si infime qu'il fut, annonçat son ouverture pour qu'une nuée d'auteurs s'abattit aussitôt sur le Directeur, armés de manuscrits de toutes sortes, de toutes formes, de tous poids et de toutes valeurs.

Les acteurs manquaient beaucoup plus que les pièces.

MM. Bertrand et Fabien conservèrent une partie des danseurs de corde, principalement ceux qui faisaient meilleure figure dans l'ancienne troupe de la baraque ; leur en adjoignirent de nouveaux et recrutèrent quelques véritables acteurs de pantomime, dans le personnel des autres petits théâtres.

Parmi ces derniers, un jeune homme qui jouait aux *Variétés-amusantes*, sous le nom de Prosper, vint se présenter à MM. Bertrand et Fabien. Sa haute taille, bien qu'il n'eût encore que seize ans, sa physionomie ouverte, expressive, son aplomb superbe et tapageur, ses réparties vives, le firent agréer par les deux associés, qu'il stupéfia de ses saillies audacieuses, et qui l'engagèrent immédiatement.

Prosper pour entrer dans ce nouveau théâtre, quitta ce prénom trop bourgeois pour un héros; il en choisit un beaucoup plus retentissant, infiniment plus à panache. Il s'intitula Frédérick avec un K.

La première pantomime que joua le jeune Frédérick aux Funambules fut :

LA NAISSANCE D'ARLEQUIN

ou

ARLEQUIN DANS UN ŒUF

Pantomime-féerie de M. Hapdé

Frédérick y remplit le rôle d'un apothicaire.

Cette pièce de Jean-Baptiste-Auguste Hapdé, qui écrivait pour le théâtre sous le pseudonyme d'Augustin, n'était qu'une reprise.

Elle avait été créée en 1803.

Cependant malgré le côté ridicule de ce rôle d'apothicaire, Frédérick, sous lequel perçait le créateur de Ruy-Blas, déploya une certaine noblesse d'allure qui engagea ses directeurs à lui confier un grand premier rôle et, le 28 décembre de cette même année 1815, le jeune artiste créait le personnage du comte Adolphe dans :

LE FAUX ERMITE

ou

LES FAUX MONNAYEURS

Pantomime en 3 actes, à grand spectacle par C. D..., Musique de M. Monrat, mise en scène par M. Gongibus aîné.

C'est dans le livre si exact et si intéressant, de M. Henry Lecomte sur Frédérick Lemaître, que je relève le scènario de cette pantomime, la seule de ce théâtre, qui à cette époque, ait obtenu les honneurs de l'impression.

1er Acte

Au lever du rideau, le comte Adolphe est assis dans un salon de son château. Il est rêveur et paraît souffrant.

Arlequin lui demande la cause de sa mélancolie ; c'est dans le cœur du Châtelain qu'est le foyer du mal ; il n'éprouve que le besoin d'aimer.

Avant l'apparition de Déburau, qui fit de Pierrot le personnage principalement comique des pantomimes, Arlequin avait seul le privilège de dérider le spectateur. Dans toutes les pièces, il était introduit comme confident ou domestique du Maître.

L'obligeant Arlequin propose comme distraction au comte Adolphe de lui amener une Bohémienne.

Le Comte accepte, mais il est pris de colère en voyant la créature vieille et laide que son valet lui présente.

La Bohémienne, pour l'apaiser, fait des conjurations à l'issue desquelles une jeune et belle paysanne apparaît au fond du théâtre où se lit l'inscription suivante :

Isabelle sera l'épouse adorée du comte Adolphe !

Le Comte appuie de l'offre d'une bourse des interrogations curieuses ; la vieille attendrie lui dit : La beauté que vous venez de voir se nomme Isabelle. Elle habite le village voisin. C'est l'épouse que le ciel vous destine ; mais avant de la posséder, vous aurez bien des obstacles à surmonter.

N'est-ce pas là le point de départ de toutes les féeries qui depuis ont été mises à la scène ?

Isabelle est la fille du paysan Lucas, qui, surpris braconnant sur les terres de son Seigneur, est arrêté par le bailli.

Le Comte survenant lui fait grâce et est récompensé de cette action généreuse par un sourire d'Isabelle. Il la reconnaît pour la beauté promise à son amour, lui déclare sa flamme et s'éloigne pour préparer son union avec elle.

Des faux monnayeurs paraissent au même instant, et s'emparent, pour le compte de leur chef, d'Isabelle éplorée.

2me Acte

Au deuxième acte, le chef des faux monnayeurs, Rinaldi, apparaît sous un déguisement d'ermite. Isabelle qui s'est échappée des mains de ses ravisseurs, se laisse prendre aux simagrées du frocard et l'accompagne dans une grotte...

...Où l'on entend bientôt un cri déchirant.

Le Comte Adolphe accourt à ce cri et interroge Rinaldi qui se trouble :

Le Comte a des soupçons ; il feint de s'éloigner, poignarde la sentinelle des bandits, s'habille avec les vêtements du mort et pénètre dans la caverne où gémit Isabelle.

Ce n'est pas plus difficile que cela.

3me Acte

Rinaldi, trompé par le costume du Comte, le reçoit à merveille et le fait officier de sa troupe.

Après avoir encouragé de son mieux la résistance d'Isabelle, le Comte s'éloigne sous un prétexte et fait miner par ses vassaux le repaire des faux monnayeurs.

Au moment où Rinaldi va se porter sur la jeune fille aux dernières violences....

Le Comte reparaît *sous* ses véritables habits et dégage son amante. Un combat *à outrance* s'engage entre l'amoureux et Rinaldi ; puis une explosion terrible se fait entendre. Les rochers de la caverne s'entrouvrent, le faux ermite reçoit la mort et sa troupe est chargée de fers, tandis que le Comte et Isabelle, dans les bras l'un de l'autre, expriment le bonheur qu'ils éprouvent.

Cette pantomine aurait pu s'appeler *la Mine clairvoyante* tout aussi bien que *le Faux Ermite*; car il nous faut noter que la terrible explosion ne frappe que les personnages antipathiques et s'incline respectueusement devant les sympathiques. L'œil de Dieu est évidemment là.

Le livre de M. Henry Lecomte ajoute :

Le personnage élégant, tendre et courageux du comte Adolphe convenait à la jeune ardeur de Frédérick. Il y fut remarquable. Le succès qu'il obtint dans le *Faux Ermite* eût pour lui deux résultats importants : un habitué des Funambules le recommanda à Michelot, professeur du conservatoire, qui l'admit dans sa classe de tragédie ; et Franconi, Directeur du Cirque Olympique, le prit pour pensionnaire.

Citons encore :

PÉRETTE

OU

LES DEUX BRACONNIERS

D'aucuns biographes prétendent que, dans cette pièce, Frédérick fut chargé de remplir un rôle d'ours, et se fit remarquer à ce point qu'on le conseilla de s'adresser à Michelot, de la Comédie française, auquel on se chargerait de le recommander.

Tout d'abord, ce n'est pas aux Funambules que Frédérick a rempli le rôle et la peau d'une bête ; c'est aux *Variétés amusantes*.

Ensuite ce n'est pas dans *Pérette ou les deux braconniers*, qu'il a revêtu cette enveloppe ursienne, mais dans *Pyrame et Thisbé*.

Enfin ce n'est pas le rôle d'un ours que Frédérick a joué, mais celui d'un lion ; par la raison simple que sur les bords de l'Euphrate où se passent les amours de M. Pyrame et de Mlle Thisbé, ce sont les lions et non les ours qui font le charme de ces rives Persiques.

Pourquoi les devineurs du grand artiste l'eussent-ils surtout remarqué dans un rôle qui ne lui permettait de montrer aucune noblesse, aucune souplesse, aucune physionomie ?

Les biographes malicieux ont été séduits par cette idée originale de faire sortir le Lion de la peau de l'Ours.

1817

Les Déburau

Cette année-là, Frédérick, créa aux Funambules plusieurs autres pièces. :

La Discorde, *Arimane*, *Les montagnes Beaujon*, *Arlequin chef de brigands*, *Les sauvages de l'Amérique du Sud*, *Arlequin au sérail*, *Saphir*, et *Le Masque de fer*.

On joua encore : *Le Génie rose et le Génie bleu*, ou *les Vieilles femmes rajeunies*, pantomine-féerie en deux tableaux, par D... Cette pièce fut imprimée.

Arrivons à l'entrée de la famille Déburau aux Funambules.

Vautier a entendu vingt fois Déburau raconter le fait tel qu'il s'était passé, avec ses détails moindres ; ce fut par hasard que le directeur Bertrand, apprit l'existence de cette famille.

Un employé, garçon d'accessoires, arriva un jour en retard à une répétition. M. Bertrand était de ceux qui prétendent qu'au théâtre l'exatitude est de la probité. Il tança d'importance le retardataire qui ne trouva à donner comme excuse que :

— Ma foi, j'ai oublié l'heure à regarder des artistes qui sont autrement forts que les vôtres.

Bertrand dressa l'oreille.

— Plus forts que les miens ?

— Et que ceux de la Saqui ! continua le garçon.

Il n'en fallait pas davantage pour attirer l'attention de l'ancien conducteur de coucous.

— Plus fort que ceux de la sauteuse ?.. Où les avez-vous vus, ces acrobates ?

— Cour Saint-Maur.

Sans perdre une seconde, M. Bertrand courut à la cour St-Maur, et arriva juste au moment où l'une des nombreuses séances de la famille commençait.

Cette famille se composait de :

1° Déburau père.

2° Nievmensek, le fils aîné, que l'on appelait Frantz.

3° Etienne, le fils cadet.

4° Jean-Gaspard-Baptiste, notre héros de plus tard.

5° Mlle Dorothée, fille aînée.

6° Mlle Catherine, fille cadette.

Leurs exercices sur la corde raide et sur le tapis étaient parait-il, fort étonnants.

Ces gens passaient leur vie en l'air:

Emerveillé de la souplesse, de l'énergie, de l'agilité, de la grâce que déployaient ces acrobates, M. Bertrand alla droit au père, lequel, pendant les exercices de ses enfants, pinçait de la guitare, et lui demanda :

— Combien gagnez-vous par jour ?

Le guitariste interrompit ses *frum*, *frum*, *frum*, toisa l'impresario des pieds à la tête, et finit par lui répondre :

— Qu'é qu'ça te fait ?...

— Je vous apporte la fortune !.. riposta M. Bertrand, sans se blesser de ce tutoiement familier.

Le mot de fortune eût le privilège d'amener un sourire sur les lèvres lippues du vieux saltimbanque et de radoucir son ton quelque peu aigrelet :

— Dame Monsieur, nous gagnons de douze à quinze francs, quelque fois seize, jamais plus. Nous nous en contentons. Paris est la patrie des arts. Nous ne nous plaignons pas d'y être venus. On y sait estimer les artistes à leur valeur ; et nous nous vantons d'être des artistes.

J'étais à côté de mon père (disait plus tard Gaspard Déburau à Vautier) quand il prononça cette phrase : *Nous nous vantons d'être des artistes !...* et je le vis se redresser de toute l'ampleur de sa haute taille. Il y avait dans la façon dont il avait lancé son : *Nous nous vantons d'être des artistes !...* tout ce que pouvait contenir de fierté et d'orgueil la noble devise des Rohan : Roy ne puis, Duc ne daigne, Déburau suis !

— Mon ami, l'homme qui vous parle est tout simplement le Directeur du théâtre des Funambules du Boulevard du Temple ! — continua M. Bertrand, en étalant pompeusement son titre, pour répondre à la déclaration majestueuse du père Déburau ; et je vous offre cent quinze francs par semaine, si vous consentez à faire partie de ma troupe ?...

— Cent quinze francs par semaine, combien cela fait-il par jour ?

— Un peu plus de seize francs.

— Ce n'est pas assez.

— Puisque la moyenne de vos recettes n'est que de quinze francs, c'est plus que vous n'avez l'habitude de gagner.

— Oui, mais nous sommes indépendants, mon cher Monsieur ! Nous n'avons pas de maitre !.. Nous sommes libres !... Nous allons où bon nous semble !.. Nous avons le grand air pour royaume !.. L'espace est à nous. Tels que vous nous voyez, Monsieur le Directeur, nous arrivons de Constantinople, en Turquie. Nous avons travaillé devant le Grand Turc et devant Mesdames les *Turqueresses* ses fiancées. En plein harem. C'est pas vos sautriquets qui peuvent en dire autant. Tenez, je suis bon garçon, donnez-nous cent trente francs par semaine, fournissez les costumes et la famille Déburau est à vous !...

— Cent trente francs par semaine et les costumes ?... Vous êtes fou !...

M. Bertrand fit mine de partir ; le père Déburau le rattrapa :

— Allons, vous m'avez l'air d'un bon enfant ; mettons ça à cent vingt francs et les costumes.

— Non ! cent quinze, sans costumes.

— Attendez ! Je vais réunir le Conseil de famille. Allons en face chez le marchand de vin. Il nous donnera le *Cabinet des Gentilshommes ;* on n'y est pas dérangé ; on pourra causer.

— Allons.

— Par ici les enfants. Monsieur paye bouteille ! Monsieur est un des principaux directeurs de la capitale, et Monsieur a d'honnêtes propositions à nous faire.

La famille laissa ses cordes plantées sur les X, abandonna son tremplin, ses échelles, ses perches et suivit *le Monsieur* chez le marchand de vin, lequel avait le plus grand respect pour le père Déburau, qui se mit à crier, en entrant :

— Oh ! hé ! du cabaret ! Deux bouteilles cachetées dans le *Cabinet des Gentilshommes !..* C'est le Bourgeois qui paye !

Ce cabinet des Gentilshommes était décoré de ce titre pompeux, à cause d'un tableau grossièrement peint, reproduisant le duel de Maugiron, Caylus et Livarot contre Antraguet, Ribérac et Schomberg.

Ce tableau avait son pendant, représentant un autre duel beaucoup moins chevaleresque, mais non moins célèbre, portant cette utile inscription : *Crédit est mort ! Les mauvais payeurs l'ont tué !*

Gaspard Débureau a souvent raconté à Vautier que son père avait dit un jour devant ce tableau :

— Cette peinture est peut-être d'un artiste fameux ; mais ce que je puis certifier, c'est qu'elle n'est pas d'un homme d'esprit. Tuer le crédit, mes enfants, mais c'est tuer la civilisation, ou, ce qui en est l'âme, le commerce.

Bref on s'attabla, on vida consciencieusement les deux bouteilles cachetées, on discuta, on s'entendit, et paroles furent échangées, en présence d'une troisième bouteille, offerte par le père Déburau à *son Directeur*.

— Vous avez cinq artistes de premier ordre, M. Bertrand, vous pouvez vous en vanter, fit le chef de la tribu, en tapant dans la main de l'impresario.

— Oh ! quatre seulement ; celui-là ne compte pas.

Par *celui-là*, M. Bertrand désignait le jeune Gaspard, auquel comme pitre, il n'avait vu faire que des gaucheries.

— Celui-là ?.. riposta le père, il est maladroit, il est bête, c'est possible ; mais c'est un excellent paillasse.

— C'est bon, c'est bon, continua M. Bertrand, je le prends par-dessus le marché. Je le ferai jouer dans les pantomimes.

Ainsi fut engagé par le fondateur du théâtre des Funambules Jean, Baptiste, Gaspard, Déburau.

Par dessus le marché ! Celui qui, plus tard, devait faire la renommée de ce petit théâtre et la fortune de tous les Directeurs qui s'y sont succédé.

CHAPITRE IV

1818-1819

Horaces et Curiaces

Les Frères Franconi, directeurs du Cirque Olympique, avaient fort remarqué le jeune Frédérick.

Ils le firent venir dans leur cabinet directorial et lui proposèrent de devenir leur pensionnaire, pour tenir l'emploi de premier rôle dans les pantomimes, parlant *au besoin* ; se chargeant en outre de l'initier à la science de l'équitation.

On lui offrait un tiers en plus des appointements que lui donnaient MM. Bertrand et Fabien ; Frédérick accepta et prévint ses Directeurs des Funambules qu'ils n'eussent plus à compter sur lui, à la fin du contrat qu'il avait signé avec eux.

L'engagement de Frédérick au Cirque Olympique ne commençant qu'au mois de janvier 1818, l'artiste resta donc pensionnaire des Funambules pendant quatorze mois.

M. Bertrand ne se dissimulait pas que ce départ causait un vide énorme dans sa troupe. Aussi chercha-t-il à le combler par des engagements, sinon très importants au point de vue artistique, du moins susceptibles de piquer la curiosité de son public.

On vit paraître successivement sur la scène du petit théâtre : Leclerc, *physionomane*, dont la spécialité était, par la simple contraction de ses muscles faciaux, d'exprimer la joie, la douleur, la folie, l'hébêtement, la colère, la rage, la supplication. Après avoir ri, avec des suffocations, des éclats, des torsions qui entraînaient le public à passer par les mêmes phases, on voyait soudain le rire s'arrêter, les traits reprendre leur placidité, pour se resserrer à nouveau, se tendre et se tordre ; tout-à-coup, de grosses larmes roulaient sur les joues de Leclerc, jusqu'à ce que le public attendri, impressionné, énervé, lui criât : Assez !.. Assez !..

Puis, ce fut le tour de Gondard, physicien, qui commençait invariablement son speech au public par ces paroles :

— Mesdames et Messieurs, car les dames, dans mon cœur et par ma bouche qui n'est que l'instrument servile de mon cœur, passeront toujours avant les messieurs....

— A bas les femmes, lui criait souvent le Paradis, qui se souvenait en cette circonstance que la première lui avait enlevé ses premiers hôtes.

Majestueux, foudroyant, Gondard s'approchait sur le devant de la scène et répondait s'enveloppant de la pose du Jupiter Olympien :

— Vous oubliez, Monsieur, que vous avez une mère !

La salle croulait alors sous les applaudissements et Gondard continuait :

— Mesdames et Messieurs, j'ai fait depuis vingt ans bien des tours et même celui du monde ; je n'en excepterai que les tours de Notre-Dame, vu mon âge tendre encore... Cependant je suis heureux de vous déclarer que tous *ceusse* que j'ai composés jusqu'à ce jour ne sont rien en comparaison de *ceusse* que je vais avoir l'honneur d'offrir à l'incomparable *socilliété* qui veut bien m'honorer de son attention palpitante.

M. Bertrand engagea ensuite Lecoq, dit *Ambroisio*, l'homme incombustible.

On apportait au milieu du théâtre un brasier enflammé.

Pendant cet exercice des pompiers restaient en permanence dans la coulisse, la lance à la main, prêts à répandre des torrents d'eau sur tout commencement d'incendie, fort à craindre avec les étincelles qui s'échappaient inévitablement de ce foyer incandescent.

Ambroisio entrait dans le brasier, vêtu d'un costume d'Indien ; il y restait à peu près une minute, pendant laquelle il ne cessait de parler au public :

— Je suis né dans une contrée brûlée par le feu du ciel, disait-il, où peuvent seuls habiter les salamandres et les dragons. Qu'était mon père ?... Je l'ignore. Qu'était ma mère ?.. Je ne le sais pas davantage. Mes premiers souvenirs datent des bras indiens qui m'ont bercé et m'ont raconté qu'ils m'avaient trouvé roulant dans la lave d'un volcan. Ils m'appelaient le Fils du Soleil. Peut-être en effet dois-je le jour à l'un des rayons échappés du grand astre de l'univers.

Après ce discours, Ambroisio sortait de son brasier, saluait le public, envoyait des baisers aux dames, et disparaissait.

Ambroisio était modestement né rue Mouffetard, de parents qui travaillaient l'amiante.

Ce minerai incombustible lui avait suggéré l'idée de se rendre incombustible lui-même ; et ce n'est que revêtu d'un double vêtement confectionné par son père, qu'il traversait les flammes de son brasier ardent, au grand ébahissement des populations boulevardières et faubouriennes.

Bertrand voyant que l'on tolérait à ces *artistes* de passage l'usage de la parole, eut l'idée de faire parler les véritables acteurs qui formaient le fond de sa troupe.

Il se fit faire de petites scènes à deux personnages :

Les deux voleurs. L'aveugle de la Cité, et l'aveugle du Boulevard. Fortune et pauvreté. Les petits ramoneurs, etc...

Et tas d'autres dont les titres ne sont pas parvenus jusqu'à nous.

Mme Saqui, jalouse du succès qu'obtinrent ces sortes de duos, que le populaire acceptait avec faveur, ne tarda pas à porter plainte.

L'autorité émue d'un tel manquement aux clauses du cahier des charges, notifiées dans l'autorisation concédée à M. Bertrand, lui signifia l'ordre formel d'avoir à interrompre immédiatement les dites *piécettes* — ainsi qu'elles étaient intitulées — sous peine de voir fermer son théâtre *ipso facto*.

La parole étant absolument coupée aux pauvres acteurs, voire même pour les annonces, sans une autorisation spéciale, accordée par le commissaire de police, on eût recours à des pancartes, sur lesquelles était écrit ce que l'on voulait expliquer au public.

Le rideau se levait sans que les trois coups fussent frappés, et l'on descendait du cintre l'écriteau explicatif.

Puis l'on tricha. La parole n'étant interdite *qu'en scène*, le régisseur parla *de la coulisse* sans se montrer.

On entendait tout-à-coup une voix crier :

— Mesdames et Messieurs, Plutus, le chien savant que devait vous présenter M. Blanchard dans ses étonnants exercices, s'étant blessé à la patte droite, il lui sera impossible de paraître ce soir devant vous, ce dont il me charge de vous présenter toutes ses excuses.

Je trouve encore parmi les notes de Vautier le renseignement suivant dont je respecte la forme grammaticale, en me permettant cependant d'en rectifier l'orthographe : . . . .

Vers la fin de 1818, M. Bertrand, à force d'adresse, de démarches, de souplesse, de promesses, de places données, obtint de jouer de petits vaudevilles à *trois* personnages. Mais il fallait, avant de commencer une pièce, que les artistes montent l'un après l'autre sur la corde raide, pour faire voir au public que c'était toujours un spectacle d'acrobates, ou pour mieux dire de funambules.

Plus tard, par extension, on autorisa les comédiens à ne plus monter sur cette maudite corde raide, du haut de laquelle il arriva à plus d'un de dégringoler, sans être parvenu à la traverser d'un bout à l'autre, ainsi que le commandait l'ordonnance administrative.

Quelques chûtes, provoquant entorses et membres foulés, s'étant produites, les acteurs ne furent plus tenus qu'à poser un des pieds sur la corde tendue. L'autorité était satisfaite.

Puis on finit par dispenser tout-à-fait ces martyrs de la corde, de cette mesure vexatoire.

La corde ne fut plus tendue à portée des artistes ; elle fut élevée jusqu'aux frises et l'on joua dessous. De là, cette profonde horreur, ce souverain mépris du comédien pour le mot *corde* ; de là, l'usage répandu de nos jours dans tous les théâtres, d'infliger une amende, à qui il arrive de le prononcer. Corde est désigné : Mot *fatal* !

En 1819, Gaspard-Baptiste Déburau remplit pour la première fois un rôle de Pierrot.

Jusqu'alors on ne l'avait utilisé que dans des rôles secondaires de brigands. Mais, au lieu de terrifier ses victimes, Déburau, qui ne s'appelait encore que Baptiste, les faisait rire. Le public se mettait de la partie et les situations dramatiques se trouvaient manquées. Le pauvre Baptiste avait beau s'accrocher de gigantesques perruques, d'invraisemblables fausses barbes, se doubler les sourcils avec du bouchon brûlé, sa longue face amincíée et blème, qui apparaissait à travers ces embroussaillements capillaires, provoquait malgré tout, l'hilarité la plus expansive, et les effets de terreur étaient transformés en vifs élans de gaîté, au grand mécontentement des auteurs.

Les camarades de l'infortuné Baptiste, qui prenaient leurs rôles très au sérieux, pestaient aussi contre l'intrus, demandaient même à ce qu'on ne le fit plus jouer dans les pièces sérieuses.

Ses frères le tarabustaient à tour de rôle.

Son père lui disait : Tu es le déshonneur de la famille ! ! !

Qu'y pouvait le malheureux ?... Rien !.!.. Il attendait, cherchant toujours sa voie, confiant quand même en lui, recevant reproches et camouflets, sans mot dire, l'échine courbée, la tête basse, l'œil aussi morne que les chevaux d'Hippolyte.

Le Pierrot en titre du théâtre était Blanchard, que le populaire avait surnommé *la Corniche,* à cause de son chapeau pointu, aux rebords en forme de corniche, qu'il faisait tourner fort habilement autour de lui comme les enfants font d'une toupie.

Blanchard eut un soir une altercation très vive avec M. Bertrand. On en arriva même aux voies de fait.

Le lendemain, Blanchard était consigné à la porte du théâtre par l'inflexible Bertrand et l'on changeait le spectacle en cours de représentation.

Mais le public avait eu vent de la querelle ; Blanchard, qui fréquentait les marchands de vin d'entour, s'était empressé de tout raconter aux *trinquailleurs* dont il était l'ami. La première pièce se joua donc au milieu d'un tumulte extraordinaire.

Lorsque commença la seconde, une voix partit de la salle, criant :

— Et Blanchard ?..

— Blanchard !.. Blanchard !.. répétèrent à l'envi cent autres voix.

Le commissaire n'était pas là ; on ne pouvait faire d'annonce.

Bertrand dans la coulisse, consultait Fabien son associé.

Ce dernier se précipita dans la salle.

Le tumulte redoublait. La pièce était interrompue.

Tout-à-coup, une voix de stentor domina les autres.

— Je demande un instant de silence.

Toutes les voix se turent.

On aurait entendu planer un ballon.

— Messieurs, s'écria le co-associé, M. Blanchard, que vous réclamez avec tant d'insistance, est un acteur de talent, c'est incontestable ; mais c'est un mauvais pensionnaire.

— Ça nous est égal ! Blanchard ! Blanchard !.. Il nous faut Blanchard !

— Je dirai plus, c'est un polisson.

— Oh ! Oh ! Oh ! — Vous en êtes un autre ! — A la porte ! — A bas l'orateur ! — Blanchard ?...

— Messieurs, écoutez-moi !.. continuait désespérément M. Fabien à travers la mitraille d'épithètes et de projectiles qui pleuvaient sur lui de toutes les parties de la salle.

— Non ! Non !.. Blanchard ?

— Messieurs... laissez-moi vous expliquer... Messieurs, mon associé, M. Bertrand, a une nièce, Mlle Virginie que vous avez vue débuter dans *le Masque de fer*.

— Qué qu'ça nous fait ! Blanchard !

— Messieurs, Mlle Virginie, une petite sainte, un ange de pureté a failli être débauchée par monsieur Blanchard, que M. Bertrand a surpris, hier soir, entraînant l'enfant dans les dessous du théâtre.

— Ah ! le cochon ! cria une voix.

Ce mot, empreint du réalisme de l'endroit, retourna subitement la salle. On écouta plus attentivement.

M. Fabien continua :

— Quel est celui de vous, Messieurs, qui n'a une sœur, une nièce, une fille ? Quel est celui de vous qui ne chassera virtuellement de chez lui, le drôle qu'il trouvera en train d'abuser d'une confiance absolue, en cherchant à flétrir cette sœur, cette nièce ou cette fille ?...

Un murmure sympathique parcourait la salle. La partie était gagnée.

Fabien le sentit et continua :

— Messieurs, j'estime que le devoir de tout homme de cœur est d'agir comme l'a fait mon honorable associé.

Quelques voix dirent : Oui ! Oui !

— Il était impossible de garder parmi les honnêtes gens qui composent la troupe des Funambules, un être possédant de tels vices. Malgré son mérite, nous nous sommes brusquement séparés de lui. Nous l'avons chassé de notre administration, sans vouloir le livrer aux mains de M. le Commissaire de police, auquel il revenait de droit.

— Et vous avez bien fait! — Vive Bertrand! — A bas Blanchard!

— Messieurs, le rôle de Pierrot que devait remplir ledit Blanchard dans *Arlequin Médecin*, va être interprété par... M. Baptiste, de la famille Déburau, un jeune artiste sur lequel nous fondons les plus grandes espérances.

Fabien mentait. Le nom de Baptiste lui était venu tout-à-coup à l'esprit, par hasard, sans préméditation, sans que rien eût été convenu avec son associé, sans que rien fut arrêté avec Baptiste, conclu avec la famille, sans avoir aucunement consulté le pauvre hère.

Au nom de Baptiste quelques uns s'étaient mis à rire dans la salle.

— Ce jeune homme, continua M. Fabien, m'a soumis plusieurs fois sa façon de comprendre le personnage de Pierrot, façon des plus originales et que vous allez être à même de juger.

Le co-associé salua et se retira.

De la scène on avait naturellement écouté et entendu tout ce qui s'était passé, et M. Bertrand avait dit à Baptiste :

— Allons, ho!... habille-toi!...

— Mais M. Bertrand...

— Veux-tu bien vite t'habiller, avait ajouté le père Déburau. A partir de ce jour, M. Bertrand nous donnera trois francs de plus par semaine, si tu réussis dans cet emploi des Pierrots. Songe qu'il te faut réussir, ou sans ça gare à ta peau.

Très ému Baptiste s'était hâté de revêtir la souquenille, et de se blanchir la face.

Il entra en scène. L'effet de cette longue figure maigre fut irrésistible. La salle entière partit d'un immense éclat de rire. Déburau était consacré!...

C'est qu'en effet, il y avait transformation complète dans la présentation du personnage. Jusques-là, Pierrot n'avait été qu'un rôle secondaire de la pantomine, un cynique, un valet infidèle à qui l'on faisait des farces. Déburau à son tour se mit à en faire aux autres. Il choisit Cassandre pour sa victime et par contre-coup, ce rôle prit également une physionomie nouvelle. D'odieux qu'il était, il devint grotesque. Il écœurait, il fit rire.

Les deux personnages se renvoyant la balle, accaparèrent le premier plan, reléguant au second les amours d'Arlequin et de Colombine, les rodomontades du Capitan et les roucoulades de Léandre. Tous devinrent les tributaires de Pierrot.

Le premier Pierrot que joua Gaspard-Baptiste Déburau fut donc celui de :

ARLEQUIN MÉDECIN
Pantomime en 1 tableau

Le répertoire des Funambules était recruté un peu partout, car le théâtre renouvelait souvent son spectacle dans le but naturel de lutter contre la redoutable concurrence que lui présentait son voisin, le spectacle de Mme Saqui.

On se battait à coups de nouveautés.

Le démarquement des vieilles pièces était continuellement à l'ordre du jour. Messieurs Bertrand et Fabien fouillaient dans les anciens mélodrames, dans les parades du théâtre de la Foire, dans les farces italiennes, changeaient les titres et présentaient l'œuvre comme absolument inédite, n'ayant de cette façon commode aucun auteur à salarier.

Des auteurs ?... Qui donc à cette époque se fut amusé à écrire pour les Funambules ?... On jouait les pièces, quatre fois, cinq fois en tout, et l'on passait à d'autres.

— Des auteurs ?... Qu'est-ce que c'est que ça ?... demandait M. Bertrand.

Il finit par s'en trouver cependant, et l'un de ces dévorants, dont le nom n'est pas arrivé jusqu'à nous, donna dans le courant de cette même année :

L'ÉPOUSE COURAGEUSE
Pantomime nouvelle en 3 actes.

Le succès du jeune Baptiste avait pris de telles proportions avec sa création (c'en était véritablement une) du Pierrot *d'Arlequin médecin*, que M. Bertrand se hâta de monter, spécialement pour lui, une autre pantomime-arlequinade, dans laquelle la part du Pierrot devint fort étendue, au détriment de celle de l'Arlequin. Ce fut :

ARLEQUIN DOGUE
Pantomime en 1 tableau.

Il y avait dans la troupe des Funambules une famille rivale des Déburau :

La famille Charigni.

Cette smala d'acrobates, qui a laissé un nom retentissant dans cette profession ambulante, était l'ennemie jurée des Déburau.

On se jalousait, on se querellait, on arrivait même à se lancer les balanciers à la tête. Les femmes surtout. Il y avait deux femmes chez les Charigni-Capulet, de même que chez les Déburau-Montaigu.

M. Bertrand ne détestait pas ses querelles intestines. Ceux-ci cherchant à monter sur les épaules de ceux-là, renouvelaient plus souvent leur travail dans le seul but d'enfoncer leurs congénères. Il s'en suivait un élan, une émulation dont le public ne pouvait que profiter, de même que les recettes.

Cette famille des Charigni se composait de :

MM. Pépe Charigni, danseur de corde ;
Lange Charigni, — — et Arlequin ;
Joigny Charigni, — — et Léandre ;
Mlles Nanette, danseuse de corde, et Colombine ;
Marion, — — et Soubrette.

Le succès obtenu par le jeune Baptiste alla frapper au cœur les cinq Charigni.

L'extension que prit tout-à-coup le rôle de Pierrot réléguant au second plan, excluant presque Arlequin et Léandre, fit bondir Pépe, Lange et Joigny.

On s'injuria, on se menaça, on se colleta, on s'égratigna, on se déchira ; et, un soir, en scène, Léandre devant envoyer un soufflet à Pierrot, au lieu de le simuler, l'appliqua tout de bon.

Le pauvre Baptiste sortit de scène la bouche ensanglantée.

Le père Déburau sauta sur Joigny, qui avait administré le soufflet, voulant venger la mâchoire de son fils ; Pépe et Lange tapèrent sur le père Déburau ; Nieumensek et Etienne se précipitèrent sur les Charigni.

Une épouvantable mêlée s'en suivit.

Baptiste, à l'écart, pansait sa joue endolorie.

Ils restaient donc trois contre trois.

Horaces contre Curiaces.

Et jamais certes Rome et Albe ne se virent défendre avec plus de vigueur, plus de passion, plus de rage, plus d'énergie, plus de fureur.

Coups de poings, de pieds, de coudes, de têtes, de genoux pleuvaient comme grêle. Cela crépitait comme de la mitraille. Et c'était en effet de la mitraille de bras, de pieds, de dents et d'ongles.

Une horrible bouillie de Déburau et de Charigni.

Les femmes n'étaient pas restées contemplatrices de ce combat homérique Dorothée s'était précipitée sur Nanette ; Cathérine avait bondi sur Marion.

Et les égratignures marchaient de cette part comme les horions de l'autre.

MM. Bertrand et Fabien impuissants à séparer les gladiateurs, s'étaient empressés de faire appeler la force armée. Le poste le plus voisin était sorti en armes et, sans explications, aidés du Commissaire de police et de gendarmes, les soldats avaient entraîné, pêle-mêle, éclopés et dispos, vainqueurs et vaincus, tous dans le plus piteux état.

— Je vous étripaillerai la bedaine, hurlait le père Déburau.

— Je te bourrellerai la panse, vociférait Pépe Charigni.

M. Bertrand comprit qu'il ne pouvait garder les deux familles ennemies. C'eut été chaque jour à recommencer, et les spectacles en eussent souffert.

Mais, des deux, laquelle renvoyer ?

Les Déburau ?.. Et Baptiste que le public commençait à avoir en haute estime ?.. Baptiste eut suivi son père et ses frères, voyant accorder la préférence à ses adversaires.

Les Charigni ?.. Il y avait parmi ceux-ci, la petite Marion qui tenait fort au cœur de M. Fabien. On la disait même enceintrée de ses œuvres.

Bref, on décida, après maints débats, que les deux Compagnies seraient remerciées, à l'exception des seuls Baptiste et Marion.

Tout fut accepté de part d'autre, et la fin de l'année 1819 vit le départ simultané des Déburau et des Charigni ; Baptiste et Marion consentant à abandonner leur famille pour devenir artistes parisiens.

CHAPITRE V

1820—1821

Tableaux de troupe.

Pour remplacer les acrobates partis, MM. Bertrand et Fabien cherchèrent pendant quelque temps. Beaucoup se présentaient, débutaient et disparaissaient, n'étant pas à la hauteur des pyramides qu'avaient inaugurées les Charigni et les Déburau.

Enfin, deux compagnies nouvelles parvinrent à capter la confiance du public :

La famille Blondin et la famille Loyal.

Le théâtre des Funambules put encore tenir tête à celui de Mme Saqui, dont la troupe était alors remarquablement composée.

Outre la célèbre danseuse de corde qui, presque à chaque représentation, daignait paraître aux yeux d'un public enthousiaste, la troupe comptait au nombre de ses mimes Baptiste Lalanne, père de Mme Saqui ; Pierre Saqui, qui partageait avec Dinot l'emploi des Pierrots ; Longuemard, Joseph Plutieau, Julie Dubouchet, Caroline Soissons, Mangelair, etc., etc... qui tous, chacun dans son genre, avaient acquis une grande notoriété auprès des Parisiens boulevardinant de l'époque.

Par la suite, quelques-uns passèrent du théâtre des *Acrobates* à celui des Funambules ; mais en 1820, ils étaient encore pensionnaires de Mme Saqui, par conséquent ennemis jurés de MM. Bertrand et Fabien.

Sur ces entrefaites, le père Déburau en courant la province rendit sa belle âme d'artiste au seigneur. La petite troupe ne tarda pas à se débander. Nieumensek entra au cirque Olympique ; Etienne et ses deux sœurs continuèrent à l'étranger leurs courses nomades.

Etienne s'était fait directeur.

Il avait monté un cirque qui ne tarda pas à acquérir une haute réputation.

Mais laissons ces dévorants d'espace vagabonder à travers les mondes. Ils ne doivent plus nous intéresser ne faisant plus partie du théâtre dont nous écrivons l'histoire.

Le troisième rôle de Pierrot que joua Déburau fut celui de :

PÈRE BARBARE

OU

ARLEQUIN AU TOMBEAU

Pantomime en un acte

Puis vint :

ARLEQUIN STATUE

Pantomime en 1 tableau

La foule avait définitivement adopté le petit théâtre. M. Bertrand était vengé de Mme Saqui dont les spectacles étaient peu à peu délaissés au profit de ceux de son redoutable concurrent.

Dans les ateliers on ne parlait que de Baptiste, de ses longues jambes, de son imperturbable sang-froid, de l'expression merveilleuse qu'il savait donner à sa physionomie, de son agilité et de son adresse étonnantes.

As-tu vu Baptiste ?.. était le cri du boulevard du Temple.

La placidité que Baptiste Déburau apportait dans ses rôles de Pierrot formait un contraste énorme avec l'exubérance, la surabondance de gestes, de sauts, qu'y avaient déployées ses prédécesseurs.

Bientôt le populaire s'empara de cette placidité, de cette impassibilité et dit, parlant d'une personne que rien ne parvenait à émouvoir : Il est tranquille comme Baptiste.

MM. Bertrand et Fabien étaient arrivés à donner jusqu'à sept et huit représentations par jour.

Devant cet empressement du public à envahir leur bouge, les deux directeurs n'hésitèrent pas à faire faire des réparations à leur salle.

Un plancher et des dessous furent construits de façon à ce que l'on pût jouer de la véritable Féerie. La façade du théâtre fut reconstruite. Les galeries furent repeintes ; les banquettes rembourrées ; les décors rebrossés.

Et cela, sans un seul jour de fermeture qui eût pu permettre au public inconstant de reprendre le chemin du théâtre des *Acrobates*.

Les ouvriers charpentiers, menuisiers, tapissiers, serruriers, peintres travaillaient la nuit. Dès que le spectacle était terminé on se mettait à l'œuvre, et l'apparition du jour n'interrompait pas les travaux. Les escouades de travailleurs se succédaient. L'activité était à son comble. Seuls, MM. Bertrand et Fabien restaient sur la brèche ; se relayant à tour de rôle, dirigeant les entrepreneurs, animant les chefs d'équipe, payant à boire pour que le travail ne chômat pas. Bref, en trois semaines, le théâtre fut refait de fond en comble, au grand désespoir de Mme Saqui et de ses pensionnaires qui espéraient bien, en la fermeture momentanée de leur rival heureux, pour reconquérir les faveurs de la foule et la ramener à leurs spectacles.

Les Funambules triomphèrent des obstacles. Il y avait de l'argent. On vainquit partout. Et MM. Bertrand et Fabien firent paraître un beau jour une affiche *imprimée* en tête de laquelle on pouvait lire :

SALLE COMPLÈTEMENT RESTAURÉE

De plus, on engagea un régisseur, *comme dans les grands théâtres*, et ce régisseur fut M. Gongibus aîné, mime célèbre et auteur dramatique. Il avait composé plusieurs pantomimes dont certaines avaient été remarquées. Citons entre autres : *Rosabella* ou *L'homme d'airain*, *Alberto*, *Geneviève* ou *la Confiance trahie*, *le brave Poniatowski*, etc. etc.

Baptiste gagnait alors quinze francs par semaine.

MM. Bertrand et Fabien firent un coup de maître. Sans que le jeune homme eût un instant manifesté l'intention d'être augmenté, ils le firent appeler et lui dirent :

— Baptiste, nous sommes contents de vous. A partir de ce jour, vous avez dix-huit francs par semaine.

Ce pont d'or enchaîna Déburau.

Le bruit de cette munificence spontanée se répandit vite sur le boulevard et ne contribua pas peu à grandir dans l'esprit populaire celui qui en était l'objet.

Un autre fait important vint jeter un nouvel éclat sur le nom de Déburau.

Sa seconde sœur, Dorothée, que Jules Janin a appelée « la perle de la famille » venait de séduire par ses entrechats un lieutenant-colonel Polonais, lequel fortement épris des charmes de la danseuse, n'avait pas hésité à partager avec elle son titre de Comte.

Baptiste était donc devenu beau-frère d'un Comte !... du Comte Dobrowski. Cette alliance aristocratique, connue dans le monde artistique, le grandit démesurément dans l'esprit de ses directeurs.

M. Bertrand hésitait presque à l'appeler encore Baptiste et les employés lui décernèrent du « *Mossieu* Déburau. »

Celui-ci, du reste, n'en était pas plus fier pour cela et disait ouvertement :

— C'est le Comte qui s'est illustré en entrant dans notre famille. Avant d'avoir épousé Dorothée, qui le connaissait ?... Personne. Aujourd'hui, chez tous les marchands de vin, quand on parle de lui, on ne manque pas de dire :

— Le Comte Dobrowski, vous savez bien celui qui a épousé la sœur de Déburau.

Les pièces succédèrent aux pièces pendant toute cette année. Peu de leurs titres sont arrivés jusqu'à nous. Je suis parvenu, cependant, à en retrouver quelques-uns.

Je citerai d'abord :

LA GUERRIÈRE

ou

LA FEMME CHEVALIER

pantomime en 3 actes, tirée d'un drame portant le même titre, joué sur le théâtre de l'Ambigu en 1812. Le drame était de M. Alexandre Bernos ; la pantomime, d'un anonyme, naturellement.

Puis vint :

HASSEM

ou

LA VENGEANCE

grande pantomime, également tirée d'un mélodrame joué en 1817, sur le théâtre de la Gaieté.

Ensuite on joua :

ABDALA, ROI D'ABYLÈNE

Pantomime en 4 tableaux

Bientôt, ce fut le tour de :

LES DANGERS DE LA FORÊT

ou

LE CRIME ET LA VERTU

Scènes foraines et héroïques en 3 parties à grand spectacle avec marches, combats, divertissements dans le genre allemand, etc., etc. par M. Bunel.

M. Bunel était un artiste du théâtre du Cirque Olympique.

Cette pantomime qu'il venait de faire jouer aux Funambules, avait été représentée précédemment sur le théâtre des *Jeux Forains*.

Puis on joua :

ORSINO

ou

LE CHEVALIER VERT

Pantomime en trois actes, tirée de l'anglais.

Enfin, M. Augustin Hapdé apporta :

BARBE-BLEUE

ou

LES ENCHANTEMENTS D'ALCINE

Pantomime en 3 actes et à grand spectacle.

Cette pièce avait été jouée primitivement (1811) dans la salle des *Jeux Gymniques* (Porte Saint-Martin) ;

Ensuite, reprise en 1817 au Cirque Olympique.

Aucune de ces pantomimes, la plupart, comme on le voit, tirées des mélodrames ayant obtenu du succès, n'avait de Pierrot dans la distribution de ses personnages. M. Bertrand laissa à Déburau le soin d'en introduire un. Celui-ci se faisait presque toujours un écuyer servant du principal personnage, dévoué jusqu'à la bêtise, bête jusqu'à l'héroïsme.

Mais l'année 1821 réservait plusieurs surprises au public. La première fut le tableau de la troupe imprimé, affiché, que nous reproduisons ci-après :

SPECTACLE DES FUNAMBULES

DANSE DE CORDE, PANTOMIMES-ARLEQUINADES

Administrateurs

MM. Bertrand et Fabien.
M. Gongibus aîné, régisseur.

Acteurs.

MM. Silvain.
Sirot.
Philibert.
Desbureau (*sic*).
Bande.
Deloste.
Charles.

Actrices

Mmes Julie.
Flora.
Marion.
Adèle.
Catherine.
Williams.

Orchestre.

MM. Leroi, chef.
Moura, violon.
Violet, cor.
Fontaine, contrebasse.
Williams, clarinette.
Ajon, second violon.

Ce fut un gros événement sur tout le parcours du boulevard que l'affichage de ce tableau de troupe *imprimé*.

Ce fut, en même temps, un coup terrible pour le théâtre des *Acrobates*.

Monsieur Saqui — il y avait un Monsieur Saqui — c'était même ce monsieur Saqui qui était titulaire du privilège accordé à madame sa femme. Le Ministère de l'Intérieur n'ayant pas voulu d'une directrice, quelque célèbre qu'elle fût, Monsieur Saqui, dis-je, s'arrachait les cheveux de désespoir ; car son théâtre périclitait outre mesure. On prévoyait une catastrophe.

La seconde surprise, que ménageait au public l'année 1821, fut celle-ci :

On vit, par une belle après midi de printemps, M. Saqui sortir de son théâtre des *Acrobates*, pour entrer dans celui des *Funambules* et demander à parler aux Directeurs Bertrand et Fabien !'!

M. Saqui, admis en présence des deux associés, leur tint à peu près ce langage :

— Messieurs, Madame Saqui, ma femme est une grande artiste ; vous ne pouvez le nier. L'univers entier l'a constaté. Eh ! bien, Madame Saqui s'humilie, Madame Saqui s'amende, Madame Saqui m'envoie demander à M. Bertrand de vouloir bien oublier les paroles aigres dont elle l'a gratifié, il y a quatre ou cinq ans.

— M. Saqui, fit M. Bertrand, votre femme a été fort coupable. Mais elle en a été bien punie. Et je comprends les tortures à travers lesquelles « l'ancien marchand de beurre en graisse de veau » a pu la faire passer. Elle se repent aujourd'hui. C'est un peu tard. Cependant je ne suis pas inexorable. Je consens à tout oublier.

— Merci !... ah ! merci !... Cela va lui faire bien plaisir.

— En quoi ?... hasarda M. Fabien. Elle ne suppose pas que nous allons interrompre, devant ses excuses, l'heureuse concurrence qui emplit notre caisse en vidant la vôtre ?

— Non, monsieur Fabien, Madame Saqui n'espère pas cela.

— Alors je ne vois pas...

— Messieurs, je n'irai pas par quatre chemins : je viens, au nom de ma femme, vous proposer une association.

Bertrand bondit sur son siège.

— Une association entre un théâtre classé, un théâtre qui honore la littérature française et dont la littérature française s'honore !..

— Oh ! la littérature française, hasarda avec un sourire dubitatif le bon monsieur Saqui...

— M. Augustin Hapdé lui-même nous l'a dit, quand nous avons joué sa pièce de *Barbe-Bleue*. Messieurs, a-t-il affirmé en pleine scène, désormais le théâtre des Funambules peut compter au nombre des théâtres littéraires.

— Enfin, continua M. Saqui, ce n'est pas pour le théâtre des Funambules que Madame Saqui vous propose une association, c'est pour le théâtre des Acrobates. Nous ne nous le dissimulons pas, notre entreprise est en désuétude. Nous sommes à deux pas de notre perte. Madame Saqui n'a plus confiance en moi comme administrateur. Et je pense que cet aveu dépouillé de tout artifice ne peut que me faire bien venir de vous. Elle me disait encore hier au soir, avant de nous endormir : Il n'y a que deux hommes qui puissent nous tirer du précipice dans lequel nous nous sommes plongés. Ces deux hommes, s'ils veulent bien oublier les difficultés qu'ont seuls soulevées les événements, sont Messieurs Bertrand et Fabien. Pas de fausse honte !... Saqui, demain va trouver ces habiles administrateurs de ma part et propose leur l'association. Nous apporterons notre théâtre, mon nom, notre troupe...

— Pas payée, interrompit Fabien.

— Qu'ils apportent leur adresse directoriale, leur science théâtrale et tout est sauvé.

M. Bertrand se leva majestueusement et prononça ses paroles qu'il laissa tomber une à une de sa bouche sacrée :

— Allez dire à Mme Saqui, que devant son repentir, tout est oublié et que mon associé et moi acceptons ses offres !...

— Mais... fit M. Fabien.

— Fabien, c'est une grande artiste qu'il s'agit de tirer de la débâcle ! Au nom de l'art, il faut accepter.

— Nous acceptons, dit à son tour M. Fabien gagné.

Huit jours après, on pouvait lire à la porte du théâtre des Acrobates l'affiche suivante :

SPECTACLE ACROBATE

DIRECTION

MM. Saqui, privilégié, au théâtre.
Bertrand } Directeurs associés.
Fabien }
Lafargue, régisseur.
Clairville, secrétaire.

Mimes

MM. Chevalier.
Achille.

MM. Amable.
Martin.
Laurent frères.
Hinaux.
Auguste.
Alleaume.
Mmes Augusta.
Deburau.
Placida.
Joissant.
Clairville.
Hinaux.
Elisa.
Zoé.
Justine.
M. Didier, chef des comparses.

Danse

MM. Godet, maître de ballet.
Henri, Constant, Morel — Danseurs.
Mmes Joissant, Auguste, Louise — Danseuses.

Enfants

Laurence, Justine, Zoé.

Danse de Corde

MM. Charigni.
Boini.
Lange.
Dodo.
Bellery, comique.
Mmes Saqui.
Charigni.
Nanette.
Victorine.
Zoé.

Orchestre

MM. Eugène, chef.
Nadot, Pichard, Tolbec, Adolphe — Violons.
Nicolas, clarinette.
Vauderland, contrebasse.
Chrétien, 1re flûte.
Charles, 2e id.
Erchard, cor.
Ernest, timbalier.

Comme premier acte d'administration, MM. Bertrand et Fabien avaient engagé les Charigni, la sœur aînée des Deburau, très appréciée sous le nom de la Belle Hongroise, et les frères Laurent, fraîchement débarqués d'Angleterre.

La troupe ainsi reconstituée put monter un répertoire qu'elle renouvela plus souvent, ce qui remit bientôt à flot le théâtre délaissé.

MM. Bertrand et Fabien s'arrangeaient fort adroitement, de façon à ne pas s'établir de concurrence trop sensible. Ainsi, ils accordèrent au théâtre des *Acrobates* la supériorité pour la danse de corde, les exercices de tapis ; mais la conservèrent aux *Funambules* pour la pantomime.

Leurs deux entreprises marchèrent donc de front sans trop se nuire. Cela devait-il durer longtemps ?.. L'avenir nous le dira.

CHAPITRE VI

1822

Ordonnances Royales

Les affiches du théâtre des Funambules étaient faites à la main.

C'était M. Fabien qui les écrivait de sa large et belle calligraphie d'ancien marchand de parapluie.

M. Henry-Lecomte, dans ses notes sur le boulevard du Temple, dit :

> Le théâtre des Funambules avait sur celui des *Variétés-Amusantes* l'avantage d'annoncer au public par une affiche, les pièces qu'il donnait et le nom des acteurs chargés de les interpréter.

Si, à cette époque, les *Variétés-Amusantes* n'affichaient plus leurs spectacles, à une époque antérieure elle les avaient certainement affichés, car voici, retrouvée, l'affiche du 1er janvier 1782 :

FOIRE St-GERMAIN

Les *Variétés Amusantes* donneront aujourd'hui :

LA BATAILLE D'ANTIOCHE

Tragédie burlesque avec ses agréments

L'ENROLEMENT SUPPOSÉ

Pièce en 1 acte

GILLES RAVISSEUR

Comédie-parade avec deux divertissements

Demain, 2 Janvier

CHRISTOPHE-LE-ROND

Comédie nouvelle

JANOT CHEZ LE DÉGRAISSEUR

Pièce nouvelle

CHACUN SON MÉTIER

Pièce en 1 acte

L'*Almanach des spectacles* de Barba, pour l'année 1822, publie l'article suivant :

Théâtre des Funambules

La danse de corde, la voltige et tous les tours d'agilité, joints à la Pantomime-Arlequinade, forment le genre de ce spectacle. Nous avons cependant remarqué que les pièces étaient d'un genre plus grave qu'au *Théâtre des Acrobates.* Aux paroles près, ce sont, la plupart du temps, des espèces de mélodrames où l'innocence ingénue et candide est persécutée par le crime, qui brave tout, et la trahison et la perfidie qui dissimulent.

Il y a d'ailleurs des danses, des combats, des évolutions et des incendies. La seule différence essentielle qui existe entre ces pièces et d'autres que leurs auteurs regardent comme bien supérieures, c'est que *l'amoureux ne peut pas prendre part à l'action et vaquer aux affaires de son cœur, sans avoir fait préalablement quelques gambades et quelques cabrioles.*

Ainsi Frédérick lui-même, le grand Frédérick... de France, Frédérick Lemaître, pour tout dire en un nom, avait été tenu d'entrer sur les mains, ou de faire un saut périlleux, en se présentant sous les traits et le costume du noble comte *Adolphe !*

O !.. Ruy-Blas !.. O !.. Gennaro !.. O !.. Ravenswood !.. O !.. Darlington !.. Voilez-vous la face, mortifiez votre chair d'un cilice à poil ras, couvrez-vous la tête d'un sac de cendres, en pensant que la volonté d'un ministre eût pu exiger que vous vous précipitassiez aux pieds de la poétique Maria de Neubourg, de l'impérieuse Lucrèce Borgia, de la tendre Lucie, ou de l'ineffable Jenny, en faisant un saut périlleux, si, à l'époque où le grand artiste était devenu l'interprète de Victor Hugo, d'Alexandre Dumas, et de Walter Scott, cette ordonnance fantaisiste avait subsisté.

C'était ce que l'on appelait la *Pantomime Sautante*, laquelle précéda la *Pantomime dialoguée*.

Dans son *Histoire du théâtre à quatre sous*, Jules Janin écrit à ce sujet :

La Pantomime sautante peut se définir en ces mots : *Une petite intrigue mêlée aux exercices du corps.* C'est le dernier progrès d'une société de sauteurs qui, pour obéir au caprice populaire...

Je ferai humblement remarquer à l'âme du Prince des critiques qu'elle s'est trompée de son vivant, en dictant à sa main que les sauteurs obéissaient au *caprice populaire*. C'était bel et bien à un édit revêtu du scel royal : « *Consentent à devenir comédiens* « *à condition cependant qu'ils resteront sauteurs....* »

Voici la première pantomime sautante que mémoire d'homme ait pu reconstituer :

Arlequin vient se lamenter sur le théâtre et fait *trois cabrioles*. Survient Cassandre qui exécute un *saut de sourd*, accompagné d'un *saut de carpe*, pour lui bien signifier qu'il n'aura jamais sa fille.

Arrive Léandre, lequel demande la main de Colombine, par un *saut de poltron* et un *saut périlleux en arrière*.

Mais Pierrot paraît, marchant à pas précipités *sur les mains* et protège Arlequin par un *saut d'ivrogne* et un *grand écart*.

Colombine, à son tour, s'élance *en faisant la roue !*

Alors Arlequin lui dépeint sa passion avec force *sauts de mouton*, *sauts de pie*, *sauts battus*, *sauts de barque*. *sauts majeurs*, et cette quantité de sauts ne tarde pas à le faire triompher de son ridicule rival, qui ne peut mettre au service de son amour que quelques mesquins *sauts de tortue* et *sauts de marmotte*.

La terminaison de cette pantomime sautante était le salut au public, avec Pierrot et Léandre les jambes en l'air, ayant entre eux Cassandre couché à plat ventre, tandis qu'Arlequin et Colombine, placés immédiatement au-dessus de ce groupe, se tenaient amoureusement enlacés.

Telles étaient les ordonnances royales, édictées tout au long du cahier des charges, sous lesquelles gémissait l'infortuné Directeur *privilégié* du théâtre des Funambules.

Car, pour accorder à un entrepreneur, quel qu'il fût, les lettres patentes qui lui permettaient d'ouvrir les portes de son théâtre, des ministres facétieux s'ingéniaient à trouver le plus qu'ils pouvaient d'idées baroques, dans l'unique but, prétendaient-ils, de ne pas laisser confondre le genre d'un théâtre avec celui d'un autre.

Ainsi le théâtre Comte, alors situé Hôtel des Fermes, entre la rue du Bouloi et la rue de Grenelle St-Honoré, ne pouvait représenter ses scènes dialoguées et ses tableaux animés que derrière un rideau de gaze.

Dans ce même cas, était le théâtre des *Délassements comiques* d'avant 1789, par ordonnance signée Lenoir.

Les Ministres de 1822 n'étaient donc que de grotesques plagiaires. Ceux de nos jours le sont-ils moins ?

Ces vexations ridicules, ces ukases niais avaient peut-être une raison d'être à l'époque où l'on n'accordait l'autorisation d'ouvrir une salle de spectacle que devant ces conditions, *sine quæ non*.

Mais aujourd'hui qu'un directeur de spectacle est devenu, de par la Sainte Liberté des théâtres, un exploiteur rentrant dans le droit commun, comme un charcutier, un photographe, ou un marchand de pommes de terre frites, aujourd'hui qu'il ne dépend de personne autre que de lui-même, de quel droit inique la grande Egalité Française, que les nations tyrannisées ne nous envient pas, étend elle encore sa griffe Césarienne sur ce paria voué aux gémonies ?

— Ah ! Monsieur le directeur, tu crois avoir le droit en payant exactement ton propriétaire, ta patente, tes impositions, tes acteurs, tes musiciens, tes machinistes, tes décorateurs, tes costumiers, une redevance légale à tes Auteurs, une seconde redevance illégale à Messieurs du droit des pauvres, d'être maître chez toi, comme le modeste charbonnier ?.... Rappelle-toi, Pygmée, que le plus stupide des caporaux de pompiers a le droit de faire cadenasser ton théâtre ; que le plus âne bâté des sergents de ville peut, sur son simple rapport, en interdire l'accès au public ; que le plus naïf des Censeurs peut faire suspendre tes spectacles s'il lui convient ; que le plus inepte des entrepreneurs de bâtisse, faisant partie d'une commission d'enquête composée de tous les corps d'état, excepté bien entendu du corps de l'état proprement dit de théâtre, peut te faire dépenser cent mille francs et davantage, pour de prétendues améliorations, dans l'intérêt du public ; améliorations souvent impraticables et toujours inutiles, mais qui permettent au dit entrepreneur de s'abreuver à quelque généreux pot-de-vin de derrière les fagots,

Tu veux te rebeller, Rodomont infime ?... Il se trouvera alors de bons huissiers pour te saisir, de vertueux juges pour te condamner et de séraphiques gendarmes pour te mener en prison.

Tu t'arrangeras avec tes fournisseurs comme tu le pourras ! Tu laisseras, sur le pavé, crevant de faim, tes comédiens, tes machinistes, tes musiciens, tes costumiers, tes décorateurs, tes tailleurs, tes coiffeurs, tes bottiers, tes habilleurs, tes ouvreuses, tes figurants, tes luminaristes... etc.

Tu feras faillite!!! Après?... Que leur importe cela?... Il y a des appointements de dix, vingt, et trente mille francs à payer dans cette modeste administration, dite d'Assistance publique, qui commence naturellement par s'assister elle-même publiquement.

Mais pardon, j'ai laissé la *vieille noblesse de France* en train de faire, dans les pantomimes, son entrée sur les mains, j'y reviens.

Cette ordonnance subsista longtemps.

Pourquoi ?

Peut-être pour rappeler à la crédule populace des petits théâtres, qu'un être rehaussé d'un titre nobiliaire sait toujours se tirer d'affaire, et qu'à défaut des pieds, il lui reste les mains pour faire son chemin.

Le théâtre du *Panorama dramatique* avait l'autorisation de jouer drames, comédies et vaudevilles, à condition de n'avoir jamais que deux acteurs parlant en scène.

Le théâtre de *Bobino* avait sollicité et obtenu la même faveur très haute.

Les Directeurs avaient alors recours à des ruses, à des subterfuges, à des tours de passe-passe inimaginables pour tourner l'ordonnance policière, tout en restant dans la stricte légalité.

Un vieil acteur de *Bobino*, nommé Tahan, me contait que dans un mélo-mimo-drame intitulé *la Prise du Trocadéro*, il y avait un conseil de guerre Espagnol chargé de juger un officier Français surpris nuitamment dans l'intérieur de Cadix, courtisant une brune Andalouse.

Au lever du rideau, la scène, qui représentait la voûte d'une casemate, était vide de personnages vivants.

Seuls, quelques mannequins, vêtus en militaires Cadiciens, étaient rangés assis autour d'un bureau chargé de codes militaires.

Un acteur entrait alors, venait s'asseoir à la place inoccupée du président et disait :

— Je suis Sébastiano Rodriguez, colonel, commandant le fort du Trocadéro. Puis s'adressant aux mannequins : Nous sommes ici pour juger le capitaine français Théobald de Noirville, surpris de nuit et sous un déguisement chez la fille de l'honorable señor Orviedo d'Alcantaras. Introduisez l'accusé.

Les mannequins demeuraient impassibles.

Le capitaine Théobald de Noirville se présentait alors, seul, à la barre, saluait les mannequins, le Président, et les débats commençaient.

Le président interrogeait ; l'accusé répondait.

Les mannequins semblaient plongés dans de pénibles réflexions. Tout allait bien.

L'interrogatoire terminé, le président disait :

— Accusé, les lois de notre pays ne vous permettent d'entendre ni l'accusation, ni la défense de votre cause ; veuillez vous retirer dans la pièce à côté, et attendre que nous vous rappelions.

L'officier Théobald se retirait, pendant que le Président Sébastiano Rodriguez continuait en s'adressant aux mannequins toujours pensifs :

— Maintenant, nobles hidalgos, jurez de n'apporter dans les décisions que vous allez prendre aucune haine personnelle !...

Tous les mannequins, mûs par des fils, correspondant avec le dessous du théâtre, levaient ensemble le bras droit, pendant que des voix sortant de la coulisse répondaient :

— Nous le jurons !....

Cela m'affirmait le vieux Tahan, produisait un effet irrésistible. De quel genre ?

Dans l'intervalle, l'acteur, qui venait de sortir sous le costume et les traits du capitaine Théobald, avait le temps de se transformer et ne tardait pas à reparaître par la gauche sous la forme de l'accusateur public.

Il saluait le président, lequel lui rendait son salut et lui disait :

— La parole est au señor Capitaine rapporteur.

Et l'accusation commençait.

Terminée, l'accusateur saluait le tribunal et se retirait gravement en disant :

— Permettez-moi, puisants señors, de ne point ouïr la défense de l'accusé ; je ne serais pas maître de moi et je sortirais de mon caractère. Je préfère sortir de cette majestueuse enceinte.

Et gravement il sortait.

Le Président prenait de nouveau la parole, et s'adressant aux mannequins :

— Messieurs et chers seigneurs, vous avez entendu la parole si éloquente del señor accusateur. Pénétrez-vous bien de tout ce qu'il vous a dit. Que chacune de ses phrases reste gravée dans votre cervelle ; car vous allez entendre maintenant le défenseur de l'accusé, qui va tenter de vous le faire paraître blanc comme neige.

L'acteur avait eu le temps de se débarrasser de sa défroque d'accusateur, et d'endosser celle du défenseur. Il pénétrait alors par la droite et s'inclinait profondément en entamant aussitôt la défense du capitaine Théobald.

De temps à autre, le Président s'adressait à un des mannequins pour lui dire :

— Commandant Mansello, ne soyez point ému. Certes, le capitaine Théobald est jeune, brave, audacieux. Mais c'est un ennemi de notre patrie. C'est un Français, et cela seul doit vous rappeler que le sang de l'antique Ibéria coule dans vos nobles veines d'hidalgo.

Bref, le capitaine Théobald était condamné à mort ; et son exécution allait avoir lieu quand les Français s'emparaient du Trocadéro et délivraient le prisonnier.

En me donnant ces détails, le brave Tahan, qui avait joué le rôle du Président me disait :

— Eh ! bien, vous me croirez si vous voulez, mais nous étions tellement convaincus, que le public bon enfant paraissait l'être aussi, et acceptait tout cela sans sourciller et même en applaudissant très fort.

J'ai cru, pour faire plaisir à ce brave homme, et je vous narre le fait comme il me l'a raconté ; mais, je dois l'avouer, beaucoup moins convaincu que lui.

Un autre moyen employé par l'autorité, pour que l'on ne confondit pas les petits théâtres avec les grands, était l'extrême licence accordée aux premiers, pour la rédaction de leurs annonces.

Ainsi, on laissait afficher dans les petits théâtres des pièces affublées de titres comme celui-ci :

MADELON FRIQUET

OU

AMANT DESSOUS, AMANT DESSUS, AMANT DEDANS.

L'affiche seule était effarouchante. La pièce fort innocente justifiait le titre en exhibant trois amoureux qui se cachaient, le premier sous une armoire, le second dessus et le troisième dans l'intérieur.

Et cet autre :

LE TIRE-BOUCHON

OU

LA FEMME DÉBOUCHÉE

Il s'agissait simplement d'une femme gourmande qui, dans sa précipitation à manger un plat de carottes, avait avalé un bouchon tombé par mégarde dans la casserolle.

On allait quérir un brave apothicaire, qui à l'aide d'un énorme tire-bouchon, rendait la vie à l'infortunée.

Ces affiches sont devenues introuvables aujourd'hui par la raison qu'elles étaient faites à la main.

Cependant quelques unes ont été retrouvées ; entre autres celle-ci citée par Jules Janin :

GRAND THÉATRE DES FUNAMBULES

PAR AUTORISATION ET PERMISSION SPÉCIALE DES AUTORITÉS

Aujourd'hui, par extraordinaire, *on donnera une brillante représentation de :*

LE SIÈGE DU CHATEAU

Pantomime militaire et pyrotechnique ornée d'un *décors* neuf, qui représente une montagne ; avec changements à vue ; travestissements et métamorphoses ; costumes neufs ; avec combat au sabre à quatre, marches, fanfares, évolutions militaires et explosion au tableau *finale*.

IL Y AURA UNE REPRÉSENTATION A 3 HEURES, UNE A 5, UNE A 7 ET UNE A 9.

ENTREZ, MESSIEURS, FAUT VOIR ÇA !

On donnait ainsi cinq ou six représentations par jour. Le dimanche on allait jusqu'à dix.

CHAPITRE VII

1823-1824

Ennemis !

Pendant que Frédérick Lemaitre s'affirmait à l'Ambigu par un coup de tonnerre, en faisant cette originale et inoubliable création de Robert Macaire dans l'*Auberge des Adrets*, Deburau apportait dans le personnage de Pierrot une transformation complète.

Jusques-là, les *Gilles* n'avaient été qu'une ombre, une ombre blanche, si l'on veut, mais une ombre.

Deburau en fit un corps. Pierrot fit plus que passer, il s'arrêta !.. Ses longues jambes le portèrent au premier plan.

Félix Charigni jouait ses Gilles en veste de laine blanche, boutonnée par de gros boutons, serrant la taille.

Ce fut Deburau qui, le premier, endossa, ou plutôt inventa, la blouse de calicot blanc, avec les manches larges et longues.

Charigni se coiffait d'un chapeau pointu, blanc comme son costume, et, pour faire disparaître ses cheveux, les enfermait dans un serre-tête blanc. Débureau supprima le chapeau, dont les rebords, si petits qu'ils fussent, jetaient une ombre sur la figure, la masquant en partie aux galeries élevées et nuisant aux jeux de la physionomie.

Or, dans la pantomime, la physionomie est tout.

Un mime sans physionomie est un avocat sans voix.

Le geste doit être considéré comme arrivant second.

Il remplaça le serre-tête blanc par un noir. Cela formait contraste avec sa face blafarde et marquait beaucoup mieux les impressions diverses par lesquelles la situation la faisait passer.

Charigni s'encadrait le cou dans une immense colerette. Cette collerette, à travers les gambades, les culbutes, les moindres jeux de scène, remontait dans la figure, masquant la bouche et le nez. Deburau se débarrassa de la collerette encombrante et joua le cou dégagé, libre de tous ses mouvements.

Il tirait même d'énormes effets comiques de la longueur démesurée de ce cou, spécialement fait pour lui, qu'il rentrait dans ses épaules étroites ou sortait à volonté, ce qui provoquait dans la salle de violents accès d'hilarité.

Cependant les *Funambules*, grâce à notre Pierrot, continuaient à encaisser de formidables recettes, alors que les *Acrobates*, malgé la célébrité de Mme Saqui et l'activité déployée par Bertrand et Fabien, n'en encaissaient que de très modiques.

La jalousie, cette mégère aux doigts crochus, aux dents longues et jaunes, ne tarda pas à s'immiscer dans les affaires administratives des deux théâtres.

La discorde fût bientôt dans le camp d'Agramant, et Madame Saqui, soufflée par saint Michel archange, comme au temps de Charlemagne, le grand chef des Sarrasins l'avait été par ce maître d'armes de notre Seigneur Dieu, déclara un beau jour aux deux associés qu'ils n'agissaient pas loyalement vis-à-vis de leur féminine partenaire.

Bertrand, toujours la tête près du bonnet, lui rappela en termes d'une crudité excessive, que, tombée dans la *crotte*, il l'avait replacée sur sa corde molle.

On faillit en venir aux mains. On en était même à les avoir en l'air, menaçantes et vengeresses, quand M. Fabien s'écria de sa belle voix des grandes situations :

— En voilà assez !... En voilà trop !.. J'étais opposé à cette association. C'est Bertrand, avec son âme de lapin, qui l'a acceptée. Eh ! bien, il y a un moyen de tout remettre en place. Résilions le traité !

— Résilions !.. fit Mme Saqui.

Et le traité fut annulé.

L'association avait duré neuf mois, le temps de remettre au monde le théâtre des Acrobates.

Le lendemain, l'affiche écrite à la main du théâtre des *Funambules*, portait, en sa tête, la mention suivante :

Public, Notre maître à tous !

C'est à toi que nous nous adressons. Rends-nous justice !.. Nous avons voulu nous montrer généreux ; nous n'avons été que dupes. Notre association avec la baraque d'à côté est rompue. Nous redevenons les directeurs de notre seul théâtre des Funambules.

Public, Notre maître à tous !

Nos efforts n'en seront que plus grands pour parvenir à te plaire. Y réussirons-nous ?.. Nous l'espérons !.. Le passé nous est un sûr garant de l'avenir.

BERTRAND ET FABIEN.

Le surlendemain l'affiche de Mme Saqui publiait une réponse aux *Cabotins* d'à côté.

Cette réponse, Vautier, dans les notes duquel j'ai trouvé l'attaque, n'a pu se la procurer. Voilà qui est vraiment dommage et qui nous prive d'un document historique des plus monumentaux.

Vautier ajoute qu'on se battit quelques jours à coups de becs de plumes sur les affiches ; mais que tout ayant une fin, ce furent les Funambules qui les premiers, cessèrent le combat.

Cette année là, on reprit une pièce qui avait été créée dans la salle des *Jeux Gymniques* (Porte Saint-Martin).

Le dialogue et les couplets de cette pièce furent retranchés.

En voici le titre :

LA TÊTE ROUGE
OU
LE MANDRIN DU NORD
Tableaux historiques, en deux actions et à grand spectacle précédés d'un prologue, par M. Frédéric.

On reprit encore une pantomime créée également sur cette même scène des *Jeux Gymniques* :

L'ENFANT ET LE GRENADIER
Pantomime en 2 tableaux par MM. Williams et Brazier.

Aux *Jeux Gymniques*, cette pantomime était précédée d'une sorte de prologue, joué par l'acteur Lefèvre, et Mme Camus ; aux Funambules ce prologue fut supprimé.

L'acteur Lefèvre, qui remplissait le personnage de Sans-Quartier, grenadier de la 46e demi-brigade, régiment de Latour d'Auvergne, chantait le couplet suivant, à Mme Camus, une aubergiste allemande qui avait du goût pour les Français et voulait absolument inculquer sa langue au brave Sans-Quartier :

Air de : Marianne.

Eh ! Pourquoi faut-il que j'apprenne
Des phrases, quelques mots en l'air !..
Pourquoi vouloir que je retienne
Gontmann, Gontmann et Ya mener !..
Quel embarras !...
Je ne veux pas
Etudier une langue nouvelle...
Par nos progrès
Par nos succès
Parler Français
Suffira désormais.
Ne nous cassons pas la cervelle ;
Car, bientôt, je parierais ça,
La langue française sera
La langue universelle. (*bis*)

Deburau joua cette année là :

LE SAC A CHARBON
Pantomime en 1 tableau, mêlée de danses.

Puis :

PIERROT SOMNAMBULE
Pantomime en 1 tableau.

C'est tout ce que Vautier a pu recueillir de renseignements sur l'année 1823. J'ai moi-même fouillé les grands et les petits journaux, les almanachs de spectacle, les revues, les notes de l'époque. Je n'ai rien trouvé autre. Il faut donc se contenter de ce peu, ce peu étant encore beaucoup et passer à l'année *1824*.

L'Almanach des spectacles de Barba, commence à donner l'adresse du théâtre des Funambules.

Il dit : *Près du théâtre de la Gaieté.*

On parle de *lui* ; donc, il *est* ; donc il existe véritablement.

Cet almanach ajoute :

« MM. Bertrand et Fabien en sont les Directeurs. Des danses de corde, des tours de force et d'agilité : voltiges, pantomimes et arlequinades ; tel est le genre de ce spectacle qui est très suivi par *le peuple.* »

Ces deux mots, *le peuple*, sont imprimés en italique.

Prix des places.

Premières	75	centimes.
Premières galeries.	60	—
Amphithéâtre	40	—
Parterre	30	—
Secondes	20	—

On avait remarqué deux années auparavant, au théâtre de la Gaieté, chez Nicolet, deux clowns anglais, les frères Laurent, qui, par leurs excentricités acrobatiques, leurs désossements inconcevables, leurs équilibres vertigineux, avaient obtenu un très grand succès.

MM. Bertrand et Fabien les engagèrent.

Ils prononçaient à peine quelques mots français ; mais étaient fort intelligents, l'aîné surtout, et faisaient de rapides progrès dans notre langue, bien qu'ils n'eussent point à s'en servir dans l'exécution de leurs exercices.

MM. Bertrand et Fabien les utilisèrent à la pantomime. Ils produisirent un énorme effet, Laurent aîné principalement dans l'emploi des Arlequins et des Matamores.

Il était souple, gracieux, excellent danseur, et son succès devint tel qu'il fit pâlir celui de Deburau.

Notez que Laurent apportait d'Angleterre nombre de trucs nouveaux, de pantomimes inconnues à Paris, qui lui créaient une originalité bien faite pour le placer au premier rang dans l'estime publique.

Deburau eût peur !... Deburau trembla de voir sa popularité accaparée par un autre... Deburau fut jaloux !... *L'homme-truck*, comme on appelait Laurent aîné, le détrônait presque.

Être détrôné, cela ne va à aucun Roi !... Et Deburau avait été roi jusques là Partager le trône est encore chose fort pénible.

Deburau voyait donc d'un fort mauvais œil ce baragouineur de la perfide Albion, lequel, très fin, ne laissait rien paraître de ses intentions, mais percevait en ce lambeau de terrain, un pays à conquérir. Or, quel est l'Anglais qui n'a rêvé s'emparer d'un territoire, quelqu'occupé qu'il fut.

Cependant l'on vivait en paix de part et d'autre, Deburau très politique, Laurent aîné fort dissimulé, ce qui est tout même. N'empêche que le feu couvait sous les cendres.

Un soir la flamme éclata.

Deburau honorait de ses faveurs une jeune personne de la troupe des Funambules nommée Flora.

Laurent aîné avait amené d'Angleterre une miss Anna qu'il avait fait engager par MM. Bertrand et Fabien.

Ce soir, la blanchisseuse du théâtre étant en retard, Miss Anna, manquant d'un jupon, avait, sans l'en prévenir, enfessé celui de Mlle Flora.

Celle-ci arrivant et ne trouvant pas son jupon à sa place, avait jeté les hauts cris.

Deburau intervint. On avait *volé* le jupon de Flora ; il fallait qu'on retroussât toutes ces dames et que l'on connût la voleuse.

Miss Anna fort ennuyée, déclara qu'elle n'était pas une voleuse, mais que, forcée par la nécessité, elle avait emprunté le jupon, sans le demander, ne le pouvant, puisque Flora n'était point encore arrivée.

En brave fille qui épouse les querelles de l'homme qu'elle aime, Mlle Flora haïssait instinctivement Miss Anna qui était à Laurent aîné !

Elle s'élança sur l'Anglaise, griffes au clair et vociférant : Voleuse !... Voleuse !... Voleuse !...

Laurent, qui venait d'arriver, repoussa l'assaut donné à sa maitresse.

Deburau lui demanda de quel droit il intervenait dans une affaire de jupon.

— *Du droât que je donnai à moâ !...* riposta l'anglais.

— Vous soutenez donc une voleuse, fit Deburau ?

Il n'avait pas achevé le mot que Laurent lui détachait dans la figure un de ces coups de poing, comme les enfantent les fils de John Bull.

Deburau alla rouler tout étourdi contre les parois de la loge.

Mais, si Laurent aîné était un superbe boxeur, Deburau était un redoutable maître en l'art de la savate.

Il se releva le nez ensanglanté, et, furieux de voir couler son sang, se précipita sur Laurent qui l'attendait campé sur les jarrets les deux poings en avant.

Deburau s'arrêta devant ce mur, recula d'un pas, comprit la brêche par laquelle il pouvait arriver à son adversaire, fit une feinte qui dérangea les poings remparts de leur ligne, et, profitant lestement de ce jour, lança en pleine poitrine de Laurent un formidable *coup de pied en vache* qui envoya à son tour l'anglais rouler évanoui à terre.

Ne le voyant pas se relever, on courut à lui, on l'entoura.

Pendant que Deburau étanchait le sang qui lui jaillissait par le nez et tamponnait son œil gauche fortement endommagé, Laurent aîné reprenait ses sens. Dès qu'il fut complètement maître de lui-même, il se redressa automatiquement, vint à Deburau et lui dit avec un flegme essentiellement britannique :

— *Sïouperbe !... Je admirai le caoup de pied de vô !... Je avais eu tort !... Vaôlez-vo être l'ami de moà ?*

Deburau désarmé lui tendit la main.

On s'étreignit et l'on força les deux femelles à s'embrasser.

Dire qu'elles le firent avec la même cordialité que les mâles, serait porter atteinte à la stricte vérité. Toujours est-il qu'elles s'étreignirent, et que cela ne nous regarde pas si sous les roses il restait encore quelques épines.

Deburau joua cette année.

LA FORÊT DE BONDY
OU
PIERROT CHEF DE VOLEURS
Pantomime en trois tableaux

Dans cette pantomime, Pierrot, déguisé en chef de voleurs, s'appliquait d'énormes moustaches, d'un noir d'ébène, retenues aux oreilles par une combinaison de fils.

Ces moustaches le gênant, à un moment donné, pour se faire reconnaître de Colombine, il les enlevait, pendant une absence des voleurs, et les mettait dans sa poche.

Les voleurs revenant, il se dépêchait de vouloir se les replacer sous le nez ; mais se trompant de poche il s'en posait une paire aussi rousse que les précédentes étaient noires.

Stupéfaction des voleurs, qui se retiraient très ébahis de ce changement de couleur.

Deburau, empressé de réparer sa bévue, voulait substituer les premières aux secondes ; mais, se trompant de nouveau, l'hurluberlu se dévisageait alors par une nouvelle paire de moustaches, blanches comme le panache d'Henri IV.

Ahurissement des voleurs !

Ce jeu de scène de Deburau produisait un énorme effet.

Ces idées baroques étaient siennes propres, entièrement de lui. Les vieilles pantomimes rajeunissaient à son contact, et, revêtues d'un titre nouveau, se représentaient comme vierges.

Il joua ensuite :

LA BOUTEILLE D'ENCRE

OU

LE PETIT BLANC

Pantomime en 3 tableaux

Il s'agissait d'un certain Alcofribas, sorcier de deuxième classe, qui, voulant se venger de Pierrot, lequel avait détourné son maître Léandre d'épouser la jeune Sylvandire, nièce dudit Alcofribas, l'enfermait dans une bouteille d'encre.

Mais Mimosine, *la Fée des Cataractes*, protégeait Pierrot et changeait la couleur de l'encre qui de noire devenait blanche.

Pierrot conservait donc sa couleur naturelle.

Parafagaramus, président des sorciers, ayant une lettre à écrire, venait tremper sa plume dans la bouteille à l'encre.

Pierrot, de l'intérieur de sa bouteille, attirait la plume à lui.

Parafagaramus, ébaubi, allait choisir une autre plume qui disparaissait de même dans le ventre de ladite bouteille.

Une troisième plume, cependant, n'obtenait pas le sort des autres, et ressortait toute blanche de la bouteille. L'encre blanche ne laissant aucune trace sur le papier blanc, dont voulait se servir le sorcier, celui-ci entrait dans une grande fureur et d'un coup de sa baguette magique brisait la bouteille-prison. Réapparaissait alors Pierrot, aussi blanc et aussi frais qu'avant sa disparition dans le goulot.

Pierrot contait son infortune à Parafagaramus, qui s'intéressait au sort de l'infortuné, et le combat commençait à coups de talismans entre les deux sorciers. Cette année 1824 vit également naître :

LES TROIS BOSSUS

OU

LE REVENANT MORT ET VIVANT

Pantomime en 1 acte

Le manuscrit de cette pièce, qui se trouve à la bibliothèque de la Société des auteurs dramatiques, ne porte aucun nom d'auteur.

Voilà ce que j'ai pu recueillir de cette année 1824.

Les journaux théâtraux de l'époque annonçaient bien que :

— Un confiseur avait eu la merveilleuse idée de faire habiller ses demoiselles de comptoir, en *Petites Danaïdes ! ! !* ».

Que :

— Le Chien *Munito*, qu'on croyait mort, était actuellement à Tours, avec une troupe de *serins* savants, que le propriétaire de cette troupe emplumée exploitait sous le titre affriolant de : *Grands exercices du peuple aérien*.

Que :

— L'on trouvait chez MM. Grancher, *Au petit Dunkerque*, rue de Richelieu, en face celle de Feydeau, des boites *d'écarté* contenant des casiers appelés *argufules* (*arguros* = argent : *phulax* = gardien) dont le but était d'éviter les erreurs relatives aux mises des joueurs.

Que :

— Le succès prodigieux de *la Neige* à l'Opéra-Comique, avait donné à MM. Laugier, père et fils, rue Bourg-l'abbé, n° 21, l'idée de la *Crême à la Neige* pour faire croître les cheveux et les embaumer.

Que :

— Le propriétaire d'un panorama qui venait de s'établir sur le boulevard Bonne-Nouvelle avait placé à la porte de son établissement une pancarte sur laquelle était écrit ce distique :

> Cent personnages tous vivants
> Peuvent tenir ici dedans.

Que :

— Le baron de Lamothe-Langon allait publier prochainement un nouveau roman intitulé : *L'étendard de la mort* ou *le monastère des Frères noirs*.

Que :

— Le Roi de Pologne demandant à son architecte les moyens d'empêcher la cheminée de ses appartements de fumer ? — Sire, lui avait répondu l'architecte, faites mettre un Jésuite en haut de votre cheminée !.. Ces gens-là attirent tout à eux.

Que :

— Les tentatives d'éclairage par le gaz n'étant pas heureuses, la rampe de l'Odéon avait cessé d'être éclairée par ce procédé.

Que :

— Jamais les théâtres n'avaient été aussi pauvres d'auteurs et de comédiens. Cliché qui a survécu et survivra longtemps encore.

Des *Funambules*, pas un mot.

Pas un, je me trompe.

Le journal *La Pandore*, du 4 Mai, insère dans ses *Nouvelles diverses : Le théâtre des Funambules a donné hier une représentation extraordinaire.*

On avait joué à cette représentation :

OURIKA
Grande Pantomime en trois tableaux.

CHAPITRE VIII

1825-1826

Année pauvre !

Je lis dans l'almanach des spectacles de Barba pour 1825 :

FUNAMBULES

M. Bertrand, *directeur.*

M. Dourdent, *régisseur.*

Danses de corde, tours d'agilité, pantomimes Italiennes.

Et, parlant en même temps du théâtre des *Acrobates*, dont Madame Saqui, faute de fonds, avait été forcée de fermer les portes, ce même almanach ajoute :

Quarante personnes, environ, sont employées à chacun de ces deux spectacles, comme danseurs de corde, sauteurs, acteurs, etc...

M. Bertrand s'était donc séparé de M. Fabien ?

Pourquoi ? Les notes de Vautier me le disent encore.

Question d'éclairage au gaz.

M. Fabien était pour le gaz, M. Bertrand contre.

— Vive l'huile !... Criait M. Bertrand.

— A bas les quinquets !... hurlait M. Fabien.

Les discussions, modérées d'abord, s'envenimèrent.

L'un s'enflamma pour l'huile.

L'autre éclata pour le gaz.

M. Fabien traita M. Bertrand de retardataire, d'éteignoir.

M. Bertrand riposta, appelant M. Fabien : Graine d'incendiaire !.. Omar moderne !...

M. Fabien prit-il Omar pour *homard*, nous ne le saurions dire ; toujours est-il que, justement froissé, il demanda la résiliation de son contrat.

M. Bertrand, heureux de rester seul directeur, consentit facilement.

Leur amitié de vingt années fut rompue.

M. Bertrand resta seul maître des destinées Funambulesques.

Sur ces entrefaites, un bazar du boulevard Italien, bazar dans lequel s'était installée une ménagerie, où l'on exhibait le fameux boa constrictor et nombre d'autres bêtes curieuses, vint à brûler.

Ce bazar était éclairé au gaz.

M. Bertrand triompha et écrivit à M. Fabien une lettre qui ne contenait que ces deux mots :

— Eh ! bien ?...

M. Fabien ne répondit pas.

M. Bertrand, suivant l'exemple donné par les autres théâtres, décida de donner une représentation extraordinaire au bénéfice des victimes de l'incendie.

Pour cette représentation il monta une pantomime nouvelle :

PHAÉTON

OU

LES MALHEURS QUE PEUT OCCASIONNER LA LUMIÈRE MAL DIRIGÉE

Grande Pantomime en cinq tableaux, avec nombreux effets pyrotechniques.

Deburau remplissait le rôle de Pierrot, domestique de Phaéton.

C'était lui qui, chargé d'atteler les chevaux au char du Soleil, s'acquittait si mal de sa tâche que son maître portait l'incendie dans l'univers entier.

Malgré le but tout humanitaire de la représentation, cette fantaisie, mal venue paraît-il, fut sifflée à outrance.

Le lendemain de cette triste représentation, M. Bertrand recevait à son tour de M. Fabien un billet ainsi conçu :

— Eh ! bien ?

Signé : « *Fabien.* »

M. Bertrand fut très mortifié. *Phaéton* ne put être joué que trois fois.

Les mauvaises langues de l'époque prétendirent que cette élucubration anti-lumineuse, avait pris naissance dans le cerveau vindicatif de M. Bertrand.

Que la pièce fut de Bertrand ou non, le directeur des Funambules ne renouvela jamais aucune tentative littéraire.

Un monsieur Donville publia à cette époque un roman intitulé : *L'Espagnol* ou *la Tombe et le Poignard.*

M. Bertrand, fasciné par les éclairs de ce titre extraordinaire, fit immédiatement faire une pantomime sur les deux volumes de M. Donville, et, l'affiche des Funambules, étala bientôt pompeusement à l'encre rouge :

LA TOMBE ET LE POIGNARD

OU

LA VENGEANCE D'UN ESPAGNOL

Pantomime en 4 tableaux.

Deburau jouait le personnage de Pierrot, valet de l'Espagnol.

Je ne trouve rien de plus sur l'année 1825, et me hâte de passer à 1826.

Cette année ne fut guère heureuse pour les spectacles, en général. J'en recueille la preuve dans une vieille pièce des Variétés, *Le Médecin des théâtres,* ou *les Ordonnances,* sorte de revue de MM. Théaulon, Dartois et Francis, dans laquelle le docteur *Sauve-qui-peut,* consulté par les différentes Directions, prescrit des ordonnances dans le genre de celle-ci :

Le Docteur (Au Théâtre Français).

Il vous faudrait, mon cher, une bonne ordonnance ;
Votre régime est vieux et vous sera fatal.
Vous travaillez, d'accord ; mais vous travaillez mal,
Croyez en les conseils d'un docteur qui vous aime,
Si vous voulez durer, changez votre système.

Le Théâtre Français.

Je suis un financier, quoiqu'on dise autrement,
Et je ferai valoir...

Le Docteur.

Vos talents ?...

Le Théâtre Français.

Mon argent !...

Arrivait ensuite, le tour du *Vaudeville* :

Le Vaudeville.

Flon, flon, flon, la riradondette, flon, flon, je sommes malade comme tout.

Le Docteur.

Je vois, mon petit vieux, que votre quartier ne vous vaut plus rien. Il faut vous dépayser un peu ; il faut partir pour les bains de Dieppe. Oui, vous me faites de la peine, fariradondaine !.. Laissez là vos flonflons, la riradondon, et je vous souhaite une bonne santé, fariradondé !

Puis, venait l'*Opéra-Comique* :

Le Docteur.

Je ne vous cache point que vous êtes blessé dangereusement.

L'Opéra Comique.

J'en ai peur.

Le Docteur.

Il y a chez vous délabrement, affaissement.

L'Opéra-Comique.

Affaissement ?...

Le Docteur.

Oui ! vous êtes affaissé ; mais avec mes lumières et un local plus sain...

L'Opéra-Comique.

Ça se trouve bien, je vais me faire bâtir une nouvelle maison.

Le Docteur.

Carabin, vous mettrez sur la blessure, la partition de *Joconde* ; vous lui ferez prendre une infusion d'*Aline* à plusieurs reprises. Vous aurez soin qu'il ne *parle pas trop*, et surtout vous prendrez garde qu'il ne reste entre deux airs.

Carabin.

Oui, Maître. Est-ce qu'il n'y a rien à couper ?

Le Docteur.

Non, pour le moment il est trop faible, nous verrons plus tard... Allez, mon cher Feydeau, demain j'irai vous voir.

L'Opéra-Comique.

Vous me ferez bien plaisir, car je vois peu de monde, et j'ai besoin de distractions.

A la *Porte Saint-Martin* qui se présentait en chantant :

Je ne fais pas un sou...
Ça me mine
Et me chagrine.
Je ne fais pas un sou...
Voilà c'qui me rend presque fou !...

Le docteur répondait :

Il est encore plus malade qu'il n'en a l'air. Voyons si ses facultés morales sont affaiblies et s'il se rappelle encore son ancien genre, dont il n'aurait jamais dû sortir... Qu'est-ce que c'est que le mélodrame ?...

La Porte-Saint-Martin.

Le Mélodrame ?... C'est une charge.

Le Docteur

En douze temps, c'est vrai. (*Commandant militairement*). Garde à vous !... Pour faire une entrée à effet ! Marchez à grands pas, par saccades et en tortillant des hanches !.. Bien !.. Le coup de talon du remords !.. une, deux,.. c'est ça.

La Porte Saint-Martin

Ah ! je suis superbe !

Le Docteur

Garde à vous, pour dissimuler !.. Une, deux, Dissimulez, baissez le bout du nez et levez la tête !. Bien ! Garde à vous, pour poignarder ! Saisissez vivement le poignard de la main droite, levez le bras à la hauteur de l'œil, les jambes en équerre, le jarret tendu, fixez la victime, froncez le sourcil, grincez les dents, une, deux ! Enfoncez ! Enfoncez plus que ça.

La Porte-Saint-Martin

Je ne peux pas être plus enfoncé que ça !...

Le Docteur

Garde à vous pour la sortie avec la phrase accoutumée : « *Il faut qu'il périsse. Adieu, seigneur* ! » Attention !.. *Il faut qu'il. périsse*, je ne regarde pas ; une ! *Adieu, seigneur* ! je regarde, deux !... C'est très bien. Des douches et des sangsues.

Carabin

Des sangsues ?.. On dit qu'il en a assez comme cela.

Le Docteur

C'est égal, ça ne peut pas nuire.

Le Docteur *Sauve-qui-peut* donnait encore des conseils à l'*Ambigu*, à *la Gaieté* ; mais des *Funambules* point n'était question.

Et voyez à quel point il était infime, cet infiniment petit, les journaux de théâtre commençaient à donner l'annonce des spectacles que jouaient les *Acrobates* et laissaient leur voisin dans l'oubli.

Ainsi, on imprimait dans divers journaux :

SPECTACLE ACROBATE DE M. SAQUI.

Exercices sur la corde. — Gulliver. — Le tapis merveilleux. — L'héroïne d'Orléans. — Les plaisirs d'automne. — Albérard. — L'éveillé et l'endormi. — La dame noire. — L'incendie de village. — Le fantôme armé. — La flûte enchantée etc. etc...

Mme Saqui avait dû faire de nombreuses visites, franchir bien des seuils, pour parvenir à voir l'annonce de son spectacle reproduite aux côtés de celle de l'Académie Royale de musique, ou de la Comédie Française. Toujours est-il qu'elle y était parvenue.

M. Bertrand n'avait pu, lui, obtenir cette inespérée faveur; peut-être n'y voulait-il pas mettre le prix, ou, pensait-il qu'il n'avait pas besoin de réclame.

Cependant, nous retrouvons une oasis dans ce désert, une bouée dans cet océan, l'engagement de Deburau !

Je le reproduis en son entier :

SPECTACLE DES FUNAMBULES

Engagement.

« Entre les soussignés M. *Nicolas Michel Bertrand*, directeur du spectacle des Funambules, demeurant à Paris, faubourg du Temple, n° 18, d'une part ;

« Et M. *Jean-Baptiste Deburau*, artiste Funambule, mime, demeurant à Paris, faubourg du Temple n° 28, d'autre part ;

« Nous sommes convenus de ce qui suit, savoir :

« Moi, *Bertrand*, j'engage, par ces présentes, M. Deburau, pour remplir dans ma troupe l'emploi de Pierrot, et généralement tous les rôles qui lui seront distribués par moi ou le régisseur.

« Le présent engagement est fait aux clauses, charges et conditions suivantes.

« Savoir :

« 1°. — Moi, *Jean-Baptiste Deburau*, m'engage à jouer tous les rôles qui me seront distribués par le Directeur ou son Régisseur, danser et figurer dans les ballets, divertissements, marches, pantomimes et toutes autres pièces ; faire les combats ; suivre la troupe si elle était mandée pour fêtes et réjouissances particulières et publiques, sans rien exiger que les voitures que le déplacement pourrait occasionner.

« 2° — Je promets me rendre aux répétitions partielles et générales ; consentant payer les amendes prescrites par le règlement que je connais, et auquel je promets me soumettre sans difficultés, ni contestations, me rendre tous les dimanches et jours de fête au théâtre à trois heures, et les autres jours de la semaine à quatre, pour y utiliser mes talents, pour autant de représentations ordonnées par le Directeur ou son Régisseur.

« 3°. — Je consens à me conformer aux règlements établis ou à établir pour l'ordre du spectacle, et à me contenter du luminaire, du chauffage et des costumes qui me seront fournis par l'administration.

4°. — Je consens à ne pas m'absenter de Paris, sans un consentement signé du Directeur, et à me trouver au théâtre chaque jour de représentation, dans le cas même où je ne jouerais pas ; afin de donner à l'administration la faculté de remplacer un ouvrage, qu'un évènement imprévu empêcherait de jouer.

« 5°. — En cas de maladie, le Directeur se réserve le droit de suspendre les appointements de l'Artiste, jusqu'au jour de sa rentrée.

« 6°. — En cas d'incendie du théâtre, de clôture par ordre supérieur, ou de tous autres évènements majeurs et imprévus, le présent engagement sera nul et résilié de plein droit, à moins que le Directeur ne déclare être dans l'intention de continuer le paiement des appointements de l'artiste jusqu'à nouvel ordre.

« 7°. — L'artiste sera tenu de se fournir de linge suivant les costumes, de bas, chaussure, rouge et gants. L'administration se charge des costumes et accessoires. Les danseurs et danseuses de corde devront se fournir généralement de tout, pour l'exercice de la danse de corde ; et cela d'une manière convenable. Tous les objets fournis par l'administration, et qui seront perdus ou endommagés par négligence ou à dessein, seront rétablis dans les magasins au compte et sur les appointements des délinquants.

« 8°. — En cas d'ivresse, le Directeur ou le Régisseur mettront le délinquant à l'amende, suivant le tarif ; en cas de récidive le Directeur se réserve le droit de rompre l'engagement sans aucun recours de la part de l'artiste.

« 9°. — Je renonce à tout usage de mes talents sur des théâtres publics ou particuliers, à moins d'en avoir obtenu la permission écrite du Directeur, à peine de trois cents francs d'amende.

« Moyennant les clauses ci-dessus, fidèlement exécutées, M. *Bertrand* s'engage à payer à M. *Deburau* la somme de *Trente cinq francs par semaine*, pendant tout le cours du présent engagement.

« Le présent engagement est fait pour *trois années*, qui commenceront le lundi, après Pâques, 1828, pour finir le Dimanche des Rameaux 1831.

« Veulent les parties d'un commun accord que le présent engagement ait même force et valeur que s'il était passé par devant notaire, sous peine par le premier contrevenant de payer à l'autre un dédit fixé à la somme de *mille francs*.

« Fait double et de bonne foi entre les parties, le 12 décembre 1826.

« Fait double entre nous :

Bertrand.

» Approuvé l'écriture ci-dessus :

Deburau.

C'est en 1826, que cet engagement, pour 1828, est signé.

Bertrand avait donc peur, déjà, qu'on lui enlevât son Pierrot, qu'il s'y prenait seize mois à l'avance pour l'enchaîner à nouveau dans cette guirlande de fleurs, représentée par la somme de *trente cinq francs par semaine !..* Cinq francs par jour !

Adelina Patti a gagné cent francs par minute.

Il est vrai qu'elle chantait.

Donc, bien menteur le proverbe arabe : La parole est d'argent et le silence d'or.

Le tarif des amendes ou règlement intérieur du théâtre, était affiché au foyer, afin que nul n'en ignorât.

Le voici dans toute sa brièveté, dans toute son éloquence, dans toute son impudence :

Amendes

1°. 5 minutes de retard aux répétitions ordinaires					25 c.
2° 10 minutes	—	id.	—	id.	50 c.
3°. Un quart-d'heure		id.	—	id.	1 fr. 50
4°. Une demi-heure		id.	—	id.	2 fr. »
5°. Un acte entier manqué			—	id.	2 fr. 50
6°. Deux actes manqués			—	id.	4 fr. 50
7°. Une répétition entière manquée				id.	6 fr. »

Ces amendes seront doublées pour les répétitions dites *générales*.

8°.	Entrée manquée à la représentation	1 fr. »
9°.	Un acte id. id.	3 fr. »
10°.	Deux actes id. id.	6 fr. »
11°.	Une pièce entière manquée	12 fr. »
12°.	Troubler une répétition ou une représentation	de 75 c. à 2 fr.
13°.	Se présenter au théâtre en état d'ivresse	de 1 à 6 fr.
14°.	Se battre ou se disputer dans le théâtre	de 1 à 12 fr.
15°.	Se faire remplacer dans un rôle, sans autorisation	6 fr. »

On s'étonnera peut-être de ne voir frappé que de *trois* francs ou *six* francs d'amende, l'artiste qui, à la représentation, manquait un ou deux actes. Mais que l'on veuille bien se le rappeler : On ne jouait encore aux Funambules en 1826, que la Pantomime ; la liberté de la parole, tolérée un instant, avait été plus que jamais interdite. Ces manquements au devoir avaient donc beaucoup moins d'importance que s'il s'était agi de remplacer, au pied levé, un acteur chargé d'un rôle parlant et chantant.

Pas un programme, pas une note ne nous donnent de renseignements sur le répertoire de cette année.

CHAPITRE IX

1827

Poulailler.

En ce temps-là, on venait de jouer au théâtre de la Gaieté, un mélodrame en neuf petits actes — c'est ainsi que s'exprimait l'affiche — sous le titre de *Poulailler*.

M. Francisque aîné, créateur du rôle, obtenait un très grand succès dans le personnage de ce voleur célèbre ; à côté de lui, Bouffé se faisait remarquer dans un second rôle de brigand, nommé Passe-partout.

La foule accourait chaque soir emplir le théâtre de feu Nicolet.

C'est alors que M. Bertrand, désireux de manger sa part des œufs d'or de ce Poulailler, conçut le projet d'avoir, lui aussi, le sien ; il réunit ses disciples et leur dit :

— Mes chers auteurs, celui de vous qui, le premier, m'apportera une bonne pantomime en plusieurs tableaux, sur l'original entreprèneur de vols qualifiés, connu et méconnu, sous le nom de *Poulailler,* touchera une prime de *cinquante* francs !

En moins de trois jours, M. Bertrand reçut et lut vingt-cinq manuscrits, desquels il ne retint que deux.

Il aboucha les auteurs de ces deux chefs-d'œuvre et leur commanda de les fondre en un seul ; ce qui fut fait en une couple d'heures.

Chacun toucha vingt-cinq francs, et dès le lendemain, la pièce entra en répétition.

J'ai retrouvé dans les vieux manuscrits de Vautier, en même temps que les notes qui précèdent, cette pantomime, introuvable certainement aujourd'hui.

Je ne puis résister à l'envie de faire connaître aux *dilettanti* de mon époque, cette pièce curieuse dont, hélas ! les auteurs sont restés inconnus.

Sur le manuscrit se trouve le nom des acteurs auxquels les rôles étaient distribués.

Cela nous reconstitue en grande partie le tableau de la troupe pour cette année 1827.

POULAILLER

ou

Prenez garde a vous !

Pantomime-Arlequinade-Comique, à spectacle, avec changements à vue et un divertissement dans le genre des fêtes populaires de la Courtille.

Représentée pour la première fois le 1er Mars 1827.

Personnages.	*Acteurs.*
Deux rouliers.	MM. Deux figurants.
Un maître d'auberge.	René.
Une fille de restaurateur aimée de Poulailler.	Mlle Marianne.
Pierrot, garçon de restaurant.	MM. Baptiste (1).
Un maître de restaurant.	Placide.
Le jeune compagnon de Poulailler.	Philippe.
Un jeune homme bien mis qui va déjeuner chez le restaurateur.	Edouard.
Deux dames qui vont déjeuner chez le restaurateur.	Mmes Houzian et Honorée.
Un joaillier.	MM. Adolphe.
Arlequin, chef de patrouille.	Charles.
Un marchand de toiles.	René.
Un marchand de vin de champagne.	Victor.
Deux voleurs de grand chemin.	Joseph, Edouard.
Un voyageur.	John.
Un postillon.	Placide.
Un geôlier.	Victor.
Poulailler.	Clément.

1. Baptiste était notre Deburau.

Ballet.

MM. Sirot, Cossard, Edouard, Philippe.
Mmes Julie, Sirot, Marianne, Laurent, Betzi, etc.

Sur la première page du manuscrit, à côté du sceau de la *Direction Générale des Théâtres*, je lis la note suivante :

Lue et approuvée pour être jouée au spectacle des Funambules. Lorsque Cartouche et Mandrin sont mis en scène sur les Théâtres secondaires, Poulailler, qui est un voleur de seconde classe, peut, sans inconvénient, figurer aux Funambules. D'ailleurs le tableau de la fin est moral ; mais on ne verra pas la Grève, et Poulailler n'aura pas la figure atroce des brigands de mélodrames. La figure pâle et les habits sales suffisent.

Paris, le 29 Janvier 1827.

VAUQUELIN,
Inspecteur des Théâtres.

Cette classification de Poulailler, comme voleur de second ordre ; cette constatation de moralité accolée au dernier tableau ; cette interdiction à l'acteur chargé du rôle de Poulailler, de se faire une *atroce* figure ; cette ordonnance voilée de le rendre agréable et gracieux ; cette désignation d'habits sales, accompagnant la pâleur du visage, ne forment-elles pas un monument colossal, dont la consécration devrait être érigée à la gloire de tous les Censeurs draconiens du Passé, du Présent et de l'Avenir ?...

Je publie le manuscrit de Poulailler :

1er TABLEAU.

Le théâtre représente une cour d'auberge. A droite de l'acteur une cave et au-dessus un poulailler. Au fond une écurie.

SCÈNE 1ère

Il fait petit jour ; deux rouliers sont endormis sur la paille, dans l'écurie

Poulailler sort du poulailler après avoir observé si tout est encore calme et tranquille dans l'auberge.

Il fait entendre la nécessité où il se trouve de prendre un nouveau déguisement. Il prend la blouse d'un roulier, son bonnet, et, au moment de sortir, il dérobe un panier de volailles. Une poule se met à crier : il lui tord le col, afin de ne pas être trahi, et se sauve.

Les rouliers se réveillent. Celui dont on a pris les habits met toute la maison en mouvement. Le tapage augmente lorsqu'on s'aperçoit qu'un panier de volailles a été enlevé.

On se met à la poursuite du voleur.

(*Changement*).

Scène 2me

Le théâtre représente une salle de restaurateur.

Une fille de la maison, accompagnée de Pierrot, garçon de salle, vient préparer les tables.

Poulailler se présente avec son panier de volailles et offre de les vendre.

La fille qui ne reconnaît pas son amant, parce qu'il est déguisé en roulier, envoie Pierrot chercher son maître. Celui-ci arrive, marchande et achète la provision qu'il donne à Pierrot pour porter à la cuisine.

Il sort avec lui.

La fille continue à dresser les tables.

Poulailler, à l'entrée de la salle, appelle son compagnon, quitte sa blouse, change de chapeau et rentre ensuite comme s'il arrivait du dehors.

Son compagnon a filé.

Il s'entretient amoureusement avec sa maîtresse qui ne sait pas avoir un voleur pour amant.

Pierrot les surprend.

Scène comique entre ces deux personnages et Pierrot.

Poulailler demande à déjeuner.

Entre un jeune homme bien vêtu qui demande également à déjeuner.

A la vue du jeune homme, Poulailler conçoit de suite, l'idée de s'emparer de sa montre et de la belle chaîne qui pend à son côté.

En effet, il profite du moment où le jeune homme va accrocher son chapeau à un clou, pour lui enlever le bijou qu'il convoite.

Comme il n'a pas été vu du jeune homme, il fait semblant de sortir et d'entrer pour la première fois. On sert le jeune homme qui se met à table. Poulailler en fait autant de son côté.

Deux dames arrivent. Elles demandent un bouillon et du vin. On les sert. Elles déjeunent et s'entretiennent avec chaleur.

Poulailler, pendant ce temps, fait à sa maîtresse un cadeau qui consiste en quelques mouchoirs volés.

Poulailler qui a remarqué le *ridicule* d'une de ces dames sur la table, tire de sa poche une ficelle au bout de laquelle il attache une épingle. Il va, sans être remarqué, la fixer au ridicule.

Pour s'emparer du ridicule sans qu'on puisse entendre le bruit qu'il ferait en tombant, il renverse sa table et profite du désordre que cela occasionne, pour attirer le sac à lui.

Le calme étant rétabli, cette dame s'aperçoit du vol. Le jeune homme, à son tour, déclare qu'on lui a enlevé sa montre et accuse Pierrot qui est venu plusieurs fois près de lui.

Celui-ci se défend et prend son maître à témoin.

Pendant ce temps, Poulailler fait approcher son compagnon, auquel il remet le sac, en lui ordonnant de sortir au plus vite.

Cette scène n'est remarquée de personne.

Une des deux dames dit qu'elle a vu Poulailler se lever de table; que lui seul peut être coupable.

Poulailler est invité à se laisser fouiller, et n'apporte qu'une faible résistance à cette proposition ; mais au moment de s'approcher du maître d'hôtel, il s'aperçoit qu'il a oublié de donner la montre à son compagnon. Il trouve de suite un expédient.

Il vient se placer en face du restaurateur, il lève les deux bras en l'air, et, tenant la montre dans une de ses mains, il l'accroche au dos de celui qui le fouille. L'opération terminée, il reprend la montre et de plus le mouchoir de poche du restaurateur.

Poulailler, justifié, s'en va très mécontent de l'affront qu'il a reçu.

On se réunit et l'on sort pour aller faire sa déclaration à l'autorité.

Scène 3me

Le théâtre représente une place publique. A droite une maison à deux étages avec une enseigne portant ces mots : Marchand de toiles. *Vis-à-vis une boutique de joaillier. Près de la fenêtre, une borne.*

On voit le joaillier travaillant dans sa boutique.

Poulailler arrive déguisé en marchand de salade.

Il désigne la boutique du joaillier ; observe autour de lui pour voir si personne ne le suit.

Alors, il vient déposer sa hotte sur la borne ; le joaillier sort de chez lui en colère et invite le marchand à retirer sa hotte qui lui masque le jour.

Poulailler prend un air suppliant, se plaint d'une extrême fatigue et obtient de reprendre haleine. Il entame une conversation, relative à sa malheureuse existence.

Pendant ce temps, son compagnon sort la tête, puis tout le corps, de la hotte. Il détache un carreau de la fenêtre et enlève tout ce qui se trouve à sa portée ; après quoi il reprend son poste.

Poulailler salue le joaillier, le prie de l'aider à remettre sa hotte sur son dos et s'éloigne ensuite doucement.

Le joaillier rentre chez lui, s'aperçoit du vol et court après Poulailler auquel il raconte son malheur, sans concevoir comment on a pu le voler puisque tous deux étaient à la porte de la boutique.

Poulailler le plaint, l'engage à faire sa déclaration et s'éloigne.

Pendant cette conversation, Pierrot est entré chez le joaillier avec un panier contenant son dîner. Il sort au moment où le marchand va pour rentrer chez lui.

Celui-ci, étonné, soupçonne Pierrot qui ouvre ses vêtements pour faire voir qu'il n'a rien sur lui. Il montre le dîner qu'il vient d'apporter. On lui en paye le prix et il sort.

La nuit arrive. Le joaillier ferme sa boutique et rentre chez lui.

Poulailler arrive en redingote, suivi de son compagnon.

Il a une lanterne sourde. Il s'approche de la maison du marchand de toiles, écoute et annonce que tout est calme.

Tous deux se félicitent de leur expédition chez le joaillier.

A cette occasion, le compagnon remet à Poulailler un portefeuille qu'il a pris chez le joaillier et qu'il a oublié de lui remettre avec les autres objets.

Poulailler ouvre le portefeuille et fait voir qu'il ne contient que des papiers de sûreté. Il vient ensuite à la porte du marchand de toile, et en enlève un panneau par lequel il fait introduire son compagnon dans la maison.

Une patrouille vient à passer.

Poulailler veut l'éviter ; mais Arlequin, qui en est le chef l'arrête et lui demande ses papiers.

Il prend le porte-feuille du joaillier et en sort une carte qu'il présente à Arlequin.

Celui-ci lit et se tournant tour-à-tour vers Poulailler et la boutique.

— C'est donc là que vous demeurez ?...

Il répond affirmativement. Arlequin lui remet sa carte.

Poulailler propose à Arlequin de prendre une goutte chez lui.

Arlequin remercie. La patrouille s'éloigne.

Poulailler retourne à son poste.

Son compagnon jette par la fenêtre du second étage différents objets que Poulailler met en sûreté.

On entend du bruit dans la maison.

Le compagnon envoie, par la fenêtre, le bout d'une pièce de toile, que Poulailler va attacher autour d'une borne. Le compagnon se laisse glisser jusqu'en bas le long de la toile.

Le marchand de toiles paraît à la fenêtre et tire un coup de pistolet sur les voleurs, qui s'échappent.

La patrouille revient. Le marchand de toiles et le joaillier se plaignent à Arlequin

Différentes personnes, parmi lesquels Pierrot, viennent également faire leur déposition.

Le jour paraît.

Poulailler arrive en vieille femme pour se plaindre aussi d'avoir été volé ; affectant un désespoir jusqu'à l'évanouissement.

Le marchand de toiles et le joaillier lui portent secours. Ils lui passent les bras autour de leur col ; mais ces bras sont postiches. Poulailler utilise les véritables, pour prendre ce qu'il trouve dans les poches de ceux qui l'accompagnent.

Ils entrent chez le marchand de toiles. Tout le monde regarde à la porte.

Un grand bruit se fait entendre dans la maison. Poulailler en sort, bousculant tout ce qui se présente devant lui. Il jette ses vêtements de vieille femme à droite et à gauche.

Il saute par dessus la tête de Pierrot, qui veut s'opposer à son passage, et s'échappe. On le poursuit.

A peine le monde est-il sorti, que Poulailler rentre en scène, toujours poursuivi ; il n'a que le temps de quitter son habit, de le retourner et de le remettre au plus vite, ce qui le rend méconnaissable.

Tout le monde revient en courant et demande à Poulailler s'il a vu le voleur.

Il indique une fausse direction. On continue la chasse.

Pierrot seul est resté. Il le reconnaît. Après quelques lazzis, Poulailler s'échappe.

Aux cris de Pierrot, tout le monde revient. Il rend compte de ce qui lui est arrivé.

Le marchand de toiles entre chez lui et en sort, en déployant cette inscription :

500 FRANCS DE RÉCOMPENSE A QUI ARRÊTERA POULAILLER

Pierrot déclare qu'il va s'armer et mériter la récompense.

Il s'équipe d'une manière ridicule et suit la garde.

Tout le monde sort.

SCÈNE 4me

Le théâtre représente une salle de marchand de vin. La porte et les fenêtres sont ouvertes.

Le marchand de vin range ses tables.

Poulailler traverse le théâtre avec le plus grand désordre.

Il est poursuivi par la garde et Pierrot.

Dès qu'ils ont disparu, Poulailler reparaît, et, mettant un pistolet sur la poitrine du marchand de vin, il le force à descendre dans sa cave. Poulailler le suit.

La garde revient.

Poulailler, déguisé en marchand de vin remonte de la cave, tenant deux bouteilles.

Arlequin lui montre l'inscription indiquant que l'on est à la recherche de Poulailler. Celui-ci assure qu'il n'a vu personne.

Arlequin ordonne à deux gardes de rester en scène et sort avec le reste de sa troupe.

Les deux gardes déposent leurs pistolets. Ils boivent et assurent le faux marchand de vin qu'ils auront bientôt les 500 frances de récompense promis.

Poulailler leur souhaite cette bonne chance. Il passe derrière eux, quitte son déguisement, s'empare de leurs pistolets et se présente ensuite à ses adversaires en ayant l'air de leur dire : le voilà ce Poulailler !....

Les gardes vont pour prendre leurs pistolets ; Poulailler leur en présente le bout et se sauve par la fenêtre.

Pierrot, qui entre dans ce moment, arrête la course des deux gardes en se heurtant à eux.

On s'élance sur les traces de Poulailler.

SCÈNE 5me

Le théâtre représente une forêt.

Deux voleurs sortent d'un taillis. Poulailler entre. Les deux voleurs lui demandent : la bourse ou la vie !... Poulailler éclate de rire, se fait reconnaître et reçoit les excuses de ses camarades.

On entend le bruit d'une chaise de poste et le fouet du postillon.

Poulailler et ses deux associés s'élancent à sa rencontre.

Coups de feu dans la coulisse.

Ils rentrent, en se battant, avec le voyageur et le postillon.

Combat réglé au sabre.

Le postillon et le voyageur sont désarmés et mis en fuite.

Poulailler procède au partage du butin. Il est troublé dans cette opération par l'arrivée de Pierrot. Les voleurs se cachent dans le taillis.

Pierrot, peu rassuré d'abord, fait ensuite le fanfaron. Il va pour s'asseoir quand il aperçoit des canons de fusil dirigés sur lui. On l'arrête.

Poulailler se moque de lui, et déclare que, pour le punir de sa fausse bravoure, il sera pendu.

On lui passe une sangle autour du corps et on le suspend à une branche d'arbre.

On entend la marche des gardes.

Poulailler fait cacher ses camarades, puis s'empare de la valise et se sauve en l'emportant.

Le voyageur et le postillon dirigent les gardes.

Ils aperçoivent Pierrot et le détachent ; celui-ci fait pincer les deux voleurs dans leur repaire et indique ensuite le chemin qu'à pris Poulailler.

On s'élance à sa poursuite.

Lorsque tout le monde est sorti, Poulailler traverse le théâtre et se sauve du côté opposé aux gardes.

SCÈNE 6me

Le théâtre représente une guinguette où tout est disposé pour une fête.

Différentes sociétés arrivent. Les uns boivent, les autres dansent.

Arrivée de Poulailler avec sa maîtresse et ses amis déguisés. Il est vêtu avec les habits du voyageur, dévalisé dans la forêt.

Ce voyageur arrive et le reconnaît. Il sort pour aller chercher main forte.

Poulailler boit et danse. Arlequin paraît avec le voyageur. Il fait cerner la guinguette.

Poulailler s'en aperçoit. Il donne un signal à ses amis. Une bousculade a lieu. Elle a pour résultat la prise de Poulailler.

SCÈNE 7me

Le théâtre représente une prison.

On amène Poulailler.

Sa maîtresse vient. Elle a, avec lui, un entretien dans lequel elle témoigne combien elle est malheureuse d'avoir eu pour amant un homme tel que lui. « *Scène morale* » (1).

On vient annoncer à Poulailler sa fin prochaine. Sa maîtresse lui fait une exhortation. Il montre un grand repentir.

Scène 8me et dernière

Le théâtre représente les quais.

« *On doit observer que rien n'indique les approches de la grève.* » (2)

Une foule de monde sort de gauche et se porte du côté droit.

On entend sonner 4 heures !...

Tout le monde détourne la vue et indique d'un geste que le crime est puni.

On baisse le rideau sur ce tableau.

Voilà cette pantomime avec toute sa naïveté.

Et je me demande pourquoi le censeur Vauquelin, représentant de la morale au théâtre, sous le règne vertueux du Roi Charles X, a tenu avec tant d'insistance a ce que Poulailler ait le visage gracieux et souriant ?

Il me semble qu'au contraire, *la figure atroce des traîtres de mélodrame* eût enlevé tout charme à ce détrousseur d'honnêtes et même de malhonnêtes gens.

En l'exigeant beau et de manières aimables, Vauquelin l'a rendu sympathique ; et le repentir de la fin, que le pudique Vauquelin proclame *tableau moral*, a du achever de gagner la cause du crime au détriment de la vertu, à cette époque où les âmes sensibles versaient d'abondantes larmes, en chantant ou en écoutant chanter : *Ce que j'éprouve en vous voyant*, *Laissez-moi le pleurer ma mère !* *Où va mon âme ?* *Jeune fille à l'œil noir*, *C'est demain qu'il arrive*, *Vogue ma nacelle*, etc., etc...

Le but de Vauquelin, n'a pas dû être atteint.

Le rôle de Pierrot était assez effacé. Celui d'Arlequin existait à peine.

Mais leur présence était indispensable ; sans cela, la pantomime eût été considérée comme un mimo-drame et César-Vauquelin l'eût immédiatement interdite.

Cependant M. Bertrand trouvait lourdes les charges de la direction.

Administrer, faire répéter, lire les manuscrits, ce dernier point principalement, tout cela l'ennuyait fort ; c'était un travail très pénible, surtout dans un théâtre où l'affiche se renouvelait aussi souvent.

1. *Note de la Censure.*
2. *Note de la Censure.*

Un associé se présenta : Monsieur Cot d'Ordan.

Il était légèrement teinté de littérature et possédait la forte somme ; M. Bertrand l'agréa et le fit reconnaître au personnel de son théâtre par cette note, affichée à la glace du foyer :

AVIS

A partir de ce jour, 1er mai 1827, Messieurs et Mesdames les artistes, Messieurs les musiciens, machinistes, costumiers et autres employés du théâtre des Funambules sont invités à reconnaître M. Cot d'Ordan, comme administrateur général, intéressé à la Direction.

M. Cot d'Ordan se posa du premier coup comme un économiste distingué.

Les musiciens, qui gagnaient 35 francs par mois, n'en eurent plus que 30. C'était à prendre ou à laisser. Les affamés prirent.

Les acteurs furent invités à baisser leurs quinquets, pendant qu'ils s'absenteraient de leur loge, afin d'économiser l'huile.

De plus, il leur était formellement interdit de se servir de cette même huile pour se démaquiller le visage.

Voici une des nombreuses proclamations que le nouveau co-associé mit au bulletin de service :

Il est expressément défendu à Madame Guerpon, *sous peine de vingt francs d'amende*, d'apporter aucun changement aux costumes des dames, ou de faire blanchir leurs robes sans autorisation. L'administration sait ce qu'elle doit faire *pour l'honneur du théâtre*, et il n'appartient à personne de lui imposer ses lois. Il est même défendu à Madame Guerpon de donner des pantalons aux acteurs qui manqueraient de bas. En un mot, elle ne doit disposer de rien de ce qui est confié à sa garde, sans un ordre formel de l'administration.

Paris, le 21 Mai 1827,

COT D'ORDAN.

Cet « *honneur du théâtre* », ainsi lancé à la face de tous, a du panache, tranche de la rapière, et porte casque en tête. Il tintinabule fièrement à l'oreille !...

Ce ne devait point être un homme ordinaire, celui qui lançait de telles apostrophes à Madame Guerpon ; et l'humble cabinet de MM. Bertrand et Fabien semblait vouloir se renouveler des débris antiques des Cortès de Valladolid et de Castille.

A cette époque la Bourgogne de la *Tour de Nesle* se préparait à être heureuse et le boulevard du Temple l'était déjà.

Les autocrates directoriaux pouvaient lancer aux foules leurs ukases les plus Tzariens, sans que le plus petit interviewer pensât à venir y fourrer le bout de son oreille et le bec de sa plume.

Les reporters n'existaient pas encore.

Il n'y avait même pas de petits journalistes ; il n'y en avait que de grands, qui faisaient de petits journaux.

On ne peut se figurer, qu'en les relisant, ce qu'il y a d'esprit répandu dans ces feuilles d'apparence légère, qui s'appelaient *le Miroir*, *la Pandore*, *le Coureur des spectacles*, *le Corsaire*, puis, plus tard, *le Monde dramatique*, etc., etc.

Pendant ce temps, aux Funambules, les Pantomimes continuaient à succéder aux Pantomimes, sans qu'aucune arrivât à former le clou susceptible d'accrocher l'attention prolongée du public.

On se disait bien, de par le boulevard de Gand, qu'à l'un des petits théâtres du boulevard du Temple, il y avait un paillasse muet, fort amusant du nom de Deburau ou Desbureau ; mais on ne se dérangeait pas pour s'aller encanailler, dans les flots d'une telle marée, au milieu d'une foule aussi braillarde, aussi grouillante, aussi forte-en-gueule, que l'était cette populace des faubourgs et des moindres boulevards.

Quelques joyeux viveurs, quelques excentriques poussaient parfois jusques là leurs excursions fantaisistes, comme d'aucuns s'égarent aujourd'hui à la fête de Neuilly ou à la foire au Pain d'épices.

L'accueil qu'y recevaient les Dandys — Georges Brummel venait de les créer — n'était guère fait pour les encourager dans ces voyages lointains.

Ces *honnestes* jeunes seigneurs n'y venaient avec leurs *galantes damoiselles* qu'après nopces Sardanapalesques et orgies Gargamelléennes, interrompant le spectacle, suspendant l'émotion des spectateurs pantelants, par des entrées tapageuses, accompagnées de sorties plus ou moins spirituelles.

Aux lazzis tonitruants, aux apostrophes abracadabrantes, aux plaisanteries acidulées de ces sinistres importuns, les titis, les militaires, voire même les bonnes d'enfants ripostaient, de toutes les parties de la salle, par de la mitraille de trognons de pommes, de noyaux de pêches, de poires cuites, de chaussons aux pruneaux, voire même d'œufs durs.

C'étaient là des combats homériques dans lesquels, le plus souvent, les avants-scènes étaient envahies. Alors, de formidables tournois, de gigantesques pugilats s'y livraient, luttes fantastiques dont le dénouement était toujours le même. La garde intervenait, expulsait les fâcheux, et la représentation continuait aussi paisiblement que si le glaive de la justice, représenté par les baïonnettes des quatre hommes flanqués de leur caporal, ne fût venu trancher de son fil acéré, le nœud, qui, un instant, avait causé la situation embrouillée.

Une fois, les Dandys tentèrent d'escalader le Paradis. Ces Titans, comme leurs aïeux, furent rejetés en bas, avec pertes et fracas. Les Jupiters, en manches de chemises, repoussèrent victorieusement l'assaut cyclopéen.

Ce fut à cette époque, qu'apparut la pantomime classique selon Deburau, la pantomime matrice, fantastique, féérique, nettement comique, avec trucs, transformations, décorations, danses, pluies de feu, cascades d'eau naturelle, apothéoses.

CHAPITRE X

1827 (*suite*)

Le Bœuf enragé.

Deburau et Laurent aîné faisaient école, comme Victor Hugo et Eugène Delacroix.

Laurent aîné produisait le *Bœuf enragé*, pendant que le génie d'Hugo enfantait *Cromwel*; pendant qu'Eugène Delacroix créait *la Mort de Sardanapale*.

A cette apparition du *Bœuf enragé*, titis et bonnes d'enfants laissèrent éclater leur joie, avec autant d'impétuosité qu'en apportèrent dans leurs haines, Romantiques et Classiques.

Ces derniers sentaient leurs vers anémiques s'éteindre sous les éclairs foudroyants que lançaient, à pleines rimes lumineuses et sonores, leurs adversaires naissants.

On joua le *Bœuf enragé*, cent fois, deux cents fois de suite, devant des salles bondées jusqu'aux vomitoires.

Je vais donner cette pantomime devenue difficile à trouver aujourd'hui.

LE BŒUF ENRAGÉ.

Pantomime-arlequinade, en 12 tableaux, dans le genre Anglais, par M. Laurent aîné.

Pierrot.................... Deburau.
Cassandre.................. Placide.
Arlequin................... Laurent aîné.

Boissec	Laurent jeune.
Colombine	Mlle Marianne.
L'Amour	Mme Sirot.
3 sorcières	Mmes Laurent, Betzy et Houzian.

1er TABLEAU

« *L'amour et les sorcières* »

Au lever du rideau, Arlequin, jardinier de Cassandre est endormi d'un côté du théâtre, tandis que Boissec le futur de Colombine, est endormi de l'autre. Au milieu de la scène, l'Amour et trois vieilles sorcières forment un groupe. Ils jurent de protéger Arlequin, afin qu'il devienne l'époux de la petite Colombine qu'il aime en secret. Puis, s'approchant de Boissec, tout fier de dormir tenant son contrat de mariage à la main, les sorcières lui disent :

— Ce contrat ne te servira qu'à allumer ta pipe !...

Il est bien entendu que je cite le texte exact de la pièce écrite par Laurent.

Les fées sortent, les dormeurs s'éveillent. Arlequin est rayonnant de bonheur. Boissec fait une piteuse mine ; mais la vue de son contrat le rassure.

Arrivée de Pierrot, encore en bonnet de nuit. Il a rêvé aussi, et ce rêve doit le conduire à la fortune.

1° Il a vu en songe un pendu... cela veut dire 39.

Pourquoi ?... On n'a jamais pu savoir.

2° Un chien... *Cela signifie 4 !!!*

3° Des blanchisseuses... *symbole du 67 !!!*

Pierrot mettra ces trois numéros à la loterie.

La jolie Colombine paraît. Boissec s'efforce de lui faire accepter ses hommages ; mais Arlequin secondé par l'Amour est un trop rude concurrent pour lui. Il le fait chasser par son maître Cassandre. Alors le pauvre amoureux se précipite dans un puits pour y chercher la mort ; mais l'Amour a tout observé ; il agite son flambeau, et le pauvre jardinier si misérablement vêtu il n'y a qu'un moment, reparaît couvert de paillettes scintillantes. *L'amour a changé le ver de terre obscur en papillon brillant.*

Onze ans plus tard, Victor Hugo écrivait le fameux vers :

Moi, pauvre ver de terre, amoureux d'une étoile!

Le funambule avait devancé le plus grand des poètes.

2me TABLEAU.

Un duel par intérim.

La famille Cassandre va signer le contrat qui lie la charmante Colombine à l'affreux Boissec, lorsqu'on annonce la demande en mariage d'un jeune seigneur, qui a *Cent mille francs à manger par minute.* Ce gentilhomme n'est autre qu'Arlequin déguisé. Boissec le provoque et propose un duel ; l'amoureux moricaud l'accepte avec empressement. On va se mettre en garde ; mais Boissec est un poltron. Il paye à boire à Pierrot afin de le faire se battre à sa place. Quand il le juge suffisamment échauffé, il le lance sur

Arlequin qui, feignant d'avoir été atteint par sa terrible épée, fait le mort. L'effroi s'empare du cœur des deux peureux ; ils se sauvent ; et Arlequin, saisissant cette occasion, enlève Colombine sans difficulté.

3me TABLEAU.

Grand combat livré à la porcelaine.

Les amants n'ont pas eu le temps de quitter la fabrique de porcelaine du papa Cassandre. On se met à leur recherche. Pierrot découvre, enfin, Arlequin, caché dans un grand panier sur lequel on a jeté une toile. Pierrot s'empare d'un bâton et frappe à coups redoublés sur ce qu'il croit la tête d'Arlequin. O douleur !... le galant bariolé s'est esquivé ; et son blanc adversaire n'a livré combat qu'à une masse de services en porcelaine.

4me TABLEAU.

Le théâtre des Funambules.

Arlequin, voulant cacher sa belle au sein d'une grande foule, s'en va tout naturellement aux Funambules ; mais Pierrot, qui est un habitué de l'endroit, et de plus très lié avec Deburau, vient de le dénoncer à Cassandre. Les amoureux vont être pincés dans une avant-scène. Arlequin emploie un moyen violent mais infaillible ; il agite sa batte et soudain Pierrot se trouve en chemise.

Cette transformation fut mise plus tard, par Laurent aîné, dans les *Pilules du Diable.*

Les sergents de ville ne se contentent pas de lui refuser l'entrée du spectacle, ils l'emmènent goûter d'un air de violon.

5me TABLEAU.

Une enseigne frappante.

L'auberge du *Maillet d'or* s'était trouvée sur le chemin d'Arlequin et de Colombine. Ils y entrent pour manger une matelotte. Pierrot, après avoir commis quelques larcins aux garçons marchands de vin et pâtissiers, selon sa coutume, veut y pénétrer à son tour ; mais le maillet qui sert d'enseigne se met en mouvement et le frappe à la tête. Cassandre et Boissec qui osent aussi braver l'enseigne sont chassés de la même façon.

6me TABLEAU.

Le linge volé et le linge volant.

Le couple poursuivi s'est réfugié chez une blanchisseuse. Pierrot qui le suit de près s'y introduit. Arlequin agite sa batte et tout le linge étendu sur les cordes disparaît.

Ce truc a, de même, été transporté par Laurent, dans les *Pilules du Diable.*

On accuse Pierrot de vol et il est corrigé en conséquence. Puis, comme Arlequin a de la probité, il fait revenir tout le linge où il était placé.

7me TABLEAU.

Un saut d'Arlequin devant lequel Pierrot reste sot.

Le pauvre amoureux est bien mal récompensé de sa générosité, par celui qu'il vient de réhabiliter aux yeux des blanchisseuses. Le traître Pierrot, aidé de ses complices et de la foule arrêtée, tient Arlequin enfermé dans un cercle d'ennemis ; mais l'amant de Colombine, profitant de l'élasticité de ses jarrets, saute par dessus le groupe et s'enfuit.

8me TABLEAU.

Comment le vin devient une drogue.

Les poursuivants ont soif ; ils entrent chez le marchand de vin ; la boutique se change en pharmacie.

Nouveau truc transporté dans les *Pilules du Diable.*

Le vin devient drogue. Ils ont la colique. On leur conseille des pilules de poudre fulminante. Cassandre avale assez bien sa pilule. Il faut un marteau pour introduire celle de Boissec dans son gosier. Quant à Pierrot ce n'est qu'à l'aide d'une demoiselle de paveur qu'on parvient à la lui enfoncer dans la bouche. Tout-à-coup les pilules agissent : une explosion terrible se fait entendre et une fusée étincelante sort des fonds de culottes des trois malades.

9me TABLEAU.

Le Bœuf enragé.

Voici le cortège du bœuf gras qui s'avance. Le bœuf visiblement contrarié à l'idée de devenir pot-au-feu, se met en fureur. Il renverse tout sur son passage, les porcelaines de Cassandre et ses devantures de boutique. Pierrot, qui ne s'est pas garé assez vite est perforé d'un coup de corne.

10me TABLEAU.

Un contrat flambé.

Périra-t-il ce pauvre Pierrot ?.. Non ! il vivra ! Sa maladresse deviendra même l'auxiliaire providentiel d'Arlequin. Grâce à lui ce fameux contrat de mariage est brûlé. Or un contrat brûlé est un mariage flambé.

11me TABLEAU.

La toilette de Pierrot.

Boissec n'a pas encore la conviction de ses revers, car il vient chez le tailleur pour acheter des habits de noce. Pierrot profite de l'absence du chef de l'établissement pour s'habiller à sa façon. A l'aide d'une poële, d'un poëlon, d'une blouse en guise de culotte, des jambes de pantalon en remplacement du frac, il arrive à ressembler presque à un dandy du boulevard de Gand.

12me TABLEAU.

Un dénouement prévu.

L'amour et les trois sorcières, voyant qu'il se fait tard, et ayant besoin de s'occuper d'autre chose que d'Arlequin et de Colombine, se décident à faire leur bonheur pour en finir. Ils ordonnent donc à Cassandre d'unir Arlequin à sa fille et de flanquer Boissec à la porte. Le vertueux vieillard saisit avec empressement cette occasion de clôturer la liste de ses infortunes. Escorté de Pierrot, il conduit triomphalement Arlequin et Colombine au temple de l'hyménée.

Pendant vingt années les Funambules ont vécu sur cette fameuse pantomime le *Bœuf enragé !*

Celles qui lui succédèrent, furent toutes coulées dans le même moule, découpées sur le même patron. Seul, le titre changea ; mais, c'était toujours le *Bœuf enragé.*

Le même point de départ suffisait à toutes. La même poursuite s'effectuait à travers les éléments nécessaires aux trucs plus ou moins nouveaux, par lesquels passaient Arlequin, Colombine, Pierrot, Cassandre et Boissec, qui, ailleurs s'appelèrent Pantalon, Léandre, etc., etc.

Maintenant, pourquoi le *Bœuf enragé* s'était-il appelé le *Bœuf enragé* ?

C'est, assurément, ce que le spectateur devait se demander, en sortant de la représentation.

Le *Bœuf enragé* avait été ainsi titré, parce qu'on ne savait pas comment intituler cette pantomime ; parce que, sur la proposition du Directeur M. Bertrand, on avait déposé différents titres dans un chapeau, et laissé au Destin le soin de baptiser la pièce ; parce qu'un enfant, raccolé pour la circonstance, avait plongé la main dans les profondeurs du chapeau, et tiré un des petits carrés de papier, pris à l'aveuglette parmi les autres, et que, sur ce petit carré de papier, était écrit en grosses lettres : *Le Bœuf enragé.*

Cette appellation était peut-être la moins justifiée de toutes. On respecta néanmoins l'arrêt du Destin, et le Bœuf enragé s'étala pompeusement sur les affiches de la porte.

Laurent aîné passa alors à l'état de grand homme, d'écrivain sublime, d'auteur de premier ordre, de profond penseur !

Quand il traversait le Boulevard du Temple, on se le montrait indiscrètement. On disait : C'est LUI !... C'est l'auteur du *Bœuf enragé !*

Aussi, comme il le savait bien et comme il en usait, le Superbe. Il se promenait devant le petit théâtre, au moment ou la queue se formait et il éprouvait une jouissance extrême à entendre son nom lancé par la bouche des titis.

Le besoin cabotineux de se faire admirer lui montait à la tête, le grisait.

Il lui semblait avoir de gigantesques pensées.

Il concevait peut-être déjà le scénario des immortelles *Pilules du Diable.*

Déjà Napoléon perçait sous Bonaparte.

Il causait d'un air protecteur avec l'aboyeur, c'est-à-dire l'homme chargé de vendre à la criée, des billets avant l'ouverture des bureaux.

Et l'aboyeur, fier de cette distinction dont voulait bien l'honorer l'Illustre, se redressait noblement à son tour.

Cet aboyeur légendaire, le père Royer, le seul, l'unique père Royer est resté fidèle à son poste, jusqu'à la démolition de son cher théâtre.

Il paraît qu'il versa d'abondantes larmes le soir néfaste où il ne put plus dire de sa voix, enrouée par les intempéries :

— Prrrrenez vos billets !... Prrrrenez vos billets !... *Messieures* et Mesdames... Ce n'est pas encore commencé !... *Mossieu* Deburau n'est pas encore entré *su'scène.*

Tel, Scipion l'Africain pleura sur les ruines fumantes de Carthage, avec cette différence que le vieux père Royer n'avait pas ordonné lui-même la destruction des murailles, devant lesquelles il s'apitoyait.

Mais, pénétrons pour la première fois, dans l'intérieur de notre petite salle.

La rue des Fossés du Temple avait été bâtie en contre-bas du boulevard du Temple.

Telle encore aujourd'hui la rue Amelot survit.

C'est sur cette pente précipitée, formée par les anciens remparts de la ville de Paris, que s'étaient construits maisons et théâtres. De sorte qu'entrant dans l'une de ces maisons, ou dans l'un de ces théâtres, par la façade du boulevard, il fallait descendre comme dans une cave pour arriver au rez-de-chaussée.

M. H. Hostein, dans ses *Historiettes et souvenirs d'un homme de théâtre*, dit :

Pour pénétrer dans la salle des Funambules, cave enfumée, exploitée primitivement par une troupe de chiens savants, il fallait descendre six marches, au bas desquelles on trouvait deux rangs de loges, puis une scène étroite.

Une fois entré dans la salle, que voyait-on ?

C'est le tour de M. Edouard Thierry de nous l'apprendre :

En ce temps-là, le lustre éclairait mal ; on n'avait pas imaginé le système des réflecteurs, et la rampe de lumière fumait, comme fumaient assurément les chandelles de la vieille Comédie Italienne.

Les banquettes éventrées laissaient passer le foin dont une main prévoyante, mais économe, avait rembourré les bandes de toile, en place de crin.

Sur le rebord des balustrades, s'épaississaient plusieurs couches de crasse, sur lesquelles un archéologue spécial eût pu relater, relever, constater le nombre de mains calleuses et suintantes qui s'étaient essuyées dessus.

Et quand on disait aux Directeurs :

— Vous devriez faire réparer votre salle.

Ils répondaient invariablement :

— Ça dérouterait notre public. Il ne se retrouverait plus chez lui.

La salle continua donc à rester encrassée, et l'année 1827 se termina, encaissant de formidables bénéfices, réalisés par les recettes colossales du *Bœuf enragé*.

CHAPITRE XI

1828

Charles Nodier.

L'année s'ouvrit par une pantomime-féerie intitulée :

L'HOMME-LÉGUME.

Deburau remplissait naturellement le rôle de Pierrot.

Un sorcier présidait à sa naissance, le faisant sortir d'un navet.

Plus tard, cette pantomime a été refaite sous un autre titre.

C'est, du reste, à peu près le sort de toutes les pantomimes. Comme l'oiseau de la Fable, aux plumes d'or et de pourpre, elles renaissent de leurs cendres. La plus nouvelle n'est qu'une suite d'adaptations, le résultat d'emprunts volontaires, grapillés, butinés de ci et de là.

Vint ensuite :

KALEB

Mimodrame en cinq tableaux.

Victor Ducange, le célèbre dramaturge de l'époque dont nous nous occupons, l'auteur de *Trente ans ou la vie d'un joueur*, venait d'adapter, pour la scène du théâtre de la Porte Saint-Martin, le fameux roman de Walter Scott : *La fiancée de Lamermoor*.

Frédéric Lemaître, dans le rôle d'Edgard Ravenswood, et Mme Allan Dorval, avaient fait, de ce mélodrame ampoulé, un énorme succès de larmes.

Où l'on pleure, les femmes vont et le succès s'établit.

Il n'en fallait pas davantage pour qu'à l'instant M. Bertrand ne s'emparât de l'idée et du sujet.

Sous le même titre ?... Que nenni ! Victor Ducange, très en nom et en renom, très en vue, très soutenu, tout puissant, ne l'eût pas toléré; bien qu'il se fût emparé du sujet anglais, lui, sans le moindrement en demander l'autorisation à Walter Scott. Cela se passait ainsi alors.

M. Bertrand trouva un biais.

Il y avait, dans le mélodrame de la Porte Saint-Martin, le personnage de Caleb, vieux serviteur de la famille Ravenswood, qui produisait un très gros effet, alors que, répondant à son maître, il disait :

— J'aurai un maître, tant qu'il restera un Ravenswood. Je suis votre serviteur, j'ai été celui de votre père, celui de votre aïeul. Je suis né dans la famille ; j'ai vécu pour elle, je mourrai pour elle.

M. Bertrand commanda aussitôt, sur mesure, de faire de ce rôle de Caleb, un Pierrot sentimental et dévoué que jouerait Deburau.

L'auteur des Funambules intitula son mimodrame : *Kaleb* ; changeant le *C* en *K*. La lettre K, selon lui, apportant à l'œuvre un caractère beaucoup plus britannique.

Kaleb fut joué, avec grand succès. D'aucuns prétendaient même que la mimique des acteurs de M. Bertrand, était de beaucoup préférable à la langue bizarre que parlaient les Comédiens de la Porte Saint-Martin.

Dans la *Pandore* du 19 juillet de cette année, je trouve l'article suivant :

M. DEBURAU.

Ce nom a-t-il jamais frappé vos oreilles, habitants distingués du faubourg Saint-Germain et de la Chaussée d'Antin ?... Savez-vous qui le porte ?... Connaissez-vous le talent qui le recommande ? Non !... — Si je vous demandais ce que c'est que M. Walker, M. Verdier, M. Leroi ou M. Martin-Baron, vous n'hésiteriez pas.

Assurément, ces personnes, qui occupent un rang distingué entre la classe des artistes et celle des artisans, méritent leur renommée, et je comprends à merveille que vous n'oubliiez point les noms de vos fournisseurs de cravates, de cannes et d'habits ; mais je ne conçois guère que vous ignoriez celui d'un homme qui... ah ! qui... d'un homme, d'un homme enfin.

M. Deburau est un artiste plein de mérite. Ce n'est pas dans l'art oratoire qu'il a acquis la renommée dont il jouit du Château d'eau à l'Arsenal, du canal Saint-Martin à la rue des Nonandières. Il ne parle pas. Aussi ne fait-il pas de fautes de français, grand avantage qu'il a sur MM. Syries de Mayrinhac et de Puymaurin.

Il paraît tous les soirs sur un théâtre et les habitués, devant lesquels il se montre, l'estiment à l'égal des plus grands acteurs.

Certes, il n'a pas la profondeur que vous admirez en Talma, l'élégance de Fleury; le comique vif de Monrose, la chaleur de Firmin, la fine bouffonnerie de Potier, la verve de Liston, la noble simplicité de Macready, la grâce classique du danseur Albert, la vive gaieté de Beaupré, la légèreté presque problématique de Paul, la chaleur de Nourrit fils !.. Si M. Déburau manque de ces qualités, au moins n'a-t-il pas les défauts de tant de gens à grosse renommée ; il n'est pas lourd comme Mérante, dévergondé comme Philippe, bouffi de gasconisme comme Monsieur Lafon ; s'il déclamait n'ayez pas peur qu'il adoptât le système de Mlle Duchesnois ; il est trop naturel et trop vrai pour cela.

M. Deburau ne se fait pas remarquer par le luxe de sa garde-robe; il n'a pas l'élégant manteau espagnol, dont M. Leconte affublait à l'Odéon le comte Almaviva, l'habit pailleté du raisonneur Saint-Aulaire, la toge de Joanny, la livrée brillante de Faure ; les riches velours dont se parent Montjoie et Devigny. Deux aunes de coton lui suffisent. Ce n'est pas chez Fargeon qu'il achète son fard. Un boulanger du Pont-aux-Choux lui vend la fine fleur de farine dont il masque ses traits sérieusement plaisants. Je viens de dire assez que l'acteur dont il s'agit joue les *Gilles*.

C'est au *Théâtre des Funambules*, rival heureux de celui auquel, Mme Saqui a donné son nom, que M. Deburau fait son personnage. Je suis allé souvent voir ce comédien naïf, à qui il ne faudrait que des appointements énormes, une voiture et du bruit dans les journaux, pour obtenir la vogue.

Vous ne savez pas, hommes qu'un goût délicat et une grande irritabilité nerveuse condamnent aux Bouffes et au Gymnase, vous ne savez pas ce que vous perdez de plaisir vrai et de bonne gaieté, à ne pas oser vous aventurer au théâtre des Funambules.

Le négligé des admirateurs ordinaires de Messieurs les artistes des Funambules, effarouche votre jansénisme en toilette. Sous prétexte que vous vous serrez le corps et le cou dans des habits et des cravates à l'anglaise, vous trouverez mauvais que les bonnes gens du peuple mettent bas leurs vestes et montrent leurs clavicules nues, comme leurs bras, à la galerie et au parterre qui leur sont ouverts moyennant quatre ou six sous.

L'odeur d'ail qui les suit partout, comme les Bourguignons, au dire de Sidoine Appolinaire, vous déplaît ; et vous ne voulez pas déshonorer les essences qu'on invente pour flatter votre mollesse, en les faisant servir à neutraliser les effets du parfum aimé de M. de Marcellus.

Que de jouissances vous vous refusez !... Dix fois vous avez été entendre la *Muette de Portici* et vous ne connaissez pas le *Bœuf enragé* !... Vous avez couru au *Monstre* et vous n'avez pas été curieux de voir l'ingénieuse parade de *l'Homme-légume* !... Le ballet trumeau de M. Aumer, cette vieille pastorale de *Lydie et Amyntas*, vous y avez baillé trois fois ; et *Kaleb* qui a tant d'autres agréments, joints à celui de présenter une leçon de morale utile, vous le laissez aux ouvriers de la foire Saint-Laurent et à quelques vrais amateurs comme moi.

Les acteurs principaux du théâtre des Funambules sont MM. Laurent aîné et Deburau. M. Laurent est un homme peu ordinaire, je vous assure ; il compose les pièces, les met en scène, peint les décors et joue les rôles principaux. Tout ce qu'il fait annonce une intelligence fort grande ; ses imitations des pantomimes anglaises sont spirituelles ; son talent d'acteur est de beaucoup préférable à celui de vingt célèbres tragédiens ou comédiens que je pourrais vous citer. C'est surtout comme Arlequin que M. Laurent est excellent.

M. Deburau a autant de réputation que son camarade, et il n'est ni auteur, ni décorateur, ni machiniste ; il n'est que *Gilles* : c'est vous dire quelle est la supériorité de son talent unique ! J'en suis ravi pour moi, et je donnerais cinq de vos comiques réputés, petits acteurs à grandes prétentions, pour celui-ci, simple, modeste et parfait dans ce genre si difficile.

Gilles, voyez-vous est un caractère dont les nuances infinies sont mal aisées à rendre ! Simple comme un enfant, poltron, rusé, paresseux, méchant par instinct, serviable, railleur, gourmand, voleur, bravache, cupide, maladroit, ingénieux dans les inventions qui tendent à la satisfaction de ses goûts, c'est Satan naïf et bouffon. Une des plus drôles de créations qui soient dans la farce est assurément celle-là.

Il y a en elle plus de poësie que je ne puis dire. Avec son calme imperturbable, M. Deburau vous en ferait comprendre tout le charme, je dois ajouter toute la profondeur. Mais vous ne voulez pas aller voir M. Deburau !

Quel est l'auteur de cet article ? On ne signait pas à la *Pandore*. On savait cette feuille humoristique rédigée par M. de Jouy, qui, de son véritable nom ne s'appelait qu'Etienne, mais était né à Jouy, et avait emprunté le nom de son pays ; par MM. Arnault, Népomucène Lemercier, Charles Nodier et autres... voilà tout.

Charles Nodier me parait fort avoir, le premier, tiré Deburau de cette obscurité, dans laquelle l'indifférence des grands boulevards paraissait vouloir le laisser plongé.

Charles Nodier, que Victor Hugo appelait *son maître*, était un véritable écrivain, d'une valeur peut-être un peu surfaite, mais, à coup sur, doué d'une imagination des plus originales ; à la fois profonde et superficielle, casanière et vagabonde.

Il se complaisait à faire du roman dans l'histoire, et de l'histoire dans le roman. C'était un annotateur précis de choses vécues et de fables ; un lexicographe fantaisiste, hurluberlu, empreint de positivisme et de fantasmagorisme, mais toujours élégant et spirituel.

Charles Nodier s'était égaré, en un soir de flânerie, à travers les banquettes du théâtre des Funambules, et s'était soudainement épris de ce genre plaisant, tout nouveau pour lui, et tout-à-fait en rapport avec son imagination fantasque.

De là, à composer une pantomime, il n'y avait pas l'épaisseur d'un cil.

Oui !... Composer une pantomime devint l'obsession de ses jours et de ses nuits.

Mais, sa situation de Directeur de la bibliothèque de l'Arsenal, ne lui permettait guère de se livrer à ce genre d'acrobatie littéraire, sans attirer sur lui les foudres des membres d'un Institut au nombre desquels on comptait des Raynouard, de Quélen, Lacuée de Cessac, de Lévis, Frayssinous et tas d'autres inconnus illustres et prétentieux, alors que quelques années auparavant, on avait exclus, ou pour mieux dire chassé de la magistrale assemblée Monge, Carnot, Lakanal, l'évêque Grégoire, le peintre David, Sieyès, etc., etc., comme indignes d'asseoir leurs derrières roturiers à côté des fesses blasonnées que j'ai citées plus haut.

Charles Nodier avait entraîné avec lui, dans le bouge de MM. Bertrand et Cot d'Ordan, Balzac, Jules Janin, Gérard de Nerval, Théophile Gautier, ses amis d'alors.

Un beau jour, sans leur rien déflorer de son idée, il s'en fût trouver M. Cot d'Ordan et lui communiqua le manuscrit d'une éclosion pantomimique, en lui faisant jurer sa parole d'honneur que si cette Pierrotade voyait le feu de la rampe, jamais son nom ne serait livré en pâture à la maliguité publique.

M. Cot d'Ordan, fort ébloui par la haute personnalité de l'auteur, après lecture s'enthousiasma de l'œuvre et promit, jura même tout ce que désirait Charles Nodier.

Ce fut Laurent aîné qui fut chargé de diriger les répétitions.

Le genre de l'ouvrage, se ressentant plutôt de l'école Anglaise que de l'école Française, Charles Nodier avait désigné le mime anglais, bien que la plus grande responsabilité de la pièce fut supportée par Deburau.

Ce dernier, cependant, s'était réservé le droit de régler ses scènes.

Enfin, les affiches annoncèrent, en un jour de triomphe, la Première représentation de :

LE SONGE D'OR

ou

ARLEQUIN ET L'AVARE.

Pantomime anglaise en 11 tableaux.

DISTRIBUTION

Pierrot, valet de Cassandre.....	Deburau.
Cassandre......................	Placide.
Léandre........................	Laurent, jeune.
Arlequin.......................	Laurent, aîné.
Colombine, fille de Cassandre..	Mlle Marianne.
Morphée, génie des songes.....	Edouard.
Ismaël, génie..................	Mme Sirot.
Une aubergiste.................	Mme Houzian.
Un marchand de vin............	Laplace.
Un marchand de marrons.....	Victor.
Une décrotteuse...............	Mlle Laurent.
Une laitière...................	Mlle Betsy.
Un notaire....................	Clément.
Deux portefaix................	***
Un diable.....................	Joseph.
Un malade.....................	Cossard.
Deux valets....................	***
Un domestique.................	***

Promeneurs et promeneuses

Jamais Charles Nodier n'avoua sa participation à cette pantomime. Mais il ne cessa, durant sa vie, d'en parler avec enthousiasme.

Champfleury, dans ses *Souvenirs des Funambules*, écrit :

Le Songe d'or, qui est peut être le type du fouillis funambulesque, est un rare et précieux chef-d'œuvre... J'étais jaloux du *Songe d'or* et j'aurais volontiers donné tout mon réalisme pour arriver à cet idéal étrange, qu'on veut bien attribuer à Charles Nodier.

Jules Janin dit de son côté :

Charles Nodier niait la paternité du *Songe d'or*, afin de pouvoir dire plus à l'aise tout le bien qu'il en pensait.

Quant à Théophile Gautier, voici comment sa lyre chante à ce sujet :

Le Songe d'or, la merveille des plus merveilleuses pantomimes qu'enfanta jamais cerveau humain. C'est l'adorable imagination de Charles Nodier qui le créa, ce bijou à facettes diamantées, où les tons nacrés le disputent à ceux de l'étincelante aurore. Et l'ingrat renie une telle fille.

Devant tant d'enthousiasme, il m'est difficile de ne pas la donner ici, *cette merveille des plus merveilleuses pantomimes*, qui n'a jamais été imprimée, à ce que je crois, et qui ne s'est perpétuée que par de rares manuscrits tronqués, abimés, refaits, allongés, mais non dénaturés.

Je possède un de ces manuscrits, le plus complet ; je le livre :

1er Tableau

Un site sauvage. Au fond des rochers. Au pied des rochers un arbre. Devant cet arbre un banc de gazon. A gauche une statue de jardinier. A droite, en face, Arlequin assis sur un piédestal. Il fait demi-nuit.

Au lever du rideau, Cassandre est couché sur le banc de gazon ; il dort. Le rocher de gauche s'entr'ouvre et le génie Morphée paraît entouré de nuages. Il tient dans l'une de ses mains un sac rempli d'or. Cassandre s'agite sur sa couche. Morphée descend jusqu'à lui et fait retentir à ses oreilles le bruit de l'or que contient son sac.

Cassandre, rêvant, essaye de s'en emparer. Morphée l'arrête avec sa baguette et va enfouir le sac au pied de l'arbre. Cassandre couché semble suivre ses mouvements.

Morphée réveille Cassandre et va se cacher derrière la statue d'Arlequin. Cassandre, éveillé, se souvient de son rêve, regarde l'arbre et cherche une bêche qu'il trouve contre la statue du jardinier.

Le sac est bientôt déterré. Cassandre heureux s'assied sur le banc et le caresse.

Morphée dit : *Vieil avare tu ne jouiras pas en paix de ce trésor. Ton valet deviendra ton cauchemar.*

Il fait un signe vers l'arbre, le tam-tam retentit, et Pierrot en sort. A sa vue, Cassandre cache son trésor ; mais Pierrot essaye de le lui enlever.

Cascades, courses, lazzis.

Cassandre aux abois ne voit de salut que dans la fuite. Pierrot va le suivre ; mais Morphée l'arrête et dit : *Ton maître vient de faire un songe d'or ; sois adroit et prudent, tu en auras ta part.*

Pierrot se sauve après avoir remercié Morphée.

Ce dernier, resté seul, ajoute : *Maintenant il me faut un amant pour la fille de Cassandre. A moi, mon frère !... A moi, Ismaël !..*

Le rocher de droite se développe et Ismaël paraît.

— *Que me veux-tu ?*

— *Que tu m'accordes une de ces statues.*

— *Qu'en veux-tu faire ?*

— *L'amant de Colombine.*

— *Je le veux bien. Choisis.*

Morphée donne un coup de baguette sur Arlequin. Celui-ci s'anime, prend des poses gracieuses et vient tomber aux pieds d'Ismaël qui lui dit : *Voici ton nouveau maître ; sois obéissant et tu lui devras ton bonheur.*

Arlequin s'incline devant Morphée, qui frappe la terre de sa baguette et en fait sortir une batte qu'il lui remet en lui disant : *Prends ce talisman qui doit te faire aimer de Colombine et triomphe de tes ennemis. Au revoir et compte sur nous.*

Les deux génies font un signe, les rochers s'entr'ouvrent et tous deux rentrent dans leur séjour.

Alors Cassandre, poursuivi par Pierrot reparaît. Arlequin leur administre une volée de coups de batte, qui les fait courir encore plus fort, et tous deux disparaissent.

2me Tableau

Une salle rustique. A droite un cabinet fermé par sept portes superposées. A gauche une fenêtre avec trois marches. Une table.

Cassandre, toujours poursuivi, entre avec précaution et referme avec soin la porte sur lui. Il dépose son trésor sur la table et le contemple, ivre de joie. Pierrot paraît sur l'escalier, aperçoit son maître caressant ses sacs d'or, et s'avance afin d'en dérober un.

Cassandre, qui le guettait du coin de l'œil, le prend par l'oreille et le chasse.

Craignant une nouvelle visite, Cassandre s'empresse d'ouvrir le cabinet aux-sept portes, et y enferme son trésor ; après quoi, il sonne.

Pierrot reparaît et cherche partout, des yeux, les sacs qu'il a vus.

Cassandre lui ordonne de faire venir sa fille, ce qu'il se hâte de faire.

Colombine se montre. Elle est triste. Son père lui dit qu'ils vont prendre leur repas.

Pierrot apporte un cruchon de bière (1) et un petit pain, dont Cassandre coupe un petit morceau, qu'il présente à sa fille. Celle-ci ne fait pas attention à ce que lui offre son père et c'est Pierrot qui le mange.

Même jeu avec le cruchon. Enfin, Colombine prend le reste du petit pain et semble manger avec avidité. Cassandre, furieux, veut le lui arracher ; elle le jette à Pierrot qui le lui renvoie. Cassandre court après sa fille, qui s'esquive.

L'avare Cassandre prend le cruchon transparent, le marque avec de la craie et dit à Pierrot de le serrer.

Celui-ci efface la craie, boit et refait une autre marque.

Cassandre examine son cruchon, n'y voit rien de changé et cajole Pierrot, en lui ordonnant de le mettre en lieu sûr ; ce que celui-ci fait, après l'avoir vidé.

Pierrot annonce que le seigneur Léandre arrive.

— Vite, mes habits,... fait Cassandre.

Scène d'habillement. Cascades.

Ils sortent.

Colombine entre et se plaint de son sort, lorsqu'on frappe au cabinet dans lequel se trouve le trésor. Elle y court. Arlequin paraît. Elle a peur d'abord ; mais Arlequin la rassure et lui dit qu'il l'adore.

Colombine lui sourit : il tombe à ses pieds.

On entend Cassandre tousser. Colombine se hâte de faire cacher Arlequin.

Cassandre est suivi de Pierrot, armé d'un fusil.

Cassandre rudoie sa fille et la chasse ; puis il dit à Pierrot d'ouvrir le cabinet et d'y prendre l'argent nécessaire au mariage de sa fille.

Arlequin, leur distribue des coups de batte et se sauve par l'escalier.

Pierrot lui tire un coup de son fusil et le poursuit avec Cassandre.

Ismaël paraît, fait un signe, et Pierrot se trouve culbuté en dehors de la fenêtre, tandis que Cassandre est entraîné avec l'escalier du côté opposé où il disparaît.

3me Tableau

Une place publique. A gauche la maison de Cassandre.

Arlequin arrive suivi de Morphée qui lui dit : *Cassandre veut donner sa fille au ridicule seigneur Léandre ; mais sois constant et courageux, la victoire te restera.*

1. Laurent aîné, anglais, fait boire de la bière. Un metteur en scène français eût certainement employé le vin. C'est, du reste, ce que fit Debureau par la suite.

Le génie remonte la scène et ajoute : *J'aperçois l'avare et son valet ; suis-moi et dressons nos batteries.*

Ils sortent.

Pierrot et Cassandre arrivent en courant. Un notaire survient. Cassandre lui dit qu'il s'agit de dresser le contrat de mariage de sa fille et l'engage à entrer chez lui.

Le malicieux Pierrot lui barre le passage avec sa jambe ; mais le notaire la repousse et entre.

Cassandre gronde Pierrot de son procédé, et entre chez lui en fermant la porte sur le nez de l'insolent.

Pierrot frappe à la porte et se cache. Cassandre paraît, mais ne voyant personne il rentre.

Pierrot recommence. Cette fois Cassandre furieux frappe à droite et à gauche avec sa canne, et va rentrer, lorsque Pierrot qui s'est placé les jambes en l'air devant la porte, tombe sur le dos de Cassandre qui ne peut pénétrer chez lui.

Cascades.

4me Tableau

Un salon, avec un fauteuil au fond.

Léandre entre suivi de deux femmes de chambre qui le brossent, et lui tiennent une glace.

Pierrot arrive et se moque de Léandre qui a les jambes couvertes de bosses. Il appelle Cassandre pour lui faire voir ces difformités. Celui-ci paraît et fait force salutations.

Cascades.

Léandre invite Cassandre à prendre un siège, et les femmes apportent deux flambeaux et un plat de pâtisserie.

Pierrot s'empare d'une chandelle et d'un échaudé, et il mange l'une et l'autre.

Cascades.

Arrive le notaire qui prend place sur le fauteuil.

Arlequin paraît, agite sa batte. Le siège bascule. Le notaire disparaît.

Cassandre s'assied à la place du notaire. Même jeu. Léandre veut à son tour lire son contrat. Pierrot l'éclaire et le lui brûle.

Furieux, Léandre prend place sur le fauteuil et disparaît aussi.

Pierrot effrayé cherche partout et reçoit un coup de batte d'Arlequin.

Pierrot veut lui rendre un soufflet, mais c'est le notaire qui le reçoit au moment où il reparaît avec Cassandre et Léandre.

Le notaire déploie un immense contrat de mariage.

Pierrot se hâte de regarder ; mais, poussé, il tombe et le déchire en deux.

Cascades.

5me Tableau

Un jardin. A gauche l'entrée de la maison de campagne de Cassandre.

Ismaël et Morphée entrent.

Morphée : *Le vieil avare n'a pas encore marié sa fille.*

Ismael : *Et il ne la mariera qu'à mon protégé. Arlequin finira par dégoûter l'imbécile Léandre d'un mariage qui ne lui convient pas.*

Morphée : *Voici notre amoureux. Laissons le aux prises avec ses ennemis.*

Ils sortent.

Arlequin paraît et veut entrer chez Cassandre ; mais Pierrot lui barre le passage et en reçoit un coup de batte. Arlequin se sauve.

Pierrot appelle Léandre qui paraît et à qui il montre Arlequin. Léandre veut courir après ; mais Pierrot lui passe la jambe et le fait tomber.

Vient ensuite Cassandre, à qui il fait la même charge ; mais le barbon en voulant le corriger tombe par terre, et Pierrot l'emmène en lui faisant faire la brouette et en l'obligeant à marcher sur les mains.

6me Tableau

Une chambre rustique avec armoire dans le fond.

Arlequin paraît et appelle Colombine.

Petite scène d'amour.

La jeune fille lui montre ses vêtements grossiers. Arlequin agite sa batte, et Colombine se trouve métamorphosée.

La voix de Cassandre se fait entendre. Arlequin se cache.

Pierrot entre le premier et voit Colombine, dont les riches habits l'éblouissent. Il appelle Cassandre et lui montre sa fille. Celui-ci, au comble de la surprise, lui demande qui lui a donné tout cela ?

Colombine ne répond pas. Cassandre exaspéré la chasse.

Pierrot cajole Cassandre afin d'avoir aussi un autre vêtement. Cassandre l'envoie chercher un tailleur.

Scène et cascades du tailleur (1).

Sortie générale.

Colombine revient, appelle Arlequin, qui lui fait jurer de l'aimer toujours.

La toux de Cassandre se fait entendre de nouveau. Arlequin se cache dans l'armoire du fond.

Retour de Pierrot. Il est vêtu d'un grand habit de livrée et coiffé d'un chapeau à cornes de deux mètres de hauteur.

Arlequin montre sa tête à la porte de l'armoire. Pierrot, qui l'a vu, le désigne à Cassandre.

On ouvre l'armoire. Arlequin a disparu.

Ce jeu se renouvelle avec cascades.

A la fin un diable sort de l'armoire, et les poursuit avec une vessie. Pendant ce temps, Arlequin enlève Colombine.

(*Changement*).

7me Tableau

Une chambre de malade avec alcôve.

Arlequin et Colombine arrivent. Ils se cachent derrière les rideaux de l'alcôve. Pierrot, qui les a aperçus, appelle Cassandre, lequel voyant la tête d'Arlequin, court afin de lui donner un coup de canne ; c'est Pierrot qui le reçoit sur le dos.

En se retournant, il voit un grand cadre, renfermant le portrait d'une femme.

Pierrot propose à Cassandre de tracer son croquis vis-à-vis de celui de la dame. Cassandre accepte.

Pierrot le crayonne en caricature, et Arlequin qui est là, agite sa batte et aussitôt la silhouette de Cassandre remue et gambade devant le portrait, ce qui les fait fuir.

1. C'est dans ces scènes sommairement indiquées par l'auteur, que la fantaisie de Deburau atteignait ses plus hautes limites. Ce qu'il faisait subir à ce tailleur est imaginable ; se baissant avec lui quand celui-ci lui prenait mesure, se relevant de même, lui coupant les basques de son habit. Cette scène est assurément l'une des plus drôles que la fantaisie mimique ait produite. Elle était entièrement de Deburau, comme tant d'autres dont l'argent et la gloire sont restés aux signataires. Ch. Nodier n'était pas dans ce cas. Il ne touchait pas plus qu'il ne signait.

Le malade ouvre ses rideaux et sonne. Ses valets arrivent. Il leur demande à manger.

On lui apporte du vin, de la pâtisserie. Il ne peut y goûter et fait remporter le tout ; puis, prenant ses béquilles, il sort en boîtant et en toussant.

Pierrot qui s'était caché voit ce qui se passe et entre dans l'alcôve. Il s'y affuble comme le malade, et prend sa place. Il sonne ensuite à coups redoublés et les valets accourent.

— A manger !... fait Pierrot.

On lui apporte ce qu'il demande. Il dévore tout, puis il renvoie les valets.

Prenant ensuite des béquilles, il veut marcher ; mais il tombe et crie.

Les valets reviennent, s'aperçoivent de la ruse, et s'en vont chercher des bâtons pour rosser Pierrot.

Celui-ci se relève et va s'enfuir, mais il se trouve face à face avec le malade qui reparaît en toussant. Pierrot l'imite.

Le malade furieux lève sa béquille, Pierrot lui passe la jambe, l'envoie rouler à terre et se sauve.

Les valets accourent et rondinent leur maître, jusqu'à ce que, s'apercevant de leur méprise, ils le relèvent et courent après Pierrot.

8me Tableau

Un paysage.

Pierrot est poursuivi par les valets qui le saisissent et lui font rendre les vêtements de leur maître.

Pierrot, en tirant ses grands bas, prend les deux valets par les jambes, les fait tomber et se sauve. Les valets courent après lui.

Arlequin et Colombine arrivent en valsant.

Pas de deux.

Pierrot reparaît et se trouve en face d'Arlequin, qui lui fait plusieurs poses, que Pierrot cherche à imiter. Mais la batte faisant son jeu, Pierrot se sauve en promettant d'avertir Cassandre.

Au moyen de son talisman, Arlequin fait paraître un ballon dans lequel il monte avec Colombine. Ils disparaissent dans les airs.

Pierrot et Cassandre accourent. Pierrot veut s'accrocher à la nacelle ; mais elle l'enlève et il se laisse retomber.

Un domestique passe avec un parapluie et un soufflet sous le bras.

Pierrot, de force, lui enlève ces objets ; puis va chercher un baquet dans lequel il se place. Après avoir ouvert son parapluie, il dit à Cassandre de souffler et le baquet, et le parapluie emportent Pierrot, dont les jambes passent au travers de son ballon improvisé.

9me Tableau

Une salle d'auberge. Une table vient au changement.

L'aubergiste paraît, suivie d'Arlequin et de Colombine, qui demandent une chambre pour se reposer. Elle leur désigne un cabinet à gauche.

Cassandre arrive et demande à l'aubergiste si elle n'a pas vu Arlequin. L'aubergiste répond : non.

Cassandre va pour sortir, lorsque Pierrot, tout éclopé, paraît et raconte qu'il a fait une dégringolade. Cassandre le fait asseoir à une table servie par l'aubergiste qui sort un instant.

Ils se réjouissent à la vue des mets qui sont sur la table ; cependant ils ne peuvent se rendre compté d'une certaine odeur qui s'en dégage.

Enfin ils vont mettre la main aux plats, lorsque Ismaël paraît au fond et étend sa baguette.

Aussitôt la table se change en chaise percée.

Pierrot et Cassandre sont furieux et appellent l'aubergiste. La table, sur l'ordre d'Ismaël a disparu, et lorsque l'hôtesse demande ce qu'il y a, Pierrot, après lui avoir raconté la chose, veut la conduire à la table, mais, O ! surprise ! il n'y a plus rien.

L'aubergiste se moque de Pierrot, tandis que Cassandre qui trouve la jeune fille de son goût, lui demande un baiser qu'elle refuse.

Il lui montre de l'argent, ce qui la décide à accepter. Mais Pierrot reçoit le baiser destiné à Cassandre. La jeune fille se sauve. Pierrot fait la nique à son maître et s'approche du cabinet.

La tête d'Arlequin s'y montre et mord le doigt de Pierrot. Il jette un cri et dit à Cassandre qu'Arlequin est là. Ils approchent, mais une fusée les empêche d'aller plus avant.

Cascades.

Arlequin sort et administre des coups de batte à Cassandre, tandis que Pierrot s'arme d'une poële à frire, dont il essaie de porter un coup à Arlequin, qui l'esquive, et c'est la tête de Cassandre qui passe à travers.

Ils sortent de cette manière et les amants s'enfuient.

10me Tableau

Une place publique, avec une boutique de marchand de vin à gauche.

Une vieille laitière et une décrotteuse s'installent. Un marchand de marrons dispose sa boutique près du marchand de vin. Celui-ci place une table au dehors.

Arrivent deux porte-faix. Ils déposent un grand coffre au milieu du théâtre. Puis ils entrent chez le marchand de vin.

Arlequin et Colombine paraissent, semblent chercher un refuge et disparaissent dans la boutique où sont entrés les porte-faix.

Arrivent plusieurs personnes. Les unes viennent acheter du lait ; les autres se font décrotter, ou vont acheter des marrons.

Cassandre, Léandre et Pierrot accourent et demandent si l'on n'a pas vu les fugitifs ?

On ne les écoute pas. Léandre veut se faire cirer la chaussure ; Pierrot le repousse et Cassandre prend sa place.

Cascades. Le cireur cire les bas blancs de Léandre (1).

Deux ivrognes arrivent bras dessus bras dessous. Ils reconnaissent Cassandre et Léandre pour des amis ; ils les saluent et leur donnent une prise de tabac. Pierrot fait sauter la tabatière en l'air. Tout le monde éternue. Les deux ivrognes vont se jeter sur lui ; mais Pierrot s'est amusé à attacher ensemble la queue de leurs perruques, ce qui amène plusieurs cascades, à la fin desquelles l'un entraîne l'autre par la queue, au rire des assistants.

Cassandre et Léandre entrent chez le marchand de vin.

Pierrot rit tant et tant qu'il enlève de sa sellette la décrotteuse. Celle-ci est furieuse. Pour l'apaiser, Pierrot lui paye des marrons et du vin.

Arlequin paraît, agite sa batte et la poële saute en l'air, en même temps que les marrons éclatent. Le marchand s'en prend à Pierrot ; mais tout le monde lui dit que c'est parce qu'il n'a pas fendu ses marrons, et il est chassé avec force bourrades.

Pierrot, que les marrons ont altéré, va à la laitière et demande à boire. Dans

1. M. Cot d'Ordan fit, par la suite, supprimer ce jeu de scène, parce que, chaque soir, cela exigeait le blanchissage d'une paire de bas.

quoi ?... lui demande la laitière. Pierrot cherche partout et entre dans une maison, d'où il rapporte un vase (1) dans lequel il se fait servir du lait.

Celle-ci ne le sert qu'à contre-cœur. Pierrot demande la petite goutte de rigueur. La laitière ne veut pas la lui donner, Pierrot furieux rejette le contenu de son pot dans la boîte au lait.

Rire général. Colère de la laitière. Elle poursuit Pierrot qui se réfugie derrière la décrotteuse. La laitière, croyant saisir Pierrot, saisit la décrotteuse.

Celle-ci, se défendant, arrache le bonnet de la laitière. Une lutte s'engage. Les deux femmes s'enfuient, poursuivies par la foule.

Arlequin sort de chez le marchand de vin et donne deux coups de batte sur le dos de Pierrot ; puis il se cache dans le coffre.

Pierrot se retourne furieux ; mais c'est Cassandre et Léandre qui reçoivent de Pierrot les coups destinés à Arlequin.

Celui-ci soulève le couvercle du coffre et se montre à eux. Pierrot, s'empare de la canne de Cassandre, et, avec l'aide de Léandre, il ouvre le coffre. Désappointement. Il n'y a plus personne.

Tous deux redescendent la scène, en fureur. Arlequin se montre de nouveau. Même jeu.

Cassandre et Léandre vont chercher un bâton pour en finir.

Pendant ce temps, Arlequin sort du coffre y flanque Pierrot, et lorsque ses ennemis reviennent, c'est Pierrot qu'ils assomment.

Arlequin reparait avec sa Colombine. Nos trois personnages veulent se jeter sur lui ; mais une distribution de soufflets les arrête.

Les Génies paraissent au milieu d'éclairs et de coups de tonnerre.

Morphée dit, en montrant le sac que Cassandre croit encore dans le coffre :

— *Cassandre, voici le trésor que je t'avais confié. L'emploi que tu en voulais faire ne me permet pas de te le laisser. Consens au mariage de ta fille avec Arlequin et je me laisserai attendrir.*

Cassandre et Léandre refusent. Colombine, Pierrot et Arlequin supplient le barbon, qui finit par céder.

Tout aussitôt, Ismaël étend sa baguette vers le fond, qui disparait et laisse voir le temple de l'Amour.

11me Tableau

APOTHÉOSE.

Le succès de ce *Songe d'or* fut immense. Celui de Deburau fut triomphal. On en parla dans les salons, dits littéraires ; dans les doctes assemblées. On prononça tout bas le nom de l'auteur, qui se débattit comme un beau diable de cet enfantement irrespectable. On alla même jusqu'à courir aux Funambules. Mais, aucun journal ne laissa trainer une ligne d'éloges, voire même d'encouragement.

L'année 1828 se termina par :

AMOUR ET DÉSESPOIR

Pantomime en 3 tableaux

1. C'était un vase de nuit, que Deburau dissimulait jusqu'au moment où il le montrait à la laitière. Cette grosse plaisanterie était faite par lui, avec une délicatesse telle que les plus susceptibles ne pouvaient qu'en rire.

Et :

LA MAUVAISE TÊTE
Pantomime en 4 tableaux

CHAPITRE XII

1829

Deburau devient père

Un besoin de redingote grise et de petit chapeau se faisait généralement sentir et se glissait, par infiltration, dans les veines de la population française ; besoin, contre lequel essayait vainement de réagir la police de Charles X, que dirigeait si maladroitement le ministère à la tête duquel bêtifiait M. de Polignac.

L'ombre de Napoléon se dressait partout, et partout les mouches de la police royale, dont Mengin était alors préfet, poursuivaient avec archarnement l'ombre de cette ombre.

Aux Funambules on joua une pantomime intitulée :

LE RETOUR
OU
LA FILLE DU VIEUX CHASSEUR.

L'acteur Victor remplissait le rôle du vieux chasseur. Il avait, de par ce fait, endossé un vieil uniforme vert.

Hum !... Cet uniforme, qui rappelait quelque peu celui qu'avait porté Napoléon, commença par indisposer fortement un commissaire du gouvernement, qui, le soir de la première représentation, se trouvait, par hasard, dans la petite salle.

Mais, voilà-t-il pas qu'à un moment donné, Victor se met à prendre une prise de tabac dans la poche de son gousset, ainsi que le faisait l'homme au petit chapeau.

Une tempête de bravos éclate dans la salle. On trépigne. On acclame Victor. Un peu plus, et l'on va crier : Vive l'Empereur !

Le commissaire du gouvernement se retira courroucé.

Le lendemain, M. Bertrand recevait ordre d'avoir à retirer, le soir même, *La fille du vieux chasseur*, de son spectacle ; pendant que l'acteur Victor était invité à se présenter, le jour suivant, devant la police correctionnelle, pour répondre du méfait à lui imputé, d'avoir osé endosser un habit vert et pris du tabac dans sa poche, absolument comme eut pu le faire l'homme « que la pudeur empêchait de nommer. »

Pour ce fait, Victor s'entendit condamner à un mois de prison et cent francs d'amende.

La première pièce représentée cette année-là avait été :

PÉRETTE

OU

LES DEUX BRACONNIERS.

Pantomime en 1 tableau.

Cette pantomime, imitée de la fable de La Fontaine, avait été jouée jadis sur le théâtre de Nicolet (Théâtre de la Gaieté) sous le titre de : *La laitière et le pot au lait.*

Puis vint :

LE MARCHAND DE SALADE

Pantomime en 2 tableaux.

Mes lecteurs n'espèrent pas que je leur donnerai le scénario de toutes les pantomimes jouées aux Funambules, et que je me suis imposé de révéler aux amateurs de ce genre de spectacle, quelque soit le succès ou l'insuccès par lesquels elles passèrent à leur apparition.

Cependant, je vais leur donner encore *Pérette, ou les deux braconniers*, en demandant à ceux que la lecture d'une pantomime n'intéresse pas, de me pardonner en raison du plaisir qu'elle peut causer à ceux qu'elle intéresse.

C'est l'excessive naïveté de celle-ci, qui m'engage à la citer.

PÉRETTE

OU

LES DEUX BRACONNIERS.

Pierrot	Deburau.
Arlequin	Laurent aîné.
Un bailli...............	Placide.
Un paysan............	***
Un domestique........	***
Pérette................	Marianne.

Le théâtre représente une forêt, avec une maison à gauche. Sur un des arbres une inscription portant :

SIX CENTS FRANCS DE RÉCOMPENSE A CELUI QUI TUERA L'OURS.

Scène 1re

Pierrot est endormi au pied d'un arbre ; il se réveille, regarde dans son sac et ne trouve rien pour manger.

Il se lève, regarde l'inscription, revient et se recouche.

L'ours traverse le théâtre par le fond. Arlequin entre et cherche s'il ne voit pas Pierrot ; il l'aperçoit qui dort au pied de l'arbre. Arlequin le réveille et le frappe sur la tête avec son pied.

Pierrot, ne se réveille pas, ni ne se dérange pas.

Je reproduis textuellement le manuscrit que je possède.

Mais, à force de recevoir des coups de pied, il se réveille.

Arlequin lui dit qu'il y a deux heures qu'il le frappe. Pierrot lui dit qu'il ne l'a pas senti, et Arlequin lui dit que pourtant il lui donnait de grands coups de pied dans les reins.

Pierrot se tâte et s'aperçoit qu'au fait il lui a fait mal.

Arlequin s'asseoit et prend quelque chose dans son sac et il mange. Pierrot s'en aperçoit et vient s'asseoir à côté de lui.

Pendant ce temps, l'ours repasse dans le fond. Pierrot prend la tête d'Arlequin et la met sous sa jambe pour lui faire voir l'ours. Arlequin se lève et va voir, puis dit à Pierrot que l'ours est parti.

Scène 2me

Pérette entre, un pot au lait sur la tête. Arlequin la salue en s'essuyant la bouche. La laitière lui demande de l'aider à la décharger de son pot au lait.

Arlequin lui demande où elle va. Elle lui répond qu'elle va vendre son lait pour acheter une basse-cour. Elle lui dit que pour cela il faut un bon mari. Elle lui exprime combien elle sera heureuse lorsqu'elle aura un mari et des bestiaux, et elle se met à danser avec Arlequin.

Pierrot, qui mangeait pendant ce temps, les regarde en riant et s'étouffe. Mais, après beaucoup de lazzis, il exprime qu'il va aller à la recherche de l'ours pour avoir la récompense et sort.

Scène 3me

Arlequin n'ose plus regarder Pérette en face, parce qu'il est timide. Il s'approche tout doucement et lui demande un baiser qu'elle lui laisse prendre ; puis, elle lui dit qu'il faut qu'elle aille vendre son lait et elle sort.

Scène 4me

Arlequin entend Pierrot qui crie dans la coulisse : *L'ours me poursuit !* Et Pierrot entre. Arlequin le reçoit dans ses bras et cherche à le rassurer.

Pierrot se remet. Arlequin va voir et il se jette dans l'ours ; mais il se sauve et monte dans un arbre.

L'ours va pour monter après ; Arlequin l'en empêche en lui jetant plusieurs choses. L'ours ne pouvant pas monter, se retourne et va à Pierrot qui est couché par terre plus mort que vif. L'ours le retourne, et, voyant qu'il ne bouge pas, il lui pisse sur la tête, et sort en regardant plusieurs fois s'il est bien immobile.

Arlequin descend de son arbre et court regarder si l'ours est éloigné. Il revient et relève Pierrot, en lui frappant dans les mains. Pierrot revient à lui, prend un fusil et va dans le fond pour tirer sur l'ours. Le fusil rate. Arlequin en colère le traite de maladroit. Pierrot lui dit que ce n'est pas de sa faute. Arlequin le prend par le cou et veut l'étrangler.

Il le lâche, puis prend son fusil, le lui pose sur le pied et le jette à la volée.

Scène 5me

Pérette entre, son pot au lait à la main et pleure en disant qu'on lui a répandu son lait. Arlequin devient furieux, prend un bâton et dit qu'il va punir l'insolent. Pérette veut le retenir, mais Arlequin ne l'écoute pas et sort.

Scène 6me

Pierrot prend le pot au lait et torche les bords avec son doigt. Ils vont s'asseoir tous les deux dans le fond.

Scène 7me

Le bailli entre, dit à la laitière qu'il a à lui parler et ordonne à Pierrot de sortir.

Scène 8me

Le bailli demande à la laitière si elle veut répondre à son amour. La laitière répond que non. Le bailli l'enlève et sort.

Pendant ce temps Pierrot monte sur la maison, et dit qu'il n'y a pas de danger que l'ours vienne le trouver là ; et il s'endort.

Arlequin entre désespéré et dit qu'il n'a pu châtier l'insolent qui avait renversé le lait de sa chère Pérette. Il n'a plus d'espoir ; il va pour se pendre à un arbre ; mais la branche se brise. Il va à la maison et veut s'accrocher à un morceau de bois, qui se casse aussi, et Arlequin tombe par terre.

La maison tombe. Pierrot aussi, et ne se réveille pas. Arlequin se relève et détache sa ceinture de son cou. Il aperçoit Pierrot qui est resté endormi par terre, va pour le relever.

Pierrot se réveille et regarde où il est. Il demande à Arlequin tout en se tâtant les reins, comment il se fait qu'il soit par terre, puisqu'il s'était couché sur la maison. Arlequin lui dit qu'il a tombé.

Scène 9me

Un paysan entre et dit à Arlequin que le bailli enlève sa maîtresse. Arlequin prend un bâton. Le paysan lui demande ce qu'il va faire ? Arlequin lui répond que s'il avance, il va l'assommer. Pierrot et le paysan sortent après lui.

Scène 10me

Le bailli revient seul, entend du bruit, et exprime qu'il ne sait pas ce que cela signifie.

Scène 11me

Un domestique entre et dit qu'il vient d'être taraudé de la belle manière par Arlequin. Le bailli pour le dédomager, lui donne une bourse et lui dit qu'il ait à se retirer, qu'il va le suivre.

Scène 12me

Le bailli, seul, exprime que c'est le moment de montrer du courage. Il se cache.

Scène 13me

Arlequin entre avec sa maîtresse, qu'il a soustraite à ses ravisseurs et se cache dans la coulisse avec elle.

Le domestique revient.

Pierrot entre et se trouve face à face avec le domestique. Ils se battent à coups de bâton. Pierrot est désarmé et se sauve.

Arlequin entre et prend la place de Pierrot. A son tour, il désarme le domestique qui se sauve. Le bailli qui a reparu, va pour se sauver aussi, quand Arlequin s'en aperçoit et le ramène à coups de bâton.

Pierrot revient. Arlequin lui dit de soigner le bailli et de ne pas le laisser échapper, et va chercher sa maîtresse.

Le bailli s'échappe. Pierrot court après lui et le ramène en lui disant qu'il faut qu'il donne de l'argent à Arlequin, pour lui avoir enlevé sa maîtresse.

Le bailli dit qu'il n'en a pas.

Arlequin revient avec Pérette.

Pierrot dit qu'il faut que le bailli se batte avec lui, et après plusieurs lazzis, il le jette par terre et met le pied dessus.

(*Tableau*)

On le voit, cette pantomime ne brille pas par l'imagination.

Mais, il arriva, certain soir, un fait qui vaut d'être cité.

L'acteur chargé du rôle de l'ours, était fort superstitieux et très adonné aux pratiques religieuses.

Or, un orage effrayant se déchaîna pendant une des représentations, et, sur un formidable coup de tonnerre, on vit l'ours s'arrêter net, en scène, et faire le signe de la croix..

C'est dans cette même pantomime que, longtemps, l'on a prétendu avoir vu débuter Frédérik Lemaitre ; erreur relevée par M. Henry Lecomte et que j'ai citée dans un chapitre précédent.

Quant au *Marchand de salade*, pantomime de Deburau, ce fut un des grands succès du célèbre Pierrot.

Un bon mime ne doit point parler. Sa parole, c'est le geste, c'est la physionomie. A l'aide de ces deux seuls moyens, il doit parvenir à se montrer éloquent, et tout faire comprendre à ceux qui le regardent.

Eh ! bien, dans *le Marchand de salade*, Deburau parlait !. On ne le lui a jamais reproché, parce que c'est la seule fois qu'il se soit permis cette infraction à la discipline du mime.

Oui !.. Il parlait !.. Quand il offrait ses chicorées aux clients, d'une petite voix étranglée, sortant de la gorge comme un son de parchemin que l'on froisse, il prononçait ces deux mots : *Achetez salade !*

Ce sont les seuls qu'il ait jamais dits en scène.

Aussi produisaient-ils un long accès d'hilarité, dont souvent il rougissait, le trop scrupuleux comédien, disant que le véritable mime ne doit pas avoir recours à de tels moyens pour enlever une salle.

Un soir il tenta de ne pas les prononcer ces deux mots, qui l'angoissaient si fortement. Il offrit ses salades en fermant hermétiquement l'anche de hautbois qu'il avait au fond du gosier.

Le public, privé d'un de ses plus gros motifs de rire, les réclama avec insistance, avec violence, avec trépignements, refusant de laisser continuer la pièce si son comédien adoré ne les prononçait pas.

Deburau, dépité, vaincu, s'avança sur les bords de la rampe et, la figure courroucée, la main crispée, tenant une laitue (c'était la saison des laitues), de sa voix la plus crécelleuse, articula : *Achetez salade !...*

Inutile de dire quel fut son succès.

On joua encore :

PIERROT FIANCÉE

Pantomime comique, en 4 tableaux.

J'ai vu au théâtre des Variétés, vers 1855, un vaudeville dans lequel Lassagne, un des comiques les plus amusants qui furent jamais, faisait se tordre la salle.

Ce vaudeville s'appelait : *Mam'zelle Rose.*

Lassagne jouait un paysan qui se travestissait en jeune fille pour écarter un prétendu inopportun.

Les mines de Lassagne en jeune campagnarde, quand soi-disant, dans le but de séduire l'amoureux qu'il prétendait éconduire, il lui montrait ses mollets, le grotesque de sa tournure, étaient inénarrables.

Eh ! bien, cette situation d'un comique accentué, était tout bonnement... empruntée à *Pierrot Fiancée.*

Or, il survint un événement très grand dans l'existence du célèbre mime. Il s'était marié l'année d'avant. Le 12 février de cette année 1829, sa femme lui donnait un fils que Charles Charton, mime et auteur pantomimique et funambulesque, tint sur les fonts baptismaux.

L'enfant naquit bien constitué, regorgeant de santé. Aussi, le soir, ne pouvait-on arracher le père à sa contemplation admirative.

— C'est ma plus belle création! disait-il en embrassant sa femme. Et, de ses bons yeux, coulaient de grosses larmes.

Nous tenons ces détails intimes de Charles Charton, qui ne quitta pas le nouveau père de toute la soirée.

Ce soir là, Deburau jouait *Pierrot nourrice*.

Le bruit s'étant répandu dans la salle qu'un fils lui était advenu, au moment où Pierrot, las d'entendre vagir le poupard qu'on lui a confié, administre au petit pleurard une maîtresse fessée, les titis commencèrent à crier : Oh ! le mauvais père !..

Deburau s'arrêta de battre les fesses de carton, qu'offrait aux regards, le maillot défait de son nourrisson et, s'avançant vers le public, regarda d'un air attendri ce faux petit derrière d'enfant, puis, tout-à-coup, se mit à l'embrasser avec amour.

La salle fut véritablement émue et l'on fit une longue ovation au père, en même temps qu'à l'artiste.

Alors les mêmes voix gouailleuses reprirent en chœurs : Ah ! le bon père !..

Je trouve dans le numéro du *Figaro*, daté du 22 Septembre, 1829, un article non signé, que l'on peut attribuer à Jules Janin, lequel écrivait alors dans le spirituel journal de Nestor Roqueplan.

C'est à propos d'une rentrée de Deburau, dans le *Bœuf enragé* :

« J'ai vu des gens hausser les épaules de pitié ! Hé ! Messieurs, s'il vous plait, pourquoi l'affiche des Funambules n'annoncerait-elle pas en gros caractères la rentrée de M. Deburau ? Savez-vous bien ce que c'est que M. Deburau ? Croyez-vous que ce soit le premier venu du monde dramatique ? On annonçait au Français la rentrée de M. Lafon, la rentrée de Mlle Duchesnois, la rentrée de M. Devigny ; à Feydeau on annonçait la rentrée de M. Paul, ou celle de M. Chenard ; on a annoncé celle de Mme Lemonnier, on annoncera celle de M. Boullard ; on jette en *gros canon* sur l'affiche des *Nouveautés*, le nom de M. Philippe quand il sort de prison ; tous les journaux ont donné comme une grande nouvelle la rentrée au Ministère de M. de Chabrol, un des plus pauvres acteurs de la farce ministérielle, et vous ne voulez pas que M. Deburau ait l'honneur qu'on fait à M. de Chabrol, à Mlle Duchesnois, ou à M. Philippe ? Qui songe encore à Mlle Duchesnois ? Qui ne remplacerait M. Deligny ? Qui ne vaudrait pas mieux au Ministère que M. de Chabrol ? Mais M. Deburau, remplacez-le !.. Trouvez un homme qui ait cette verve bouffonne, cette originalité, cette profondeur de talent, qui a les dehors charmants de la bêtise! Donnez-nous un Gille mieux enfariné, plus intelligible, sans qu'il prononce un mot, plus communicatif dans sa gaîté qui ne rit jamais, plus cocasse sans charge triviale! Frappez à la porte de tous nos théâtres et tirez-en un acteur plus fin, plus risiblement flegmatique, plus spirituellement balourd, plus véritablement comédien !

M. Deburau est, après Talma et Potier, l'homme le plus complet que nous ayons eu depuis trente ans ; qui peut en douter ? L'amour propre de tous les acteurs, se révolte à cette idée ; ils ne consentiront jamais à convenir d'une vérité aussi accablante ; mais enfin, c'est un fait ; il faut bien se soumettre. Je ne prétends pas que les artistes, devant lesquels ma juste admiration fait marcher M. Deburau, soient sans talent, le ciel m'en préserve !. Plusieurs, je l'avoue, ont du mérite, de l'intelligence, de brillantes qualités, des facultés rares ; mais, où est le comédien d'ensemble qui se puisse comparer à celui du grand, du sublime Deburau ? Je le cherche autour de moi sans le trouver. Montrez-le moi et analysons votre héros et le mien. C'est un défi que je vous porte entendez-vous ? Voyons comment vous y répondrez.

L'affiche des Funambules a eu raison dimanche de signaler au public la rentrée de M. Deburau. C'est un juste hommage rendu au génie et à la popularité. Aussi quelle foule et quels applaudissements. Que de bons éclats de rire !. Quelle délicieuse soirée !.. Le *Bœuf enragé* a excité l'enthousiasme parmi les spectateurs délicats que ce bel ouvrage avait attiré. Le *Bœuf enragé*, grande et belle conception, à laquelle je ne voudrais comparer aucune des tragédies modernes !. puissante application de la manière de Shakespeare à la vieille parade italienne et française ; drame admirable, où est la vie qui manque à tant de pièces académiques. C'est là un chef-d'œuvre ! Et les salons ne se doutent pas qu'il existe ! Et l'on va entendre *Catherine de Médicis, Zelmire et l'Illusion !.* Et l'on va voir la danse noble. Aristocratie Parisienne que tu es arriérée ! Dans quels tristes préjugés tu es emmaillotée !.. Fais-toi peuple un jour, vas voir Deburau et tu sauras ce que c'est que le vrai plaisir. »

Je ne sais qu'un seul homme capable d'un tel enthousiasme, vrai ou simulé, je l'ai nommé.

Charles Charton nous a encore donné les titres de quelques pantomimes, jouées en cette année, mais les titres seulement.

Ce sont : *Don Quichotte et Sancho Pança*, *Amour et devoir*, *La rage d'Arlequin*, *Les marchandes de balais*, *Le Forçat libéré*.

Plusieurs ont dû servir à l'élaboration d'autres plus connues.

Ainsi va le monde. Il est rare que les inventions n'aient été déjà inventées. Tout se renouvelle, même la nouveauté. *Nil novi sub sole.*

CHAPITRE XIII

1830

Révolution

Je lis dans l'*Almanach des spectacles* de 1830 :

M. Bertrand, *directeur propriétaire.*

Dourdent, *régisseur.*

Ce Dourdent, dont l'imprimeur a estropié le nom, n'est autre que M. Cot D'Ordan, bel et bien associé de Bertrand, malgré cette désignation de régisseur.

Le seul régisseur était le père Lafargue, fort honorablement connu comme metteur en scène.

La note de l'almanach ajoute :

On joue maintenant tous les genres à ce théâtre, ainsi qu'aux anciens *Acrobates*. Cependant, les *Funambules* donnent la préférence aux pièces gaies, où *Desburau* est si plaisant.

Cette note n'est vraie que pour la seconde moitié de l'année. La révolution, qui renversait Charles X aux cris de : Vive la charte ! A bas les Bourbons !... venait de proclamer la liberté des théâtres, au lendemain même des *trois glorieuses* ; ce dont s'empressèrent de profiter les Funambules, en apportant à leur répertoire l'appoint de Vaudevilles et notamment de pantomimes dans lesquelles se glissèrent paroles et couplets.

La censure était abolie ; la Liberté de la Presse proclamée.

Les Funambules donnèrent une représentation au bénéfice *des Veuves et des orphelins des braves, morts pour la liberté.*

Victor, que sa condamnation avait rendu très populaire, chanta *la Marseillaise*, que le public se mit à réclamer à grands cris tous les soirs.

Paris avait la fièvre, le délire.

On enlevait au coin d'une rue l'écriteau portant : *Rue du Duc de Bordeaux*, et on le remplaçait par celui-ci : *Rue de l'enfant trouvé.*

Gardens et Cie, coiffeurs au n° 9 de la galerie d'Orléans, faisaient annoncer qu'à partir du 5 courant, ils pratiqueraient pendant huit jours la coupe de cheveux, au profit des blessés.

Les Auteurs abandonnaient leurs droits, dans toutes les représentations au bénéfice des victimes.

On fabriquait des bretelles tricolores *afin que les couleurs nationales reposassent sur tous les cœurs*, disait le fabricant, M. Burty aîné, rue St-Denis, 309.

Un ouvrier maçon, qui, pendant le combat, avait pénétré dans les Tuileries, disait partout : « Je suis resté quatre minutes, montre en main, assis sur le trône de France ».

Meyerbeer envoyait 1000 francs à la souscription organisée par le *Figaro*. Deburau s'y faisait inscrire pour cinq francs.

Victor Hugo abandonnait ses droits d'auteur pour deux représentations d'*Hernani*.

Tout, enfin, était à l'expansion, à l'effusion, à la joie, à la liberté.

Le commencement de cette année avait été marqué par un énorme succès, au théâtre de M. Bertrand.

MA MÈRE L'OIE

OU

ARLEQUIN ET L'OEUF D'OR.

Pantomime en 12 tableaux et un prologue
*par MM. Lambert et Eugène ****

Savez-vous qui était cet Eugène *** qui se cachait ainsi derrière ce modeste nom de baptême ? qui consentait à ne s'appeler sur l'affiche que comme un simple garçon coiffeur?

Cet Eugène (*trois étoiles*) était tout simplement Eugène Grangé.

Oui, Eugène Grangé, le collaborateur charmant de Thiboust, pour tant de joyeux vaudevilles, restés en la mémoire de tous.

N'allez pas conclure de ce fait, que le Lambert, dont le nom précédait sur l'affiche celui d'Eugène, fut Lambert Thiboust. Non !.. Ce Lambert n'avait aucun point de ressemblance avec l'auteur regretté de *la Mariée du mardi gras*, des *Femmes qui pleurent*, des *Jocrisses de l'amour*, de *L'homme n'est pas parfait*, et de tant d'autres petits chefs-d'œuvre, bien dédaignés aujourd'hui par les jeunes auteurs *fin de siècle*, qui, les voyant reprendre, se demandent comment leurs oncles ont pu se divertir, se passionner même à semblables balivernes; sans vouloir se persuader que, dans vingt ans, leurs neveux penseront d'eux, absolument de même.

Ce Lambert, des *contes de ma mère l'Oie*, n'était qu'un Lambert des plus ordinaires ; un Lambert comme tous les autres Lambert.

A cette époque de 1830, le joyeux auteur des *Filles de marbre*, des *Diables roses* et de *La corde sensible*, n'avait encore que *trois ans*.

Or, quelle que fut sa précocité en matière théâtrale, on peut se refuser à croire qu'il s'occupât à autre chose, qu'à fournir de la besogne à la blanchisseuse de la famille Thiboust.

Pauvre Lambert ! Adorable et charmant esprit, envolé de ce bas monde d'ingratitude et d'oubli, trop tôt pour le public, pour le théâtre, pour ses amis.

Il aurait des cheveux blancs aujourd'hui. Des cheveux blancs ! Il est des êtres qu'on ne peut se figurer ainsi. Un œil de poudre tout au plus.

On l'appelait la P..... du boulevard. Avec cette différence, que le bon Lambert était raccroché par tout le monde.

Voici la distribution des personnages de la célèbre pantomime et les noms des artistes qui les ont créés :

Le Bailli...........................	René, puis Placide.
Désaubaine..........................	Charles.
Pierrot.............................	Deburau.
Colin...............................	Laurent aîné.
La mère l'Oie.......................	Mme Désirée.
Colinette...........................	Marianne.
L'enfant qui fait l'oie.............	Toinette.
1er garde-champêtre.................	***
2e — —	***
Quatre piqueurs.....................	4 figurants.
Un Diable...........................	Chaiza.
1er démon...........................	Louis.
2me —	Victor.
3me —	Viclain.
4me —	Jules.

Villageois et Villageoises

J'ai dit que la grande part de collaboration apportée par Laurent aîné à la confection des fameuses *Pilules du Diable*, était l'amas de trucs recueillis à travers les pantomimes féeriques des Funambules.

La mère l'Oie fut celle qui, peut-être, en fournit le plus à l'arlequin littérateur. Prenant le bien des autres où il le trouvait, au contraire de son confrère Molière qui, lui, ne s'emparait que de son bien à lui, Laurent aîné transporta dans sa féerie du cirque *la maison qui grandit et qui rapetisse* sous les yeux du spectateur, l'un des meilleurs trucs de *Ma mère l'Oie.*

En avait-il bien le droit ?... Peut-être la confection de la machinerie était-elle de lui ; l'idée n'en appartenait pas moins à MM. Lambert et Eugène***. Mais, on n'y regardait pas de si près à ce moment-là, et MM. Lambert et Eugène*** ne gourmandèrent aucunement l'importateur, de s'être approprié leur invention.

On remarquera, en tête de la distribution des rôles de *Ma Mère l'Oie*, que le personnage de Cassandre a été créé par René, puis repris par Placide.

La raison est que René quelques jours après la première représentation de la *Mère l'Oie*, était entré au *Théâtre Lazzari*, au *Petit Laze*, comme vulgairement on l'appelait.

René, très bon Cassandre, avait l'ambition de parler. Or, l'on n'était encore qu'au mois de mars de l'année 1830. René n'avait que le droit le plus strict au silence ; et René était bavard. Et René rêvait les lauriers de Talma, de Frédérick, de Potier et de Perlet. Aussi René ne put-il résister à l'appât des quinze francs par semaine, que lui offrait le Directeur du *Petit Laze.*

Aux Funambules il n'en avait que douze. Son noble cœur n'hésita pas.

Ce fut Placide qui hérita du rôle.

Placide, ou plutôt le Père Placide, comme on l'appelait depuis fort longtemps au Boulevard du Crime — il était déjà très âgé — avait eu l'honneur de donner des leçons de *Danse de corde,* au Comte d'Artois, alors que celui-ci, fort épris de sa belle-sœur, Marie-Antoinette, s'adonnait à ce genre d'exercice, pour gagner les bonnes grâces de la Reine martyre.

Chaque matin, celui qui devait être Charles X, faisait une retraite au Petit Trianon, retraite qui intriguait fort les gens de l'entourage de la Reine. Mais nul ne pouvait supposer ce tête-à-tête du Frère du Roi, avec un pauvre paillasse de la Foire.

Dumersan — un contemporain — à qui j'emprunte le fait, ajoute : « Quand *il* se crut en état de briller, *il* développa en petit comité ses nouveaux talents aux yeux de la Reine. »

« Si, par hazard, ce Prince pense à Placide, dans son exil, — Dumersan écrivait ces lignes bien après la Révolution de 1830 — il doit faire de singulières réflexions, en songeant à cet homme, qui, pendant soixante ans, a dansé sur la corde au Boulevard du Temple, et a vu, son balancier à la main, se bouleverser tant de fois, l'équilibre des Etats de l'Europe. »

Voilà ce qu'était Placide.

Quant au père René, par la suite, il devint une des figures les plus originales du *Boulevard du Crime.* On se le montrait, comme on montrait Pelletier des *Funambules*, Villetard des *Délass-Com*, et *Mossieu* Christian des *Fol-Dram.*

Le 5 août, on joua un vaudeville en 1 acte : *Les tambours au bivouac.*

Le 9 septembre : *Le Canard*, vaudeville en 1 acte.

Le 23 septembre : *Diète et bombance*, vaudeville en 1 acte.

Puis enfin, le 18 octobre :

LES VINGT-SIX INFORTUNES DE PIERROT

Grande pantomime en 12 tableaux

Pierrot..	Deburau.
Cassandre......................................	Placide.
Arlequin...	Laurent aîné.
Le sosie de Cassandre.......................	Laplace.
Un bohémien....................................	Victor.
Un gastronome..................................	Charles.
Un maître d'armes..............................	Charles.
Un marchand de vin............................	***
Un jongleur......................................	***
Isabelle...	Mlle Marianne.
Le génie rose....................................	Mme Houzian.
Une fée..	Mme Honoré.
Sosie d'Isabelle.................................	***

Cette pantomime fut un triomphe pour Deburau.

L'étoile de Laurent aîné pâlit, à travers le nuage de farine que Pierrot fit descendre sur la scène du modeste théâtre, comme une blanchâtre apothéose.

Deburau devint Roi !... Laurent aîné ne fut plus que Prince ; ce dont il ressentit une jalousie, qu'en anglais, habitué à la dissimulation, il se garda bien de laisser paraître.

Il se confiait cependant à Lafargue, le vieux régisseur du théâtre. Il lui disait :

— Voyons, Lafargue, vous qui n'êtes pas un imbécile, vous qui êtes un homme instruit (Lafargue avait été clerc d'huissier), ne trouvez-vous pas monstrueux ce succès que l'on fait à Baptiste ?.. Après tout, qu'est-ce que Baptiste ?.. Un simple Pierrot, c'est-à-dire un homme qui ne doit son talent qu'à sa figure blanche. Tenez, votre Baptiste, s'il allait en Angleterre, je ne lui donnerais pas huit jours pour qu'il en revînt honni et conspué.

Lafargue répondait :

— Je ne suis pas de votre avis, mon cher Laurent. Deburau est un véritable artiste.

— Vous ne lui pardonnez pas de ne point aimer le genre anglais, que vous apportez dans la pantomime.

— Le seul genre possible en cet art supérieur.

— Permettez, le genre Français l'emporte...

— Ah ! quand vous me prouverez cela, mon cher Lafargue....

Ces discussions se renouvelaient souvent.

C'est par un fils de Laurent, artiste dramatique, un instant aux Variétés, que j'ai eu ces détails et d'autres encore, son père lui ayant conté le rude chemin qu'il avait été forcé de parcourir, avant d'arriver au petit bien-être dans lequel il s'éteignit, le 14 juillet 1872, à Vareddes.

Laurent aîné (Clément, Philippe) était né à Londres, le 29 septembre 1801.

Il n'était venu qu'en 1820, à Paris, pour débuter, comme mime, sur le petit théâtre de M. Comte.

Quant au brave père Lafargue, c'était bien l'homme le plus naïf que l'imagination puisse rêver.

Et cette naïveté, il l'apportait dans tous les actes de sa vie.

Il avait épousé, presque sans le vouloir, une malicieuse figurante, à laquelle, un soir, il avait rattaché le cordon de son soulier ; cette fille était parvenue à lui persuader que cet acte de simple complaisance, l'avait compromise aux yeux du personnel ; qu'en conséquence la seule réparation admissible était le mariage.

Lafargue avait réparé.

Il n'avait aucun motif, du reste, de se repentir de sa réparation, Mlle Armandine Clause, devenue femme Lafargue, le rendant parfaitement heureux.

Lafargue écrivait des pantomimes, en sa qualité d'ancien clerc de procureur.

Et lorsqu'au cours d'une des pièces dont il était l'auteur, le public applaudissait, le bon Lafargue, fût-il au fond de sa régie, d'où il entendait les bruits de la scène, fût-il dans le cintre à morigéner les machinistes, fût-il dans les dessous à examiner le fonctionnement d'une trappe, le bon Lafargue, dis-je, ne manquait jamais de soulever le bonnet grec, dont il couvrait son occiput dénudé et de s'incliner respectueusement du côté d'où lui semblaient venir les applaudissements.

M. Bertrand, qui avait dans l'excellent homme la plus entière confiance, lui avait accordé le droit de signer des billets de faveur.

Lafargue était fort avare de ces billets. Aussi les artistes employaient-ils toutes les ruses imaginables et même inimaginables pour parvenir à lui en arracher, sans le faire trop geindre.

Un jour d'été qu'il pleuvait, Placide était au foyer avec plusieurs de ses camarades.

Ce foyer était un espace fort restreint, trois mètres carrés environ, garni de quelques bancs, au milieu desquels était plantée une mauvaise table, boiteuse, huileuse, rugueuse, dont on se servait dans les pièces en la recouvrant d'un tapis.

Les artistes attendaient l'heure de la répétition et l'on devisait des chances certaines qu'offrait le temps, pour que la recette du soir fût des plus fructueuses.

— Et dire que j'avais promis deux places à mon boucher, grommelait l'un d'eux.

— Eh ! bien, donne-les lui, fit Placide.

— Oui, avec ça que le père Lafargue me les accordera, par le temps qu'il fait.

— Parce que tu ne sais pas t'y prendre.

— Tu les aurais, toi ?...

— Certainement.

— Ah ! je serais curieux de voir cela.

— Tu vas le voir. Je parie, qu'avant cinq minutes, j'ai dix places signées de lui.

Défi, récriminations, cris, objurgations et, par suite, pari engagé.

Vivement, Placide prend au magasin des accessoires papier, plumes, encre, et apporte le tout sur la petite table.

Il coupe le papier en carrés oblongs, et se fait bander les yeux avec son mouchoir.

Puis tout-à-coup, il se met à jurer comme s'il entrait en grande fureur.

Le bruit attire Lafargue, qui reste tout surpris de voir Placide un mouchoir sur les yeux, assis devant la table et écrivant. Il s'informe.

— Je tente de faire une chose très difficile, répond le Cassandre ; j'essaye de tracer, en droite ligne, sur ce papier mon nom, sans y voir.

Et, le mystificateur s'essaye en effet à écrire son nom, ayant le soin d'envoyer ses lettres de la cave au grenier.

— Maladroit !... fait Lafargue en riant.

— Vous pourriez, vous Lafargue ?...

— Cela me semble si facile.

— Oui, au premier abord. Parbleu !.. moi aussi, je le croyais, et voyez, je n'y arrive pas.

— Parce que vous vous y prenez mal. Donnez-moi votre plume ; mettez-moi le bandeau sur les yeux.

— Comment vous voulez ?..

— Vous prouver, mon cher Placide, que vous êtes un maladroit.

Alors, le bonhomme, une fois les yeux bandés, s'assied devant la table et se met à tracer son nom, d'une large et belle écriture sur l'un des papiers préparés *ad hoc*.

— Raté !.. Est-ce raté, Messieurs ?..

— Oui !.. oui !.. font les comédiens en chœur.

— Cependant il me semble bien avoir écrit droit, fait Lafargue, voulant se débarrasser du bandeau, ce que Placide l'empêche de faire, en disant :

— J'en appelle à ces messieurs !... Allons, recommencez.

Lafargue, docilement, se remet à écrire.

— Cettte fois, c'est un peu mieux... N'est-il pas vrai, Messieurs ?...

— Certainement, reprend le chœur complice.

— Mais ce n'est pas encore tout-à-fait cela. Recommencez. Je gage que cette fois vous y arrivez.

Lafargue, piqué au vif, s'applique de plus en plus et, sur un nouveau carré de papier trace son paraphe le plus beau.

— Bravo !... crie aussitôt Placide !... ça y est.

— Ah ! je savais bien.

— Mais vous devez voir à travers le mouchoir.

— Oui !. oui !.. il voit... crient les autres.

— Messieurs, je vous jure que non ! Tenez, je vais écrire cette fois, en détournant la tête.

Et l'excellent homme, pour faire la preuve qu'il n'y voit pas, se met à signer trois autres carrés de papier, qu'on lui passe sous la plume, avec les exclamations admiratives de ses mystificateurs.

Enfin, il enlève le bandeau et contemple complaisamment ses trois dernières signatures : Placide avait eu soin de faire disparaitre les premières.

Alors, le régisseur reprenant ses droits, s'arrache à l'admiration générale et se dirige vers la scène en criant : Messieurs on commence la répétition.

Pendant ce temps, Placide s'empressait d'écrire au dessus de chacune des signatures : *Bon pour deux entrées.*

Le lendemain, M. Cot D'Ordan disait à Lafargue :

— Mon cher ami, vous distribuez les places avec une trop grande profusion. Douze, dans une seule soirée !... Et une soirée de pluie encore !... Vous abusez. Désormais, c'est moi qui me réserve ce droit.

Lafargue protesta. On le mit en présence des signatures. Il demeura ébahi, stupéfait, consterné, foudroyé.

Et, jusqu'à la fin de ses jours, il prétendit avoir eu un accès de somnambulisme.

CHAPITRE XIV

1831-1832

Charles Charton !.. Charlotte Dupuy !..

L'almanach des spectacles, que publiait Barba, ayant cessé de paraitre, le journal l'*Entracte*, qui venait d'être fondé, ne daignant pas encore citer les *Funambules*, pas plus que le programme des théâtres de Paris, que publiait le *Figaro* de Roqueplan, les recherches deviennent de plus en plus difficultueuses, les trouvailles de plus en plus rares.

Cependant quelques dates cueillies dans ce désert — sans jeu de mots — quelques titres ramassés de ci, de là, me permettent encore de fournir certains renseignements, sur le travail de notre petit théâtre.

Je citerai d'abord :

LE GÉNIE DU PAUVRE

OU

SONGE ET RÉALITÉ.

Pantomime en 4 tableaux dont un prologue, par Charles Charton.

Personnages du Prologue

Michel (1)...............................	Laurent aîné.
Un Diable...............................	Chéziat.
Le Génie...............................	Mme Houziau.

Personnages des 3 autres tableaux

Bras-de-fer, chef de brigands............	Firmin.
Pierrot...............................	Deburau.
Rosalie...............................	Mlle Marianne.
Nicolas...............................	Laplace.
Mme Nicolas...............................	Mlle Félicité.
Ambroise, parrain de Pierrot............	Placide.
Le petit rossignol............................	Mlle Augustine.
Richard, hussard............................	M. Laurent jeune.

Brigands, Gendarmes

Ce fut la première pièce que fit Charles Charton, le parrain du fils de Deburau.

Elle fut représentée au commencement de l'année 1831.

Le prologue était une sorte de flagornerie à l'adresse de M. Bertrand.

M. Bertrand aimait à répéter qu'il avait commencé sans rien, et que c'était à son travail seul, qu'il devait d'être ce qu'il était.

Charles flatta sa manie, en le mettant en scène.

Je vais donner au lecteur un aperçu de la prose et des vers que composait l'exellent Charton, en plaçant sous ses yeux le prologue de cette première œuvre.

1. Le rôle de Michel personnifiait M. Nicolas, Michel, Bertrand, directeur et fondateur du théâtre des Funambules.

PROLOGUE

Le théâtre représente une chambre meublée négligemment.

SCÈNE 1re.

Au lever du rideau, Michel, beau jeune homme, que l'on reconnait être un ancien marchand de beurre, aux pots vides qui ornent les meubles, et à un fil à couper le beurre accroché à un clou, est couché sur un grabat ; et près de la porte d'entrée est un Diable, se tenant debout.

Il parait satisfait de tourmenter Michel, qui tient la queue du diable dans sa main, et la tire, dans son someil.

Michel, à force de contorsions, finit par se lever et, dans son cauchemar, aperçoit le Diable, lâche sa queue qu'il tenait encore, recule de frayeur ; mais, s'armant de courage, il prend un bâton pour l'en frapper.

Le diable disparaît. Coup de beffroi.

Michel est anéanti. Il revient près de son lit. Le Diable reparaît près de la porte. Même jeu de scène. Le Diable s'approche de Michel, l'endort et va se replacer près de la porte. (*Pendant cette scène, la musique a été lugubre ; puis tout à coup elle devient mélodieuse*).

Ensuite le Génie du pauvre paraît, chasse le Diable, et, s'approchant de Michel le touche avec sa baguette.

Il se lève et doute de la réalité, quand le Génie lui dit ces paroles :

— Je suis le Génie du Pauvre, je viens près de toi pour te protéger.

Michel s'incline pour remercier le Génie. Il lui montre ses pots, dans lesquels il n'y a plus de beurre.

Le Génie lui répond :

— Tu n'as plus de beurre pour mettre sur ton pain noir. Que veux-tu ! c'est une des ordonnances de dame Nature. Quand on est trop honnête, on ne fait pas son beurre. Quitte ce métier et fais-toi Directeur de spectacle. Il faut monter ton théâtre sur le Boulevard du Temple. C'est un quartier laborieux, qui a besoin de distractions. Monte des pantomimes, force combats, et ton bon Génie te soutiendra.

Michel exprime qu'il fera ce qu'il pourra pour y réussir.

Le Génie parle encore :

— Je veux voir des vaudevilles, des tours de force, des danses, des combats de sabre, et puis des Brigands qui s'introduisent dans une chaumière située dans une forêt. Je veux voir un Pierrot bien poltron se trouver avec les brigands, qui lui feront bien des niches ; enfin, je veux qu'en sortant on se dise : J'ai bien ri pour mon argent. Songe que c'est pour le Boulevard du Temple que je veux ce spectacle.

Rondeau final

De ce bon quartier,
Des ouvriers
La vie
Est bien jolie.
Parmi les cuirs
De leur langage de l'avenir
Point de soupirs,
Là, rien n'est que plaisirs.
Pour le travailleur
Qui a du cœur
Et qui s'en flanque
Jamais l'ouvrage ne lui manque ;

Pour le bon marchand
Toujours chantant,
Gai comme un roi,
Il a pour lui la loi,
Et toi comme moi.
Sans gêne
On se promène
Près de Nicolet
Où tout séduit et plait ;
Où l'on s'éreinte
Comme en un labyrinthe
Et c'est un tort
Excepté pour les retorts.
Puis vient l'moutard
Du boulevard
Qui fait le charme de l'existence,
Et le quartier du Château d'eau
Et le Temple avec des oripeaux,
En France fournit de beaux travaux.
(*On reprend* :) De ce bon quartier....

Le rideau tombe.

C'était la fin du Prologue.

Charles Charton, par la suite, apporta plus de forme, plus de rectitude dans ses vers, dans sa prose et dans ses idées ; mais ses naïvetés, ses anachronismes vertigineux, écrits avec la meilleure foi du monde, ne persévérèrent pas moins en lui, comme on le verra dans la suite, par les extraits de pièces que je serai appelé à citer.

Charles tout court, devint plus tard *Mossieur* Charles, pour les machinistes, les habilleuses et les comparses ; ce fut lui qui succéda comme régisseur au vénérable père Lafargue.

Sa mère avait été actrice au théâtre de la Gaîté.

Un soir, de 1806, Mlle Charton — elle n'était que demoiselle — jouait la Rosière dans *la Tête et la queue du Diable*, de Ribié. Tout-à-coup, elle se sent prise des douleurs de l'enfantement.

C'était M. Charles qui demandait à faire son entrée.

Mlle Charton pria ses camarades de hâter leur jeu, et, la pièce terminée, se dépêcha de se dévêtir, pour aller accomplir chez elle ses devoirs maternels ; mais l'opération, plus prompte que sa volonté, se produisit dans l'escalier même du théâtre.

Charles Charton était né sur les marches de la Gloire.

Il commença à cinq ans par jouer un amour suspendu à un fil tombant du cintre. Il tenait une torche d'une main, une flèche de l'autre.

Mes emblèmes, prétendait-il plus tard, cette torche et cette flèche : La torche de la littérature, la flèche de la résolution.

Il paraît que son émotion fut telle quand il se vit pour la première fois planer dans les airs, qu'il oublia son rôle de Cupidon et se transforma en Dieu des Eaux, inondant la tête de ceux qu'il devait enflammer.

Cette improvisation hydraulique lui valut son premier succès.

En 1817, sa mère fut engagée aux Funambules.

Charles devint petit figurant, puis grand figurant, puis comparse, puis joua les amoureux ; puis, à vingt ans, débuta dans les grimes et les pères nobles, pour revenir, deux ans après, à l'emploi des Léandre, qu'il abandonna bientôt, se décidant définitivement à jouer l'emploi comique.

A trente ans, il passa régisseur !

L'inondation dont il avait trempé la scène dès l'âge tendre, lui avait ouvert un nouveau canal ; il se mit à inonder les petits théâtres de productions, qu'il qualifiait de littéraires ; productions dont la limpidité ne le cédait en rien à celle qui, une première fois, avait attiré l'attention sous lui.

Il devint auteur dramatique ! Enumérer le nombre des pantomimes qu'il jeta follement aux vents de la scène, autant vaudrait citer ses manquements à la syntaxe, jeune personne très gourmée généralement violée par ceux qui ne la supportent pas.

Ainsi il écrivait : *Et tous les trois vont à la recherches d'une voït de sovetage. Pierrot découvre le trou d'en bas. Il y pénaître, pendant que Fernando, montés sur les époles de son beau-père, attint à l'aurifice du somet.*

Cette phrase est copiée textuellement sur le manuscrit original de sa pantomime : *Arcadius* ou *Pierrot chez les Indiens.*

Quand, plus tard, beaucoup plus tard, M. Billion, directeur des Funambules, prit la direction du Cirque Impérial, c'est Charles Charton qui dirigea complètement le petit Théâtre. Il était, à la fois administrateur, régisseur, auteur, caissier et contrôleur.

En 1862, il abandonna forcément les pauvres Funambules, avec des pleurs plein les yeux, — cet homme-là a passé sa vie à répandre des larmes, — alla quelque temps rejouer la pantomime dans les petits théâtres et concerts, et mourut en 1867 en prononçant le nom de Deburau.

Il n'avait eu qu'une haine dans sa vie. Le baron Haussmann ! Le destructeur du Boulevard du Temple.

Ce moellonneux de l'Ere Impériale ne se doutera jamais, des tonneaux de larmes qu'il a fait verser, des regrets qu'il a suscités, des haines qu'il a soulevées, des malédictions qu'il a accumulées, des morts dont il a été la cause involontaire; car Charles Charton est positivement mort d'un Boulevard du Temple rentré, compliqué d'une anémie funambulesque.

Le 22 mars 1831, fût donnée la première représentation de :

LE BUCHERON DES ARDENNES

Comédie-vaudeville en 2 actes

Puis vint :

PIERROT MITRON

Pantomime en 1 tableau

M. Emile Goby, beau-frère de Charles Deburau, a fait paraître, chez Dentu, un volume intitulé : *Pantomimes de Gaspard et Charles Deburau, traduites par M. Emile Goby.*

Au nombre de ces pantomimes se trouve : *Pierrot mitron.*

Je possède le manuscrit primitif de cette pièce ; manuscrit que j'ai fait relever sur celui du Ministère des Beaux-Arts, conservé dans les archives des bureaux de la censure.

Il ressemble peu à celui publié par M. Emile Goby. Le manuscrit de M. Goby a dû subir de nombreuses modifications, qui font presque de cette pantomime une œuvre nouvelle comparée à celle que j'ai sous les yeux.

Albert Monnier, dans une étude faite sur les Funambules, a attribué la parternité de *Pierrot mitron* à Charles Charton. Est-ce lui qui se trompe ?.. je ne veux pas m'en inquiéter, une pantomime ayant tellement de pères qu'elle finit toujours par n'en plus avoir du tout.

Le 28 août, on joua : *Tranchet, Lardoire et Savate*, tragédie burlesque en 1 acte et en vers.

Le 21 novembre de cette même année, Meyerbeer donnait au théâtre de l'Opéra *Robert le Diable*, cette œuvre immense qui devait commencer la grande révolution de l'Art Musical.

Le 1er décembre suivant, les Funambules représentaient :

ROBERT LE PAUVRE DIABLE

OU

LA BOUTEILLE A L'ENCRE (1)

1. Ce sous-titre avait précédemment servi ; mais, on le sait, dans les Pantomimes tout ressert; tout se prend; tout se vole; sans que les premiers auteurs songent à traiter les seconds de voleurs, n'étant pas sûrs eux-mêmes de n'avoir pas dépouillé quelqu'un.

La pièce fut conçue, écrite, répétée et jouée en 9 jours. Elle était de M. Cot d'Ordan et obtint un succès de fort bon aloi.

J'arrive à l'année

1832

Pas d'almanachs, pas de journaux : quelques manuscrits retrouvés, portant une date vague, indécise.

Ainsi, celui de :

LE LUTIN FEMELLE

Pantomime dialoguée en 3 actes.

Le manuscrit primitif porte cette annotation : *Imitation libre de Sedaine.*.

Imitation de quoi ?

Du *Diable à quatre* ou la *Double métamorphose*, opéra-comique en trois actes, musique de Duni, joué en 1756 à la foire Saint-Laurent et dont Michel-Jean Sedaine avait lui-même emprunté le sujet à Georges Farguhart, comédien anglais.

Le *Diable à quatre* a excité la convoitise d'un grand nombre d'auteurs.

Ainsi, l'ouvrage de Sedaine reparut à l'Opéra-Comique en 1809, avec musique nouvelle de Solié.

Cette fois, le second titre fut changé et la *Double métamorphose* se métamorphosa en la *Femme acariâtre.*

Voici la distribution des rôles, lors de la création du *Lutin femelle*, aux Funambules.

Le Comte....................	MM.	Firmin.
Jacquot......................		Deburau.
Un maître de Danse.........		Chézat.
Le cocher....................		Adolphe.
Le cuisinier..................		Emile.
Le valet......................		Laplace.
Le magicien..................		Alexandre.
La comtesse..................	Mmes	Félicité.
Margot.......................		Charlotte.
Marton.......................		Alexandre.

Danseurs, Danseuses.

Dans cette pièce débuta Mlle Charlotte Bordes, qui, plus tard, sous le nom de Charlotte Dupuis, remporta de nombreux succès sur la scène du Palais-Royal.

Deburau fut épique dans son rôle de savetier.

Epique, pour le théâtre des Funambules seulement ; car, il se produisit un fait, qui prouve bien qu'un changement de cadre est chose énorme en matière théâtrale.

Le 11 Octobre, le Palais-Royal donna une représentation extraordinaire au bénéfice d'un homme de lettres.

Pour attirer la foule à cette représentation, les organisateurs avaient obtenu le concours d'artistes de l'Opéra, du Théâtre Français, du Gymnase et des... Funambules.

Etant donné le succès de ce *Lutin femelle*, on avait jugé l'infime Pierrot digne de figurer dans cette solennité artistique, et l'on avait sollicité de M. Bertrand, l'apport de sa pièce et de ses artistes ; ce à quoi l'ancien carrioleur, tout fier d'un tel honneur, s'était empressé de déférer.

On donnait donc ce soir-là :

LE SYLPHE.

Joué par : Paul, Boutin, Bachelard, Mmes Déjazet, Eléonore et Pernon, du PALAIS-ROYAL.

LES HÉRITIERS

Joués par : Guiot, Samson, Bouchet, Régnier, Dumilâtre, Dailly, Baptiste Cadet, Mmes Hervey et Eulalie, du THÉATRE-FRANÇAIS.

LE CHAPERON

Joué par : Numa, Paul Boudier, Mmes Léontine Fay et Despréaux, du GYMNASE.

UN DIVERTISSEMENT

Par les artistes chorégraphes de l'OPÉRA.

Et enfin : LE LUTIN FEMELLE

Joué par les artistes des FUNAMBULES.

Eh ! bien, jamais désastre ne fut plus grand, déroute plus complète pour Deburau et ses compaings.

La note funambulesque détonna complètement. Le blanc de la figure du mime parut encore plus pâle qu'il n'était. Le public ne comprenait pas. On se regardait. On baillait. On se demandait pourquoi cet homme enfariné obtenait tant de succès dans un autre quartier de Paris ? Bref, les coups de pieds à Cassandre n'atteignirent pas leur cible ; les coups de batte frappèrent dans le vide ; les culbutes firent long feu ; les gifles, mises en joue, ne claquèrent pas, et Deburau fut sifflé.

Le cadre, pour une réussite, tout est là !... Comme la *Foooorme!* pour Bridoison.

Achard, comique des plus joyeux, possédant une adorable voix, faisait les beaux jours du Palais-Royal. On l'engage au Gymnase, il débute ; on le trouve terne, commun, gauche, gêné. Il échoue.

Pourquoi ?.... C'était pourtant le même homme que la veille, avec ses mêmes qualités, sa même verve.

N'objectez pas l'émotion d'un premier début, venant nuire au jeu de l'acteur. Il créa plusieurs rôles sur ce théâtre, tous faits spécialement pour lui, ajustés à sa taille, éliminant ses défauts, en tirant même parti, pour les transformer en éléments de succès, mettant en relief toutes ses qualités ; rien n'y fit.

Désiré, l'inimitable grotesque, qui créa d'une inoubliable façon, le Jupiter d'*Orphée aux Enfers* ; Désiré, l'inénarrable *Choufleury* ; Désiré, l'excentrique sans égal, fin comme une pointe de Banville, mordant comme une saillie de Scholl ; Désiré, bâti pour faire rire quand même ; Désiré, dont le seul nom de famille était une invitation à l'hilarité — il s'appelait Courtecuisse ; — Désiré va débuter au Palais-Royal.

Non jamais, au plus grand jamais, on ne vit un enfouissement semblable. Son aisance avait donc disparu ? Son brio s'était donc éteint ? Son comique était donc devenu lugubre ?....

Non ! seulement, le cadre l'étreignait, l'atmosphère l'étouffait.

Est-ce l'artiste qui se transforme ?.... Ne le pensez pas ! C'est le public.

Pourtant, le public des *Premières* est le même partout.

Sans doute ; mais ce même public endosse, quand il entre dans un théâtre — et cela sans s'en apercevoir, sans s'en rendre compte — une nouvelle robe de juge, affectée à l'esprit tout particulier du lieu, dont il est appelé à apprécier les pièces et leurs interprètes.

Deburau n'était donc possible que dans son cadre, devant son public de naïfs et d'enthousiastes.

Cela affecta vivement le grand artiste, qui s'en revint tout contrit à son bouiboui enfumé du Boulevard, jurant, mais un peu tard, qu'on ne l'y prendrait plus.

Longtemps, bien longtemps, ces coups de sifflet, déchirèrent ses oreilles de leur désagréable souvenir. Et quand, plus tard, la proposition lui fut faite d'entrer comme premier mime dans le ballet de l'Opéra, il répondit tristement :

— Je ne suis bon qu'au boulevard. J'ai été sifflé au Palais-Royal. Les coquelicots sont faits pour les champs, non pour les parterres royaux. Il me faut mon public à blouses. Je suis né par lui, je mourrai avec lui.

Cette représentation de néfaste mémoire profita seulement à Mlle Charlotte. C'était elle qui chantait au Public le couplet que voici :

Margot *au public, montrant Jacquot*

Il voudrait bien vous dire quelque chose,
Mais par malheur il a perdu la voix.
Pour un Jacquot, triste métamorphose ;
Mais moi, Margot, je parle bien pour trois.
Ce grand caquet, un rien peut le rabattre.
Souffrez Messieurs, que je babille exprès ;
Pourtant, si vous êt's satisfaits,
N'craignez pas d'fair' le *Diable à quatre*.

Mlle Charlotte Bordes fut engagée au Palais-Royal ; ou plutôt ce fut *Madame* Charlotte Dupuis qui signa cet engagement ; car dans l'intervalle de cette représentation et des débuts de la charmante soubrette, elle avait épousé M. Dupuis.

Elle était née à Paris en 1813, et, pour la première fois, avait joué en 1820, sur le théâtre des Variétés, un rôle d'enfant dans *Voltaire chez les Capucins*. Un peintre, du nom d'Allot, ayant fondé un théâtre de jeunes élèves, dans l'intention de faire concurence à celui de M. Comte, Charlotte Bordes y entra en 1821, pour s'en aller en 1823, aux Panoramas dramatiques, jouer un petit rôle, dans *Pauvre Berger*.

En 1825, elle créa, à côté de Mazurier, au théâtre de la Porte Saint-Martin, le rôle de Fernand dans *Jocko* ou *le Singe du Brésil*. De là, elle passa à l'Opéra-Comique où elle débuta, le 2 mars 1827, par le rôle d'*Adolphe*, dans *Camille* ou le *Souterrain*. Elle vint ensuite aux Nouveautés, puis aux Variétés, et enfin aux Funambules, qu'elle ne quitta que pour le Palais-Royal, dans lequel elle fit de nombreuses et brillantes créations.

La pauvre Charlotte Dupuis est morte à la fin de l'année 1878, regrettée de tous, comme femme et comme artiste.

Vers le mois de septembre on donna :

LE PAGE DE LA MARQUISE
Pantomime en 3 tableaux.

Cette pantomime a été reprise plus tard sous le titre de : *Les amours de Pierrot*.

Ne nous occupons pour l'instant que du *Page de la Marquise* dont voici la distribution :

Arthur, *page de la marquise*...........	Mme Houziean.
Pierre, *jardinier*......................	M. Deburau.
Le Marquis, *vieille caricature*..........	Placide.
La Marquise...........................	Mlle Félicité.
Antonio, *maître jardinier*.............	M. Laplace.
Nelly, *sa fille*........................	Mlle Marianne.

Ce livret, des plus naïfs, renferme des indications, comme celle-ci : *Arthur et Nelly s'enchainent dans un pas de deux. Après quoi, ils vont s'asseoir sur un banc de verdure où ils se font l'amour. Nelly enseigne au jeune homme l'art de cultiver les fleurs et de les arroser.*

C'est le *Mariage de Figaro* démarqué, avec ses mêmes substitutions, ses mêmes quiproquos, ses mêmes surprises, augmentées de situations grotesques.

Le Marquis ridicule, n'est que le Comte Almaviva. La Marquise voile la Comtesse Rosine.

Chérubin cède la place au page Arthur; Suzanne devient Nelly ; et Figaro se trouve transformé en Pierre, ou Pierrot.

Il n'est pas jusqu'au père de Nelly, dont l'auteur ne s'est même point donné la peine de changer le nom ; dans la pantomime, il se nomme Antonio, comme dans le chef-d'œuvre de Beaumarchais.

C'est à cette époque que Jules Janin fit paraître son *Deburau, Histoire du Théâtre à quatre sous.*

Les Funambules commencent alors à sortir de l'obscurité. Deburau s'est édifié sur Baptiste. On l'appelle le Pierrot, et non plus le paillasse. On commence à distinguer un artiste à travers le pitre. On parle de lui. On cite son nom. Deburau devient phare, Jules Janin s'est fait son allumeur. Il lui invente des aventures; il lui trouve des mots, à cet homme qui ne parle pas. Il lui crée des rencontres Impériales, qui transforment le modeste mime en un héros de roman.

Pour arrêter l'attention et la fixer sur la statue qu'il est en train de modeler, le sculpteur détourne, au profit de son œuvre, jusqu'aux procès d'autrui ; je parle de cette cause, devenue célèbre, à cette époque, sous le nom de *Procès du champignon.*

Un certain Plançon, du théâtre de Mme Saqui, avait attaqué sa Directrice et demandait, entre maintes réclamations, qu'on le changeât de loge, la sienne étant une véritable couveuse de rhumatismes.

A l'appui de son dire, l'avocat de Plançon avait apporté au Tribunal un énorme champignon, fils de cette loge, preuve qui excita fort, comme bien on le pense, l'hilarité des juges, et fit gagner la cause du pauvre acteur humidifié.

Que fait Jules Janin ? Il s'empare du fait, le glisse dans son livre et l'inscrit au compte de son Deburau.

Il en est de même de l'anecdote, dans laquelle l'Empereur Napoléon, se rendant à Saint-Cloud, aurait fait monter Deburau dans sa voiture, et l'aurait consulté sur la situation de la littérature en France et sur son avenir.

Pourquoi l'Empereur se serait-il adressé à notre Baptiste, plutôt qu'à son père, à ses frères, à ses sœurs, qui l'accompagnaient ?

Et que demande l'Empereur au petit Paillasse ? Lui parle-t-il de la misère dans laquelle il le voit avec sa famille ? Du côté pénible, périlleux de sa profession ? Lui glisse-t-il une bourse dans la main pour soulager les pauvres êtres, ses frères et sœurs, lesquels suivent péniblement à pied le carrosse impérial dans lequel se trouve momentanément le héros de la fête ?

Non !

L'Empereur se met à lui parler belles-lettres, à ce gamin ignorant, suant et poussiéreux.

Il lui demande *ce qu'il pense des tragédies Orientales, Vénitiennes, Anglaises, Allemandes, Italiennes ?...*

Il le consulte sur les traductions de Shakespeare, de Schiller, de Kotzbue !

Il l'interroge sur Népomucène Lemercier, sur Andrieux, sur Bouilly, sur Legouvé, sur Baour-Lormian, sur Jouy, etc.

Et l'enfant, au lieu de répondre à l'Empereur : Sire, je ne sais pas ce que sont ces messieurs ; je n'ai jamais entendu parler d'eux ; j'ignore ce qu'est une tragédie, n'ayant jamais eu le temps d'aller à la Comédie française, n'en ayant même jamais conçu l'idée ; l'enfant, toujoursinspiré par M. Jules Janin, répond :

— Sire, ces messieurs auraient été bien plus grands poètes, si, au lieu d'écrire des tragédies, ils s'étaient contentés de faire des pantomimes ! ! !

Et l'historiographe Janin ajoute péremptoirement : Tout un cours de littérature est dans ce mot-là.

La vérité vraie est que le prince des critiques avait besoin d'une massue pour écraser le théâtre Français et ses fournisseurs, qu'il s'était armé de Deburau, et qu'à grands coups de Pierrot, il tapait sur l'illustre compagnie.

Quelque temps après l'apparition du pamphlet de Jules Janin

parut une chétive brochure fort mesquine, ornée d'un naïf portrait de Deburau, signée : J.-B. A*** D*** et portant comme titre : *Petite histoire d'un grand acteur.*

Dans cet opuscule, Monsieur J.-B. A*** D*** s'amuse à démolir les deux volumes de Jules Janin.

Il dit :

— Notre brochure a été faite pour le Peuple. La médiocrité de son prix le prouve d'ailleurs (dix centimes, deux sous). Sans doute, elle n'est pas aussi volumineuse que le livre de M. Jules Janin ; mais nos lecteurs nous sauront-ils moins de gré d'avoir élagué de l'histoire de Deburau une foule d'inutilités dont l'ouvrage de M. Janin est composé.

Plus loin, J.-B. A*** D*** écrit :

C'est du nom de Frantz, que j'ai toujours entendu appeler le frère aîné de Deburau, et non de celui de Nieumenseck indiqué, je ne sais pourquoi, dans l'ouvrage de M. Jules Janin. Mais peut-être a-t-il raison. Toutefois, je puis assurer que moi je n'ai pas tort.

Pénétrons, si vous le voulez bien, dans l'intérieur du petit théâtre. Cette fois, c'est Théophile Gautier, le superbe ciseleur d'*Emaux et Camées*, le superbe poète d'*Albertus*, le sublime chantre de *Fortunio*, le merveilleux illusioniste d'une *Larme du Diable* et d'*Avatar*, qui, va nous y introduire.

Chapeau bas !.. L'or va couler !...

Il était de mode parmi les peintres et les gens de lettres de fréquenter un petit théâtre du boulevard du Temple où un paillasse célèbre attirait la foule. Nous occupions habituellement une baignoire d'avant-scène assez semblable à un tiroir de commode ; et Pierrot s'était si bien habitué à nous voir qu'il ne se faisait pas un seul festin sur la scène qu'il ne nous en donnât notre part. Que de tartines de raisiné il a taillées pour nous !.. C'était le beau temps, le temps du *Bœuf enragé*, cette admirable pièce si fort goûtée du bon Charles Nodier, et de *Ma Mère l'Oie*, autre chef-d'œuvre dont l'analyse a plus couté de peine, d'esprit, d'intelligence et de style à Jean-Jacques que les comptes rendus de tous les vaudevilles passés, présents et futurs.

Quelles pièces !.. mais aussi quel théâtre et quels spectacles !.. Voilà un public !... Et non pas tous ces ennuyés en gants plus ou moins jaunes ; tous ces feuilletonnistes usés, excédés, blasés ; toutes ces marquises de la rue du Helder, occupées seulement de leurs toilettes et de leurs bouquets ; un public en veste, en blouse, en chemise, sans chemise souvent, les bras nus, la casquette sur l'oreille, mais naïf comme un enfant à qui l'on compte la *Barbe Bleue*, se laissant aller bonnement à la fiction du poëte, — oui du poëte, — acceptant tout, à condition d'être amusé, un véritable public, comprenant la fantaisie avec une merveilleuse facilité, qui admettrait sans objection le *Chat botté*, le *Petit Chaperon rouge* de Ludwig Tieck, et les étincelantes parades du vénitien Gozzi, où fourmille et grimace ce monde étrangement bariolé de la farce italienne, mêlé à ce que la féerie a de plus extravagant. Si jamais l'on peut représenter en France *Le Songe d'une nuit d'été*, *la Tempête*, *le Conte d'hiver* de Shakespeare assurément ce ne sera que sur ces pauvres tréteaux vermoulus, devant ces spectateurs en haillons.

Si nous avions l'honneur d'être un grand génie, nous essayerions de faire une pièce pour ce théâtre dédaigné, mais une telle hardiesse nous irait mal. V. Hugo, A. de Musset pourraient tout au plus s'y risquer dans leurs bons jours. Mais, nous direz-vous, quel est donc l'auteur ou les auteurs qui travaillent à ces chefs-d'œuvres inouïs ? Personne ne les connaît, on ignore leurs noms comme ceux des poètes du *Romancero*, comme ceux des artistes qui ont élevé les cathédrales du moyen-âge. L'auteur de ces merveilleuses parades, c'est tout le monde, ce grand poëte, cet être collectif qui a plus d'esprit que Voltaire, Beaumarchais et Byron ; c'est l'auteur, le souffleur, le public surtout, qui fait ces sortes de pièces, à peu-près comme ces chansons pleines de fautes de mesure et de rime, qui font le désespoir des grands écrivains, et pour un couplet desquelles, ils donneraient avec du retour, leurs strophes les plus précieusement ciselées.

De même que les grandes assemblées lèvent la séance en l'honneur d'une grande victoire, de même je termine ce chapitre sur ces deux pages du divin Théo.

CHAPITRE XV

1833

Les Epreuves

Le 19 janvier de cette nouvelle année 1833, le théâtre des Funambules offrit à ses spectateurs la première représentation de : *Vincennes, Berchem et Anvers*, vaudeville en 3 actes, par Isidore de Courville.

Cette pièce eut du succès.

Puis, un grand événement surgit : la retraite de Placide. Le Cassandre, vieux déjà, était fatigué. Collectionneur passionné de pipes — et il ne fumait pas ! — il prétendait tirer, de la vente de sa collection, assez pour vivre modestement aux environs de Paris.

Placide possédait près de 4000 pipes de modèles différents, dont la plus curieuse avait appartenu, prétendait-il, à Nicot, ambassadeur de France en Portugal.

Cette pipe pseudo-historique était une sorte de petit réchaud en argent, auquel était adapté un long chalumeau.

Comment cet objet primitif se trouvait-il entre les mains du brave Cassandre ?

Il racontait l'avoir eu par descendance d'ancêtres ou plutôt de grands-pères à lui qui, jadis, avaient été serviteurs dudit Jean Nicot, seigneur de Villemain, près de Brie-Comte-Robert, berceau de sa famille. Rien n'est moins authentique que le racontar du bonhomme.

A cette mémorable pipe étaient venus s'adjoindre le *Cadjan* des Perses, le *Narghilé* et l'*Oucka* des Orientaux.

Il possédait encore, toujours d'après lui, une des pipes fumées par les Princesses Royales, dont parle Saint-Simon dans ses mémoires ; lesquelles Princesses, pour se distraire, envoyaient quérir pipes et tabac au corps de garde des Suisses.

L'authenticité de cette dernière, pas plus que celle des autres, du reste, ne pouvait être discutée. Toujours est-il que le père Placide fit une vente très sérieuse qui ne lui rapporta pas moins de 350 francs. Il faut dire qu'à cette collection de pipes, le Cassandre avait joint à peu près cinquante tabatières, auxquelles il avait également attribué des sources historiques aussi problématiques que celles des pipes.

Il en avait d'émaillées, d'incrustées, de gravées, d'unies, de tournées, de ciselées, en forme de poires, d'oignons, de souliers, de carottes ; en écaille, en buis, en corne, en carton, en ivoire, en agate, en étain, en sapin, deux ou trois en argent, une en or, une en platine, aucune en diamant ; d'autres avec glaces, dites *tabatières à réflexions*, d'autres avec miniatures, sujets allégoriques, mythologiques, voire érotiques, même obscènes.

Placide avait commencé à jouer la pantomime vers l'âge de vingt ans ; ce fut à soixante ans qu'il interrompit.

Ses camarades lui donnèrent une représentation d'adieux, pour laquelle Charles Charton composa les couplets suivants :

Air de : *Fanchon la vielleuse*

Avec ton air placide
Et loin d'être perfide,
Placide, tu vas donc partir.
Ton public te regrette,
Permets-moi de t'en avertir.
Va dormir sur l'herbette
Avec nos souvenirs.

Tous en chœur :

Va dormir sur l'herbette
Avec nos souvenirs.

C'était Charles lui-même qui chantait ce couplet à Placide très ému. Le Public acclama le Poète.

Mais ce fut bien pis encore lorsque Laplace, qui succédait à

Placide dans cet emploi difficile des Cassandre, s'avança à son tour et entonna sur le même air :

Celui qui te remplace,
C'est moi, Joseph Laplace,
Pourrai-je bien te remplacer ?..
Pour moi, je n'le crois guère.
De toi l'on ne peut se passer,
Et Laplac' désespère
De jamais t'remplacer.

Tous

Oui, Laplac' désespère
De jamais t'remplacer.

Ces couplets avaient été glissés dans une pièce de circonstance, composée spécialement par Lafargue dans laquelle toute la troupe des Funambules paraissait.

Cette pièce portait le titre de :

LES ADIEUX DE CASSANDRE

Vaudeville pantomimique en 1 tableau

Elle ne fut jouée qu'une fois.

Au moment où le rideau allait baisser, M. Bertrand lui-même ! ! !.. entra sur la scène, accompagné de M. Cot d'Ordan, et déposa dans les bras de Placide une pendule dorée et deux candélabres, en lui disant :

— Placide, que cette pendule vous rappelle les heures heureuses que vous avez passées avec nous, et que ces candélabres vous éclairent encore de longues années.

Placide pleura.

Deburau ramassa dans un coin une éponge, qui avait servi dans la pantomime, et essuya les larmes du vieux Cassandre, ce qui produisit un effet de rire énorme.

Je prends ces détails et les couplets chantés à Placide, dans les notes de Vautier.

Le rideau baissa au milieu d'applaudissements frénétiques. Le lendemain Laplace prenait possession de l'emploi en chef, et jouait le rôle de Pandolphe-Cassandre dans :

LES EPREUVES

Grande pantomime-arlequinade-féerie, en 13 tableaux, mêlée de danses, travestissements, etc...

Précédée de :

LE CHEVEU DU DIABLE

Prologue en un acte et 2 tableaux, en vers libres, mêlés de chants, danses, etc.

Personnages

Pandolphe-Cassandre..................	Laplace.
Christophe-Léandre..................	Charlet.
Lindor-Arlequin..................	Laurent aîné.
Isabelle-Colombine..................	Mlle Caroline (1).
Bazile-Pierrot..................	Deburau.
La Fée rouge..................	***
La tête de l'enchanteur..................	***
Tignaço..................	***
Une villageoise..................	***
Génies..................	
Chapeliers..................	
Villageois, villageoises..................	
Un notaire..................	John (2).

Nous arrivons à la transformation complète de la pantomime. L'éclosion est faite. Le prologue en vers avec couplets et chœurs est créé.

Cette pantomime n'ayant jamais été éditée et les manuscrits en étant introuvables, je vais donner ce prologue, comme curiosité bibliographique, l'une des premières tentatives *littéraires* que se soit offerte le théâtre des Funambules.

LE CHEVEU DU DIABLE (3)

Le théâtre représente un site pittoresque d'Espagne. Côté jardin, la maison de Pandolfe.

SCÈNE 1re

Au lever du rideau, les villageois et villageoises dansent un Fandango au son des castagnettes. Une villageoise chante une ronde dont on reprend le refrain en chœur.

La Villageoise.

Au son des castagnettes,
Garçons, fillettes (*bis*),
Au son des castagnettes,
Garçons et vous fillettes,

1. Mlle Caroline, de son nom de famille, Munérat, épousa, l'année suivante, M. Rébard, artiste du théâtre des Variétés, lequel contraignit sa femme à quitter les Funambules.
2. Ce John n'était autre que Laurent jeune, frère de Laurent aîné.
3. L'auteur des épreuves paraît-être Eugène Granger.

Dansons le Fandango....
Bravo ! Bravo !...
Le Fandango.

Lorsque l'on veut la marier,
Une jeune fille andalouse
Parfois se fait longtemps prier,
Mais, qu'elle aille sur la pelouse (*bis*).
Au bras de son danseur,
Résiste la fillette,
Mais bientôt la pauvrette }
S'écrie avec rougeur : } *bis.*

Chœur.

Au son des castagnettes, etc.

On trouve dans les premiers mois
Mille douceurs au mariage.
Mais un époux est quelquefois
D'une humeur brusque et sauvage.
L'époux est jaloux et sauvage.
Afin de supporter
Les peines de son âme,
Avec d'autres la dame, }
Pourra bien répéter : } *bis.*

Chœur.

Au son des castagnettes... etc.

(*On danse sur le refrain ; le fandango devient très animé.*)

Scène 2me

Pierrot en Bazile, villageois.

Bazile arrive d'un air piteux et paterne. Il interrompt les danses. La chanteuse vient lui offrir la main pour danser ; mais Bazile lui montre le ciel et se détourne de la danse avec un dédain religieux.

Il fait signe aux villageois de s'agenouiller pour recevoir sa bénédiction.

Les villageois se moquent de lui. Les jeunes filles le tourmentent et veulent le forcer à danser, ce qui a lieu malgré lui. Il danse très lentement, ce qui forme un contraste avec les autres danseurs qui mettent beaucoup de vivacité dans leur danse.

Bazile exprime qu'il est fatigué, qu'il a besoin de se reposer et de se rafraîchir. On va chercher une bouteille et un verre. On lui offre à boire. Il refuse ; mais lorsqu'il voit celui qui le sert, disposé à s'éloigner, il l'arrête bien vite par le bras et prend le verre plein qu'il vide en un instant.

Il s'empare ensuite de la bouteille et boit à même pendant les scènes qui suivent. Il finit par se griser.

Scène 3me

Les mêmes, Christophe.

Christophe.

Eh ! hé ! Bonjour ! Bonjour ! que le ciel vous protège.
Vous formez, paysans un ravissant cortège,

Je vois avec plaisir que vous avez tous mis
Pour le jour de mon mariage
Des bouquets à vos beaux habits.
Fort bien ! Aussi je veux donner un gage
De mon contentement. Non en maravédis.
En comestible, en vin... Fi donc ! chacun en donne.
Plus distingué, pour vous je prierai la madone,
C'est bien plus profitable (*à part*) et moins cher.

(*A la villageoise lui pinçant le menton*).

Belle enfant, va-t-en dire au seigneur Don Pandolphe
Qu'avec impatience, amant peu philosophe,
Don Christophe, y Burgos, y Lopez, y Guzman,
Marquis de Salpétras et comte de la Manche,
Désirerait très humblement
Aujourd'hui, deux du mois, et le premier dimanche
De l'Avent, lui donner le bonjour. Un baiser
Que tu ne saurais refuser
Te paiera de ta complaisance.

(*Il va pour l'embrasser et reçoit un soufflet*).

La peste soit de l'innocence.
Soyez donc généreux ! Pour rétribution
On attrape une fluxion.
Mais voici le Seigneur Don Pandolphe et sa fille.

SCÈNE 4me

Les mêmes, Pandolphe, Isabelle.

Christophe à Isabelle.

Aimable perle de Castille,
Daignez accepter ce bouquet.
Il n'est ni beau, comme on dit, ni bien fait ;
Mais hélas ! la plus belle fille
Ne peut donner que ce qu'elle a.
Puis-je espérer votre cœur ?

Isabelle.

Non !...

Christophe.

Holà !

Isabelle.

Non seigneur.

Christophe.

Mais pourquoi cela ?

Isabelle, le saluant.

Parce que la plus belle fille
Ne peut donner que ce qu'elle a.

Christophe.

Je demeure immobile !... Eh ! quoi donc, ma sylphide,
Vous, que je croyais neuve, et pure, et si candide
Vous avez donné votre cœur ?..

Isabelle.

Non pas, s'il vous plait. Monseigneur.

Christophe.

Comment ?

Isabelle.

On me l'a pris.

Christophe à part.

Mais c'est fort ridicule
(*Haut*) Et qui donc ?

Isabelle.

Lindor !...

Christophe.

Quand ?...

Isabelle.

Un soir que sur ma mule
Je chevauchais vers le Génératif.

Christophe.

Oh ! je deviens sec et droit comme un if !..
Un vil Lindor ! Un muletier ! L'infâme !
Oser aimer ma future, ma femme !
Mais c'est à se donner soi-même des soufflets.
Si j'avais un couteau, d'honneur... je me pendrais.
Et vous l'aimez ?..

Isabelle.

Du fond du cœur.

Christophe.

Beau-père,
Dites-lui donc, par pitié, de se taire ;
Ses mots me font l'effet d'autant de pistolets,
Ou de coups de canons... cet amour, ce caprice,
Cela vous passera comme un feu d'artifice.
Ça fera *pst !*... puis *chic* !... puis *bound* !... Après cela,
Bien le bonsoir ! tout s'éteindra.
Tandis que moi, mes feux seront durables.
Je suis du bois dont on fait les gros câbles
Ou les routes de fer..

Isabelle, (*à part*).

Qu'il est sot

Christophe

Eh ! morbleu !

Avec ce Lindor, pauvre hère,
La faim serait votre ordinaire.
Mais avec moi, jamais ! Faites le premier vœu
Qu'il vous plaira. Souhaitez le Potose,
L'Espagne, l'Angleterre, enfin la moindre chose
Et vous l'aurez.

Isabelle.

Comment ?

Christophe.

Avec un seul cheveu.

Isabelle.

Vous vous moquez, je crois.

Christophe.

Non pas ! C'est une histoire
Que je vais vous conter, si vous voulez m'en croire.
Approchez.

(*On entoure Christophe*)

C'était donc en quatorze cent vingt
Un jour de Pentecôte... Alors un grand devin...

(*Bazile, tout à fait ivre, se lève de l'endroit où il avait été s'asseoir ; il renverse et bouscule tout le monde et se sauve ensuite au milieu de risées générales*).

Isabelle.

Eh ! bien, que lui prend-il ?

Christophe.

Il a fait bonne chère,
Voilà ce qui lui prend. Or, le devin, ma chère...

Isabelle riant.

Ce grand devin d'alors avait-il deviné
Qu'aujourd'hui Monseigneur se casserait le né ?...

Christophe (*fâché*).

Si vous m'interrompez, je ne pourrai rien dire.

Isabelle, riant plus fort.

Je ne parle plus ; mais permettez-moi de rire.

Christophe.

Donc, notre grand Devin était un enchanteur,
L'enchanteur Tignaço, d'une grande puissance.
Il faisait, par hazard, lorsque je pris naissance,
Pour son propre agrément, le métier d'accoucheur.
Ces enchanteurs ont des lubies.
Ma mère était des plus jolies.
Je suis tout son portrait. C'est peut-être pour ça
Que le grand devin l'accoucha.
Voulant récompenser ma mère
D'avoir requis son ministère,
Sur ma tête qu'il pommada :
Un long cheveu, dit-il, croîtra,
Qui doit le rendre invulnérable.
Tous les désirs dont son âme est capable
Le destin les exaucera.
Et ce cheveu chacun devra
Le nommer le cheveu du Diable.
Moi, je grandis et lui, sur mon chignon
Crût aussi comme un champignon,
J'étais charmant ; j'avais de la mémoire,
Pas d'oignons, pas de cors, pas de bobos. Heureux
Christophe !.. disait-on ; quel trésor précieux !
Eh ! bien, que dites-vous, Doña, de mon histoire ?

Isabelle.

Je dis que votre histoire est tirée aux cheveux
Quel qu'il en soit, écoutez : je proteste
Contre un hymen qui ferait mon malheur.
Je ne veux que Lindor ; ça, voyez-vous, j'atteste
Que seul il possède mon cœur,
Et qu'en dépit de vous et de mon père,
De la soummission, des lois et du notaire,
Oh ! je l'épouserai !.. Sur ce, j'ai bien l'honneur..,

(*Elle va pour rentrer. Pandolphe dont la fureur est au comble, court après et lui fait les plus vertes réprimandes*).

Christophe à Pandolphe.

Allons ! allons, il faut des égards pour son sexe.
Quand je la vois manquer, beau-père, ça me vexe.
En attendant, rentrons chez vous. Parbleu !
Nous avons bien le temps de terminer l'affaire.
D'être adoré bientôt de ma bergère
J'ai l'espoir, car cela dépend d'un seul cheveu.
Ça, venez villageois, rentrons chez le beau-père.

(*On reprend en chœur*) :

Au son des castagnettes etc.

Tout le monde rentre en dansant chez Pandolphe

Scène 5me

Lindor (seul)

Il arrive portant une lanterne magique

Arrêtons-nous un peu. J'ai dans cette maison
Surpris le son des castagnettes.
Les heureux !.. Ils sont dans les fêtes ;
Et moi, pauvre Lindor, mon chagrin est profond.
Fût-on jamais plus misérable,
Plus frappé du guignon !.. Quand le sort intraitable
Se lassera-t-il donc de me poursuivre enfin ?
Mon père avait fait banqueroute.
Il se pendit. Resté seul sur la route
Pauvre, chétif, souffreteux, ayant faim,
Je me fis frère capucin.
On brûla le couvent, car mon mauvais génie
S'était fait paillasson pour faire un incendie.
— Allons, dis-je, gaîment, prenons un autre état.
Un couvent ce n'est rien qui vaille.
Vive Dieu !.. Les camps, la bataille
C'est bien plus noble. Et je me fis soldat.
D'abord, j'eus quelque renommée.
Tous mes chefs me voulaient du bien.
J'allais, car je me battais bien,
Etre sergent !.. Le roi licencia l'armée.
Encore, fis-je !.. A l'hôpital
Quelques mois pour une blessure,
C'est là qu'en l'art chirurgical
Je me formai. J'avais la main fort sure.
Mais je déplus au chirurgien-major,
Pour trop plaire à sa femme, Hélas ! ce léger tort
Me valut mon renvoi, tout juste au moment d'être
Fait aide-major. Mais ce qui me consola
C'est que le titre seul me manquait. Me voilà
Encor sur le pavé, n'ayant alors pour maitre
Que ma faim — vrai despote !... Intraitable tyran !...
Je me fis comédien, comédien ambulant.
Mais je déplus au saint-office.
Sans penser que jadis j'avais chanté l'office.
Dans un *san benito*, mal à l'aise étouffé,
Il me fit figurer dans un anto-dafé.
Heureusement, par aventure,
Il pleuvait ce jour là !... Jésus Dieu ! Grand merci !...
Au lieu d'être brûlé, je ne fus que roussi.
Je me sauvai. Depuis ce temps, je jure,
J'ai fait plus de métiers que je n'ai de cheveux !
Et pour comble de maux, quoi !... je suis amoureux !...

Scène 6me

Lindor, Isabelle

Isabelle (à part)

Que Christophe m'ennuie et qu'il me semble bête !
J'ai feint un violent mal de tête

Pour échapper à ses emportements
Respirons !... Mais que vois-je ?...

Lindor

Oh ! qu'est-ce que je sens ?
Isabelle ! (*Il l'embrasse*)

Isabelle

Ah ! Lindor ! Avec ce lourd optique !

Lindor

Oui, je montre à présent la lanterne magique.
J'éprouvai des revers et des maux infinis ;
Mais puisque je te vois, mes malheurs sont finis.

Isabelle

Finis ?... Oh ! non !

Lindor

Comment ?

Isabelle

Mon Lindor, pour la vie
Nous nous étions promis de nous aimer.

Lindor

Eh ! bien ?
J'ai gardé mon serment. Trahirais-tu le tien ?

Isabelle

Le trahir ? oh ! jamais !... Pourtant je me marie.

Lindor

O ! ciel !

Isabelle

C'est pour cela qu'on a paré ce lieu.

Lindor

O ! ciel !

Isabelle

Un père est maitre et le mien me l'ordonne.

Lindor

O ! ciel !

Isabelle

Entends-tu bien cette cloche ? Elle sonne
Mon hymen.

Lindor

Avec qui ?

Isabelle

Christophe.

Lindor

Non, pardieu !...
Cela ne sera pas... à moins que tu ne changes.

Isabelle

Oh ! jamais !

Lindor

Les humains jadis avaient des anges,
Pour lesquels ils montraient grande dévotion,
Qu'ils invoquaient au jour de désolation.
Ces anges leur venaient comme une belle aurore
Après la longue nuit ! Oh ! s'il en est encore,
Si quelque bon génie, à tes jeunes attraits
S'intéresse, qu'il vienne ; et pour tant de bienfaits,
Pour avoir compris ma prière
Je lui promets soumission entière !...
Je lui promets ma vie et mon sang !

Scène 7me

Les mêmes, La Fée Rouge

(*La terre s'ouvre; la fée parait*)

La Fée

Garde-les
Pour Isabelle ! (*surprise des amants*)
Eh ! bien, est-ce que ma figure
Vous fait peur ? Cependant toute ma cour assure
Que je suis fort jolie. On vante ma beauté,
Et j'ai cru que ma cour disait la vérité.

Lindor et Isabelle

Oh ! Madame...

La Fée (*souriant*)

J'entends. Pour ma coquetterie
Votre surprise, ici c'est de la flatterie,
Parlons de vous ; car ma frivolité
Aux dépens de mon cœur n'a jamais éclaté.
Je mets des diamants, mais je sèche des larmes.
J'ai soin des malheureux autant que de mes charmes,
Et lorsque sur mon front on attache des fleurs
J'en laisse adroitement tomber sur vos douleurs.

Lindor

Et vous avez daigné m'entendre ! Quelle grâce !

La fée

Point de remerciments, ils seraient superflus.
Je ne vous ai point entendus,
Je vous ai vus.

Isabelle

Mais où donc ?

La fée

Dans ma glace.

Isabelle

Se peut-il ?

La fée

Ecoutez ! j'ai mis dans mon boudoir,
Tendu de haut en bas de soieries écarlates
Avec des franges d'or et des glands en cravates
Un gigantesque et magique miroir.
Comme fée... et comme coquette
Mon but se trouve ainsi rempli :
Car mon miroir bien-aimé me reflète
L'image des humains gémissant en oubli.
Et bien souvent, en posant une mouche,
J'ai brisé la prison d'un vieillard malheureux,
Et j'ai tari des pleurs dans bien des yeux
En caressant les roses de ma bouche.
Vous savez mon secret.

Isabelle

Et vous savez le mien.
Madame ?...

La fée

Vraiment oui ; celui des jeunes filles
Lorsqu'elles sont un peu gentilles.
Amour contrarié.

Isabelle

Mais est-il un moyen ?

Lindor

Prenez pitié de mon impatience.

La fée

Un moyen ?... Attendez ! hélas ! Notre puissance
Est bien bornée au gré de nos désirs
Cela nous ôte des plaisirs.
Mais je puis cependant vous donner l'espérance.

De voir un jour combler vos vœux.
Vous savez tous que de Christophe,
Seigneur d'une assez mince étoffe,
Le pouvoir est dans ses cheveux.
Or, il faudrait lui faire entendre
De se coiffer, bon gré, mal gré,
De certain grand chapeau que je vous fournirai
Si chez moi vous venez le prendre ;
Une fois coiffé du chapeau
Votre rival deviendrait chauve,
Et votre Isabeau saine et sauve
Appartiendrait bientôt à son amant nouveau.
Le tout est de coiffer Christophe.

Isabelle

Je m'en charge.

La fée

Avec un peu d'adresse, on y peut réussir.
Mais le cortège va venir.
En termes de marine... au large
Je vais conduire mon esquif.
Surtout que prudemment le cœur seul soit rétif.
Pour ne pas fâcher votre père
Signez le contrat du notaire.
Dès que votre mari sera par vous coiffé
Votre contrat doit être anéanti, biffé.

Isabelle

Quoi ?.. vous me répondez...

La fée

Quelle crainte ! Chérie !
Le véritable amour est défiant ;
Mais rassurez-vous, mon enfant.
Adieu, venez ce soir à ma chapellerie.
D'un moderne Samson soyez la Dalila.
Coiffez-le ! Vous aurez ce qu'il faut pour cela.
(*Elle sort*).

Scène 8e

Christophe, Pandolphe, Lindor, Bazile, Isabelle, Villageois etc...

(*On signe le contrat de Christophe et d'Isabelle. Isabelle conserve encore quelques craintes, mais elle se décide à signer. Pendant ce temps, lazzis* ad libitum *de Bazile, qui donne encore des marques d'ivresse. Ce contrat signé, Christophe le presse sur ses lèvres, sur son cœur, et finit par le mettre dans sa poche*).

Lindor (*s'approchant*)

Pour six maravédis, si vous voulez, senors,
Je vous ferai voir mon optique
Superbe lanterne magique.

Christophe

Tiens ! au fait, il m'a l'air d'un fort drôle de corps.
Ah ! ça, mais, ce n'est pas, car cela m'importune,
Et Monsieur le Soleil et Madame la Lune ?...

Lindor

Oh ! c'est bien plus joli ! D'abord figurez-vous...
Mais, au fur à mesure, on vous dira l'histoire.

Christophe

Oui, c'est moins embrouillant à ce que je puis croire.
Ah ! ça, beau-père, plaçons-nous.

(*Tout le monde se place autour de l'optique. Bazile se met de manière à ne laisser voir personne. On le déplace. Il se remet. Lazzis. Enfin, on peut commencer*).

Lindor expliquant le tableau

1er tableau :

Vous voyez tous ici la belle Joséphine
Aimant son Joséphin, qui l'aime à la sourdine.

2e tableau :

Mais bien que cet amour ait parlé le premier,
Avec certain Magot on veut la marier.

3e tableau :

Les amants malheureux dans le bois solitaire
S'adressent en tremblant à leur Dieu tutélaire.

4e tableau :

Vous y voyez le Dieu les rassurant tout bas.
Ils l'entendent fort bien. L'époux ne l'entend pas.

5e tableau :

Vous y voyez plus loin l'époux montant sa garde
Et ne pensant à rien devant le corps de garde.

6e tableau :

Ici l'obscurité qui nous surprend bientôt
Vous empêche de voir que l'époux est...

Christophe se levant

Le sot !..
Ce maître butor qui, d'une histoire pareille
S'en vient, un jour d'hymen, nous conter la merveille.
Sors, manant !

Lindor

Mon argent ?

Christophe

Dieu puisse me damner
Si je consens jamais, butor, à te donner...

Lindor

Ah ! C'est ainsi ?... Fort bien ! Moi qui suis très colère
Je vais vous arranger de la bonne manière.

Isabelle à Lindor

De grâce !

Lindor (bas)

Laisse-moi me battre ; ne crains rien.
D'avoir le bon cheveu, c'est peut-être un moyen

(Il se jette sur Christophe qu'il cherche à prendre aux cheveux. Celui-ci ne peut tirer son épée. Une lutte s'engage à laquelle prennent part Bazile, Pandolphe et les Villageois. Lindor est chassé. Cascades et Lazzis, ad libitum).

Christophe

Vous avez fort bien fait de m'arrêter. Je l'eusse
Etranglé sous vos yeux, de même qu'une puce.
Je ne veux pas avoir à pleurer une mort ;
J'aime bien mieux qu'il ait abandonné la place.
Avec ça qu'il frappait très fort ;
Mais, à propos, allons dîner de grâce.
Je suis pressé.

Isabelle

Les dindons le sont peu.
Ils sont pour cuire encore au feu.
Rien n'est prêt.

Christophe

C'est égal, je veux, Satan m'emporte,
Vous faire dîner tous, et de la bonne sorte.

Isabelle

Avec quoi, s'il vous plaît ?

Christophe

Mais avec mon cheveu.

(Tout le monde se met à rire. On rentre dans la maison. Isabelle refuse la main de Christophe et reste, en disant qu'elle ira plus tard rejoindre la compagnie).

Scène 9me

Isabelle (seule)

Comment revoir Lindor ? J'espère
Qu'il ne m'abandonnera pas ;
Car, sans cela, je ne pourrais, hélas !
Aller au rendez-vous de la belle sorcière
Je vois qu'heureusement ici
Il a laissé sa lanterne magique
Il reviendra la chercher.

Scène 10me

Isabelle, la Fée, puis Lindor

La Fée

Le voici
Qui vient de ce côté. Mets toi dans cet optique.

Isabelle

Là dedans ? Et pourquoi ?

La Fée

Pour que, loin des jaloux,
Ton Lindor, avec lui, t'emmène au rendez-vous.

Isabelle, entrant dans l'optique

J'obéis.

La Fée

C'est fort bien.

(*Lindor charge l'optique sur son dos*)

La fée

Singulier équipage.
Et cela le conduit pourtant au mariage.

(*Ils s'éloignent*)

Scène 11me

Pandolphe, Christophe et Bazile, accompagnés de villageois, courent après les fugitifs.

Changement

2me *tableau*

La demeure de la Fée rouge dans la partie appelée la Chapellerie.

Scène 12me

Chœur des chapeliers en train de fabriquer des chapeaux

Air : Final de Fra-Diavolo
Dépêchons, ouvriers honnêtes
De fouler et de préparer
Des chapeaux où toutes les têtes
Sans trop de mal puissent entrer

Scène 13me

Le chœur, la Fée

La fée

Suspendez vos travaux, ouvriers. La commande
Que je veux vous faire en ces lieux
Est très importante et demande
Le soin le plus minutieux,

Ce n'est plus un chapeau de jeune romantique
Souflé de vent et d'alcool ;
Ni le solliciteur à l'échine élastique
Bien carré, saluant par une mécanique
Indistinctement Pierre ou Paul.
Non ! Non ! C'est un chapeau qui n'a pris de modèle
Que dans l'imagination.
Un chapeau de forme nouvelle
De très ancienne invention.
C'est un grand feutre avec de grandes cornes
C'est le cercle du Saint qu'on voit sur le tableau ;
C'est l'infidélité s'étant faite chapeau,
Ma reconnaissance est sans bornes
Lorsqu'on a su contenter mon désir ;
Oh ! je suis généreuse avec tant de plaisir.

(*Les ouvriers se mettent en devoir de faire bouillir le chapeau. Voici ce qu'on met dans la cuve*)

1° *De la racine de patience.*
2° *Une pancarte avec ces mots* : CABINETS PARTICULIERS.
3° *Un kolbach de hussard avec des épaulettes.*
4° *Une paire de lunettes.*
5° *Une fiole sur laquelle est écrit* : SIROP.
6° *Des pantoufles de malade.*
7° *Une boite sur laquelle est écrit* : COUSINS.
8° *Un bouc avec des cornes que l'on arrache.*

(*On égorge le bouc et on prend ses cornes que l'on met dans la cuve. Les ouvriers chapeliers continuent le travail nécessaire pour la confection du chapeau*).

SCÈNE 14me

Les mêmes, Lindor, Isabelle

La Fée

Voici mes protégés exacts au rendez-vous !
Bien ! pendant votre absence on travaillait pour vous.

(*On tire de la cuve un chapeau jaune avec deux cornes. On le présente à Lindor et à Isabelle*).

Isabelle

Ah ! mon Dieu ! que c'est drôle ! Ah ! merci, grand merci !
Madame !... si par badinage,
Tu voulais l'essayer, cher Lindor ?

Lindor

Non Parbleu !
Jouer avec cela, c'est un trop vilain jeu.

SCÈNE 15me

Les mêmes, un ouvrier

L'ouvrier

Le seigneur Don Christophe
Avec Bazile et suivi de Pandolphe

En cherchant le Lindor sont maladroitement
Tombés dans la souricière
Qui borde cette grotte.

La fée

Ah ! C'est divertissant.
Qu'on nous les amène à l'instant.

Isabelle

Comme un rat retrouver mon père !

SCÈNE 16e

Une grande souricière, traînée par des chats, traverse le théâtre. Christophe, Pandolphe et Bazile sont dans l'intérieur criant : Merci ! Au même instant, un trou se fait dans le mur et la tête de l'enchanteur Tignaço paraît.

La tête

Arrêtez ! ne vous réjouissez pas encore. Ma puissance a encore quelque durée. Lindor et Isabelle sous la forme d'Arlequin et de Colombine doivent passer par de nombreuses épreuves. Quoiqu'il en soit n'oubliez pas qu'ils ne peuvent espérer le bonheur tant qu'ils ne possèderont pas le cheveu du Diable !

La tête disparaît. La souricière s'est ouverte sur les dernières paroles de l'enchanteur. Bazile, Pandolphe et Christophe en sortent en Pierrot, Cassandre et Léandre.
En même temps Lindor et Isabelle changent à vue et deviennent Arlequin et Colombine :

La fée

Un temps d'épreuve, allons, c'est l'arrêt du Destin !
Eh ! bien, donc, enfants, en chemin !
Comme un nuage un chagrin passe
Lorsque l'on a vingt ans. Pour vous tendre la main
Mes bons amis, je retourne à ma glace.
Vous marcherez enfants sur des cailloux.
Mais regardez en haut. Le ciel est doux.
Dans ce contraste est la philosophie.
En l'avenir heureux qui se confie ;
S'il est trompé souvent par l'avenir
De son espoir il a le souvenir.
Sa chimère a changé de place
Et voilà tout. Heureux l'homme, mon Dieu !
Qui du bonheur où tend son vœu
N'est séparé que par l'espace
D'un cheveu !

(*La fée sort. Cascades et sortie des autres personnages*).

FIN DU PROLOGUE

La pantomime alors commence.

Je l'ai dit, le même moule servait à toutes.

Le philosophe Crétois, Epiménide disait : Tous les Crétois sont des menteurs.

Epiménide était Crétois, il mentait donc en disant la vérité.

Tous les auteurs des Funambules faisaient une pantomime. Toutes les pantomimes étaient un plagiat ; donc tous les auteurs des Funambules étaient des plagiaires.

Après *les Epreuves*, dans lesquelles le succès de Deburau fut immense, M. Bertrand fit jouer :

LA BALEINE

Pantomime en un tableau par M. Deburau.

Dans cette petite pièce qui ne comportait que trois scènes, Baptiste avait travesti les rôles, renversé les conventions. C'était lui Pierrot que Colombine aimait ; c'était Arlequin qui se voyait repoussé, malgré les préférences de Cassandre.

Pierrot, qui pêchait à la ligne, était avalé par une baleine, au grand désespoir de Colombine.

Dans l'intérieur de la baleine, il trouvait une cassette pleine d'or, provenant de quelque naufrage auquel le cétacé glouton avait dû participer.

Sorti, des entrailles du monstre, par la porte de derrière, Pierrot gagnait sa cause auprès de Cassandre, en lui remettant la cassette bien venue.

Et le tout finissait, comme toujours, par une apothéose et des flammes de bengale.

Le 19 Septembre, on avait fait une importante reprise des *26 infortunes de Pierrot*, délaissées depuis leur première apparition.

Deburau avait ajouté un grand nombre de jeux de scène, qui donnaient à cette pantomime tout l'attrait d'une nouveauté.

Le succès fut beaucoup plus grand que lors de la création.

CHAPITRE XVI

1834

Anecdotes

Montesquieu a dit : O ! hommes modestes, venez que je vous embrasse.

Deburau, certes, eût pu se précipiter sans hésiter sur le sein de l'auteur des *Lettres Persanes*, si l'illustre bordelais n'avait jugé à propos de se faire enterrer une quatre-vingtaine d'années auparavant.

Et encore, le brave Pierrot ne s'y fut-il pas précipité ; sa modestie naturelle, innée, l'eût-elle tout d'abord empêché de se croire modeste.

Je suis modeste, se fut dit Deburau, et je ne peux pas dire que je le suis ; parce que si je le disais, je cesserais de l'être, et que ne l'étant plus, je ne le serais pas. C'est la question des épinards, d'Henri Monnier.

Perrot, premier danseur de l'Opéra, venait souvent aux Funambules. Il avait vu bouffonner Deburau, l'avait apprécié, et avait dit à Véron, alors Directeur de l'Académie Royale de musique :

— Cet homme nous manque.

Véron était allé voir Deburau et avait répondu à Perrot :

— Vous avez raison. Engagez-le moi.

Perrot était allé trouver l'excellent mime, et lui avait offert *cinq cents francs* par mois ! Une fortune.

Deburau, aussi sage que modeste, avait répondu, se souvenant de la soirée du Palais-Royal :

— Merci ! Je reste où je suis. Le mieux est l'ennemi du bien. Je ne veux pas être mieux ; je me contente d'être bien.

Et Messieurs Bertrand et Cot d'Ordan avaient ainsi conservé leur étoile.

Quand à Deburau, l'idée ne lui était même pas venue de dire à ses directeurs : Vous voyez ce que l'on m'offre ailleurs, augmentez-moi, sinon...

Dans son inébranlable probité, il eût considéré cette sorte de chantage, comme malhonnête. Il se contenta de raconter le fait à ses camarades du théâtre ; ce qui fit verdir de rage jalouse, l'anglais Laurent aîné.

Le bruit de cette haute proposition parvint bien jusqu'aux quatre oreilles directoriales ; mais l'idée d'augmenter leur artiste ne leur vint pas davantage, qu'il n'était venu à Pierrot l'idée de se faire augmenter.

Monsieur Cot d'Ordan, qui fumait toujours d'excellents cigares, ne manquait jamais, pour donner à Deburau une preuve de la haute estime dans laquelle il le tenait, de tirer de sa poche, lorsque tous les artistes étaient présents, un superbe porte-cigares bien garni, et de dire à son mime :

— Un bon Panatellas, Deburau ?

Ce à quoi, le mime répondait invariablement :

— Merci bien, Monsieur d'Ordan, je ne fume pas.

Ce qui n'empêchait nullement le majestueux impresario de recommencer quelques jours après.

Deburau, que ce manège ennuyait, surtout à cause de la grossièreté faite gratuitement à ses camarades, devant lesquels le porte-cigares restait impudemment fermé, Deburau s'avisa un jour d'accepter le *bon* Panatellas.

Cot d'Ordan demeura tout penaud, quand il vit Deburau l'offrir à Charles Charton, en lui disant :

— Tiens, Charles, pour toi, qui fumes.

Cot d'Ordan ne renouvela plus sa gasconnade.

Déburau, fort commun à la ville — un brave compagnon charpentier — savait être à la scène d'une distinction étonnante.

Ses rôles en font foi. Nul mieux que lui, n'a porté le costume de marquis poudré. Ce costume est réputé le plus difficile à endosser, le plus lourd à supporter, c'est pourquoi je le cite.

Et quand Champfleury, dans son opuscule intitulé : *Le peintre ordinaire de Gaspard Deburau*, dit en parlant du mime : « Cette distinction se faisait remarquer a la ville, dans sa personne », l'auteur de *Chien Caillou* se fait une singulière idée de la distinction.

Le regard torve, la mine endeuillée, Deburau, sans barbe, portait en avant des oreilles, deux mèches, soigneusement roulées en spirale, auxquelles nos modernes ont décerné le nom de rouflaquettes.

Sur ces deux mèches, collées aux tempes, un chapeau en tuyau de poêle, fortement incliné sur l'œil droit.

Le cou, très long, enveloppé d'une large cravate de soie noire, de laquelle débordait à peine le liseré d'un col blanc.

Ajoutez à ce chapiteau excentrique une longue redingote noire, un pantalon presque toujours noisette, et une canne, à laquelle on eut pu, sans crainte d'être démenti, décerner l'épithète de gourdin.

Voilà, quelle était, dans la rue, la distinction de Dbuerau.

Affublé de tout autre costume, l'étonnant mime se transformait.

Et la preuve que c'était bien l'habit qui faisait ce moine, c'est que, dans la *Biographie d'Alfred de Musset, sa vie et ses œuvres*, par Paul de Musset, on peut lire l'anecdote suivante, concernant notre héros :

« Jamais je ne vis compagnie si heureuse, si peu occupée du reste du monde. (Paul de Musset parle des soirées que donnait chez elle George Sand). On se déguisait à certains jours, pour le plaisir de jouer des rôles. On inventait toutes sortes de divertissements, en petit comité, non par crainte de l'ennui, mais, au contraire, par excès de contentement. Un jour on se mit en tête de donner un dîner esthétique, voire philosophique et politique. Les invités étaient quelques rédacteurs de la *Revue des deux mondes*, entre autres Lherminier le professeur philosophe. Afin de pouvoir lui offrir un *partner* digne de lui, on engagea Deburau, l'incomparable Pierrot des Funambules. Deburau, dont la figure n'était connue qu'enfarinée et vêtue de blanc, mit pour ce jour-là un habit noir, un jabot à larges tuyaux, une cravate fort empesée, des escarpins et des gants glacés. Il fut chargé de représenter un membre distingué de la Chambre des Communes d'Angleterre, traversant la France pour se rendre en Autriche, avec des instructions extrêmement secrètes de Lord Grey.

Au jour indiqué les convives arrivèrent au nombre de sept ou huit. Deburau parut quinze minutes après l'heure convenue, comme il sied à un personnage considérable. Il se laissa présenter les invités, répondit aux saluts par une légère inclination de tête et se tint raide comme un piquet devant la cheminée, ses mains derrière le dos, renfermé dans un silence plein de morgue.

Assis à la place d'honneur, l'Anglais n'ouvrait la bouche que pour boire et manger, mais largement. Personne ne reconnut le Pierrot des Funambules. Afin de lui donner beau jeu, et de permettre à Lherminier de montrer ses connaissances diplomatiques, on mit la conversation sur la politique. Vainement on nomma Robert Péel, Lord Stanley, et tout le personnel des hommes d'Etat de la Grande Bretagne, le diplomate ne répondait que par monosyllabes. Enfin quelqu'un vint à prononcer le mot *d'équilibre européen*, l'Anglais étendit la main : Voulez-vous savoir comment je comprends l'équilibre européen ?

Le diplomate reprit son assiette, la lança en l'air en lui imprimant un fort mouvement de rotation ; puis il la reçut adroitement sur la pointe de son couteau où l'assiette tournant demeura en équilibre.

Tel est, poursuivit Deburau, l'emblème de l'équilibre européen. »

J'ai cité la jolie plaquette de Champfleury : *Le peintre ordinaire de Gaspard Deburau*, et je n'ai pas nommé ce peintre d'un incontestable talent, mort avant que la célébrité l'ait atteint, dont à peine on connait le nom aujourd'hui — encore qui le connait ? — parce qu'il fut choisi jadis par Jules Janin, pour illustrer de deux frontispices, les petits volumes sur *Deburau*, volumes dont l'illustre critique devait rougir plus tard ; puisque dans son discours de réception à l'Académie française et dans la réponse qui lui fut faite, on eût le soin d'éliminer, en citant la nomenclature de ses œuvres, le titre d'une des plus originales assurément, d'une des plus humoristiques sans contredit : *Deburau, Histoire du théâtre à quatre sous, pour faire suite à l'histoire du Théâtre français.*

Ce peintre se nommait Auguste Bouquet.

Le beau portrait qu'il avait fait du mime, était devenu la propriété de Jules Janin. Mais Jules Janin académicien ne pouvait conserver dans ses appartements cette vile image d'un paillasse, qui avait failli lui barrer les portes de la noble assemblée.

Jules Janin s'était pris de haine pour sa gaminerie littéraire ; cette haine se reporta sur le portrait fait par Auguste Bouquet.

Il le donna, ou le vendit, on ne sait ; toujours est-il que le fameux portrait, tombé dans la disgrâce du maître, disparut complètement.

La façon dont il fut retrouvé ne manque pas d'une certaine originalité.

Beaucoup plus tard, vers 1850, Charles Deburau et Alexandre Guyon montaient ensemble le faubourg du Temple.

Les deux camarades — ils étaient du même âge — entrent dans un bureau de tabac, pour renouveler leur provision. La porte de l'arrière-boutique était entr'ouverte.

Tout-à-coup Guyon s'arrête au milieu d'une phrase commencée et dit à Charles :

— Regarde donc, là !..

Par l'entrebaillement de la porte, la face blanche du grand Deburau apparaissait, comme jadis, lorsqu'elle sortait d'un bahut, d'une armoire ou d'une carotte.

Aussitôt Charles s'élance dans l'arrière-boutique. La marchande de tabac, croit qu'on veut la dévaliser et se précipite à la poursuite de Charles en criant : Au voleur !..

— Ne craignez rien, Madame, fait Guyon, c'est une scène de reconnaissance.

La bonne dame n'était qu'à moitié rassurée.

— Combien voulez-vous de ce portrait, demande Charles à la buraliste ?

— Mais Monsieur, ce portrait n'est pas à vendre.

— Voyons, Madame, reprend Charles, c'est une bonne œuvre que vous accomplirez en me le cédant. Ce portrait est celui de mon père. Demandez-moi ce que vous voudrez, je serai trop heureux de vous l'accorder.

— Ah!.. Si c'est le portrait de Monsieur votre père... Eh! bien... j'en demande... cent cinquante francs.

— Dans un quart d'heure, vous les aurez.

Lè mari de la brave dame l'avait payé trente francs, chez un bric-à-brac, qui le tenait d'une autre dame, laquelle ne l'avait pas payé du tout.

Charles et Alexandre ne font qu'un bond chez M. Billon, le Directeur des Funambules d'alors et lui expliquent leur cas. Billon, qui gagnait beaucoup d'argent avec Charles, dans lequel le public du boulevard, revoyait le grand Pierrot disparu, après quelques hésitations donne les cent cinquante francs.

Les deux copains remontent chez la marchande de tabac, lui versent la somme, et emportent triomphalement le portrait qui n'est jamais sorti des mains du pauvre Charles et qui appartient maintenant à sa veuve, Mme Deburau.

Mais revenons à l'année 1834. Le 1er Janvier, fut représenté un vaudeville en 1 acte : *Les Souliers trop courts*, par Eugène Basté, (dit Granger) porte le manuscrit original.

Puis Baptiste-Gaspard Deburau créa :

L'ORACLE

Pantomime en 4 tableaux

Ensuite, vint le tour de :

PIERROT AU MOULIN

Pantomime mêlée de danses, en un tableau

Ce *Pierrot au Moulin* n'était qu'un nouvel avatar du ballet: *Les Meuniers*, auquel Deburau avait ajouté plusieurs scènes plaisantes. Une, entre autres, dans laquelle, il grimpait sur une échelle appuyée contre la maison de droite; pour voir ce qui se passait dans la maison de gauche ; cette échelle se brisait tout-à-coup sous ses pieds, le laissant accroché à l'un des montants.

Alors, au lieu de descendre, l'acrobate restait accroché à ce montant comme à un mât de cocagne et achevait d'arriver au faîte, sur lequel il se mettait à cheval, et, prodige d'équilibre, traversait ainsi la scène, par petits sauts, pour arriver à la fenêtre de la maison de gauche, satisfaire sa curiosité. Après quoi, Pierrot se laissait tranquillement glisser de son montant et reprenait pied sur le solide plancher des petites actrices de l'endroit.

Il avait également introduit dans cette pantomime une autre

scène, dans laquelle il produisait de puissants effets comiques.

Une bourrasque se déchaînait. Pluie, tonnerre, vents, éclairs. Pierrot s'emparait du parapluie que venait d'ouvrir Cassandre, envoyait celui-ci rouler à terre d'un coup d'épaule, et se blotissait sous le frêle abri, qui ne tardait pas à devenir le jouet d'un vent impétueux. Cramponné après le manche, Pierrot était balloté d'abord, puis secoué, traîné, enfin enlevé jusqu'aux frises, sans lâcher un seul instant ce nouveau parachûte dans lequel un monstre semblait s'être engouffré.

Cassandre qui avait fini par s'accrocher aux pieds de Pierrot, était d'abord soulevé avec lui, le suivait dans ses pérégrinations aériennes ; mais l'orage se calmait, le vent s'arrêtait de souffler, et déposait à terre Pierrot rompu, moulu, brisé, fourbu, éreinté.

Une pantomime est un fil de caoutchouc, qui s'allonge ou se raccourcit indéfiniment selon la taille de ceux qui la jouent.

Les Meuniers, usés déjà en tant que ballet, rajeunirent comme pantomime, grâce à ces deux scènes qui en firent un nouveau gros succès.

Ce fut Laplace qui remplit le rôle de Cassandre.

Le 22 avril on joua :

L'UNE POUR L'AUTRE

Vaudeville en un acte, par MM. Alphonse S *** et Bordes père.*

Le 3 août, eut lieu la première représentation d'une comédie-vaudeville en un acte, sous le titre de :

L'AMITIÉ D'UNE FEMME

Pas d'auteur désigné.

Le 19 août, on joua un vaudeville en un acte :

MON COUSIN COCO

Par MM. Michaud et Célestin.

Le rideau baissait sur cet ensemble, remarquable par sa logique et sa consolante philosophie :

Tous

Le Ciel bénit enfin nos vœux
Et sait nous satisfaire.
Nous allons vivre tous heureux...
Quoi de meilleur sur terre ?

CHAPITRE XVII

1835

La Censure

La charte de 1830 disait : *La censure ne pourra* JAMAIS *être rétablie en France.*

La loi du 9 septembre 1835 dit à son tour : *La censure pour les ouvrages dramatiques, l'exposition et la mise en vente des dessins, des gravures et des lithographies, est rétablie.*

Le mot JAMAIS n'a donc pas le droit d'exister.

C'est à cette mesure vexatoire, que je dois d'avoir pu retrouver les manuscrits des pièces, pantomimes, drames et vaudevilles, joués depuis cette époque sur le théâtre des Funambules.

Ces vaudevilles, ces drames valaient-ils la peine d'être exhumés ?

Je laisserai Théophile Gautier, le parfait magicien ès-lettres françaises, ainsi que le dénomme Baudelaire, répondre en mon lieu et place :

« On joue maintenant aux Funambules, des vaudevilles identiquement « pareils à ceux des Variétés, du Vaudeville, du Gymnase et du Palais « Royal. La seule différence qu'on y pourrait trouver, *c'est qu'ils sont « meilleurs*, étant faits par de jeunes auteurs, pleins de poésie et de verve « adolescentes ».

En admettant qu'il y ait exagération dans ce qu'écrit le grand Théo, protecteur des humbles, quelques-uns de ces vaudevilles ne sont peut-être pas indignes d'être cités.

Aucun, peut-être, n'a été imprimé ; Messieurs les éditeurs se fussent crus déshonorés, en publiant les calembredaines d'un théâtre de paillasses.

Tous dorment donc paisiblement — je parle des manuscrits — dans les verts catafalques du ministère des Beaux-Arts, enfouis sous leur vénérable couche de poussière, jaunis par la palette inexorable du temps.

Que d'idées ingénieuses, gracieuses, fantasques, que de couplets verveux, originaux sont ensevelis dans ce cimetière de carton, dont les croix absentes, sont allées se planter sur quelques-unes des poitrines de ceux qui avaient conçu ces couplets.

Eugène Grangé disait un jour à Lambert Thiboust, lui montrant le ruban rouge de sa boutonnière :

— Si j'avais signé mes vaudevilles des Funambules, j'aurais attendu dix ans de plus pour l'obtenir.

— Qu'est-ce que cela t'aurait fait, lui répondit Thiboust, puisqu'avant de l'avoir sur le cœur, tu le portais au bout de ton nez.

Grangé avait l'extrémité de l'appendice nasal tellement coloré qu'un myope célèbre, Hippolyte Lucas, disait :

— Quand, dans la rue, le soir, Grangé vient à ma rencontre, je me gare toujours, croyant que j'ai devant moi la lanterne d'un omnibus.

Un jour, Léontine, de la Gaieté, autre myope de première longueur, apercevant dans les coulisses le nez du brave auteur, s'approcha de lui et lui dit : On ne fume pas ici, Monsieur !...

La calvitie de Siraudin et le nez de Grangé ont, pendant vingt ans, fourni de la copie aux journalistes à court.

Les auteurs avaient honte d'être représentés aux Funambules, et ne signaient que de leur nom de baptême, ou de pseudonymes, les petites pièces qu'ils y apportaient.

Cela froissa M. Bertrand. Aussi ne tarda-t-il pas à s'en aller exprès clabauder sur le boulevard : Vous savez, Louis-François, c'est Clairville ; de même que Victor, c'est Varin.

D'après les distributions des rôles que je retrouve sur divers manuscrits, je parviens à reconstituer la troupe complète de cette année 1835 :

	Hommes	Emplois
MM.	Deburau	Pierrot.
	Laplace	Cassandre.
	Laurent aîné	Arlequin.
	Charles	Colin.
	Louis	Léandre et 1er comique.
	Paul	Jeune amoureux.
	Gustave	2me comique.
	Adolphe	1er comique.
	Robillard	Comique grime.
	Meignan	Régisseur et financier.
	Philippe	Comique rondeur et 3me rôle.
	Saint-Eugène	1er rôle.
	Alphonse	Jeune 1er amoureux.

Coté des Dames

Mmes Justine	Jeune première.
Clara	1re ingénuité.
Mme Rébard (1)	Soubrette, danseuse.
Félicité	Amoureuse.
Désirée	2me ingénuité.
Lydie	Amoureuse, coquette.
Emilie	2me soubrette.
Mme Hinaux	Grande coquette.
Mlle Julia	Soubrette.

Ces artistes étaient tenus de jouer tous les genres, Pantomime, drame et vaudeville.

Le 12 mai, fut représentée une comédie en 1 acte intitulée : *Une vieille fille.*

Le 1er septembre les Funambules donnèrent la première représentation de : *On n'en meurt pas*, vaudeville en 1 acte.

Le 18 septembre, on joua : *Le Colin-Maillard*, folie-vaudeville en 1 acte.

Le 22 septembre : *L'Amant de l'actrice* ou *Un moment de jalousie*, comédie-vaudeville en 1 acte.

— Même date : *Monsieur Boniface* ou *L'héritier malgré lui*, comédie-vaudeville en 1 acte.

Le 26 septembre :

LE SOUTERRAIN

Pantomime à spectacle, en 2 tableaux, avec dialogue explicatif.

PERSONNAGES

Adolphe d'Isterbourg, prince souverain.
Albertine son épouse.
Romuald, parent d'Adolphe et usurpateur de ses domaines.
Walter, confident de Romuald.
Fritz, concierge du château d'Isterbourg.
Miller, fermier.
Nella, sa fille.
Un officier, parlant.
Un héraut d'armes, parlant.
Vassaux du prince, Gardes de Romuald.
La scène se passe en Allemagne, en 1600.

Au manuscrit de cette pantomime se trouve jointe la note suivante émanant de l'administration du Théâtre :

« La pantomime le *Souterrain* est la même que celle portée « par le répertoire sous le titre de : *l'Epouse courageuse*, qui a été

1. Ce fut la dernière année de Mme Rébart ; son mari la fit quitter le théâtre.

« représentée en 1819, et qui a obtenu alors plus de cent représentations. Elle a eu plusieurs reprises ; et par cette raison « l'administration a cru qu'il était dans ses intérêts de changer « le titre de la pièce. En agissant ainsi, elle a dû soumettre de « nouveau cette pantomime à l'approbation de M. le Ministre de « l'Intérieur. »

C'était, à cette époque, du Ministre de l'Intérieur que dépendait la règlementation des théâtres.

27 septembre : *Esther la voleuse*, drame-vaudeville en 3 actes et 5 parties.

7 octobre : *La chambre jaune*, vaudeville en 1 acte.

10 octobre : *Le promeneur de nuit*, vaud.-anecdote en 3 actes.

22 octobre : *Les deux conditions*, vaudeville en 1 acte.

3 novembre : *Une visite à Charenton*, vaudeville en 1 acte.

Tous ces vaudevilles et ceux qui suivent, ne mentionnent, sur leurs manuscrits, aucun nom d'auteur.

21 novembre : *La Débutante* ou *Une première représentation*, pièce mêlée de chant, en 2 actes.

Ce vaudeville contenait une tragédie burlesque, sorte de parodie, dans laquelle les auteurs des *Folies dramatiques*, pièce en 5 actes du Palais-royal, ont peut-être trouvé l'idée de leur amusante fantaisie.

Dans *la Débutante*, il y avait un mari trompé qui s'appelait Cagnard et qui était huissier. C'était lui qui chantait le couplet au Public, sur l'air de : *La Sentinelle*.

AU PUBLIC

Tant de malheurs m'accablent à la fois
Qu'en vérité mon sort est bien à plaindre.
Ma femme en fiacre. Ah ! Messieurs, je le vois,
En ce moment pour mon front je dois craindre.
Mais, aux maris je m'adresse en ces lieux,
Car aujourd'hui notre cause est commune
Et je serai moins malheureux
Si j'obtiens qu'ils fassent des vœux
Pour un compagnon d'infortune,
Oui, d'infortune.

J'arrive à la mort de l'un des artistes créateurs des Funambules, un premier arlequin de l'endroit, à Félix, au grand Félix, qui perclus de rhumatismes, rongé par la vermine, courbé par l'âge, s'éteignit doucement dans un coin du foyer, un soir que l'on ne pensait pas à lui.

Félix avait atteint l'âge grand de dix-huit ans. Son regard était devenu vitreux, son poil n'existait plus que par places rares, ses membres s'étaient enkilosés, ses oreilles pendaient, inutiles, de chaque côté de sa tête, car il était devenu sourd, le pauvre hère, son nez brûlait sans discontinuer. C'était un mort vivant qui se traînait de coulisse en coulisse, respecté par quelques anciens de la troupe, rudoyé par les jeunes.

Avant de remplacer Blanchard dans un rôle de Pierrot, un soir, Deburau avait remplacé Félix dans son emploi d'Arlequin.

Félix, ayant avalé un os égaré dans sa soupe, s'était trouvé dans l'impossibilité de paraître décemment devant le public, et M. Bertrand s'était dépêché de dire : Baptiste, endossez un costume d'Arlequin et remplacez Félix.

Or, qu'était-ce Félix ?

Un chien !... Un chien savant !.. Deburau doublant un caniche !.. Est-il possible d'entrer dans la célébrité par une porte plus basse ?..

Les hommes, ayant succédé aux chiens savants, Laurent aîné, quelques années plus tard, avait succédé à Félix.

Mais Laurent était, de plus que Félix, maître de ballet et auteur.

Félix n'avait jamais pu être qu'acteur.

On fit des obsèques à Félix. On l'enterra dans le dessous du théâtre, quelques-uns sourirent, Deburau eut une larme pour son vieux camarade.

Laurent aîné était un clown excellent, mime de premier ordre, de plus, danseur remarquable, je l'ai dit. Il réunissait donc toutes les qualités requises pour faire un remarquable Arlequin.

Ce fut lui qui eût l'idée de parsemer de paillettes le costume d'Arlequin. Le feu qui s'échappait de ces paillettes, par le mouvement perpétuellement rapide du tourbillonnant personnage, ajoutait un côté fantastique au rôle consacré déjà demi-Dieu par le port de sa baguette magique.

Laurent aîné s'était perfectionné dans la langue française, à ce point qu'il se mit à faire, outre ses pantomimes, des vaudevilles écrits avec esprit et verve. Plus tard, Anicet Bourgeois et Ferdinand Laloue recherchèrent sa collaboration, pour faire représenter, en 1839, cette inénarrable féerie, *Les pilules du diable*, démodée aujourd'hui pour nous, mais qui amusa tant, le jeune âge de nos pères, et réjouira certainement encore nos petits enfants.

Quel fut l'apport de collaboration de Laurent aîné dans les vieilles Pilules ?...

Plus de trucs que de lignes, certainement.

Mais je gagerais que le scenario fut bâti par lui.

Que sont, en effet, *Les pilules du diable*, sinon une pantomime Arlequinade, dont les noms ont été transformés ?

Cassandre est devenu Seringuinos ; Arlequin a reparu sous le nom d'Albert ; Pierrot sous celui de Magloire ; Léandre s'est appelé Don Sottinez, et Colombine s'est transformée en Isabelle. Il n'est pas jusqu'à la bonne et la méchante fée, échappées des Funambules, qui ne se soient glissées dans cette féerie mémorable.

La donnée de la pièce est-elle autre que celle des pantomimes? Non.

La rivalité d'Arlequin-Albert et de Léandre-Sottinez, dans leurs amours pour la tendre Colombine-Isabelle, que Cassandre-Seringuinos veut contraindre à épouser celui qu'elle n'aime pas. Pierrot-Magloire protégeant son bon maître Arlequin-Albert, persécuté par une mauvaise fée, laquelle mauvaise fée est combattue elle-même, par la bonne fée sous les traits de la Folie.

Laurent aîné avait transporté dans cette féerie les trucs qui, dans les pantomimes des Funambules, avaient produit le plus d'effet, et le succès fut immense.

Lui-même avait quitté son petit théâtre, pour s'élancer sur l'immense scène du Cirque et créer, dans sa pièce, le personnage de Don Sottinez, qu'il ne cessa de jouer jusqu'en 1855, époque à laquelle il abandonna la vie d'artiste, pour aller paisiblement végéter de ses rentes, à Meulan.

Cet excellent chorégraphe produisit un certain nombre de pièces, parmi lesquelles plusieurs obtinrent du succès.

Ainsi, il collabora à *La corde de pendu*, grande féerie ayant de nombreux points de ressemblance avec sa sœur aînée *Les pilules*. Tout aussi amusante, mieux montée, mieux machinée, jouée par les mêmes acteurs, *La corde de pendu* fut écrasée par l'éclat de sa devancière.

Laurent aîné signa encore, toujours en collaboration : *L'ami Rondeau*, *L'anneau des fiançailles*, *L'art de rentrer dans son bien*, *Le diable d'argent*, *Les étrangleurs de dindes*, *Le mirliton enchanté*, *Moine et canard*, *Les mystères de la vertu*, *Paris dans l'eau*, *Les quatre parties du monde*, *Le fusil du braconnier*, etc. etc...

Le 21 novembre 1835, on joua, aux Funambules, précisément *Le fils du braconnier*, vaudeville en 1 acte.

Le 9 décembre : *La toile, ou mes cinq sous. Etrennes grivoises, pralinées de ponts neufs*, par M. Hippolyte.

Personnages

Javotte Cagnet, *marchande d'oranges et de pommes*,
Poussaubeurre, *débitant de berlingots*,
Titit-Barbillon, *gamin*.
Farambole, *marchand de coco*.
Le crieur des Funambules.
Gamins, peuple, bonnes d'enfants, soldats.

« Le théâtre représente — dit le manuscrit original — une partie du boulevard du Temple. Au fond le théâtre des Funambules A droite de l'acteur, *la petite voiture de la compagnie de salubrité*, stationnée dans cette partie du boulevard ; mais une moitiée seulement est en vue du public. »

J'ai tenu à citer en entier, les détails de cette décoration, dont celui de *La petite voiture* offre un des côtés plaisants de ce qu'était en 1835 le boulevard du Temple. Le bon Clairville se faisait déjà sentir.

Il y a là comme un parfum précurseur de ce naturalisme à outrance, que certains auteurs modernes se figurent véritablement avoir inventé.

Quelques passages de la pièce complèteront la physionomie du tableau :

Poussaubeurre, à Javotte

Eh ! ben, au fait, si j'suis *t'identifié* z'avec les Funambules, que qu'ça dit ? J'les ai en *intimoitié* les Funambules !.. Et *l'Torrent de Lagarilla* donc !... En v'là une chouette de décor !.. Citez-moi z'en beaucoup d'ficelés comme ça ! Y a pas t'à dire que c'est pas d'la vraie z'eau... C'en est d'la vraie ! Parions deux sous que c'est d'la vraie z'eau. Et pis, mon bonheur c'est d'rigoler. (*Il rit*) J'suis fou d'la rigolade, moi !.. Et aux Funambules j'rigole tout à mon aise. Pierrot y m'amuse, y m'*délècre* l'âme, Pierrot. Vive Pierrot !..

Air : *Du code de l'amour*

Que j' l'aim' dans *l'Bœuf*, dans *Ma Mèr' l'Oie*,
Dans *l'Oracle*, dans *l' Song' d'or*.
Dans les *Vingt-six*, il fait ma joie.
Dans *Noir z'et Blanc* qu'y m'charme encor.
Combien d'biaux esprits qu'on admire.
Sont fièr'ment l'oin de l'égaler,
Car ils parl'nt beaucoup sans rien dire,
Et lui, dit beaucoup sans parler.

Une pièce qui *m'intercelle* aussi de la *vrolupté*, c'est : *On n'en meurt pas*. Y a z'un vieux portier là dedans qu'aussitôt qu'y s' fait voir au *peuple*, j' ricanne, j' ricanne !.. Farceur de sort, j' ricanne t'y ! C'est un si bon enfant c' paroissien là...

L'acteur Robillard, chargé du rôle de Poussaubeurre, jouait dans : *On n'en meurt pas*, le vieux portier dont il est question dans ce dialogue.

Javotte

Un nommmé Robillard, pas vrai ?..

Poussaubeurre

Jusse.

Javotte

Un autre vous-même, quoi.

Poussaubeurre

Touché ! On ne peut pas mieux nous recomparaître l'un qu'à l'autre. Attendu que lui z'et moi, z'et moi z'et lui, c'est comme qui dirait une paire de particuliers cousus *ensemble*.

Air : *J'ai vu le Parnasse des Dames*

J' suis son imag', c'est mon emblême !..
Je me mire dans c'Robillard,
Car j' me chéris autant que j' l'aime.
D' ma joie, d' ma peine il a sa part.
Toujours nous buvons dans l'mêm' verre.
Vers' t'y des larm's, on m' voit pleurer.
Enfin, Javotte, on a beau faire,
On ne peut pas nous séparer.
Impossibl' de nous séparer.

Cette pièce fut jouée le 31 décembre, le couplet au public s'exprime ainsi :

Javotte

Air : *Chacun son goût, sa passion*

L'auteur tremble en vous donnant j' pense
Des *étrennes* d' si peu d' valeur.
Ses seuls droits à votre indulgence
C'est qu'ell's sont offertes d'bon cœur.
Roul' ta bosse
Et file d' chez nous
Jusqu'au Pont-Neuf va-t-en dans ton carrosse
Roul' ta bosse
Et file d' chez nous.
T'as trop crié : La toile, ou mes cinq sous.

Par ce titre : *La toile, ou mes cinq sous*, on peut voir que MM. Bertrand et Cot d'Ordan avaient fait subir une augmentation d'un sou à leurs places du Paradis, lesquelles, trois années auparavant, n'étaient encore qu'à quatre, puisque Jules Janin écrivait l'histoire du théâtre à *quatre sous*.

CHAPITRE XVIII

1836

Deburau assassin

L'année 1836 est grosse d'événements pour notre petit théâtre.

C'est, d'abord, une menace de fermeture, partant de la Préfecture de Police et ayant pour cause *la façon indécente dont se sont comportés en scène les deux acteurs Saint-Eugène et Adolphe.*

Ainsi s'exprime l'arrêt lancé par la police préfectorale.

MM. Saint-Eugène et Adolphe, à la suite d'un dîner copieux, étaient arrivés au théâtre fort en retard pour s'habiller, et de plus en état parfait d'ébriété.

Dans leur précipitation à revêtir leur costume, ils avaient négligé d'enjamber un maillot couleur chair, indispensable dans les rôles qu'ils remplissaient; car, un moment donné, leurs culottes s'envolaient, emportées dans les airs par des Sylphes malfaisants.

Or ce soir là, ces messieurs montrèrent au public ce que, quatre ou cinq mille ans auparavant, le patriarche Noé avait découvert à ses fils.

Ce fut un gros scandale. Les femmes poussèrent des cris d'horreur. Les hommes vociférèrent. Les gamins sifflèrent. Bref la représentation fut interrompue et MM. Saint-Eugène et Adolphe durent être conduits au poste de la place du Château-d'Eau.

Deux jours après, ils passaient en police correctionnelle et étaient frappés d'un mois de prison chacun, attendu que l'état d'ivresse dans lequel ils étaient, leur compta comme circonstances atténuantes.

Mais les plus effrayés dans l'affaire étaient MM. Bertrand et Cot d'Ordan, qui voyaient leur théâtre fermé en pleine prospérité; non pas définitivement sans doute, mais pour une quinzaine de jours au moins.

Aussi se démenèrent-ils de la belle façon.

Ils expédièrent Deburau chez Jules Janin, Laurent aîné chez l'ambassadeur d'Angleterre, pour que ces puissants intervinssent auprès de l'autorité préfectorale.

Eh! bien, ce ne furent ni Deburau, ni Laurent aîné qui obtinrent la grâce du petit théâtre.

Ce fut — m'indiquent des notes cueillies par le comédien Heuzey, mort en laissant sur l'histoire des théâtres en général, des trouvailles fort étranges en même temps que fort intéressantes, — ce fut une dame, native de Marseille, grande amie de M. Cot d'Ordan.

Cette dame avait connu M. Thiers, alors que le *foutriquet* était étudiant à Aix ; connu, assez intimement, parait-il, pour pouvoir s'autoriser jusqu'à lui emprunter un service.

Or, M. Thiers était à cette époque, ministre de l'Intérieur. La dame courut chez « Adolphe », comme elle l'appelait, obtint, séance tenante, une audience particulière, et l'interdit lancé par le Préfet de police fut levé : les Funambules purent donner, le soir, leurs deux représentations ordinaires.

Car, on ne jouait plus que deux fois par jour, chez M. Bertrand : trois fois le jeudi et le dimanche.

M. Cot d'Ordan, en mettant le pied dans l'administration, avait apporté des idées aristocratiques, qui, d'abord, avaient fort ébouriffé le routinier Bertrand.

Ainsi, M. Cot d'Ordan avait dit

— Il n'y a que les banquistes qui multiplient à l'aventure le chiffre de leurs représentations. Cela est indigne d'un théâtre d'ordre !.. Au lieu d'avoir huit salles, médiocrement garnies, nous en ferons deux combles.

M. Bertrand s'était rendu à ce raisonnement. Et le fait avait justifié le dire.

Les Funambules étaient devenus, selon l'ambitieuse expression du co-associé *un théâtre d'ordre*.

La première pièce donnée en 1836 fut :

Le 9 janvier : *Les dupes ou Les deux Georgettes*, pantomime en 3 tableaux.

Puis, le 14 janvier : *L'embarras du choix*, vaudeville épisodique en 1 acte

Le 5 février : *Jacques le Normand*, pièce en 2 actes.

Le 20 février : *La débutante*, ou *Une première représentation*, pièce en 1 acte, par Ferdinand.

Le 24 février : *Fleur d'amour*, féerie en 3 actes.

Il y a quelques couplets bien faits et assez amusants dans cette féerie. Je les cite.

La fille du Roi de l'île Rouge, Mlle Fleur d'amour, est devenue mère sans que personne s'en soit aperçu, pas même elle — c'est une féerie. — Quand le roi apprend cette nouvelle, on juge de son désespoir. Alors, le Ministre Mâchoire tente de consoler son monarque et lui chante :

Air : *de Calpigi.*

C'est une chose singulière
Que son enfant n'ait pas de père,
Car il est connu de chacun
Qu'on est toujours enfant d' quelqu'un.
J'honor' vot' fill' ; mais foi d' Machoire
De bon compte je ne puis croire
Qu'elle ait enfanté comme on dit
Par la grâce du Saint-Esprit.

Dans la scène suivante, le paysan Pedro, que l'on accuse d'être le père du petit, se livre aux réflexions suivantes sur l'air : *Amis, voici la riante semaine* :

De cet enfant, puisque ça peut leur plaire,
Décidément je me dis le papa.
A peu de frais je vais les satisfaire,
Y aura d' quoi rire et ça m'amusera.
Ça ne peut pas m'attirer des affaires,
C'est un délit que n'atteint pas la loi.
J' connais tant d' gens qui se vantent d'être pères
Et qui n'en sont pas plus certains que moi.

Puis la fée Morgante, méchante vieille, qui veut faire épouser Fleur d'amour par Manfred, le Roi de l'Ile Bleue, vieillard laid, bête et quinteux, examine la tenue ridicule du Ministre Machoire, croit que la non-réussite de sa démarche auprès de Fleur d'amour, tient au dégingandé de cette tenue et transforme ses vêtements sur ce couplet :

Air : *Vaudeville de Fanchon.*

Il aura de l'audace,
Du piquant, de la grâce,
Rien qu'en changeant
De vêtement.
C'est chose assez facile.
On sait que plus d'un bel habit
A, d'un franc imbécile,
Fait un homme d'esprit.

Enfin Pedro, persécuté par la mauvaise Fée, chante à Fleur d'amour :

Air : *De la famille de l'apothicaire.*

D'un bouquet voulant vous orner
Pour des ros's, j'ai des marguerites.
J' demand' des truff's à déjeuner
Et l'on m' sert des pomm's de terr' frites.

A m' turlupiner le destin
Décidément ne met plus d' bornes ;
Et si j' demandais votre main
Je crois qu'il me viendrait des cornes } *bis*

Le 24 février : *La fille de la rempailleuse ou les mauvais conseils*, vaudeville en 1 acte.

Le 16 mars on joue : *Pauvre Jacqueline* ! Comédie-vaudeville en 1 acte.

L'auteur de cette pièce avait, en l'intitulant *Pauvre Jacqueline*, spéculé sur le succès que venait d'obtenir au Gymnase Dramatique, le grand artiste Bouffé dans *Pauvre Jacques*.

Réduit à la misère noire, menacé de voir vendre son piano par un propriétaire inexorable, Bouffé défendait son vieil instrument avec tant de larmes et de désespoir, qu'il enflammait les spectateurs d'un enthousiasme indescriptible. Aussi l'expression : *Il vend son piano*, est-elle restée dans le langage figuré, pour dépeindre un homme qui, cherche à en émouvoir un autre, avec accompagnement de larmes désespérées.

Il n'y avait, du reste, que ce point de ressemblance, le titre, entre les actions qui se déroulaient dans les deux pièces.

Le 18 avril de la présente année, il se passa au théâtre des Funambules un événement, dont le retentissement fut immense, de la barrière de la Chopinette à celle de l'Ecole.

Deburau fut arrêté *par ordre de justice !...* Deburau avait tué un homme !...

Le fait s'était passé à la face de tous, dans la grande rue de Bagnolet :

Le *Courrier des théâtres*, le journal de Charles Maurice, l'escopettier fameux de cette époque, écrit dans son numéro du 22 avril.

Hier, à quatre heures, les agents du service de sureté, se présentèrent au domicile de Deburau et y mirent à exécution le mandat d'amener décerné contre lui par M. le juge d'instruction Jourdain. Deburau fut conduit à la Préfecture comme inculpé de meurtre ; et quand le public impatient demanda son acteur favori, le régisseur vint annoncer que Deburau était indisposé !

Des perquisitions fort minutieuses ont été faites à son domicile. On y a saisi la canne qu'il portait le jour de l'événement. On l'a conduit à Bagnolet, et, en sa présence, on a procédé à l'autopsie du jeune villageois, qui a payé si cher son imprudente témérité. Déjà plusieurs témoins ont été entendus.

Charles Maurice fait erreur en appliquant la qualification de *villageois* à la victime. C'était un ouvrier de Paris.

Comment avait-il pu se faire que le pauvre Pierrot, le doux, le pacifique, le débonnaire Paillasse devint un assassin ?...

Lui, Debureau, la farce joyeuse, l'éclat de rire incarné, le poltron famélique, le trembleur affolé, avait donné la mort?...

Mon Dieu, oui!...

Se promenant hors barrière, avec sa femme et ses deux enfants, un jeune loustic, pris de boisson et voulant se poser comme farceur, aux yeux des deux personnes en compagnie desquelles il se trouvait, s'était mis tout à coup à interpeller le brave et inoffensif comédien qu'il connaissait de vue.

Plaçant ses mains en entonnoir devant sa bouche, il le poursuivait en lui criant :

— Bonjour Pierrot, mauvais sauteur de corde !... Regardez. Messieurs et Mesdames, voilà Pierrot avec sa Margot! Voilà Arlequin avec son Arlequine!

Debureau prit une rue de traverse, le drôle le suivit et le poursuivit de ses quolibets.

Le mime menaça le mauvais plaisant de le corriger avec la canne d'épine, qu'il tenait à la main, s'il continuait à l'injurier.

Le polisson n'eût garde de se taire. Tout au contraire, il se campa en garde de savetier et se mit à crier à tue-tête :

— Mais viens-y donc, mauvais paillasse!... viens-y donc, mauvais acteur! Je me fiche pas mal de toi et de ta *putain*.

Debureau, entendant insulter sa femme, court sur l'insulteur la canne levée. Sa femme se précipite entre eux. Le jeune homme, que ses compagnons de promenade défendent, se sentant soutenu, redouble ses injures.

Alors Debureau furieux, lui lance à toute volée un violent coup de canne à la tête. Le malheureux tombe, se relève, retombe et se traine jusqu'à un tas de pierres, sur lequel il perd connaissance.

On s'empresse autour de lui. Des médecins sont appelés, et constatent *à la partie moyenne supérieure et latérale droite de la tête, une plaie ayant occasionné contusion du cerveau et épanchement de sang*.

De plus, *la clavicule gauche est fracturée par la chute, et l'on peut voir des excoriations à la surface du corps*.

Tel, le rapport des médecins.

Cinq quarts d'heure après, Nicolas-Florent Viélin était mort.

Le lendemain *l'assassin* était arrêté!

Immense fut le désespoir du pauvre Baptiste, séparé violemment de sa femme et de ses enfants, dont il était l'unique soutien.

Quand la nouvelle de l'arrestation parvint au théâtre, on

refusa d'y croire tout d'abord ; mais force fut enfin de se rendre à l'évidence.

MM. Bertrand et Cot d'Ordan remuèrent ciel, terre et ministères, pour rentrer en possession de leur Pierrot. Ils n'obtinrent rien.

« Adolphe » lui-même ne s'émut pas aux supplications de son amie de jeunesse.

Un physicien remplaça, le soir, la pantomime dans laquelle jouait Deburau.

Ce physicien, nommé Henri Dubuisson, était, dans la journée attaché comme croque-mort à l'administration des Pompes funèbres. Le soir, il donnait, de côtés et d'autres, des représentations de prestidigitation, se partageant entre un public de pleureurs et d'hilares, gagnant sa vie à escamoter le soir des mouchoirs de poches, qu'il avait vu le matin, sécher les pleurs.

Depuis quelques jours, Henri Dubuisson sollicitait M. Bertrand de le laisser paraître sur son théâtre. M. Bertrand profita de cette occasion pour accorder au brave croque-mort l'autorisation de satisfaire ses désirs ambitieux.

Deburau fit un mois de prison préventive !... Ce mois fut un siècle pour le pauvre brave homme, que sa femme et ses enfants venaient embrasser deux fois par semaine.

Ses camarades du théâtre obtinrent aussi d'aller lui serrer la main.

Enfin le jour arriva où l'*assassin* devait comparaître devant ses juges, comme ayant volontairement porté un coup et fait des blessures au nommé Viélin, lesquels coups et blessures, faits sans intention de donner la mort, l'avaient pourtant occasionnée ; crime prévu par l'article 309 du code pénal.

Le maximum de la peine prononcée par l'article 309, alors en vigueur (loi du 28 avril 1832) combiné avec les articles 19 et 463 du code pénal, était de vingt ans de travaux forcés ; le minimum de deux années d'emprisonnement.

C'était grave !...

Le pauvre Deburau était atterré.

MM. Bertrand et Cot d'Ordan l'étaient peut-être davantage l'effondrement du théâtre des Funambules s'en suivant.

On avait tenté de faire reprendre les rôles de Deburau par les comiques les plus aimés de la troupe. Le public n'était pas venu.

On avait monté :

PAPAVOINE

Mimodrame en 6 tableaux

La Direction avait eu maille à partir avec Messieurs de la Censure, qui hésitaient à autoriser que l'on transportât sur la scène le nom d'un assassin, ayant laissé derrière lui une famille des plus honorables. »

Enfin la pièce se joua.

Elle n'était ni plus mauvaise ni meilleure qu'une autre. C'était la vulgaire pantomime, de laquelle, cependant, on avait écarté le Pierrot. Elle promettait même de faire de l'argent, lorsque la famille Papavoine obtint que l'on supprimât de l'affiche le nom du triste héros, dont elle était victime.

Au nom de Papavoine, MM. Bertrand et Cot d'Ordan proposèrent de substituer celui de *Paille d'avoine*.

La transparence parut trop translucide.

L'administration supérieure s'y opposa et n'autorisa que le nom de *Colibri*.

Avec ce nouveau titre, *signifié* à la Direction, la pièce ne fit plus le sou et fut retirée de l'affiche trois jours après.

Pendant ce temps, le pauvre Deburau continuait à gémir dans son cachot.

Le jour du jugement arriva enfin. Ici, je céde la plume au rédacteur de la *Gazette des Tribunaux*, numéro du 22 mai 1836 :

Debureau est introduit, il s'avance timidement et d'un pas mal assuré. Il paraît ému. Quelques larmes coulent de ses yeux et lui concilieraient la sympathie générale, si ce n'était déjà une conquête faite. Il jette d'abord un regard étonné sur ce parterre élégant, où se pressent, sans crainte de compromettre leurs fraîches toilettes, nos notabilités féminines.

Ce n'est pas ce monde-là que tu cherches, ô Deburau ! Regarde là-bas, au fond de l'auditoire. Là, est ton public, ton vrai public, en veste et manches retroussées, ton public à *quat' sous*, qui aujourd'hui n'aura rien payé. Aussi, voyez comme ils se regardent le public et son paillasse ! Voyez comme la joie qui brille sur ces visages crasseux et épanouis se reflète doucement sur le visage pâle et hâlé du pauvre bohémien !

Mais d'où vient l'intérêt qu'inspire cet homme ?.. L'intérêt qu'il inspire au beau monde, aux belles dames, je le comprends. Le beau monde est encore sous l'influence de la *charmante mystification en deux petits, trop petits volumes, auxquels Deburau doit sa célébrité.*

Le chroniqueur parle du livre de Jules Janin.

Mais le public débraillé, qui ne lit guère, d'où vient son amitié pour cet homme ?

« Le spirituel biographe que vous connaissez tous, cet aimable cousin de Sterne, vous l'a dit : c'est que Deburau est l'acteur du peuple, l'ami du peuple, bavard, gourmand, flaneur, faquin, impossible, révolutionnaire, comme est le peuple.

A quoi j'ajouterai un mot que me disait un peintre de mes amis, enthousiaste de Deburau.

— Vos danseurs de l'Opéra miment le langage du monde, langage flasque, courtisanesque et incolore ; mais Deburau *mime l'argot.*

Observation profonde qui me paraît résumer admirablement le mérite artistique de l'illustre Paillasse et qui explique d'un mot l'influence magique de cet homme sur son public en guenilles : il mime l'argot !...

Et puis, autre chose que l'intérêt pour Deburau, pousse cette foule vers la Cour d'assises. Le public, à vrai dire, connaît le Paillasse des Funambules mais ne connaît pas Deburau. Le public n'a encore vu les traits de son paillasse chéri qu'au travers du masque de farine sans lequel il n'a jamais paru. Le public ne l'a jamais entendu parler, Deburau ! Le public connaît le geste expressif, mordant, railleur, la grimace variée à l'infini de l'artiste funambule-mime, cette grimace parfois si piquante, dit son biographe, que tout l'esprit de Beaumarchais s'avouerait vaincu ; mais le public ne l'a jamais entendu parler, lui Deburau !... Comprenez-vous maintenant l'empressement du Public ?...

Or, nous qui sommes assez heureux pour voir le grand artiste, nous vous disons qu'il a les cheveux châtains, son air est doux et modeste, ses gestes embarrassés. Il paraît plus jeune qu'il ne l'est réellement. Il est vêtu d'un habit noir, d'un gilet noir, d'un pantalon noir, comme vous et moi. Nous croyons même pouvoir vous donner l'assurance qu'il parle comme tout le monde, car nous l'avons entendu très distinctement, il n'y a qu'un instant, échanger quelques paroles avec son voisin le garde municipal ! Mais silence !... l'audience va commencer. »

Bref, c'était une salle de *belle première.*

Si je donne des détails aussi longs, aussi circonstanciés, sur le célèbre mime, c'est que, comme je l'ai dit en commençant ce volume, les Funambules c'était Deburau.

Plus de Pierrot partant, plus de pantomime.

On pouvait faire jouer, par une doublure, un rôle de Frédérick Lemaître, de Boccage, de Mme Dorval. A défaut de l'artiste, il restait une pièce à écouter, une intrigue à suivre, de la littérature à apprécier, des idées à combattre ; mais remplacer Deburau était impossible ; parce que Deburau c'était la pièce, l'intrigue, la littérature de l'endroit, l'idée, tout, tout, tout à la fois.

Aussi, vous pensez avec quelle impatience les deux directeurs et les artistes attendaient l'issue du fatal procès.

Serait-il acquitté ?... Serait-il condamné ?...

— Oui répondaient les uns, il y a mort d'homme.

— Non ! ripostaient les autres, il y a cas de légitime défense.

Il s'établit des paris, même pendant l'audience, encore, pendant que les jurés délibéraient.

Voici l'interrogatoire qu'eût à subir le pauvre diable :

Le Président : Accusé, comment vous appelez vous ?

Deburau : Jean-Batiste-Gaspard Deburau.

D. Quel est votre âge ?

R. Je vais sur quarante ans.

D. Où êtes-vous né ?

R. A Newkolira, en Bohême.

D. Quelle profession exercez-vous ?

R. Artiste dramatique.

D. Où demeurez-vous ?

R. Faubourg du Temple, 28.

D. Vous êtes né en pays étranger, combien y a-t-il de temps que vous êtes en France ?

R. Depuis environ trente-deux ans ; j'avais huit ans.

D. Vous êtes attaché au théâtre des Funambules : le 18 avril, il parait que vous ne jouiez pas ; n'étiez-vous pas allé vous promener avec votre femme et vos enfants ?

R. Oui, Monsieur. J'avais obtenu un congé de mon Directeur.

D. Quel âge a l'aîné de vos enfants ?

R. Il a huit ans et demi.

D. Racontez-nous comment la scène du 18 avril s'est passée ?

R. J'étais à me promener avec ma femme et mes enfants. Arrivés à Romainville, aux environs des Prés-Saint-Gervais, un jeune homme, qui se trouvait en la société de deux autres personnes, se mit à crier :

« — Ah !... Voilà Pierrot avec sa Margot ; Arlequin avec son Arlequine. »

— Comme il continuait ses cris, j'ai quitté la route, j'ai pris un chemin de traverse, et je me suis dirigé vert Bagnolet. Environ deux heures après, je suis rejoint par les mêmes personnes. Le jeune homme a recommencé ses cris ; et, pour mieux se faire entendre, il mettait ses mains au coin de sa bouche, et criait à tue-tête :

« — Eh ! Pierrot ! Eh ! Paillasse !... Méchant Paillasse !.. Te voilà « avec ta Margot ta putain ».

— Je faisais comme si je ne l'entendais pas. Lorsque mon petit garçon me dit :

« — Papa, voilà encore cet homme qui t'appelle Paillasse. »

— Je donnai à mon fils, un coup de pied au derrière, en lui signifiant de se taire ; mais enfin, comme ça continuait, je suis revenu vers ce jeune homme et je lui ai dit :

« — Que me voulez vous ?... Vous dois-je quelque chose ? »

— Il a fait mine de se retirer ; mais voyant le monsieur qui était avec lui et que j'ai su, depuis, être son maitre, venir vers moi, le jeune homme est revenu aussi ; alors, comme je m'avançais pour entrer en explication, ma femme m'a saisi à bras-le-corps et dans les efforts que je faisais pour me délivrer, ma canne est tombée, je ne sais comment, sur l'un des deux individus qui continuaient à m'accabler d'injures.

D. Comment teniez-vous votre bâton ?

R. Par le milieu.

D. Par quel bout l'avez-vous frappé ?

R. Par le petit bout.

D. Quelle était votre intention en faisant usage de votre canne ?

R. Je répète que je n'avais pas l'intention de frapper.

D. Lorsque vous avez su que le malheureux était mort du coup qu'il avait reçu, n'avez-vous pas dit tout de suite : « S'il est tué, tant pis pour lui ; quand je suis en colère, je ne me connais pas ? »

R. Non, Monsieur, cela n'est pas possible ; car je n'ai su que le jeune homme était mort que le lendemain.

D. Lorsque vous êtes rentré à Paris, n'avez-vous pas été déclarer au Commissariat de police ce qui était arrivé ?

R. Oui, Monsieur, j'ai été de suite, en rentrant, chez le commissaire de police, qui demeure dans ma maison.

D. Quand avez-vous su que le jeune Viélin était mort ?

R. Je l'ai su le lendemain, et ceux qui me l'ont appris peuvent dire combien j'ai été affligé. M. le Commissaire m'a demandé avec quoi je l'avais frappé, et j'ai été aussitôt chercher cette malheureuse canne.

On passe à l'audition des témoins.

On entend M. et Mme Léger, les maitres du jeune Viélin qui se trouvaient avec lui, et l'excitaient le jour de la catastrophe.

Le Président admoneste sévèrement M. Léger.

Un autre témoin, M. Marolis, tourneur, dépose en faveur de Deburau et termine ainsi : « Je dis à M. Léger qu'il aurait dû empêcher son apprenti d'insulter M. Deburau. M. Léger me répond que c'est ce qu'il faisait. — Vous en avez menti, a dit alors M. Deburau, c'est vous qui l'excitiez depuis deux heures. M. Léger n'a rien répondu ; alors j'ai pensé que c'était vrai. »

Le Président. Cette dernière déposition prouverait qu'en effet Deburau avait déjà été insulté à Romainville.

L'Avocat général. M. le Président ne doit pas tirer cette conséquence de la déposition du témoin.

Le Président. J'ai le droit de faire ressortir d'une déposition ce qu'elle peut offrir de favorable à l'accusé. Je prie M. l'avocat général d'être convaincu que je connais mes devoirs.

On entend encore MM. Delapochière, Bertrand, Sartelet, qui, tous déposent en faveur de l'honnête Deburau.

M. Sartelet ajoute :

« — J'ai dit à M. Léger : C'est par votre faute que tout cela est arrivé ; vous êtes une canaille. J'ai dit ensuite à M. Deburau de prendre mon adresse, parce qu'elle pourrait lui être utile dans l'occasion. Il est heureux pour vous, ai-je ajouté, que nous ayons été témoins de la scène ; car nous pourrons rendre compte de la vérité des faits.

« Il me répondit :

« — Ah ! Monsieur, cela est heureux et malheureux à la fois ; car si vous n'aviez pas été là, j'aurais continué de supporter en silence les injures dont j'étais l'objet ; mais, en vous voyant, je n'ai pu résister à l'humiliation de me voir insulter devant témoins et le malheureux évènement s'est produit. »

Cette déposition de M. Sartelet produisit dans l'auditoire une profonde sensation.

Le maire de Noisy-le-sec, M. Desmousseaux, chef de bureau au ministère de la guerre, habite la même maison que Deburau :

« — Lorsqu'on a su le malheur, dit-il, qui était arrivé à ce brave artiste, ça été un deuil pour tout le monde. Il semblait que chaque famille eût perdu un de ses membres. »

A ce moment deux grosses larmes coulent sur les joues du Paillasse.

Enfin, M. Haymonnet, commissaire de police, termine l'audition des témoins, en disant :

« — Depuis dix ans que je connais l'accusé, j'ai été à même d'apprécier son caractère doux, tranquille, et sa bienveillance pour tout monde. »

L'accusation est soutenue par l'Avocat général, M. Tardif.

La défense est présentée par Me Delangle.

« — On serait tenté de croire à la prédestination, dit-il. Deburau est la pierre angulaire du théâtre des Funambules. Il joue tous les soirs. Par hazard, on lui accorde un congé, le seul congé qu'il ait jamais obtenu !... (*Sensation*). Il accepte, il ira passer la journée a la campagne... Vous savez ce qui est arrivé.. »

Et Mᵉ Delangle termine son plaidoyer par ces paroles :

« — Messieurs, tout le monde a fait l'éloge des qualités de Deburau. Il n'est pas de meilleur mari, de plus excellent père, et, ce qui, par le temps qui court, est encore un mérite, Deburau est un bon garde national. »

Naturellement, on rit dans l'auditoire.

Mais le Président arrête immédiatement les rieurs en disant :

« — Il n'y a pas de quoi rire : celui qui fait exactement son service de garde national fait acte de bon citoyen. »

Mᵉ Delangle reprenant : « Je termine par un mot, Messieurs : Deburau a passé sa vie à faire rire, eh bien ! ne condamnez pas aux larmes cet honnête homme, sa femme et sa jeune famille qui a besoin de son travail. »

On entend dans l'auditoire de bruyantes marques d'approbation, que ne réprime pas le Président.

Après cinq minutes de délibération, le jury rentre en séance et proclame l'accusé non coupable.

Le Président prononce l'acquittement.

Des cris de : Vive Deburau ! se font entendre et des bravos éclatent de tous les côtés.

Le lendemain, Deburau rentrait à son théâtre. Voici le compte-rendu de cette représentation de gala, que je prends dans le *Monde dramatique* de 1836, journal fondé par Gérard de Nerval, qui avait su s'entourer de : Th. Gautier, A. Dumas, H. Berlioz, Roger de Beauvoir, Frédéric Soulié, G. Planche, A. Maquet et Lassailly.

Gérard de Nerval, fort amoureux de Jenny Colon, la blonde et adorable cantatrice de l'Opéra-Comique, avait fondé cette Revue théâtrale, dans l'unique but de défendre sa belle adorée, mal menée par certains autres organes de la Presse.

Cela lui coûta 100,000 francs, dont il venait récemment d'hériter.

Voici l'article :

RENTRÉE DE DEBURAU

La herse de la Cour d'assises s'était abaissée ; un verdict d'acquittement rendait Deburau à sa famille, à ses enfants, à ses amis du boulevard ; mercredi enfin, les Funambules illuminèrent leur façade pour célébrer la mise en liberté et la rentrée de leur paillasse bien aimé, l'ami intime du silence, le camarade du coup de pied, et l'Achille de la corde raide, dont M. Janin a été l'Homère et l'Anacréon. Jamais peut-être, de mémoire ancienne, on ne vit rien d'aussi fraternel que l'accueil fait à Deburau par les députations de tous les quartiers de Paris ; rien de si débonnaire que cette poignée de main donnée par une salle en manches de veste à un acteur barbouillé de farine.

Talma, dont nous avons semé le chemin de fleurs, Mlle Salé, la Danaé de l'Olympe dramatique, chez laquelle les Jupiter, milords de Londres, pleuvaient sous la forme spécieuse de guinées, n'eurent jamais ovation pareille. Le gamin de la rue des Fossés-du-Temple s'en donnait des coups de poing de joie, la mère Cati en délaissait ses sucres d'orge de tendresse, et Deburau en pleurait de bonheur.

Oui, Deburau, la moquerie incarnée, le rire sardonique fait homme, le paillasse personnifié, Deburau a eu les yeux mouillés ; et nous, que l'envahissement de la salle et l'encombrement des loges, avaient refoulé dans les coulisses, nous avons vu cette émotion de près et nous avons compris que cet acteur qui s'était fait ses pièces, sa vie, son genre et son monde, dans l'ombre, l'obscurité, le silence et la paix, pouvait aussi avoir des joies égales, des enivrements, des bravos, des éblouissements, des saisissements pareils aux grandes fêtes, aux grands triomphes, aux grands succès, aux grandes illusions, et aux grandes sympathies des plus vastes théâtres.

Et il a eu raison de pleurer, Deburau ; car il pouvait rejoindre son costume à son même clou, sa céruse à son tampon, mais ne plus rencontrer le même rire, le même entraînement ; parce que lui, qui d'habitude, frappait avec le pied, avait frappé avec la main ; et que, malgré la coutume qu'il avait de faire pleurer de rire, il lui était arrivé une fois de faire pleurer de douleur.

Mais tout s'est retrouvé en son lieu, en son poste, à sa place. Des artistes en renom, des célébrités littéraires assistaient à cette rentrée et y étaient venus avec autant d'empressement qu'à une reprise de Molière, ou à une rentrée de Monrose.

CHAPITRE XIX

1836 (*suite*)

Citations, Similitudes

Le courriériste du *Courrier des théâtres*, numéro du 23 mai, dit en terminant son article sur la séance de la Cour d'assises :

Debureau a été acquitté. Il reste impassible en écoutant l'arrêt. Ce n'est que lorsqu'un de ses amis s'approche de lui et lui serre la main, qu'une vive expression de plaisir anime et colore son visage.

Quelques jours après la rentrée de Deburau, M. Bertrand offrit au public une pièce sur laquelle je vais m'étendre plus que sur d'autres, pour bien démontrer que les hommes d'esprit peuvent parfois se rencontrer, sans que l'un ait, pour celà, le droit d'accuser l'autre de plagiat. L'un est arrivé bon, premier, voilà tout.

Le 30 mai on donna :

CHRISTINE LA COQUETTE

Episode de la vie d'une femme, mêlé de chant, en 3 actes, précédés de :

ADIEU, BONNE MÈRE !

Prologue en un acte.

Personnages

Le baron de Guillerette, puis Grimonneau.
Antonin, son homme de confiance.
La mère Geneviève, fermière.
Christine, sa fille.
Gustave d'Aubigny, sous le nom de Gustave.
François, au service de Geneviève.
Un brigadier de gendarmerie.
Gendarmes, paysans.

Le décor du prologue représente l'intérieur d'une ferme, à Bondy.

Christine aime un jeune homme, qui ne ressemble en rien aux paysans de son pays. Elle ne connaît ce jeune homme que sous le nom de Gustave.

Or, ce Gustave s'appelle en réalité Gustave d'Aubigny, héritier d'une grande famille.

Il part pour Paris, promettant à la jeune Christine de la revoir bientôt.

Sur ces entrefaites, le vieux baron de Guillerette, fort épris des charmes de Christine, survient, accompagné de son intendant Antonin.

Christine repousse les offres que lui fait le noble gentilhomme. Elle aime Gustave.

Ce que voyant, l'intendant Antonin persuade à Christine que ce Gustave, qui lui a volé son cœur, n'est qu'un libertin, un coureur de coulisses, de bals masqués et de soupers fins. Bref il monte la tête à la pauvre jeune fille et la décide à partir pour Paris et à y accepter la toute amicale hospitalité, du cynique baron de Guillerette.

La trop naïve Christine abandonne son village, embrassant sa vieille mère endormie et lui chantant :

— *Adieu, bonne mère !... Adieu !*

1er ACTE.

Nous nous trouvons dans un salon-boudoir à Paris.

Christine, toujours naïve, habite l'hôtel du baron de Guillerette.

Les domestiques l'appellent Madame la Baronne, bien qu'aucun pétale ne se soit encore détaché de la corolle qu'elle conserve intacte pour Gustave.

Le baron a employé tous les subterfuges pour triompher de cette vertu récalcitrante. Il est allé jusqu'à lui promettre le mariage. Mais Christine ne donne dans aucun des pièges tendus, et se contente d'avoir carosse, loge à l'opéra-bouffe, toilettes merveilleuses et diamants de la plus belle eau, sans rien accorder en échange.

Marie, de *La grâce de Dieu* et *Christine la coquette*, sont bien sœurs par la naïveté.

Elle pense toujours à son Gustave qu'elle croit infidèle, et qu'elle voudrait revoir et narguer du plein de ses falbalas. Aussi, en compagnie du marquis de Guillerette, court-elle les endroits à la mode, dans l'espoir de le rencontrer. Mais ses recherches restent infructueuses.

Dans une de ses pérégrinations, elle a perdu un bracelet sur lequel (ô étrange précaution !) son nom et son adresse sont écrits.

Qui lui rapporte ce bracelet ?

Gustave ! oui ! Gustave ! lequel trompé par l'apparence, en la reconnaissant dans des lambris dorés, l'accable de reproches.

Christine ne se fait pas faute de répliquer, en lui jetant à la face les perfidies, qui lui ont été suggérées, par la coupable imagination de l'intendant Antonin.

Après s'être dit mutuellement ce qu'ils ont sur le cœur, les pauvres amoureux se séparent violemment, jurant leurs grands Dieux qu'ils ne se reverront jamais.

2e ACTE

Le théâtre représente une autre partie des appartements occupés par Christine.

Le baron et son intendant organisent « un souper fin », dans lequel doit sombrer la trop résistante vertu de la plus que jamais naïve Christine.

Ils ne sont pas plutôt sortis, qu'arrive le jeune Gustave, toujours amoureux, mais non moins courroucé.

— Il raconte à Christine qu'il est allé voir la mère Geneviève, à Bondy ! que la pauvre vieille a les cheveux blanchis par la douleur, et qu'elle est dans la misère, tandis que sa fille roule carrosse.

— Ma mère !... s'écrie Christine.

Gustave continue en lui laissant entendre que, sage, elle eût pu devenir Marquise, car il est Marquis d'Auberive ; qu'elle à préféré être baronne de Guillerette, mais qu'elle sera châtiée ; car son baron ridicule est ruiné, et réduit à faire l'usure sous le nom de Grimonneau.

— Elle connaitra la misère, continue le jeune marquis, elle mendiera un jour. Mais, pour lui éviter cette humiliation, Gustave lui jette une bourse à terre, en lui chantant un couplet, dans lequel il l'accable de reproches énergiques et biens sentis.

Et sa mère en mourra, car le désespoir de la vieille est immense !

Enfin, Gustave s'élance au dehors, lui jetant comme objurgation dernière qu'elle aura fait le malheur de tous ceux qui l'entouraient, attendu que, pour l'oublier complètement, de ce pas, il va demander la main d'une autre belle jeune fille.

Restée seule, Christine devient folle de désespoir, et se livre à un long monologue, à travers lequel les mots... ma mère !... mendiante !... reviennent un tas de fois.

Tout-à-coup, prenant une résolution, elle s'enfuit échevelée en criant : Mendiante !... je serai mendiante !...

Dès qu'elle est partie, le baron et son intendant rentrent parfaitement ivres et tombent dans les bras l'un de l'autre, désespérés tous les deux, lorsqu'ils découvrent le départ de Christine.

3e ACTE

Le théâtre représente le devant de la chaumière habitée par la mère Geneviève, à Bondy. Au fond une pente descendant de la montagne.

Une montagne à Bondy !... Comme les années transforment la topographie de certains pays !

Gustave va se marier. La noce se fait à Bondy. Pourquoi ?.. On ne sait. Mais elle se fait à Bondy.

On voit arriver, par la montagne, une mendiante que personne ne reconnaît.

Elle implore la pitié des passants sur l'air : *J'étais réduite à la misère.*

Après avoir, noble et brillante,
Des riches épuisé l'encens,
Humble, je tends une main défaillante
A chaque obole des passants.
Mon roman eut de belles pages,
Pages hélas ! sans vérité !
J'avais parures, équipages....
Ah ! faites-moi la charité.

Tout-à-coup, la mère Geneviève entre en scène, Christine se précipite dans ses bras. La mère a reconnu sa fille. La raison revient à Christine la Désolée.

A ce-moment la noce de Gustave débouche traversant le fond du théâtre, pendant que les cloches carillonnent joyeusement. Gustave donne la main à la mariée.

Il passe sans s'arrêter.

Ce que voyant, Christine pousse un cri terrible, bat l'air de ses bras, et tombe morte dans ceux de sa mère.

Et du pied de l'autel Gustave n'entend pas son cri déchirant !

Le théâtre des Funambules, de son état habituel, imitateur, prenait celui de précurseur.

Quel était l'auteur de *Christine la Coquette ?* Le manuscrit ne porte aucun nom.

Sur le théâtre du Gymnase, MM. Bayard et Vanderburk venaient de remporter un succès éclatant. Le *Gamin de Paris*, merveilleusement interprété par Bouffé, attirait la foule chaque soir.

MM. Bertrand et Cot d'Ordan n'eurent garde de manquer pareille aubaine, et détournèrent un des bras du Pactole, en jouant à la date du 26 mai :

LE TITI DES BOULEVARDS

Imitation burlesque du GAMIN DE PARIS, *bamboche en 3 actes, par M. Lepeintre jeune.*

Lepeintre jeune, l'acteur amusant du Vaudeville, le Bulbus Pinguis Pictor moderne, car de même que le comédien de Néron, Lepeintre jeune était agrémenté d'une obésité fort réjouissante, pour tous, excepté pour lui, Lepeintre jeune était l'auteur de cette *imitation burlesque* ainsi que l'indiquait l'affiche.

Les personnages de cette pièce étaient :

Le caporal Bonin..
Désiré, *son fils.*
Mme Bonin, *belle-sœur du Caporal.*
Mme Ecaillée, *grand' mère de Catherine et François.*
François, *titi des boulevards.*
Catherine, *sa sœur.*
Bizet.
Un portier.

Cette pièce marchait, scène par scène, dans les empreintes de celle qu'elle avait prise pour type.

Mêmes personnages, dont les noms et professions seuls étaient changés.

Ce n'était pas une parodie, c'était une imitation positive, un décalque absolu, une contrefaçon voulue.

Même intrigue, mêmes situations dramatiques poussées au comique.

Le Titi du Boulevard se trouvait avoir sauvé, comme le Gamin de Paris, le neveu du caporal Bonin, lequel au Gymnase s'appelait le Général Morin.

Seulement, l'enfant sauvé, le petit Jules des Funambules, au lieu de se noyer dans la Seine, comme le petit Octave du Gymnase, se contentait de se noyer dans un égout.

Le théâtre, étant de moindre importance, devait ramener les moyens à de moindres proportions.

Et voici comment François, le Titi, racontait le sauvetage :

Air : *Vaudeville de la haine d'une femme.*

Il n' s'en s'rait pas tiré du tout
Si je n' l'avais *sui* par derrière ;
Car dans ce malheureux égout
Il entrait la tête la première.
Mais je sais nager par bonheur.
Je n' craindrais pas une tempête ;
Et c'est en piquant un' bonn' tête,
Que j'ai prouvé qu' j'avais bon cœur.

A quelques jours de là, Vanderburk rencontrant Lepeintre jeune lui dit :

— Eh ! bien, comment ça va-t-il, mon petit Molière ?

— Mais pas mal du tout, mon gros Pain et Bouilli, riposta l'énorme comédien-auteur.

Pour que le lecteur comprenne la portée de cet innocent sarcasme, il est nécessaire qu'il sache que MM. Pain et Bouilli avaient fait jouer, en 1800, une comédie vaudeville intitulée : *Le petit sauveteur*, pièce dans laquelle se trouvait la principale situation du *Gamin de Paris*.

Tout se recommence, surtout les choses finies.

— Le 9 mai on joua : *Marie* ou *la laitière suisse*, comédie-vaudeville en 1 acte.

— Le 4 juillet : *La vieillesse de Frontin*, comédie-vaudeville en 1 acte.

Les manuscrits, présentés à la censure, doivent être revêtus de cette formule : Pièce reçue au théâtre des *Funambules* (ou de toute autre théâtre) pour être représentée, après l'approbation de M. le Ministre.

Suit la signature du Directeur.

Or les pièces qui précèdent la *Vieillesse de Frontin*, n'avaient porté jusque-là que la signature de M. Bertrand. A partir de celle-ci, la formule consacrée se termine par : *Pour le directeur du théâtre :* Cot d'Ordan !

M. Bertrand, aux yeux du Ministère de l'Intérieur et des Beaux-Arts, était seul reconnu Directeur.

Le 9 juillet, on donna : *Le portrait ou l'enlèvement*, comédie-vaudeville en 1 acte et 2 tableaux, par M. Neuville.

L'auteur de cette pièce, Neuville, était l'acteur bien connu de l'*Ambigu-Comique*, qui se fit remarquer plus tard aux *Variétés* par ses imitations d'acteurs.

De son véritable nom, il s'appelait Dubourg. Il avait fait son droit, puis avait été employé au Ministère de la Guerre. Mais le théâtre le passionnant, il avait jeté robe et plume aux orties pour endosser la casaque de Scaramouche.

— Le 13 juillet : *Les jumeaux* ou *On se tromperait à moins*, vaudeville en 1 acte.

— Le 26 juillet, notre petit théâtre obtint un gros, très gros succès avec : *Jack, l'orang-outang*, pantomime à grand spectacle mêlée de paroles et de couplets.

Distribution

Bertiolet, vieux rentier, *bossu*	Laplace.
Mme Bertiolet, *sa femme*	Mme Hinaux.
Aspasie, *leur fille*	Clara.
Pezombonneau, *pharmacien*	Philippe.
Blanchotin, *son élève*	Deburau.
Frémont, *contre-maître de vaisseau*	Adolphe.
Deux bonnes	**
Un commissionnaire	*
Un garçon d'estaminet	*
Matelots.	

Blanchotin — son nom l'indique — est le Pierrot de cette pantomime dialoguée.

Cette distribution n'est que pour le 1er acte. Dans le second se trouvent de nouveaux personnages :

Lisikar, *grand-prêtre de la tribu des Bramines*	St-Eugène.
Yanka, *sa fille*	Justine.
Ziglore, *chef des guerriers indiens*	Alphonse.
Blanchotin (*le même en matelot*)	Deburau.
Jack, *l'orang-outang*	Laurent aîné.
Indiens et matelots.	

Le second acte, entièrement de pantomime, se passe à Sumatra, dans l'intérieur des terres. C'est le manuscrit qui l'indique.

Le troisième ramène les voyageurs à Paris, leur point de départ. La scène se passe au jardin des plantes.

Bertiolet chante le couplet au public :

Air *des Frères de lait*

Je viens vous dire un secret ; mais prudence !
C'est entre nous. Vous apprendrez, ma foi,

(*Montrant Blanchotin et Jack*)

Que, par gageure, ils gardent le silence,
Car ils ne sont pas plus muets que moi.
S'ils se sont tus, Messieurs, voici pourquoi :
Par modestie, ils craignent vos attaques
Vous devriez monter un fameux coup...
Puisqu'ils ont peur de recevoir des claques,
Pour les vexer, donnez-leur en beaucoup (*bis*).

Cette pièce est fort amusante et ferait encore les délices des amateurs de ce genre de spectacle.

— Le 8 août : *Elle est mariée !..* comédie-vaudeville en 1 acte.

— Le 16 août : *Marthe,* souvenir de jeunesse, mêlé de chant, en 3 parties.

La pièce de *Victorine ou la nuit porte conseil*, que le théâtre de la Porte-Saint-Martin avait jouée quelque temps avant, avait mis les *rêves* à la mode.

Comme dans *Victorine*, *Marthe* se passait dans un rêve.

La première partie appartenait au domaine de la réalité. Le titre de ce premier tableau :

La bonne vieille.

Cette bonne vieille était la mère Marthe, âgée de 51 ans. Elle parlait de ce qui s'était passé jadis, avec son vieil ami Jacques Hubert, ex-soldat de la Garde impériale.

La seconde partie, qui s'appelait : *Le rêve* , ramenait les personnages en arrière. Nous sommes dans l'irréel en plein.

Ils avaient, Marthe vingt ans et Jacques Hubert vingt-quatre. On se trouvait être en 1805, en pleine épopée impériale.

La troisième partie, *Le réveil*, faisait retourner le spectateur à son point de départ. La fin du premier tableau représentait Marthe s'endormant ; le lever du rideau du troisième tableau la montrait s'éveillant.

Tout ce qui s'était passé dans le second n'était qu'un rêve rétrospectif.

— Le 22 août, on donna : *Le mort marié*, vaudeville en 1 acte.

Dans la série de couplets, chantés au public, à la fin de la pièce je relève celui-ci :

Air : *de l'Homme vert*

Messieurs, n'ayez jamais l'envie
De vouloir faire lit à part ;
Car la moindre tracasserie
S'accroit quand on boude à l'écart.
Je tiens ceci de feu ma mère,
Qui fit lit à deux vingt-cinq ans.
On n'est jamais bien en colère
Tout' fois qu'on dort avec les gens.

Le manuscrit porte :

Tout' fois qu'on *couche* avec les gens.

La censure avait remplacé *couche* par *dort*.

Le 2 septembre : *Le retour de Sibérie*, drame-vaudeville en deux époques, par. C. Foliquet.

— Le 3 septembre : *L'homme noir, ou Amour et Probité*, tableau villageois en 1 acte, par M. E. Arthaud.

— Le 7 septembre : *Un vol*, anecdote en 1 acte, mêlée de couplets.

Voici celui que chantait un des personages, Anasthase, jeune confiseur, remerciant le ciel de l'avoir physiquement avantagé, comme il l'a fait

Air : *de la famille de l'apothicaire*

Ah ! pour être aussi bien traité
Qu'ai-je donc fait à la nature ?
Vrai, je suis son enfant gâté.
On peut le voir à ma figure.
Teint de rose, œil malicieux,
Taille svelte et joli sourire ;
Sur moi je dois fermer les yeux,
Je finirais par me séduire.
Allons, mon cher, ferme tes yeux,
Tu finirais par te séduire.

Le 30 septembre, *L'Audience du commissaire*, vaudeville populaire en 1 acte.

Dans cette pièce, Malinot, greffier d'un commissaire de police chantait en parlant des conscrits :

Air : *Connaissez mieux le grand Eugène*

Ces jeun's soldats quand l' pays les contemple
Sont des héros, sous le drapeau.
On en a vu plus d'un exemple.

A Montmirail, à Montereau,
A Champaubert, à Waterloo.
Là, nos conscrits, luttant un contre quatre,
Quand le destin vint les trahir,
En vieux troupiers surent se battre,
En vieux troupiers surent mourir.

Eh ! Oui, c'est vieux, c'est chauvin, c'est démodé, mais ce couplet, tout caduque qu'il est, se ferait encore applaudir de nos jours, dans quelque revue populaire, si un auteur l'osait produire.

— Le 22 septembre : *Un mariage rue Saint-Denis*, vaudeville en 3 actes.

— Le 13 octobre : *Un homme pour une femme !* Comédie-vaudeville en 1 acte par Hippolyte Chol.

— Le 28 octobre : *Les troupiers en bonne fortune*, actualité en 3 actes, mêlée de couplets, par MM. Auguste Lecerf et Eugène Renaud.

Ce vaudeville dut s'appeler d'abord : *Encore un Jean-Jean* ou *les inconvénients du casque en cuir.*

Puis, sur le manuscrit que j'ai sous les yeux, ce titre est biffé et remplacé par celui-ci : *Le casque en cuir.*

Enfin, rayé à nouveau, ce dernier titre est abandonné pour l'adoption définitive de celui que j'ai donné en premier.

Ce casque en cuir était une nouvelle coiffure que l'on essayait à nos troupiers, coiffure fort critiquée. Aussi, un des personnages le soldat Roupioux, se faisait-il applaudir en chantant au public le couplet suivant :

Air : *de l'Anonyme*

Partout on rit, Messieurs de la coiffure
Qui, maintenant, décore nos soldats,
On en a fait mainte caricature.
Peu nous import' nous n' nous en fâch'rons pas.
Que l'ennemi nous déclare la guerre,
Nous le battrons ; car nos braves troupiers
Ne voudraient pas repasser la frontière
Sans couronner leurs casques de lauriers.

— Le 31 octobre : *L'amie de pension*, comédie-vaudeville en 1 acte.

— A cette date également : *Un et trois font un*, vaudeville en 1 acte par Coppet, dit Saint-Brice.

— Le 12 novembre : *Le cœur d'une mère*, comédie-vaudeville en 1 acte.

A citer, dans cette pièce, un couplet que chante le comte de

Survillers, en but aux tracasseries de sa nièce et de la gouvernante de sa petite fille :

Air : *de Marianne*

J'ai fait assez longtemps la guerre,
Je veux avoir la paix chez moi.
Quand j'ai dompté toute la terre,
Ici, me fera-t-on la loi ?
Russes, Cosaques,
Tournaient casaques,
Tremblant de peur,
Redoutant ma fureur.
Fiers, intrépides,
Aux Pyramides,
J'ai fait pâlir
Les nègres d'Aboukir.
Enfin devant nos oriflammes
J'ai vu trembler de vieux soldats
Et je ne peux pas mettre au pas
Deux coquines de femmes !... (*bis*)

— Le 14 novembre : *Père et fils*, vaudeville en 1 acte, par Emile Chenalet.

— Même date : *Les étrennes de mon neveu*, vaudeville en 1 acte.

— Le 25 novembre : *L'homme noir*, tableau villageois, mêlé de couplets. (Voir à la date du 3 novembre de cette même année).

Cette pièce avait été faite en forme d'Opéra-Comique. Les couplets ayant été remaniés complètement, car, au dernier moment, le ministère n'avait pas accordé le visa.

Les Directeurs, après audition de la musique nouvelle, imposée par leur chef d'orchestre, avaient refusés cette musique, préférant les vieux airs de la clef du Caveau. L'auteur avait donc été forcé de remanier ses couplets, en les faisant aller sur des ponts-neufs aux timbres connus.

De là ce retard.

— Le 5 décembre : *Pierrot et ses créanciers*, pantomime en 7 tableaux.

— Le 24 décembre : *Le diable boiteux*, pantomime dialoguée en 7 tableaux.

Asmodée chante :

Air : *Paillasse*

La banque (*bis*)
Est au fait
D'un effet parfait
La banque
Ne manque
Jamais l'effet.

Voyez là-bas cet empirique
Qui d'une étincelle électrique
Vous lance la commotion
Et vous fait pendant l'action
Une soustraction.
La banque... etc.

Si cette prude à l'œil sévère
Qu'épouse un vieux millionnaire
Qui bientôt, et c'est pain bénit,
De l'œuf dont il se croit muni
Ne trouve que le nid.
La banque... etc.

Et tous ces billets de spectacle
Avec lesquels sans nul obstacle
Vous entrez gratis... seulement
Vous payez pour remerciment
Un double supplément.
La banque... etc.

La censure avait fait enlever le couplet suivant que chantaient Cléophas et Asmodée :

Air : *Restez troupe jolie.*

Cléophas

La chose me paraît hardie.

Asmodée

Oui ! oui ! mais de lui j'obtiendrai
Qu'aussitôt il l'a répudie.

Cléophas

Pourtant, la trouvant à son gré,
S'il disait : je la garderai.
N'est-il pas naturel, pour cause,
Que vous me voyez m'effrayer ?
Une fois maître de la rose, } *bis.*
Il est si doux de l'effeuiller. }

Voici comment se terminait cette pantomime à grand spectacle. Je cite le manuscrit :

« Le tonnerre se fait entendre. Cléophas redevient homme. Asmodée lève sa béquille. Inézia ressuscite. Le bûcher se change en un autel qu'entourent des génies. L'amour, qui est descendu dans un nuage de gloire, unit Cléophas à Inézia et Pierrot à Ninette, qui s'était tenue cachée sous les traits d'une amazone. »

Enfin le 30 décembre, pour terminer l'année, les Funambules donnaient *Gédéon de Pontoise*, comédie-vaudeville en 2 actes, par Charles Foliquet.

Pourquoi Gédéon ?.. Pourquoi de Pontoise !...

Simplement parceque le théâtre du Vaudeville venait de remporter un énorme succès avec *Renaudin de Caen.*

Or, *Gédéon de Pontoise* était fort proche parent *Renaudin de Caen.*

Mais la distance qui existait entre la valeur des deux pièces était beaucoup plus grande que celle entre Caen et Pontoise.

CHAPITRE XX

1837

Laplace, Clément.

Laplace avait remplacé Placide, que l'on disait irremplaçable dans le difficile emploi de Cassandre. Placide était maigre, Laplace était gras ; Placide était pointu, Laplace était rondelet ; Placide avait de longues jambes, Laplace avait l'air de n'en pas avoir. Et pourtant Laplace avait remplacé Placide.

C'est que du premier coup Laplace avait su *entrer dans la peau du bonhomme*, suivant l'expression imagée, que le comédien Bignon devait consacrer quelques années plus tard.

Placide avait été Clown ; Laplace l'était un peu. Un clown chasse l'autre, comme dit l'à-peu-près d'un proverbe connu.

Joseph Laplace était d'une bonne famille de chapeliers qui voulait absolument faire de son enfant un séminariste.

Le jeune Joseph fut en conséquence, mis en pension à St Denis chez M. Lebeau, instituteur qui avait la spécialité de préparer les jeunes gens au port de la soutane.

Mais Joseph, têtu comme un mulet, se dépêcha d'envoyer promener l'*Epitome historiæ sacræ*, déclarant net à son chapelier de père, qu'il ne se sentait aucune vocation pour l'état ecclésiastique.

— J'aime les femmes !... déclara nettement le Rodomont alors atteint d'une douzaine d'années.... Et c'est pour cela que je ne veux pas être curé. C'est pas ma vocation. Ah ! si les curés avaient des femmes !...

La mère Laplace fondit en larmes.

— Que veux-tu faire, malheureux enfant, lui demandat-elle toute éplorée? Puisque tu parles de vocation, quelle est celle qui t'attire?..

— Je veux être cordonnier! répondit noblement le futur Cassandre.

Pourquoi l'enfant avait-il de préférence choisi cette profession?

Parce qu'un ami de son père, cordonnier de son état, était presque continuellement fourré chez eux, et, qu'en paresseux fieffé, le jeune Laplace s'était dit:

— Faut-il qu'il y ait peu d'ouvrage à faire dans ce métier là, pour que le patron de l'établissement soit toujours à flâner chez nous, ou chez le marchand de vin d'à-côté.

Devant une aussi nette déclaration de principes, on campa notre Joseph apprenti cordonnier.

Mais, mon Laplace s'était trompé du tout au tout, dans ses observations. On travaillait fort et longuement chez l'ami de son père. C'était Madame qui faisait marcher la maison, et quand je dis marcher, c'est trotter qu'il faudrait dire.

Aussi Joseph en eût-il bientôt assez, et ne tarda-t-il pas à réunir son conseil de famille, pour lui déclarer solennellement que la cordonnerie n'était pas sa vocation.

— Cependant, nous n'avons pas de rentes à te laisser, dit le père. Il te faut absolument apprendre un état.

— Je veux être cartonnier, répondit le jeune homme, la tête haute.

Les bons parents se regardèrent ébahis; mais, comme ils n'avaient rien à refuser à ce fils qu'ils adoraient, ils le placèrent chez un cartonnier, que Joseph, lui-même, leur désigna.

Pourquoi, encore, Laplace avait-il voulu être cartonnier?

Cherchez la femme.

Il y avait en face la boutique de son patron le cordonnier, un cartonnier, lequel avait, comme ouvrière, une grosse blonde, réalisant à merveille les desiderata qu'avait pu se former la vagabonde imagination du jeune homme. Cette blonde lui en imposait par une poitrine dont les saillies se produisaient en forme de pignon sur rue, ce qui pour Joseph était l'emblème d'une grande majesté.

Il avait alors quinze ans. Il pensa: Le meilleur moyen de me rapprocher de cette enchanteresse, est, avant d'arriver à l'embrasser, d'embrasser sa profession.

— La profession de cordonnier n'est point entourée d'une

auréole de poésie, telle, qu'elle puisse embraser, à son moindre contact. les belles personnes que je remarquerai. Je veux être cartonnier.

Et Joseph fut cartonnier.

Un jour, Mariette — elle s'appelait Mariette — lui dit : vous n'allez jamais au théâtre, M. Joseph ?...

— Jamais, répondit celui-ci.

— Alors, vous ne m'avez pas vu jouer la comédie ?

Joseph faillit tomber de son haut.

— Vous jouez la comédie ?

— Oui !.. mais que personne n'en sache rien. Je joue chez Mme Saqui. Tenez, voilà deux places, j'ai ce soir une première.

Mlle Mariette remplissait effectivement des petits rôles dans les pantomimes du théâtre des *Acrobates*.

Laplace alla, le soir, voir jouer Mariette.

Il rentra chez lui, fou, halluciné, transporté, illuminé.

Il l'avait enfin trouvée sa vocation !

Il laissa s'écouler quelques mois, fréquentant les théâtres du boulevard, fit la connaissance des acteurs de Mme Saqui, pour en arriver un beau matin à réveiller son père et sa mère auxquels il tint ce langage :

— Les nuits se suivent et se ressemblent, quand il n'y a pas de lune. Jusqu'à présent mes jours n'ont été que des nuits. La lune vient d'apparaître. Mes idées se sont fait jour. Cincinnatus, avant d'avoir été consul, conduisait la charrue ; après avoir vaincu les Eques il redevint laboureur. Aristote réduit à la misère, vendit de la poudre de senteur ; puis se fit philosophe. Napoléon le grand, commença par être républicain, pour devenir ensuite bonapartiste. Les changements d'idée sont donc dans l'ordre des choses voulues. Après avoir tâté de la tonsure, du *passif*, et du carton, je me décide pour le théâtre. Je veux être acteur !

Madame Laplace se trouva mal.

Monsieur Laplace maudit son fils, le chassa de chez lui, ne voulant pas avoir un excommunié sous son toit de chapelier, et, le soir même, l'illuminé Joseph se présentait au théâtre, dont Mlle Mariette formait l'un des plus volumineux ornements, et conquérait d'emblée une place de... figurant.

Très intelligent, on lui confia, au bout de quelques jours, un petit rôle dans une pantomime.

Il s'y révéla fort adroit.

Ce soir-là, Mlle Mariette cessa de maintenir dans leur plénitude, les rigueurs, auxquelles jusqu'alors, s'étaient heurtés les assauts furibonds de son bouillant amoureux. L'élève devint maître. La femme se fit esclave.

Mlle Mariette gagnait neuf francs par semaine, au théâtre des *Acrobates*. Un jour, le théâtre des Funambules lui en offrit douze. Elle s'accorda au plus offrant.

Laplace, qui n'avait pas d'engagement signé, suivit l'étoile dans son nouveau firmament. Mais, comme tous les emplois masculins étaient occupés, il dut se contenter de celui de chef de figuration.

Il s'acquitta de ses nouvelles fonctions avec une probité et une activité telles, que M. Bertrand se prit à l'avoir en grande estime et lui accorda, ce qu'il pouvait accorder de confiance, à autre qu'à lui-même.

C'est ainsi qu'un soir, Placide étant indisposé, M. Bertrand le fit remplacer par Laplace. Le débutant, de l'épreuve, se tira fort honorablement, étonnant tout le personnel, par la spiritualité de son jeu et la mobilité de sa physionomie.

A partir de cet instant, M. Bertrand fut rassuré sur la vacance de l'emploi des Cassandre, qui demande beaucoup de bonhommie, de souplesse, de finesse et d'abnégation.

J'ai raconté plus haut, quand et comment Laplace succéda officiellement à Placide.

Laplace était devenu l'intime ami de Deburau, aux côtés duquel il joua, jusqu'à la mort du célèbre Pierrot. Il fut du dernier spectacle que donna le théâtre des Funambules sur le boulevard du Temple.

Puis, il passa aux *Folies nouvelles*, aujourd'hui *Théâtre Déjazet*, en la compagnie de Paul Legrand, de Vautier, et d'une partie de la troupe mimique du pauvre petit théâtre démoli.

N'ayant jamais gagné que de modestes appointements, à force d'économie, de privations et d'honnêteté, Laplace était cependant parvenu, sur le déclin de sa carrière, à réaliser le rêve de toute sa vie.

Être *propriétaire !...*

Le brave homme, à force de mettre de côté, pièces de vingt sous sur pièces de vingt sous, s'était bâti lui-même, impasse Saint-Laurent à Belleville, une petite maison, dans laquelle il s'éteignit doucement, en janvier 1863, regretté de tous ceux qui l'avaient hanté.

L'année 1837 fut inaugurée, le 12 janvier, par : *A la garde ! A la garde !* vaudeville-parade en un acte.

Le 16 janvier : *Brigitte*, épisode de 1610, mêlé de chant, en 3 actes et 4 tableaux.

Le 12 février : *J'aime ta femme*, vaudeville en 1 acte.

M. Bertrand, au milieu de ses occupations directoriales, avait pris le temps de se créer un fils. Cependant, ce fût au mois de janvier qu'il associa le jeune homme à sa direction Théâtrale, sous la raison sociale : Bertrand, Bertrand fils et Cot d'Ordan.

Le premier acte de Bertrand fils fut la rédaction d'un réglement intérieur, nouveau ;

THÉATRE DES FUNAMBULES

RÈGLEMENT GÉNÉRAL

Disposition du service intérieur

Les Directeurs, usant du droit qui leur est accordé par l'article 3 des engagements et après s'être convaincus de la nécessité d'établir un règlement général, qui puisse satisfaire aux besoins et à la régularité du service du théâtre des Funambules,

Arrêtent ce qui suit :

Suivent alors un tas d'articles dont je ne citerai que les plus originaux :

Ainsi :

Article 4. — Il est expressément défendu de parler haut dans les coulisses, d'y placer aucun siège et d'occasionner le moindre bruit qui puisse distraire les acteurs en scène.

Un peu plus loin :

AMENDES POUR LES RÉPÉTITIONS

5 minutes de retard.....	0 fr. 25	Manquer une pièce :	
10 — —	0 fr. 50	en 1 acte..............	2 fr. »
15 — —	0 fr. 75	en 2 actes..............	3 fr. »
20 — —	1 fr. »	en 3 actes..............	4 fr. »
30 — —	1 fr. 25		

Article 12. — Toute personne qui s'absenterait pendant la répétition sera considérée comme ayant manqué entièrement.

AMENDES POUR LES REPRÉSENTATIONS

Pour avoir retardé l'heure du spectacle, ou le lever du rideau dans le courant d'une représentation, pour chaque 5 minutes de retard.	1 fr. »
Pour manquer l'entrée en scène..............................	1 fr. »
Pour chaque 5 minutes suivantes..............................	0 fr. 25
Pour parler haut dans les coulisses..............................	0 fr. 25
Pour parler, rire et faire des signes en scène..............................	1 fr. »
Pour négligence dans la tenue..............................	0 fr. 75
Pour rester inutilement dans les coulisses..............................	0 fr. 25
Pour avoir troublé la représentation (sans préjudice de la Censure et de l'autorité)..............................de 1 à	5 fr. »

Pour faire changer ou intervertir l'ordre des pièces.......... 12 fr. »
Pour supprimer ou ajouter des couplets ou des paroles sans l'autorisation du Directeur.................................. 12 fr. «

ARTICLE 39. — Il est expressément défendu de jouer à aucune espèce de jeu dans les loges et sur le théâtre.

Beaucoup plus tard, lorsque M. Billion devenu directeur des Funambules, se mit à « faire des misères » à Deburau malade, il lui enjoignit, sous peine de 20 francs d'amende, d'avoir à suspendre les parties de dominos, que, pour se distraire, en attendant sa pièce, le brave Pierrot se plaisait à faire dans sa loge.

ARTICLE 41. — Le produit des amendes sera versé dans une caisse particulière et consacré exclusivement à porter des secours aux artistes et employés du Théâtre des Funambules, qui, par leur position, pourraient y avoir droit.

Après un nombre, encore considérable, d'articles réglementant les musiciens, les figurants et figurantes, employés etc. etc., apparaissait enfin la signature de la raison sociale :

« BERTRAND, BERTRAND FILS ET COT D'ORDAN. »

Est-il utile de le dire ?.. Le public des Funambules était braillard, tapageur, batailleur. De l'ambiance révolutionnaire y régnait sans cesse.

A la date du 2 mars, dans la *Revue du théâtre*, je trouve :

ALLEZ AUX FUNAMBULES, MAIS N'Y FAITES PAS LE PURISTE

(*Journal général des Tribunaux*)

Un garde municipal : Je ne me plains pas vis-à-vis de mes chefs, mais je peux dire que le service du théâtre des Funambules est de jour en jour plus désavantageux aux protecteurs de l'ordre. Ce théâtre est fréquenté par un public généralement bu et tapageur.

M. le Président : Il paraît que, dans la soirée du 8 janvier, vous avez été maltraité par les deux prévenus Miberon et Cauvin. Racontez-nous les circonstances de cette scène.

Le Municipal : C'est-à-dire que j'ai été traité comme un ennemi de la patrie, comme un cosaque, comme un bédouin par ces deux particuliers soi-disant français, sans en avoir la conduite. Les ayant requis de vider la salle pour le trouble qu'ils y pratiquaient, ils se sont jetés sur moi, me dégradant la figure avec leurs ongles et m'arrachant mon aiguillette.

Le Président : Vous ont-ils paru être dans un état d'ivresse ?

Le Municipal : Véridiquement, ils m'ont paru abrutis par un coup de soleil. Le vrai Français se boit quelquefois ; mais il se respecte dans le vin comme dans tous les états de la vie ; il n'attaque pas le visage de son concitoyen, comme a fait le soi-disant Miberon ; il honore l'aiguillette, ce que n'a pas fait le sieur Cauvin.

Le Président : Pensez-vous que Cauvin vous ait arraché votre aiguilllette avec intention, ou croyez-vous que c'est en se débattant et sans le vouloir?

Le municipal : Je crois que l'intention coupable y était.

Cauvin, se levant : Gendarme...

Le Président : Laissez parler votre camarade. Vous vous expliquerez après. Miberon qu'avez-vous à répondre à la déclaration du témoin?

Miberon : Franchement, je ne me souviens pas bien de tout cela. Je venais de dîner avec Cauvin ; c'était un dimanche, nous nous étions honnêtement échauffés...

Le Président : Honnêtement ?.. c'est-à-dire beaucoup ?

Miberon : Non, je veux dire d'une manière honnête. Pas trop... mais assez. Voilà qu'il nous passe par la tête d'aller voir le fameux Deburau. Nous allons aux Funambules à l'orchestre. En attendant le commencement du spectacle, nous recevons sur la tête une pluie de trognons de pommes et de pommes de terre frites. Ce n'est rien. La toile se lève ; on joue la pièce ; l'acteur, dans un long monologue s'embrouille vingt fois ; le souffleur criait plus haut que lui. Enfin, le malheureux, qui était en scène, laisse échapper un cuir effrayant : mon camarade répète le mot pour se moquer de lui ; moi, je me mets à rire. Voilà l'acteur qui s'arrête. La salle entière se lève et hurle après nous. Le pauvre artiste — j'ai eu pitié de lui plus tard — nous regardait avec des yeux furibonds. Les musiciens tournaient le dos à leurs pupitres pour voir la scène qui se passait dans la salle. Le souffleur, lui-même, sortant la tête de sa niche, criait encore plus fort que les autres · A la porte les tapageurs!.. A la porte !

Ma foi ! comme nous étions un peu dans les vignes, nous fîmes tête à l'orage pendant assez longtemps. Mais un garde municipal survint, enjambant spectateurs et banquettes ; il se jeta sur nous brutalement, me saisit par le cou, en nous sommant de le suivre. Je l'aurais suivi de bon cœur, car j'en avais assez ; mais il me serrait la gorge tellement fort que j'étouffais et n'y voyais plus ; il m'était même impossible de lui faire observer qu'il m'étranglait. Je n'avais plus qu'un moyen de salut, c'était de me débattre. Il paraît qu'en le faisant mon poing a rencontré le nez du municipal et l'a fait saigner un peu. Du reste, je proteste que c'est involontairement que j'ai répandu le sang de ce brave Français.

Cauvin : Et moi, je proteste que c'est sans le vouloir que j'ai arraché l'aiguillette du gendarme.

Le municipal : Gendarme, vous-même, je suis garde municipal.

Cauvin : Soit ! Au reste, vous avez dit devant le commissaire de police ce que je dis ici.

Le municipal : J'en ignore... J'ai dit la vérité.

Le Président au prévenu : Quoi qu'il en soit, vous aviez tort de résister à un agent de la force publique, chargé de maintenir l'ordre dans le théâtre, où vous étiez venu dans un état d'ivresse, et où vous excitiez un pareil scandale.

Cauvin : Mais, M. le Président, devait-on m'arracher par force de la place que j'occupais ? J'avais payé à la porte le droit de relever un cuir. Puisque j'ai le droit de siffler une pièce qui ne me convient pas, je puis bien relever un mot mal lâché.

Nonobstant la brillante défense de Miberon et la jurisprudence invoquée par Cauvin, le tribunal condamne celui-là à 25 fr. d'amende, et celui-ci à 16 fr., et tous deux solidairement aux dépens.

Avis aux puristes qui s'aventureront au théâtre des Funambules.

—

Par cet extrait du *Journal des Tribunaux*, on peut conclure de ce qu'étaient les représentations de ce théâtre.

Il s'en passait fort peu sans que de semblables scènes se renouvelassent.

Le 22 Mars, on joua : *La Grippe, grand mélodrame en 1 petit acte à spectacle, mêlé de chants, orné de combats, et enrichi de jeux de trappes.*

Lorsque le rideau se levait sur cette pièce, le régisseur venait faire les trois saluts consacrés, l'un à la loge qu'aurait pu occuper le Roi, l'autre à celle de la Reine (c'était la coutume), la troisième au Public, et s'adressant à ce dernier, disait :

Messieurs,

Les acteurs qui devaient jouer dans la pièce nouvelle se trouvant subitement atteints de la maladie régnante, l'administration se voit dans la nécessité de faire représenter un autre ouvrage ; et je viens prier les spectateurs de vouloir bien désigner la pièce du répertoire qui leur conviendra le mieux.

Alors un véritable scandale éclatait dans la salle.

On interpellait le régisseur, Meignan.

Antinoüs Brémond, un spectateur plus grincheux que les autres, descendait de l'avant-scène sur le théâtre par une échelle que lui apportait complaisamment le régisseur.

Là, il discutait longuement des droits du Public et de ceux de la Direction ; puis, par la même échelle, il remontait dans sa loge et la trouvait occupée par sa femme, en tête-à-tête avec un de ses amis, Achille Pigoche.

Il s'en suivait une provocation, un défi, des injures, et les deux antagonistes descendaient se battre sur le théâtre, désireux d'avoir tous les spectateurs pour témoins.

A un signal du régisseur, une trappe *fonçait* sous les pieds des combattants et les engloutissait dans les profondeurs souterraines.

Mais Antinoüs reparaissait bientôt par le trou du souffleur.

L'explication finale avait lieu et le rideau baissait sur un couplet dans lequel Antinoüs suppliait le Public de vouloir bien ne pas le prendre en *Grippe*.

C'était le mot de la fin.

L'affabulation de cette pièce avait été inspirée par les *Cabinets particuliers*, fantaisie jouée, avec un fort grand succès, quelques années auparavant, sur le théâtre du Vaudeville, par l'inimitable Arnal.

Tout le temps que durait le scandale de la *Grippe*, une voix perçante de vieille femme partant des places élevées, dominait le tumulte et criait à Antinoüs :

— Mon gendre, vous avez tort.

A la première de ces interpellations, Antinoüs répondait :

— Qu'est-ce qui peut bien m'appeler son gendre ?.. ce ne peut être que ma belle-mère.

Or, dans les *Cabinets particuliers*, une voix d'homme, venant également de la salle, criait à Arnal :

— Mon gendre, vous avez tort.

Ce à quoi Arnal répondait : Qu'est-ce qui m'appelle son gendre ? ce ne peut-être que mon beau-père

On voit, par cela, que les auteurs des Funambules ne se gênaient guère pour fouiller la poche de leurs grands confrères.

Et les grands confrères fermaient yeux et oreilles, presque enorgueillis de voir qu'on avait bien voulu leur... emprunter leurs idées.

Le 18 mars : *Les deux grigous*, vaudeville en 2 actes.

Le 14 avril : *Toujours pour elle*, suite de : *Pour ma mère !* drame-vaudeville en 1 acte.

Le 10 mai : *L'ours, ou les héros du village*, folie-vaudeville en 1 acte.

Le 14 mai : *Les deux Jocrisses*, pantomime burlesque en 3 tableaux par Deburau.

Le 25 mai : *Le rêve de ma vie*, comédie-vaudeville en 3 actes par E. Devaux et E. Le Rosay.

Cette pièce était tirée d'un roman de Paul de Kock.

Le 23 juin : *L'Esméralda du Pont-aux-Choux*, tableau populaire en 1 acte par MM. Th. Lustières et Duteuil.

L'auteur qui signait Duteuil aux Funambules, n'était autre que Dutertre qui, plus tard devait donner : *Les brigands de la Loire*, *La Ferme de Primerose*, et nombre d'autres pièces à succès.

Cette pièce n'était nullement, comme son titre semble l'indiquer, une parodie de *l'Esméralda*, opéra en 4 actes, paroles de Victor Hugo, musique de Mlle Bertin, que l'Académie royale de musique avait représenté le 14 novembre de l'année précédente.

L'action se passait devant les Funambules, un soir de première représentation, et l'on voyait, à la fin, le jeune auteur de l'œuvre que le théâtre allait donner, épouser une petite chanteuse des rues que sa grâce, son charme et sa vertu avaient fait surnommer *L'Esméralda du Pont-aux-Choux*.

Au reste, ce fut une chute colossale, comme tout ce qui toucha, particularité étrange, ce nom d'*Esméralda*.

La première représentation de l'Opéra de Mlle Bertin avait eu lieu le jour même de la mort de Charles X. Nourrit, qui créa

Phœbus de Chateaupers, se tua en se jetant par la fenêtre ; Mlle Falcon, qui jouait *Esméralda*, se brisa la voix. Un navire du nom d'*Esméralda*, se perdit corps et biens ; enfin, une jument de courses, que le Duc d'Orléans avait appelée *Esméralda*, se cassa la tête contre un autre cheval lancé au galop.

Le 30 juin : *Une coquette*, comédie-vaudeville en 3 actes.

Le 18 septembre : *A mort !* ou *La guerre des cuisinières, grande déconfiture de servantes et de bonnes d'enfants, en 7 tartines assaisonnées de fusillades, noyades, escalades, estafilades, pétarades, et de tout le tremblement.*

Le théâtre de la Porte-Saint-Martin venait de faire représenter la *Guerre des servantes*, un gros drame de MM. Théaulon, Alboise et Harel ; il était inévitable que les Funambules s'emparassent du titre et fissent la pièce à côté.

Le 9 octobre : *Une charge de lanciers*, comédie-vaudeville en 1 acte.

Le 19 octobre : *Un imposteur sous Catherine II*, drame-vaud. en 2 actes.

Le 24 octobre : *Le pâté de foie gras*, tableau populaire en 1 acte, par Auguste Lecerf.

Il est aisé de voir que l'on ne flânait pas dans le petit théâtre et que les pièces succédaient aux pièces avec une rapidité vertigineuse.

Les auteurs en apportaient deux, trois par semaine. Quant l'une était refusée aux *Funambules*, ils la présentaient aux *Acrobates* ; si les *Acrobates* avaient le mauvais goût de ne pas l'accepter, la malheureuse traversait l'eau et s'en allait frapper à la porte de *Bobino*.

Car, à *Bobino*, on lisait aussi. Et l'on refusait tout comme ailleurs. C'était la dernière étape.

Que devenait alors la pauvre méprisée ?... Son auteur la gardait une année dans son tiroir, en changeait le titre, remplaçait le nom des personnages par d'autres, et lui faisait subire à nouveau sa petite tournée. Notez ceci : il arrivait souvent que la pièce refusée une première fois, même une seconde, était acceptée d'emblée, à la troisième présentation, et réussissait pleinement.

C'est l'histoire de : *Une première nuit de noces*, vaudeville en 1 acte, joué le 5 novembre, que MM. Bertrand et Cot d'Ordan avaient déjà refusé sous les titres de : *Otc-toi de là que je m'y mette*, et de : *Les aventures d'une jeune mariée.*

Le 17 novembre : *Les Français à Constantine*, tableau militaire en 2 actes :

Albert-Cadet, *soldat*	M. Adolphe.
Henri, *lieutenant*	Alphonse.
Robert, *vieux militaire*	Hachette.
Victor, *jeune tambour*	Mlle Emilie.
Ben Oussa, *lieutenant du Bey*	Le petit Charles.
Kébar, *officier de Ben-Oussa*	Philippe.
Zou-Zou, *vivandière*	Mme Cossard.
Marie, *fille de Robert*	Mlle Reine.

Au 1er acte, grand combat du petit Charles et de Philippe contre Mme Cossard.

Cette pièce avait été présentée sous le titre de : *La prise de Constantine*. Mais un service nouveau de voitures publiques, venait de s'établir sous le titre de : *Compagnie des Constantines*, faisant concurrence aux *Omnibus* et aux *Dames blanches*.

M. Bertrand père, fit observer que le public, en lisant sur son affiche : *La prise de Constantine*, se figurerait qu'il s'agissait d'un bon bourgeois prenant la voiture publique ; ce qui n'avait aucun rapport avec la pièce militaire que l'on allait représenter.

Les auteurs, convaincus par le pointilleux impressario, intitulèrent alors leur pièce : *Les Français à Constantine !*

Le 28 novembre : *Une aventure de carnaval*, vaudeville en 3 actes par Charles Foliquet.

On changeait souvent les titres au théâtre des Funambules. Ainsi, celle-ci avait été acceptée primitivement sous celui de : *Le marquis de la Turbinière*.

Chacun de ses actes porte en tête :

Le 1er : *Les suites d'un mariage d'amour*.

Le 2me : *Le bal du Lundi gras*.

Le 3me : *Le dindon de la farce*.

Charles Foliquet était un de ces abatteurs forcenés dont je parlais plus haut. Il pondait ses deux ou trois vaudevilles dans sa semaine, en bourrait tous les petits théâtres ; et, indépendamment, en avait toujours un, déposé dans chaque direction des grands théâtres de Paris.

Un seul homme, plus tard, parvint à lui tenir tête. Ce fut Alexis Jouhand, auteur de plus de *neuf cents* pièces.

Le 1er novembre : *Le joueur*, pantomime en 5 tableaux, par Deburau.

Pour composer cette pantomime, Deburau s'était fortement inspiré de *Trente ans* ou *la vie d'un joueur*. Ici, Georges de Germany s'appelait Paul, et son ami Warner, Léon. Le personnage de Pierrot, valet dévoué de la tendre Adélaïde, appartenait complètement à Deburau. C'était bien sa création, son œuvre.

Indépendamment des pièces nouvelles, on faisait aussi de nombreuses reprises au théâtre des Funambules.

On empruntait au répertoire des grands théâtres, sans s'inquiéter du consentement préalable des auteurs, dont les intérêts n'étaient alors aucunement sauvegardés, dont les droits étaient presque nuls, malgré la société des auteurs et compositeurs dramatiques que Scribe était parvenu à fonder en 1829 ; mais qui n'était encore à cette époque qu'une société de perception, se contentant d'aller toucher là, où l'on jouait un de ses sociétaires, quand elle parvenait à le savoir.

Ce ne fut qu'à la fin de cette année 1837, au mois de décembre, que les auteurs, ne se sentant pas assez soutenus par leur règlement, réorganisèrent leurs statuts et se constituèrent en société civile.

Avant cela, un auteur était tout ébahi de voir une de ses pièces placardées sur l'affiche d'un théâtre quelconque, sans qu'aucune autorisation eût été demandée à lui ou à son mandataire.

C'est ce qui arriva pour *Coquin de sort*, vaudeville de Théaulon.

Cette pièce, du théâtre des Variétés, servit aux Funambules, de début à un nommé Clément, acteur de talent qui, un instant, avait fait partie de la troupe des Variétés ; mais, que sa fatale passion pour la dive bouteille, avait fait renvoyer par tous les Directeurs. De dégringolade en dégringolade, le malheureux en était arrivé à débuter chez MM. Bertrand et Cot d'Ordan, dans l'emploi des Comiques grimes.

Clément, qui, lorsqu'il n'était pas ivre-mort, était fort amusant, porta beaucoup, sur le public du petit théâtre. Il improvisait avec facilité, avait la répartie prompte, et parvenait à produire de gros effets, par des saillies qui n'étaient peut-être pas du goût le plus tamisé, mais qui atteignaient leur but.

Ajoutez à cela, agréable musicien et danseur fort gracieux ; c'était, véritablement, un artiste de valeur fort au dessus du modeste théâtre sur lequel il venait débuter.

Clément avait juré à M. Bertrand de ne plus s'enivrer. Pendant une année il tint *presque* son serment.

Jamais ivrogne fit-il paraille chose !...

On se disait sur le boulevard : Vous savez, Clément ne se saoule plus ! Absolument comme on eût dit : Vous savez, la Comédie Française à engagé Odry.

Et l'on demeurait stupéfié.

Au bout de cette année, Clément alla trouver ses directeurs et leur dit :

— Messieurs, je suis un honnête homme. Mon engagement avec vous va finir, et je viens vous prévenir que je ne le renouvelle pas, pour l'année prochaine.

Exclamations de Bertrand et Cot d'Ordan qui voient leur échapper un excellent comique.

— Vous n'êtes donc pas bien chez nous ?

— J'y suis à merveille.

— Vos camarades vous ont-ils fait quelque sottise ?... Avez-vous à vous plaindre d'eux ?...

— Mes camarades sont charmants et je n'ai qu'à me louer de mes relations avec eux.

— Sont-ce vos appointements que vous désirez voir augmenter ? Parlez, mon cher Clément, fixez vous-même un chiffre raisonnable, et nous sommes prêts à y accéder.

— Vous êtes bien aimables, mais ce n'est pas cela qui me fait vous quitter.

— Quoi donc alors ?

— Eh ! bien, Messieurs, puisque vous voulez absolument tout savoir, voilà : Je vous avais juré de ne plus boire... Ai-je trahi mon serment ?

— Nous n'avons que des éloges à vous adresser.

— Aujourd'hui, je sens que je ne pourrais plus le tenir. J'ai trop souffert toute cette année. Je préfère crever de faim que mourir de soif.

— Voyons, mon cher Clément....

— Non ! non ! non !... Toute insistance, quelque flatteuse qu'elle soit, est inutile. Je ne peux plus résister.

— Cependant, si l'on vous accordait un jour par mois ?..

— Un jour par mois, ce n'est pas assez !.. Non... vrai... ce n'est pas assez.

— Eh ! bien... un jour par semaine ?...

— Un jour par semaine ?... ah ! vous me tentez, M. Bertrand

— Allons, laissez-vous faire. Sur le nouvel engagement que nous allons vous signer, il sera stipulé que vous aurez droit à un jour par semaine pour vous... reposer.

— Non, M. Bertrand, pas pour me reposer, pour me saôuler,

comme un cochon que je suis. Je tiens à ce que cela soit écrit en toutes lettres. Ce sera ma honte dans l'avenir, quand plus tard je relirai mes engagements. A cette condition je consens à renouveler.

L'engagement fut fait tel que l'exigeait Clément. Cet étonnant article additionnel était ainsi conçu :

« MM. Bertrand et Cot d'Ordan s'engagent à ne pas faire jouer M. Clément le lundi de chaque semaine, ce jour étant réservé à M. Clément pour se livrer tout à son aise à son irrésistible passion pour la boisson. »

Sur l'insistance de M. Bertrand, le mot saouler, n'avait pas été maintenu.

L'année suivante Clément renouvela la scène et voulu avoir droit à deux jours par semaine.

Mais comme plusieurs fois dans l'année, il avait outrepassé ses droits à l'ivrognerie, et qu'il lui était arrivé d'entrer en scène complètement ivre, l'engagement ne fut pas renouvelé.

Un soir un titi lui avait crié :

— T'es saôul, Clément.

Clément s'était avancé en titubant sur le devant de la scène et avait répondu au titi :

— Si je suis saôul, t'es bête, mon garçon ; méfie-toi, ça dure plus longtemps.

Le 9 décembre on donna : *Le rempailleur de chaises, pantomime grivoise en 2 tableaux.*

Cette pantomime n'était que le démarcage effronté de la fameuse pièce *Le coin de rue* ou *Le rempailleur de chaises*, créée en 1820, sur le théâtre des Variétés, par Tiercelin, un grotesque inimitable.

Ici, l'auteur de la pantomime avait poussé l'audace au delà de toutes bornes. Non seulement il s'était emparé du titre, de l'intrigue conçue par MM. Brazier et Dumersan ; mais il n'avait même pas changé le nom des personnages. Le Rempailleur s'appelait Malassis aux Funambules comme aux Variétés.

Deburau mimait le rôle qu'avait parlé Tiercelin.

Il arriva un soir, que Laplace, chargé du personnage de Brindavoine, cocher de fiacre, créé aux Variétés par Lefebvre, tomba malade ; vivement on courut chercher Placide qui, en un quart d'heure apprit le rôle, et le joua.

Le public lui fit une rentrée superbe.

Les représentations d'*Adieux* devraient simplement s'appeler représentations d'*Au revoir* !..

Le 9 décembre : *Le flagcolet*, pastorale en 2 actes.

Le 31 décembre : *En v'là des étrennes,* à-propos vaudeville en 1 acte.

Au milieu du couplet au public, l'acteur qui le chantait, s'arrêtait et disait :

— Au reste, Messieurs et Mesdames, pour vous prouver combien nous vous aimons, ma femme et moi, nous allons descendre dans la salle, et déposer un baiser, moi, sur la joue des dames, et ma femme sur celle des Messieurs.

Puis continuant l'air :

> Mais, pour ne pas vous faire attendre
> Veuillez vous y prêter un peu.
> Vos joues il faudra nous les tendre
> Pour que nous puissions vous les rendre,
> Après avoir fait : En joue !.. feu !

Le rideau baissait. Le public attendait les baisers promis. Le rideau se relevait, alors le régisseur Meignan s'avançait et disait au public :

— Messieurs et Mesdames, au moment où monsieur Adolphe et mademoiselle Reine allaient passer dans la salle, ils viennent d'être arrêtés par M. le Commissaire de police, comme accusés d'avoir des intelligences Carlistes. Or, ces deux excellents artistes, qui n'ont aucune intelligence, comme semble vouloir les en accuser le Gouvernement, seront inévitablement relâchés demain soir, et s'empresseront de remplir leur promesse.

CHAPITRE XXI

1838

Les deux Cossard

Paul Ier, Empereur de toutes les Russies, rendit un ukase, de par lequel il interdisait aux Russes de prononcer le mot *Patrie*.

M. Bertrand, autocrate des Funambules, fit afficher, un soir, au foyer l'ordonnance suivante :

« Il est interdit, dans toutes les dépendances du Théâtre des Funambules, c'est-à-dire, scène, salle, cintre, dessous, foyer, loges et couloirs de prononcer le nom de Saqui. M. Bertrand considérant l'appellation de ce nom comme une réclame faite à un théâtre méprisable, par les gens qui le dirigent. Des amendes sévères seront appliquées à ceux qui enfreindraient cet ordre de l'administration. »

Il y eut révolte de la part de quelques acteurs.

Au bas de la pancarte, sur laquelle était édicté le décret de M. Bertrand, on put lire le lendemain :

« Un directeur n'a pas le droit de boucler la bouche d'un artiste. Nous ne sommes pas des esclaves. Je parlerai, dans le théâtre et au dehors de Mme Saqui, tant que je voudrai et j'engage mes camarades à faire comme moi. »

Cette réponse à l'édit n'était pas signée, bien entendu.

Le soir même, sur le billet de service, M. Bertrand écrivait lui-même :

« Celui ou celle qui a répondu aussi malhonnêtement à l'ordre que j'ai donné, n'est qu'un drôle. Je m'engage publiquement à donner cinquante francs de récompense à celui qui viendra me dire son nom. »

Un quart d'heure après la pose de ce nouveau billet, un nommé Gustave, pauvre diable qui remplissait en second, des rôles de Cassandre se présenta dans le cabinet directorial et dit :

— M. Bertrand, donnez-moi les cinquante francs. C'est mal ce que je vais faire là ; mais le besoin m'y pousse. Je vais vous dénoncer le coupable.

— Vite, nommez le moi, fit le vindicatif directeur.

— Pas avant d'avoir touché les cinquante francs.

— Vous n'avez pas confiance en moi ?

— Oh ! si fait ! M. Bertrand ; mais j'aime autant les toucher avant.

Bertrand ouvrit sa caisse et remit cinquante francs à Gustave.

— Maintenant, parlez, vite.

— Eh ! bien, M. Bertrand, l'infâme qui a osé vous braver, c'est moi.

— Vous, misérable !...

— Moi-même.

— Je vous chasse de mon théâtre.

— Je m'en doutais. C'est pourquoi j'ai tenu à toucher la prime avant.

— Et pourquoi, malheureux, avez-vous ainsi joué votre situation ? Car vous deviez bien vous douter que je romprais votre engagement

— Oh ! ça m'est bien égal, M. Bertrand, il y a huit jours que je suis engagé avec Mme Saqui.

M. Bertrand, suffoquant, hors de lui, se précipita sur Gustave, les poings levés. Mais Gustave s'était mis sur la défensive. Le directeur s'arrêta net, ouvrit la porte et ne put que dire à l'audacieux : Sortez !...

— Je sors, M. Bertrand, fit Gustave, mais je vous dis au revoir !... Parce que je suis certain que vous me rengagerez quand vous aurez besoin de moi.

— Jamais !

Et Gustave, trois jours après, débutait chez Mme Saqui.

Deburau demanda à M. Bertrand pourquoi Gustave avait été renvoyé.

— Parce qu'il est l'auteur de ce qui a été écrit au bas du billet de service.

— Lui ! fit Deburau, il ne sait pas lire.

Et c'était la vérité. Gustave s'était dénoncé pour toucher les cinquante francs.

Le 10 janvier, l'année s'ouvrit par : *Une Baronne d'un jour*, vaudeville en un acte.

Le 9 février : *Roberto*, chef de Brigands, pantomime en cinq tableaux.

Le 23 février : *La chatte amoureuse*, grande pantomime arlequinade, en onze tableaux, précédés d'un prologue.

C'est l'éternelle pantomime de l'amoureux délivrant un génie, dit *Le génie des roses*, enfermé dans un tronc d'arbre.

Le Génie change l'amoureux en Arlequin, lui donne un domestique muet, Péters, lequel devient Pierrot ; tandis que le bûcheron Vadmake est transformé en Cassandre et sa fille Betty en Colombine.

Alors, la même poursuite se produit à travers la grotte des miracles, l'étude d'un notaire, une forêt, une salle d'auberge, un parc, une campagne, une place de village, le chemin des Antipodes, une pagode chinoise, pour aboutir à la vallée des Roses et à l'apothéose finale.

Rien de plus nul, rien de plus banal. Il fallait Deburau, Laurent aîné et Laplace pour animer ces squelettes, pour faire vivre ces mannequins.

Le 24 mars : *Margot, ma sœur de lait*, vaudeville en un acte.

Le 31 mars : *Le tambour-major*, épisode de la guerre d'Espagne en 1808, vaudeville en un acte.

Le 12 avril : *Lekain en Provence*, comédie-vaudeville en 2 actes.

Que le lecteur veuille bien retenir cette date, 12 avril 1838. C'est celle que porte le manuscrit du ministère, casier des Funambules.

Or, le 23 janvier 1839, le théâtre du Palais-Royal donnait la première représentation de *Lekain à Draguignan*, comédie-vaudeville en deux actes, par MM. de Forges et Paul Vermont.

Les personnages de *Lekain en Provence* étaient :

Lekain........................	*Acteur.*
Dumonchel.....................	*Régisseur de Marseille.*
Dogard........................	*Confident tragique.*
Tabled'hôte	*Maître d'hôtel.*
Danaë.........................	*Coquette romantique.*
Fifine	*Fille de Dumonchel.*

Comédiens et Comédiennes.

Les personnages de *Lekain à Draguignan* sont :

Lekain........................	*Artiste dramatique.*
Dogard	*Choriste du théâtre de Marseille.*
Bourdas	*Capitaine de la Prévôté.*
Landrol.......................	*Directeur du théâtre de Draguignan.*
Barbotteau....................	*Régisseur.*
Un Coiffeur.	
La Présidente de Champagnac.	
Florine, *nièce de Landrol* . .	

Acteurs, Actrices, etc.

Pour une fois, comme on dit en Belgique, le petit théâtre est donc dépouillé par un grand.

Il est évident, par la similitude des noms de personnages, que les auteurs de *Lekain en Provence*, devaient être les auteurs de *Lekain à Draguignan* ; sans cela, M. Bertrand, qui dévalisait les autres avec tant de désinvolture, n'eut pas manqué de pousser des cris d'orfraie, en se voyant ainsi dépossédé.

Voilà ce qui était arrivé :

MM. de Forges et Paul Vermont, constatant le succès de leur pièce aux Funambules, l'avaient pomponnée, corsée, soignée, parée et portée à M. Dormeuil, directeur du Palais-Royal. L'originalité du sujet avait fait accepter la pièce par le dit M. Dormeuil, qui ne devait guère s'inquiéter des vaudevilles que jouaient les Funambules. Les deux auteurs indemnisèrent M. Bertrand du retrait de leur pièce et tout fut dit.

Et c'est ainsi que le théâtre du Palais-Royal se put tailler un manteau royal dans une veste des Funambules.

Car, Alcide Touzé obtint dans le personnage de Dogard un de ses plus éclatants succès.

Le 23 mai : *Le Voile rouge*, pantomime en 4 tableaux, précédés d'un prologue.

Cette fois, le prologue est une veillée de paysans, dans laquelle l'un d'entre eux, Babolein, raconte une histoire de voleurs, dont le terrible Boldino et sa bande sont les héros.

Au moment où le conteur arrive à cette partie de son récit :

Ils n'ont pas plutôt ouvert la porte, qu'ils voient entrer une douzaine d'hommes, qui avaient tous des mines à faire mourir de frayeur ; avec des grandes barbes noires, des moustaches rouges, des bonnets de poils gris, des sabres, des fusils et des pistolets longs de ça !.. C'était *le Voile rouge* qui venait enlever Gertrude. Maurice veut la défendre. Pan !.. un coup de fusil....

...Un coup de fusil partait de la coulisse. Tous les villageois se mettaient à trembler. Le terrible Boldino apparaissait, escorté de sa bande, et la pantomime commençait, remplaçant le récit par la réalité.

Conte naïf de brigands, bien fait pour les gamins et les bonnes d'enfants du boulevard. Je le répète, la formule consacrée n'était rien ; Deburau était tout, renouvelant chaque fois son personnage de Pierrot, trouvant de nouvelles scènes pour chacune des pièces qu'il créait.

Le 5 juin : *La Branche d'acacia*, vaudeville fantastique en 2 actes.

Le 18 juin : *En v'là des bamboches*, pantomime en 2 tableaux.

Dans cette pièce mimée, des plus médiocres, Philippe obtint, à côté de Deburau, un succès personnel, tout particulier, dans le personnage de Lafleur, vieux sapeur, amant d'une Rose quelconque.

Philippe, qui, d'habitude, jouait les troisièmes rôles dans le mimodrame, s'était pour cette fois, départi de son emploi, pour faire une incursion dans celui des comiques. Le public lui prouva qu'il n'avait pas eu tort.

De son véritable nom, Philippe s'appelait Charles Danseray. C'était, un artiste exagéré dans ses défauts, tout autant que dans ses qualités. Il en était de même dans la vie intime. Les choses les plus simples prenaient, dans son imagination tourmentée, des proportions phénoménales.

Un soir, dans un combat au sabre, Madame Cossard, par mégarde, l'atteignit légèrement à la main. Il se persuada qu'elle avait voulu le tuer, et voua à cette brave et excellente femme une haine qui ne s'éteignit qu'avec lui.

— Pourquoi aurait-elle voulu attenter à vos jours, lui demanda e commissaire de police, auquel il était allé porter plainte ?

— Parce que son mari joue mon emploi chez Bobino, répondit le spleennatique funambule, et qu'elle voudrait lui faire avoir ma place.

Une enquête n'en fut pas moins faite ; enquête, de laquelle, la bonne dame Cossard sortit blanche comme duvet de cygne.

Phillippe mourut fou.

Un matin, il se présenta chez le Directeur du Cirque, M. Lalanne et lui dit :

— Il faut me faire atteler huit chevaux à votre voiture. Je viens d'hériter de douze millions, à Versailles ; que l'on m'y conduise.

Hélas !.. le pauvre maniaque fut conduit à Bicêtre, où il vécut quelque temps encore, miné par cette terrible folie des grandeurs, qui a fait et fera encore tant de victimes dans ce monde, mal équilibré, des acteurs et tout ce qui, en général, effleure les professions artistiques.

Le 20 juin : *Avis aux mères*, comédie-vaudeville en 1 acte.

Le 27 juin : *Le Présent de noces*, quiproquo en 1 acte, imité de Potrol.

Le 16 juillet : *Un Coup de tête* ou *L'étudiant et le bourgmestre*, vaudeville en 3 actes.

Le 19 juillet : *L'Eau et le feu*, pantomime-féerie en 13 tableaux.

Cette pantomime est tirée d'un conte des *Mille et une nuits*, *Les trois bossus*.

Elle est de toute absurdité et n'obtint aucun succès.

Le 10 août : *L'Espiègle* ou *La leçon d'honneur*, pantomime en 4 tableaux.

C'est le second acte du *Mariage de Figaro*, mis en pantomime. Le comte Almaviva s'appelle ici comte de Folleville, Figaro devient Simplet, Suzanne Simplette ; seul, le page Chérubin conserve son nom.

Le 20 août : *Je suis joué* !.. vaudeville en 1 acte.

Le 17 septembre : *Les Bayadères de Pantin*, folie-vaudeville en 1 acte par M. Léon.

On venait de jouer aux Variétés *Les saltimbanques*. Odry, dans cette inimitable charge était tout bonnement épique. Aussi la foule assiégeait-elle le bureau de location. M. Bertrand se garda bien de manquer à son immuable principe. Il commanda la pièce à côté, qui devint *Les Bayadères de Pantin*.

En voici la distribution, ainsi que le nom des personnages :

Caméléon, *chef de banquistes*	Hachette.
Anasthase Gravois, *jeune rentier*	Adolphe.
Rouget, *paillasse*	Gustave.
Antonin, *jongleur*	Philippe.
L'Essoufflé, *Clarinette*	Victor.
Fifine Ledure, *grosse caisse*	Mlle Clara.
Anaïs, *femme forte*	Mme Hénaux.
Zaphira, *danseuse de corde*	Emilie.

Un garçon marchand de vin.
Un musicien aveugle.

De même que l'illustre Bilboquet, le célèbre Caméléon fait en chantant le portrait d'une femme qu'il a bien aimée, dans le temps :

Air : *Le noble éclat du diadème*

Sa chevelur' d'un blond rougeâtre,
Son front plus pur que le satin,
Son teint plus blanc que de l'albâtre,
Rien n'était plus beau que sa main.
Dix-neuf printemps formaient son âge ;
Des attraits plus beaux que le jour.
Enfin ell' s'appelait Pélage.
Et surnommé' la Fleur d'amour !
Et c'était aussi la plus sage
La plus sage des Fleur d'amour.
Oui c'était une fleur d'amour (bis).

Hachette obtint du succès dans son rôle de Caméléon. Il se crut Odry ! Il écrivit à Dumersan et Varin, les auteurs du chef d'œuvre des Variétés :

Messieurs,

Je ne suis que d'un petit théâtre. Mais je crois pouvoir vous dire, amour-propre à part, que je mérite d'être d'un grand. Et je vous demande de venir me voir aux Funambules, dans mon rôle de Caméléon qui est votre rôle de Bilboquet, quoique moins bien fait. Et je crois pouvoir vous dire encore que quand vous m'aurez vu, amour-propre à part, vous n'hésiterez pas à me confier le rôle de M. Odry, si cet artiste devenait indisposé. Je ne suis engagé aux Funambules qu'à la quinzaine. Je crois valoir M. Odry, sans l'imiter...

En attendant de recevoir une réponse affectueuse de vous, j'ai l'honneur d'être votre serviteur et admirateur dévoué.

HACHETTE

Rue des 3 bornes, n° 11.

Dumersan ne répondit pas à cette supplique grotesque. Varin fut moins généreux et envoya à Hachette une lettre ainsi conçue:

Monsieur,

Amour-propre à part, vous valez mieux qu'Odry ; c'est pourquoi ne voulant pas écraser de votre supériorité cet excellent artiste auquel nous avons une certaine reconnaissance, si, par malheur, *il devenait indisposé*, nous aurions recours à moins fort que lui, et par conséquent que vous.

Nous avons l'honneur de vous saluer.

Pour Dumersan :
VARIN.

Hachette, qui était fort niais, prit cela bon jeu, bon argent et montra l'épitre de Varin à qui voulut la voir.

Un petit journal, *l'Aspic*, s'en empara, la reproduisit, ainsi que celle qui l'avait motivée ; et c'est ainsi que je puis faire participer mes lecteurs à cette aubaine.

Hachette mourut en disant : Que l'on mette sur ma tombe : Ci-gît un méconnu !..

Shakespeare a dit : Vanité, ton nom est un acteur !..

Shakespeare parlait des comédiens de son époque. Il y a plus de trois cents ans de cela. Ont-ils changé ? Savoir parler au théâtre, savoir se taire au dehors, devraient être l'unique souci des comédiens.

Le 26 septembre : *Un Rendez-vous*, vaudeville en 1 acte.

Le 4 octobre : *Le Passe-port* ou *Plus d'un âne s'appelle Martin* vaudeville en 1 acte.

Le 10 octobre : *Un Secret*, pantomime dialoguée en 3 tableaux, mêlée de chants et de danses.

Le 23 octobre : *Un Dimanche aux vertus*, vaudeville en 1 acte.

Le 2 novembre : *Fra-Bianco*, vaudeville en 1 acte,

Le 7 novembre : *Une Comédie improvisée*, vaudeville en 1 acte.

Dans cette pièce, la mère Cadichon, une vieille souffleuse, chante au comédien Dubolard qu'elle vient de rencontrer après une longue absence :

Air : *T'en souviens-tu.*

Petit gamin, je t'apprenais à lire.
Adolescent, je t'appris à danser.
Vers le public, trop enclin z'à médire,
Tu me dois l'art de savoir t'avancer.
Combien de fois, modèle des grands hommes,
Toi, qu'aucun r'vers ne put voir abattu,
Tu disparus sous un délug' de pommes,
Dis-moi, mon vieux, dis-moi, t'en souviens-tu. } *bis.*

Alors, Dubolard, descendant du trône sur lequel il s'était juché l'instant d'avant, répondait à la mère Cadichon, sur le même air :

Attendez donc, je crois vous reconnaître.
Mais, en effet, c'est bien vous ! c'est bien toi !
Quoi ! si longtemps j'ai pu vous méconnaître...
Toi dont les soins ont tant veillé sur moi.

Pour me venger d'une femme légère,
Et ranimer mon courage abattu,
Vous fûtes même un peu plus que ma mère... } *bis.*
Dis-moi, m'amour, dis-moi t'en souviens-tu ? }

Le 7 novembre : *Monsieur et Madame Denis*, vaudeville en 1 acte.

Le 15 novembre : *J'emprunte une femme*, comédie-vaudeville en 1 acte par A... F...

Le 15 novembre : *La Sorcière*, pantomime en 7 tableaux.

Le manuscrit porte comme second titre : *La Sorcière* ou *Le Dindon protecteur !* c'est le premier qui prévalut.

Cette pièce est fort amusante et Deburau, coupant en plein drap, s'y tailla un fort grand succès.

Laurent ne jouait pas dans cette pantomime. Laurent faisait répéter au Théâtre du Cirque sa féerie *Les Pilules du diable !*

Laurent, las de se voir balancé par le talent de Deburau, avait demandé à M. Bertrand et avait obtenu la résiliation de son engagement ; le théâtre des Funambules se trouvait donc momentanément sans Arlequin.

Mme Cossard parla alors de son beau-frère, Cossard cadet, qui jouait les arlequins chez Bobino.

Cossard cadet avait une réputation, justement établie dans cet emploi, de l'autre côté de l'eau.

M. Bertrand le fit venir et lui proposa de signer avec lui, Bertrand, c'est-à-dire de monter du bas de l'échelle au faîte. Il s'attendait à voir l'arlequin se précipiter à ses pieds et baiser respectueusement ses genoux directoriaux, en les arrosant de larmes de reconnaissance.

Quel ne fut pas son étonnement lorsque Cossard cadet lui répondit :

— Monsieur Bertrand, je commence par vous remercier d'avoir bien voulu penser à moi ; mais je ne suis pas ambitieux. Je me trouve bien chez Bobino, j'y resterai.

Ce refus, qui renversait tous les projets de M. Bertrand, était le résultat d'un petit complot, conçu *ad hoc* entre Madame Cossard, son beau-frère et son mari.

La fine mouche, je parle de Madame Cossard, connaissait bien son Bertrand, et savait pertinemment qu'il suffisait de mettre son directeur dans l'impossibilité d'avoir ce qu'il désirait, être ou chose, pour qu'il s'acharnât à le posséder.

Pourquoi ce complot ? Parce que M. Bertrand avait les ménages en horreur dans son théâtre. Il prétendait qu'en se brouillant avec un pensionnaire doublé d'une épouse, il se faisait deux ennemis au lieu d'un.

Or jusqu'à ce jour, et pour ce motif, Madame Cossard avait vainement tenté de faire engager son mari avec elle.

— Mon cher Cossard cadet, reprit M. Bertrand, avez-vous bien réfléchi à la gravité de votre refus ?

— Oui M. Bertrand. J'ai l'habitude de mes camarades, là-bas, de mon frère surtout. J'arriverai chez vous isolé, dépaysé. Ce sont des tracas que je puis m'éviter et que je m'évite.

Ces mots *de mon frère surtout,* avaient été lancés sur l'invitation de Mme Cossard. Il devaient immédiatement produire leur effet.

M. Bertrand avait dressé l'oreille.

— Votre frère... votre frère... Mais, il joue les troisièmes rôles; et Philippe tenant cet emploi, je n'ai pas besoin de votre frère ; sans cela, pour vous décider, mon cher Cossard cadet, je l'eusse certainement pris avec vous.

— M. Bertrand, mon frère quitte précisément l'emploi des troisièmes rôles, pour celui des premiers.

— Des premiers rôles ?...

— Oui !.. Or, M. Saint-Eugène est à fin d'engagement, m'a-t-on dit. Eh ! bien, si vous engagez mon frère comme premier rôle, j'envoie promener Bobino et je viens avec vous, comme Arlequin.

— Topez là, fit M. Bertrand. C'est chose faite.

Et l'engagement fut contracté.

C'était, somme toute, une excellente acquisition que venait de faire l'impresario funambulesque. Les Cossard, aîné et cadet, étaient gens de valeur chacun en son genre.

Cossard aîné, qui avait été porteur à la halle, séduit par le théâtre, avait lâché son état, où plutôt sa profession pour *l'art*, disait-il pompeusement en se drapant à l'antique.

Cossard cadet avait été, et était resté, malgré le théâtre, ce qu'il était avant, ébéniste ; menant de front l'art et le rabeau.

L'aîné était un beau garçon, taillé en hercule, la coqueluche des grisettes.

Le cadet était laid, fort laid même, et le savait ; laid à ce point qu'un soir, ayant égaré son masque d'Arlequin, il refusa d'entrer en scène, prétendant que son prestige était perdu, s'il paraissait sans masque aux yeux du public.

L'aîné avait le front élevé, de grands yeux clairs, très expressifs, la bouche petite.

Le cadet avait le front bas, de gros yeux à fleur de tête, les os maxillaires fortement accusés, sans qu'aucun avocat songeât à prendre leur défense. La bouche était grande, mais bien meublée Aussi le public, qui n'apercevait jamais que cette partie du visage. d'Arlequin, ne se doutait-il nullement de sa laideur. Cossard cadet avait même le menton spirituel ; sans masque, il avait cinquante ans, masqué il en avait vingt.

L'aîné adorait se montrer, trôner, prôner. Il se promenait majestueusement devant le public qui faisait la queue à la porte de son théâtre.

Le cadet était sombre, triste, peu loquace. Il évitait de passer sur le boulevard, et tâchait, autant que possible, de se glisser inaperçu dans la foule, qu'il était forcé de traverser, pour arriver à la petite porte de la rue des Fossés du Temple.

L'aîné, comme tous les artistes des Funambules, était tenu de jouer dans les vaudevilles, et s'y montrait fort mauvais.

Le cadet s'était réservé, par engagement, de ne paraître que dans la pantomime. S'il se départait de ce droit acquis pour rendre service à son directeur, ce n'était qu'après s'être maquillé de façon à ce que personne, ne le reconnût. Très adroit, très intelligent, s'il se fût adonné à parler, il eut fait un comédien fort acceptable.

L'aîné était un vantard, un puffiste, un débraillé, un déraillé, un charivariste, buvant fort et souvent.

Le cadet était un modeste, un économe, un rangé, un sobre.

L'aîné était marié et négligeait sa femme.

Le cadet était célibataire et adorait sa maîtresse.

L'aîné réduit plus tard à la plus extrême misère, de chute en chute dégringola jusqu'à se faire *homme sauvage*, dans les foires. Il se teignait en nègre et mangeait de la viande crue, au grand ébaudissement des foules.

Le cadet partagea sa vie entre sa fausse famille, (un cas ignoré l'empêchait de régulariser la situation) l'art mimique et l'ébénisterie.

L'aîné mourut en 1848, fusillé par des gardes mobiles, qui le surprirent dans le petit théâtre des *Patriotes*, situé au coin de la rue Charlot, sur l'emplacement du restaurant connu sous l'enseigne du *Cadran bleu*.

Le cadet mourut paisiblement dans son lit, d'une vulgaire maladie d'épuisement anémique.

Voici donc les deux Cossard introduits dans le petit théâtre ; n'en parlons plus.

Le 15 novembre, le répertoire s'augmenta de : *Un Mari*, drame vaudeville en 2 actes.

Le 19 novembre : *La Petite maison*, comédie-vaudeville en 2 actes.

Le 19 novembre : *Le Perruquier châtelain*, vaudeville en 1 acte.

Le 19 novembre : *Je suis mon oncle*, vaudeville en 1 acte.

Le 24 novembre : *Une Heure de folie*, vaudeville en 1 acte.

Le 24 novembre : *Pierrot errant*, pantomime-féerie dialoguée en 9 tableaux et à grand spectacle, mêlée de chant et de danses, avec transformations, divertissements, etc...

Précédée de : *La Fée du désert*, prologue, vaudeville-féerie en 1 tableau.

Personnages :

Faïlka, *mère de Pierrot*.
Pierrot.
La Fée du désert, *sous le costume d'un marchand voyageur*.
Chàamalek, *intendant*.
Un moissonneur, *parlant*.
Un chef de brigands.
Un chef arabe.
Krasnikiloff.
Jobardinokoff.
Un crieur public, *cosaque*.
Bétapouliskoff.
Un marabout.
Un cacique.
Un marchand d'esclaves.
Le Shah.
Un chef d'eunuques.
Un monstre.
Cosaques, Persans, Bayadères, Guerriers, Moissonneurs, Moissonneuses et Brigands.

Personnages du Songe :

Le Sosie de Pierrot.
Un vieillard, *grand prêtre de Zoroastre*.
Léa, sa fille, *vouée au culte du Soleil*.
Un grand prêtre du Soleil.
Deux jeunes vierges, *prêtresses du Soleil*.
Le génie du mal.
Habitants des deux sexes.

Cette pantomime ferait un excellent scénario de féerie.

Elle ressort quelque peu du moule ordinaire des autres pantomimes. C'est toujours une poursuite à travers les éléments et les pays. Mais le point de départ varie. Et puis, c'est Pierrot, sans Cassandre et son éternel gendre, qui, cette fois, poursuit.

Pierrot a vu en rêve la belle Léa, prêtresse du Soleil. Une bonne fée qu'il délivre des mains d'atroces brigands, pour le récompenser, lui promet de lui faire avoir Léa pour femme.

De là, grâce à un talisman — une plume que la fée a tirée d'une de ses ailes — voyage extravagant de Pierrot et de la belle Léa dans le désert — lequel ? Puis en Sibérie, dans l'Inde, en Perse, et enfin à la Tour de fer dans laquelle la belle Léa, prise, reprise et surprise, se trouve enfermée et gardée par un monstre, qui doit avoir avalé bien des paquets d'allumettes chimiques, car il vomit des jets de flamme à bouche que veux-tu.

Cossard aîné débuta par le grand prêtre de Zoroastre, père de Léa.

Cossard cadet joua Jobardinokoff, rôle dans lequel il parlait.

Il y avait une scène de deux ours, l'un blanc, Deburau, l'autre noir, Cossard Cadet, fort amusante ; au moment où les deux plantigrades, hurlant et rugissant, en venaient aux griffes, leurs têtes allaient se promener à terre. Dans leur précipitation à se récapiter, l'un prenait la tête de l'autre, de sorte que l'ours blanc se trouvait avoir la tête noire, pendant que le noir avait la tête blanche.

Ce jeu de scène n'était certes par nouveau. Il avait servi déjà dans *l'Ours et le Pacha*, joyeuse folie créée en 1820, sur le théâtre des Variétés, par Odry, Brunet et Vernet.

Il n'en produisait pas moins, ici, un très grand effet, par les lazzis, un peu grassemement salés, trouvés par Deburau, lazzis que n'eussent pu se permettre, sur un théâtre de genre plus élevé, des comédiens de la valeur d'Odry et de Brunet.

Aux Funambules tout était toléré, accepté.

Le 24 novembre : *Le Mari à deux visages*, pièce en 1 acte par Levasseur.

On entend et l'on voit dans cette petite comédie une certaine Lise chanter le couplet suivant :

Air : *Jeune imprudent ne vois-tu pas ?*

L'amour est l'plus grand des tyrans.
Fait-il des siennes à la ronde !...
Pauvr's filles, il nous met dedans
Et le plus joliment du monde.
Ah ! ma mère a grande raison
De dire que les mieux apprises,
Quand on tourne autour d'leur jupon
Ne font encore que des bêtises. (*bis*).

Le 9 décembre : *Trop aimable* ou *la femme de l'apothicaire du coin*, vaudeville en 1 acte.

Le 19 décembre : *Le Tonnelier et le somnambule*, pantomime en 3 tableaux.

Ici Pierrot s'appelle Cruchon. Il est valet de ferme et est aimé de la femme de son maître, tandis que le beau sergent aux Gardes françaises, Francœur, brûle d'amour pour la jeune Fanchette.

Les deux hommes enlèvent les deux femmes, la mère et la fille, lesquelles de compagnie, entament galamment la Reinette. Et quand je dis entament, je reste fort modeste dans mon expression ; car c'est bel et bien croquer jusqu'au trognon, que je devrais dire.

Deburau jouait Cruchon et Cossard aîné, Francœur.

Le 22 décembre : *Tu auras ma fille et tu n'auras pas ma fille*, vaudeville en 1 acte par Adrien F...

Cette pièce, présentée sous ce premier titre, fut acceptée et jouée sous celui de : *Le Retour de Mazagran*.

La défense de la casbah de Mazagran avait eu un retentissement énorme, M. Bertrand ne pouvait manquer de s'en emparer pour son affiche.

Un des personnages, Lambinet, jeune niais, joué par Adolphe, chantait le couplet suivant :

Air : *De la Sentinelle.*

Abd-el-Kader est un grand polisson.
Et c'est dommage en ouvrant la cadence
De ne pouvoir le mettre à la raison
Et lui donner un p'tit air de danse.
Mais je me charge de ce soin
A coups d'fusil, à coup d'pieds, à coups d'crosse,
Je veux lui casser le grouin
Et si j'peux fair' danser l'bédouin
J'réponds qu'il n's'ra pas à la noce,
Pas à la noce.

Le 31 décembre, on termina l'année par : *Les Etrennes du bourgeois*, tableau populaire en 1 acte.

CHAPITRE XXII

1839

Pelletier. Paul Legrand

En ce temps là, Messieurs les directeurs de théâtre attiraient la foule par la longueur démesurée qu'ils donnaient à leur spectacle.

En ce temps là, la quantité primait la qualité ; et cela, dans tous les théâtres.

En ce temps-là, le jour du 1er janvier, M. Harel, directeur de la Porte-Saint-Martin, offrit aux habitants de la bonne ville de Paris un spectacle ainsi composé :

1° *L'Enfant de giberne*, drame en 4 actes.

2° *Randal*, drame en 5 actes.

3° *Les Athlètes bruxellois*, intermède.

4° *Peau d'âne*, féerie en 6 tableaux.

On commençait ce spectacle de 15 actes et un intermède, à 5 heures.

En ce temps-là, ce même jour du 1er janvier, M. Adolphe Dennery, *directeur de l'Ambigu-Comique*, captiva l'attention des spectateurs par :

1° *Le Général et le Jésuite*, mélodrame en 5 actes.

2° *Les Mines de blagues*, revue.

3° *Le Facteur*, drame en 5 actes.

En ce temps-là, voire ce même jour, pour ne pas rester en retard vis-à-vis des deux directeurs précédents, M. Bertrand présenta à ses habitués :

1° *Les Etrennes du bourgeois*, tableau populaire en 1 acte.

2° *Iroquois ou la famille indienne*, pantomime en 7 tableaux,

3° *Les Bayadères de Pantin*, en 1 acte (reprise).

4° *L'Eau et le feu*, (reprise) pantomime en 13 tableaux.

Dans ce volumineux spectacle, il n'y avait de nouveau que *Les Etrennes du bourgeois*, vaudeville joué la veille, et l'*Iroquois*.

Nous nous trouvons, de par cet *Iroquois*, en plein mimodrame, avec grande dame Espagnole, recueillie dans un naufrage par l'Iroquois Hachascor ; avec grand seigneur Espagnol, à la recherche de sa femme ; avec enfant, né des œuvres d'Hachascor et de Francesca la noble dame ; avec Pierrot, matelot Espagnol aidant à la délivrance de Francesca, de son enfant et, à leur retour dans les possessions plus que jamais espagnoles de l'Amérique du Nord ; avec l'arrivée du sauvage Hachascor au palais occupé par le comte don Pedro d'Alcara, époux de Francesca ; avec les tentatives faites par Hachascor pour reprendre et son fils et la femme de l'hidalgo, de laquelle il est éperdument amoureux ; avec coup de pistolet dénouant la situation en tuant l'infortuné Iroquois. Bref, succès.

Cossard aîné recueillit de nombreux bravos dans ce rôle d'Hachascor.

Alors, il se crut Dieu, ou du moins prétendit se faire passer pour tel, comme jadis Empédocle ; mais le cabinet directorial des Funambules, plus généreux que l'Etna, qui n'avait rejeté qu'une des sandales du Philosophe Grec, repoussa tout entier le corps du brave Cossard aîné.

Le triomphateur s'était présenté à M. Bertrand et lui avait demandé, pour cause de triomphe, une augmentation d'appointements, le brave Directeur avait répondu :

— Mon ami, si vous m'accordez le droit de vous augmenter quand vous avez du succès, je dois également avoir celui de vous diminuer quand vous n'en aurez pas. Or, il ne tient qu'à moi de vous distribuer demain un mauvais rôle, dans lequel le public vous trouvera de toute nullité. Croyez moi, vous êtes plus souvent médiocre que passable, mauvais que médiocre. Restons où nous en sommes ; vous y perdriez. Et rappelez-vous, une fois pour toutes, que je pourrais vous remplacer beaucoup plus facilement que vous ne me remplaceriez. Sur ce, je vous prie de me tourner les talons.

Cossard aîné, humilié, confus, comprit qu'il avait fait un pas de clerc, se le tint pour dit et ne renouvela pas sa tentative de chantage.

Le 7 janvier, on donna : *Ma tante Peuchoiteau*, vaudeville grivois en 1 acte.

Il est temps de nous occuper un peu d'un jeune homme, qui est appelé à tenir une place très importante, dans l'histoire que nous écrivons

Charles, Dominique, Martin, Legrand, qui devint par la suite Paul Legrand, jouait depuis quatre années des amoureux et des grimes de vaudevilles avec toute l'ardeur d'un tempérament créé pour le théâtre.

Mais l'ambition du brave garçon avait des visées beaucoup plus élevées. Il voulait remplacer Deburau.

Deux ou trois fois déjà, il était parvenu à jouer avec succès dans de petites pantomimes.

Vers cette époque, il y avait sur le boulevard Bonne Nouvelle un grand concert que l'on appelait le *Gymnase musical.*

Deux hommes, MM. Hue et Dupuis résolurent d'y introduire le genre de la pantomime-arlequinade.

Charles, Dominique, Martin, Legrand alla les trouver, s'entendit avec eux et quitta M. Bertrand ; au comble de ses vœux, notre Legrand allait donc jouer les Pierrots !

MM. Bertrand et Cot d'Ordan s'en inquiétèrent peu.

Nous reviendrons à cet artiste, lorsqu'il reparaîtra sur la scène des Funambules ; pour l'instant, retournons à notre répertoire.

Le 11 janvier, on donna : *L'Officier de contrebande*, ou *Un Trait du grand Frédéric,* vaudeville anecdotique en 2 actes, par F...

Ce fut dans cette pièce que débuta Pelletier, l'inimitable, le bredouillant, le charabiateur, le sublime Pelletier !.. Pelletier qui devint plus tard roi du boulevard !.. Pelletier qui recherchait ses effets comiques dans de semblables lapsus : *M'ame la Comtisse, c'est le feu d'artifesse* ! Pelletier, dont le défaut de prononciation et l'accent faubourien savaient enchanter, par leur folâtre harmonie, le cœur des titis, qu'il faisait vibrer sous le charme d'un organe, qu'on eut vainement comparé aux harpes éoliennes, résonnant dans l'espace, sous le souffle du Zéphir. Pelletier enfin, et c'est tout dire !... J'aurai souvent l'occasion de revenir sur cette physionomie fantaisiste du boulevard du Temple, qui a marqué comme une étoile de première grandeur, dans la pléiade de notre petit théâtre.

Le 21 janvier : *La Cloison,* vaudeville en 1 acte par Adrien F...

Le 14 février : *Madeleine*, comédie-vaudeville en 1 acte.

Ce même 14 février : *Les Deux paletots*, vaudeville anecdotique en 1 acte.

Le 25 mars : *Marcel ou le séducteur trompé*, comédie-vaudeville en 2 actes par Alphonse Sallerin.

Le 4 avril : *Le Rêve d'un conscrit ou la suite du billet de 1000 francs,* pantomime en 9 tableaux.

Ainsi commence cette pantomime :

1er TABLEAU

Une place publique

Au lever du rideau, tous les personnages sont placés comme au tableau final du *Billet de 1000 francs*.

On rend le sac de 1000 francs à Laloque (Pierrot) et l'on envoie les voleurs en prison.

Laloque régale les conscrits : son chien accourt et joue avec lui.

Le sergent veut conter fleurette à Lisette, Laloque, jaloux, lui offre à boire pour l'en détourner.

Le sergent rassemble les conscrits, qui partent pour la caserne avec Laloque.

Séparation douloureuse de Laloque et de Lisette, qui lui promet d'aller le voir à la caserne.

Les conscrits défilent commandés par le sergent.

2e TABLEAU

Une petite place. Sur le côté une caserne d'infanterie, avec une guérite et un factionnaire à la porte.

Arrivée des conscrits. Un officier passe l'inspection et envoie Laloque et les conscrits s'habiller. Tout le monde entre dans la caserne.

Arrivée de Lisette, qui veut entrer dans la caserne malgré le factionnaire.

Le sergent sort de la caserne et veut faire la cour à Lisette, qui lui résiste. On entend Laloque. Le sergent se cache.

Laloque est habillé en soldat. Lisette lui propose le mariage. — Un soldat ne peut pas se marier. — Eh ! bien, déserte, et avec ton argent nous nous établirons et nous serons heureux. Hésitation de Laloque, qui finit par consentir !... Pour donner un gage de sa parole à Lisette, il va chercher le sac de 1000 francs qu'elle lui demande.

Le sergent qui a tout compris, revient près de Lisette, qui le repousse encore. Il menace de se venger.

Laloque les surprend ensemble, en conçoit de la jalousie et lève la main sur le sergent ! Celui-ci appelle le caporal. Lisette intercède. Le sergent s'adoucit et consent à borner le châtiment de Laloque à un tour de faction extraordinaire, à la porte de la caserne. Laloque s'approche de Lisette, et lui donne rendez-vous, pour déserter la nuit avec elle.

Le sergent a tout vu, tout entendu. La nuit vient.

On place Laloque en faction. Le sergent entre à la caserne, après avoir, pour vexer son rival, fait quelques agaceries à Lisette qui sort sans y répondre.

Faction de Laloque.

Son chien vient le carresser. Il l'attache à la porte de la caserne.

Le caporal sort à la tête d'une patrouille.

Le sommeil gagne Laloque, qui s'appuie la tête contre la guérite et s'endort.

(*Il est remplacé par un Sosie*).

Le rideau du fond se lève et, derrière un rideau de gaze, parait une décoration semblable à celle du devant du théâtre, caserne, guérite, etc.

Songe

Laloque est endormi au fond, comme son sosie l'est sur le devant.

Lisette arrive avec le sac, s'étonne et se plaint de voir son amant endormi, et dans son dépit va donner un signal à l'entrée de la caserne.

Le sergent accourt, saisit le sac de 1000 francs et s'enfuit avec Lisette.
Cauchemar du Sosie sur le devant de la scène.
Laloque (celui du fond) se réveille et court après les fugitifs.
Son chien rompt son lien et court après lui.

Tout ce qui suit, c'est-à-dire six tableaux, n'est donc absolument qu'un songe.

C'est la poursuite du sergent et de Lisette par Laloque, redevenu chiffonnier et escorté de son chien.

L'action du 3me tableau se passe dans une guinguette.

Le 4me tableau dans une prison.

Il y a là une chanson, qu'entonne un prisonnier, pendant que ses compagnons mangent la soupe, qui vaut d'être citée.

La voici :

CHANSON

Refrain :

Viv'nt les z'haricots
Et les pomm's de terre.
Y n'y a pas d'bonne chose,
N'y a pas d'bons fricots
Sans les pomm's de terre
Et les z'haricots.

I

L'épinard m'écœure.
J'n'aim' pas l'fricandeau
Et j'crach' sur l'maqu'reau,
Mêm' quand y a du beurre...
Viv'nt les z'haricots...
etc.

II

Quand ma chaste épouse
Veut *Au Grand Vainqueur*
S'mettre sur le cœur
Un d'mi litre à douze,
Viv'nt les z'haricots...
etc.

III

Ces légum's sonores.
M'plaisent surtout avec
Un morceau d'bifteak
Et trois harengs saures !
Viv'nt les z'haricots...
etc.

Au cinquième tableau, on se trouve au Jardin des plantes.

Au sixième tableau, chez un riche anglais devenu l'entreteneur de Lisette. . . . .

Au septième, dans un jardin, avec habitation à laquelle pend une corde de badigeonneur.

Au huitième, devant un conseil de guerre.

A travers ces tableaux du rêve, passent et repassent en première ligne, Laloque et son chien, voulant rattraper le sac de 1000 francs volé, repris, revolé, Lisette et le Sergent fuyant avec. Le sac tombe d'abord entre les mains de voleurs; puis est jeté dans la fosse aux ours, retrouvé par l'anglais, repris par Laloque et son chien. Finalement le Sergent fait arrêter Laloque, qui passe devant le conseil de guerre, comme déserteur et voleur, ce qui le fait condamner à la peine de mort.

On va le fusiller. On lui bande les yeux, lorsque le 9me tableau commence :

9e et dernier tableau

Le théâtre représente le décor du 2e tableau, avant le songe.

Laloque est endormi sur le devant du théâtre, dans la même position qu'au 2e tableau, la tête sur la guérite.

Le rideau du fond s'enlève et l'on voit une plaine.

La foule se presse pour assister à l'exécution.

On amène le condamné.

Le chien vient se placer près de son maître qui est à genoux attendant la mort.

L'Officier commande le feu !

Le rideau du fond retombe.

Laloque, sur le devant de la scène, s'éveille.

La patrouille qui était sortie se présente.

Laloque crie : Qui vive ?

Le caporal répond : Patrouille rentrante ?... et disparaît dans la caserne avec.

Laloque a beaucoup de peine à revenir à lui. Il se tâte pour s'assurer qu'il n'a pas été fusillé.

Lisette paraît à l'entrée de la coulisse, lui montre le sac et l'invite à déserter, comme ils en sont convenus.

« Laloque refuse, la presse contre son sein et lui dit qu'il demandera la permission de se marier, ou qu'il achètera un remplaçant avec les 1,000 fr. »

« Le sergent voit ce tableau et se dépite. »

Rideau.

Voici quelle était la distribution de cette pantomime qui fut un grand succès.

Laloque	Deburau.
Le sergent	Cossard aîné.
Lisette	Mlle Reine.

1er voleur	Cossard cadet.
2e voleur	Sommet.
Un riche angais	Laplace.
Un groom	Sirot.
Le sosie de Laloque	Charles.
Un garçon marchand de vin	X.
Un officier de ligne	X.
Un marchand de melons	X.
Un geôlier	X.
Un guichetier	X.
Un inspecteur	X.
Deux surveillants	X.
Un caporal	X.
Un factionnaire	X.
Une marchande d'oublies	X.
Un banquiste	X.
Un arbalétrier	X.
Une marchande de sucre d'orge.	X.
Un ours	X.
Un chien	
Huit conscrits.	
Six voleurs.	

Soldats, marchands, buveurs, promeneurs des deux sexes.

Le chien de Deburau remplissait le rôle « du chien ».

César — c'était le nom dont cet aimable boule-dogue avait été baptisé par son maître — César était aussi vilain qu'il était intelligent, ou plutôt aussi intelligent qu'il était vilain.

L'œil sans cesse dans l'œil de son maître, l'animal et l'homme se comprenaient au moindre clignement, au signe le plus imperceptible.

Ces deux muets s'entendaient, et s'obéissaient mutuellement. Et, le plus esclave des deux n'était pas celui qu'on pense.

Deburau avait des tendresses de mère pour César. Il le peignait, le brossait, le lavait, ne laissant à aucun le *plaisir* de remplir ces soins minutieux.

Ses grosses colères contre l'animal se bornaient à l'appeler « huissier. »

Quand il lui avait dit : Mossieur César, vous n'êtes qu'un huissier !.. C'est que le dogue avait commis quelque grosse faute, telle que Don Juan en commettait au vis-à-vis de ses aimées, telle que Gringoire, sur les rôtisseurs ayant étalage en rue.

Aussi, quel succès obtenait ce César, lorsque les voleurs du sac de mille francs, se disposant à partager le fruit de leur larcin, se le voyaient enlever par l'intelligent animal, qui s'enfuyait à toutes pattes, en les menaçant de ses crocs pointus.

C'étaient des trépignements, des rappels forcenés. Le rideau était relevé, et César, dressé par son maître, venait gravement sur ses deux pattes de derrière, se présenter au public, qui l'acclamait et le fêtait.

Alors, César aboyait par deux fois, ce qui poussait au paroxysme le délire des spectateurs des régions paradisiaques.

Un trait du merveilleux instinct de cet étonnant digitigrade :

Tous les matins, Deburau enveloppait trois sous dans du papier, confiait le paquet à César et l'expédiait chez la marchande de journaux, au coin du faubourg; celle-ci, habituée à la visite du dogue, lui mettait le journal en gueule, sans s'inquiéter de rien.

Un matin, César parut à la boutique, selon son habitude, mais sans les trois sous réglementaires.

— C'est un oubli de M. Deburau, pensa la brave femme. Et le journal fut remis, quand même, au fidèle messager.

Le lendemain, nouvel oubli de M. Deburau ; le surlendemain et les jours suivants, de même.

Au bout de quinze jours, la marchande voyant passer le propriétaire de César, l'interpelle :

— M. Deburau, ça fait quinze journaux que vous me devez.

Deburau s'étonne ; chaque matin, prétend-il, il a remis le petit paquet à César. Il interroge le chien, qui remue intelligemment la queue.

Qu'a pu faire César de ces quinze centimes quotidiens?

Le lendemain matin, Deburau, après avoir confié, comme d'habitude, le petit paquet à César, se met à le suivre et à le guetter.

Que voit-il ?... César courant chez un pâtissier voisin, déposant les quinze centimes ès-mains de l'officier-bouche, contre lesquels celui-ci lui présente trois petits pains au lait, que s'empresse de dévorer le boule-dogue.

Puis, le repas absorbé, Deburau voit le brave chien courir chez la marchande de journaux et fier de son fardeau, remonter tranquillement chez son maître.

César fut corrigé par Deburau ; mais le fut-il de sa manie du vol ?... Nous pouvons affirmer que non.

Le 15 mai : *Les Cosaques ou la ferme incendiée*, pantomime villageoise en 4 tableaux.

Le 25 mai : *Le bâton de l'aveugle*, vaudeville anecdotique en 2 actes.

Le 1er juillet : *Brulez vos billets doux*, comédie-vaudeville en 1 acte.

A cette même date : *L'amour et les poules*, vaudeville en 1 acte.

Le 2 août : *Les Recruteurs écossais*, pantomime en 3 tableaux.

Le 13 août : *La Tarentule*, comédie-vaudeville en 3 actes.

L'opéra avait donné, le 24 Juin précédent, un ballet-pantomime, en 2 actes sous ce titre de *La Tarentule.* Le livret était de Scribe et Coralli, la musique de Casimir Gide.

L'action de ce ballet appartenait au genre du mélodrame. Cette action, d'une vulgarité positive, n'en attirait pas moins la foule à l'Académie Royale de musique.

M. Bertrand, qui, des comédies, faisait faire des pantomimes, de cette pantomime fit faire une comédie.

On se contenta de mettre sur l'affiche : *D'après le ballet de l'Opéra.*

Le 25 septembre : *Un trésor*, comédie-vaudeville en 1 acte, imitée d'Hoffmann; par F...

Il est bien entendu que l'initiale F... représente toujours l'inépuisable Foliquet.

Le 1er octobre, vit s'effectuer un début, ou plutôt une rentrée, que j'ai hâte de signaler.

Le Gymnase musical, qui avait pris le nom de *Théâtre Bonne-Nouvelle*, avait fait de déplorables affaires.

Charles-Dominique-Martin Legrand, avait obtenu de gros succès à la salle Bonne Nouvelle.

Dans ce théâtre, dirigé par MM. Hue et Dupuis, — ce dernier peintre décorateur, mari de Charlotte Dupuis, — on jouait le vaudeville et la pantomime.

Par suite de dégringolade directoriale, Charles-Dominique-Martin Legrand, se trouvant sans emploi, était venu trouver M. Bertrand et lui avait demandé de le rengager.

— Mon ami, lui dit M. Bertrand, en sortant de chez moi, vous avez osé prendre le nom de Charles.

— Monsieur le Directeur, lui répondit le jeune homme, j'ai pris ce nom parce que c'est le mien, et que j'aime mieux illustrer mon nom que celui d'un autre.

— Ce nom de Charles appartient, continua l'impresario, à l'un des plus fermes soutiens de la pantomime.

— Vous êtes trop aimable !... fit en se rengorgeant le futur Pierrot.

— Ce n'est pas de vous que je parle !... riposta M. Bertrand. Il n'y a qu'un Charles au monde !... Un seul Charles, sachez-le, célèbre mime, célèbre auteur, célèbre régisseur, c'est Charles Charton !...Et ce Charles-là, c'est moi qui le possède.

— Je reconnais, balbutia le pauvre garçon, intimidé par cet élan d'enthousiasme directorial, que votre Charles est un homme d'un grand mérite ; mais il n'y a pas qu'un Charles à la foire qui puisse s'appeler Martin. Et je prétends être le second, lequel, pour ne pas valoir le vôtre, n'en a pas moins sa petite part dans les éloges qui se distribuent chaque soir sur la ligne des boulevards.

— Soit !.. j'y consens, fit avec majesté M. Bertrand ; mais si vous voulez rentrer dans mon théâtre, il vous faut avant tout renoncer à ce nom ! ! !

— Renoncer à mon nom ! ! ! s'écria notre Legrand, avec l'accent d'un La Trémoille à qui l'on proposerait de s'appeler Boniface.

— Votre engagement est à ce prix.

— Alors, voulez-vous que je m'appelle Legrand ?

— Un nom de famille ? Jamais ! Vous vous appellerez du nom que je vous avais donné précédemment : Paul, si vous le voulez bien ! J'aime ce nom de Paul !

Charles-Dominique-Martin Legrand réfléchit un instant, puis, se souvenant qu'il était sans ressources, dit tout-à-coup :

— Ça va !... Je deviens Paul ! J'accepte.

C'est ainsi que Paul Legrand rentra au théâtre des Funambules, le 1er octobre 1839, et qu'il se remontra pour la première fois au public, dans les *Epreuves*.

Dire que, du coup, Paul remplaça Deburau, personne ne le croirait. Cependant, le jeune homme fit preuve de grande intelligence ; à telle enseigne que M. Bertrand lui dit, le lendemain de cette première apparition :

— Paul, je suis content de vous !... Désormais vous jouerez des grimes.

Charles-Dominique-Martin Legrand, dit Paul, est né à Saintes, dans le faubourg Saint-Séverin, le 4 janvier 1816, bien qu'en puissent dire les biographes, qui, d'un accord commun, le font naître en 1820. Paul est donc un fier descendant de ces Celtes Gaulois, qui sûrent tenir tête aux légions de Jules César.

Il avait grandi dans la famille de sa mère à Soisy-sous-Etiolles, arrondissement de Corbeil. La brave femme était venue à Paris, ouvrir un modeste magasin d'épiceries, rue de Tracy, ayant à élever indépendamment de Paul, trois autres petits enfants.

Voici comment était venu au jeune homme le goût du théâtre.

Des baraques de saltimbanques passaient fréquemment par

Soisy, pour se rendre à Melun, et daignaient accorder quelques représentations aux braves habitants du petit pays.

Paul Legrand se fanatisa pour cet art, au maillot, qui venait de lui apparaître sous les traits de Paillasse, recevant les horions de Mondor.

Sa chère mère, l'ayant fait revenir à Paris, le mit en apprentissage chez un chapelier ; mais la chapellerie ne lui entrait que fort peu en tête. Il demanda à être bijoutier, ce à quoi l'excellente femme acquiesça.

Ce qu'il voulait surtout, le jeune Paul, qui n'était encore que Charles, c'était devenir acteur.

Or, dans la bijouterie, il flairait plus de loisirs que dans la chapellerie.

Acteur !.. Ce rêve d'or, non contrôlé, qui tourne tant de cervelles si bien organisées pour toute autre sorte de choses.

Il alla d'abord au spectacle de *Séraphin* ; puis, chez Madame Saqui, enfin, aux *Funambules*.

Là, il vit Deburau. Il frissonna d'aise !.. Il háleta de désir !.. Il jubila !.. Il exulta !.. Il passa par toutes les commotions de la joie, de la crainte, de la colère, se passionnant, s'irritant, aimant, riant, pleurant, grimaçant, avec celui qu'il prenait pour modèle. Le grand Pierrot l'avait conquis.

Quand il s'était présenté à M. Hue, au théâtre Bonne-Nouvelle, il lui avait dit :

— Monsieur, je veux être Pierrot !

Le Directeur lui avait répondu :

— Avez-vous fait des études préparatoires ?

— Oui, avait imperturbablement riposté le gamin, j'ai étudié Deburau.

Cette réponse avait satisfait M. Hue, puisqu'il avait engagé Charles-Dominique-Martin Legrand, à raison de sept francs par semaine. Un franc par jour !

L'art est un mauvais entreteneur ; aussi notre nouvel artiste n'avait-il pas abandonné son état de bijoutier, auquel il sacrifiait le temps que lui laissait les répétitions.

Je place ici une lettre de Paul Legrand, lettre qu'il m'a adressée, à propos de renseignements que je lui avais demandés. Bien qu'elle anticipe sur des évènements qu'il nous sera donné d'énumérer par la suite, je la publie, parce qu'elle résume en quelques lignes la vie de l'artiste dont nous nous occupons.

Mon cher Camarade,

Voici les documents que tu désires :

Savoir :

Mon entrée aux Funambules ? 1839, Direction de MM. Bertrand, père et fils. Mes débuts ?.. dans *Les épreuves*, pantomime de Deburau père et Charles Charton.

Absent six mois des Funambules pour les théâtres de la Madeleine et du Luxembourg.

Rentré aux Funambules, en 1840, je joue une pièce vaudeville : *Un coup de tranchet*, de Lepeintre jeune, dit le *Gros-Père.*

Artistes, mes camarades ?

Cassandre : Laplace qui remplaça Placide.

Arlequin : Cossard. Plus tard en 1853, Dérudder.

Colombine : Rosine Bénédit.

Premiers rôles, combats aux sabres : Mme Cossard (Zélie), qui a fait de beaux jours au Café de la Paix.

Les Léandres : Charles Charton.

Un *danseur arlequin*, nommé Sirot.

Et *Juteau*, jouant le vaudeville. Je crois que c'était le frère de Juteau, l'imprimeur du passage du Caire.

Quant à moi, reparti des Funambules, fin 1847.

Londres, 48 et 49; revenu à Paris dans cette dernière année, rentré aux Funambules, et parti de nouveau pour les *Folies-Concertantes* (1853) et les *Folies Nouvelles.* Et ainsi de suite.

Voilà, cher ami, ce que je t'offre de ma jeune mémoire.

A toi d'amitié,

PAUL LEGRAND,
31, rue Saint-Lazare.

CHAPITRE XXII

1839 (*Suite*)

Chefs de claque

Il existait à cette époque, comme il en existe aujourd'hui, des fabriques de succès, dont les entrepreneurs se faisaient de gros bénéfices en agiotant sur l'argent qu'ils avançaient aux Directeurs embarrassés, en trafiquant des billets d'auteurs, en traquant les artistes vaniteux, qui désiraient avoir *leurs entrées et leurs sorties, faites.*

Or, MM. Bertrand, père et fils et Cot d'Ordan, se trouvant embarrassés pendant la saison d'été de l'année précédente, ou ne voulant pas déplacer de fonds, avaient eu recours à l'un de ces entrepreneurs d'ovations, et tâchaient, par tous les moyens possibles, de se tirer des serres de leur oiseau de proie.

Mais, celui-ci avait bec et griffes et s'acharnait sur ses victimes en vendant ses billets *moins cher qu'au bureau.*

Il y avait un traité, signé, paraphé, contre lequel toute tentative se heurtait, se brisait.

M. Bertrand avait essayé de racheter ce traité ; l'entrepreneur qui, chaque soir, garnissait sa cassette d'assez bons bénéfices, n'avait garde d'étrangler sa poule aux œufs d'or.

Sur ces entrefaites, les directeurs de l'Ambigu-Comique : MM. Cormon et Cournol refusèrent de continuer avec M. Mennecier, chef de service — c'est le titre sous lequel se dérobe modestement le chef des vélites — le traité que ce dernier tenait de M. Cès-Caupenne, le prédécesseur de ces Messieurs.

M. Mennecier attaqua MM. Cormon et Cournol. Et M. Mennecier vit rejeter sa demande par le Tribunal de première instance, lequel posa des *attendus* qui méritent d'être signalés :

Attendu, qu'un pareil contrat *est basé sur le mensonge et la corruption*, qu'il a pour objet de la part du contractant l'obligation d'enrôler des agents en sous-œuvre, qui se soumettent pour de l'argent à des manifestations et manœuvres de commande, et, qu'en conséquence le contrat est évidemment contraire aux principes et aux lois qui intéressent les bonnes mœurs,

Attendu, que ces conventions seraient encore contraires à l'ordre public ; qu'en effet *ces manifestations mensongères et achetées d'avance* troublent chaque soir, l'intérieur des théâtres, et *détruisent violemment la liberté d'examen du public qui paye* ; qu'ainsi, ces conventions invoquées par Mennecier contre les sieurs Cournol et Cormon sont radicalement nulles, comme dérogeant aux principes qui intéressent les bonnes mœurs et l'ordre public,

En conséquence, les conventions invoquées par Mennecier ont été annulées comme illicites.

Mennecier avait interjeté appel de ce premier jugement.

Ce fut bien une autre affaire quand la cause arriva devant la Cour d'Appel.

L'avocat général, M. Pécourt, tonna *contre le scandale des entreprises de cette nature* ; il traita de *bandes stipendiées* ces Romains de la décadence, qui, non seulement troublent l'attention des spectateurs par *leurs inintelligentes manifestations ou leurs stupides applaudissements*, mais vont quelquefois jusqu'aux violences et aux voies de fait, contre les spectateurs qui ne partagent pas leur enthousiasme gagé. »

Il donna lecture des notes remises au chef des claqueurs à propos de *Rafaël*, pièce en 3 actes.

Voici ces notes :

1re ACTE — Rire pour les scènes des officiers, des moines et de *Coquet* ;

Applaudissements pour les besoins de la compagnie : *Albert*, pour le travestissement et pour le beau mouvement militaire.

2me ACTE. — Rires pour les scènes de *Beaubé*, celles de *Coquet* ; applaudissements pour *Laba*, lorsqu'il se jette aux *pieds de M. Lefebvre* ; pour *Cullier* et *Albert*, *tableau*. Et la fin d'acte.

3me ACTE. — Rire beaucoup, pour les scènes de *Coquet*.

Bref, la Cour d'appel, adoptant la décision des premiers juges, la confirma purement et simplement.

Aussitôt MM. Bertrand et Cot d'Ordan, s'armant de l'arrêt rendu, refusèrent net l'entrée des billets vendus *moins chers qu'au bureau*, par les soins de M. Sauton, entrepreneur de leurs succès. Celui-ci, devant le résultat du précédent procès, hésita à en intenter un nouveau. Il accepta d'être remboursé, et le théâtre des Funambules n'eut plus de claqueurs.

Le 30 octobre, on jouait : *Le Sonneur de Saint-Valéry*, pièce en 2 actes.

M. Bertrand fit ajouter, aux couplets de la fin, celui-ci qu'il commanda tout exprès :

Air de : *L'artiste*

La claque c'est la clique.
On n'peut pas en douter.
Ça vous fich' la colique
Rien que d' l'entendr' cogner.
Aussi dans not' boutique.
Plus d' ces mauvais battoirs
Pour remplacer la clique.
Claquez donc tous les soirs (*bis*).

Ce couplet, que chantait Pèlletier, fut mal accueilli par le public, peu flatté de s'entendre dire qu'il remplacerait la *Clique* ; ou peut-être bien par la claque elle-même, furieuse de ne plus pouvoir opérer. Toujours est-il que le couplet fut retranché à la représentation suivante.

Je tiens l'anecdote et le couplet de défunt Pelletier.

Maintenant, pourquoi cette pièce s'appelait-elle *Le Sonneur de Saint-Valéry* ?

Simplement, parce que le théâtre *de la Gaité* venait de remporter un éclatant succès avec *Le Sonneur de Saint-Paul*.

Le 17 novembre : *Qu'en dis-tu ?* vaudeville en 1 acte par F...

Le 30 novembre : *Pierrot partout!* pantomime-arlequinade-féerie en 9 tableaux.

Toujours l'imperturbable même point de départ : On voit un serpent fasciner une colombe et grimper au tronc d'un arbre pour l'atteindre.

Pierrot s'arme d'une canardière et tire sur le serpent.

Or, la colombe n'est autre que la fée *Diamantine* et le serpent le mauvais génie *Iago*.

Diamantine protège Pierrot, tandis que Iago, qui n'a été que blessé, ressuscite Arlequin et lui fait enlever Colombine, qu'aime Pierrot.

Cassandre et Léandre poursuivent Isabelle et Angélique, détenues aussi par le magicien Iago.

On voit Arlequin et Colombine traverser en bateau une rivière; puis Cassandre, Pierrot et Léandre, qui veulent les poursuivre à la nage. Tout-à-coup se présentent, trottinant, gloussant, trois canards monstrueux. Les trois poursuivants les enfourchent et s'élancent dans la rivière, à la suite des deux pourchassés.

Au troisième tableau, sur une place publique, Arlequin et Colombine se réfugient dans un puits. Aussitôt Pierrot s'empare d'un croc à trois branches, et veut les en tirer. Mais il ne ramène qu'un énorme crapaud, qui parcourt le théâtre en coassant.

Dans le quatrième tableau, une table servie se change en lit, sur lequel se couchent Arlequin et Colombine. Le tout disparaît dans les dessous, à l'apparition de Pierrot, Cassandre et Léandre.

Dans le cinquième, Pierrot, devenu invisible par l'apposition de lunettes vertes sur son nez, parvient à s'emparer de la batte enchantée d'Arlequin.

Dans le sixième, Pierrot a attaché Colombine à un arbre, car la scène se passe en pleine forêt, et veut l'embrasser de force. C'est sa manière à lui de réussir auprès des femmes. Un singe le voit, et, poussé par son instinct imitatif, attache à son tour Pierrot, et veut l'embrasser, comme il a vu faire celui-ci au vis-à-vis de Colombine.

Arlequin survient et délivre son amante.

Pierrot désespéré se pend à la branche d'un arbre.

Le singe l'imite.

Ils vont mourir en faisant force grimaces, lorsque Diamantine apparaît et les rend tous les deux à la terre.

Elle leur allocute une longue harangue qui se termine par cet axiôme profond : *Souviens-toi, Pierrot, que si tous les hommes qui ont affaire à des coquettes suivaient ton exemple, il n'y aurait pas sur terre assez de corde pour les pendre !*

Dans le septième tableau, un notaire qui allait signer les contrats de Colombine, d'Isabelle et d'Angélique avec Pierrot, Léandre et Cassandre, est transformé en tonneau. De ce tonneau que Pierrot met en perce, Isabelle tire du vin, Léandre du lait et Cassandre de l'eau.

Puis Arlequin, qui a reconquis sa batte, transforme Isabelle et Angélique en vieilles femmes, et s'enfuit en enlevant Colombine.

Le huitième tableau nous introduit dans un intérieur rustique, au fond duquel se trouve un four, orné de cette inscription : *Le feu purifie tout. Ce four rajeunit les vieilles femmes.*

Casssandre et Léandre enfournent immédiatement les infortunées Isabelle et Angélique, qui se débattent, comme bien on le doit penser.

Pierrot, à qui Colombine résiste plus que jamais, veut également enfourner la belle, lorsqu'apparaissent Iago et Arlequin. Pierrot est garotté à son tour. Il va être précipité dans les flammes.

Mais un coup de tam-tam retentit. C'est Diamantine qui surgit de terre.

Ici, je tiens à transcrire fidèlement le dialogue du manuscrit :

Diamantine

Arrêtez !... Le crime ne se consommera pas.

Iago

Et qui l'en empêchera ?.

Diamantine

Moi et Titania, la Reine des Génies, ma souveraine et la tienne, lâche !... Tu connais son arrêt suprême et tu le bravais. Et tu venais t'unir à tes protégés, pour faire mourir un malheureux sans défense. *C'est l'aveuglement dans la barbarie* !

Iago

Il mourra !

Diamantine

Arrière !

(*Elle touche Pierrot qui devient libre. Iago veut le ressaisir, mais elle se place devant lui*).

Arrière ! te dis-je !... Ecoute, Pierrot, laisse vivre Colombine. *Parce qu'une femme résiste, il ne faut par la bruler vive*. Pardonne-lui, crois-moi ! (*Pierrot dit qu'il pardonne*). Très bien ! Mais ce n'est pas assez, fais plus encore. Et pour ne laisser à ce mauvais génie, qui te poussait, aucun prétexte ! de te nuire, renonce à la main de Colombine. Elle aime Arlequin, et, tu le sais elle ne t'aime pas; et si tu l'épousais, elle pourrait bien... (*Elle fait les cornes. Pierrot comprend*). A sa place, épouse Angélique qui t'aime. (*Angélique le cajole. Il lui sourit. Fureur de Cassandre*). Tu le vois, tu seras heureux avec elle. Maintenant, la condition fixée par Titania est remplie. Iago, tu dois être satisfait, ou tu es bien difficile.

Iago

Pas encore... Cet imbécile a voulu ma mort. Il faut qu'il périsse.

Diamantine

La colère t'aveugle.

Iago

Il faut que je me venge. Et, de ce moment, je m'acharne aux jours de ce misérable jusqu'à ce qu'il succombe.

Diamantine

Et moi, je le protège et je veille sur lui !

Iago

Défends-le donc alors.

Diamantine

Je fais mieux, je prends sa place.

Iago plein de rage et d'une douce satisfaction :

Bien ! j'aurai deux victimes pour une.

Diamantine, illuminée

A merveille ! je vois que tu auras le courage de te battre.

Iago

Oui ! et la force de te vaincre, faible femme !

Diamantine

C'est ce qu'il faudra voir, outrecuidant Titan !

Iago

Des armes donc !

(*Diamantine frappe la terre. Il en sort un trophée*)

Diamantine

Choisis !

(*Ils prennent chacun une épée et se battent à outrance*)

Iago, jettant son épée

Ces armes sont impuissantes.

Diamantine

Oui ! Prenons en d'autres !

(*Ils prennent chacun un sabre et un poignard*)

Et cette fois, à deux mains !.. et à mort !...

Iago

A mort ! et à deux mains !

(*Ils se battent. Des éclairs jaillissent des armes tant ils mettent de feu à leur combat. Iago est désarmé et tombe mort*).

Diamantine

Victoire, amis ! Le monstre n'est plus à craindre. *Il est mort pour toujours.* Maintenant c'est à moi d'achever mon ouvrage !

(*Elle touche le mur. Le théâtre change*).

9e Tableau

Conclusion et morale

Un temple richement illuminé ; des amours, des génies chargés de flambeaux, des guirlandes, etc. etc.

Air connu que joue l'orchestre : *L'hymen est un lien charmant*. etc.

Diamantine

Que l'hymen s'approche et que l'amour les unisse !

(*Le temple roule et s'avance sur le devant du Théâtre. Pierrot et Angélique, Léandre et Isabelle, Arlequin et Colombine montent sur les degrés. L'amour les unit ; l'Hymen et la Fée les unissent. Flammes de Bengale.*

Tableau

De qui était cette pantomime si démoralisatrice, si brinqueballante dans son équilibre, si fantaisiste dans son dialogue abrutissant ? Bien qu'elle ne porte pas de signature, je n'hésite aucunement à la classer dans le lot des œuvres de Charles Charton, le seul *Charles* de M. Bertrand !

Le 2 décembre : *Le Souper du diable*, vaudeville en un acte.

Dans cette pièce, je relève ce couplet chanté par Minaudet, un vieux rentier, avare, et par Joseph, son domestique.

Air : *Vaudeville de l'avare*

Minaudet

Modiste, fleuriste et lingère,
Ouvrières du premier choix,
Blanchisseuses et couturière,
Mémoires en mains tous les mois,
Sur mon dos tombent à la fois.

Joseph

Vous avez bon dos ; il s'y prête.
Et j' crois qu'il vaut mieux en deux mots
Que vot' femm' vous en mett'sur le dos.
Que d'vous en mettre sur la tête. (bis).

Cette pièce est l'exacte reproduction d'une autre vieille pièce : le *Soldat Magicien*.

Le 7 décembre : *Trois originaux*, pièce en 1 acte.

Ce même 7 décembre : *Christophe le Badois*, vaudeville en 2 actes.

M. Bouchardy venait de faire jouer à l'Ambigu, avec un certain succès *Christophe le Suédois*. Il était tout naturel que MM. Bertrand et Cot d'Ordan voulussent avoir leur Christophe. En changeant de théâtre, il changeait de nationalité ; de Suédois, il devenait Badois, voilà tout.

Cependant Paul — pas encore Legrand — s'ennuyait fort aux Funambules.

Deburau, malade un instant, s'était rétabli comme par enchantement. Donc, plus possibilité de le doubler dans ces Pierrots, que le pauvre Paul convoitait avec tant d'ardeur.

MM. Hue et Dupuis, ses anciens directeurs, désireux de prendre leur revanche, venaient de faire construire, rue Royale, un autre petit théâtre, auquel ils avaient donné le nom de théâtre de la Madeleine.

Ils s'étaient adjoints deux bailleurs de fonds. MM. Dalhomme et Sauvage, avec l'aide desquels ils comptaient faire marcher largement l'entreprise.

M. Hue, protégé par M. de Rambuteau, avait obtenu le privilège de ce nouveau petit théâtre, contruit sur un marché, où se trouve maintenant la chapelle Evangélique.

MM. Hue et Dupuis firent des offres à Paul. Celui-ci alla trouver M. Bertrand et lui dit :

— Monsieur, j'ai la vocation des Pierrots, et non celle des grimes.

— Monsieur, lui répondit Bertrand, je m'y connais mieux que vous. Vous êtes un amoureux charmant et un grime désopilant.

Et, du dire de ses contemporains, Paul était en effet on ne peut plus amusant dans ce dernier emploi de comédie.

— Monsieur, reprit Paul, tant que M. Deburau sera chez vous, je ne ferai rien, n'est-il pas vrai ?

— Dans les Pierrots, certes non ! Mais dans les grimes....

— Alors laissez-moi partir.

— Encore ?.. Pour aller où ?

— Je serai franc, M. Bertrand. Le théâtre de la Madeleine m'offre un brillant engagement et je viens vous demander de me le laisser accepter.

— Monsieur, vous êtes un ingrat ! aller dans votre *bouiboui*. Je ne vous regretterai pas.

Pour M. Bertrand, tout ce qui n'était pas les Funambules n'était que *bouiboui*.

Paul quitta donc de nouveau ce théâtre, dans lequel il devait régner plus tard, et alla faire l'ouverture du *bouiboui de la Madeleine*, qui ne devait durer, hélas! que quelques courts instants, ce quartier étant alors fort peu propice à l'entretien d'un théâtre, si petit qu'il fût. On prétend que les prêtres de l'Eglise de la Madeleine, alors en voie d'achèvement, ne furent pas étrangers à sa suppression ; ce voisinage de comédiens leur semblant un sacrilège.

Revenons aux Funambules.

Le 18 décembre, on joua : *Artiste et grand seigneur*, pièce en 1 acte.

Aussitôt que Paul fût parti, Deburau se remit à être indisposé. Et de fait, le malheureux souffrait affreusement d'une maladie de la rate. Parfois, il était obligé de sortir de scène et de humer de l'air le plus qu'il pouvait, ce qui le mettait à même de continuer son rôle.

Paul ne fut plus appelé que le *Médecin de Deburau*.

Dans la pantomime, rien ne doit être négligé, abandonné au hasard ; tout est réglé au doigt, à l'œil et à la note.

Je dis *à la note*, parce que le chef d'orchestre ne doit pas se régler sur l'artiste ; c'est au contraire l'artiste qui régle son jeu sur le nombre de mesures écrites *ad hoc*. La musique ayant été discutée, raisonnée, arrêtée dès le principe, sur ce que l'artiste, l'auteur et le régisseur ont réglé pendant les répétitions.

Si l'artiste, allonge ou raccourcit une scène, la musique devient de par ce fait boiteuse, ne concordant plus avec les gestes arrêtés, avec les jeux de physionomie convenus, en un mot, avec l'action générale du scènario.

Deburau, qui jouait beaucoup d'improvisation et trouvait souvent à la scène d'excellentes choses, avait seul autorité pour faire doubler et quelquefois tripler les motifs de musique, si besoin selon lui, s'en faisait sentir.

Il avait, avec le chef d'orchestre, un signe de convention, un clignement de l'œil particulier, qui signifiait : Doublez !... Ou Triplez ! suivant la durée de ce qu'il avait l'intention de faire.

Du reste, il s'occupait de tout, avait l'œil à tout, ne négligeait aucun accessoire.

Lorsqu'il n'était pas d'une scène, il ne manquait pas de venir regarder le jeu de ceux qui continuaient en dehors de lui.

Quand un de ses camarades trouvait une *cascade* véritablement drôle, il était le premier à en rire très fort, s'enfonçant le poing gauche dans le côté, pour arrêter les élancements que lui causait sa misérable rate.

Si la trouvaille du camarade était de goût douteux, exagérée, ou, en dehors du caractère du personnage que l'acteur avait à représenter, il ne manquait pas de lui dire à la fin de la pièce :

— Celle-là est mauvaise ; il ne faudra pas la recommencer.

Et cela suffisait ; l'autorité de Deburau sur ceux qui l'entouraient était telle qu'ils ne songeaient même pas à discuter.

Sa supériorité en imposait. Ils n'eûssent pas osé en être jaloux. Une parole du maître replaçait tout en ordre, remettait tout à sa place.

Le 31 décembre on joua : *Tronquette*, à-propos vaudeville en 1 acte, par Auguste Lecerf, à l'occasion du nouvel an de 1840.

La pièce était jouée par MM. Roche, Meignan, Adolphe, Cossard et Mlle Emilie.

Le couplet au public était chanté par le naturaliste, Basset, que jouait M. Roche.

Air : *de Calpigi*

Tous les ans à pareille époque
On se souhaite un' chos' réciproque.
Vivez heureux ! Vivez contents !..
Vivez de gais et longs printemps.
Cett' fois, la méthode est changée.
Nous n' vous souhaitons qu'un' bonne année
Avec un tas d'autr's par dessus.
Voyons ! qu'est-c'que vous voulez d'plus ?
Vous n' pouvez désirer rien d'plus.

CHAPITRE XXIV

1840

Le drame Cossard

Tableau de la troupe en 1840

Bertrand père et fils. / Cot d'Ordan.........	Directeurs.

Artistes

MM.	Deburau....................	Pierrot.
	Laplace....................	Cassandre.
	Cossard Cadet..............	Arlequin.
	Charles Charton...........	Léandre.

	Laurent jeune	des Pierrots.
	Sirot	Colin.
	Cossard aîné	1er rôle.
	Meunier	Jeune 1er rôle.
	Pelletier	Jeune comique.
	Philippe	Père noble et grime.
	Roche	1er comique marqué.
	Adolphe	2me comique.
	Thiébault	Financier.
	Juteau	1er amoureux.
	Sommet	Utilité.
Mmes	Reine Bénédit	Colombine.
	Zélie Cossard	1er rôle.
	Maria	Amoureuse.
	Garau	Jeune 1ere et danseuse.
	Gabrielle	1re soubrette.
	Emilie	2me soubrette.
	Angéline	Rôles d'enfants.
	Anna	2me amoureuse.
	Gillibert	Petits rôles et danseuses
	Désirée	Petits rôles et danseuses
	Sophie	Petits rôles et danseuses
	Augustine	Petits rôles et danseuses

La première pièce que l'on donna en l'année 1840 fut : *L'Idiot*, mimodrame en 3 actes qui fut représenté le 18 janvier.

Puis, le 28 janvier, on joua : *Le Trrrremblement de terrre de la Martinique, vaudeville fort tranquille* en 1 acte, par Charles Charton.

L'affiche portait encore :

Nota : Le public est prévenu que personne n'est écrasé à la fin de la pièce.

Le 13 janvier, le théâtre de la Porte-Saint-Martin avait donné la première représentation de : *Le Tremblement de terre de la Martinique*, drame en cinq actes de MM. *Charles* Lafont et *Charles* Desnoyers.

L'affiche des Funambules portait, dès le premier jour, le nom de l'auteur de la pièce : *Charles* Charton.

M. Bertrand avait dit :

— A la Porte-Saint-Martin, ils ont comme auteurs deux Charles ; je veux leur prouver que les Funambules, en ont un qui vaut leurs deux.

Veut-on avoir une idée du ton de la critique à cette époque ?... Voici un extrait du *Courier des Théâtres*, n° 7694, jeudi 16 janvier 1840, appréciant les artistes qui jouaient ce *Tremblement de terre :*

Les malheureux acteurs de la Porte-St-Martin, ont déjà bien assez de leur peine, sans que nous disions à Mélingue, à Mlle Théodorine, à l'effroyable Mme Cabot qu'ils sont du dernier mauvais dans la pièce nouvelle. Ils traînent les cinq actes en une longueur asphyxiante et abusent de la patience du public avec presque autant d'audace que leur Directeur. (1) Gobert est le Desmousseaux de l'endroit, ou, si vous voulez, la masure. Il n'y a pas cent écus de recettes dans tout cela.

Charles Maurice *fecit*.

Le 3 février : *Le Bal du sauvage*, à-propos de carnaval en 2 actes.

Cette pièce avait été présentée à la censure sous le titre : *Un Bastringue*. Messieurs de la commision d'examen exigèrent le changement ;

Le 21 février : *Souffre-douleur*, pantomime-arlequinade dans le genre anglais, en 12 tableaux, précédés d'un prologue.

Distribution

Cassandre, maitre boulanger	Laplace.
Isabelle, sa fille	Mlle Reine
Pierrot, garçon boulanger	Deburau.
Noirot, — — puis Arlequin	Cossard cadet.
Nigaudin, prétendant d'Isabelle	Laurent jeune.
La fée des Lilas	Zélie Cossard.
Un génie nain	Sirot.
Une laitière	Gabrielle.
Un nègre	Roche.
Trois squelettes	***
Un Cuisinier	Charles.
Un marchand de melons	Pelletier.
Un fat	Meunier.
Un vannier	Adolphe.
Un jeune batelier	Mlle Désirée.
Une jeune paysanne	Emilie.
Une vieille fermière	Sophie.
Une vieille gouvernante	Anna.
Un marchand de noix	Thiébault.
Fées subalternes, déesses, démons, 2 conducteurs de chaise-à-porteurs, 3 canonniers, 4 soldats, domestiques, bateliers, 4 génies, 3 fantômes.	
Un marchand d'habits	Philippe.
Un singe	***

Qu'est-ce qu'une pantomime ? Un vaudeville mimé ! qu'est-ce qu'un vaudeville ?... Les aventures d'un père qui veut faire épouser à sa fille un niais qu'elle n'aime pas, par la raison qu'elle aime un bon jeune homme sans le sou, que le père ne peut souffrir. Le dénouement ne varie pas: C'est toujours le bon jeune homme sans le sou, qui finit par épouser la belle.

Nous nous trouvons ici dans cet éternel cas.

La Fée des Lilas protège les amours contrariées d'Arlequin et d'Isabelle, tandis que Cassandre, Nigaudin et Pierrot ont comme

1. Le Directeur était M. Harel.

protecteur leur Nain, lequel n'est autre qu'un Génie, grand ennemi de la Fée des Lilas, naturellement.

La Fée des Lilas, qui doit être en même temps, brouillée avec la saine Poésie, chante à ses protégés, en les faisant changer de costumes :

Air : *O Dieu puissant du Gange*

O ! vous, qu'on persécute !
Il vous faut pour la lutte.
Des costumes légers.
Et des traits étrangers.
Changez ! changez ! changez !

Le talisman que le nain donne à Pierrot pour combattre l'influence de la batte enchantée d'Arlequin, est une tête de Canard.

Je ne vous conduirai pas à travers les mêmes auberges, les mêmes antres, les mêmes hameaux, les mêmes forêts, que traversent nos mêmes personnages. C'est la même poursuite des mêmes autres pantomimes. J'arriverai de suite au dénouement, qui ne varie pas davantage, mais dont quelques phrases valent d'être citées.

Le Nain à Isabelle

— Je consens à soustraire ton père aux tourments *inextinguibles* qui lui sont préparés, si tu veux faire le serment de devenir l'épouse de Pierrot.

Un autel diabolique sort de terre ; Isabelle préfère la mort à cette union. Le Nain furieux fait avancer des démons et veut lui-même précipiter Isabelle dans les flammes. Tout-à-coup on entend un bruit effrayant. La voûte s'ouvre : le Nain et ses démons sont engloutis. Les poursuivants et Isabelle restent seuls en scène. Le théâtre change et représente :

Le séjour de la Fée des Lilas

La Fée apparaît et, par le moyen d'un sac d'écus, offert à propos, fait consentir Cassandre au mariage d'Arlequin avec Isabelle. Pierrot et Arlequin consternés, ont l'air de se dire qu'ils se consoleront ensemble.

Apothéose

Le 1er mars : *La Pie borgne*, vaudeville en 1 acte. Cette pièce portait comme premier titre : *Les Bavards*.

Il se passa, à cette époque, un petit drame intime, qui troubla pendant longtemps, la douce harmonie régnant habituellement dans la troupe des paisibles comédiens de M. Bertrand.

Napoléon 1er, quittant les côtes de France et leur jetant un dernier regard, avait dit : « Adieu France !... Quelques traîtres de moins et tu serais encore la reine du monde ! »

Cossard aîné, apprenant tout-à-coup que sa Zélie le trompait au profit de Laurent jeune, s'était écrié ! « Adieu Funambules !... Un traître de moins, et, par ma présence, vous seriez encore le premier théâtre de Paris !... »

Cossard aîné était grand buveur devant et même derrière l'Eternel. Cela avait fini par lasser Zélie, qui avait été demander au fils d'Albion les expansions de la sobriété qu'elle ne trouvait plus dans son ménage.

La colère de Cossard aîné fut grande, je dirai même majestueuse !.. Il y eut duel entre les deux rivaux. Oui, duel, dans la rue Basse ; duel à terribles coups de poings. Car Cossard aîné était d'une force herculéenne. Laurent jeune, malgré sa science de la boxe, fut vaincu.

Zélie ne l'en aima que davantage. Le pugilat recommença le lendemain ; mais ce soir là, Cossard avait bu : ce fut lui qui reçut la roulée.

Le surlendemain ce fut le tour de Laurent cadet.

Si je rapporte cette anecdote privée, c'est qu'un soir elle devint publique. Cossard aîné ayant à souffleter en scène son rival préféré ne fit pas mine d'appliquer la correction , et administra une formidable giffle à son cocuficateur. Aussitôt Laurent jeune riposta par un coup de pied qui envoya rouler le cocufié à terre. Le public crut que cela faisait partie de la pièce et rit beaucoup en criant *bis*.

MM. Cossard et Laurent furent mis à dix francs d'amende. Le lendemain ce fut Laurent cadet qui se fit l'agresseur et frappa le premier.

Cette intermittence menaçait de se perpétuer, aux dépens de la marche régulière du répertoire ; car le beau Cossard avait eu un œil poché et le nez fendu, de même que Laurent était aux trois quarts démoli, s'étant laissé enlacer dans les terribles bras de Cossard, lorsque M. Cot d'Ordan résolut d'y mettre fin.

Nous l'avons dit, M. Cot d'Ordan aimait à faire des proclamations. Celle-ci fut affichée au foyer des artistes :

AVIS

Tout acteur, homme ou femme, qui, par suite de quoi que ce soit — l'administration ne veut rien préciser — ajoutera à ses rôles, ou se présentera en scène ne jouissant pas de toutes ses facultés et de ses avantages physiques, sera le lendemain consigné à la porte du théâtre et verra son engagement résilié de plein droit. Il est du devoir d une direction qui se respecte de forcer certains hommes à se respecter eux-mêmes plus qu'ils ne le font.

COT D'ORDAN.

Cossard aîné prit cet avis pour lui, alors qu'il était principalement dirigé contre Laurent jeune, lequel avait cessé de plaire à ses directeurs. Il alla donc trouver MM. Bertrand et Cot d'Ordan et leur demanda la résiliation de son engagement. Les Directeurs, qui tenaient beaucoup à leur artiste, ne la lui accordèrent pas.

— Cependant, Messieurs, leur dit-il, vous devez comprendre qu'il m'est impossible désormais d'étreindre en scène, sans l'étouffer, celui qui m'a volé ma femme.

— Si vous ne vous soûliez pas, lui répondit sèchement M. Bertrand, cela ne vous serait pas arrivé.

Le pauvre mari trompé se retira piteusement, et se remit à boire de plus belle.

Zélie Cossard avait définitivement abandonné le domicile conjugal et vivait publiquement avec Laurent jeune.

Ce fut ce dernier qui s'en alla le premier des Funambules. Il écrivit à ses directeurs :

Messieurs,

J'ai compris que l'avis du foyer, signé de M. Cot d'Ordan, me visait particulièrement ; j'accepte la rupture que vous semblez me proposer. A partir de ce jour, si vous y consentez, je ne fais plus partie de votre troupe.

LAURENT Jeune.

La résiliation fût acceptée.

Mme Zélie Cossard continua, elle, d'appartenir au théâtre, et de vivre avec Laurent Cadet, sans cesser de s'appeler Mme Cossard.

Le mari accepta la situation ; mais s'enivra plus que jamais, ayant maintenant comme prétexte à ses libations, de noyer son chagrin.

Le 18 mars : *l'Amour et la Folie* ou *le Grelot mystificateur*, pantomime-arlequinade en 6 tableaux.

Plus les titres changent et plus c'est la même chose. Les auteurs de pantomimes n'étaient point inventifs dans leurs moyens d'appeler sur Arlequin la protection d'une bonne fée.

Cette fois encore, c'est une colombe poursuivie par un vautour qui sert de point de départ. John tue le vautour. Aussitôt la Colombe prend les traits de l'Amour et dit à John :

Bon jeune homme, je te dois la vie. Sans toi, je devenais la victime d'un perfide enchanteur ; chaque mois, sous la forme d'une Colombe, je perds, pendant une heure, le pouvoir de me défendre, et c'était le moment qu'il avait choisi pour consommer ma perte. Cette bonne action t'a mérité ma reconnaissance. Betty, que tu aimes, est au pouvoir d'un vieux seigneur ridicule ; ta constance seule pourra triompher de tous les obstacles. Prends d'abord l'habit et le masque d'Arlequin !... (*le travestissement a lieu*). Reçoit encore ce talisman précieux. (*Elle lui remet une batte*). Il dirigera tes pas dans tes courses nombreuses et fera entre tes mains le tourment de ton rival. Pars ! Va trouver ton amante, n'abuse pas de mes dons et compte toujours sur ma reconnaissance.

Le talisman, avec lequel Pierrot combat la batte d'Arlequin est, cette fois, un grelot qu'il a arraché à la marotte de la Folie.

Et savez-vous à quel endroit doit être porté ce grelot pour que son action soit efficace ?... Au bout du nez. C'est donc à l'appendice nasal du bon Pierrot que la Folie attache le talisman. Toutes les fois que Pierrot veut s'en servir, il n'a qu'à agiter la tête, le grelot rend un son effroyable, et le souhait s'accomplit à rebours.

Deburau était, paraît-il, épique dans les ahurissements que lui procurait ce grelot suspendu au bout de son nez.

Le 28 mars : *La Conversion d'une Grisette*, vaudeville en 2 actes.

Le 6 avril : *Le Bonhomme Luc*, vaudeville populaire en 2 actes.

Le 23 avril : *Le Cabaretier d'Anvers*, scène populaire en 2 actes.

Le 1er mai : *Mon Oncle le marin*, vaudeville en 1 acte.

Le soir de cette première, le bruit courut parmi les artistes que M. Félix, le père de Mlle Rachel était dans la salle.

On se tint !... C'est l'expression consacrée au théâtre. Se tenir, c'est observer son jeu.

M. Cot d'Ordan, lorsqu'arriva la fin du spectacle, s'empressa d'accourir au devant du père de celle, dont l'immense talent remuait et soulevait le Paris d'alors, et ne manqua pas de lui demander :

— Eh! bien, M. Félix, êtes-vous satisfait de notre spectacle ?

— Foui ! Foui !... lui répondit l'enfant d'Israël, avec cet accent commun aux descendants de Moïse.

— Que pensez-vous de mon Deburau, continua l'insinuant directeur ?

— Il est pien !... il est même très pien !... mais ch'aime mieux ma fille !...

Et il s'en alla, laissant stupéfait M. Cot d'Ordan, qui s'attendait à recevoir une transmission de compliments à l'adresse de son personnel, et particulièrement de son grand artiste.

Le mot fut redit et devint à la mode. On en fit même ce que nous appelons aujourd'hui une scie.

A tout on répondait par : Ch'aime mieux ma fille.

— Viens dîner à la maison. Tu aimes le filet aux carottes ?

— Ch'aime mieux ma fille.

Ou bien : Que préférez-vous dans *Guillaume Tell ?...* Nourrit ou Duprez ?

— Ch'aime mieux ma fille !...

Le 6 juin, on joua : *l'Ame de la Morte*, mimodrame en 7 tableaux.

Le 9 juin : *Jard fils, le malhonnête homme*, parodie en 1 acte.

Le 3 juillet, le théâtre du Gymnase avait donné la première représentation de : *Jarvis, l'honnête homme*, vaudeville en 2 actes de M. Lafont.

Bocage, le créateur fameux du Buridan de *la Tour de Nesle*, avait été spécialement engagé pour jouer le rôle de Jarvis. Cela avait donné un peu de vogue à cette pièce médiocre ; c'est la raison pour laquelle Folliquet s'était empressé de produire : *Jard fils, le malhonnête homme.*

Le 8 août : *le Souper de Monseigneur*, folie-vaudeville en 1 acte.

C'est dans cette pièce que Pelletier, qui jouait un domestique et mettait le couvert, s'avisa de dire un soir : *Allons, bon ! Encore une punaise su' l'beurre !...*

Ce fut ce mot qui le sacra célèbre. Quand on parlait de Pelletier, on disait : Vous savez bien... celui qui dit : Encore une punaise su'l'beurre !...

Le 21 août : *Ivana, la Folle*, folie-vaudeville en 1 acte.

1er septembre : *les Deux font la Paire*, vaudeville en 1 acte, par Auguste Lecerf.

Le 9 octobre : *l'Ermite du Mont Pausilippe*, vaudeville en 1 acte.

Le 12 octobre : *Une Purée de Mariages*, pièce en 1 acte.

Un soir, au théâtre, Deburau reçut un billet ainsi conçu :

Chère monsieur et père,

Je vien vous demandé de venir en mon aide ; car je çuis à la prison de la Roquette, où ma conduite est éguesemplere, depuis que j'y suis, j'ause le dire. Ne me repousez pas, car je çuis bien votre fils, que vous avais eut en concubinage et sen vous en douter avec votre victime la pôvre Augustine Marlot qui était ma mère et qui m'a redit ça bien des foi, avent sa mort, qui es arivé il y a cint mois, dont je porte encor le deuille. Ayez pitié de votre fils inconnu, et aportez lui quelques douseur à sa douloureuse et injuste capetivité

En attendant, chère monsieur et père, je çuis votre fils sincère pour la vie.

BAPTISTE MARLOT,
domicilié à la Roquette.

Deburau tomba des nues!... Il fouilla ses souvenirs de jeune homme ; aucun ne répondit au nom d'Augustine Marlot.

Néanmoins, il résolut de voir l'auteur de cette étrange missive, et obtint l'autorisation de l'aller visiter *en son domicile.*

Il se trouva là, en face d'un pâle voyou de 17 ou 18 ans qui lui dit :

— Oui, vous êtes mon bon père. C'est m'man qui me l'a dit.

— Mais, lui répondit Deburau, je n'ai jamais connu d'Augustine Marlot.

— Vous croyez ça, mais elle vous a bien connu, elle ; puisque vous lui avez fait un enfant, et que cet enfant c'est moi. Baptiste, qu'elle m'a dit avant de mourir, j'ai jamais rien demandé à ton bon père ; mais si jamais tu avais besoin de lui, je suis sûre qu'il ne te repousserait pas. Alors, comme je suis dans une position embarrassante, je vous ai écrit. Pas pour que vous me reconnaissiez, non!... Mais pour que vous apportiez un petit secours à ma triste situation.

— Pourquoi êtes-vous en prison, demanda le Pierrot ébranlé dans sa conviction de n'avoir jamais connu d'Augustine Marlot?

— Je suis une victime. Je logeais avec un camarade que je croyais aussi honnête que moi. Il rapportait toujours une petite pacotille que je supposais honorablement acquise et que je revendais comme un naïf que je suis. Tous ces petits bibelots étaient volés, paraît-il. On m'a arrêté et condamné pour complicité de vol! Ah! ma pauvre mère! si elle me voit de là-haut, elle doit joliment souffrir!

Et le gamin se mit à verser des larmes abondantes.

Deburau ému, tira de sa poche deux pièces de cinq francs et les glissa dans la main de celui qui se disait son fils.

Le prisonnier, tout en larmes, lui demanda la permission de l'embrasser. Ce à quoi le bon Pierrot consentit en se disant : Après tout, c'est peut-être vrai.

Deburau garda une profonde impression de cette entrevue. Un fils à lui, en prison! Il ne se rappelait pas Augustine Marlot, c'est vrai ; mais il avait eu assez d'amours au Bonjour-Bonsoir pour pouvoir se dire : c'est possible après tout.

Quelques jours après, il reçut de l'administration de la Roquette une lettre ainsi conçue :

A M. Deburau, acteur au théâtre des Funambules.

Monsieur,

Vous avez été dupe d'un gredin de la pire espèce, qui s'est fait une spécialité de soutirer de l'argent aux personnes fortunées, et principalement aux artistes, dont il connaît la générosité, en se disant né de leurs œuvres. Je m'empresse de vous en informer, pour qu'à l'avenir vous ne retombiez pas dans le même piège.

J'ai l'honneur de vous saluer.

Pour le Directeur :

ARMAND POINSEAU.

Deburau eut un énorme poids de moins sur la conscience.

Cette mystification lui coûtait dix francs, il est vrai. Mais il n'était pas le père d'un abominable chenapan.

Le 14 novembre : *Les Ruines de Mont-Bianco*, mimodrame en 6 tableaux.

Le petit théâtre de la Madeleine n'avait pas fait de brillantes affaires. Paul Legrand, que la fermeture définitive de ses portes avait mis sur le pavé, s'était réfugié au théâtre du Luxembourg, où il végétait humilié, profondément découragé.

Un jour il s'arma de courage et s'en vint trouver M. Bertrand, à qui il présenta d'humbles excuses, lui demandant *l'honneur grand* de rentrer en son théâtre.

M. Bertrand, caressé dans son amour-propre, signa avec le jeune Paul un engagement sérieux. Ce fut dans *Les Ruines de Mont-Bianco* qu'il reparut devant le Public.

Le 10 novembre : *Pierrot et Croquemitaine* ou les *Ogres et les Moutards*, enfantillage-féerie en 6 tableaux.

Dans le premier tableau de cet « *enfantillage* » Clorinde chante à son père Cassandre :

AIR : *Et pourtant Papa*

Votre esprit se guinde,
Mais on vous dira
Qu'vot'petit'Clorinde
R'ssemble à son papa.
Or, si tout de bon
J'suis bêt'comme un'dinde,
Papa, vous êt's donc
Bêt' comme un dindon ?

Voilà un couplet bien peu respectueux, pour une pièce affublée de la qualification d'*enfantillage*.

Cette fois le combat à coup de talismans a lieu entre Croquemitaine, le roi de l'île des Ogres, et la fée Cocotte, protectrice de Pierrot.

Pour aborder l'île des Ogres, dans laquelle Croquemitaine a emporté Clorindre, Pierrot et Cassandre sont en bateau à vapeur. Un orage se déchaîne. Le bateau saute en l'air. Cassandre est sauvé. Pierrot ou plutôt la tête de Pierrot paraît au lointain, sortant par le tuyau de la machine, balancé par les flots.

Je relève sur le manuscrit :

Cassandre et Clorinde s'agenouillent. On voit un sanglier se jeter à la mer, et ramener Pierrot à cheval sur son dos. Une vague le rejette au loin. Mais les flots se calment, le sanglier seul reparaît et s'avance vers eux. Ils sont effrayés.

La fée Cocotte

— Ne crains rien, Cassandre. Cet animal ne vous fera pas de mal. Vois comme il caresse ta fille.

(Elle frappe avec son hochet sur le sanglier qui se change en Pierrot ; mais il a toujours sa petite queue : Cassandre veut la lui arracher. La petite queue s'allonge sans se détacher).

La fée Cocotte

— Le feu seul peut le débarrasser de ce membre inutile.
(Un feu follet paraît et brûle la queue de Pierrot).

La rivalité entre le théâtre des *Funambules* et les *Acrobates* se manifestait de toutes les façons ; même en scène.

Je cite un exemple : Croquemitaine et Croqueciboule disputent à quelle sauce ils vont manger Cassandre et Pierrot.

Croqueciboule tient pour les mettre à la broche.

Croquemitaine

C'est un peu usé, les Pierrots à la broche. Il y a longtemps que nous faisons rôtir les Pierrots.

Croqueciboule

A côté, chez nos voisins, c'est ainsi qu'ils les font avaler au public.

Croquemitaine

Oui, ils nous ont volé ça.

Croqueciboule

Ils nous ont volé bien autre chose.

Croquemitaine

Dame, tu conçois, quand on n'a pas d'idées soi-même, on pille celles des autres.

Le trait fut naturellement reporté à ceux auxquels il était destiné.

Ils ripostèrent par d'autres plus acérés.

Le public prit part au combat, ce qui fit augmenter les recettes des *Acrobates* ; car ceux qui, le jour, avaient entendu l'attaque, allaient à côté, le lendemain entendre la riposte.

M. Bertrand s'aperçut le premier de la chose, et comprenant qu'il faisait le jeu de ses adversaires en laissant agir ainsi, ordonna à ses artistes de cesser toute allusion *aux saltimbanques d'à côté.*

Les Funambulistes maugréèrent, mais se turent.

Le 4 décembre ; *l'Inondation,* pièce mêlée de couplets, en 3 tableaux, jouée par MM. Meunier, Pelletier, Philippe, Mmes Reine et Gabrielle.

Le 31 décembre : *Au Diable le jour de l'An*, à-propos en 1 acte.

Le couplet au public se chantait sur l'air de : *Masaniello.*

Quand finit l'anné' chacun s' grouille
Et s' dit : voilà l' mauvais moment,
Il faut encor que je me fouille
Pour combler un monde mendiant.
Les Souverains et Souveraines
Devraient fair' cesser cet abus ;
Et les véritables étrennes
Seraient qu'il n'y en aurait plus (*bis*).

CHAPITRE XXV

1841

Répertoire

Le Prince de Joinville venait de ramener à Paris les cendres de Napoléon Ier. La France était Napoléonienne beaucoup plus que Philippiste. Si un Napoléon eut régné, elle eut été Philippiste.

Le brave Roi, auquel la poire de Philippon avait enlevé toute majesté, tentait de se rendre populaire par la liberté qu'il accordait aux idées Napoléonistes et aux autels qu'il leur laissait élever, chargeant ainsi lui-même les fusils, qui devaient défendre les barricades de 1848 et attaquer celle de 1851.

Aussi, les théâtres flattaient-ils la manie populaire en jouant des à-propos nationaux, devant lesquels venaient s'enthousiasmer les assoiffés de *Redingote grise et de Petit Chapeau.*

A la Porte-Saint-Martin, on donnait : *le Retour de Ste-Hélène.*

Au Cirque Olympique : *les Invalides.*

A la Gaîté : *les Cendres du Grand Homme.*

Les Funambules, le 9 janvier, jouèrent : *Napoléon à l'Arc de Triomphe,* pièce anecdotique en 3 actes.

Il y a dans cette pièce quelques couplets assez amusants: C'est d'abord un certain Dagobert, de son état toiseur, auquel Napoléon, qu'il prend pour un simple bourgeois, a demandé le nom, et qui chante :

Air : *Du roi Dagobert*

Monsieur, voyez en moi
L'homonyme d'un fameux roi,
Assez fort réputé
Pour s'être un jour mal culotté.
Eloy, forgeron,
Grand saint de renom,
M'a fourni son nom
Et d'vint mon patron.
Ce qui veut dire en *vers*
Que j'm'appelle Eloy-Dagobert.

Un peu plus loin ce même Dagobert dit à sa mère qui essaie de le consoler d'un chagrin d'amour :

Air : *C'était Renaud de Montauban*

Depuis quéqu'temps je me sens dépérir,
J'perds tous les jours au moins trois livr's de graisse.
Dans cet état, je vais bientôt mourir,
Car chaque nuit le sommeil me délaisse.
Repos, esprit, tout est déménagé,
Et c'qui surtout à croire est difficile,
C'est que j'deviens tout-à-fait imbécile.

Mme Dagobert

J't'assure que tu n'es pas changé. (*bis*)

Et la pièce se termine par ce couplet toujours chanté par ce même Dagobert :

Air : *J'ai vu le Parnasse des Grâces*

Au temps jadis, une ordonnance
Défendait, je n'sais trop pourquoi,
Qu'on prononçat dans notre France
Le nom de l'Empereur et Roi.

C'était aussi trop de malice :
Ce nom-là nous fait grand honneur
Ne craignez rien de la police,
Messieurs, criez, n'ayez pas peur,
Criez tous : Vive l'Empereur !

Et dans les airs, que fredonnaient tous ces théâtres, planait l'aigle impériale, dont l'œil pointait déjà les Tuileries, sur lesquelles elle devait s'abattre quelques années après, et les faire effondrer sous son poids colossal.

Le 18 janvier : *Battez vos mains*, vaudeville en 2 actes.

Le 2 février : *M. de Boissec et Mlle de Boisflotté*, pantomime en 6 tableaux.

Cette pantomime rompt complètement avec la tradition. Pas de fée, pas de génie, pas d'Arlequin, pas de Cassandre. Ce pourrait être un vaudeville, c'est une pantomime amusante.

En quelques mots, la voici : M. de Boissec, un jeune provincial vient à Paris suivi d'un valet, pour épouser Mlle de Boisflotté. En route, il lui arrive un tas de mésaventures, telles que l'arrêt de la diligence par des voleurs, son combat avec un mannequin, etc., etc.

Arrivé à Paris, il lit sur la porte d'une grande maison : *Hôtel de Villeroi* ; et croyant qu'il s'agit d'un hôtel de voyageurs, y pénètre et s'y installe.

M. de Villeroi, propriétaire de l'hôtel, a justement une réception ce soir-là, et offre à ses invités le plaisir de rire quelque peu aux dépens de l'intrus et de son domestique.

Suivent alors un tas de farces assez amusantes ; entre autres l'installation des deux naïfs dans leur chambre à coucher. Les lits ont été préparés à cet effet et se mettent à monter au plafond, puis à descendre, jusqu'à ce que M. de Boissec se fâche tout de bon et provoque M. de Villeroi. Il déclare, en donnant sa carte, qu'il est gentilhomme et qu'il vient à Paris pour épouser Mlle de Boisflotté.

Celle-ci se trouve précisément être au nombre des invités. M. de Villeroi s'excuse et la présentation des fiancés a lieu. D'où mariage.

C'est Paul Legrand qui créa M. de Boissec.

Le succès qu'il obtint dans ce personnage ne laissa pas d'ennuyer quelque peu Deburau, qui cependant eut le bon esprit de n'en rien laisser paraître. On devinait seulement sa mauvaise humeur.

Le 5 février : *la Famille de Cerigny*, drame en 3 actes.

Le 13 mars : *Biribi*, grande pantomime-féerie en 9 tableaux, précédée de : *Aux Enfers !* prologue en 1 acte.

M de Boissec avait fait impression, mais pas d'argent.

Que voulez-vous, Deburau n'en était pas. Aussi l'Administration s'empressa-t-elle de monter une pantomime, cette fois, selon le goût du Public.

Et l'on peut dire que Biribi réunissait tous les ingrédients nécessaires à la sauce habituelle.

Voici le portrait de *Biribi*, fait par *Satan* à son courtisan et ami *Dog* :

— Biribi, vois-tu, n'est pas un homme comme un autre, Biribi, c'est l'appréciateur des jolies femmes, le bourreau des cœurs, l'épouvantail des maris. Biribi est descendu dans mes états, après avoir été surpris sur terre en conversation criminelle ; et ici, il continue sa vie de plaisir !... Toutes mes femmes en raffolent. Aussi, ai-je voulu le faire emprisonner, car j'ai peur qu'il ne m'allonge mes cornes.

Quant à *Pierrot*, telle est la façon dont Satan le présente au public, toujours conversant avec Dog :

— Les tracas de la royauté, les peines de cœurs me vieillissent. Une chose encore y contribue, c'est de ne pas pouvoir épancher mes chagrins dans le sein d'un ami véritable. Cet ami, je l'ai trouvé enfin ; il se nomme Pierrot. Le pauvre garçon s'ennuyait dans la société d'Arlequin, de Colombine et de Cassandre. Je l'ai appelé à moi ; je lui dis tous mes petits secrets, toutes mes fantaisies folichonnes, sans craindre son indiscrétion, il est muet. Il porte ma queue les jours de grande cérémonie. Ah ! je ne m'en séparerais qu'avec beaucoup de peine.

Or, Biribi prisonnier est délivré par les femmes mêmes de Satan.

Celui-ci survient, les surprend en conversation criminelle et, sur le conseil de Pierrot, ordonne de couper la tête à Biribi, de faire enfermer ses morceaux dans une boîte et de jeter le tout à la mer.

Puis, pour récompenser Pierrot de son bon office, il le rend à la terre.

Sur terre, Pierrot, grelottant, mourant de faim, est recueilli par le pêcheur Trick, dont il se met à aimer la fille.

Pour la gagner, il se fait pêcheur, et jetant un jour ses filets à la mer, repêche la boîte, dans laquelle a été mis le corps de Biribi.

Aussitôt, Biribi en sort au grand complet et aussi vivant que s'il n'eût pas été coupé en plusieurs tranches.

Satan reparaît ; malheureusement, sur terre, son pouvoir perd moitié de sa valeur. Il s'étonne que Biribi ait pu tenir vivant dans une aussi petite boîte.

Sur le conseil de Biribi, Satan entre dans la boîte pour l'essayer.

Pierrot et Biribi sautent sur le couvercle et le referment sur lui. Cependant, sa queue en partie est restée dehors. Pierrot donne des ciseaux à Biribi qui coupe la queue du Diable en s'écriant :

— Cette queue c'est un talisman. Chaque fois que je désirerai quelque chose, je la frotterai contre mon poignard. Mais, toi, Pierrot qui m'as conservé la vie, que demandes-tu pour ta récompense ?

Pierrot indique qu'il voudrait la fortune pour épouser Michelette.

— Eh ! bien, sois donc riche comme Crésus.

Des sacs d'écus, des billets de banque, des pièces d'or tombent autour de Pierrot. Scène comique entre lui et Trick qui veut sa part. On entre chez ce dernier pour signer le contrat.

Je ne veux pas ennuyer le lecteur en lui contant, par le menu, toute la pièce, laquelle, je dois le dire, procède par des moyens autres que les précédentes pour parvenir à piquer la curiosité.

C'est toujours le combat à grand renfort de talismans ; car Pierrot a épousé Michelette et Biribi est devenu amoureux de la femme de Pierrot ; mais les sujets de lutte sont plus originaux et plus franchement comiques que leurs devanciers des autres pantomimes.

Le 10 avril : *Dans la Rivière*, vaudeville en 1 acte, joué par MM. Meunier, Pelletier, Mmes Lydie et Reine.

Le 15 avril : *Satan-Ermite*, pantomime-arlequinade en 9 tableaux.

Avec *Biribi*, les Funambules s'étaient quelque peu écartés des sentiers trop battus, avec *Satan-Ermite*, ils y retombent.

Le génie Ariel, vêtu en mendiante, est repoussé par Cassandre, et secouru par Colombine.

Arlequin vend son âme à Satan, pour posséder Colombine, que son père veut faire épouser à Léandre.

De là, lutte, pour arriver au neuvième tableau, dont je reproduis le texte original :

En même temps que Satan s'engloutit au milieu des flammes, et qu'Ariel s'élève dans les airs, le fond du théâtre s'ouvre et laisse voir un temple consacré à l'Hymen.

Union des Amants

Le 19 avril : *Le Brigand de la Sierra-Morena*, mélodrame en 2 actes et 3 tableaux, *tiré d'une nouvelle du Musée des Familles.*

Le 6 mai : *Il pleut des Maris*, vaudeville en 1 acte.

Le 10 mai : *Les Naufragés*, pantomime en 3 tableaux.

Le 18 mai : *Les Frères Provençaux*, vaudeville en 3 actes.

Le 23 mai : *Sac-à-riz*, parodie de *Zacharie*, drame en 5 actes que venait de donner le théâtre de la Renaissance.

La première représentation de ce drame de Rosier avait été affichée le 29 mars. Mais Frédérick Lemaître, qui prétendait qu'en payant son dédit de 6,000 francs il avait le droit de rompre le traité par lequel il était lié à M. Anténor Joly, et de s'engager avec les frères Cogniard, directeurs de la Porte-St-Martin, avait envoyé au théâtre de la Renaissance une sommation, par huissier, d'avoir à retirer son nom de l'affiche, refusant de jouer le soir.

Le public, qui n'a pas à entrer dans ces démêlés entre artiste et directeur, avait été fort déconvenu, lorsque se présentant au théâtre pour assister à la représentation, il avait trouvé portes closes et, collée dessus, cette note écrite à la main : *Relâche pour refus de service de M. Frédérick Lemaître.*

Aussi, lorsqu'après arrangements intervenus, la première représentation eut lieu (le 3 avril), Frédérick Lemaître, à son entrée en scène, se vit-il saluer d'une bordée formidable d'aigus coups de sifflets.

L'artiste resta près de cinq minutes sans pouvoir prononcer une parole. Enfin il s'avança sur le bord de la rampe ; les siffleurs, voyant qu'il voulait leur adresser la parole, suspendirent la tempête.

— « Messieurs, dit le grand comédien, faites-moi la grâce insigne de croire que je n'ai pas plus manqué à l'honneur et à la probité, qu'au profond respect que tout acteur doit au Public. C'est à lui que je dois d'être ce que je suis ; aussi, peut-il compter sur ma profonde et éternelle reconnaissance ! »

Vous savez ce qu'est le Public parisien. Ce qu'il était à cette époque, il l'est encore. Un mot le retourne, un mot l'enthousiasme, un mot le déchaîne.

Fréderick fut très vivement applaudi. Le rideau fut baissé et l'on recommença la première scène déjà jouée.

Zacharie ne réussit pas.

Mais *Sac-à-riz* des Funambules réussit, lui.

Le rideau se levait et l'on voyait en scène deux hommes en train de se livrer un combat acharné. Soudain les coups de poings s'arrêtaient; l'un des deux hommes s'avançait vers le public et disait :

— « Messieurs, je suis Sac-à-riz. Je ne vous demande que le temps d'achever la râclée que je suis en train d'administrer à mon administrateur, et nous commencerons immédiatement la pièce. »

Le combat reprenait alors et le rideau baissait, mais pour relever aussitôt et laisser voir les deux adversaires dans les bras l'un de l'autre, se couvrant de caresses.

Sac-à-riz s'arrachait enfin aux embrassements de son partenaire, s'avançait de nouveau vers la rampe et tenait au public le discours suivant :

— Tout passe, tout lasse, tout casse. Ce qui ne m'empêche pas de respecter le public quand il est là ; parce que, quand il n'est pas là, je m'en moque comme de l'an 40, avec lequel j'ai l'honneur d'être son profond, son humble, son repentant, son confondu et son respectueux serviteur. Je me croyais *le maître* ; c'est le Public qui l'est. Vive le public qui est dans la salle. Pour celui qui n'y est pas, n'ayant pas payé sa place, il n'a pas droit à mon respect. La pièce commence !... Attention ! Le *Rosier* ouvre ses pétales. Revive le public qui est dans la salle !

Et la Parodie commençait.

Le 31 mai : *Manique et Sacoche*, vaudeville en 1 acte.

M. Sacoche, *propriétaire*..................	Paul Legrand.
Manique, *savetier*..........................	Thiebault.
Catherine, *servante*........................	Mlle Gabrielle.

Cette pièce est faite sur la fable de La Fontaine : *le Savetier et le Financier*.

Le 7 juin : *Mentor et Télémaque*, ou *une Education à faire*, comédie-vaudeville en 2 actes.

Le 17 juin : *la Caverne des Serpents*, mimodrame historique en 6 tableaux.

Lisez ces titres de tableaux :

1° Les Mohicans.
2° Le Sauveur.
3° Le Cœur d'un Homme rouge.
4° Le Fort Duquesne.
5° Le Coup de Hache.
6° Le Traître et les Serpents.

Cela ne fait-il pas froid dans les moelles ?

Le 19 juin : *un Cœur pour trois Amours*, vaudeville fantastique en 1 acte.

Le 24 juin : *l'Ane et les Carottes*, comédie-vaudeville en 1 acte.

Le 9 juillet : *le Grand Albert*, pièce en 1 acte.

Le 25 juillet : *le Conscrit de Pantin*, chansonnette chantée par Paul Bonjour. Puisque le nom de Paul Bonjour, complètement inconnu aujourd'hui, se présente sous ma plume, qu'il me soit permis de faire revivre un instant cette physionomie originale, oubliée, disparue, doublement morte.

Paul Bonjour, était tout simplement un grand artiste, dans son petit genre de la chansonnette.

Lassagne, de si désopilante mémoire, ne fut qu'un décalque de Paul Bonjour. Ses deux types de soldat et de paysan sont restés célèbres, et tel comédien, qui a cru imiter l'inimitable Lassagne, n'a fait que pâlement copier Paul Bonjour.

Tout était comique en cet homme, alors qu'il chantait une chansonnette.

Par contre, il n'était pas de plus déplorable comédien.

Aux Variétés, le voyant si amusant, le Directeur essaya de lui faire jouer quelques rôles. Dans tous il fut déplorable, mauvais, nul.

Bohême, dans toute la force du mot, il n'était attaché à aucun théâtre. Quand il avait une bonne chansonnette à lancer, il signait avec le Directeur des Variétés, ou de tout autre spectacle un engagement de quinze jours, au plus d'un mois, sautant du Palais-Royal aux Folies Dramatiques, et descendant jusqu'aux Funambules, quand le besoin se faisait sentir.

Et son nom avait une véritable influence sur l'affiche; car il trônait dans ce genre, nouveau pour l'époque, genre dans lequel Déjazet, Levassor, Achard et Hoffmann se faisaient également remarquer.

Jean Lapincheux, *le Gros Major*, *le Candidat modèle* ont fait courir tout Paris. Voilà la naissance des Cafés-Concerts.

Un jour appelé, comme témoin, à la Police correctionnelle, le Président lui demanda naturellement :

— Votre nom ?

— Bonjour, M. le Président.

— Bonjour, mon ami, lui renvoie en souriant le Président. Votre nom ?

— Bonjour, M. le Président.

— Moins de politesse, je vous prie et dites-nous votre nom ?

— Bonjour, M. le Président !

Le Président allait se fâcher, quand un assesseur, l'avertit de sa méprise, laquelle avait causé dans l'auditoire une grande hilarité.

Paul Bonjour devint fou, à Pau, en 1857, et mourut peu de temps après.

Le 18 août : *A la Belle Etoile !...* vaudeville en 1 acte imité du théâtre allemand de Kotzebüe.

Le 25 août : *Giselle* ou *les Willis*, pièce en 3 actes, tirée du ballet de l'Opéra.

Le ballet de Théophile Gautier et Saint-Georges avait été représenté à l'Opéra le 28 juin de cette même année.

M. Cot d'Ordan, trouvant incolore la délicieuse prose que dansait si merveilleusement Carlotta Grisi, créatrice de *Giselle*, jugea à-propos d'y adjoindre la sienne. Il fit parler les Willis. Théophile Gautier complété par Cot d'Ordan !!!

Le 1er septembre : *Cousin et Cousine*, vaudeville en 1 acte, tiré du théâtre de Kotzebüe.

Le 7 septembre : *la Balayeuse des Rues*, comédie-vaudeville en 2 actes.

Le 22 septembre : *Dieu la protège*, mimodrame à grand spectacle en 2 actes et 4 tableaux.

Cette pièce de J.-G-A. Cavelier, avait été jouée primitivement sur le théâtre de la Gaîté, le 31 mars 1812, sous le titre de ; *la Fille sauvage ou l'Inconnu des Ardennes*.

Le 30 septembre : *les Cadeaux du Mari*, vaudeville en 1 acte.

Le 25 octobre : *les Suites d'une Liaison*, comédie-vaudeville en 1 acte, par MM. Durieux frères.

Présenté d'abord au théâtre du Luxembourg, le manuscrit original porte comme acceptation à ce théâtre, la signature de M. Hostein, alors directeur.

Le 25 novembre : *Pierrot et l'Aveugle*, pantomime en 5 tableaux.

Rien à citer de cette pantomime-arlequinade, coulée dans la matrice ordinaire, sinon la complainte que chante l'aveugle :

Air de : *Fualdès*

COMPLAINTE

I

J'n'y vois goutt', ça crève'la vue.
Passants, écoutez mes cris,
Criant à tous mes amis,
D'puis l'matin au coin d'la rue,
Qu'c'est, ma foi, bien ennuyeux
D'avoir perdu ses deux yeux.

II

Il faudrait être une bête,
Ennemi du calembour,
Un crocodile, un vautour,
Ou n'avoir rien sur la tête,
Pour que c't'accident affreux
Ne fit dresser les cheveux.

Le 27 novembre : *la Roche sanglante*, mimodrame historique en 2 actes et 7 tableaux.

Le 9 décembre ; *N'oubliez pas le Garçon*, à-propos vaudeville en 1 acte.

Le 31 décembre : *Le plus beau jour de l'Année*, vaudeville en 1 acte.

Chaque fin d'année, on a pu le remarquer, était célébrée par une pièce de circonstance ; les Funambules reculaient encore devant les dépenses qu'entraîne le montage d'une revue.

CHAPITRE XXVI

1842

Vautier. — Théophile Gautier

Pour commencer cette année 1842, j'ai à signaler l'engagement de celui auquel je dois, en partie, d'avoir pu reconstituer ce théatricule, enterré à de telles profondeurs, qu'il n'était venu à personne, depuis plus de trente années, l'idée de savoir où, quand et comment avaient pu se dresser et pourrir, ces tréteaux devant lesquels s'esclaffèrent plusieurs générations de braves ouvriers, de naïfs bourgeois et de gamins oisifs.

Je possède le premier engagement de Michel-Louis Vautier.

Cet engagement commence ainsi :

SPECTACLE DES FUNAMBULES

Entre les soussignés : 1° MM. *Bertrand père et fils*, Directeurs du spectacle des Funambules, demeurant à Paris, boulevard du Temple, n° 18 ; 2° et *M. Antoine-Emmanuel Cot d'Ordan*, administrateur dudit spectacle, même demeure, d'une part ;

Et *M. Vautier* (*Michel-Louis*), mineur, assisté et autorisé à l'effet des présentes, par Mme sa mère, qui a signé avec nous et se rend responsable personnellement de l'exécution du présent engagement, artiste dramatique et Funambule, libre de tout engagement, ainsi qu'il l'a déclaré, demeurant à Paris, rue Baucherat, nº 8, d'autre part, nous sommes convenus de ce qui suit :

Nous, *Bertrand père et fils, et A.-E. Cot d'Ordan*, nous engageons par ces présentes *M. Vautier* pour remplir dans notre troupe l'emploi des *deuxièmes amoureux dans les vaudevilles et mimodrames et ceux d'Arlequin et de premier danseur dans les pantomimes et pièces à spectacles* ; et jouer généralement tous les rôles, soit d'acteur parlant, ou de mime, qui lui seront distribués par nous ou le régisseur qui nous représente.

Après les neuf articles que l'on a djà lus dans l'engagement de Deburau, la main de M. Cot d'Ordan avait tracé ce dixième article signé par Vautier :

A la fin du présent engagement, ou, en cas de résiliation, je m'oblige à remettre à l'administration, tous les manuscrits des rôles qui m'auront été distribués et à faire recopier à mes frais ceux qui pourraient manquer.

Puis :

Moyennant les clauses ci-dessus fidèlement exécutées, MM. Bertrand père et fils et Cot d'Ordan s'engagent à payer à M. Vautier la somme de *quatorze francs par semaine*, pendant la première année et celle de *seize francs également par semaine*, pendant la seconde année.

Le présent engagement commencera à compter du 1er janvier prochain 1842 pour finir au 1er janvier 1844.

Il y avait encore un dédit stipulé à *50 francs.*

Suivent les signatures de Bertrand fils, Cot d'Ordan, Vautier et celle de Mme veuve Vautier, précédée de ces mots : *Aprouvé l'écriture si-desus.*

Vautier, enfant, avait été engagé à l'Ambigu-Comique dès 1827.

En 1831, il avait fait l'ouverture des Folies-dramatiques.

En 1834, il passe à l'Opéra-comique, qu'il a soin d'écrire dans ses notes : *Aupéra-comique.*

En 1835, il débute au théâtre des *Jeunes Elèves.*

De là, il va participer à l'ouverture du théâtre *Saint-Antoine*, en 1838.

En 1840, il entre à la Porte-Saint-Martin, jusqu'au moment enfin où il signe avec les Funambules.

La première pièce que l'on donna le 6 janvier 1842, fut *le Gâteau des Rois*, vaudeville en 1 acte par A. Lecerf.

Cette pièce de circonstance — son titre l'indique — était jouée par MM. Adolphe, Paul Legrand, Justin et Pelletier ; Mmes Cossard, Lydie et Reine.

Le 10 janvier : *l'Enfant chéri des Dames*, mimodrame en 7 tableaux.

Le 12 janvier : *les Enfants de Giberne,* vaudeville en 2 actes.

La scène se passe en Egypte et l'un des personnages, Coco Leblanc, chante ce couplet qu'il adresse aux Egyptiens :

Air : *Redoutez ma Colère.*

Je vais leur montrer comme
Je ne suis pas manchot
D'un seul coup, j'les assomme
Et je r'viens aussitôt.
Si du bédouin, je le dis sur mon âme.
J'ai le bonheur d'écraser le museau,
Foi de troupier, je lui pince sa femme,
Puis en deux temps j'enfourche son chameau...
Sa femme et son chameau. (*bis*)

Le 15 janvier : *La Roche sanglante*, mimodrame en 2 actes et 6 tableaux.

Le 9 février : *le Mardi-gras au coin du Feu*, vaudeville en 2 actes.

Le 17 février : *les Acteurs sans Places*, pièce en 1 acte, jouée par MM. Adolphe, Meunier, Mmes Eugénie, Lydie et Dalau.

Le 7 mars : *les Trois Bossus*, pantomime-arlequinade en 6 tableaux.

Inutile d'en parler ; c'est la même stupide poursuite, se terminant par le mariage d'Arlequin et de Célesta, protégés par l'Amour, déguisé en postillon.

Le 5 avril : *Les Contretemps*, vaudeville en 1 acte.

Le 23 avril : *les Oies de dame Gertrude*, vaudeville en 1 acte imité du conte de La Fontaine.

Le 3 juin : *le Tyran de Village*, vaudeville en 1 acte.

Je relève ce couplet :

Air :

Ce n'est pas un vrai tyran,
Car je ne comprends ce rôle
Que joué par quelque drôle
Très gras, très gros et très grand.
Et celui qui nous gouverne
Quand il est debout et droit
Arrive juste à l'endroit
Où se place la giberne.
Donc, ce n'est qu'un tyranneau
Qui mérite qu'on le frotte.
Comme une botte il est haut...
C'est donc un tyran de botte.

Je lis dans l'*Entr'acte*, journal des Théâtres, une anecdote qui prend ici sa place. Elle est authentique.

Un diplomate étranger, le chevalier d'A***, ayant entendu parler de Deburau comme d'un Pierrot inimitable, résolut de l'aller voir un dimanche, et s'en fut aux Funambules en compagnie d'un jeune secrétaire d'ambassade, très gai et très spirituel.

Ces deux messieurs se présentent au contrôle.

— Pas de places !..

La salle était bondée. Le jeune secrétaire dit au Diplomate :

— Si Votre Excellence veut bien ne pas se froisser de l'endroit où je vais la mener, elle pourra voir Deburau quand même, et de plus près encore qu'elle ne l'eût vu de la salle.

Le Diplomate accepte. On passe dans la rue des Fossés-du-Temple, et le jeune secrétaire demande à parler au souffleur.

Eole se présente.

Mon ami, que faites-vous pendant que l'on joue la pantomime ?

— Je fume ma pipe à la porte.

— Alors votre trou est innoccupé ?

— Oui, monsieur.

— Tenez, voici un louis, si vous voulez nous y introduire, Monsieur et moi ?

Acceptation d'Eole. Traité conclu et exécuté.

Voilà donc mes deux gentilshommes installés dans le trou du souffleur.

M. d'A... était enchanté.

Deburau jouait ce soir-là le *Bœuf enragé*.

Mais, je cède la plume à celui qui a relevé l'anecdote :

Deburau découpait un pâté qui devenait un bonnet à poil de garde national.

Le chevalier se roulait. Il causait familièrement de temps en temps avec Deburau.

Dans une scène, Deburau fait de la soupe aux choux ; il met dans la marmite des vieilles savates, des journaux, etc., etc. Il y entre aussi quelques choux.

Le chevalier, mal assis, se leva un instant, et, par contenance, mit son chapeau devant lui.

Ce chapeau, du castor le plus fin, attira l'attention de Deburau qui crut que le chevalier lui demandait de la soupe. En homme généreux, il lui en envoya une écuelle dans son chapeau même.

Le chevalier se fâcha de cette malice ; mais qu'y faire ? Deburau n'eût pas manqué de dire qu'il avait cru servir le souffleur.

La pièce finie, le chevalier était furieux, et voulait corriger le Pierrot.

Le jeune secrétaire plus calme lui fit comprendre le grotesque d'un pugilat entre un diplomate et Deburau des Funambules.

Bien plus, il alla trouver Deburau dans sa loge, et lui dit en lui montrant le chapeau de son patron :

M. Deburau, vous nous avez donné à dîner, eh ! bien, nous vous invitons ce soir, à souper avec nous.

Deburau accepta. Le souper fut vif et le spirituel paillasse, après avoir traité la diplomatie dans la boîte du souffleur, se vit traiter par elle au *Cadran Bleu*.

Monsieur Billion, qui, plus tard, fut Directeur des Funambules, M. Billion, dont j'aurai à citer souvent la ladrerie légendaire, entendit conter l'aventure, et résolut d'en faire son profit. Aux jours de grandes représentations, alors que la salle était bondée, il ne manquait jamais de faire dire par l'aboyeur de la porte que, s'il y avait des amateurs pour le trou du souffleur, on n'avait qu'à s'adresser au concierge du Théâtre, rue des Fossés-du-Temple.

Et, bien des fois, le trou reçut des spectateurs de marque, curieux de s'initier aux mystères de l'au-delà de la toile.

Le 15 juin ; *Bras de Fer*, mimodrame féerique et fantastique en 2 actes et 10 tableaux.

De ce mimodrame, je vais donner la nomenclature des tableaux et la distribution des rôles, parce qu'elle reconstitue presque entièrement le tableau de la troupe de cette présente année :

1er tableau : *Le Diable et la Sorcière.*
2e — : *Le Monstre.*
3e — : *Le Prince Rococo.*
4e — : *Le Géant qui marche.*
5e — : *La Nature qui parle.*
6e — : *La Forêt enchantée.*
7e — : *La Danse des Morts.*
8e — : *Le Château merveilleux,*
9e — : *La Fin du Damné.*
10e — : *L'Hymen. — Apothéose.*

PERSONNAGES

Robert, *Comte de Dumbar*	MM. Philippe.
Olivier, *surnommé Bras de Fer*	Paul.
Jenny	Mlle Anna.
Mardoc, *armurier de Robert*	MM. Etienne
Dick-Dock Malboroug	Pelletier.
Déborah, *génie du bien*	Mme Cossa.
Sardanapale, *génie du mal*	MM. Martial.
Le Prince Rococo	Antoine.
La statue du père d'Olivier	Cossard.
Le dragon infernal	X...
Un héraut	Soumet.
Un forgeron	—

Paysans, démons, nymphes, gardes, etc., etc.

Je remarque que plusieurs distributions des manuscrits originaux, portent, depuis quelque temps ce nom : *Mme Cossa !* Cossard avait probablement exigé que sa femme vivant publiquement avec Laurent jeune, abandonnât son nom ?

Cette diminution de deux lettres laissait à Madame, la partie retentissante du nom avec lequel elle avait acquis sa *célébrité* et satisfaisait l'amour-propre froissé du mari.

Le 29 juin : *L'Orpheline,* drame vaudeville en 2 actes et 3 tableaux.

Le 27 juillet : *Pierrot en Afrique*, pantomime en 4 tableaux.

Nous voici arrivés à l'un des plus grands succès de Deburau.

Je vais donner en entier le scénario de cette pantomime. On le trouvera nul, inepte, stupide, grotesque d'idiotisme, tant mieux. Plus il sera ridicule aux yeux du lecteur, plus le talent de Deburau en sortira puissant, incontestable.

Tout d'abord, je citerai quelques lignes qui terminent la spirituelle parodie de cette mauvaise parodie, tracée, écrite et dessinée par l'irremplaçable et regretté caricaturiste Cham, dans le *Musée Philippon :*

> Analyser une pièce des Funambules — dit-il — c'est une absurdité aussi grande que la pièce elle-même, nous en convenons ; mais pour donner une idée de Deburau, de ce grimacier spirituel, de ce Pierrot bien supérieur à sa position acrobatique ; en un mot, pour servir de cadre aux poses et gestes de ce véritable acteur, jeté par le sort sur les plus méchants tréteaux de Paris, il fallait bien suivre, autant que possible, le fil de la parade dans laquelle nous l'avons fait figurer.

Maintenant que j'ai commencé par la fin, je termine par le commencement.

Cette pantomime de *Pierrot en Afrique* est plus incompréhensible, plus naïve et plus niaise, s'il est possible, qu'aucune. Voilà pourquoi j'ai cité la conclusion de Cham avant l'*Œuvre* elle-même.

PERSONNAGES

Mohamed, *fiancé de Zelmire.*
Hassan, *père de Zelmire.*
Zelmire, *sa fille.*
Le Bey.
Malek.
Aly.
Léon, *officier français.*
Pierrot.

Arabes, Français, Odalisques.

PREMIER TABLEAU

Le Théâtre représente une grotte d'un côté, de l'autre le désert.
Malek et les Odalisques sont à genoux, implorant le ciel.
Coups de feu au dehors.

Deux arabes entrent, portant un de leurs camarades blessé, suivit de Mohamed blessé lui-même, et qui annonce à Zelmire que son père est prisonnier des Français. Celle-ci veut aller le délivrer après avoir pansé la blessure de Mohamed.

On entend un cri ; c'est Pierrot qu'on a fait prisonnier et qu'on amène. On veut le décapiter ; mais, sur la prière de Zelmire, on lui laisse la vie. Scène comique entre Pierrot et les Arabes.

Un arabe vient annoncer l'approche des Français. Malek fait cacher tout le monde dans un souterrain et laisse seulement Ali, pour garder Pierrot qu'on a attaché. Zelmire va voir à l'entrée de la grotte et annonce les Français. Ali, effrayé, se sauve. Elle reste avec Pierrot.

Les Français entrent et vont faire feu, lorsque Pierrot se fait reconnaître. Zelmire aperçoit son père parmi eux. Le voyant prisonnier, elle veut s'élancer dans ses bras.

L'officier français, Léon !!!... fait signe aux siens de laisser un instant seuls le père et la fille.

Zelmire propose à Léon de lui rendre son père en échange de Pierrot.

L'officier, épris des charmes de Zelmire, accepte. On détache Pierrot. Zelmire se jette alors dans les bras de son père ; et Léon demande à la jeune fille, comme gage de sa reconnaissance, un des bracelets qu'elle porte.

Celle-ci rougit et baisse les yeux.

Hassan, le père, s'en aperçoit, détache lui-même un des bracelets et le donne à l'officier.

Léon fait signe à ses soldats de laisser sortir librement le père et la fille, à qui il a signé un laisser-passer.

Léon, qui aime déjà Zelmire, devient rêveur. Pierrot s'approche de lui et lui dit que les Bédouins ont disparu par un endroit qu'il indique, l'entrée du souterrain. On se met en devoir de soulever la pierre qui cache cette entrée.

Un bédouin paraît à l'orifice, tire un coup de pistolet et disparaît.

Tout le monde sort, excepté Pierrot qu'on place en sentinelle.

Ali se montre, croyant être seul. Pierrot le fait prisonnier et lui joue des farces. Cascades. Ali en profite pour se sauver. Pierrot sort pour le poursuivre.

(*Changement*)

DEUXIÈME TABLEAU

Un Jardin du Sérail.

Le Bey est assis sur des coussins, tandis que des Odalisques dansent autour de lui. Un son de cor se fait entendre.

Un bédouin vient annoncer l'arrivée de deux personnages. C'est Hassan et sa fille.

Mohamed va au-devant de Zelmire et lui demande ce qu'elle a fait de son bracelet ? Elle rougit. Jalousie de Mohamed qui doit épouser Zelmire.

Un coup de canon se fait entendre. C'est l'annonce de l'entrée des Français dans le palais. Fusillade en dehors. Combat au sabre sur le théâtre. Scène comique entre Pierrot et un bédouin. Les arabes sont désarmés. Tout le monde sort.

(*Changement.*)

TROISIÈME TABLEAU

Le Palais du Calife

Mohamed paraît pensif. Hassan et sa fille entrent. Mohamed demande à Hassan son union avec Zelmire. Celle-ci avoue qu'elle aime Léon.

Mohamed jure de se venger.

Pierrot entre en sultan sur une girafe. On célèbre des fêtes en son honneur.

Un roulement se fait entendre. On sort.

Scène d'amour de Léon et Zelmire.

Mohamed apparait et se jette sur Léon, pour le tuer ; mais il est vaincu par l'officier. A l'appel de Mohamed deux arabes entrent et se joignent à leur chef. Léon va périr, lorsque Pierrot arrive à son secours. Nouveau combat. Les arabes sont mis en fuite.

(*Changement.*)

QUATRIÈME TABLEAU

Une Forêt

Plusieurs bédouins sont couchés ça et là. Ali accourt et les réveille, en leur annonçant l'arrivée du Bey. Les bédouins se lèvent.

On annonce un officier français qui rôde dans les environs. Mohamed fait cacher son monde.

Léon entre. Aussitôt les arabes tombent sur lui pour l'assassiner. Mohamed retient son monde, en ordonnant qu'on le fusille.

Léon est attaché. On commande le feu. Apprêtez armes !... Joue !...

Pierrot entre en criant : Feu !

Il est suivi des Français qui tirent sur les bédouins. Combat.

Les bédouins sont mis en fuite.

Union de Léon et de Zelmire.

TABLEAU

La parodie de cette pantomime, parue dans le *Musée Philippon*, je l'ai dit, contient des détails amusants dus à la spirituelle fantaisie de Cham :

L'orchestre des Funambules exécute un de ces jolis petits airs sans nom, qu'on n'entend que là, — ou bien au Théâtre Français.

Cependant l'Armée française, continuant sa moisson de lauriers et représentée par quatre marchands d'allumettes, se dirige vers le Palais du Dey d'Alger qui vit encore. (Les auteurs des Funambules sont peu forts sur l'histoire, ou peu scrupuleux.)

Bientôt les Arabes accourent à l'aide de leur sultan. Pierrot tire son coupe-choux, mais l'arme se brise dans sa vaillante main ; accablé par le nombre, le fusilier se saisit d'un manche à balai, oublié sans doute par le concierge du palais, et tient tête à quatre bédouins altérés de son sang. Pierrot écrase ses adversaires, ou plutôt les assomme et rejoint le corps d'armée.

Voici Pierrot installé dans les fonctions de Sultan. De charmants pages africains, choisis par la Direction dans la riche population du faubourg Saint-Antoine, apportent au monarque et sa pipe culottée et de magnifiques coussins, pour reposer ses augustes membres.

Toujours désireux d'assurer le bonheur de ses sujets, il leur fait connaître les charmes du cancan ; cette danse de caractère, qui va se répandre du môle algérien aux extrémités du désert, et former le lien de deux peuples si bien faits pour s'estimer, est exécutée par Deburau avec tout le chic, avec tous les gestes, qui ont immortalisé le nom de M. Alexandre Chicard, de Paris.

Il faut voir les drôlatiques dessins de Cham, agrémentant ce texte amusant.

Le 4 août : *Paris l'Eté*, vaudeville en 3 tableaux.

Le 17 août : *Les trois Godiches*, pantomime-arlequinade-féerie en 4 tableaux.

Quelques détails originaux :

Dans l'inévitable scène du repas, où dînent Pierrot, Cassandre et Léandre, la table grandit et les dîneurs se trouvent dessous.

Plus loin, Pierrot, au bord de la mer, pêche à la ligne, un énorme poisson. Arlequin et Colombine poursuivis sont arrêtés par Pierrot. Sur un signe d'Arlequin, le poisson se change en torche, et Pierrot est transformé en phare.

Une tempête se déchaine. Le phare a éclairé le bateau qui emporte Arlequin et Colombine. Un autre bateau arrive portant Léandre et Cassandre. Il chavire, culbuté par les flots. Pierrot, redevenu homme, jette sa ligne à l'eau et repêche Cassandre évanoui. Pour le faire revenir, il lui mord le nez.

Autre part, Pierrot resté seul au milieu d'un tas de légumes, s'amuse à confectionner une tête d'un énorme potiron. Il lui fait un nez d'une carotte, des cheveux avec une botte de persil, des moustaches avec des poireaux, des yeux avec des oignons, etc., etc... Puis il s'endort. A son réveil, il est fort surpris de se trouver en face du potiron qui a pris vie et marche sur lui.

Le 25 août : *Cinq têtes dans un cadre*, vaudeville en 1 acte.

Dans cette pièce débuta M. Gustave, premier comique de vaudeville. Il venait du Lazari, où il s'était fait une petite réputation dans le genre nouveau de la chansonnette, fort apprécié à ce moment.

Je trouve dans le manuscrit de *Cinq têtes dans un cadre*, le couplet suivant sur lequel dame Censure a apposé son crayon bleu.

Air de : *Céline*

THOMAS

Ne me fais pas mettre en colère,
Victoir' je t'conseill' de finir.

VICTOIRE

C'est égal, si j'faisons l'affaire,
L'magot n'a qu'à bien se tenir.
J'l'épous'rai ne pouvant mieux faire,
Mais j'l'avertis devant témoin
Que les enfants dont il s'ra l'père
Lui seront parents d'un peu loin (*bis.*)

Le 1er septembre : *Le Marrrrchand d'habits*, pantomime en 4 tableaux.

Je possède le manuscrit primitif et original, dans l'acception complète du mot, de cette pantomime dont l'auteur est M. Cot d'Ordan.

Dans la *Revue de Paris* du 4 septembre 1842, Théophile Gautier en donne un compte-rendu détaillé.

Ce feuilleton est écrit avec tant de verve, d'esprit, d'humour, de fantaisie et d'étincelante simplicité ; il transporte l'esprit avec tellement de charme, dans les nuages farineux de cet infime monde d'antan ; il donne des détails si follement originaux, si scrupuleusement exacts du spectacle, de la scène et de la salle, que j'insère ici tout au long, ce morceau de merveilleuse écriture.

Cependant je dois faire précéder la prose du divin Théo, par celle, moins olympienne, de M. Cot d'Ordan ; le célèbre critique n'ayant pas vu jouer le premier tableau de cette pièce, qui commença le genre des pantomimes macabres, genre auquel Champfleury s'adonna plus tard.

PREMIER TABLEAU

Atelier de Joaillier.

Cassandre se fait servir à déjeuner par Pierrot, qui attrape de temps en temps quelques morceaux, ce qui contrarie beaucoup l'avarice de Cassandre, lequel sort après avoir enfermé les restes de son repas.

La Duchesse entre, suivie de son groom : elle demande à parler à Cassandre.

Pierrot cherche à lui faire la cour, car il la trouve très belle. Elle se moque de lui.

Cassandre revient. La Duchesse lui remet une parure à raccommoder et sort.

Pierrot se plaint de la manière dont il est traité chez son maître, qui le nourrit fort mal et ne le paie pas.

Cassandre répond à ses réclamations par un coup de pied au derrière, en le jetant à la porte. Cascades.

(*Changement.*)

J'arrive maintenant aux radieuses fusées de l'éblouissant pyrotechnicien Théophile Gautier.

Il débute ainsi :

L'autre jour, assommé de grands chanteurs, de grands tragédiens, de grands comédiens, j'entrai dans ce bouge dramatique, qui m'avait laissé de si joyeux souvenirs, hésitant un peu, comme cela arrive toujours lorsqu'on va revoir quelqu'un ou quelque chose qui vous a plu jadis. Le théâtre avait été repeint, il était presque propre, cela m'alarma. Il régnait dans la salle un certain parfum de vaudeville, assez nauséabond. Il me passa par la tête de vagues appréhensions d'Opéra-Comique, en voyant l'orchestre renforcé de cinq ou six cornets à pistons. Je me préparais à sortir, heureusement la toile en se levant mit fin à mon anxiété et me démontra victorieusement que les Funambules se soutenaient à leur hauteur primitive, et que les saines traditions de l'art y étaient religieusement conservées.

Le théâtre représente une rue (1), une place publique, absolument comme dans une pièce de Molière. Pierrot se promène, les mains plongées dans les goussets, la tête basse, le pied traînant. Il est triste, une mélancolie secrète dévore son âme. Son cœur est vide et sa bourse ressemble à son cœur ; Cassandre, son maître, répond aux demandes d'argent qu'il lui fait, par un de ces coups de pied péremptoires qui arrivent si fréquemment dans le dialogue des pantomimes. Pauvre Pierrot, quelle triste situation !... Toujours battu, jamais payé, mangeant peu, mais rarement, il n'est pas étonnant qu'il soit un peu pâli, on le serait à moins. Pour comble de malheur, Pierrot est amoureux, non pas du joli petit museau noir, de la jupe losangée de Colombine, mais d'une grande dame, d'une très grande dame, d'une Eloa, d'une duchesse ! Qu'il a vue descendre de voiture pour entrer à l'Eglise, à l'Opéra, nous ne savons plus où (2). Par suite de son amour et de ses jeûnes forcés, Pierrot craint que son physique ne se détériore, palpe son nez qui a beaucoup maigri, et ses jambes qui sont devenues pareilles à des bras de danseuse. Mais ce n'est pas cela qui l'inquiète sérieusement ; un amoureux maigre et pâle n'est que plus intéressant. Il voudrait aller *aller dans le monde*, pour voir celle qu'il aime, et Pierrot ne possède d'autres vêtements que ses grègues et sa souquenille de toile blanche ; allez donc en soirée chez une duchesse, accoutré de la sorte ! Pas d'habit !... pas d'argent !... que faire ? Comment pénétrer dans ces mystérieux Edens, tout éblouissants de cristaux, de bougies, de femmes et de fleurs qu'il voit vaguement flamboyer aux fenêtres lumineuses des hôtels ? Comme Pierrot est en proie à ces idées amères, qu'il accuse les Dieux, la fortune et le sort, passe un marchand d'habits, portant toutes sortes de nippes plus ou moins fripées. Ah ! si j'avais ce frac vert-pomme et ce superbe pantalon à la cosaque !... se dit Pierrot, l'œil allumé par la convoitise, les doigts titillés par d'irrisistibles enviés ; et en disant cela, il allonge et retire les mains à plusieurs reprises. Le marchand d'habits vient d'acheter la défroque civique d'un garde national, hors d'âge, dont il porte le sabre, placé sous son bras, dans l'attitude peu belliqueuse d'un simple parapluie ; la poignée de cuivre de l'innocent bancal s'offre tout naturellement à la main de Pierrot qui la saisit. Le marchand, sans prendre garde à rien, continue sa route. Pierrot reste immobile, tenant toujours la poignée du sabre, dont la lame est bientôt tout entière hors du fourreau que le marchand d'habits entraîne avec lui. A la vue de l'acier flamboyant, une pensée diabolique illumine la cervelle de Pierrot ; il enfonce la lame, non pas dans sa gaîne, mais dans le corps du malheureux qu'elle traverse de part en part, et qui tombe raide mort. Pierrot, sans se déconcerter, choisit dans le paquet du défunt les vêtements les plus fashionables ; et pour faire disparaître les traces de son crime, il précipite le cadavre par le soupirail d'une cave. Sûr de n'être pas découvert, il va rentrer chez lui et faire sa toilette, pour aller dans le monde voir sa duchesse adorée, lorsque tout-à-coup, soulevant la trappe de la cave, l'ombre de sa victime surgit sinistrement, enveloppée d'un long suaire, la pointe du sabre passant par la poitrine et dit d'une voix caverneuse : *Marrrrchand d'habits !* — Vous peindre l'effroi qui se lit sur la face enfarinée de Pierrot, en entendant cette voix de l'autre monde est une chose impossible — Cependant, il prend son parti et, pour en finir une fois pour toutes avec ses terreurs et ses visions, il saisit une énorme bûche dans un

1. Voilà bien qui prouve que Théophile Gautier n'avait pas vu le premier tableau..

2. Seconde preuve que le grand Théo n'a pas vu ce premier tableau, dans lequel apparaît la Duchesse.

tas de bois qu'il trouve là et engage avec le spectre une lutte terrible, Après plusieurs coups évités et parés, l'ombre ne peut s'empêcher de recevoir la bûche d'aplomb sur la tête, ce qui la fait replonger dans la cave, où Pierrot, pour surcroît de précaution, jette en toute hâte le bois coupé par les scieurs : et puis ajoutant l'ironie à la scélératesse, il penche sa tête vers le soupirail et dit en contrefaisant la voix du spectre : *Marrrrchand d'habits !...*

Ne voilà-t-il pas une exposition admirable, d'un haut caprice, d'une bizarre fantaisie et que Shakespeare ne démentirait pas !

Le théâtre change. Pierrot rentre chez lui, revêt avec une respectueuse admiration l'immense pantalon à la Cosaque et le miraculeux frac vert-pomme ; il arbore un faux-col, s'ajuste des favoris noirs et pour dissimuler la pâleur criminelle de sa physionomie, il pose sur sa farine deux petits nuages rouges, qui lui donnent l'air le plus coquet, le plus triomphant du monde.

Pierrot fait son entrée chez la Duchesse ; il a déjà saisi l'esprit de son rôle, il est plein de sang-froid, de dignité et de convenance ; il salue aussi bien qu'un maître à danser ou un chien savant ; il offre la main aux dames et fait tenir son lorgnon entre l'arcade sourcillière et l'orbite de son œil, comme un lion du boulevard de Gand. C'est surtout auprès de la Duchesse qu'il faut le voir !... Comme il se penche gracieusement au dos de son fauteuil ! Comme il lui gazouille à l'oreille mille riens charmants et lui dépeint en traits de flamme l'amour qu'il sent pour elle ! Au milieu de sa plus belle période, Pierrot s'arrête subitement, ses faux favoris se hérissent d'horreur, son rouge tombe, son clac palpite d'épouvante, les manches de son frac raccourcissent ; une voix sourde, étouffée comme le râle d'un mourant, murmure la phrase sacramentelle : *Marrrrchand d'habits* ! Une tête sort du parquet ; Plus de doute, c'est lui, c'est le spectre. Pierrot lui pose le pied sur le crâne et le fait rentrer sous le plancher, en lui disant comme Hamlet à l'ombre de son père : Allons ! paix, vieille taupe !... Puis il continue sa déclaration avec une résolution héroïque. Le spectre ressort de terre à quelques pas plus loin. Pierrot le renfonce une seconde fois d'un si vigoureux talon de botte que le fantôme se tient tranquille quelque temps.

Pierrot se croyant définitivement débarrassé de l'apparition vengeresse, se livre à l'excès d'une joie convulsive. Il danse des galops frénétiques, exécute des cachuchas échevelées. Quand il a bien dansé il a chaud et veut prendre une glace. O ciel ! Le spectre se présente tenant un plateau de rafraîchissements, et comme Pierrot avance la main, il lui murmure d'un ton encore plus sépulcral que les autres fois : *Marrrrchand d'habits !* — Ici s'engage entre la gourmandise et la poltronnerie de Pierrot une de ces luttes si vraies et si profondément comiques, que Deburau excelle à rendre. Enfin la gourmandise l'emporte, il choisit une superbe glace panachée de mille couleurs qui se change en feu d'artifice, sous ses lèvres coupables et lui cause un tel saisissement; qu'il avale la cuiller.

Cette terrible soirée se termine enfin. — Pierrot, malgré les apparitions importunes du spectre a su toucher le cœur de la Duchesse, et il espère devenir bientôt le plus heureux des mortels. — Le souvenir du marchand d'habits, si traîtreusement assassiné, lui revient bien quelquefois à l'esprit, mais il le chasse au moyen d'une grande qnantité de petits verres de différentes liqueurs. Il faut l'avouer à la honte de la morale et de la nature humaine, Pierrot est heureux ; il obtient les plus grands succès dans le monde, il gagne au jeu, ce qui lui permet d'acheter des cigares à paille, des gants de filoselle et des favoris d'une autre couleur. — Mais Pierrot, en allant dans le monde, en a pris les vices élégants. Son amour pour la Duchesse ne l'empêche pas d'entretenir quelques danseuses de l'Opéra, et le pauvre diable se trouve bientôt réduit aux dernières extrémités. Il n'a plus d'autre ressource que de vendre ce délicieux frac, couleur d'espérance qui lui a valu de si beaux succès, et ce prodigieux pantalon qui dissimulait si pompeusement ses jambes sans mollets.

Ici se trouve une situation dramatique de la plus haute portée et d'une effrayante profondeur philosophique. Pierrot, tourmenté par le souvenir de son crime, n'ose pas appeler un marchand, de peur de faire paraître l'effroyable vision. En effet, le fantôme, comme évoqué, passe dans la rue, en râlant d'une voix enrouée, comme quelqu'un qui aurait la bouche pleine de terre : *Marrrrchand d'habits* !... Pierrot va bravement au spectre et lui propose, avec une hardiesse, que n'aurait peut-être pas eu Don Juan, d'acheter en bloc le frac, le gilet, le pantalon et le chapeau ; le spectre fait signe qu'ils sont bien usés et offre trente sols du tout. — Pierrot, après l'avoir appelé voleur, consent au marché et lui remet les hardes. Alors le spectre prétendant que les effets sont à lui, ne veut pas lui donner les trente sols. La fureur de Pierrot ne connaît plus de bornes ; il détache un coup de pied superbe dans les jambes du fantôme ; le coup de pied est suivi d'une série de coups de poing dans les yeux et l'estomac ; l'ombre, pour se défendre, retire le sabre qui lui traverse la poitrine et s'escrime de son mieux ; mais Pierrot se débat si vaillamment des pieds et des mains qu'il reprend les habits et reste maître du champ de bataille.

Malgré cette victoire, la position de Pierrot n'est pas sensiblement améliorée. Il n'a pas d'argent ; que faire ? Pierrot s'avise ici d'une ruse digne des Mascarilles et des Scapins de Molière. Il va trouver Cassandre et lui dit : Voyez, les Corsaires barbaresques m'ont arraché la langue ; donnez-moi un peu d'argent, s'il vous plaît ! — Que diable, me contes-tu là ?... répond Cassandre surpris. Comment peux-tu parler, si tu n'as pas de langue ?... — Oh ! Monsieur, je n'en ai que tout juste pour implorer la pitié des honnêtes gens. Cassandre, touché de cette réponse, donne quelque monnaie à Pierrot. Voyant que la ruse a réussi, Pierrot ne tarde pas à se représenter sous la forme d'un aveugle. Mon cher Monsieur Cassandre, j'avais oublié de vous dire que ces mêmes Corsaires barbaresques m'ont aussi crevé les yeux. — Comment fais-tu donc pour me suivre si exactement, si tu n'y vois pas clair ? — Mon doux maître, j'y vois assez pour distinguer les âmes sensibles ! — Allons, ta situation me touche, répond Cassandre, voici une pièce ronde et va-t-en. — Pierrot s'en va, mais il roule dans son esprit un dessein plus vaste et digne du plu haut courage ; il veut prendre la bourse toute entière. Pour exécuter ce louable projet, il ôte ses bras des manches de sa souquenille de façon à imiter un amputé et se promène sur le théâtre, en les faisant voltiger comme deux ailerons de pingouin. — Monsieur Cassandre, Monsieur Cassandre, les méchants Turcs m'ont aussi coupé les bras. — Voilà qui est fâcheux, mais que veux-tu que j'y fasse ? Pendant ce dialogue, Pierrot insinue sa main dans la poche de Cassandre qui s'aperçoit de la manœuvre et s'écrie : — Comment, canaille, tu dis que les Turcs t'ont coupé les bras, et en voici un dans ma poche ! — Vous avez mon bras dans votre poche, mon pauvre bras que j'ai tant cherché ! — Vous êtes un fier drôle ! — Retenir comme cela le bras des gens, avec cette mine honnête, l'on ne vous aurait pas cru capable d'une pareille infamie ; voler des bras, vous allez me suivre chez le commissaire de police. — Inutile de dire que Pierrot en retirant sa main de la poche de Cassandre, n'y laisse pas la bourse. Avec l'argent de Cassandre, Pierrot redevient plus brillant que jamais et déploie une telle amabilité qu'il obtient la main de la Duchesse. Le mariage va se célébrer. Pierrot, ivre d'orgueil, s'avance en tête du cortège, tenant sa blanche fiancée par le bout effilé de ses jolis doigts. Tout-à-coup un long fantôme surgit par le trou du souffleur et répète d'une voix stridente la phrase fatale : *Marrrrrchand d'habits !* Pierrot, hors de lui, quitte sa fiancée, s'élance sur le spectre et lui donne ce qu'on appelle en style populaire, un bon renfoncement, puis il s'asseoit sur le trou du souffleur, pour boucher hermétiquement l ouverture et contenir le spectre dans les régions caverneuses. La mariée est très étonnée de ces procédés étranges, car l'ombre n'est visible que pour le coupable Pierrot; elle vient le prendre par la main, l'oblige à se relever et à *marcher vers l'autel*. Aussitôt, le spectre reparaît, enlace Pierrot dans ses longs bras et le force à exécuter avec lui une valse infernale plus terrible cent fois que la célèbre valse de Méphistophélès, si merveilleusement dansée par Frédérick Lemaître. L'assassiné serre l'assassin contre sa poitrine de telle sorte que la pointe du sabre pénètre le corps de Pierrot et lui sort entre les épaules. La victime et le meurtrier sont embrochés par le même fer, comme deux hannetons que l'on aurait piqués à la même épingle. Le couple fantastique fait encore quelques tours et s'abîme dans une trappe, au milieu d'une large flamme d'essence de térébenthine. La mariée s'évanouit, les parents prennent les attitudes de la douleur et de l'étonnement, et la toile tombe au milieu des applaudissements.

Ici se termine le compte rendu de cette pantomime, illuminé par la flamme éblouissante du grand Gautier; car si je vous eusse donné, en place de ces lignes, qui semblent vous faire marcher dans des ruisselances d'étoiles, celles de l'auteur du *Marrrrchand d'habits*, vous n'eussiez trouvé qu'une carcasse vulgaire, résumée en de plates indications, laissant aux soins du merveilleux metteur en scène Deburau, la besogne de construire un corps sur ce squelette, de faire vivre cette arête.

L'article de Théophile Gautier ne s'arrête pas là; et je ne veux pas faire perdre au lecteur l'occasion de connaître les déductions si fantaisistes de grandiosité, qu'il a su tirer de cette *œuvrette*, la faisant traverser l'espace sur les barbes de sa plume magique, où il atteint les hauteurs éthérées, dans lesquelles planent seuls les sublimes poètes du monde.

Théophile Gautier continue :

Ne voilà-t-il pas un étrange drame, mêlé de rire et de terreur ? Le spectre de Banco et l'ombre d'Hamlet n'ont-ils pas de singuliers rapports avec l'apparition du marchand d'habits, et n'est-ce pas quelque chose de remarquable que de retrouver Shakespeare aux Funambules ? Cette parade renferme un mythe très profond, très complet et d'une haute moralité, qui ne demanderait que d'être formulé en sanscrit, pour faire éclore des nuées de commentaires. Pierrot qui se promène dans la rue avec sa casaque blanche, son pantalon blanc, son visage enfariné, préoccupé de vagues désirs, n'est-ce pas la symbolisation de l'âme humaine encore innocente et blanche, tourmentée d'aspirations infinies vers les régions supérieures ? La poignée du sabre qui semble s'offrir d'elle-même à la main de Pierrot et l'inviter par le scintillement perfide de son cuivre jaune, n'est-ce pas un emblême frappant de la puissance de l'occasion sur les esprits déjà tentés et vacillants ? La promptitude avec laquelle la lame entre dans le corps de la victime dénonce combien le crime est facile à commettre, et comment un simple geste peut nous perdre à jamais. Pierrot n'avait en prenant le sabre d'autre idée que de faire une espièglerie. Le spectre du marchand d'habits sortant de la cave montre que le crime ne saurait être caché, et lorsque Pierrot fait plonger dans la cave, à coup de bûche, l'ombre de la victime plaintive, l'auteur n'a-t-il pas indiqué de la manière la plus ingénieuse que les précautions peuvent quelquefois retarder la découverte d'un forfait, mais que le jour de la vengeance ne manque jamais d'arriver. Le spectre symbolise le remords de la façon la plus dramatique et la plus terrible. Cette simple phrase : *Marrrrchand d'habits* ! qui jette une terreur si profonde dans l'âme du Pierrot est un véritable trait de génie et vaut, pour le moins, le fameux : *Il avait bien du sang*, de Macbeth. C'était le cri que poussait la victime au moment du meurtre ; les paroles, l'accent en sont ineffaçablement gravés dans la mémoire de l'assassin. Et cette scène de la déclaration où l'ombre grogne sous le parquet et lève la tête de temps en temps, n'indique-t-elle pas de la manière la plus sensible que rien ne peut faire taire le remords au fond du cœur du criminel. Il a beau s'étourdir, s'enivrer de vin et d'amour, toujours le spectre est là ; il sent à l'épaule le souffle intermittent et glacé qui lui chuchotte : *Marrrrchand d'habits* ! Le détail de la glace, qui se change en feu d'artifice, montre que pour le criminel tout devient un poison, et que ce qui rafraîchit la bouche de l'innocent brûle le palais du scélérat ; de plus c'est une indication préparatoire des feux éternels de l'enfer, auxquels le meurtrier doit être livré. La scène ou Pierrot affronte hardiment la présence du spectre et veût lui vendre les habits qu'il lui a volés, montre par son audacieuse énormité que le dénouement approche et que les feux de Bengale se préparent dans le second dessous. Pierrot, comme Don Juan, provoque la colère céleste, il est arrivé au dernier degré de l'endurcissement ; aussi quand il va épouser la princesse, le spectre vengeur reparait, et cette fois il ne peut le faire rentrer dans la trappe qui l'a vomi. Allégorie très fine qui démontre que tôt ou tard, le crime se découvre malgré l'audace, la présence d'esprit et le sang-froid du meurtrier. Cette valse infernale où la pointe du sabre qui traverse le corps du marchand d'habits, entre dans la poitrine de Pierrot et le perce de part en part, nous enseigne que les hommes sont punis par leur crime même et que la pointe du couteau dont le meurtrier frappe sa victime, pénètre dans son propre cœur encore plus profondément. La surprise des parents à la vue de ce prodige, fait voir clairement le danger qu'il y a pour les duchesses d'épouser des Pierrots sans prendre d'informations et invite les spectateurs à mettre plus de circonspction dans leurs relations sociales. Connaissez-vous beaucoup de tragédies qui supporteraient une pareille analyse ?

Il est évident que Théophile Gautier, après avoir commencé son article de la façon la plus sérieuse, sentant que ses déductions étaient quelque peu cherchées, voulues, fouillées, arrachées par les cheveux, a compris qu'il lui fallait terminer par la grande note comique et l'a poussée jusqu'au sublime.

L'auteur du *Marrrrrchand d'habits*, en lisant l'article du Maître, a dû se trouver bien surpris de s'être montré si profondément philosophe sans le savoir, si moraliste sans le vouloir, si prophète sans le comprendre.

Cette pantomime ne fut cependant jouée que sept fois, bien qu'elle fût du Directeur.

Deburau n'aimait pas son rôle. Aussi prétexta-t-il un bobo au pied, qui lui interdisait la valse d'abord, ensuite les sauts terribles qu'il était tenu de faire, devant les nombreuses apparitions vengeresses du *Marrrrrchand d'habits*.

Bref, la pièce fut retirée du répertoire courant.

Plus tard, en 1853, Charles Bridault la refit, en collaboration avec Paul Legrand, sous le titre de :

MORT ET REMORDS

OU

LES INCONVÉNIENTS D'ASSASSINER UN MARCHAND D'HABITS GRÊLÉ.

Elle fut représentée avec grand succès aux Folies-Nouvelles.

Le 28 septembre, les Funambules donnèrent *Jeanne la Cabaretière*, comédie-vaudeville en 2 actes.

Le 31 septembre : *Hurluberlu*, pantomime en 4 tableaux.

Hurluberlu, c'est Pierrot commettant gaucheries sur sottises, Jocrisseries sur Gribouillades.

Ayant à savonner la figure de son maître, qu'il va raser, il prend le pot à cirage pour la savonnette.

Il emmaillotte par la tête, laissant les pieds libres, l'enfant qu'on lui donne à garder ; ne voyant que les jambes qui gigotent en dehors du maillot, il juge qu'elles n'ont pas besoin du lait qu'il s'apprêtait à lui donner, et se met à le boire. Il pose sur un siège une manne de comestibles et s'assied dans une tourte à crème. C'est le Jocrisse muet.

Le 7 octobre : *La tour de Londres*, mimodrame historique en 2 actes et 6 tableaux, joué par MM. Meunier, Philippe, Adolphe, Amédée, Etienne, Pelletier, Martial, et Mmes Eugénie, Cossa et Léontine.

Le 14 octobre : *Mon neveu Eustache*, vaudeville en 1 acte.

Le 28 octobre : *Les Dames de la Halle*, tableau populaire en 1 acte, par Victoire Hugot.

Cette Victoire Hugot était la cuisinière de M. Cot d'Ordan ; et le co-Directeur avait cru devoir se servir de cette similitude approchante de noms, pour faire un bas-bleu de son modeste cordon de même couleur.

La pièce était de lui, Cot d'Ordan.

Le 15 novembre : *Français et Troubadour*, Comédie-vaudeville en 1 acte, jouée par Adolphe, Vautier, Pelletier, et Mmes Félix et Eugénie.

Voici un couplet chanté par Fifine (Eugénie), à la Rose (Mme Félix).

Air : *Carnaval de Béranger.*

De Monsieur Charl's tu subis l'influence;
C'est un piston des plus audacieux.
Quand tu notais pour lui la contredanse
Tu soupirais au doux mot d'avant-deux.
Du balancé tu n'as pu te défendre.
Je le conçois, c'est un pas délicat;
Et puis soudain ton cœur s'est laissé prendre,
En arrangeant pour lui la queue du chat (*bis*).

Le 24 novembre : *Les Chauffeurs*, folie-vaudeville en 1 acte, jouée par MM. Philippe, Martial, Cossard aîné, Etienne, Gustave, Pelletier, Antoine, et Mmes Cossa et Léontine.

Pourquoi ces *Chauffeurs?*

Parce que, le 3 novembre, la Gaîté avait donné, avec succès, le drame *Pierre-le-Noir* ou *les Chauffeurs.*

Le 30 novembre : *Patatras*, ou *une Tuerie de Kalmoucks*, mimodrame militaire en 5 tableaux.

Le 5 décembre : *Le Mandarin Chi-Han-Li* ou *Le Chinois de paravent,* pantomime dialoguée en 5 tableaux.

Le manuscrit porte cette note : « *La scène se passe en Chine,* « *en 1839 ou en 1840, lors des premières conquêtes des Anglais,* « *que les Chinois croyaient repousser, en leur présentant leurs* « *Idoles* ».

Cette pièce est de Charles Charton.

Elle eut du succès, malgré ses innombrables sottises; peut-être parce que Deburau avait trouvé dans son rôle de soldat anglais, des jeux de scène tellement pharamineux, que les artistes — dit Vautier dans ses notes — s'arrêtaient de jouer pour rire

Cependant, cette pantomime est bien une des plus pitoyables qui se soient jouées sur la scène de MM. Bertrand et Cot d'Ordan.

Le 24 décembre : *Le Réveillon et le Jour de l'An*, vaudeville en 2 actes, dont voici la distribution :

Eugène Bougardin............	MM.	Meunier.
Courandair, *son ami*..........		Adolphe.
Bibloche, *provincial*..........		Pelletier.
Vermisson, *oncle de Bibloche.*		Paul.
Percaline, *couturière*..........	Mlles	Anna.
Bichonne, *écaillère*...........		Eugénie.
Rose, *fille de Vermisson*......		Alexandrine.

CHAPITRE XXVII

1843

Alfred, dit d'Herblay

L'une des parties les plus curieuses à visiter du théâtre des Funambules, était l'endroit où s'entassaient pour se vêtir, les humbles artistes de MM. Bertrand père et fils.

Cet endroit, que certains appelaient *la'caque* — était-ce pour cause de parfum ou de pression ? — avait été pompeusement décoré par les directeurs dn titre de *Loges*.

Or, Deburau seul, avait droit de par son engagement, à s'habiller isolément. La loge qu'il occupait était située, presque de plein pied, dans le fond de la scène.

Ce qui met à néant la fameuse légende du champignon apporté devant le tribunal, comme pièce à conviction, afin de prouver l'humidité malsaine et nauséabonde de la sacristie, dans laquelle le grand prêtre de la Pantomime s'enduisait de blanc de zinc et se parait de ses oripeaux sacrés.

Au premier étage, donnant sur la rue des Fossés du Temple, six affreuses petites cabines de bains de mer, étaient réservées au sexe beau et faible de la troupe.

Dans chacun de ces buen-retiro, s'entassaient deux et même trois étiques fillettes, qui lorsque leurs formes dépassaient la juste maigreur voulue, étaient obligées de passer dans le corridor, pour enjamber leur rose maillot.

Du reste, ce corridor se trouvait continuellement occupé par les dames figurantes, lesquelles, moyennant dix sous par soirée, étaient admises à l'honneur de faire des fées de moindre importance, ou des villageoises n'ayant à jeter en l'air que des gestes d'ensemble.

Aux représentants du sexe fort, était dévolue la loge dite *Bain à quat'sous*, sans jour, sans air. Je me trompe ; il existait dans ce cloaque un fluide élastique et méphitique, provenant d'un tuyau par lequel passaient certaines matières, dont les exhalaisons se vaporisaient dans les fosses nasales, pour aller se perdre plus profondément ensuite dans d'autres moins en évidence.

Et tous ces braves acteurs ont versé des larmes de désespoir, quand, le soir de la dernière représentation donnée sur le petit théâtre, il leur a fallu, pour cause de sa démolition, emporter leurs boîtes à maquillage et leurs morceaux de glace écornés.

Sur ces loges de jadis, passe aujourd'hui l'égoût de la place de la République. C'est beaucoup plus propre.

Le 14 janvier, on donna : *Les Jolis Soldats*, pantomime en 5 tableaux par Lecerf.

Tirée d'un vaudeville des Variétés, cette pantomime suivait la pièce pas à pas. Deburau était, comme toujours, l'âme, la vie de cette pochade dans le rôle de Pichonnot, jeune conscrit hurluberlu.

Le 20 janvier : *Le Coq du village*, pièce de Favart, arrangée en vaudeville par M. Lantz.

Le 28 janvier : *Le Fesse-Mathieu*, vaudeville en un acte, ainsi distribué :

Griboulet, *auteur, homme très avare*..	Paul.
Eulalie, *sa femme*....................	Mme Cossa.
Delmarre cadet, *avocat*...............	Vautier.
Delmarre aîné.........................	Etienne.
Michel, *filleul de Griboulet*...........	Pelletier.
Tronquette............................	Mlle Léontine.

Cette pièce avait dû s'appeler : *Les deux Consultations*.

Le 28 janvier : *Mme Pétard aux Funambules* ou *l'Intermède dans la salle*, scène comique par M. Gustave.

Mme Pétard, aux secondes........	X.
Une dame, aux premières........	X.
Un monsieur, aux secondes.......	X.
Un gamin, aux troisièmes........	X.

Le 31 janvier : *Trois Mariages de raison*, comédie-vaudeville en 2 actes, par A. Jouhaud.

Le 8 février : *Les deux Maréchaux*, vaudeville épisodique en 1 acte.

Le 11 mars : *Michel le Noceur*, vaudeville en 2 actes.

Le 23 mars : *Bernard père et fils* ou *les Bons Ouvriers*, vaudeville en 1 acte.

Dans le rôle de Bernard fils, débuta, sous le nom d'Alfred, un jeune homme qui, par la suite, se fit connaître au théâtre sous celui de d'Herblay.

Il joua longtemps en province l'emploi des Jeunes premiers rôles, pour devenir directeur du théâtre des Célestins, à Lyon, où il sut gagner une assez jolie fortune.

Econome, très ordonné, Louis-Alfred Maugeis, dit Alfred, dit d'Herblay, quitta d'assez bonne heure, grâce aux rondelettes rentes qu'il avait su amasser, le théâtre et ses pompes, pour devenir Echotier dramatique d'un grand journal parisien.

C'est en cet état de grâce qu'il mourut à Paris, le 11 juin 1888, d'une congestion cérébrale, ont dit les uns ; de chagrins, l'ayant conduit au suicide, ont prétendu les autres.

L'Alfred des Funambules, était dans sa jeunesse d'une naïveté à nulle autre pareille. Aussi ses camarades s'amusaient-ils fort et souvent à ses dépens.

Achille, le fameux mystificateur du théâtre, l'avait persuadé qu'à force de patience et de soins, on parvenait à faire pousser de la morue dans de la terre de bruyère.

Alfred, crédule, en planta un tout petit morceau, qu'il exposa au soleil et se mit à l'arroser consciencieusement matin et soir, comme Jenny l'ouvrière en agissait à l'aube, devers ses pois de senteur.

Ce parvule morceau de morue, lui avait affirmé Achille, était extrait des organes génitaux d'une morue masculine.

Alfred acceptait tout de confiance.

Un soir, en rentrant, il s'aperçut que sa plantation commençait à sortir de terre.

Il faillit tomber à la renverse, de surprise ; car une parcelle d'incrédulité était demeurée en lui. Il s'empressa d'en informer le lendemain ses camarades de théâtre, qui firent des gorges chaudes de la naïve crédulité du bon Alfred.

Huit jours après, la morue, continuant à grandir, laissait voir une bonne partie de sa queue. Elle poussait par la queue !

Inutile de dire que c'était Achile, qui, dans la journée, se faufilait au domicile du parfait gobeur et chaque fois, changeait en un plus grand morceau, celui de la veille.

Mais un chat survint, qui mangea la morue, au moment où elle commençait à prendre de gigantesques proportions.

Le d'Herblay qui succéda à l'Alfred des Funambules, se débarrassa bientôt de son enveloppe Calinotière, pour endosser, dans les affaires, celle d'une honnête roublardise.

Il épousa une artiste de talent, Mlle Elisa Chatelet, qui se mit à l'aider de toutes ses forces, dans l'accroissement de sa fortune.

Dès lors, d'Herblay ne pensa plus qu'à lui et devint le plus bel échantillon d'égoïsme que le soleil eût jamais éclairé.

Bacon écrit dans son *Histoire de la Vie et de la Mort* : « L'égoïste mettrait le feu à la maison de son voisin pour faire cuire un œuf. »

D'Herblay, lui, disait à sa femme : Ma bonne amie, c'est aujourd'hui ta fête, je vais m'acheter six gilets de flanelle.

Le 23 mars : *La Gueule du Lion*, mimodrame en deux actes et six tableaux.

Depuis quelque temps, M. Bertrand s'était à peu près désintéressé de son théâtre, au profit de son fils.

Le fils, à son tour, sollicité par un cousin, M. Billion, céda sa part de directeur audit cousin, moyennant une forte somme, et condition, *sine qua non*, de conserver M. Cot d'Ordan, comme contrôleur, pendant un certain temps spécifié dans l'acte de cession.

Le 1er avril, M. Billion devint donc Directeur-associé du théâtre des Funambules.

Je dis associé, car, bien qu'il ne s'en occupât plus que fort peu, M. Bertrand père ne cessa pas d'être directeur. M. Billion lui-même, avait prié son oncle de l'aider de son incontestable expérience.

Le 18 avril : *Un Mariage imprévu*, comédie-vaudeville en 1 acte.

Le 8 mai : *Le Bouquet de Violettes*, bluette mêlée de couplets.

Le 15 mai : *Brave et Poltron*, drame-vaudeville en un acte.

Voici la distribution de ce drame :

Ernest de Valbrun.................	Meunier.
Louis de Valbrun, *son frère*........	Achille.
César Vergnac, *faux brave*.........	Pelletier.
Adolphe, *son ami*..................	Martial.
Julien, *journaliste*.................	Antoine.
Frédéric de Surville................	Vautier.
Valentin, *vieux domestique*.........	Paul.
Hélène, *sœur de Frédéric*...........	Mme Leroy.

César Vergnac, parlant de militaires, qui reviennent de loin, les compare, sur l'air de *Marianne*, aux voyageurs qui s'imaginent avoir vécu les aventures qu'ils racontent :

Lisez leurs fabuleux voyages,
Tous ces Messieurs, grands charlatans,
N'ont vu que des antropophages,
Des ours, ou des orangs-outangs.
A les en croire,
Ils ont, sans boire,
Vécu parfois
Près de cinq ou six mois
Conteurs austères,
Sur maintes terres,
Un grand boa
Souvent les avala.
La soif de mentir les dévore
Ils ne peuvent s'en corriger,
Et plus d'un qui s'est fait manger,
Mange fort bien encore. (*bis*),

Le 27 mai : *La Naissance de Pierrot*, pantomime en 9 tableaux, précédée d'un prologue, par Varez.

Cette pantomime a, comme point de départ, l'inimitié d'un chat et d'un moineau, forcés de vivre sous le couvercle de Mme Grognon, tante de Mlle Lise, amoureuse du petit Francesco ; car la pièce se passe en Espagne.

Pendant que les amoureux devisent d'amour, le chat tue le moineau.

Une fée apparaît et fait revivre le moineau sous les traits de Pierrot, et le chat sous ceux d'Arlequin.

On connaît la suite : Voir les pantomimes précédentes.

Le 9 juin : *La Fille du Bandit*, mimodrame en deux actes et six tableaux.

Le 14 juin, Achille, qui possédait une voix des plus agréables, chante *l'Epaulette d'or*, romance.

Le 30 juin : *Amour de jeune homme*, pièce en un acte.

Le 24 juillet : *Pierre le Rouge*, ou *les Faux Monnayeurs*, pantomime en cinq tableaux.

Le 27 juillet : *Soubrette et Valet*, comédie-vaudeville en un acte.

Le 3 août : *Le Condamné du Texas*, vaudeville en deux actes.

Ce vaudeville était bâti sur un fait assez original, que l'auteur affirmait être historique ; fait que, du reste, je trouve relaté tout au long dans un journal de cette époque :

Un nommé Jolin Jones, condamné à mort pour meurtre, entend à la suite immédiate de sa condamnation, le juge lui dire :

— Jones, la Cour avait réellement l'intention de retarder votre exécution jusqu'au printemps prochain ; mais il fait bien froid et notre prison se trouve dans le plus déplorable état. Toutes les vitres des fenêtres sont brisées; les cheminées fument ; le nombre des prisonniers est tellement considérable que nous ne pouvons donner qu'une couverture à chacun d'eux. Pour toutes ces raisons et pour abréger, autant que possible, vos souffrances, nous avons décidé que votre exécution aura lieu demain matin, *après votre déjeuner*, à l'heure qui conviendra au shériff et qui vous sera la plus agréable.

Dans ce vaudeville, la sentence rendue portant : *après votre déjeuner*, le condamné se contentait de dîner chaque jour, sans jamais déjeuner ; ce qui ennuyait fort le juge, lequel venait de temps en temps l'inviter à partager son repas du matin. Repas que l'excellent magistrat s'efforçait de rendre succulent et par l'appât duquel Jones se gardait bien de se laisser allécher.

Idée fort originale, comme on le voit, et sur laquelle l'auteur n'avait fait qu'un très mauvais vaudeville.

Le 19 août : *La fine Mouche*, vaudeville en deux actes, joué par Thiébault, Etienne, Adolphe, Mmes Firmin, Gabrielle, Anna et Adeline.

Le 29 août : *Deux Portraits vivants*, vaudeville en un acte, par E. Norbert.

Le 2 septembre : Romance nouvelle chantée par Achille : *Les yeux de ma mère ou Huit ans d'absence.*

Le 9 octobre : *Une Actrice d'autrefois*, vaudeville en un acte

Cette actrice était Mlle Gaussin, de la Comédie française.

Le 19 octobre : *Les Mystères de Paris, sous Charles VI,* mimodrame en sept tableaux, par F....

Le *Journal des Débats* publiait alors, avec un succès immense, le fameux roman socialiste d'Eugène Sue, *Les Mystères de Paris.*

M. Bertrand, profitant du grand retentissement de l'œuvre nouvelle, avait commandé une pièce, lui permettant d'accaparer pour son affiche, le titre alléchant du roman en vogue. Folliquet s'étant chargé de l'enfantement, l'affiche des Funambules put accoucher quelques jours après la commande, de cet énorme titre : *Les Mystères de Paris*, en très gros caractères; les mots *sous Charles VI*, venaient en dessous, en caractères beaucoup plus petits, presque imperceptibles.

Les Funambules devançaient le théâtre de la Porte-Saint-Martin, qui ne devait donner que l'année suivante, le médiocre drame de Dinaux, tiré du merveilleux roman.

Le 6 novembre : *Une Femme entêtée*, vaudeville en un acte.

Le 2 décembre : *Un Jeune Lion*, ou *Il faut que jeunesse se passe.*

Le 27 décembre : *Pierrot chez les Mohicans*, pantomime en cinq tableaux.

Cette pantomime n'est qu'un grossier mélodrame mimé, dans lequel Pierrot ne joue qu'un rôle très épisodique.

Le 31 décembre : *1843 aux Enfers*, revue en 10 tableaux.

Dans cette pièce, l'auteur avait intercalé un couplet en l'honneur de Deburau. Chaque soir l'artiste sortait de sa loge, venait dans la coulisse entendre chanter le couplet, très applaudi par le public, et s'en allait ensuite se coucher, satisfait de l'effet qu'il avait produit, n'étant pas même en scène.

Ce fut la première grande revue que l'on donna aux Funambules.

Ainsi se termine cette année 1843, sans pièce de circonstance, à la fin de laquelle les artistes pussent souhaiter la bonne année habituelle au public; qui, par ce fait, fut très décontenancé de ne pouvoir remercier ses artistes, comme il avait coutume de le faire chaque année, en un envoi prodigieux d'oranges, de pommes crues et même de saucissons à l'ail, délicieusement enveloppés dans du papier à chandelle.

CHAPITRE XXVIII

1844

Mme Lefebvre — Napoléon — Carolina.

J'ai à signaler dès le commencement de la présente année, un début des plus importants dans les annales de notre petit théâtre.

Celui de Mme Lefebvre; un nom d'étoile, s'il vous plaît, dont le scintillement dissipait les nuages noirs que pouvaient agglomérer sur les pièces, les mauvaises dispositions des Dieux braillards du Paradis tapageur et braillard.

Sa renommée sur le boulevard atteignit presque celle de Deburau. Elle fut égale, en tous cas, sinon supérieure, à celle des Laplace, Vautier, Dérudder et tutti quanti.

Mme Lefebvre jouait les premiers rôles dans la pantomime et les jeunes duègnes dans le vaudeville.

C'était une fort belle femme, qui avait commencé, quelques années avant d'entrer aux Funambules, par jouer les Fées chez Bobino.

Nulle et nul ne l'égalaient dans les combats à l'épée, au sabre, à la hache, au bouclier et aux flambeaux.

On reprit, pour ses débuts, une pantomime déjà jouée : *L'âme de la Morte*, et son succès date du soir de son apparition.

Les titis ne l'appelaient que la belle Mme Lefebvre.

Que de rêves voluptueux et troublants ont fait naître dans ces têtes adolescentes ses formes opulentes, enserrées dans des maillots roses, débordants d'excitations à la chair.

C'était une brune des plus affriolantes, à l'œil plus noir que celui de *la jeune Grecque qui entrait dans la tartane*, dont nos mères modulaient les accords avec des arpèges de harpe. Elle avait de grands sourcils arqués, formant toiture à de longs cils, aussi noirs que ses yeux ; des lèvres épaisses et sensuelles, ce qui prouve que souvent l'enseigne est mensongère ; car M. Lefebvre affirmait qu'il n'y avait au monde rien de « figé comme son épouse ».

La belle Mme Lefebvre était née le 26 juin 1811, et avait été baptisée sous les noms de Pauline-Anne Ferrary.

Un ancien maître bottier de régiment lui avait proposé de la débaptiser du nom de ses pères, ce qu'elle s'était empressée d'accepter.

Elle avait commencé le théâtre fort tard. Ce n'est que vers 30 ans qu'elle avait senti grouiller en elle le ver rongeur des planches.

De 1843 à 1862, elle ne quitta pas son cher théâtre des Funambules, enthousiasmant plusieurs lustres de générations par ses flanconades furibondes et ses fentes intrépides. Nouvelle Jeanne d'Arc, aux formes athlétiques, aux puissantes mamelles, qui ne fut vaincue qu'une fois dans sa vie, le soir où le sergent-bottier Lefebvre lui démontra que les Anglais n'étaient plus à craindre et qu'elle pouvait sans déshonneur, abaisser sa pucelle oriflamme devant un ancien héros de l'armée française.

Les témoins de ce mariage militaire prétendirent même que Pauline-Anne, fille Ferrary, était restée vainqueur de ce combat singulier sans hache et sans flambeaux ; l'ex-bottier Lefebvre n'ayant plus à sa disposition que des armes offensives, passablement émoussées par la quantité de bottes qu'il avait portées dans son escrimeuse existence.

Madame Lefebvre avait commencé par être blanchisseuse, Depuis son union avec M. Lefebvre, elle avait lâché l'amidon pour l'aiguille, et, dans les loisirs que lui laissaient les répétitions, elle piquait des bottines.

Et, pour tant de gloire, de travail et d'honnêté, Mme Lefebvre ne gagna jamais plus de dix-sept francs par semaine.

Elle est morte, retirée du théâtre, le 6 juillet 1883.

Cette grasse personnalité posée, revenons à notre répertoire.

Le 6 janvier, on joua : *Prrrrenez vos billets*, vaudeville épisodique en 1 acte.

Le 29 janvier : *La Belle et la Bête*, folie-vaudeville en 2 actes, jouée par : Cordier, Pelletier, Paul L... et Mmes Anna, Eugénie, Adeline et Héloïse.

Le 7 février : *Un tour de Carnaval*, folie-vaudeville on 1 acte et 2 tableaux, jouée par : Cordier, Adolphe, Thiébaut, Martial et Mmes Joséphine et Eugénie.

Le 13 février : *L'Ile des Marmitons*, pantomime en 5 tableaux.

Bambolini, *seigneur vénitien*.........	Laplace.
Rosita, *sa fille*......................	Anna.
Bonbini, *amant de Rosita*............	Vautier.
Pierrot, *domestique de Bambolini*....	Deburau.
Lauretta, *suivante*..................	Héloïse.
Un capitaine de vaisseau............	Cossard.
Un officier de marine................	***.
La reine Marmite....................	Mme Lefebvre.
Fricando, *cuisinier de la reine*.......	Cossard jeune.
Domingo, *vieux nègre*...............	Charles.
Ourika, *négresse*...................	Eugénie.

Matelots, marmitons, gardes

Cette pantomine, sans prétention, consiste en un départ pour un lointain voyage, des personnages Vénitiens, Bambolini, Pierrot, etc., sur une galère. Le navire aborde dans l'île des Marmitons, ainsi nommée parce que la Reine Marmite en est la souveraine.

Cette reine, qui est fort gourmande, promet cent marcs d'or à qui confectionnera un mets dont elle a rêvé, lequel devra s'appeler *Pouding à la chipolata.*

Pierrot, cuisinier, de son état, confectionne un ragout qui séduit le palais de la reine, laquelle s'empresse de le nommer Grand Officier de cuisine.

Mais, Pierrot dédaigne les honneurs et repart pour Venise, comblé d'or et aimé de la négresse Ourika, qu'il enlève à son nègre de mari Domingo.

C'est amusant, sans génies, fées, ni démons.

Le 22 février : *Les Berlingots et les Dévorants*, tableau-populaire en 1 acte, par A. Lecerf.

Le 1er mars : *Les troupiers de l'Armée d'Italie* (1799), mimodrame-militaire en 5 tableaux, précédé de : *La Famille du Proscrit*, prologue (1794).

Le 25 mars : *Vaillance ou l'Enfant du Village*, vaudeville en 1 acte.

Le 18 avril : *Les trois Quenouilles*, pantomime-dialogue en 8 tableaux, précédée d'un prologue.

Voilà bien la pantomime la plus nulle que j'ai lue de tout ce répertoire naïf. Aucune invention ; à peine quelques trucs dénués d'ingéniosité, et c'est tout.

Le 18 avril : *Le Château du Diable*, romance, paroles et musique de M. G. Toussaint.

Le 5 mai : *Le Père Trinquefort*, tableau populaire en 1 acte.

Une chansonnette, rendue célèbre par Levassor, avait donné l'idée de cette petite pièce, assez amusante.

Le 10 mai : *C'était elle !* comédie-vaudeville en 2 actes, jouée par Cordier, Germain, Pelletier et Mmes Joséphine, Céline et Emma.

Le 22 mai : *Si j'étais riche !* vaudeville en 2 actes.

Le 31 mai : *Le Neveu du général*, vaudeville en 1 acte. Le premier titre de cette pièce avait été : *A qui l'enfant ?*

M. Bertrand aimait *sa mère et Dieu* ; mais par dessus sa mère et Dieu, il aimait Napoléon. Il eût renoncé à ses affections maternelles et à ses croyances théistes, plutôt qu'à son opinion Napoléonienne. Il faut dire qu'à cette époque, la légende du grand homme battait son plein, et le martyrologe comptait un saint de plus.

Or, la bibliothèque de Sir Hudson Lowe, l'ex-geôlier de Napoléon Ier à Sainte Hélène, allait être mise en vente et le catalogue venait de paraître à Londres. Un des exemplaires de ce catalogue, envoyé aux collectionneurs de Paris, était tombé sous les yeux de M. Bertrand, et il y avait lu : *Lot de lettres de Napoléon, datées de Paris, à la fin de son règne. Deux volumes avec le nom de Napoléon sur le côté, reliés en maroquin bleu, dorés sur tranche, 1816.*

Ces lettres de son héros firent bondir le cœur du brave directeur.

Un peu plus loin, il releva encore : *Campagnes de 1813, 1814 et 1815, trois volumes avec plans. Sur le dernier volume on trouve la note suivante, écrite par Sir Hudson Lowe :*

Toutes les remarques et les annotations au crayon qui se trouvent dans ce livre, sont de la main de Napoléon Bonaparte, à qui j'envoyai l'ouvrage à Sainte-Hélène.

M. Bertrand voulut, à toutes forces, posséder ces deux numéros du catalogue, ayant souci, disait-il, de ne point abandonner des reliques aussi sacrées, aux mains perfides de l'infâme Albion. Le diable en l'affaire, c'est que M. Bertrand était aussi parcimonieux que patriote.

Or, quand le libraire Barba, qui lui avait signalé ces deux perles du catalogue, lui dit que les enchères seraient fort disputées et s'éleveraient au moins, pour les deux ouvrages, à la somme de 500 francs, M. Bertrand se sentit au cœur un serrement douloureux.

Tout-à-coup, un rayon jaillit de ses yeux abattus, un éclair sillonna son visage nucilagineux. Une idée de génie — comme toutes les idées qui lui étaient propres — venait d'être conçue par son énorme cervelet directorial.

Cette idée, la voici : Une représentation *patriotique !...*

Il commanda une pantomime à *son* Charles, et *son* Charles lui présenta trois jours après : *Le martyr de Sainte-Hélène*, en 4 tableaux.

M. Bertrand avait recommandé à son fabricant ordinaire, de ne pas apporter dans son œuvre le moindre élément comique. Par ainsi, pas de Pierrot. Il voulait que la pensée du spectateur ne put être distraite un instant des tortures infligées à son César détrôné.

La réprésentation eût lieu le 1er juin, un samedi. L'affiche portait : *Représentation patriotique, pour ne pas laisser tomber aux mains de ses pires ennemis, ce qui reste d'un grand homme.*

La recette fut énorme, et laissa pour l'achat des ouvrages tant désirés, la forte somme de 480 francs, que l'heureux directeur courut porter à Barba, lequel devait les faire parvenir à son correspondant à Londres.

La vente avait lieu quelques jours après. Les deux numéros du catalogue montèrent à plus de quinze cents francs. La déception de M. Bertrand fut grande, d'autant plus grande, que le ministère des Beaux-Arts avait envoyé le lendemain de la première représentation du *Martyr de Sainte-Hélène*, l'ordre d'avoir à retirer cette pièce de l'affiche, pour cause de scandale dans la salle.

Voilà ce qui était arrivé : Cossard aîné, chargé du rôle de Napoléon, s'était abominablement grisé ce soir-là, et, était entré en scène sous les traits du héros, titubant, en longueur et en largeur.

Si bien, que le Napoléon des Funambules, manquant complètement d'équilibre européen, s'était proprement fait *engueuler* par un public aussi irrespectueux qu'indigné.

Napoléon-Cossard avait voulu répliquer et avait répondu à un titi qui l'apostrophait : T'es plus saôul que moi,

Le commissaire de police forcé d'intervenir, avait appréhendé Napoléon Ier au collet et l'avait envoyé coucher au poste.

Mais, le public réclamait, tapant des pieds, lançant des projectiles sur la scène. Bref, on avait dû faire évacuer la salle ; et pour éviter que le scandale se renouvelât le lendemain, l'autorité avait tout simplement et très nettement ordonné la suppression de la pièce.

L'engagement de Cossard aîné fût, du coup, résilié.

Le 12 juin, on joua : *Jacquot et Jacqueline* ou *Un nid de ramoneurs*, vaudeville en 1 acte.

Pour la première fois, le nom de M. Billion signe l'envoi du manuscrit de la pièce, à la Censure.

Ce vaudeville était joué par Etienne, Vautier, Pelletier, Mmes Carolina et Adèle.

Carolina, que l'on appelait aussi *la Laponne*, était une naine haute à peine de quatre-vingt-dix centimètres.

Le rôle de Jacquot lui servit de début. Elle était fort intelligente, avait du brio, de la chaleur communicative et une voix criarde et canaille qui convenait admirablement aux rôles crapulards, qu'elle joua par la suite avec succès. Elle savait, au besoin, pleurnicher une scène sentimentale, et ce rôle de Jacquot la mit de suite en grande faveur dans l'opinion des Funambulophiles.

Le 22 juin : *Mistigris* ou *Les Tribulations de Pierrot*, pantomime, arlequinade et féerique en 10 tableaux.

L'auteur de cette pantomime a su réunir dans sa pièce, les deux éléments qui ont eu jusqu'à ce moment le plus d'influence sur la curiosité du public des Funambules.

Ce sont, d'un côté, les personnages consacrés : Pierrot, Arlequin, Cassandre, Léandre et le Génie Mistigris, protecteur d'Arlequin ; de l'autre, le chef de brigands Torello et toute sa bande de voleurs, *à faces patibulaires*, dit le manuscrit.

Le farouche Torello est vainqueur et va pendre le pauvre Arlequin en présence de Pierrot, Cassandre et Léandre, devenus ses complices, quand, sur un signe du Génie Mistigris, tout se transforme.

Je cède la parole à l'auteur :

La table se métamorphose en enclume et les bandits en forgerons. Torello, Cassandre, Léandre et Pierrot sont chargés de chaînes et attachés à des poteaux. Au-dessus de leurs têtes sont les pancartes suivantes :

Torello, chef de brigands,
Condamné à être brûlé vif.

—

Cassandre, père dindon,
Condamné à être rôti sur un gril.

—

Léandre, amoureux transi
Condamné à recevoir 25,000,000 de coups de barres de fer rouge.

—

Pierrot, gourmand insatiable,
Condamné à avaler un boulet de canon
Sans le mâcher.

Des diables viennent danser autour des condamnés, pendant que des Cyclopes préparent les instruments de leur supplice.

Changement à vue.

NEUVIÈME TABLEAU

Une place d'armes.

Une tour dans le fond ; a droite une fournaise. Des diables se saisissent de Torello et le lancent dans la fournaise. Il en sort une flamme rouge.

Le pied de l'enclume s'ouvre et l'on voit sortir Mistigris, qui fait signe aux forgerons de différer l'exécution de Cassandre.

Il dit à ce dernier qu'il a le pouvoir de le soustraire aux tortures qu'on lui prépare. Cassandre se jette aux genoux de Mistigris et implore sa protection.

Mistigris lui répond qu'il obtiendra sa grâce, à la condition qu'il consentira au mariage de Colombine avec Arlequin Cassandre et Léandre donnent aussi leur consentement.

Mistigris agite sa baguette.

DIXIÈME TABLEAU

La tour s'enfonce dans le dessous et laisse voir un temple, où sont Arlequin et Colombine.

TABLEAU GÉNÉRAL

C'est Carolina qui jouait le rôle du Génie Mistigris.

Le 22 juin : *Le jour du Départ*, monologue mêlé de couplets.

Le 2 juillet : *Bambo le Mystérieux*, ou *La Fille de l'Enfer*, pièce fantastique en 3 actes, avec changements, apparitions, transformations, etc.

Cette pièce était tirée du théâtre allemand de Saaüdon.

Bambo, *le Mystérieux*.............	Mlles	Carolina.
Juliano, *jeune espagnole*............		Cordier.
Olivetti, *son ami*..................	MM.	Germain.
Carlo, *page de Juliano*.............		Adolphe.
Une voix souterraine..............		***
Un officier......................		***
Un sénateur......................		***
Aurélia..........................	Mlles	Emma.
Paula, *Comtesse d'Overini*..........		Céline.

Gardes, serviteurs, jeunes filles.

Le 7 juillet : *Tout seul*, monologue.

Le 5 août : *Le Capitaine Barsco* ou *Sont-ils des voleurs ?...* pièce en 1 acte, jouée par Etienne, Germain, Pelletier, Vautier, Mlles Emma, Adeline.

Le 12 août : *L'île des Farfadets*, tradition écossaise en 1 acte.

Le 17 août : *Fra Diavolo* ou *Les Brigands de la Calabre*, pantomime en 4 tableaux.

Ce Fra Diavolo n'avait aucun rapport avec celui de l'Opéra-comique. Ce n'était qu'une banale aventure de brigands, enlevant la fille d'un certain Comte de Montaldi. L'amoureux de la demoiselle, San Fernando, jeune officier, délivrait son Emilia, capturait Fra-Diavolo, ce qui décidait le noble comte de Montaldi à accepter San Fernando pour gendre.

Dans ce San Fernando, l'auteur avait personnifié le père de Victor Hugo, qui, comme on le sait, captura Michel Pezza, connu dans les Calabres sous le nom de *Frère-Diable*, ou Fra-Diavolo.

Le Pierrot s'appelait, dans cette incolore élucubration, Mazarillo.

Le 28 août : *Une cure merveilleuse*, comédie vaudeville en 1 acte, par Hippolyte.

Cette pièce fut jouée par Paul Legrand, Cordier, Germain et Mlle Joséphine.

Le vicomte de Beauvilain, représenté par Paul Legrand, chantait le couplet suivant :

Air : *Ces postillons sont d'une maladresse.*

Il est passé le temps où la noblesse
Se mesurait au nom de ses quartiers.
Il est passé le temps où cette altesse
De son dédain couvrait les roturiers,
Car nous avons de charmants roturiers.
Alors qu'un titre est mérité, qu'importe
Qu'on soit ou non d'une ancienne maison !
Pour être noble il suffit que l'on porte
L'honneur sur son blason (*bis*).

Le 2 septembre : *Depuis la Noël*, romance.

Le 18 septembre : *Les Gueux de Paris* ou *Encore des Mystères*, pièce populaire en 2 actes

Cette pièce était d'un pauvre diable nommé Barenton. M. Billion la lui paya vingt francs, sous la condition que le nom de Barenton serait remplacé sur l'affiche par celui de Folliquet, l'auteur célèbre du lieu.

Barenton consentit. C'était un humble bohême, pour qui vingt francs représentaient l'existence de quelques jours, et que le désir de se voir jouer, même sous le nom d'un autre, amenait à de semblables extrémités.

M. Billion s'était souvenu qu'un des législateurs de Sparte avait fait une loi, édictant que tout mauvais citoyen, concevant une saine idée, n'avait pas le droit de la communiquer lui-même à l'Assemblée du Peuple. Il fallait qu'elle y parvînt par la bouche d'un homme reconnu vertueux, lequel en avait tous les honneurs, bien qu'il ne l'eût pas conçue ! « voulant ainsi — disait le légis-« lateur Lacédémonien — qu'aucune maxime sage, aucun décret « utile ne parussent sortir d'une source impure. »

Et, source impure, était le sans valeur Barenton.

Pour M. Billion, une bonne pièce ne pouvait être signée d'un nom inconnu.

Le 4 octobre : *La Bataille d'Isly*, mimodrame en 7 tableaux.

Le 5 décembre : *Bamboches et Taloches*, pantomime, arlequinade, féerie en 9 tableaux.

Deux bûcherons travaillent dans un bois. Le premier monte sur un arbre ; sa hache lui échappe et tombe dans un étang sur lequel s'étendait sa branche.

Un vieux sylphe sort des eaux, tenant à la main une hache d'argent, qu'il présente au premier bûcheron. Celui-ci la repousse; ce n'est pas là sa hache.

Le sylphe prend alors la parole et dit : L'épreuve, à laquelle je viens de te soumettre, m'a prouvé que tu étais digne de ma protection. Je vais récompenser au-delà de tes espérances, ta louable activité et ton noble désintéressement.

Alors le bûcheron, se trouve transformé en Arlequin.

Le sylphe reprend : Maintenant, suis ce sentier ; il te conduira près de la fille de Cassandre. Mais, avant de l'obtenir, tu auras bien des obstacles à surmonter.

Arlequin le remercie et sort. Le sylphe se retire derrière les broussailles.

Le deuxième bûcheron a observé ce qui vient de se passer, et se met à l'ouvrage, en imitant ce qu'il a vu faire à son compagnon. Il laisse tomber sa hache dans l'étang, et se livre au désespoir le plus violent.

Le sylphe se présente de nouveau, une hache à la main. Seulement, cette fois, la hache est en or. Le deuxième bûcheron fasciné par la vue du précieux métal, ne peut résister à la tentation de s'en emparer. En possession de la superbe hache, il la presse sur son cœur et s'enfuit. Mais une main invisible l'arrête.

Le sylphe reprend la parole et dit : Reçois le châtiment que tu t'es attiré par ta cupidité.

Et l'imbécile bûcheron se trouve transformé en Pierrot.

Les huit tableaux, qui succèdent à ce premier, sont la poursuite trop connue des précédentes pantomimes.

Ce fut pourtant un grand succès. A ce point que les applaudissements, coupant l'intérêt des situations et des scènes, Deburau avait fini par se plaindre à M. Billion, l'accusant de mettre des claqueurs dans la salle.

Celui-ci s'était bel et bien défendu.

Et, que Deburau se montrait donc en cela véritablement artiste, méprisant les effets de mauvais aloi, qu'il croyait venir de *Laudiscènes* salariés.

Les *Sophoclès*, des Grecs, n'interrompaient jamais le cours d'une représentation. Seulement, à la fin de la pièce, ils formaient un concours d'applaudissements, dont chaque acteur prenait sa part.

CHAPITRE XXIX

1845

Alexandre Guyon. Charles Deburau. Grecs et Romains.

M. Bertrand avait complètement abandonné l'administration du théâtre, dont il était le créateur, laissant à son neveu M. Billion tous les tracas de la direction.

Mais ces tracas étaient précisément ce qui faisait vivre le bonhomme. Cette occupation continuelle, ces taquineries sans fin, ces embarras passagers, ces triomphes succédant aux déceptions, s'étaient emparés de tous les coins de son existence.

Livré à lui-même, c'est-à-dire à la vie calme d'intérieur, aux longues soirées passées en tête à tête avec un domino monotone, la nostalgie ne tarda pas à s'emparer de celui, dont la vie avait été semée de tant de péripéties.

M. Bertrand tomba malade, au commencement de l'année 1845. Ce fut un deuil général dans le personnel, dont il était très aimé.

Cependant sa puissante nature l'emportant, il résista à la maladie et reparut encore, de temps en temps, à son cher théâtre.

Le 11 janvier on joua : *Un Etourdi* ou *la Rencontre et le Portrait*, pièce en un acte.

Je dois signaler l'apparition aux Funambules d'un simple figurant, vous m'entendez bien, d'un *acteur à cinq sous*, comme les appelait Deburau; parce que ce figurant, grand admirateur du célèbre Pierrot, sut, à force de travail, parvenir, sinon à l'égaler, du moins à imiter, de fort près, celui qu'il s'était donné comme modèle.

Je veux parler d'Alexandre Guyon.

Ce gamin — il avait alors 15 ans — était ciseleur de son état. Admirateur forcené des pantomimes, il était tombé en extase devant Deburau ; était parvenu à se lier avec le fils du mime et s'était par ce moyen faufilé dans les coulisses. De là, à paraître dans la figuration, il n'y avait qu'un pas. Il le fit et figura.

Mais, il ne touchait pas régulièrement ses cinq sous par soirée. M. Billion payait lui-même sa figuration et souvent il lui arrivait de rogner une soirée, même deux, sous tel ou tel prétexte.

Cela ennuyait Alexandre. Il était solide, bien bâti ; un soir, le chef machiniste, manquant d'un aide, lui proposa de donner un coup de main à la machination.

Alexandre accepta, et comme il s'acquitta de sa tâche avec beaucoup plus d'adresse que celui qu'il remplaçait, le chef lui proposa dix sous par soirée pour devenir titulaire de la place.

Dix sous par soirée !... Et voir Deburau tous les soirs !... Le marché fut conclu. Voilà donc notre gamin aide-machiniste. Abandonnons-le pour l'instant, au maniement de ses châssis ; les occasions de le revoir ne nous manqueront pas.

Le 18 janvier on joua : *Le grand Papa*, vaudeville en un acte. Acteurs : Paul, Edouard, Martial et Mlle Carolina.

Carolina jouait quatre rôles dans cette pièce : une petite fille, une grosse paysanne, un tambour et un gamin.

Le 13 février : *Les trois Gigots*, vaudeville en un acte, par Paul Bonjour.

Ce vaudeville fut joué par Paul Bonjour, son auteur; Etienne, Paul L., Germain, Edouard et Mlle Octavie.

Le 6 mars : *Les Sorcières de Macbeth,* pantomime en six tableaux.

C'est plus que jamais la même pantomime, agrémentée des mêmes poursuites ; je m'abstiendrai désormais de citer quoique ce soit de ces malheureuses élucubrations, à moins qu'une originalité quelconque ne s'en dégage.

Charles Deburau était peintre sur porcelaine. Son père ne voulait pas qu'il prit le théâtre. Un soir, le jeune homme dit à son ami Alexandre :

— C'est papa qui va être surpris. Je veux entrer au Conservatoire.

— Quoi faire ? lui demanda Alexandre.

— Apprendre à dire les vers, je veux être tragédien.

Et ce ne fut point une vaine parole. Charles Deburau entra au Conservatoire. Il étudia la tragédie. Voilà ce que l'on ignore et ce qui devait être dit.

Charles Deburau étant mineur, son intrusion dans la grande maison d'Auber exigeait le consentement écrit de son père.

Il se hazarda à affronter la tempête. Car ce fut une tempête effroyable qui éclata chez le brave Pierrot, quand le jeune homme vint effrontément lui déclarer qu'il voulait remplacer Talma.

— Comment, s'écria le père, je me suis évertué à t'éloigner le plus que j'ai pu de ce monde faux ; j'ai cru faire de toi un artiste ouvrier, et je n'ai réchauffé dans mon sein qu'un vulgaire cabotin, c'est-à-dire moins qu'un singe!... Songe, malheureux, que le premier comédien du monde peut être traîné sur la claie par le dernier des écrivaillons et qu'il n'a que le droit de se taire, ce pelé, ce galeux, cet histrion vilipendé! Ce mot de cabotin dont on te flagellera, est la dernière des insultes, et l'imbécile qui te le lancera aura toujours les rieurs pour lui.

Mais Charles s'était préparé une réponse. Il l'avait apprise. Il la débita :

— Cher père, les Grecs, qui n'étaient pas plus bêtes que nous, honoraient l'art du comédien.

— Ce n'était point un état, une profession chez eux, répliqua le grand Pierrot ; ce n'était qu'une occupation honnête, l'exercice momentané d'un art libre, que l'on pouvait cultiver en passant, sans renoncer aux emplois que l'on exerçait en qualité de citoyen. J'ai étudié la question, moi aussi.

Charles poursuivit :

— On a vu dans l'Antiquité, des généraux, c'est-à-dire des hommes presque égaux aux Rois, monter sur les planches, aux grands applaudissements d'un peuple enthousiasmé. On a vu le président de ces spectacles publics, l'*Agonothète*, revêtu d'un habit de pourpre, « tenant en main le sceptre d'or », proclamer à la foule le nom de Démosthène, qui allait entrer en scène.

— Chez les Grecs, c'est possible, reprit le père Deburau, mais chez les Romains, les comédiens n'étaient que des esclaves publics, qui étaient achetés tout jeunes par les Directeurs et que l'on instruisait à divertir le peuple. Et nous descendons des Romains ! Histrions, ces esclaves étaient ; histrions nous sommes restés. Leur avilissement a rejailli sur nous. Tu ne seras pas comédien.

La discussion s'anima tant et si bien, que Deburau père fut sur le point de chasser son fils; lorsque celui-ci s'avisa d'un moyen qu'il savait infaillible auprès de l'excellent homme. Il se tût, parut céder et deux larmes roulèrent sur ses joues.

Alors, ce fut le tour de Deburau de se taire, de regarder Charles en dessous d'abord, puis de le prendre dans ses bras et d'essayer de le persuader par le raisonnement. Les larmes de Charles redoublèrent. Deburau commença les concessions:

— Si encore, j'étais sûr que tu eusses du talent.

Charles passa à l'état diluvien.

Alors, Deburau se mit à le consoler.

Bref, Charles gagna sa cause et entra quelque temps après au Conservatoire.

Un Pierrot commençant par des études sur la tragédie, n'est-ce pas original ?

Le 23 mars : *Arlequin Snowball* (*Arlequin boule-de-neige*) *or the majic talisman*, pantomime arlequinade anglaise en dix tableaux, arrangée et jouée par MM. Naylor, Ethair et C. Ethair.

Rien ne ressemble à une pantomime française comme une pantomime anglaise.

Dans celle-ci, Pierrot s'appelle Clown, et voilà tout ce qui diffère.

Ici, c'est la même vieille mendiante repoussée par Pantalon, Léandre et Clown, secourue par Arlequin et Colombine, qui se trouve être une fée, et protège les deux amoureux, au détriment des trois grotesques, soutenus de leur côté par le magicien Terrible Hiver.

Un grand nombre de trucs, de transformations firent un succès de cette pantomime, dans laquelle on regretta néanmoins de pas voir paraître Deburau.

Le 5 avril : *Le Bombé*, comédie-vaudeville en un acte.

Félicien, *bossu*	Paul Bonjour.
Caramel, *marchand de mélasse*	Paul Legrand.
Jules	Germain.
Amélie	Mlle Reine.
Rose, *suivante*	Mme Lafont.

Le 17 avril : *Les Noces de Pierrot*, pantomime villageoise en cinq tableaux.

Cette pantomime dont le véritable titre devrait être : *Les infortunes du sergent Michel*, ou *la Tabatière accusatrice*, est plutôt un mimodrame par son action sérieuse, par ses coups de scènes dramatiques, qu'une Pierroterie, à proprement parler.

Le rôle de Pierrot n'existe, du reste, qu'à l'état épisodique.

Les deux grands rôles de la pièce sont le sergent Michel, frère de Pierrot, et le bailli, tous deux amoureux de la même femme. Le bailli, homme d'une perversité comme il n'en existait qu'aux théâtres du boulevard, fort heureusement pour l'humanité, glisse des billets de banque dans le sac de Michel, pour l'accuser ensuite de l'avoir volé. Là dessus arrestation du brave sergent, conseil de guerre, condamnation à mort !!! Mais la vérité se découvre à la fin, par le simple fait d'une petite paysanne, qui a vu le traître Bailli, glisser lui-même les billets dans le sac et *oublier sa tabatière à côté !...*

Le Bailli se défend comme un beau diable, mais la vue de la tabatière le terrifie. Il s'incline et avoue.

Le 14 mai : *Un nouveau Poucet*, folie-vaudeville en 1 acte.

Le 15 août : *Les deux Mousquetaires*, pantomime en 3 tableaux.

Pierrot va épouser Babette, lorsque deux mousquetaires, ayant billets de logement, pénètrent dans la ferme et enlèvent Babette qu'ils entraînent dans la forêt.

Là, ils se la disputent, et pour qu'elle ne puisse s'enfuir, pendant le duel auquel ils vont procéder, afin de savoir à qui des deux elle appartiendra, ils l'attachent à un arbre.

Pendant qu'ils se battent, Pierrot délivre Babette et l'entraîne.

Le duel terminé par une légère blessure, les deux mousquetaires s'aperçoivent qu'ils ont été joués et retournent furieux à la ferme.

Mais ils sont reçus par tous les paysans armés, qui les forcent à décamper fort lestement.

Ces mousquetaires eussent été, quelques mois auparavant, de modestes brigands ; mais M. Billion avait appris qu'à l'Ambigu on répétait : *Les trois Mousquetaires*, drame d'Alexandre Dumas. Aussi s'était-il empressé de s'emparer du titre flamboyant, en retranchant tout simplement un des héros de la légende Dumassienne, qui faisaient merveille à cette époque.

Le 3 août, M. Bertrand mourut, regretté de tous. Ses obsèques furent ce qu'elles devaient être, fort imposantes.

M. Bertrand était énorme, je l'ai déjà dit. Il fallut commander une bière de dimensions spéciales pour contenir son corps immense. Ce qui fit dire à Deburau, qui eut pu se mettre à l'ombre derrière un échalas : Je ne mourrai pas comme ça, moi.

M. Billion ne fit pas relâche, pour la mort de son oncle et associé.

Le 19 août : *Le Mort dans l'embarras*, grosse bouffonnerie en 1 petit acte, par M. Hippolyte.

Le 23 août : *Deux pour une*, ou *Une pour deux*, vaudeville en 1 acte.

Le 19 septembre : *A bas les Créanciers !* vaudeville en 1 acte par MM. Hippolyte et Henri, joué par Pelletier, Meunier, Victor, Paul, Antoine, Mmes Octavie et Lafont.

Le 17 septembre : *Le Tambour et le Procureur*, comédie en 2 actes.

DISTRIBUTION

Pascal, *soldat*.....................	Ferdinand.
Loustignac, *sergent*............	Meunier.
Duruisseau, *procureur*..........	Paul.
Colombe, *blanchisseuse*.........	Mlle Joséphine.
Mme Ve Flavien.................	Mme Thierry.
Hortense......................	Alexandrine.
Julie..........................	Octavie.

Le 18 septembre, Deburau reprenait *Pierrot partout*, pantomime dont nous avons relaté la création, en 1839.

Certains habitués de l'orchestre, faux dandys de cette époque de bellâtres, où les calicots portaient cravaches et bottes à éperons, avaient posé leurs chapeaux sur les bords du proscenium, les uns à droite, les autres à gauche. Deburau, que ce sans-gêne froissait, dit bas à Laplace : Pousse-moi.

Laplace, devinant la pensée du Maître, ne manqua pas, aussitôt que l'occasion se présenta, et sans que cela parût être fait exprès, de donner une forte bourrade au Pierrot, lequel trébuchant, s'en alla rouler en plein milieu de l'entassement des couvre-chefs.

Une explosion de fous rires partit de la salle, excepté cependant du coin où les propriétaires des chapeaux endommagés se tenaient assis.

L'un de ces jeunes dandys, leva même sa canne pour atteindre Deburau qui se débattait au milieu de ses victimes ; mais les applaudissements étaient si francs et de si longue durée, que les mécontents n'osèrent laisser éclater leur colère, se contentant de maugréer, affectant même de rire du bout des lèvres, de la facétie du Paillasse, dont ils résolurent de se venger.

Dès le lendemain, en effet, la même agglomération de chapeaux, que l'on sentait retapés, s'élevait sur le même endroit de la scène.

C'était évidemment un défi porté à Deburau.

— Ah ! ils s'entêtent, fit-il ; nous verrons qui cédera.

Son compère s'apprêtait à renouveler la cascade de la veille, lorsqu'au moment de pousser son ami, il s'aperçut qu'une lame de canif était plantée dans le parquet, juste à la place où Deburau allait s'effondrer. Il n'eût que le temps de lui dire vivement : Ne tombez pas, il y a un canif.

Pour se venger, les spirituels calicots n'avaient rien mieux trouvé que cela : estropier un homme.

Voyant leur ruse découverte, ils n'en attendirent pas les conséquences et s'empressèrent de décamper.

Le Commissaire de police ne put que constater le fait.

Le 25 septembre : *Le Corsaire rouge*, mimodrame en 2 actes et 6 tableaux.

Le 12 octobre : *C'est le Diable !* vaudeville en 2 actes.

Le 22 octobre : *Satan*, romance.

Le 25 octobre : *La Pagode enchantée*, pantomime chinoise en 7 tableaux.

Cette pantomime, qui n'a de chinois que le français dans lequel elle est écrite, tente cependant de sortir de l'ornière creusée par tant d'autres.

Pierrot est un fou, qui ne commet que de bonnes actions, sauve un jeune prince précipité dans un cul de basse fosse, confond le commandeur Tambouriko, et reçoit pour récompense la main de Babioulic, la fille du mandarin Babouki.

Il y a dans cette pantomime une certaine voix de l'*Ombre des Tombeaux*, qui s'élève chaque fois que l'on va maltraiter Pierrot, pour dire : Babouki, ne frappe jamais l'idiot, il t'arriverait malheur !

C'est cette même voix, qui organise le dénouement en disant : Ecoutez tous la voix de l'*Ombre des tombeaux*. Elle va vous transporter dans la Pagode, pour punir les coupables et récompenser le sauveur du jeune prince.

Puis, quand le transport est fait, la voix continue : Le commandeur Tambourico doit renoncer à la jeune Babioulic ; elle va être enterrée vive dans ce tombeau, à moins qu'elle ne consente à épouser le fou Pierrot, rendu à la raison par la délivrance du Prince Kamouski.

Là-dessus, consentement, joie générale, apparition d'un magnifique palais et union des amants.

Le 30 octobre : *Le Feu follet*, romance.

Le 17 novembre : *Marie-Anne*, vaudeville en 1 acte.

Le théâtre de la Porte-St-Martin avait donné, six jours auparavant, avec un énorme succès *Marie-Jeanne* ; il ne fallut à M. Billion que ces six jours pour commander la pièce de *Marie-Anne*, la lire, la faire répéter et jouer. Le septième jour, il ne se reposa même pas.

Le 1er décembre : *Les deux Pendus* ou *Lequel des deux?* pantomime en 1 acte.

Le 28 décembre : *Le Corsaire algérien* ou *l'Héroïne de Malte*, pantomime en 7 tableaux.

Le 31 décembre : *Bonne Année à tous*, vaudeville en 1 acte, par Fanoliet.

Voici le couplet final de cette pochade :

Air : *Du Dieu des bonnes gens.*

Aux Funambul's toujours la politesse
A su se faire élection d'domicile,
Par des couplets dont la rim'n'est pas riche.
Mais la richess'n'a jamais fait l'bonheur.
Aussi, ce soir, j'ai choisi ce vieil air
Pour vous prier d' vouloir bien m'écouter,
Quand j'viens vous dir' qu'entre nous, j'vous souhaite,
La bonne année à tous. (*bis*)

CHAPITRE XXX

1846

Mort de Deburau.

Cependant, Deburau était de plus en plus souffrant. Cet asthme terrible qui devait l'emporter, le forçait à interrompre, de temps en temps, son service.

Qui en profitait ? Paul Legrand. Lequel se glissait ainsi petit-à-petit dans le répertoire du grand Pierrot.

Paul Legrand acquérait beaucoup de talent, en cet emploi.

Ce n'était plus le Pierrot étonné, osé, dégingandé de Deburau. C'était un Pierrot à lui, très personnel, bon enfant, ayant la larme près du rire. On n'avait jamais vu pleurer Pierrot à la scène. Le succès de Paul fut immense le soir où l'on vit deux vraies larmes rouler sur son masque neigeux.

Aussi, Deburau combattait-il la maladie avec rage, avec acharnement. Il sentait l'empire que prenait Paul, et cela augmentait ses souffrances.

Paul Legrand, qui aimait beaucoup Deburau, se montrait fort chagrin de cette jalousie du maître.

Un soir, très ému, il alla trouver son directeur et lui dit :

— Monsieur Billion, je sens que les effets, que je produis sur le public, nâvrent notre pauvre grand Deburau ; je viens vous demander de me laisser n'en pas faire. Quand il apprendra que je ne fais plus rire, je suis certain que cela le soulagera et hâtera sa guérison.

M. Billion, qui était directeur avant tout, répondit à Paul : Je vous défends d'avoir de semblables idées. Je vous ordonne de faire rire. Tant pis pour l'autre !... Il a fait son temps.

Je ne crois pas qu'il y ait beaucoup de comédiens capables de faire ce que fit là Paul Legrand.

C'était à la fois d'un grand artiste, d'un noble cœur et d'un brave homme.

Le 9 janvier on jouait : *Un Naturel des îles Marquises*, folie-vaudeville en 1 acte, interprétée par : Pelletier, Victor, Lafontaine, Antoine, Mmes Louise, Céline et Rosalie.

Le 12 janvier : *Amélie*, vaudeville en 2 actes.

Le 15 janvier, *Marengo*, épisode militaire à spectacle, joué par Victor, Pelletier, Orphée, Paul, Lafontaine, Philippe, Mmes Carolina, Lefebvre, Marie, Louise, Alexandrine.

Orphée, qui débuta dans cette pièce, s'appelait de son nom de famille Augeraud.

Il avait fait ses premières armes au théâtre *Comte* ; puis était allé au théâtre *du Panthéon*, pour débuter ensuite au *Luxembourg* ou *Bobino*.

C'est de Bobino qu'il arrivait directement au théâtre de M. Billion, où il était engagé pour jouer les comiques de vaudeville et les Léandre dans la pantomime.

Quand je dis directement, ce n'est point exact : Orphée était passé par un comptoir de marchand de vin, qu'il avait ouvert dans le faubourg du Temple, et dont il restait le propriétaire ;

partageant son temps entre l'art et l'empoisonnement de ses concitoyens.

Il était fort amusant, sans cependant avoir beaucoup de talent.

Il n'arrivait hiérarchiquement qu'après Pelletier ; mais on pouvait, sans déshonneur, arriver après Pelletier, aux Funambules où Pelletier dans le Vaudeville était roi.

Orphée se fit plutôt remarquer dans la pantomime. Le Léandre de *Polichinelle vampire,* joué un peu plus tard, le sacra à tout jamais dans cet emploi difficile.

Le 19 janvier : *Mon Oncle et ma Femme*, vaudeville en 1 acte.

Le 31 janvier : *M. et Mme Pipelet*, folie-vaudeville en 2 actes.

Le 18 février : *Le Siège de la Rochelle*, pièce en 2 actes, dans laquelle le comique Durillon chante, sur M. de la Palisse, la chanson suivante :

I

La Palisse eut peu de bien
Pour soutenir sa naissanse ;
Mais il ne manqua de rien
Dès qu'il fut dans l'abondance.
Il voulait dans ses repas
Des mets exquis et fort tendres,
Et faisait son Mardi-gras
Toujours la veille des Cendres.
La singulière histoire !
Oh ! l'aimable chanson
Gardons-en la mémoire,
L'esprit en est fort bon.

II

Il était affable et doux,
De l'humeur de feu son père,
Et n'entrait guère en courroux
Si ce n'est dans la colère.
Il consultait rarement
Hippocrate et sa doctrine,
Et se purgeait seulement
Quand il prenait médecine.

Refrain

III

Il se plaisait en bateau,
Et, soit en paix, soit en guerre,
Il allait toujours par eau,
Quand il n'allait pas par terre.
On raconte que jamais
Il ne pouvait se résoudre
A charger ses pistolets
Quand il n'avait pas de poudre.

Refrain

L'auteur, sans gêne, n'avait eu qu'à choisir quelques couplets dans la vieille chanson rajeunie, dès le XVIIIe siècle, par l'auteur des *Noëls bourguignons*, Bernard de la Monnoye, et à y ajouter un refrain de quatre vers.

Le 3 mars : *Mon bon Ange*, comédie-vaudeville en 2 actes.

Le 13 mars : *Picard ou les deux Coquins*, vaudeville en 1 acte.

Le 19 mars : *L'Enfance d'un grand Homme*, pièce en 2 actes.

Un jardinier, très fin observateur, Fritz, chante les couplets suivants :

Air : *Petit Papa*

I

C'est du coton, souvent, dans ce bas monde,
Qui nous fait suivre un tout jeune tendron.
Qui fait l'attrait de la brune et la blonde ?...
Et qui nous met dans une erreur profonde ?...
C'est du coton. (*bis*)

II

Partout, messieurs, bien grande est l'imposture,
Depuis longtemps le vrai nous fait faux bon.
Quand vous voyez d'un dandy la carrure,
D'un tendre objet l'agaçante tournure,
C'est du coton. (*bis*)

Ce même 19 mars : *La Roche du Diable* ou *le Rêve de Pierrot*, pantomime-féérie en 7 tableaux.

Don Juan — que, diable, vient faire là-dedans *El Burlador de Sevilla* ? — enlève Lucette, la fiancée de Jacot. Celui-ci, protégé par la fée Rose, tue Don Juan. Mais Lucifer rend la vie au terrible séducteur, en rendant son corps inaccessible aux atteintes des armes terrestres, à la seule condition qu'il lui donnera son âme. Don Juan accepte et signe, de son sang, le pacte infernal.

Alors, c'est un combat homérique entre le ressuscité et Jacot, soutenu par Cassandre et Pierrot; combat dans lequel la vertu finit par triompher; car le Diable, lassé des crimes de Don Juan, termine l'action en lui disant : *Tu es vaincu, tu appartiens à l'enfer :*

Il entraîne sa victime — continue le manuscrit — dans une cage de fer, qui s'enflamme aussitôt et disparaît dans les profondeurs d'un abîme en feu. Union des amants. Les démons sont terrassés.

Vers cette époque, Alexandre Guyon, qui s'ennuyait à manier des *fils*, des *guindes* et des *commandes*, demanda à M. Billion de l'engager, pour jouer des petits rôles. Le directeur accepta l'offre du jeune homme et lui accorda six francs par semaine.

Le 10 juin : *Les Maris ressuscités*, comédie vaudeville en 1 acte.

Le 16 juin, jour de deuil!... La nuit jette des ombres sur la casaque blanche de Pierrot. Le boulevard du Temple semble porter un crêpe à chacun de ses arbres. La mort a fait son œuvre. La pantomime a du plomb dans les ailes. La face pâle est devenue verte. La folie a perdu sa marotte. La batte d'Arlequin est fendue. La farine a du noir dans le corps. Jean-Baptiste-Gaspard Deburau est mort!

Et les ouvriers du faubourg du Temple, les tourlourous, les bonnes d'enfants, les gamins du boulevard, enfin, tous les oiseaux de la rue ne s'abordent qu'en se disant :

— Vous savez la grande nouvelle, Deburau est mort!

— Un brave homme de moins!

— Un grand artiste disparu!

— Quel inimitable Pierrot!

— Un brave camarade qui s'en va!

— Un rigolo dans le pétrin!

Le théâtre des Funambules ne fit pas relâche!

M. Billion, qui avait gagné deux cent mille francs avec le pauvre Paillasse, ne consentit pas à perdre une recette, et contraignit Paul Legrand à jouer le soir même, malgré les récriminations du brave artiste.

De quoi était mort le grand Pierrot?

On a prétendu que c'était des suites d'une chute, faite dans une trappe mal assujettie, quelque temps avant.

C'est une erreur. Deburau mourait étouffé par son athsme.

On peut vivre cent ans, dit-on, avec l'athsme. Certainement; mais, à la condition de ne pas exciter ce fauve qui vit et se creuse en vous un antre, dont il ne déguerpira qu'avec votre dernier souffle. Le repos, le calme seuls, peuvent apaiser le monstre qui siffle, rugit et crache par votre bouche, baille et braille par votre gorge, guette avec lâcheté, avidité, l'instant où il pourra vous étreindre et vous enlacer de ses terribles tentacules.

Deburau ne pouvait se reposer. Au théâtre, l'athsme, c'est la mort.

Dans un accès d'une toux déchirante, le Pierrot clôtura sa vie, définitivement et sans aucune remise.

Au rideau, pantin! Va faire tordre de rire le bon Dieu, si le bon Dieu a une tête pour rire et un corps pour se tordre,

Il avait lutté jusqu'à la fin.

Quinze jours avant l'issue fatale, il avait envoyé, sans en rien dire, son fils Charles prendre l'air des coulisses, pendant une représentation. Celui-ci était monté au cintre, et, suivant l'ordre de son père, avait noté tous les effets que produisait Paul Legrand.

En entrant, l'enfant avait tout raconté au malade.

Ç'avait été un coup terrible, et le lendemain Deburau faisait prévenir au théâtre qu'il jouerait le soir même.

Il s'était levé, traîné dans sa loge et, à force d'énergie, de volonté suprême, avait pu jouer trois soirs de suite.

Le troisième soir, dans les *Jolis soldats*, le pauvre moribond devait danser un pas excentrique. Ne se tenant plus debout, exténué, brisé, il avait envoyé prévenir le chef d'orchestre d'avoir à passer le motif de danse.

Mais le public qui avait l'habitude de l'applaudir très fort, après ce hors-d'œuvre, pimenté d'un cancan accentué, par lequel se terminait le pas, se mit à réclamer :

— Et la danse?... Chahut! Chahut!

Deburau avança jusqu'au trou du souffleur, et, se courbant devant le public se mit à le regarder, avec tant de supplications dans la physionomie, tant d'éloquence dans le regard, tant de souffrance dans sa muette façon de demander grâce, que la salle entière, comme si ces cinq cents cœurs n'eussent eu qu'une seule âme, fut retournée du même coup.

Il avait compris, ce public de gamins, d'ouvriers et de pauvres grisettes, que son cher Pierrot tomberait suffoqué, haletant, mort peut-être à la fin de ce chahut réclamé, et par un revirement sublime, d'une seule voix rauque, enrouée, perçante, glapissante, grave et pointue tout à la fois, il s'était mis à crier :

— Non! non! pas de chahut!

Alors Deburau avait baissé la tête devant son juge, et quand il l'avait relevée, on avait pu voir les yeux en pleurs du pauvre paillasse.

Le rideau fut baissé un instant, pour lui donner le temps de se remettre. Lorsqu'il se releva, ce fut une ovation prolongée, mais respectueuse, qui accueillit le moribond ; oui, respectueuse, autant que l'instant d'avant elle avait été bruyante, désordonnée, furibonde.

C'est Alexandre Guyon, présent à cette scène, qui m'en a raconté les moindres péripéties.

Il semblait avoir deviné, ce public déchaîné, engueuleur et

grossier, que son acteur favori lui adressait un éternel adieu.

Ce peuple, des plus sombres bas-fonds, a de ces exquises délicatesses, de ces étranges sensibilités. Il courra, cynique, obscène, gouailleur, se ruer autour d'une guillotine, voir trancher une tête ; il ira hurler de monstrueuses chansons, en voyant dresser l'échafaud; il se repaîtrera d'ordure, se saoûlera de sang, et pleurera en voyant un paillasse pleurer.

En 1878, on avait repris à l'Ambigu *Les deux Orphelines*. Honorine, qui jouait le rôle de la Frochard, vit un soir dans la coulisse un petit figurant blond, rose, propret, gentil, écouter la pièce, la figure inondée de larmes.

— Qu'as-tu, mon ami, demanda-t-elle à l'enfant?

— Je ne peux pas voir M'sieur Taillade enlever sa pelure par la neige, et en couvrir Mamzelle Angèle Moreau, sans que ça me fasse *chialer* comme un veau, répondit le petit bonhomme.

C'était Gilles!... Le cynique assassin qui, quelques mois après, avec l'aide d'Abadie, un monstrueux auxiliaire de son âge, égorgeait impitoyablement une pauvre vieille femme sans défense, pour s'emparer des quelques sous qu'elle possédait!...

Ce fut la dernière fois que Deburau parut sur la scène des Funambules.

Champfleury, dans « *La petite Rose*, décrit l'enterrement du célèbre mime :

Déjà la foule se pressait aux alentours de sa modeste habitation (Faubourg du Temple, 28). Il était l'orgueil du Faubourg; tous ses camarades des théâtres voisins avaient tenu à honneur de l'accompagner une dernière fois. Ce n'étaient pas les assistants banals, qui se rendent à l'enterrement d'un confrère. Une tristesse réelle se faisait jour sur la physionomie des acteurs des Funambules. Ayant perdu le grand chef d'orchestre de ces drames muets, ils se regardaient comme des naufragés sur un vaisseau dont la tempête vient d'enlever le pilote.

L'homme, à qui une jeunesse accidentée avait communiqué des trésors artistiques, que les études classiques fournissent rarement si féconds, était doué de facultés créatrices qui se répandaient comme une rosée sur la tête de ses camarades. Il était bon quoique railleur, obligeant quoique sarcastique. Les difficultés de la vie n'avaient pas amoindri ses qualités de cœur. Il savait démêler chez un être à peine dégrossi ce qui pouvait être tiré d'une nature rebelle ; par de bonnes paroles, il encourageait les timides.

Cet homme du peuple, sans éducation, témoignait aux femmes qui l'entouraient des délicatesses particulières. Doucement il savait enseigner son art, relevant quelquefois l'élève par des railleries, jamais par des duretés.

Le convoi prit la route de l'église. Le cercueil n'était pas porté par les employés habituels des pompes funèbres : les machinistes du théâtre avaient tenu à honneur de rendre un dernier hommage à celui que, pendant de longues années, ils avaient eu l'honneur d'approcher.

Du bas de la montée de Belleville jusqu'à l'église, les fenêtres étaient garnies, comme les trottoirs étaient encombrés, de gens qui saluaient encore une fois le passage du comédien, dans cette rue qu'il avait traversée si souvent. Les gens murmuraient : Deburau !... Et tous suivaient d'un regard pensif le convoi du mime qu'ils ne devaient plus revoir.

C'est au Père-Lachaise que fut transporté ce pauvre corps désarticulé.

Un discours fut prononcé sur la tombe par l'acteur Albert, au nom de la société des artistes dramatiques dont Deburau, en compagnie du baron Taylor, de Samson, Régnier, Bocage, Raucourt, avait été membre fondateur.

Jean-Baptiste-Gaspard Deburau avait 51 ans.

Quelques journaux publièrent des articles nécrologiques, dans lesquels l'artiste fut passé au crible. On le commenta, on le discuta, on le critiqua, on le mit sur la claie et sur le pavoi, on le nia, on l'apothéosa.

Tous ces articles furent respectueux pour l'homme.

J'ai dit qu'un soir, Deburau était tombé dans le dessous par une trappe, que les machinistes avaient oublié de consolider ; George Sand, la grande George Sand, qui écrivait alors dans le *Constitutionnel*, avait daigné s'en émouvoir et lui avait consacré un de ses feuilletons tout entier.

A cet article Deburau avait répondu par la lettre suivante :

Madame,

Permettez que je vous adresse mes doubles remerciements, pour l'intérêt que vous voulez bien prendre à un petit accident, qui n'a eu aucune suite fâcheuse pour moi, et pour le bienveillant article inséré dans *le Constitutionnel*, dans lequel vous préoccupant de mon avenir avec bonté, vous faites ressortir mon faible talent, avec une verve et une chaleur véritablement entraînantes.

Je ne sais en quels termes vous exprimer ma reconnaissance. Ma plume est comme ma voix sur la scène ; mais mon cœur est comme mon visage, et je vous prie d'en accepter l'expression sincère.

J'ai l'honneur d'être votre serviteur,

DEBURAU.

P.-S. — J'avais l'intention d'aller moi-même vous remercier, mais les répétitions m'en ont empêché. Veuillez, je vous prie, m'excuser.

Paris, 9 février 1846.

Le grand talent de Deburau n'a jamais été contesté. A peine a-t-il été discuté. Ce que certains journalistes ont seulement critiqué, c'est le nuage d'or, sur lequel ont voulu l'élever quelques enthousiastes.

Ces enthousiastes étaient simplement les premiers écrivains de cette époque. Ils se nommaient : Théophile Gautier, George

George Sand, Charles Nodier, Jules Janin et autres de la même farine.

Je vais donner quelques articles, parus après la mort du célèbre artiste, articles dans lesquels ses qualités et ses défauts sont mis au jour. Le lecteur fera la part de l'exagération, qui ne peut manquer de surgir, alors que la discussion se produit, s'anime et s'envenime ; mais, en même temps, il se fera une idée juste du talent véritablement puissant et original, qu'apporta Deburau dans la création de ses rôles.

Malheur à celui sur le dos duquel les discussions littéraires ont lieu. Il en reçoit toujours des éclats. Eclats d'autant plus cinglants, d'autant plus écrasants, d'autant plus terribles, que la plume armée qui les lance, est guidée par la colère, une mégère aveugle.

Le corps du malheureux devient un champ de bataille, sur lequel piétinent à l'envi, assiégés et assiégeants.

Deburau mort, devint ce champ de bataille.

Jules Janin avait écrit :

Il a été toute une révolution; il a véritablement créé un nouveau genre de Paillasse, quand on en croyait toutes les variétés épuisées; il a remplacé la pétulance par le sangfroid, l'enthousiasme par le bon sens. C'est un stoïcien renforcé qui se laisse aller machinalement à toutes les impressions du moment. Acteur sans passion, sans parole et presque sans visage, il dit tout, exprime tout, se moque de tout; il jouerait sans mot dire toutes les comédies de Molière. Il est au niveau de toutes les bêtises de l'époque, il leur donne une vie inimitable. Génie à l'usage de toutes les passions qu'un visage enfariné peut contenir, il va, il vient, il regarde, il ouvre la bouche, il ferme les yeux, il fait rire, il attendrit, il est charmant.

C'est un homme qui a beaucoup pensé, beaucoup étudié, beaucoup espéré, beaucoup souffert. C'est l'acteur du peuple, l'ami du peuple, bavard, gourmand, flaneur, faquin, impassible, révolutionnaire comme est le peuple.

Et Charles Maurice répondait à cela :

Motus sur Deburau, chez lequel je n'ai jamais saisi les motifs de la grosse envie de rire qu'il excitait.

Le 18 juin, le même Charles Maurice annonçait ainsi, dans son journal : *Le Coureur des Spectacles*, la fin du pensionnaire de M. Billion :

M. Deburau, le Pierrot des Funambules, est mort dans l'avant-dernière nuit, après avoir été peu de temps malade. La nouvelle de son décès prématurément répandue, l'avait beaucoup affligé. On le dit regrettable.

On le dit regrettable !... C'était une des formes employées par ce maître chanteur, pour contester l'opinion contraire à la sienne, sans la combattre ouvertement.

J'ai dit maître chanteur, je prouve.

Lors de ses débuts à Paris, Duprez, le grand ténor, après force éreintements d'icelui, était allé trouver Ch. Maurice, avait déposé un billet de cinq cents francs sur son bureau, et lui avait dit : Soyez-moi favorable et vous verrez que plus tard, vous n'aurez pas à vous en repentir.

Le lendemain, Ch. Maurice écrivait : Nous avons revu M. Duprez. C'est un ténor qui *promet*, nous verrons s'il *tiendra*.

Duprez, au faîte de la gloire, *ne tint pas*. Et Charles Maurice continua de l'éreinter.

Pour revenir à notre mime, quelques jours avant sa mort, un journal avait annoncé son décès. Ce journal était malheureusement tombé sous ses yeux, ce qui l'avait véritablement et péniblement affecté.

Le 20 juin, Charles Maurice ajoute dans ce même *Coureur des Spectacles* :

Il ne paraît pas douteux que l'annonce prématurée de la mort de Deburau le Pierrot des Funambules, n'ait été pour quelque chose dans l'évènement qui l'a suivi. Affaibli par le mal, ce brave homme se sera frappé l'imagination et aura hâté ainsi sa fin, qui toutefois ne pouvait manquer d'avoir lieu bientôt. Il avait fait une chute grave dans le second dessous de son théâtre, et il n'y avait pas donné les soins nécessaires; un dépôt dans le corps en a été le résultat. Deburau est mort avec toute la connaissance de sa situation. Son service a eu lieu à l'église Sainte-Elisabeth, en présence d'un grand nombre de personnes.

J'ai dit que cette chute n'était pour rien dans la mort du mime.

Le journal la *Silhouette*, celle de 1845 à 1850, qu'il ne faut pas confondre avec la première, fondée par Philippon en 1829, publiait aussi, à la date du 6 juillet l'article suivant :

Il s'est dit, autour du cercueil de cet honnête Deburau, beaucoup de choses fort ridicules et fort absurdes, telles, par exemple, que : *L'époque a perdu son plus grand comédien. Ceux qui l'ont vu peuvent se consoler de n'avoir pas vu Talma.*

La vérité est que Deburau avait, et le caractère de l'emploi, et qu'il portait la farine en homme qui la connaît depuis quarante ans, voilà tout. L'idolâtrie de commande de son panégyriste Janin, l'absence de toute concurrence et l'avantage d'une position qui ne faisait envie, ni ombrage à personne, ont, pour le moins, autant que son mérite, servi sa réputation.

A la date du 12 juillet, c'est-à-dire vingt jours à peine après la mort de Deburau, la même *Silhouette* publiait :

ORAISON FUNÈBRE

On a beau dire, même pour la gloire, il ne fait jamais bon de mourir. Deburau lui-même, le grand Deburau en est la preuve. Témoin la petite note semi-officielle émanée de l'administration des Funambules et que nous venons de lire dans une feuille théâtrale :

On peut dire des Pierrots comme des rois : Pierrot est mort, vive Pierrot !

En effet, à peine ce pauvre Deburau a-t-il abandonné la scène des Funambules, pour aller faire rire les Dieux dans un monde meilleur, que son émule, que dis-je ?... que son successeur a reçu ses grandes lettres de naturalisation des Fouyoux (1) *les plus fanatiques de la pantomime de Deburau.*

Chaque soir, Paul est redemandé par la salle entière : il est vrai qu'il joue les Pierrots avec une gaieté, avec une souplesse dont ce pauvre Deburau, qui était malade depuis longtemps, ne donnait plus que de rares exemples.

La tombe de Pierrot est à peine fermée qu'on commence à cracher dessus. Tuez-vous donc pour l'amour de votre directeur.

Moins ingrat, Jules Janin a tracé, dans son feuilleton de lundi dernier, l'oraison funèbre du paillasse dont il a fait la renommée, et qui n'a pas nui à la sienne. C'était un devoir de conscience pour le biographe de Deburau.

Par malheur, l'excès de son chagrin étouffant son inspiration, il s'est borné pour cette fois à s'abréger lui-même et ne nous a donné que la quintessence de ses précédents volumes. Si l'on en croit de certains bruits, le célèbre feuilletoniste aurait eu, dans le paroxyme de sa douleur, le projet de renoncer à la Presse et de succéder au défunt sous le nom de *Gilles Janin.*

La réflexion, de sages conseils et le désespoir de M. Bertin (2) ont triomphé de cette lubie pantomimique.

— Hélas !... mon ami, a dit au critique marié son directeur, la larme à l'œil, si vous vous en allez jouer les Pierrots au théâtre des Funambules, qui est-ce qui fera la parade au *Journal des Débats* ?

Cette considération toute puissante a déterminé le critique à ne point changer de tréteaux.

Je n'ai reproduit ici cette dernière partie de l'article de la *Silhouette*, que pour donner au lecteur le ton et la façon dont se traitaient entre eux les folliculaires de l'époque.

Seule, la première partie de cet article est intéressante pour notre histoire. A savoir l'ingratitude de M. Billion pour ce pauvre paillasse, pour cet humble mime qui avait créé, et ici le mot est exact, le théâtre des Funambules, en enfantant son inimitable personnage de Pierrot.

Car Pierrot, seul, avait fait vivre la pantomime. Grâce à lui on avait érigé cette question de parade en une question d'art.

On s'était peut-être bien mis en manches de chemise, pour fendre cette allumette en quatre ; mais cette fiction était devenue une réalité ; cet atôme était passé à l'état d'être ; cet éphémère s'était formé un corps Par Deburau, les Funambules avaient vécu, la Pantomime avait existé.

Et la preuve en est, que l'on avait joué ce même genre chez

1. *Fouyou* était un personnage d'enfant terrible du vaudeville des Variétés : *Le Maître d'Ecole*. Ce petit homme inventé par MM. Lockroy et Anicet Bourgeois, avait fait autant parler de lui, à cette époque, que le fit plus tard le *Gavroche* de Victor Hugo.

2. Bertin, administrateur-directeur du *Journal des Débats.*

Mme Saqui, au théâtre de la Madeleine, chez Bobino et que Deburau n'y étant pas, le genre était mort dans ces trois théâtres et dans d'autres.

Par cette note de l'administration, l'ingratitude de M. Billion restait donc énorme, inqualifiable.

La Silhouette, impitoyable, poursuivit de ses sarcasmes sévères, mordants, tranchants, aigus, ceux qui enfouissaient avec tant de gaieté de cœur, leur ex-ami, leur enrichisseur.

Dans un autre article, paru plus tard, elle disait encore :

La mort de Deburau, qui a été le prétexte d'une foule d'éloges et de dithyrambes, n'est pas restée inexploitée au point de vue de l'annonce. On a versé sur son sépulcre autant de réclames que de larmes. Le directeur des Funambules en a fait une réclame pour son théâtre ; le fils de Deburau en a fait une réclame pour ses débuts ; M. Champfleury en a fait une réclame pour une pantomime qu'il vient de mettre en répétition

Bref, personne ne s'est fait faute d'imiter cette digne épicière, qui fit graver sur la tombe de son mari : « Sa veuve inconsolable, continue son commerce même rue, même numéro. »

Le pauvre Deburau était homme d'esprit, de cet esprit naturel dont on a dit : Il court les rues.

Quelques jours avant sa mort, il s'était rédigé l'épitaphe suivante :

Ci-gît un comédien, qui a tout dit sans jamais parler.

On ne l'a pas inscrite sur sa tombe ; on a eu tort.

CHAPITRE XXXI

1846 (*suite*)

Apparition de Champfleury

Un dernier mot sur Deburau. Ce fantoche, assis, était le contraire de Napoléon III à cheval. Assis, le brave Pierrot paraissait petit ; debout il était grand ; à la scène il semblait immense ; il était tout de jambes.

Il ne fumait pas, ne prisait pas, ne buvait pas.

Ses seules passions étaient ses enfants, son art et son chien.

M. Billion avait été nommé tuteur de Charles Deburau à qui

son père avait laissé toutes ses économies, une dizaine de mille francs à peu près.

M. Billion prit Charles chez lui. Lors, Deburau père, n'étant plus là pour contrarier la vocation de Monsieur son fils, le jeune homme demanda à son tuteur de vouloir bien lui laisser jouer de petits rôles dans la pantomime ; ce à quoi, le tuteur après avoir hésité quelques temps, finit cependant par consentir. Ceci se passait vers la fin de l'année 1846.

Je reviens à notre répertoire.

Le 25 juillet on joua : *Fifine*, vaudeville en 1 acte,

Un des personnages de la pièce, Ricopeau, chante le couplet suivant :

Air : *Toujours l'appétit me tourmente.*

Dieu ! que d'inventions nouvelles
Dans les machin's, les instruments.
On perfectionn' mêm' les chandelles ;
On est éclairé pour longtemps.
Oui, citons le siècle où nous sommes.
Par sa langue, en moins d'un instant,
Un' femm' ferait pendre dix hommes.
La langue est un drôl' d'instrument.
Et l'on peut dire que c'est les hommes
Qu'en ont fait le perfectionnement,
En se servant de c't'instrument.

Le 30 juillet : *La Fille du feu, grande féerie en 10 changements à vue, à spectacle, avec transformations, apparitions, démolitions transfigurations, ébullitions, ascensions, infusions, malédictions et morale en action.*

Le 3 août : *Ma dernière folie*, pièce en 2 actes.

— *La Correspondance*, vaudeville en 1 acte.

— *Une Veuve de Kola*, pièce en un acte.

La Porte-Saint-Martin avait donné, le 30 juillet, la première représentation du *Docteur noir.*

Le 8 août, les Funambules donnèrent : *Le Docteur blanc* ou *Pierrot dans les colonies, charges terribles en 6 tableaux.*

C'est Paul qui créa le rôle de Fanal, le docteur blanc.

Il avait pour partenaires : Mennier, Adolphe, Lafontaine, Victor, Orphée, Mmes Thierry, Anna, Rosalie, Céline.

Jamais Frédéric Lemaître, qui jouait le rôle du Docteur noir, n'avait été plus inspiré, plus grand, plus superbe.

Jamais il ne fut plus éreinté par Charles Maurice, à qui le grand artiste avait dit un jour : Votre feuille publique fait le trottoir, Monsieur; je ne suis pas un *michet* et je ne monterai jamais chez elle.

Au milieu de l'auréole faite à Paul Legrand par l'ingrat Billion, un nuage sombre apparut tout-à-coup dans l'horizon poussiéreux du nouveau triomphateur.

L'ombre de Deburau mort, sortit de son tombeau et vint se vendre dix centimes, à la porte des Funambules, sous la forme d'une chanson intitulée :

DEBURAU DANS L'OLYMPE

OU

LES DIEUX GUÉRIS DE MALADIE

Quel titre mirifique !... Qui l'a trouvé ?... L'auteur de la chanson naturellement. Mais qui est l'auteur de cette chanson ?... Modeste comme la pâle clarté de la veilleuse, il a dérobé son nom aux populations soudainement prêtes à s'enthousiasmer. Nous le connaissons cependant ce modeste et nous le nommerons plus tard.

Air : *Sauvons-nous par la Charité*

Au Parnasse
Deburau prend place.
Acteur, il s'y voit applaudi
Et chaque Dieu s'y sent guéri.
L'Olympe malade est guéri.

L'Olympe était à l'agonie :
C'est d'ennui que vint tout le mal.
Cette cruelle épidémie
N'épargnait ni chien, ni cheval.
Pégase, en roussin de gendarme,
Etait poussif, prenait le *vert*,
Et *Cerbère*, que rien ne charme,
Hurlait comme un vrai chien d'enfer !

Au Parnasse, etc.

Jupiter ronflait sur sa foudre.
Minos laissait dormir ses lois.
L'amour ne pouvait se résoudre
A vider son gentil carquois.
Après de galantes campagnes,
Mars le traitait à la *Ricord*.
Diane parmi ses compagnes
Ne savait plus donner du *cor*.

Au Parnasse, etc.

Vénus dort sur une ottomane
Etouffant d'un sage embompoint :
Et sa ceinture qui se fane
Est trop étroite d'un grand point.
Esculape prend médecine ;
Dame *Junon* prend de l'éther ;
Apollon veut qu'on le vaccine :
Le Dieu du jour n'y voit plus clair.
Au Parnasse, etc.

En volant, *Mercure* s'enrhume ;
A la Bourse il va d'un pas lent.
De *Vulcain* se rouille l'enclume.
Le pauvre *Hymen* boite en marchant.
Le gros *Plutus*, à la roulette,
Perd jusqu'à son dernier liard.
Hercule est mis à la diète
Et *Minerve* fait un poupard.
Au Parnasse, etc.

Pluton, autour de sa fournaise,
Ressent un infernal frisson.
Proserpine est fort mal à l'aise.
Zéphir boite sur le gazon.
La triste *Flore* a la jaunisse ;
Les beaux jardins sont dépouillés.
Neptune pour qu'on le guérisse
Au *Mont-d'Or* prend des bains de pieds.
Au Parnasse, etc.

Phœbé devient fort lunatique
Et ne parle que de quartiers.
Le tendre *Orphée* est pulmonique.
Pomone meurt sous ses pommiers.
Protée... Ah ! voyez comme il change !...
Vesta s'éteint sur ses fourneaux.
Silène ne fait plus vendange
Et *Bacchus* va prendre les eaux.

Au Parnasse
Deburau prend sa place.
Acteur, il s'y voit applaudi ;
Et chaque Dieu se sent guéri.
L'Olympe malade est guéri.

M. Billion, furieux de voir reparaître le nom-lumière de Deburau, qu'il croyait avoir à tout jamais enseveli, sous celui de Paul Legrand, s'adressa au commissaire de police de son quartier pour empêcher cette vente de se produire devant sa porte.

Le commissaire, obligé du Directeur, qui lui accordait de temps en temps des loges pour ses amis et ses fournisseurs, donna l'ordre à ses agents de pourchasser lès *camelots* d'alors.

Les vendeurs de la chanson protestèrent contre les poursuites des sergents de ville. Ils s'adressèrent au préfet de police.

Grâce à la médaille qui leur était délivrée par la Préfecture, et dont il fallait qu'il fussent visiblement porteurs, ils avaient le droit de crier la chanson qu'ils vendaient et obtinrent gain de cause.

M. Billion, de plus en plus furieux, les fit alors venir, et proposa à chacun *vingt sous par soirée*, s'ils consentaient à aller vendre leur *mirlitonnade*, disait-il, ailleurs que devant son théâtre.

Ils refusèrent, lui demandant tout au contraire, l'autorisation de la vendre dans l'intérieur de la salle.

M. Billion bondit à cette pyramidale proposition, et chassa les vendeurs de son temple ; mais non de devant sa porte.

On continua de s'arracher la chanson et l'on en nomma l'auteur anonyme : Eugène Grangé.

Le 25 août : *Pierrot et Polichinelle* ou *Les quatre rivaux*, pantomime arlequinade en 8 changements.

Pauvre pièce, pauvre intrigue, suffisante à peine pour dérider les amateurs du genre, qui ne demandaient cependant qu'à l'être.

Cette pantomime ne servit qu'à faire débuter l'arlequin Dérudder.

Dérudder était belge. Le théâtre de la Monnaie à Bruxelles lui avait vu exécuter ses premiers pas à son école de danse.

Mais ses parents, étant venus se fixer à Paris, emportèrent avec eux le petit danseur, et le firent entrer au théâtre d'enfants de M. Comte.

Dérudder joua donc la comédie chez M. Comte ; mais il chantait faux et manquait de voix. Ce que voyant, l'illustre physicien du Roi lui dit un jour : Tu danses, tu as le geste facile, à ta place j'irais aux Funambules.

Dérudder suivit le conseil et s'en fut chez M. Billion, qui commençait à trouver que Cossard jeune lui coûtait très cher. — 20 francs par semaine. — Aussi accueillit-il le jeune homme avec bienveillance et l'engagea-t-il au prix de : Neuf francs par semaine.

Dérudder était excellent danseur et devait bientôt devenir un parfait Arlequin. M. Billion diminua Cossard jeune de six francs ; à prendre ou à laisser ! Cossard jeune prit.

Le comique du nouveau venu, était naturel et faisait naître le rire sans efforts et sans charges. Il n'imitait personne et personne depuis, n'est parvenu à l'imiter.

Le 4 septembre on joua : *La Reine des vendanges*, vaudeville en 1 acte.

Le 11 septembre : *Le Mal marié* ou *La noce en déroute*, comédie-vaudeville en 1 acte.

Le 19 septembre : *Pierrot, valet de la mort*, pantomime en 7 tableaux, par M. Champfleury.

Nous sommes arrivés à une époque de transition positive, dans la pantomime.

Champfleury lui donne des ailes, ailes d'Icare, peut-être ; mais il lui souffle de la poudre, lui accroche une pensée, la crée littéraire.

Voici la distribution de son œuvre, car c'est une œuvre :

Pierrot	Paul Legrand.
Arlequin	Cossard jeune.
Polichinelle	Vautier.
Cassandre	Antoine.
Un docteur	Lafontaine.
La Fée Vitalis	Mme Pauline.
Colombine	Mlle Béatrix.
La mort	Frédéric.

La grande littérature et même la petite assistèrent à cette première représentation.

Champfleury était à cette époque fort lié avec Théodore de Banville, Henri Mürger, Nadar, Pierre Dupont, Courbet, Bonvin, Baudelaire, etc., etc...

Il venait de faire paraître avec un succès colossal *Chien-Caillou*, une simple nouvelle, que quelques-uns déclaraient un chef d'œuvre. Victor Hugo était de ce nombre.

On considéra Champfleury comme un romantique.

Il voulait être chef d'école et proclama le *réalisme*, à la tête duquel il marcha.

Voici la dénomination des sept tableaux de cette pantomine macabre.

1er	tableau.	— *Steeple chasse des amoureux.*
2e	id.	— *Fâcheux effets des médecins et des médecines.*
3e	id	— *Le cabinet de la mort.*
4e	id.	— *Pierrot revoit le soleil.*
5e	id.	— *Colombine pâtissière.*
6e	id.	— *Mort de la mort !*
7e	id.	— *Apothéose.*

Théophile Gautier, forcé de partir pour l'Espagne le lendemain de la première représentation, chargea Gérard de Nerval d'en vouloir bien faire le compte rendu en son lieu et place.

Le puissant auteur des *Petits châteaux de Bohème*, qui, quelques années plus tard, devait sinistrement se pendre au-dessus d'un égout de la rue de la Vieille-Lanterne, accepta la tâche avec empressement.

Voici l'article qu'il écrivit sur cette pantomime :

L'élite de la société Parisienne s'était portée vendredi dernier au théâtre illustré par feu Deburau. Il y avait dans cet empressement un hommage rendu à ce grand souvenir, et de plus une double espérance : Pierrot renaîtra-t-il de ses cendres ? La Pantomime est-elle morte après lui, comme la tragédie après Talma ?...

Rachel était pourtant à cette époque dans la plénitude de son talent, et la faisait revivre de tout son éclat. Telle est l'ingratitude des vivants envers les vivants. La mort grandit. La tragédie mourut une fois de plus avec Rachel. Mounet Sully l'a ressuscitée paraît-il. Après Mounet Sully on ne manquera pas de la déclarer morte plus que jamais, jusqu'à ce que... . . . . . .

. . . .

On ne se cachait pas que c'était là un grand événement ; la littérature était à son poste. La critique avait préparé des trognons de pomme. Une opposition aveugle a crié tout d'abord : A bas les lorgnettes !... Nous avons protesté énergiquement !.. Quoi !.. Le peuple n'admettra-t-il pas qu'on ait la vue basse ? En supprimant les lorgnettes, espère-t-il y voir plus clair ?...

Non ! Ce cri n'était que l'œuvre d'une malveillance isolée, et s'il est un public intelligent, c'est certainement celui des Funambules ; — nous n'en voulons pour preuve que la brochure (inédite) qui lui a été dédiée par l'auteur de la pantomime nouvelle, M. Champfleury.

Après l'analyse de la pièce entière, suivie tableau par tableau, Gérard de Nerval concluait ainsi :

Nous avons donné quelque étendue à cette analyse, qui vaut bien, après tout, celle d'un vaudeville : maintenant nous n'épargnerons pas à l'auteur les critiques de détail. — La pièce est bien charpentée ; mais les derniers tableaux portent l'empreinte d'une certaine précipitation. Les péripéties sont brusques, l'intérêt n'est point ménagé. Pierrot s'inquiète à peine de remplir les conditions qui lui ont été imposées par la Mort. Son retour à la vertu est trop brusque et n'est nullement motivé. A part ces légers défauts, nous rendons toute justice au mérite du style (mimique) et nous regretterons surtout que la *danse macabre* du troisième tableau n'ait pas rendu au théâtre tout l'effet que comportait la pensée du poète.

Pierrot, faisant danser les morts au son d'une viole enrouée, c'était une idée romanesque sans doute, mais d'une valeur *objective* incontestable. Là se réalisait, *à priori*, l'argument qui, selon l'auteur, devait amener, *à posteriori*, cette audacieuse conclusion intitulée par lui : « Mort de la Mort. »

Du moment que la Mort s'amuse à écouter les violons, elle est vaincue : témoin la fable d'Orphée. Il y aurait toute une palingénésie à écrire là-dessus.

Au reste, la philosophie moderne n'a rien formulé de plus clair que cette pantomime en sept tableaux.

Dans le cabinet de la Mort, troits cercueils devaient descendre des frises : l'un devait contenir le cadavre d'un enfant, le second le cadavre d'un médecin, le troisième Pierrot.

M. Billion, en directeur économe, remplaça les trois cercueils par un grand coffre, au fond duquel se trouveraient les trois corps.

Champfleury réclama, tempêta.

Rien n'y fit.

M. Billion devenait sourd quand il s'agissait de dépenses.

Le pauvre auteur, dans son désespoir s'arracha un tas de longs cheveux bien innocents de la ladrerie de l'Harpagon des Funambules.

Cette pantomime ayant été éditée, je me dispenserai de la transcrire à mes lecteurs.

Cependant je citerai le commencement du troisième tableau ; celui dans lequel M. Billion avait supprimé les cercueils, et qui n'existe pas dans l'édition parue.

TROISIÈME TABLEAU

LE CABINET DE LA MORT

La Mort

Il n'y a que trois cercueils aujourd'hui. Mauvaise recette ? Ça ne va pas là-haut. On vit trop longtemps maintenant. Si ça continue j'ai envie d'abandonner le métier; d'autant plus que ces cadavres n'apportent pas avec eux de quoi payer leur bienvenue. Ils sont bons, tout au plus, à fumer la terre. S'ils apportaient seulement dans leur boîte la moitié de ce qu'ils possèdent. Mais rien !... pas une obole par tête. Ils laissent leurs biens, leur fortune, leur argent à des parents, qui rient avant de leur avoir vu fermer l'œil. (*Elle descend de son trône et va soulever le couvercle du premier cercueil*). Un enfant !... A quoi bon ?... J'aime un gros homme, un bel homme de six pieds qui pèse un peu ; mais un enfant, un orphelin qui n'a laissé de chagrin à personne !... et le chagrin m'amène des pratiques. Bah ! voyons un peu l'autre. (*Elle passe au second cercueil*). Ah Diable !... où avais-je la tête quand j'ai fauché celui-ci ? un homme qui m'était si dévoué et qui m'envoyait tous les jours tant de visiteurs ! Ah ! pauvre médecin, mon vieil ami, tu as eu bien tort de te laisser mourir. (*Elle passe au troisième cercueil : c'est Pierrot*).

C'est ici que la Mort ressuscitait Pierrot, en faisait son valet et le renvoyait sur la terre, pour lui expédier Polichinelle et Arlequin.

La pièce étonna le public de l'endroit, plus qu'elle ne le charma ; elle n'eût que peu de succès.

La chanson de *Deburau dans l'Olympe*, commençant à se moins vendre, les aboyeurs s'adressèrent au même auteur et le supplièrent de vouloir bien leur confectionner une nouvelle poésie.

Alléché par le succès qu'avait obtenue la première — d'où, qu'il parte le succès caresse toujours notre vanité — Eugène Grangé accéda au désir des petits marchands.

Cette fois il fit :

TALMA ET DEBURAU

DIALOGUE DES MORTS A PROPOS DES VIVANTS

Air : *du Dieu des bonnes gens.*

TALMA, *tendant la main à Deburau*

Ami, c'est toi, parle-moi de la France,
De son beau ciel, à mes yeux éclipsé,
Parle : Apprends-moi, depuis ma longue absence,
De glorieux tout ce qui s'est passé.

DEBURAU, *regardant autour de lui.*

Parlons plus bas, si tu veux que je puisse
Te raconter ce que l'on fait là-bas
On dit Cerbère un limier de police.
Cher Talma, parlons bas (*bis*).

II

TALMA

Je me souviens de ces beaux jours de gloire
Où nous avions un parterre de rois ;
La France encore, oh ! laisse-moi le croire
A l'univers pourrait dicter des lois.

DEBURAU

Elle le peut ! Oui rendons-lui justice :
Mais bien souvent'on enchaîne son bras.
Chut ! Cerbère est un limier de police,
Parlons, parlons plus bas (*bis*).

III

TALMA

Avec la paix doit régner l'abondance ;
Le peuple est donc aussi riche qu'heureux ?

DEBURAU

Le pain est cher et le budget immense ;
Nous payons l'air, ce don gratuit des cieux.
Je crois qu'à bien conter le bénéfice,
Il vaudrait mieux guerre et brillants combats.
Mais Cerbère est un limier de police,
Parlons, parlons plus bas (*bis*).

IV

TALMA

Pour commander n'est-il donc plus personne ?..
Le peuple est-il veuf de tous ses héros ?..

DEBURAU

Le premier rang, chacun l'ambitionne,
Et la tribune a ses deux grands rivaux.
Le plus petit, tout gonflé de malice,
Dit : Le Roi règne et ne gouverne pas !

TALMA

Et l'autre ?

DEBURAU

Chut ! redoutons la police,
Pensons haut, parlons bas (*bis*).

V

TALMA

En France au moins, il n'est plus de Jésuites ?..

DEBURAU

Comme toujours, encore plus que jamais.
Partout on voit le froc noir des lévites ;
Il envahit et chaumière et palais.
De Loyola l'éternelle milice
Montre au grand jour et soutane et rabats :
Mais Cerbère est un limier de police.
Parlons, parlons plus bas (*bis*).

VI

TALMA

Jusque chez nous de la brave Pologne
A retenti le cri de liberté :
On n'aurait pu sans honte, sans vergogne,
L'abandonner à son joug détesté.

DEBURAU

De ses héros chacun marche au supplice,
La France en pleurs demeure l'arme au bras !
Chut ! Cerbère est un limier de police,
Parlons, parlons plus bas (*bis*).

VII

TALMA

Ainsi j'étais dans une erreur profonde
Quand je rêvais notre gloire d'autrefois.
De chûte en chûte, il croule ce vieux monde
Où de l'Empire a résonné la voix.

DEBURAU, *alarmé*

Parlons plus bas si tu veux que je puisse
Te raconter ce que l'on fait là-bas.
On dit Cerbère un limier de police
Pensons haut, parlons bas ! (*bis*)

La nouvelle chanson se vendit plus encore peut-être que la première. M. Billion en faillit devenir enragé.

Ce nom de Deburau lancé à tous les échos du boulevard, alors qu'il tentait de l'étouffer, mettait le bon directeur dans une surexcitation telle, que, de sa chaise curule, il lançait dans son théâtre et sur la tête de ses comédiens des ukases foudroyants.

Un soir, on voyait affiché, à la glace du foyer, une note dans le genre de celle-ci :

AVIS

Celui qui sera vu, buvant chez le marchand de vin, avec les crieurs des chansons sur défunt Deburau, sera consigné à la porte du théâtre.

Le Directeur,
BILLION.

Un autre soir, c'était :

AVIS

M. Alexandre, ayant chanté dans l'intérieur du théâtre, la chanson de *Talma et Deburau*, est à l'amende de *dix sous*. Ceux qui renouvelleraient cette incartade, seraient à l'amende de *vingt sous*. Une troisième fois, ils seraient renvoyés de mon théâtre.

Le Directeur,
BILLION.

Les artistes se faisaient des gorges chaudes, comme bien l'on pense, de ces étranges proclamations

Un jour, M. Billion arriva à son théâtre, la figure illuminée, un rayon de soleil dans les yeux, jubilant, souriant, distribuant des poignées de main à qui les voulait.

Une idée lumineuse, grandiose, colossale, était, paraît-il, éclose dans sa boite encéphalique. Telle, la manne divine vint dans le désert ranimer les Hébreux affamés.

Les crieurs de chansons furent invités à comparoir dans le cabinet directorial de M. Billion, afin d'entendre une proposition que celui-ci avait à leur communiquer.

Tous s'y rendirent avec une certaine défiance ; mais s'y rendirent.

M. Billion leur tint à peu près ce discours, qui lui avait été préparé par Charles Charton, son régisseur littéraire :

« Messieurs, vous êtes exposés tous les soirs aux intempéries des saisons. La pluie, le vent, la grêle vous préparent pour l'avenir des rhumatismes et des fluxions de poitrine. Je m'intéresse à vous. Ce n'est pas sur le boulevard, c'est dans ma salle que je veux vous voir exercer votre pénible commerce. Moyennant une rétribution de cinquante centimes chacun, que vous aurez à me verser chaque soir, avant le commencement des deux ou trois représentations que je donne, je vous accorde le droit de vendre vos élucubrations dans le Temple même où le grand Deburau, celui que nous regrettons tous, a exercé son sacerdoce. »

Les aboyeurs se regardèrent, se consultèrent et finalement acceptèrent. Ils étaient six.

M. Billion se vit ainsi débarrassé de ceux qui, *coram populo*, gênaient ses réclames sur Paul Legrand, lequel n'en pouvait mais; et empocha du coup, trois francs de plus par représentation.

Cent quatre-vingts francs par mois, pour le moins! les appointements de plusieurs artistes!...

Le 26 septembre, on joua : *L'œuf rouge et l'œuf blanc*, ou *Le pouvoir des Génies, grande pantomime arlequinade, féerie en 16 changements, danses, combats, etc...*

C'est dire que *Pierrot, valet de la Mort*, n'avait pas fait d'argent.

Pour donner une idée du tour de la nouvelle pantomime, je vais citer le commencement du premier tableau. Il édifiera le lecteur sur le reste de l'ouvrage :

PREMIER CHANGEMENT

Décor : *Un champ de nuages.*

Des génies groupés çà et là attendent l'arrivée de leur maître.

Chœur des Génies.

C'est l'ordre du grand maître.
Attendons en ces lieux.
Bientôt il va paraître
Et faire des heureux.

Vers la fin du chœur, entre un sombre et mystérieux personnage. Sa marche est lente et mesurée, et, sous une apparente modestie, son œil faux et scrutateur doit annoncer le géant Mogador, le terrible Génie du mal.

Arrivé sur le devant du théâtre, le visage contraint de ce dangereux adversaire exprime enfin une joie basse et féroce.

Il oublie qu'on peut le voir et l'entendre ; il oublie qu'on s'agite derrière lui, il ne voit plus que le but qu'il a juré d'atteindre : la vengeance!

Animé de cet odieux sentiment, il se tourne vers le fond ; mais n'y voyant pas le roi des Génies, son sourire satanique fait place à une expression de crainte, qui bientôt lui jette la rage dans le cœur.

Un bruit se fait entendre. Une lueur d'espoir reparaît sur les traits du Démon géant; il remonte la scène, jette partout des yeux perçants et scrutateurs; mais, ô! Désespoir!... ce n'est pas le souverain dispensateur de la puissance. Celui qui approche est son ennemi Idrago, le protecteur de Colombine. A cette vue, le géant disparaît en s'éloignant.

Et le combat continue jusqu'à la fin de la pièce, entre Mogador et Idrago.

Au second changement, les antagonistes se trouvent dans une grotte, en présence de deux œufs énormes, l'un blanc, l'autre rouge.

Je reprends le texte de l'auteur :

Un bras diabolique sort de terre, armé d'un flambeau et d'une voix souterraine qui fait entendre ces mots : « Touchez ces œufs avec vos baguettes et les poulets en sortiront. »

Idrago touche l'œuf rouge : Arlequin en sort.

Mogador touche l'œuf blanc, et Pierrot apparaît.

Chacun veut épouser Colombine ; rivalité et poursuite jusqu'au 16me changement, que je tiens à citer encore dans son entière originalité :

SEIZIÈME CHANGEMENT

Le Palais des eaux avec cascades d'eau naturelle et colonnes tournantes.

Scène 22.

Douce union des amants pendant le chœur suivant :

Chœur.

Plaisirs charmants, joyeuse fête,
Célébrons ce jour enchanteur.
Bien loin de nous est la tempête
Et sur nos pas est le bonheur !...

Idrago.

Je vous l'ai promis
Vous êtes unis.
Ah ! soyez heureux,
Tendres amoureux.
Qu'on désire enfin votre sort
Et dans cent ans qu'on dise encor :
Le Palais des eaux,
Avec ses faisceaux,
Ses coulants ruisseaux,
Si frais et si beaux,
Est une merveille
Qui, par sa splendeur,
Enivre le cœur
Et charme l'oreille.
Ah ! pour habiter
Ce charmant asile,
On peut être agile,
On peut tout tenter.

Reprise du chœur.

Cette pantomime obtint un grand succès.

Cependant Champfleury, qui ne se préoccupait nullement du plus ou moins d'argent que sa première pièce avait pu faire, ou ne pas faire, se présenta bientôt chez M. Billion, armé d'un nouveau manuscrit.

L'impresario fit la grimace ; mais le moyen de repousser un homme qui entraînait à sa suite, tous les journaux et leur. régiment de lignes.

Aussi, le 12 octobre jouait-on : *Pierrot pendu*, pantomime avec douze changements, par M. Champfleury.

L'auteur avait dû, en écrivant cette pièce, s'inspirer du *Marchand d'habits*.

Pierrot paresseux, gourmand, voleur, et finalement assassin, est poursuivi de tableau en tableau, par un inconnu qu'il a volé et qui lui apparaît constamment, en lui criant : *Pierrot, tu seras pendu!*

Cette pantomime, dont on peut lire l'analyse entière dans les *Souvenirs des Funambules*, de Champfleury, était d'abord en treize tableaux. On n'en représenta jamais que douze.

Dans le manuscrit original, que je possède, se trouve le tableau coupé. Je le livre au lecteur :

DIXIÈME TABLEAU.

LE CHEMIN QUI MÈNE AU CRIME.

Le théâtre représente un paysage. Pont au fond.

Un brigand est en sentinelle sur le pont. Il descend vivement et vient frapper à la porte d'une petite grotte. Pierrot en sort, puis à sa suite, le capitaine inconnu, (celui que Pierrot a volé au 1er tableau) qui n'est autre qu'un chef de brigands et d'une bande de voleurs.

Le capitaine fait ranger ses hommes en bataille ; il leur fait faire l'exercice et des manœuvres.

Cérémonie pour recevoir Pierrot de la bande. On le fait mettre à genoux et chaque soldat lui donne sur le dos deux coups de plat de sabre ; à la suite de quoi, on lui attache au côté un sabre et on lui fait don d'un fusil. Pierrot embrasse le capitaine. On lui apprend l'exercice du sabre et du fusil, qu'il exécute maladroitement.

En ce moment passent, sur le pont, Arlequin et Colombine. La troupe se cache et Pierrot reçoit l'ordre de les attaquer, seul, pour faire son apprentissage militaire.

Pierrot laisse descendre de la montagne Arlequin et Colombine, qui arrivent en dansant, sans se douter du sort qui les attend. Pierrot fond sur eux. Grand combat à la suite duquel Arlequin s'empare du sabre de Pierrot et le bat ; mais le capitaine et sa troupe viennent au secours de Pierrot et l'on capture Arlequin qu'on attache à un arbre. Colombine tombe aux mains des vainqueurs. Pierrot croit qu'il va posséder Colombine, mais le capitaine aussi a jeté les yeux sur elle; et ils se disputent cette prise, lorsqu'un groupe de paysans paraît sur le pont.

Combat au sabre entre les brigands et les paysans.

Les paysans sont vaincus et se sauvent. Peu après, Polichinelle, qui ne se doute de rien, arrive en chantant. On l'arrête et on le lie, dos à dos, avec Arlequin. On les laisse au milieu du théâtre, se tirant l'un et l'autre, sans pouvoir se débarrasser de leurs liens.

Cassandre, qui cherche sa fille de tous les côtés, passe sur le pont. Pierrot lui tire un coup de fusil. Cassandre tombe. On apporte son corps sur le théâtre.

Désespoir de Pierrot, qui vient de tuer un homme pour la première fois de sa vie. Il embrasse le cadavre, cherche à le ranimer et à le faire tenir debout; mais tout est inutile, Cassandre est bien mort et retombe par terre.

Des soldats arrivent et tirent sur les brigands qui sont tous tués. Pierrot s'est caché pendant la fusillade. Il reparaît quand tout est fini.

Coups de tonnerre.

Une trappe s'ouvre qui vomit du feu. Pierrot tombe dans la trappe.

Ce tableau précédait celui des Enfers, dans lequel Pierrot est brûlé.

Tout-à-coup, sur un second coup de tonnerre, la Fée descendait des cieux et disait :

— Pierrot, tu vois où le vol conduit. Rassure-toi; toutes tes aventures n'étaient qu'un rêve. Reviens à la vie et désormais sois meilleur.

Fin.

Cette pantomime obtint plus de succès que *Pierrot, valet de la Mort.*

A ce point, que le lendemain de la première représentation, M. Billion comptait à Champfleury : *Deux cents francs!...* Vous comprenez bien?... *Deux cents francs*, pour tous droits de la pièce. Jamais les Funambules n'avaient assisté à semblable débauche monoyante.

Les pantomimes de cette importance n'étaient généralement payées que cent francs, même moins.

Théophile Gautier consacra dans la *Presse* son feuilleton entier à l'œuvre nouvelle.

Je ne le citerai pas complètement, mais quelques passages seulement qui, j'en suis persuadé, intéresseront le lecteur :

On craignait pour Champfleury, l'auteur de cette magnifique pantomime, un *Moïse* (1), une *Agnès* (2), ou quelque mésaventure analogue. Plus fort que Félicien David et que Francis Ponsard, Champfleury est descendu de la mon-

1. Après son immense succès du *Désert*, Félicien David avait fait un *Moïse* qui tomba à plat.

2. La première pièce de Ponsard, *Lucrèce*, avait été un triomphe; *Agnès de Méranie* avait été acceptée froidement.

tagne vainqueur, et n'a pas eu son *Pierrot de Méranie!...* Sa gloire est sortie pure de ce creuset terrible, auquel peut seul résister l'or du plus pur alliage.

La mission que s'est imposée Champfleury, est vraiement belle et digne d'un poète. Il veut renouveler la pantomime ou plutôt lui rendre son ancien attrait; car, il faut avouer cette triste vérité, la pantomime s'en va, comme toutes les grandes choses.

La foule a perdu le sens de ces hauts symboles, de ces mystères profonds qui rendent rêveurs le poète et le philosophe. Elle n'a plus l'esprit assez subtil pour suivre et comprendre ce rêve éveillé, ce voyage à travers les évènements et les choses, cette agitation perpétuelle, cette turbulence sans but qui peint si bien la vie.

Et le Maître continue, glanant dans le parc d'Académus, les plus merveilleuses fleurs :

Paul, qui joue Pierrot, est admirable de mimique dans les dernières scènes. Cossard nous a paru un peu lourd dans l'Arlequin, mais Vauthier est un polichinelle inimitable : on le croirait vraiement de bois et pris dans une baraque des Champs-Elysées. Nodier en eût été content; Guignolet s'avouerait vaincu.

Mlle Béatrix, qui représente Colombine, est une jeune paysanne charmante dont la grâce et la décence ne seraient déplacées sur aucun théâtre de Paris.

Espérons que le grand succès de *Pierrot pendu*, à la première représentation duquel assistaient toutes les notabilités de l'art et de la critique, fera rentrer les Funambules dans la voie de la pantomime, spectacle traditionnel, instructif et philosophique, digne de tout l'intérêt des gens sérieux.

Et dans sa barbe saturnienne, le grand Théo ne riait pas en écrivant ces lignes.

Le 30 octobre : *Le Chien de Terre-Neuve*, comédie-vaudeville en 2 actes, de MM. Ch. Folliquet et Ch. Desportes.

Le 9 novembre : *La Femme du pendu*, pièce en 2 actes, jouée par Alexis, Victor, Cordier, Mmes Joséphine et Rosalie.

Le 7 décembre : *Pierrot et les Bohémiens*, ou *le Revenant*, *pièce mimée, dialoguée, mêlée de chant, de danses, de combats et d'évolutions, comico-burlesque, en 14 changements à vue, ornée de costumes analogues, soutenue par un Pierrot à gros-bec, enjôlivée d'une nourrice sans caractère, farcie de plusieurs traîtres, bourrée d'un enfant mal élevé, lardée de bohémiens bons vivants, égayée par un fantôme maladroit et réchauffée par un torrent.*

Cette pantomime n'est qu'un grossier et mélancolique mélodrame, dans lequel le second comique traditionnel, le niais, la queue rouge inévitable de tous les mélos de l'ancien répertoire du vieux boulevard du Temple, est remplacé par Pierrot; lequel, du reste, se trouve être le seul muet de la pièce.

C'est par cette mauvaise action que finit l'année 1846, si fertile en gros évènements.

La décadence de la pantomime commençait. Sa foudre était mouchetée. Elle se décortiquait de sa virginale enveloppe. La puantise y pénétrait.

CHAPITRE XXXII

1847

Pierrot Marquis

Je vais donner, d'après Edouard Thierry, la description exacte de l'entrée et de l'intérieur de la salle des Funambules. C'est la restitution d'un des coins les plus pittoresques du Paris d'autrefois :

Voici toujours l'entrée modeste, le crieur du théâtre, avec son sac passé au bras, le contrôle qui ressemble si bien à celui du salon de Curtius, ce seul point excepté, que la receveuse assise n'est point une figure de cire.

Je crois bien ! c'était Madame Billion en personne.

Entrez, Monsieur! Le contrôleur ouvre la porte sans quitter son siège ; derrière la porte, l'escalier. Le pied sur la première marche, vous êtes dans la salle ; quelques degrés, et vous êtes aux premières de face. Rien d'inutile. La galerie sert de couloir pour les loges de balcon ; les loges de balcon pour les loges d'avant-scène. L'ancienne disposition a été conservée ; seulement on a donné plus d'espace aux avant-scène, doré les balcons, renouvelé le rideau, rafraîchi les peintures, changé le lustre et la rampe. La Direction devait quelque chose à ses hôtes habituels ; elle a songé surtout à ses visiteurs et s'est piquée de leur offrir une salle honnête à la vue.

Complètons ce tableau par une étude de ce qui se passait dans la salle. Spectacle aussi curieux que celui de la scène.

Singulier public que celui de ce Théâtricule. Pendant que l'on jouait les vaudevilles, frondeur forcené, il causait, piaillait, braillait, chialait, gouaillait tout et quand même.

Alors que, sur la scène, un personnage, pour les besoins de la pièce, frappait à la porte du fond, vingt voix partant de la salle, criaient à la fois : Entrez !... C'était une des traditions de l'endroit.

Lorsque, dans une féerie, un valet annonçait : Le Roi !... Les mêmes voix répondaient aussitôt : Je le marque !...

Mais, dès que commençaient les premières mesures de l'ouverture qui précédait la pantomime, un silence inspiré commençait à s'établir

Aux Funambules, on *écoutait* la pantomime.

J'emprunte encore à Champfleury, dans sa *Petite Rose*, l'aspect de cette salle houleuse, un soir de première représentation :

Un courant particulier, s'échappant de la scène, semblait porter sur ses ailes un mutisme singulier, comparable au recueillement de paysans bretons assistant à la représentation d'un Mystère.

L'attente de cette solennité provoquait les dernières interpellations bruyantes entre les spectateurs, pendant que le marchand de programmes annonçait, pour le prix modique d'un sou, la feuille explicative contenant les détails de la pantomime nouvelle. Le vendeur d'oranges et de sucres de pomme arpentait une dernière fois les banquettes, profitant de ce que le public n'était pas encore tassé pour offrir ses rafraîchissements. La biographie de « Monsieur Deburau » était criée dans tous les coins de la salle, pour les amateurs qui désiraient joindre le portrait et la vie du mime au livret de la pièce en vogue.

Un soir, un blagueur imita le braiement de l'âne, au moment où Deburau entrait en scène. En moins de temps qu'il n'en faut pour le penser, le malheureux eut sa casquette et sa blouse en lambeaux ; on se le passa de main en main et on le transporta comme un paquet jusqu'à la porte du parterre. Là, un formidable coup de pied dans l'arrière-train l'envoya rouler sur le dos de Mme Billion, qui, ne l'oublions pas, tenait le contrôle.

Souvent des *lions et lorettes*, sortant de faire un bon dîner, venaient par plaisir se faire « *engueuler* » au théâtre des Funambules.

Oh ! ce n'était pas long. Ils n'avaient qu'à pénétrer dans une avant-scène et à poser leurs *twins* sur le bord de la loge. Aussitôt la bombe éclatait formidable :

— Au carreau les loques !...

— A la porte les pique-poux !...

— Chand d'habits, habits, galons !...

— Ohé ! les chineurs, au bain à quatr'sous !...

— C'est pas le vestiaire, ici !...

— Hue donc, les calicots !...

Et cela durait jusqu'à ce qu'un municipal vint prier les autochtones de la loge, de vouloir bien confier leur vêtement à l'ouvreuse.

Le plus souvent ces aimables farceurs se retiraient avec leurs rutilantes farceuses, lançant un dernier défi à la foule, qui les accompagnait de ses huées et de ses lazzis jusqu'à complète disparition.

Le silence se rétablissait alors et le spectacle continuait.

Le 5 janvier, on joua : *la Gosserie des Genêts, parodie en un tas de tableaux* de *La Closerie des Genêts*, que, depuis deux mois l'Ambigu donnait avec un énorme succès.

Le 25 janvier débuta Amable, premier rôle de pantomime dans *Jacques trois doigts*, personnage créé par Cossard aîné.

Ce début eut une grande importance. Amable obtint un véritable triomphe. De fière allure, sachant se draper, il fut, par la suite, le Mélingue de la pantomime.

De son état, ce magnifique premier rôle était tailleur dégraisseur.

Mais, sa plus belle création est incontestablement son fils, le grand peintre décorateur, dont chaque jour on applaudit à l'Opéra et autres temples artistiques, les merveilleuses compositions.

Qui sait que le fils Amable passa également par les Funambules ? Il joua des rôles d'enfants. Une chose que l'on peut affirmer, c'est qu'il ne s'inspira pas des artistes de M. Billion, pour pratiquer son état de peintre-décorateur, qu'il sait illustrer et élever à la hauteur d'un art.

Le 7 février : *Le Jeudi-Gras*, folie-vaudeville en 2 tableaux.

Le 29 février : *Pierrot récompensé*, féerie en 12 tableaux, mêlée de couplets, danses, travestissements, à grand spectacle.

Nous avons affaire ici à une véritable féerie, tout aussi compliquée que les *Pilules du Diable*.

Seuls, Pierrot et Arlequin ne parlent pas.

Deux couplets au public méritent d'être cités. Je dis deux couplets, car il n'y en avait pas moins de trois :

LA FÉE MÉLITE

Air : *du Vieux Sergent*

Messieurs, là-bas, cachés par cette toile,
Nos deux auteurs attendent en tremblant,
Le cœur leur bat et leur regard se voile,
Car ils ont peur d'un arrêt accablant.

Pour obtenir ici votre suffrage,
Ils ont compté sur un dernier tableau.

(*Une toile se lève et laisse voir le buste de Deburau*).

Ils ont encor pour conjurer l'orage
A leur secours appelé Deburau (*bis*).

Un Génie.

(*Parlé*) Pierrot, je te dois une récompense. Mélite, ma compagne, a été par toi rendue à la liberté. Elle a donné la batte enchantée à Arlequin, moi je t'ai réservé cette couronne.

Pierrot, prenant la couronne et mimant les paroles suivantes sur le même air :

Non! je ne puis accepter la couronne!
Elle doit être accordée au talent.
Le spectateur est celui qui la donne
Et de lui seul, un jour, Pierrot l'attend.
Heureux, jamais si je me fais connaître,
De mériter de semblables faveurs.
Je vais, Messieurs, la donner à mon maître.
Dois-je en garder une feuille aux auteurs? (*bis*)

(*Il court placer la couronne sur le buste de Deburau*).

C'est Paul Legrand qui jouait Pierrot. On prétendit même que c'est lui qui, pour la fin de cette pièce, avait demandé l'apparition du buste de Deburau et son couplet final.

M. Billion, devenu l'ennemi déchaîné du grand mort récalcitrant, s'était montré fort opposé à ce jeu de scène; mais devant les objurgations de son entourage, avait cependant fini par céder.

Le 3 mars : *Un Mic-Mac*, vaudeville en 2 actes.

Le 5 mars : *Le Comte de Trogolf*, drame-vaudeville en 6 tableaux, joué par Cordier, Victor, Francisque, Meunier, Pelletier, Orphée, Mlles Anna, Rosalie et Jenny.

Le 10 mars : *Une Vie de Polichinelle*, pantomime-arlequinade en 11 changements, par MM. Charles et Ambroise.

Comme toujours, les Pierrot, Polichinelle, Arlequin et Léandre de cette pièce, sont amoureux d'Isabelle.

Le Diable protège Polichinelle. La Fée des Lilas protège Arlequin. Olibrius, père de la fée, protège Pierrot. Et Cassandre protège Léandre.

Il résulte de toutes ces protections, des enlèvements, des niches, des combats, des travestissements, des morts qui ressuscitent, etc., etc... après lesquels, la fée des Lilas, vainqueur, unit Arlequin à Isabelle.

Cette pantomime est amusante.

Le 20 mars : *La reine Margoton, ouverture historique en 6 tableaux.*

Le 14 février, Alexandre Dumas avait ouvert le Théâtre historique, par *la Reine Margot*. La parodie s'imposait.

Le 25 mars : *Pygmalion* ou *la Statue vivante*, scène de pantomime comique et burlesque, en 2 changements, mêlée de danses.

La seule désignation des personnages de cette pantomime en indiquera le ton.

Pygmalion, *vieille caricature*		....	X.
Galatée, *nymphe, figure blanche*		....	X.
L'amour bouffi, *personnage monstrueux*		.....	X.
Jupiter, *personnage à grosse tête*		....	X.
Vénus	*id.*	*id.*	X.
Diane	*id.*	*id.*	X.

Le 31 mars : *Refusé*, comédie en 1 acte et en vers, par Léon Riant.

Le lecteur a bien lu : *en vers !...* Voilà où étaient tombés les Funambules, après la mort de Deburau.

Le 15 avril : *Pierrot Pacha*, pantomime en 9 changements.

Le premier titre de cette pantomime avait été : *Pierrot Imperator.*

C'est l'histoire de Sancho Pança, gouverneur de l'île Barataria. L'auteur avait tout simplement substitué Pierrot à Sancho.

Le 15 mai : *Une élève de la nature*, vaudeville en 2 actes.

Le 1er juin : *La voisine d'en face*, scène d'imitation exécutée par Alexandre Guyon.

Le 8 juin : *Pierrot marié et Polichinelle célibataire, épopée pantomimique, féerique et philosophique à très grand spectacle, en trois parties, parsemée de coups de pied, ornée de dix-neuf changements à vue, de danses nationales, de combats au sabre, à la hache et même au bâton, par M. Jules Viard. La mise en scène est de M. Charles.*

Commencez-vous à sentir l'importance d'une notoriété sur le répertoire d'un théâtre ?

Vautier s'est tellement incarné dans le personnage de Polichinelle, que Polichinelle est maintenant de toutes les pièces et que l'on ne craint pas d'accoler son nom, sur les affiches, à celui de Pierrot.

Cette pantomime est véritablement amusante.

Pierrot, riche, épouse Pierrette.

Mais Polichinelle se glisse dans le ménage ; et, dès la première nuit des noces, commence à perforer d'abominables trous, le contrat de son confiant ami.

Ainsi, au moment où le pauvre mari se dispose à aller trouver sa tendre moitié, dans le lit conjugal, il est pris de coliques, inspirées par son rival et forcé de s'absenter.

Pendant ce temps Polichinelle, boulimique d'amour, s'empresse de prendre sa place.

Et, de ce fait, Pierrette met au monde un enfant moitié Pierrot, moitié Polichinelle.

Pierrot, vexé à la vue de ce petit monstre, flanque Polichinelle à la porte ; puis feint de partir en voyage.

Dès qu'il a disparu, Polichinelle reparaît ; mais Pierrot, accompagné d'un commissaire, fait constater le flagrant délit, et Polichinelle est incarcéré.

Sorti de prison, Polichinelle se bat au pistolet avec Pierrot. Ils tuent leurs témoins.

Polichinelle enlève à nouveau Pierrette.

La tribu des Pierrots combat alors, contre la tribu des Polichinelles, qui protège la fuite de son congénère.

Alexandre Guyon et Charles Deburau faisaient partie des Pierrots combattants.

Pour la première fois, on remarqua l'étrange ressemblance du jeune Charles avec son père. Le blanc leur faisait la même tête, le même regard, le même rire, la même expression de gouaillerie.

M. Billion regarda le petit homme d'une étrange façon.

Guyon m'affirme que, de ce jour, le remplaçant du grand mime était désigné dans la future volonté de l'impressario.

Paul Legrand, qui sentait son importance grandir chaque jour, devenait exigeant.

M. Billion vit immédiatement, dans le jeune Charles, l'instrument propre à combattre le Pierrot-Etoile du moment.

Je reviens à *Pierrot marié*.

Dans sa fuite, Pierrette a oublié son petit. Pierrot, les poursuivant, emporte l'enfant dans ses bras. Il retrouve les fugitifs dans un cabinet particulier. Quand il apparaît, les coupables se sauvent abandonnant encore un second enfant, moitié Polichinelle, moitié Pierrot. Le bon mari récolte le nouveau-né et recommence sa poursuite.

Cette fois, c'est dans une grange que Pierrot revoit sa femme, de plus en plus intéressante dans sa nouvelle position, et son vil suborneur. Nouvelle disparition. Troisième enfant abandonné, troisième enfant recueilli.

Pierrot achète une hotte, colle dedans ses trois fils de par la Loi et reprend sa chasse.

Il ramasse cinq nouveaux petits, de la même façon ; jusqu'à ce que Pierrette, battue par Polichinelle, revienne humblement demander pardon à son mari, avec deux moutards de plus sur les bras.

Pierrot pardonne. Polichinelle est noyé sous les roues d'un moulin à eau, et tout finit sur une apothéose, dans laquelle Pierrot apparaît mafflu, gros et gras, entouré d'une vingtaine de petits Pierrots sans bosse, donc, tous ses fils.

Le théâtre de la Porte-Saint-Martin avait remporté un grand succès avec *le Chiffonnier de Paris*, de Félix Pyat.

Le 25 juin, les Funambules remportèrent un gros four avec : *Le Chiffonnier de Pantin*, parodie en 4 tableaux.

C'est vers cette époque, qu'un soir Victor Hugo fut entraîné aux Funambules par Théodore de Banville, qui voulait absolument lui faire admirer Paul Legrand, dans une reprise de *Pierrot pendu*.

Après la représentation, Banville interrogea le Maître.

— En entendant l'orchestre, répondit celui-ci, j'aurais voulu être sourd ; en regardant la pièce, j'aurais voulu être aveugle.

Victor Hugo ne comprenait pas la pantomime. Il le disait hautement. Charles Charton à qui le propos fut un jour rapporté, dit :

— Nous ne voyons pas de même et c'est tant pis pour lui !

C'était l'époque où Alexandre Dumas fils s'essayait, en publiant son premier volume : *Les Péchés de jeunesse*. Il en avait adressé un exemplaire au poëte des Odes et Ballades, grand ami de son père.

L'auteur de *Notre-Dame de Paris* envoya au jeune homme le billet suivant :

Quelle injustice et quelle absurdité. Vous ne m'avez pas trouvé hier soir, et moi, je vous trouve chaque matin, chaque soir, sur ma table, dans ce livre, où il y a vous, votre père, la grâce, la poësie, l'imagination, la lumière. Vous avez donné à vos vers le titre de *Préface de la vie*, c'est *Aube de la vie* qu'il fallait dire ; car ce charmant livre est à la fois blanc et triste.

Cet envoi n'a rien à faire ici. Je le cite parce qu'il est peu connu, et qu'aucune pensée, aucune parole, aucun écrit du plus grand poète des temps modernes, ne doivent rester ignorés.

M. Billion ferma les Funambules pendant un mois, pour *réparations dans l'intérieur de la salle.*

Le 4 août. le théâtre rouvrit avec la première représentation de : *Pierrot en Espagne*, pantomime militaire en 9 changements, mêlée de combats et d'évolutions.

1er changement :		*La demande en mariage.*
2e	id.	*Le bivouac des Français.*
3e	id.	*La trahison.*
4e	id.	*Le duel.*
5e	id.	*L'attaque du moulin.*
6e	id.	*L'union impossible.*
7e	id.	*Le blessé secouru.*
8e	id.	*La condamnation.*
9e	id.	*La vengeance et l'extermination.*

DISTRIBUTION

Le baron d'Espartola..........................	Philippe.
Le marquis de Castellano..........................	Frédéric.
Le général Montigny..........................	Amable.
Le capitaine Paul..........................	Lafontaine.
Borçaro, *intendant*..........................	Vautier.
Labinette, *soldat-français*..........................	Paul.
Isabelle, *fille du baron*..........................	Mme Lefebvre.
Pédrilla, *sa suivante*..........................	Mlle Héloïse.
Un 1er soldat, *parlant*..........................	Alexandre.
Un 2e id. id.	Ch. Deburau.
Un meunier..........................	Antoine.
Un rentier..........................	Cossard.
Sa femme..........................	Mlle Céline.
Un aubergiste..........................	Orphée.
Une vieille paysanne..........................	A...
Sa fille..........................	Louise.

Soldats français et espagnols.

Ce n'était qu'un volumineux mélodrame, mis en vertueuse pantomime.

Le 25 août : *En Russie* ou *les Prisonniers de guerre*, pièce à grand spectacle, en 10 tableaux.

Le 1er septembre : *Le Château des Fleurs*, à-propos en 1 acte, joué par Pelletier, Alfred, Alexandre, Alexis, Mlles Elisa et Balthazard.

Cette pièce était de M. Monnier.

Voici le reçu qu'il signa à M. Billion pour prix de vente de son œuvre :

Je soussigné, reconnais avoir reçu de l'administration des Funambules, la somme de *trente francs*, pour le prix convenu d'un *vaudeville* en un acte, intitulé : *Le Château des Fleurs*, que je cède en toute propriété et sans aucune réserve ; lui faisant également l'abandon des droits ordinairement attribués aux auteurs dramatiques, tels que entrée personnelle, billets d'auteur etc., etc.

Paris, *le 15 septembre 1847.*

MONNIER.

Les parties soulignées de ce reçu étaient seules écrites à la main. M. Billion accoutumé de ce genre de trafic, avait eu la précaution de se faire faire des imprimés.

Cependant, pour la troisième fois, Champfleury s'en vint frapper à la porte directoriale des Funambules.

Le résultat de ce heurt, était l'éclosion d'une nouvelle pantomime : *Pierrot marquis*, en 10 tableaux, laquelle, le 5 octobre, affronta — suivant expression consacrée — le feu de la rampe.

Cette pantomime, dont je possède le manuscrit écrit de la main même de Champfleury, devait d'abord être intitulée : *Monseigneur Pierrot*. Ce titre est raturé par l'auteur.

Voici l'intrigue — est ce l'intrigue qu'il faut dire ici ? — plutôt, l'affabulation de la pièce, en quelques mots.

Pierrot, pauvre, aime Colombine. Polichinelle fils l'aime également. Son père est riche. Naturellement, Cassandre accorde à ce dernier toutes ses préférences.

Le père Polichinelle va mourir. Pierrot s'introduit près du moribond, pendant qu'il est seul, et se faisant aider d'une canaille de médecin, achève le vieillard en lui coupant ses bosses, dans lesquelles il trouve de l'or et une souris.

Puis, il se glisse dans le lit à la place du cadavre, qu'il a fait disparaître dans la ruelle. . . . .

Arrive Polichinelle fils, suivi d'un notaire, de Cassandre et de Colombine.

Pierrot s'est affublé des habits de sa victime, et, se masquant la face de ses couvertures, il dicte d'une voix mourante son testament, déshéritant le jeune Polichinelle et léguant toute sa fortune à son neveu Pierrot. L'alcôve se referme.

Pierrot riche, prend des professeurs de déclamation, de belles manières, d'escrime. Il a épousé Colombine. Mais le remords le poursuit. Marié, il est jaloux ! Riche, il a peur des voleurs ! Il emporte sa cassette dans sa cave et veut l'enfouir. Il va chercher du plâtre, pour le cacher dans la muraille.

Mais, le fils Polichinelle l'a suivi, se dérobant ; il vole ce que renferme la cassette et s'enfuit prestement.

Pierrot reparaît !.. Devant sa cassette vide, il devient fou !.. C'est la scène d'Harpagon. Il remonte, cherchant une consolation près de Colombine. Alors Cassandre lui révèle qu'il sait tout en lui montrant le véritable testament de Polichinelle père.

Pierrot demeure anéanti. Il va mourir. Une fée survient et le remet garçon meunier.

Polichinelle fils épouse Colombine et Pierrot, repentant et guéri, les bénit.

Pierrot marquis obtint un grand succès.

Voici la conclusion du compte-rendu d'Edouard Thierry dans son feuilleton du *Moniteur universel* :

La pantomime a parfaitement réussi. Un moment le public a paru triste de voir Pierrot changer de fortune. Pierrot marquis ne lui semblait plus être son Pierrot ; mais lorsque Pierrot a descendu l'escalier de la cave, la truelle sur l'épaule, tous les visages se sont éclaircis, et la pièce s'est terminée au milieu des applaudissements.

Paul, le successeur de Deburau, est mince, intelligent et habile. Il a joué d'une manière remarquable la scène de la cassette vide. Deux bouquets lui ont été jetés, l'un au cinquième tableau, l'autre au neuvième ; cependant je dois le dire, Paul n'a pas encore remplacé Deburau. Paul manque de gaité. Sa figure n'a pas la placidité singulière de celle de Deburau, cette placidité sur laquelle le moindre pli avait une expression et un sens intelligible. Paul grimace pour faire rire. Ce qu'il a bien conservé de son maître, c'est le soin dans l'imitation des choses matérielles ; ainsi la manière de porter une cassette pleine. Vous ne l'oubliez pas un instant, parce que l'acteur ne l'oublie pas non plus ; la cassette est lourde, elle le fait trébucher ; il ne la dépose qu'en l'appliquant à la muraille, et en la faisant glisser le long de la muraille. Les artistes des autres théâtres négligent cette vérité ; et ils ont tort parce qu'elle est nécessaire à l'illusion de la scène. Les acteurs anglais ne la négligent pas ; mais les acteurs anglais commencent, en étudiant leur art, par où il faut commencer, par la pantomime.

Vautier est un polichinelle très amusant, très heureux dans ses lazzi et dans ses attitudes. Le public l'a rappelé avec Paul, et a demandé à grands cris le nom de l'auteur. Paul a nommé M. Champfleury, qui a été salué par d'unanimes applaudissements.

De son côté, dans son feuilleton de la *Presse*, Théophile Gautier s'exprimait ainsi :

Cette pièce a donné à Paul, l'excellent mime, l'occasion de montrer son talent sous une face plus étudiée, plus réelle qu'il n'avait pu le faire jusqu'à présent, à travers la turbulence des pantomimes jetées dans le vieux moule et sous l'orage incessant des coups de pied, des coups de poing et des soufflets : autant il est humble, piteux, mélancolique, affamé, patelin, furtif, caressant, hypocrite, dans la première partie de la pièce, autant il est superbe, insolent, dédaigneux et marquis de Moncade dans la seconde.

Quelle vérité inouïe, quelle profondeur d'observation dans la scène de la cave ! Ce que nous allons dire paraîtra sans doute un blasphème, mais Paul l'a jouée avec une telle perfection, que Bouffé seul pourrait peut-être en approcher. La scène du testament est aussi rendue à merveille. Paul, forcé pour dicter ces choses, de desceller ses lèvres toujours fermées, tire, on ne sait d'où, une petite voix enrouée et grêle, rendue plus étrange encore par l'imitation du zézaiement de Polichinelle, et qui produit le plus bizarre effet du monde.

Le costume du marquis, de Pierrot, tout en satin blanc, chapeau blanc, perruque poudrée à frimas, est de la plus spirituelle fantaisie.

Une nouvelle Colombine débutait ce soir-là. Elle a de l'intelligence et ne danse pas mal. Mais, qu'est donc devenue Mlle Béatrix, cette charmante fille qui traversait d'un air si détaché et si gracieux, toutes ces actions embrouillées et tumultueuses? La pantomime la pleure avec ses gestes les plus attendris.

Voici les titres des tableaux de *Pierrot marquis :*

1er	tableau :	*Où peut-on être mieux qu'au sein de la fortune ?*
2e	id.	*Maladie de Polichinelle.*
3e	id.	*Ce qu'on trouve dans une paire de bosses.*
4e	id.	*Pierrot légataire universel.*
5e	id.	*Le titre de Marquis fait tourner la tête à Pierrot.*
6e	id.	*La tragédie ne fait pas le bonheur.*
7e	id.	*Les gens riches ne dorment pas.*
8e	id.	*L'amour de l'or.*
9e	id.	*Pierrot rentre au sein de la farine.*
10e	id.	*Apothéose.*

CHAPITRE XXXIII

1847 (*suite*)

Le fils de son père !

On répétait les *Trois Planètes*, grande pantomime, dans laquelle Paul Legrand jouait naturellement Pierrot.

Charles Deburau remplissait, lui, un petit rôle d'aubergiste ; ce qui lui permettait de suivre attentivement, à la répétition, tout ce que faisait Paul.

Rentré chez lui, l'enfant — il avait 18 ans — résumait le jeu de Paul, et se disait : Papa n'eut pas fait cela de cette façon.

Et il s'amusait à reconstituer la scène, telle que dans son imagination d'artiste, il la voyait exécuter par feu son père.

Des offres très brillantes étaient faites à Paul, par un Directeur anglais.

Paul alla trouver M. Billion et lui dit : Voilà ce qu'on m'offre pour Londres. Donnez-m'en la moitié et je vous accorde la préférence.

M. Billion bondit !

— La moitié, s'écria-t-il ; mais vous voulez donc ma mort ! Pas le tiers ! pas le quart !

— Alors, je m'en vais.

— Et votre engagement ?

— Je suis engagé à la semaine. Je vous laisse une semaine de mes appointements comme indemnité. Je pars demain.

Ceci se passait trois jours avant la date fixée pour la première des *Trois Planètes*.

M. Billion s'arrachait les rares cheveux qui lui restaient.

Peut-être ne lui en fut-il plus resté du tout, si l'on n'eût, à ce moment précis, frappé à la porte de son cabinet.

— Entrez ! cria-t-il de sa voix de castrat.

Ce fut Charles Deburau qui entra.

— M. Billion, dit-il, on m'apprend que Paul a rompu avec vous, et je viens vous proposer de jouer son rôle.

— Toi ?...

— Moi.

— Au fait, pourquoi pas ?.. Serais-tu prêt dans trois jours ?

— Dans trois heures, si vous le voulez.

— J'accepte. C'est toi qui créeras *Les Trois Planètes*.

Du premier coup, le Directeur avait jugé toute l'importance de ce début. Le nom magique de Deburau reparaissant sur l'affiche ! Le fils remplaçant le père !.. C'était le triomphe de l'avenir. C'était le Pactole faisant de nouveau rouler ses flots d'or dans la caisse administrative.

Le 6 octobre, on joua donc *Les Trois Planètes*, ou *La Vie d'une rose*, grande pantomime arlequinade, féerie, dialoguée dans le genre anglais, en 3 parties et 12 changements à vue, par M. Eugène***.

L'affiche portait en tête : M. *Charles Deburau* remplira le rôle de Pierrot.

PREMIÈRE PARTIE

—

La Planète de Mercure

OU

Le Potager de Satan

DEUXIÈME PARTIE

—

La Planète Cérès

ou

La naissance d'une Rose

TROISIÈME PARTIE

—

La Planète de la Terre

ou

La chasse à la Rose

Le nom de Deburau avait produit l'effet merveilleux qu'en attendait M. Billion. La petite salle était pleine. On joua un prologue auquel le turbulent public ne prêta qu'une médiocre attention. Enfin, la pantomime commença.

Tout-à-coup, au milieu du second tableau, un énorme navet éclate par le haut, une tête de Pierrot surgit du navet.

Cette tête exsangue, magique, fantastique, blafarde, c'est celle du mort regretté !.. Même ovale allongé, même œil malicieux, même nez, même bouche narquoise, même sourire !

Alors, c'est de la frénésie dans cette salle bondée. On hurle, on trépigne, on vocifère ! C'est de l'égarement, du délire. Deburau, le grand, le merveilleux, le sublime Deburau n'est plus mort ! On l'a devant les yeux, avec ses grandes jambes, ses longs bras, allant, venant, marchant, tapant, giflant, tombant, souriant, grenouillant, dansant, chantant, vivant !...

Ses mains dissertent, ses jambes déclament, ses yeux pérorent.

Charles m'a dit plus tard : Une soirée comme celle-là vaut toute une existence.

Dans le courant de la pièce, on lui lança des oranges.

Les fruits ont un langage comme les fleurs. Les oranges disent Bravo !... Les pommes, Raca !

A la fin de la pantomime, Charles, très ému, s'avança devant le trou du souffleur et chanta... Oui, chanta un couplet au public.

Pierrot parlait pour la première fois.

Air du : *Rondeau des Deux Maitresses*

Un mot encore
L'auteur implore
De vous, Messieurs, un miracle, un succès.
Votre puissance
Peut, il le pense,
Récompenser les efforts qu'il a faits.

Magicien, céleste ou diabolique,
Entre vos mains vous tenez notre sort.
Mieux qu'Hydroot, votre pouvoir magique
Peut condamner notre Rose à la mort.
La pauvre rose
A peine éclose
N'a qu'un matin pour naître et pour mourir.
Je vous confie
Sa frêle vie ;
Par vos bravos faites-là refleurir.

De Deburau qui, longtemps, vous fit rire,
Qui, si longtemps, mérita vos bravos,
Pardonnez-moi si, tout nouveau, j'aspire
A réveiller les succès les plus beaux.
C'était mon père !
Messieurs, j'espère
Que mes efforts ne s'ront pas superflus.
Le fils vous prie
Et vous supplie :
Applaudissez pour celui qui n'est plus.

A ce passage du rondeau, ce ne furent pas des applaudissements qui éclatèrent, mais des trépignements indescriptibles. comme un roulement de tonnerre, une mer déchaînée, un ouragan de mains s'entrechoquant, de pieds battant sur le parquet. Une avalanche ne produit pas un vacarme plus puissant. Les musiciens, tapant sur leurs instruments, s'étaient joints au public ; c'était une orgie de bravos !

Charles, de plus en plus ému, fit signe que le couplet n'était pas terminé.

Le silence se rétablit, non sans peine, et, avec des larmes, de véritables larmes, Pierrot continua :

Le talisman que m'a donné Minerve
Peut tout détruire au profit de Satan.
Je prends celui de mon père, qu'il serve
A proclamer votre arrêt tout puissant.
Mais si la pièce,
Par sa faiblesse,
A fait, d'ennui, bailler les spectateurs,
Inexorable
Pour le coupable,
De grâce, au diabl', n'envoyez pas l'auteur.

Le rideau fut *chargé*, au milieu des fleurs, des oranges, des ovations de toutes sortes.

Dans l'argot théâtral, on ne *baisse* pas le rideau, on le *charge*. De même qu'on ne le *lève* pas davantage, on *l'appuie*.

Un titi envoya même sur la scène un chausson aux pommes.

Le chausson était une sorte de pâtisserie épaisse, lourde, fort en honneur sur le boulevard du Temple.

Il y avait des chaussons aux pommes et des chaussons aux pruneaux.

La pomme l'emportait généralement sur le pruneau.

Alexandre Guyon me raconte que, le lendemain de ce début triomphal, Charles acheta une couronne d'immortelles et l'alla déposer sur la tombe de son père.

Et, chaque lendemain de première représentation, il renouvelait ce pieux pélerinage, s'agenouillant sur la terre qui recouvrait celui qui l'avait tant aimé, murmurant une prière convaincue, de reconnaissance et de remerciement.

Quand Charles entreprenait ses pérégrinations départementales, ou exotiques, toujours sa dernière visite au départ, sa première au retour, étaient pour cette tombe venérée, aux bords de laquelle il demandait souvent à ses amis de l'accompagner.

Plusieurs fois, Alexandre Guyon accomplit le respectueux pèlerinage au Père-Lachaise.

Quelques jours après cette mémorable première, M. Billion s'enferma avec Charles, dans son cabinet, et lui dit :

— Te voilà artiste, grâce à moi ! Tu dois gagner maintenant plus de six francs par semaine. Je t'en donne le double.

— Tout d'un coup ?

— Oui, je suis content de toi, et j'entends que tu le sois également de moi.

— Eh ! bien, pour arriver à cela, M. Billion, c'est le double du double qu'il faut que vous me donniez.

M. Billion ne comprit pas, ou ne voulut pas, tout d'abord, comprendre.

— Tu dis ?... balbutia-t-il ?

— Je dis que vingt-quatre francs... mettons vingt-cinq, pour faire un chiffre rond, feront que je serai content de vous, comme vous l'êtes de moi.

M. Billion se redressa, comme mû par un ressort. Sa voix de fausset prit un ton de casserole bosselée. On eût dit qu'un gantelet de fer venait de lui étreindre la gorge :

— Vingt-cinq francs par semaine ?... Mais ton père a mis quinze ans pour arriver à gagner cette somme.

— Justement, riposta le jeune homme ; moi je veux mettre moins de temps. Mon pauvre père, après une vie de travail et de privations, est parvenu à me laisser dix mille francs, qui sont en votre possession jusqu'à ma majorité, puisque vous êtes mon tuteur. Je veux laisser davantage à mes enfants.

— D'ici là, nous avons le temps.

— Pas trop ; j'ai la bosse du mariage.

— Voyons, Charles, je te donnerai quinze francs ! Comprends-tu bien ? Quinze francs par semaine, hein ? c'est gentil, ça.

— Je veux vingt-cinq francs, ou je m'en vais.

— Tu es mineur !.. Je suis ton tuteur !.. J'ai droit sur toi et je te défends de t'en aller.

— Alors donnez-moi mes vingt-cinq francs.

— Songe que je paye ton loyer ; 250 francs par an !..

— Avec les intérêts de mes dix mille francs.

— Mais j'y perds, car je te nourris avec cela.

— Pas très bien.

— Tu manges à ma table.

— Précisément. Vingt-cinq francs par semaine, ou je pars.

— Non ! Non ! Reste ! Tu les auras ! Je te les donne.

Dans le cœur du pingre, un combat terrible s'était livré : l'intérêt l'avait emporté sur l'avarice.

Charles gagna de ce jour, vingt-cinq francs par semaine.

Il y avait aux Funambules, un premier rôle de vaudeville, un Lafont, nommé Achille Bougnol.

Il reste bien entendu que, sur l'affiche Achille ne s'appelait pas Bougnol mais simplement Achille. Il venait du Lazari et avait débuté dans une reprise de *La Gueule du Lion*.

Achille était légèrement teinté de belles-lettres. Il avait écrit pour le Petit-Lazari et autres Bobino, des vaudevilles qui valaient ceux joués journellement sur ces théâtres bâtards.

Achille fit un compte-rendu en vers de la soirée du 6 octobre. Je possède cette élucubration. Je l'offre au lecteur pour ce qu'elle vaut :

LA ROMANCE DE PIERROT

COMPTE-RENDU DU DÉBUT DE DEBURAU FILS

FAIT PAR UN TITI

OU

RIMÉ PAR M. ACHILLE.

Air : *Au clair de la lune*

I

Des vieill's pantomimes
L' titi n'est plus veuf.
Tirons nos centimes
V'là z'un Pierrot neuf.

Sa bell' figur' blanche
L'aut' soir, ça s' devait,
Tomba sur la planche
Sortant d'un navet.

II

Chacun dit la sienne
Sur l'ami Pierrot.
L'idé' qu'est la mienne,
C'est qu' c'est Deburau,
Qui dans sa sagesse
S' trouvant trop ancien
A r'pris sa jeunesse
Chez un magicien ;

III

Ou, que d' l'héritage
Le papa Blanc blanc
Pour un bon partage
A tiré son plan.
Du talent du père,
C'est tout naturel,
L' fils comm' légataire
Est universel.

IV

Pas un qui l' dégote.
Il sait à propos
Lancer la calotte
Et l' coup d' pied dans... le dos.
S'il faut que Cassandre
Chaq' soir tienn' son rang,
Moi, j' conseill' d'en prendre
Au moins deux par an.

V

Qu'on grandiss' la salle,
C'est là mon avis.
Tout s'ra plein, d' la stalle
Jusqu'au Paradis.
Nous somm's de ta suite,
Vive Deburau !
T'auras not' visite
Mon ami Pierrot.

Achille obtint de M. Billion, l'autorisation de faire vendre sa *poésie* dans la salle.

Comme M. Billion continuait à percevoir cinquante centimes sur chaque vendeur, il avait accepté très enchanté.

Telle était l'avarice de cet homme : il mettait soigneusement de côté les vieux sous cassés, usés, pour payer la figuration. Il lui semblait donner moins, en distribuant cette méchante menue monnaie.

Le 29 octobre, on donna : *Normands et Bretonnes*, vaudeville en 1 acte.

Le 3 novembre : *Casilda*, vaudeville en 2 actes, joué par Cordier, Alexis, Francisque, Adolphe, Mesdemoiselles Rosalie et Valérie.

Voici un couplet que chantait le personnage de Macaroni à Casilda, dont il était épris :

Air : *Voilà tout ce que je sais.*

J' sais éplucher des pomm's de terre
J' sais écosser les haricots.
J' sais tresser les chaussons d' lisière.
Je sais plumer et canards et perdreaux.
Je sais vider un' qu'relle ou des lap'reaux.
Je sais près d'une jeune fille
Parler d'amour avec beaucoup d' succès.
Et j' sais nager comme une andouille

(Parlé) *Pardon, ma langue a fourché. Je reprends :*

Et j' sais nager comme une anguille.
Et je n' vous dis pas encor tout c' que j' sais
En fait d'amour près d'un' jeun' fille
J' sais un tas d' chos's qu'ont toujours du succès.

Le 2 décembre on donna : *Les Pérégrinations de Pierrot et de Polichinelle* ou *L'on n'a rien sans peine*, pantomime en 9 tableaux.

Pierrot aime Colombine, fille de Cassandre ; Polichinelle aime Isabelle, fille de Géronte. Les deux pères repoussent les deux amoureux parce qu'ils sont pauvres. Toujours.

Une bonne fée leur vient en aide et leur tient ce langage :

— Pierrot et Polichinelle, vous m'êtes également chers ; je vous accorde à tous deux ma protection ; mais vous êtes trop jeunes pour vous marier. Allez chercher, dans les voyages, l'expérience et la fortune, et je vous promets un égal bonheur.

Alors, commence pour les deux amis un voyage à travers les cinq parties du monde ; voyage dans lequel ils se rencontrent avec des sauvages qui veulent les manger. Polichinelle est même mis à la broche et délivré par Pierrot.

Puis, un Pacha veut faire empaler Pierrot.

Ils subissent un naufrage. Ils sont surpris dans une forêt, par un serpent et un crocodile. Le crocodile avale le serpent et meurt d'indigestion. Pierrot reçoit une flèche dans le derrière ; il se la retire par la bouche.

Pierrot est vendu par des négriers comme « *Superbe nègre blanc,* » Polichinelle comme « *Vieil Hottentot des mers glaciales.* »

Enfin, après un nombre incalculable de pérégrinations plus ou moins vertigineuses, ils reviennent dans leur belle patrie et épousent celles qu'ils aiment, par la seule volonté de la bonne fée :

— Mes chers enfants, leur dit-elle, vous voyez que je ne vous avais pas trompés. Vous avez appris que la félicité couronne toujours la constance et le courage dans l'adversité. Vivez en paix et soyez heureux !

Flammes de Bengale.

Toutes les pantomimes des Funambules se terminaient inévitablement par des flammes de Bengale.

Le 15 décembre le théâtre Historique avait donné *Hamlet, prince de Danemark*, d'Alexandre Dumas et Paul Meurice.

Le 31 décembre les Funambules représentèrent : *Omelette, prince de Montmartre.*

L'année se termina par une bourrasque de sifflets, qui emportèrent la parodie dans d'insondables profondeurs, dont elle n'osa même pas sortir le lendemain.

CHAPITRE XXXIV

1848

Révolution dans la rue et dans le théâtre

Cependant, Alexandre Guyon, bien qu'aimant Charles Deburau d'une fraternelle amitié, se trouvait quelque peu humilié de ne s'essayer que dans des bouts de rôle, à côté de son ami, qui de plus en plus triomphait.

Un certain Etienne, directeur de singes et de chiens savants, voyant que son exploitation animalière le ruinait beaucoup plus qu'elle ne l'aidait à subsister, vendit tout-à-coup sa ménagerie et ouvrit sur le boulevard du Temple, à côté du restaurant, jadis célèbre, connu sous l'enseigne du *Cadran bleu*, une petite salle de spectacle qu'il affubla du titre décoratif de : *Théâtre des Patriotes.*

On y jouait le vaudeville et la pantomime. Cet Etienne, à qui Alexandre était allé conter ses peines, engagea le jeune homme comme Pierrot en chef et comique de vaudeville.

Alexandre devint, sur cette basse scène, le rival de Charles, ce qui n'altéra en rien leur excellente amitié. Alexandre reconnaissant, sans jalousie, l'incontestable supériorité de son ami.

La société des auteurs n'était pas encore assez armée pour imposer les traités léonins, que de nos jours, elle fait peser sur les infortunés directeurs de théâtre.

Les auteurs se défendaient et combattaient individuellement, comme ils le pouvaient.

Avant 1848, une pantomime se payait pour tous droits, trente ou cinquante francs, voire même cent, selon ce qu'elle comptait de tableaux. Un vaudeville en un acte donnait droit à quinze francs, en deux actes à vingt-cinq. Et c'était tout.

La République de Cavaignac ayant vu le jour, la lyre de Lamartine ayant remplacé le parapluie des d'Orléans, le suffrage universel de Ledru-Rolin étant décrété, les ateliers nationaux ayant fonctionné en sens contraire du but qui les avait ouverts, les auteurs des Funambules levèrent l'étendard de la révolte.

Une grève s'organisa ; grève dont Charles Charton seul ne consentit pas à faire partie.

M. Billion eût des velléités de lutter, avec l'aide du seul Charton. Il n'osa et céda. L'éclair avait déchiré la nue, le drapeau tricolore avait fait le tour du monde, enfouissant le drapeau rouge qui n'avait fait *que le tour du Champ-de-Mars*, la lumière descendit dans l'âme de l'omnipotent ; son cœur se dépétrifia, les rouages de son coffre-fort se graissèrent, un vaudeville en un acte fut payé trente francs ; en deux actes, cinquante. Une pantomime en quatre tableaux escalada le chiffre alpinesque de soixante francs en dix, quinze ou vingt, au maximum de cent francs !

M. Billion s'intitula lui-même le père de ses auteurs.

Il comprenait la paternité à l'instar de Saturne.

Le 8 janvier on joua : *Pierrot errant* ou *Les deux Chasseurs et la Laitière*, pantomime en un acte ; reprise sans importance.

Le 20 janvier, *Les Sottises de Pierrot*, pantomime en 1 acte.

Le 1er février : *Au grand Singe* ! vaudeville en 2 actes.

Le 12 février : *Le Voyage de Pierrot à Londres*, pantomime en 28 changements.

Voilà une bien mauvaise pantomime. Tout ce qui a été fait dans les autres, jouées depuis trente années, se trouve accumulé en celle-ci.

Pourquoi se passe-t-elle à Londres ?.. Pour avoir une scène de boxeurs. Charles Deburau pratiquait ce genre d'escrime avec adresse et force.

Elle n'obtint, du reste, aucun succès.

Aussitôt, Champfleury reparut, une nouvelle fusée à la main.

Celle qu'il apporta, prit immédiatement feu, et, le 21 février, l'affiche annonça pompeusement : *Madame Polichinelle* ou *Les Souffrances d'une âme en peine*, pantomime en dix tableaux, par M. Champfleury.

1er tableau : *Il fut mauvais père, mauvais époux.*
2e id. *Polichinelle adultère.*
3e id. *Qui chante la nuit pleure le jour.*
4e id. *Polichinelle au cabaret.*
5e id. *L'âme de Polichinelle chez la sorcière.*
6e id. *Comment il se fait que l'âme de Polichinelle remplace avantageusement un chien très fort aux dominos.*
7e id. *L'âme dans le pétrin.*
8e id. *L'âme de Polichinelle prise pour un sac de farine est battue comme plâtre.*
9e id. *Le corps de Polichinelle revient à la vie.*
10e id. *Mariage de Pierrot.*

Cette pantomime fut une chute. L'auteur lui-même le dit dans ses *Souvenirs des Funambules.*

C'est aux Funambules qu'il est doux d'être applaudi et qu'il est dur d'être sifflé. On n'y connaît pas la claque. Quand les voyous applaudissent avec leurs grosses mains, noires comme l'aile d'un corbeau, crevassées comme un ravin et solides comme de la corne de bœuf, ça sonne pire qu'un tambour. Ordinairement ils écoutent sans rien dire et ne bronchent pas. A la première représentation ils applaudissent peu. Ils sortent sur le boulevard où une foule inquiète attend le jugement rendu par ce jury populaire.

La foule ne pose pas de questions ; mais le jury répond à la demande muette des esprits : *C'est rigolo* !

Quand les voyous secouent la tête, font la grimace et s'écrient en sortant d'une première représentation : *Ce n'est pas rigolo* ! vous êtes perdu ; rien ne saurait les faire revenir ; leur réponse vient d'un *sentiment* intime, qui repose sur des instincts vrais qu'il n'est pas possible de faire varier.

Aussi, ai-je été pris ce soir d'une terreur sans pareille ; aussi, ai-je fui sur le boulevard, la figure en sueur et la bouche sèche.

La pièce n'eût pas de succès ; heureusement pour moi la Révolution de février vint couper court à cette pantomime.

Je pourrais mettre ma chute sur le compte de la Révolution qui arrêta un moment le mouvement des théâtres ; mais l'idée manquait de clarté ; et ma plus grande faute fut d'avoir habillé un Polichinelle en noir. Le public fut inquiet de ce deuil qui recouvrait deux bosses, à l'ordinaire si gaies. Le public accepte souvent les invraisemblances les plus étranges, les monstruosités qui n'ont pas leur raison d'être ; mais sitôt qu'il flaire un peu de littérature, dont le sens n'est pas suffisamment éclairci, il dresse le nez.

L'auteur de *Chien-Caillou* avait osé supprimer : l'apothéose consacrée !.. Jusque-là, aucune pantomime ne s'était permis de se terminer sans flammes de Bengale, prouvant au public que la poudre était inventée, même au temps où miraculaient les fées et les magiciens.

Champfleury, l'apôtre du réalisme, avait brusquement attaqué la routine par la queue. Le rideau baissait simplement et naturellement sur M. et Mme Polichinelle raccommodés, se remettant à table pour boire à leur conjugal rapprochement.

Le public regretta l'apothéose.

Et puis, Champfleury, manquant de confiance dans la solidité des adolescentes épaules du très jeune Deburau, n'avait véritablement mis en relief que le rôle de Polichinelle.

Celui de Pierrot ne venait qu'en second plan, très en évidence certainement, mais tenu en respect par son redoutable antagoniste.

Cela avait quelque peu dérouté le public. Pensez donc, Pierrot effacé par Polichinelle !..

Ce Polichinelle avait beau être Vautier, c'est-à-dire, ce qu'il y a eu de plus complet dans ce gibbeux emploi, Deburau, quelque inexpérimenté qu'il fût, manquait à ses admirateurs quand même.

Après la Révolution, les Funambules restèrent fermés cinq jours.

Alors, les théâtres se mirent à changer de nom.

L'Académie royale de Musique s'intitula : *Théâtre de la Nation.*

Le Théâtre Français devint : *Théâtre de la République.*

Le théâtre du Palais-Royal reprit son premier titre de : *Théâtre de la Montansier.*

Victor Hugo, pair de France, ne fût plus que simple citoyen et maire du 9e arrondissement.

La *Marseillaise* se chanta sur tous les théâtres, même au théâtre des Funambules.

Le rideau de *l'Académie royale de Musique* , qui représentait Louis XIV signant le privilège fondateur de ce théâtre, disparut et alla s'enfouir dans les combles, cédant la place à un simple rideau de draperies, plus en analogie avec la nouvelle enseigne du *Théâtre de la Nation.*

La censure fut abolie. Messieurs de la Commission d'examen furent appelés à d'autres fonctions.

La qualification de *censeur* a toujours eu le don de froisser MM. les membres de la censure. Pourquoi ?...

Ainsi, en 1848, on était tenu de les dénommer : Messieurs les *examinateurs préalables.* L'adjectif préalable a été retranché depuis.

Le 28 mars on donna : « *Au bénéfice des blessés* » la première représentation de : *Montez-les-cristaux,* parodie en deux journées et en un grand nombre de tableaux, par Auguste Jouhaud.

C'était, comme on le devine, la parodie de *Monte-Cristo,* que le Théâtre historique jouait à ce moment-là.

Cette parodie eût-elle du succès, n'en eût-elle pas ?... Il m'est impossible de le constater.

Champfleury ne se gênait nullement pour dire très haut, que la cause de son dernier insuccès était due à Vautier.

Celui-ci eût, avec l'auteur, une discussion qui s'envenima à tel point, que M. Billion voulut intervenir.

Mais le Polichinelle, fort de sa conscience, malmena le directeur et l'envoya promener de façon assez bousculante, pour qu'une rupture d'engagement s'en suivit.

Vautier s'en fut alors débuter au théâtre *Comte.*

Je trouve, pour le mois d'avril, un vaudeville en 2 actes : *Le Changement de pied.*

Comme au même moment, au Gymnase, on jouait : *Un Changement de main,* la pièce des Funambules devait marcher évidemment dans les pantoufles de la comédie-vaudeville, jouée sur le théâtre de M. Montigny.

Ce même mois d'avril voit également apparaître : *Un Drame conjugal* ou *les Dangers de l'Amour*, vaudeville en 1 acte.

Pour le mois de mai, à la date du 5, je relève la première représentation de : *Les Sergents de la Rochelle,* mimodrame en 5 tableaux.

A la même date, première, également, de : *Deux et deux font deux !* vaudeville en 1 acte.

Le 23 juin, pour cause d'émeute, relâche dans tous les théâtres.

Le lendemain, l'émeute se fait insurrection. Les barricades s'élèvent dans Paris. La poudre tonne. Il y a du pavé dans l'air. Les Parisiens jouent aux balles.

M. Dejean, directeur du Cirque Olympique, combattant au faubourg du Temple, en reçoit deux dans la cuisse, une troisième dans l'aine.

M. Dumoulin, artiste des Folies dramatiques, en reçoit une dans l'épaule, en combattant comme simple garde national.

M. Hippolyte Cognard, directeur de la Porte-Saint-Martin, capitaine de la garde nationale, est fait prisonnier par les insurgés, qui veulent le fusiller ; mais, sachant qu'il touche *au théâtre*, le rendent à la liberté.

M. Sévin, des Délassements comiques, lieutenant dans la garde nationale, a la machoire fracassée et la moitié de la joue emportée.

Enfin, M. Billion, directeur des Funambules, lieutenant dans la garde nationale à cheval, reçoit une balle dans la cuisse.

Paris est mis en état de siège.

Quelques jours après, le général Cavaignac doublé d'un nouveau gouvernement, accorde aux théâtres le droit de rouvrir leurs portes. Mais, comme on bat la retraite dans les rues, à neuf heures et demie, aucun ne profite encore de l'autorisation.

Une ambulance a été créée dans la salle des Funambules. Ce sont les artistes qui se sont improvisés infirmiers et dames de charité. Ils s'intitulent : *Les libres panseurs !*

Le 17 juillet, réouverture de quelques spectacles, parmi lesquels notre petit théâtre.

Le Gouvernement vote un crédit de 680,000 francs pour être réparti entre les différents théâtres de Paris. Les deux tiers doivent être distribués aux artistes et employés, l'autre tiers aux directeurs. Dans la répartition de cette somme, le théâtre des Funambules est compris pour 5,000 francs.

Le 17 août on joue : *Le petit Garde mobile*, comédie vaudeville en 4 tableaux.

Le 28 août : *La Chandelle*, vaudeville en 1 acte.

Qu'était-ce que cette Chandelle ?... Je ne sais au juste ; mais je me doute que cette pièce devait avoir été faite parallèlement avec *Le Chandelier*, que l'on créait au Théâtre historique.

Champfleury, découragé par son insuccès de *Madame Polichinelle*, avait reçu la visite d'un jeune auteur nommé Monnier, lequel lui avait dit : « J'ai une idée pour les Funambules ».

Champfleury avait envoyé promener le fâcheux, en lui répondant : Allez vous coucher, vous et votre idée. Je ne travaille plus pour ce boui-boui-là.

Monnier était parti vexé.

Je tiens le fait de Champfleury lui-même.

Champfleury reçut du dit Monnier un mot ainsi conçu : « Vous êtes un manant ; et si vous n'aviez pas tant de talent, je vous écraserais comme une mouche ».

Champfleury lui répondit : « Je suis à votre disposition demain, à 11 heures, sans témoins, chez moi ; nous déjeunerons d'abord. Puis vous m'exposerez votre idée, et je consens à vous laisser vous suicider, si elle n'est pas excellente ».

De cette rencontre naquit : *La Reine des Carrottes*, qui fut représentée, pour la première fois, le 27 septembre.

Voici la distribution des rôles de cette pantomime fantastique en 12 tableaux :

Pierrot	MM.	Ch. Deburau.
Cassandre		Aleaume.
Le Juge		Antoine.
Polichinelle		Dérudder.
Carottidor		Philippe.
Colombine	Mmes	Béatrix.
La sorcière		Lefebvre.
La Reine des carottes		Carolina.

1er	tableau :	*Amour et légumes.*
2e	id.	*Les carottes se révoltent contre Pierrot.*
3e	id.	*L'enseigne du débit de tabac.*
4e	id.	*Les carottes enchantées.*
5e	id.	*Pierrot, croquemort.*
6e	id.	*Madame la sorcière.*
7e	id.	*Où l'on tire beaucoup de carottes.*
8e	id.	*Guerre entre légumes.*
9e	id.	*Une victime des carottes.*
10e	id.	*Le royaume des fruits.*
11e	id.	*La première nuit de noces, ou le cheveu de la mariée.*
12e	id.	*Ils seront heureux et auront beaucoup d'enfants.*

La mise au monde de cette œuvre ne se produisit pas sans forceps. Le point de départ qu'apportait le jeune Monnier était, m'a dit Champfleury, des plus banaux. Aussi, s'empressa-t-il de lui substituer une idée à lui, qu'il avait conçue, en conversant avec Jupille, l'apôtre de M. Gleizès, l'inventeur de *Thalysie*, un livre fait en vue de proclamer le triomphe du régime des légumes et des herbages.

Le jeune Mounier n'hésita pas à abandonner son scénario pour en construire un nouveau sur les notes et documents du Maître.

Forcé de s'absenter de Paris, Champfleury ne revint que quelques jours avant la première représentation.

Quel ne fut pas sa désorientation, en voyant toute l'originalité de son idée complètement abandonnée, pour les procédés vulgaires et uniformes de la maison.

Il y eût des cris, des grincements de dents, des menaces, des querelles, des bouderies, des prises de becs. Rien n'y fit. Et rien ne pouvait s'y faire ; la pièce passait deux jours après. On n'avait pas le temps de la rétablir, selon les idées primitivement conçues. Champfleury ne reparut plus au théâtre.

Cependant, il y eut succès.

Mais, le Maître ne pardonna jamais à son collaborateur d'avoir faussé son idée, et se contenta de récrire son scènario, que l'on retrouvera en entier dans les *Souvenirs des Funambules*, l'accompagnant d'amères-réflexions sur la collaboration :

Il m'est bien prouvé maintenant — dit-il — que deux intelligences inégales, traînant le même boulet, la plus forte sera vaincu par la plus faible, l'esprit commun grimpera sur l'esprit distingué, l'homme à idées reviendra l'humble serviteur du faiseur.

Devant un dialogue commun, trivial, apporté par le collaborateur, l'inventeur est effrayé et n'ose dire son sentiment : l'affirmation est toujours blessante et ne prouve pas. Le créateur honteux de s'être laissé prendre à une collaboration, baisse la tête, gémit en silence et jure de ne plus faire de pièces à deux !

On le voit, Champfleury n'était pas tendre pour son collaborateur.

Le Maître était rancunier. Il n'avait pas voulu, pour cette nouvelle création, des artistes mâles, qui avaient joué dans sa *Madame Polichinelle*.

Pour lui, c'étaient eux qui avaient fait de sa pièce un autre Niagara.

Seul, Deburau avait résisté à la tourmente, et encore parce qu'il n'y avait pas de Pierrot disponible sur la place.

Le 16 octobre on joua : *Pierrot le possédé* ou *Les deux Génies*, pantomime arlequinade en 10 tableaux, par M. Charles.

DISTRIBUTION DES ROLES

Arlequin, *pauvre bûcheron*....................	MM. Cossard.
Pierrot, *son compagnon*....................	Deburau.
Aurélie, *génie bienfaisant*....................	Mlle Elisa.
Diabolino, *génie malfaisant*....................	Philippe.
Cassandre, *riche vénitien*....................	Antoine.
Colombine, *sa fille*....................	Mlle Béatrix.
Turlupin, *vieux seigneur*....................	MM. Aleaume.
Gilles, *son fils*....................	Orphée.
Dominique, *domestique nègre*....................	Dérudder.
Basile....................	Frédéric.
Un alcade....................	Amédée.

1er tableau : *Les bûcherons libérateurs.*
2e id. *Les amours de Venise.*
3e id. *Le nouvel âne de Pierrot.*
4e id. *La rivalité des deux amis.*
5e id. *Pierrot amoureux enlève sa belle.*
6e id. *Les enchantements de Pierrot.*
7e id. *Le séjour des Génies troublé par les Démons.*
8e id. *L'argent de la dot et les pieds de nez.*
9e id. *Le bucher des victimes.*
10e id. *Le Diable au feu et l'hymen des amants.*

Avec Charles Charton comme auteur, nous retombons dans la caduque pantomime classique, stupide, ridicule par ses rides, sans une tentative d'imagination, sans un effort vers l'originalité.

Le génie Aurélie — pourquoi Aurélie? — est tenu prisonnier dans un tronc d'arbre, par son ennemi Diabolino.

Deux bûcherons, Arlequin et Pierrot, mais Arlequin surtout, le délivrent.

Alors, Aurélie donne à Arlequin la traditionnelle batte enchantée, par laquelle il se fera aimer de Colombine.

Il est bien convenu que Cassandre s'oppose à cette union, préférant de beaucoup Gilles, le fils du riche Turlupin. De là, poursuite après enlèvement, gifles classiques, coups de pieds traditionnels, et toute la rengaine des idiotes cascades, consacrées par l'usage antique et solennel.

Charles Charton, rétablissant les emplois momentanément ébranlés par le révolutionnaire Champfleury, avait réintégré Cossard dans son emploi d'Arlequin.

Le 31 décembre : *Anténor*, vaudeville en 1 acte.

Les Funambules tombaient de plus en plus en état porrigineux. Une crasse de teigne s'en emparait.

CHAPITRE XXXV

1849

Pierrot contre Pierrot.

Avez-vous connu Auguste?... Auguste!!! le seul, l'unique, l'incomparable Auguste du Cirque d'hiver et d'été!...

Au fait, qui n'a pas connu Auguste?...

Savez-vous qu'Auguste avait commencé sa carrière clownesque par les Funambules?... Non? Je vous l'apprends.

Jacques-Ernest Delhomme était un enfant de Paris, un titi du Boulevard, un moineau du pavé.

Quand, s'essayant à sortir de son nid, le moineau se sentit assez de plumes pour tenter quelques envolées, il vint s'abattre dans l'atelier d'un peintre sur porcelaine et se mit à apprendre cet art libéral.

Mais l'atelier c'est la cage. Le moineau n'y pouvait piailler à son aise. Il prit de nouveau sa volée et tomba cette fois, sur la scène des Funambules.

Là, jouant du bec et des pattes, il parut dans les vaudevilles, les pantomimes, et se mit à faire les imitations des acteurs du Boulevard.

Albert, Williams, Lebel, Delaître, Villetard, Laferrière et autres célébrités d'alors, passèrent par sa glotte simiesque.

Chose bizarre !.. Il bégayait !.. Mais, dès qu'il entrait en scène, l'émotion faisait cesser le bégaiement.

Quand il tira au sort, il fut même victime d'une mésaventure qui vaut d'être rapportée.

Auguste avait amené un mauvais numéro ; lorsqu'arriva le conseil de révision, ayant été convoqué pour faire connaître ses cas d'exemption, il répondit à l'officier de santé, chargé de lui poser les questions d'usage :

— Je bégaye, Monsieur l'officier.

Le bégaiement était un cas d'exemption.

L'officier le regarda profondément, l'examina scrupuleusement et voulant lui faire prononcer une phrase de longue haleine, lui demanda :

— Est-ce de naissance ou à la suite d'une maladie ?

Auguste se recueillit :

— Non, Monsieur l'officier, répondit-il, j'ai toujours bégayé. Et il est malheureusement probable que je bégayerai toujours.

Le jeune garçon, chez qui l'émotion développait l'usage de la parole, avait prononcé sa longue phrase avec la plus grande limpidité, sans un arrêt, sans un seul redoublement syllabique.

L'officier le regardait terriblement, pour voir s'il n'avait pas affaire à un mauvais plaisant :

— Vous dites ?

— Je dis que j'ai beau me mettre des cailloux dans la bouche, comme faisait, m'a-t-on affirmé, un certain Athénien nommé Démosthène, rien n'y fait, je bégaie quand même.

Pour le coup c'était trop fort. L'officier se leva et accompagnant la parole d'un geste terrible :

— Sortez !...

— Mais, Monsieur....

— Bon pour le service.

Delhomme s'en alla penaud, interdit.

Le malheureux était ruisselant de sueur.

Son frère, qui l'attendait à la porte du conseil, le voyant revenir en tel état, lui demanda : Qu'as-tu ?

— J'ai.... que... que.... je n'ai pas bé.... bé... bébé.... bégayé devant l'o... l'o... l'officier.... et qu'il m'a... m'a... déclaré bon pour..... poupour..... le service mimi... mimi... militaire !...

Et le pauvre acteur partit soldat. Ce ne fut qu'au régiment qu'on constata l'authenticité de son infirmité. Au bout de deux mois de service militaire, Delhomme fut réformé.

Il se sentait une vocation irrésistible pour les sauts de carpe, les tours d'adresse, les difficultés équilibriques ; il se fit acrobate et devint véritablement célèbre en cet art, sous le nom de Buislay.

Qui n'a connu, il y a trente ans, les frères Buislay, les inventeurs de *la perche* ?

Le second frère Buislay, s'appelait Bardoux, et a fini pacifique concierge d'une maison de la rue de Belleville.

Mais, Delhomme, dit Buislay, devait subir une troisième transformation. Au Cirque d'hiver, il inventa, son fameux personnage d'*Auguste*, cette mouche du coche, ce niais encombrant qui force le rire chez les plus moroses.

Il avait un grand avantage sur les autres clowns ! Il parlait !.. Il ne bégayait plus !!!

Ses débuts aux Funambules avaient eu lieu le 11 janvier dans : *Un et trois font un*, vaudeville en 1 acte. Le modeste garçon est mort le 24 novembre 1895, à l'âge de 58 ans.

Le 17 janvier : *Petit mignon*, vaudeville en 1 acte.

Le 18 février : *Les Amours de Collette*, pantomime en 1 acte.

Le 3 mars : *Poucet*, vaudeville en 1 acte.

Paul Legrand était de retour à Paris. Ses représentations de Londres n'avaient pas émerveillé les Anglais, habitués à leurs clowns dégingandés et sauteurs. Les fils d'Albion n'avaient pas compris le jeu spirituel et sage de notre mime.

M. Billion rengagea l'ingrat qui tant de fois, déjà, l'avait abandonné.

Aussi, Champfleury, qui avait un faible pour ce talent délicat, s'empressa-t-il d'apporter à M. Billion une pièce qu'il dénomma *pantomime bourgeoise*, et dont le titre était : *Les trois filles à Cassandre.*

Aussitôt que Champfleury apparaissait dans le petit théâtre, on voyait les artistes faire la grimace.

Cet auteur, si prime-sautier, si fantaisiste, n'était pas aimé par les mimes, précisément à cause de son originalité.

Avec lui, pas de fées, pas de génies, pas de brigands, pas de cavernes. Mais des faits bizarres, des incidents nouveaux, une forme curieusement excentrique, qui déroutaient complètement les routiniers pensionnaires de M. Billion.

Dans sa distribution, il exigea Dérudder comme Polichinelle, repoussant de nouveau le pauvre Vautier, qui, du théâtre Comte s'en était allé au Concert Bonne-Nouvelle et ne désirait que rentrer à son cher théâtre des Funambules.

Champfleury exigea Paul Legrand pour son Pierrot et Aleaume pour son Cassandre.

La belle Madame Lefebvre était plus que jamais en faveur auprès de lui ; aussi, lui distribua-t-il Madame Pierrot.

Ce fut Paul Legrand qui fit la lecture aux artistes, Champfleury s'étant abstenu, résolu à ne supporter aucune des *sottes* observations, qu'il prévoyait, de la part de ses auditeurs mal intentionnés.

Le nerveux auteur a écrit, dans ses *Souvenirs des Funambules*, que cette pantomime ne vit pas le jour sans encombres.

Trois Cassandre, tombés malades, répétèrent successivement le rôle : Après Aleaume, Laplace ; après Laplace, Antoine.

Je cite Champfleury :

> Le Pierrot s'était foulé le pied, — c'était Paul Legrand ; force fut bien de revenir à Deburau, — la Colombine avait attrapé un demi-choléra, le régisseur avait eu trois attaques d'apoplexie. Jamais on ne vit fondre tant de malheurs sur une pantomime bourgeoise.
>
> Il n'y avait que Deburau qui fût resté valide, pour soigner les trois Cassandre, Mlle Colombine et Polichinelle. Enfin la maladie, cette terrible censure qui arrête les pièces, s'enfuit des coulisses des Funambules. Deburau, la Colombine allaient jouer cette nouvelle pantomime avec d'autant plus de verve et d'esprit que, depuis longtemps, ils n'avaient eu à créer de rôles importants.

La lecture de cette pantomime avait eu lieu le 26 février.

— Qu'est-ce que c'est que ça ?... s'étaient dit les artistes.

Seule, Mme Lefebvre avait défendu la pièce et l'auteur.

Le désir de Champfleury était de lui faire jouer le rôle de Mme Pierrot, avec la figure blanche, ainsi que l'avait Pierrot.

— Mme Lefebvre ne voudra pas, avait dit Paul Legrand.

— Mais, sans femme blanche, il n'y a plus de pièce ! avait riposté Champfleury.

Cependant, convaincu par Mme Lefebvre, il céda ; le rôle fut créé sans farine ; ce qui n'empêcha pas cette excellente pantomime d'avoir un fort beau succès.

Champfleury raconte un incident réjouissant, arrivé à l'une des laborieuses répétitions.

Au dernier tableau, représentant une forêt, un cerf devait passer dans le fond du théâtre.

Je rends la parole au maître :

Pierrot luttait avec le cerf, le renversait et finissait par lui arracher son bois. De ce bois de cerf, il faisait une couronne et la posait tranquillement sur la tête d'un certain capitaine, son rival heureux.

Le Directeur (qui assistait pour la première fois à la répétition) fronça le sourcil et demanda l'explication de tous ces gestes, car, en répétant, on ne se sert pas encore des accessoires.

— Pierrot tue le cerf, lui dis-je.

C'est Champfleury qui parle.

— Quel cerf, demanda-t-il ?.. (Le directeur).

— Vous savez, je vous ai lu la pièce : un cerf passe au fond du théâtre. Le cerf est l'image du mariage. Ne vous rappelez-vous pas que, dans tous les vaudevilles, on fait des cornes au-dessus de la tête du mari ?.....

— Bah ! Bah ! dit-il, c'est vieux. Je ne veux pas de cerf. Trouvez un autre dénouement pour demain.

Je cherchai inutilement un nouveau dénouement.

— Eh ! bien, me dit le directeur le lendemain, comment terminons-nous la pièce ?

— Je ne sais, lui dis-je, ce que vous avez contre le cerf.

— Encore le cerf, dit-il.

Et il appela son chef d'accessoires.

— Quels animaux avez-vous en magasin, dit-il ?

— Monsieur, nous avons un lézard.

— Il y a un lézard, me dit le directeur.

— Comment, un lézard !.. m'écriai-je.

— Un grand lézard, reprit le chef des accessoires.

— Mais un lézard n'a pas de cornes, dis-je. Puisque Pierrot met sur la tête du capitaine, qui se marie, un bois de cerf, ce n'est pas un lézard que nous pourrons dépouiller d'un bois de cerf.

— Nous avons aussi une peau de singe, dit le machiniste. Mais elle a besoin d'être raccommodée.

Si je ne m'étais retenu, j'aurais battu l'homme aux accessoires, qui ne s'inquiétait guère de la pièce, mais qui répondait seulement à la demande de son directeur : quels animaux avez-vous ?

— Vous oubliez l'ours, dit le régisseur qui complotait également contre moi.

— Qu'est-ce que je peux faire de votre ours ?.. m'écriai-je furieux.

— Il y a longtemps qu'on ne s'est servi de l'âne, dit malicieusement le Pierrot.

— Oui, oui, me dit le directeur enthousiasmé, je vous donne l'âne.

La pièce fut jouée sans cerf, mais également sans âne.

Ce pauvre directeur, M. Billion, après s'être enrichi dans la direction des Funambules et dans celle du théâtre du Cirque-Impérial, alla se ruiner à l'Ambigu, victime de son déplorable système économique.

Le malheureux est mort misérable, à Pacy-sur-Eure, le 24 mars 1888.

C'est ce directeur légendaire qui répondait à son chef machiniste, lui demandant s'il faudrait mettre *un if* à la porte du théâtre, pour la fête de l'Empereur :

— Mettez *un nif*, *deux nifs*, *trois nifs*, s'il le faut, mais que ce soit *conséquent*, l'Empereur en vaut bien la peine.

C'est encore lui qui disait à d'Ennery, lequel lui proposait son drame *Le Donjon de Vincennes* : Cher monsieur d'Ennery, il y a déjà le *Don Juan de Molière*, le *Don Juan d'Autriche*, trop de *Don Juan* comme cela, trouvez-moi un autre titre.

Enfin, malgré la rapacité du directeur, le mauvais vouloir du régisseur, Charles Charton, qui, comme auteur, avait en souverain mépris tout ce qu'écrivait Champfleury, *Les trois filles de Cassandre* réussirent avec un indiscutable fracas.

Dans *Le Messager des Théâtres et des Arts* du 31 mars, on peut lire :

Nous nous contentons de constater aujourd'hui le succès des *Trois filles de Cassandre* et de Deburau son charmant interprète. Paul Legrand devait créer le rôle, mais il en a été empêché par un accident et Deburau l'a dû jouer après une seule répétition. Aussi quelle ondée d'applaudissements et de fleurs lui a valu sa complaisance, qui est presque aussi grande que son talent.

Il n'y a pas à Paris deux acteurs capables de faire ce qu'à fait Deburau fils ; il a répété, à peu près une fois, la pantomime de Champfleury et l'a jouée avec une verve et un entrain tels, que le public n'a pu s'apercevoir d'une improvisation aussi subite. Il faut citer aussi le Polichinelle, la Colombine et la dame aux combats, Mme Lefebvre. Et nous insisterons surtout sur Mlle Isménie qui deviendra une rare Colombine. Elle a la passion, la belle jeunesse, l'audace et la jambe fiévreuse, mais il est important qu'on lui dessine des pas accentués, des danses d'un caractère espagnol. Alors les Funambules auront une danseuse originale.

Ce qui me surprend dans ce compte rendu, ce sont les éloges adressés à la Colombine, Mlle Isménie, alors que la petite brochure imprimée, devenue très rare, porte Mme Latour, comme créatrice du rôle.

Voici, du reste, la distribution complète de cette pantomime :

Pierrot	MM. Deburau.
Arlequin	Cossard.
Polichinelle	Dérudder.
Cassandre	Antoine.
Colombine	Mmes Latour.
Madame Pierrot	Lefebvre.
Madame Polichinelle	Aurélie.
Le capitaine Terrible	M. Philippe.

Le 1er avril on joua : *Le Cousin de la Comtesse*, comédie-vaudeville en 1 acte.

Cette pièce se passait sous Louis XV. Pelletier jouait le marquis de Virelay, un jeune homme niais, fort épris de la comtesse, laquelle, au dénouement, finissait par lui préférer un petit cousin, que, pendant tout le cours de l'intrigue, elle avait mystifié.

Pelletier avait coutume de se moquer outrageusement du texte écrit par les auteurs ; il improvisait et débitait ce qui lui passait par la tête, peu lui importait quoi, pourvu qu'il arrivât à produire de l'effet sur son public voyoucratieux.

C'est dans cette pièce en poudre, musquée, mouchetée et dentellée, qu'il s'avisa de dire un soir, avec ce défaut de prononciation et cet accent faubourien, que tous les imitateurs de l'époque reproduisent si comiquement :

— Ah ! Comtesse, si vraiment vous ne voulez pas m'accorder ce que je vous demande, ce sera une *vraie cochonnerie* que vous me ferez là.

L'auteur furieux, lui dit : Monsieur, je vous défends de marcher dans ma prose.

Pelletier lui répondit : Ça porte bonheur !...

Le 27 avril : *Bonjour*, *Bonsoir*, vaudeville en un acte.

Enfin Charles Deburau, dont les succès allaient grandissants, venait d'atteindre sa majorité.

Las de gagner les vingt-cinq francs par semaine, que deux années auparavant il était parvenu à arracher au coffre fort de son directeur et tuteur ; ne voyant nullement percer en celui-ci l'intention d'améliorer sa situation — bien au contraire, puisque Paul Legrand venait d'être rengagé, — il résolut de porter un grand coup, dût-il pour cela rompre en visière avec l'honorable pingre, auquel incombaient les destinées des Funambules.

Il se présenta dans le cabinet directorial, après s'être armé de courage et d'audace.

J'emploie exprès ces deux qualifications, les courageux n'étant pas toujours audacieux.

La conversation s'engagea :

— C'est toi, Charles, que veux-tu ?

— M. Billion, vous avez été très bon pour moi, jusqu'à présent.

— Je le sais, mon ami. Aussi je compte sur ta reconnaissance éternelle.

— Elle vous est acquise, M. Billion. Mais je désirerais qu'à toutes vos bontés... vous veuilliez bien ajouter... une légère augmentation d'appointements.

— Hein ?.. tu dis ?....

— Je dis que j'ai vingt et un ans ; que mes besoins ont augmenté en même temps que mes forces ; qu'avec mon nom, je vous fais réaliser des recettes énormes ; et que, tout bien considéré, cela mérite plus de 25 francs par semaine.

M. Billon était devenu plus pâle que tous ses Pierrots réunis.

— Misérable !.. finit-il par dire, voilà ce que tu appelles de la reconnaissance ? Tu oublies, qu'outre ces 25 francs par semaine, je te loge, je te nourris, je te blanchis.

— C'est dans mon contrat avec vous. A partir de ce jour je veux 50 francs par semaine.

— Et, si je te refuse ce que tu me demandes ?

— Mon engagement aux Funambules finit dans deux mois ; je vais être libre et j'irai aux Délassements, où l'on me fait un pont d'or.

— Aux Délassements ?.. A côté de chez moi ?... Tu n'es qu'un bandit !.. un ingrat !.. un infâme !

— Ah ! pas de gros mots, s'il vous plaît, M. Billion !.. On m'offre aux Délassements 500 francs par mois. Je les refuse pour en accepter 200 de vous, je crois que c'est agir on ne peut plus délicatement.

La pâleur du visage de M. Billion avait fait place à des nuances violacées, qui annonçaient l'apoplexie.

Tout à coup il se calma.

— Soit !.. je te les donne tes 50 francs par semaine, mais je ne te nourris plus.

— Alors vous me donnerez 100 francs.

— Ah ! le gredin ! ah ! l'étrangleur ! Mais tu te trompes, mon cadet, en te croyant libre dans deux mois. C'est dans six mois seulement que tu deviendras ton maître. Je connais l'engagement que je t'ai fait, puisque c'est moi qui l'ai signé pour toi, mineur ! comprends-tu ? mineur !

C'était la vérité, M. Billion, *tuteur*, avait signé l'engagement à M. Billion, *directeur*.

Quelle était la valeur de cet engagement ? en avait-il une ?

Charles Deburau ne voulut pas recourir à la justice.

Il se contenta de réclamer ses 10.000 francs d'héritage que le père Billion détenait dans sa caisse. L'avare les rendit, après avoir retenu à son pupille trois francs par jour, de nourriture, de blanchissage et de logement, pendant deux ans, neuf mois et quatre jours, soit la somme totale de 3.012 francs.

Charles Deburau pour le taquiner, lui dit qu'il lui comptait un jour en trop.

— Pardon, répondit M. Billion, l'année 1847 était bissextile ; cela fait le compte.

Deburau resta donc le pensionnaire de son parcimonieux tuteur ; mais cessa de prendre ses repas chez lui.

Le tuteur était vindicatif. Il se vengea comme directeur.

Pendant un certain temps, il ne distribua plus à Charles que des rôles infimes, presque des figurations, à côté de Paul Legrand qui jouait le Pierrot.

Les titis, que les cancans du théâtre avaient instruits des démêlés survenus entre le tuteur et le pupille, prirent parti pour ce dernier.

Chaque fois que Charles entrait en scène, au milieu des autres figurants, ils lui faisaient une entrée formidable. Charles Deburau saluait et les bravos redoublaient.

Ce fut Paul Legrand qui, rival généreux, fit cesser la disgrâce. Il alla trouver le directeur et lui dit :

— Ce que vous faites là est honteux ! cette vengeance mesquine vis-à-vis du fils d'un homme dont vous vous êtes dit l'ami, et qui a fait votre fortune, est indigne d'un caractère comme le vôtre. Je viens vous déclarer, M. Billion, que si vous continuez à faire figurer Charles, dans les pièces où je jouerai, je ne reste pas aux Funambules !.. Je vais aux Délassements !..

Le théâtre des Délassements avait le don de mettre M. Billion dans un état de nerfs indescriptible, comme jadis les *Acrobates* faisaient bondir l'irascible Bertrand. Il céda à Paul. Charles rentra en grâce.

Le 4 mai on joua : *Les Naufrageurs de la Bretagne,* pièce dramatique et comique, à grand spectacle, mêlée de pantomime, de combats au sabre, à la hache et au poignard, en 13 tableaux, de MM. Charles et Ambroise.

Le collaborateur de Charles, M. Ambroise, était le comédien qui, quelque temps avant, avait débuté au Vaudeville, dans le personnage d'Adam Bonichon de *La Propriété, c'est le Vol.*

Voici la distribution des rôles des *Naufrageurs.*

Le Comte Albert de Kernox	MM. Frédéric.
Gontran de Kernox	Philippe.
Bertram	Adolphe.
Pierrot	Deburau.
Marthe, *la folle*	Mmes Lefebvre.
Yvonne, *fille d'Albert*	Anaïs.
Clairette, *fiancée de Pierrot*	Isménie.
Combattant	M. Laplace.

Combattants	....	MM. Vautier.
	....	Dérudder.
	....	Cossard.
	....	Orphée.
	....	Amédée.

Cette pièce servit de rentrée à Vautier. Le pauvre redébutant n'y jouait guère qu'une figuration, mais peu lui importait, il foulait à nouveau son vieux parquet des Funambules.

Cette pantomime n'est que le scénario d'un grossier mélodrame, assez habilement construit. On y sent la patte d'un homme de théâtre, à côté des naïvetés du bon Charles.

Il est aisé de reconnaître, en lisant la brochure de cette pièce — car elle eut les honneurs de l'impression, — que le rôle de Pierrot est entièrement composé par Charles Charton.

On s'étonnera de ne plus voir figurer dans les quelques distributions, qui ont précédé celle-ci, le nom d'Amable, le premier rôle de pantomime engagé pour remplacer Cossard ainé.

C'est qu'Amable avait un caractère tout d'une pièce, très droit et très entier, qui n'avait pu concorder longtemps avec les palinodies, les réticences, les tentatives extorqueuses de son directeur.

Un jour, ce dernier lui avait dit :

— M. Amable, vous êtes à l'amende pour être arrivé en retard à la répétition générale.

— Monsieur, avait répondu l'artiste, je vous donne ma parole d'honneur que le pont du canal était tourné et qu'il m'a fallu attendre juste le quart d'heure dont j'étais en retard.

— Ça ne me regarde pas ; vous êtes à l'amende.

A cette époque la plus grande partie des artistes dramatiques jouant au Boulevard, demeurait dans le faubourg du Temple et l'excuse générale apportée par tous, aux retards des répétitions, était celle invoquée par Amable : *Le pont du canal était tourné.*

Les régisseurs la connaissaient, cette excellente excuse ; mais ne l'acceptaient plus que rarement.

M. Billion moins que les autres.

A la paye, il avait voulu retenir deux francs d'amende à son artiste. Amable, qui n'avait pas menti en alléguant le prétexte de son retard, s'emporta :

— Deux francs !.. Presque ce que je gagne par jour ? je n'accepte pas, Monsieur.

— Que vous acceptiez ou non, je m'en moque, avait répondu l'impresario, je vous les retiens, en attendant.

Amable n'avait alors rien voulu toucher et était simplement allé prier un huissier de se présenter à la caisse en son lieu et place.

Devant le papier timbré, M. Billion avait cédé, mais, se rejetant sur un de ces articles d'engagement, si flasques, si ambigus, si remplis de pièges, pour les naïfs artistes qui ont la faiblesse de les signer sans y ajouter importance, il avait purement résilié l'engagement d'Amable. Celui-ci était donc parti des Funambules, en disant à son directeur :

— Monsieur, vous êtes un malhonnête homme, vous finirez dans de la boue.

Et, il s'en était allé se proposer à Bobino, où il avait été engagé sur-le-champ.

Le 17 juillet, les Funambules donnèrent : *La Jeunesse des Mousquaires*, parodie en cinq tableaux.

Le premier tableau de cette parodie montrait quatre enfants au maillot. On les baptisait *Moustiquaires*, parce qu'ils étaient dévorés par les moustiques ! ! !

On voit que l'effort d'imagination de l'auteur n'avait pas été bien puissant, pour l'élaboration de cette fallacieuse et facétieuse idée.

Au second tableau, *Les quatre Moustiquaires* étaient joués par des enfants de sept à huit ans.

Les trois derniers tableaux seulement étaient représentés par des hommes. Pelletier jouait *Larfeignant*, Ferdinand : *Atroce*, Orphée : *Marchassis*, et Alphonse : *Fortos*. C'étaient les noms mesquinement parodiés de d'Artagnan, Athos, Aramis et Porthos.

Le 1er septembre : *La Gageuse*, pantomime en 4 tableaux.

Pierrot	MM. Ch. Deburau.
Le seigneur	Philippe,
La mère Simonne	Antoine.
Le bailli	Dérudder.
La mère Martine	Cossard.
Lerond	Gustave.
Isabelle	Mlle Béatrix.
Mme Gervais	Mme Lefebvre.

Le 13 septembre : *Les Bandits écossais*, pantomime en 12 tableaux, par Charles.

Belbuliz	MM. Alexis.
Coral	Frédéric.
Wilson	Alphonse.
Buignard	Amédée.

Clairmour..	MM. Philippe.
Dansale..	Etienne.
Tobie..	Pelletier.
Combras..	Ferdinand.
Arundell..	Francisque.
Mikel..	Orphée
Richard..	Vautier.
Clary..	Mmes Rosalie
Grileun..	Lefebvre.

Le 14 septembre : *Mes débuts dans ma chambre*, vaudeville en 1 acte, joué par Mlle Carolina.

Je n'ai fait que dire un mot, en passant, de cette naine célèbre au Boulevard, que l'on appelait *la Laponne*, bien qu'elle fût née en Italie.

Elle s'appelait Carolina Leporati.

Lorsque Mme Saqui directionnait à l'ancien hôtel Foulon, Carolina avait fait partie de sa troupe. Puis, elle était entrée au théâtre Beaumarchais, où elle avait créé, de façon à se faire remarquer, le rôle de *Toto-Carabo*, dans la pièce de ce nom.

C'est là que M. Billion l'avait auditionnée et engagée.

C'était véritablement une naine, haute à peine d'un mètre.

Or, comme les extrêmes se touchent, affirme la sagesse des nations, son amant était une sorte de colosse, acteur au théâtre du Cirque-Impérial, nommé Ameline, qui ne jouait jamais que des géants, des ogres, ou des tambours-majors.

C'est lui, qui, dans *Les Cosaques*, le grand succès de la Gaité, représentait un cosaque monstrueux, auquel Paulin-Ménier et Alexandre en faisaient voir de toutes les couleurs.

Carolina avait dompté le titan à ce point que, lorsquelle était en colère, elle lui disait impérieusement : Lève-moi, je t'ordonne de me lever.

Le brave homme, à la ceinture duquel elle n'arrivait même pas, la prenait dans ses mains, et l'élevait à la hauteur de son visage. Alors la mauvaise petite femme lui administrait des gifles, frappant à tour de bras, jusqu'à ce que lassée, fourbue, elle finissait par lui dire : Assez ! mets-moi à terre.

Et le gros homme pleurait comme un enfant et demandait pardon.

Quand il pleuvait, il la prenait sur son bras et lui faisait ainsi traverser la chaussée, pour qu'elle ne se mouillât pas les pieds.

J'ai revu Carolina au *Café du Géant*, qui était alors le grand café-concert de Paris ; elle y faisait les beaux soirs.

Le 17 septembre : *La Laponne*, vaudeville en 1 acte, fait spécialement en vue de la dite Carolina.

Le 1er octobre : *Le Tonnelier*, pantomime en 4 tableaux, jouée par Deburau, Laplace, Vautier, Dérudder, Gustave, Mmes Isménie et Lefebvre.

Le 18 octobre : *Les deux Pierrots*, pantomime en 14 tableaux par Auguste Jouhaud.

C'est la seconde pantomime que le trop fécond Jouhaud (il écrivit plus de huit cents pièces) fit jouer aux Funambules.

Le pauvre cher homme, mort d'une attaque d'apoplexie, à l'âge de 82 ans, en février 1888, était réduit, après avoir connu l'aisance, à la plus extrême misère.

Il avait tant et tant écrit de drames, comédies et vaudevilles, que, dans les dernières années de sa vie, le lendemain d'un succès nouveau, remporté par MM. Sardou, ou Augier, ou Dumas fils, il ne manquait jamais de me dire :

— Voyez-vous, Monsieur, moi, j'ai déjà fait cette pièce-là en 1840.

Et il était convaincu.

Voici la distribution de ses *Deux Pierrots* :

Pierrot n° 2	MM. Ch. Deburau.
Pierrot n° 1	P. Legrand.
Cassandre	Laplace.
Isabelle, *sa pupille*	Mlle Marie.
Léandre, *son amant*	Orphée.
Arlequin, *valet de Léandre*	Vautier.
Colombine, *suivante d'Isabelle*	Mlle Isménie.
Un ermite	M. Philippe.
La Fortune	Mmes Victorin.
La Sagesse	Sophie.
La Débauche	Latour.
La lune	Lefebvre.
Un garçon d'auberge	M. Dérudder.

C'était la première fois que les deux mimes-étoiles paraissaient ensemble dans la même pantomime.

Inutile de dire, que rivaux dans les ovations, ils se détestaient cordialement.

Peut-être y avait-il un peu d'ingratitude de la part de Charles ; mais, il ne voyait en Paul Legrand que celui, qui, involontairement, avait, dans sa façon victorieuse de titiller la rate du public, précipité la mort de son père.

Aussi, que de difficultés surgirent dans les moindres détails, afin d'arriver à ce que les deux montagnes de neige ne fondissent pas l'une sur l'autre.

Pour ménager ces deux susceptibilités toujours à l'état aigu, la direction fut obligée d'enfanter des prodiges d'habileté. La composition des affiches, l'apposition et la position des vedettes, la distribution des loges, les détails de mise en scène, soulevaient chez l'infortuné Billion, des efforts de diplomatie.

— Qui sera le premier ?

— Moi, répondaient-ils ensemble..

Enfin, nouvel Alexandre, M. Billion trancha le nœud gordien en plaçant Deburau le premier sur l'affiche, mais ne le désignant que sous la dénomination de *Pierrot n° 2*. Tandis que, pour satisfaire Paul Legrand, lequel n'arrivait qu'en second, son rôle portait la désignation de *Pierrot n° 1*.

De là, cette note inscrite en tête de la petite brochure de cette pantomime, éditée par Deschaume :

Les deux rôles de Pierrot ayant absolument la même importance, nous désignons, sous le n° 2, M. Deburau, parce que sa première entrée n'a lieu qu'au second tableau.

Dans le livre qu'Auguste Jouhaud a laissé « *Mes petits mémoires* » le bonhomme s'est trompé, en désignant Deburau comme créateur du Pierrot n° 1, et en laissant à Paul Legrand le Pierrot n° 2.

Les détails qu'il fournit sur sa pièce sont assez intéressants pour que je les reproduise :

Charles Deburau qui faisait Pierrot n° 1 (lire n° 2) était amusant. Paul Legrand, dans le rôle de Pierrot n° 2 (lire 1) était sympathique. Emouvoir son public avec la figure enfarinée était une rude tâche. Paul Legrand y réussit complètement. Pendant que les uns riaient avec Charles Deburau, les autres pleuraient avec Paul Legrand. Le succès des deux Pierrots fut immense. La petite salle des Funambules ne désemplissait pas. Les recettes étaient énormes. M. Billion était jubilant ; et la preuve c'est qu'il m'envoya cent francs de gratification.

Le 29 octobre on reprenait, pour Carolina, la pièce créée par elle, au Théâtre Beaumarchais : *Toto-Carabo*.

Aux Funambules, elle fut jouée par : Ferdinand, Alexis, Amédée, Auguste, Mmes Carolina, Thierry et Rosalie.

Le 24 novembre : *Le Juif de Satan*, pantomime en 6 tableaux, par Charles.

Le 23 juin l'Ambigu-Comique avait donné, avec un énorme succès : *Le Juif errant*, drame habilement taillé par M. d'Ennery, dans le *drumonteux* roman d'Eugène Sue.

Ce titre, ce mot de Juif s'étalant sur l'affiche, devait tenter les auteurs des Funambules. M. Billion reçut bien une douzaine de pièces intitulées : *Le Juif vagabond*, *La légende du Juif errant*, *Le Juif puni*, *Laquédem balladeur*, etc., etc... Il choisit dans le tas et son choix se fixa sur la pantomime de Charles Charton.

DISTRIBUTION

Pierrot	MM. Paul Legrand.
Colin	Vautier.
Satan	Philippe.
Le Juif	Dérudder.
Cassandre	Laplace
Le Pasteur	Gustave.
Isabelle	Mme Latour.
Une paysanne	Victorine.

Le 3 décembre : *Le Père de l'Enfant*, scène de ventriloquie par M. Adolphe.

Exercices de souplesse, par Mlle Julia, secondée par M. et Mme Adolphe.

Le 23 décembre : *La Vie militaire de Pierrot*, pantomime en 15 tableaux, jouée par MM. Charles Deburau, Frédéric, Laplace, Philippe, Vautier, Dérudder, Orphée, Amédée et Mlle Isménie.

Le 31 décembre on joua : *Les Tiroirs du Diable*, revue mêlée de couplets par M. Auguste Jouhaud.

Cette revue n'obtint qu'un succès que l'on qualifia... d'estime.

Le vindicatif Billion accabla d'injures le pauvre Jouhaud, qui, doctrinaire du Portique, sous lequel le sceptique Zénon répandait ses maximes, se contenta stoïquement de répondre :

— C'était à vous de ne pas l'accepter.

CHAPITRE XXXVI

1850

Les 3 Pierrots

Alexandre Guyon était parvenu à faire parler de lui, dans cet emploi des Pierrots, qu'il venait de remplir pendant près de deux années, aux Théâtres *des Patriotes*, *Lazarri*, *Concert Bonne-Nouvelle*, où son nom avait été glorieusement arboré comme vedette.

M. Billion, s'en était aperçu et avait dit un jour à Deburau :

— Il paraît qu'il ne va pas mal maintenant, Alexandre ?

— Il va même très bien, avait répondu Charles. Et si j'étais à votre place...

— Que ferais-tu ?

— Je l'engagerais pour remplacer Paul.

— Mais... je ne veux pas renvoyer Paul. Il est très aimé.

— Depuis qu'il a été à Londres, on trouve que, dans tous ses rôles, il apporte l'accent anglais.

— Qui, *On* ?

— Le public.

— L'accent anglais ?... C'est stupide !.. Il ne parle pas.

— Ça ne fait rien, il mime en anglais. Je vous dis que j'engagerais Alexandre.

— Eh ! bien, envoie-le moi un de ses jours, ton Alexandre, sans que ça ait l'air de venir de moi.

Charles s'était empressé d'aller reporter sa conversation à son ami, lequel était venu voir M. Billion. L'engagement avait été signé séance tenante, M. Billion ayant promis à Alexandre de commander une pantomime, dans laquelle il y aurait trois Pierrots.

Le 17 janvier on joua : *L'écrivain public,* vaudeville en 1 acte.

Le 12 février : *La Chasse en Russie*, pantomime en 2 tableaux dont voici la distribution :

Pestewich	MM. Philippe.
Oussanof	Laplace.
Pierrot	Ch. Deburau.
Un Cosaque	Alexandre.
Un danseur	Dérudder.
id.	Vautier.
Oleska	Mlle Isménie.
Une danseuse	Mme Latour.

Ce fut par ce rôle de Cosaque, qu'Alexandre Guyon fit sa rentrée dans le théâtre de ses rêves.

Le 11 mars : *Vert-Vert*, vaudeville en 1 acte.

Le 13 avril, il se passa aux Funambules un fait extraordinaire.

On ne répéta pas ! !!

Isménie, la Colombine charmeuse, s'accordait en justes noces à M. Auguste Jouhaud, auteur dramatique.

La troupe avait été conviée au festin pantagruélique, commandé pour la circonstance. M. Billion lui-même avait daigné, en compagnie de l'honorable Mme Billion, assister à la cérémonie et au repas gargamelleux, qui en avait été la suite.

Isménie avait commencé à jouer la comédie, dès l'âge de douze ans, au *Gymnasse enfantin*, dirrigé par M. Monval de Saint-Hilaire, sous-chef du personnel au ministère des Finances.

Ce petit théâtre, situé dans le passage de l'Opéra, galerie du baromètre, a été détruit le 30 juillet 1843, par un incendie qui avait pris naissance dans un restaurant d'à côté.

Isménie s'en fut alors jouer au théâtre de M. Comte, passage Choiseul, puis au Spectacle-concert du sous-sol Bonne Nouvelle, directeur M. L. Henri, où elle devint la camarade d'un Pierrot, que nous reverrons par la suite, Dimier dit Kalpestri.

C'est de ce concert qu'elle était entrée aux Funambules, où elle avait débuté dans : *Les Dupes* ou *Les deux Georgette*.

La gentille Isménie, devenue femme Jouhaud, quitta les Funambules pour jouer la comédie dans les théâtres de la banlieue ; puis, chanter au café-concert. Elle est morte le 22 février 1874.

Je trouve cette note, dans celles recueillies par Vautier : *Com danceuse elle n'était pas de premièrre force, mais elle y supliest par sa grasse et la finnesse de son jeut.*

Le 15 avril : *Sébastiano le bandit*, pantomime en 10 tableaux, par Charles Charton.

Pierrot	MM. Ch. Deburau.
Sébastiano	Frédéric.
Montbaro	Alexandre.
Lorenzo	Philippe.
Cerano	Anatole.
Un danseur	Vautier.
La Comtesse	Mmes Lefebvre.
Fiorella	Latour.
L'abbesse	Lequien.
Une danseuse	Isménie.

Le 19 avril : *Laurence*, vaudeville en 2 actes, joué par Ferdinand, Arthur, Alexis, Mmes Joséphine et Emma.

Champfleury n'était pas en odeur sacrée, auprès des rédacteurs du journal *l'Entr'acte* ; dans le numéro du 27 avril, je trouve cette note désobligeante :

M. Champfleury va faire sa rentrée aux Funambules par la pantomime de : *L'homme au chapeau crasseux*.

Le 9 mai : *La Filleule du Régent*, vaudeville en 2 actes.

Le 11 mai : *Les Fous*, pantomime en 1 acte, jouée par Deburau, Alexandre, Vautier, Dérudder et Anatole.

Une pantomime sans femme, le cas est assez extraordinaire. Hâtons-nous de dire que ce petit acte n'était qu'un tableau à gros effet, détaché d'une autre pantomime : *Noir et blanc*.

Ce même 11 mai : *Les amoureux à la diète*, vaudeville en 1 acte.

Le 16 mai, une épouvantable catastrophe, arrivée à Angers, déchira le cœur de toute la France.

Le 3me bataillon du 11me léger traversait le pont de la Basse-Chaîne. L'on n'avait pas fait rompre le pas aux soldats. Tout à coup, le pont s'effondra, entraînant, dans les eaux de la Maine, deux cents militaires de tous grades.

La douleur fut immense. L'impressionnable Paris la ressentit plus vive qu'en tous autres points de la France.

Des représentations s'organisèrent, pour soulager les douleurs et les misères des familles atteintes par cet irréparable malheur.

Les Funambules arrivèrent bon premier, en donnant le 20 mai un spectacle extraordinaire : *Au bénéfice des victimes de la catastrophe du pont d'Angers*.

Cette représentation se composait de la première de : *Mont Mirail en 1814*, mimodrame en 9 tableaux.

M. Billion versa 280 francs à la caisse des secours ; ayant eu le soin de retenir ses frais, dans lesquels figurait une somme de deux francs, pour cachet à la buraliste, qui je l'ai dit, n'était autre que Mme Billion.

Le 25 mai : *Polichinelle Vampire*, grande pantomime à grand spectacle, en 15 tableaux, *dans le genre italien* ; mêlée de dialogues, de métamorphoses, de travestissements et de danses, par MM. Charlet et Vautier.

Pierrot..	MM. Ch. Deburau.
Polichinelle..................................	Vautier.
Arlequin.......................................	Dérudder.
Cassandre.....................................	Laplace.

Léandre	M. Orphée.
Sataniel	Mlle Hinaux.
Satan	Frédéric.
Le Pacha Ganachmam	Alexandre.
L'Emir Grand-Pouf / Père Polichinelle	Philippe.
Premier sabotier	Alexandre.
Deuxième sabotier	- Anatole.
Une sabotière	Mmes Lefebvre.
Colombine	Isménie.
Une fermière	Latour.
Deux petits chinois	Fany. / Joséphine.

C'était bien la pantomime classique des vieux temps, telle que pouvaient seuls la concevoir Charles Charton et son complice Vautier.

1er	tableau :	*La naissance de Polichinelle*
2e	id.	*L'enfer.*
3e	id.	*Le laboratoire de Cassandre.*
4e	id.	*La chambre de Colombine.*
5e	id.	*La joûte sur l'eau.*
6e	id.	*La forêt magique.*
7e	id.	*L'auberge enchantée.*
8e	id.	*L'explosion du tonneau.*
9e	id.	*Le voyage dans les airs.*
10e	id.	*Le harem.*
11e	id.	*Polichinelle rappelé à sa mission.*
12e	id.	*Les mines d'or.*
13e	id.	*Le palais des lumières.*
14e	id.	*Le temple de l'hyménée.*
15e	id.	*Apothéose.*

Au premier tableau, Polichinelle père tuait l'enfant qui venait de lui venir au monde, parce que, lui chantait-on :

Air :
Il est bossu par derrière,
Il est bossu par devant ;
Il vient de voir la lumière
Cheveux, moustach' tout est blanc.
Son nez s'allonge et se courbe
Comm' le bec d'un perroquet ;
Son menton n'est qu'une courbe
Et son cri n'est qu'un caquet.

Nez
Bourgeonné,
Membres tout disloqués,
Entêté
Et rusé
Voilà le nouveau né.
Comme son père il est fourbe.

C'était Mlle Latour qui devait chanter ce couplet à Polichinelle. Mais Mlle Latour, n'étant jamais parvenue à pouvoir prononcer un seul mot en scène, ce fut à Mme Lefebvre qu'incomba la tâche.

Bref, Satan sortait de terre et emportait l'enfant, en jetant une bourse à Polichinelle.

Alors Sataniel apparaissait et disait au père dénaturé :

Air :

Je me nomme Sataniel,
Je suis le fils du Soleil,
Mon pouvoir est éternel.
Sur la terre et dans le ciel
On connaît le grand Sataniel.
Je protège l'innocence
Contre le séducteur.
Je donne la patience
Au pauvre solliciteur.
Je rends un ami sincère
Et le pouvoir parfait.
Une femme enfin sait taire,
Par mes soins, un secret.
Car je suis Saint-Aniel
Je suis ce fils du Soleil !

Frappé au cœur par cette poésie qui, bien que lancée par un fils du Soleil, ne portait en elle aucune de ses flèches d'or, Polichinelle père s'empressait de mourir !

On se trouvait alors transporté chez Satan, lequel, d'une voix tonitruante, chantait à ses sujets :

Me voici donc enfin
Dans mon sombre royaume ;
Mais l'homme est un atôme
Dont je veux voir la fin !...

L'enfer est, dit-on, pavé de bonnes intentions. La facture de ces vers en est une preuve.

Aux enfers, le petit Polichinelle grandissait tout d'un coup, sur l'ordre de Satan, qui lui faisait cadeau d'une bourse inépuisable et d'une marotte, lui permettant de satisfaire tous ses souhaits.

Puis, il l'envoyait sur la terre, avec mission de lui ramener Colombine, dans un an, avant le dernier coup de minuit.

Polichinelle, arrivé sur notre monde, se présentait chez Cassandre, lui demandant la blanche main de sa fille Colombine. Naturellement, celle-ci lui préférait son Arlequin bien aimé.

Les deux amoureux, protégés par Sataniel, prenaient la fuite, et la poursuite recommençait, comme dans les autres pantomimes.

Je dois dire que les incidents comiques, dont cette poursuite était accidentée, sont fort amusants.

Aussi, cette élucubration des deux mimes funambulesques obtint-elle un très grand succès.

L'éditeur Dechaume s'empressa de l'accaparer.

Le 1er juin on joua : *Une Cure merveilleuse*, vaudeville en 1 acte.

Ce même 1er juin : *Une Partie de plaisir*, vaudeville en 2 actes.

Le 8 juin : *Les Epoux de neuf ans*, vaudeville en 1 acte, par Auguste Jouhaud.

Le comte........................	MM. Ferdinand.
Bouffar........................	Alexis.
Ambroise........................	Victor.
Un domestique........................	Anatole.
La baronne........................	Mme Thierry.
Adolphe........................	La petite Joséphine.
Cécile........................	La petite Fanny
Catiche........................	Mlle Hinaux.

Ce vaudeville avait été spécialement fait pour les débuts d'une intelligente petite fille, Mlle Fanny, qui obtint, dans son rôle de Cécile, un éclatant succès.

Or, sait-on ce qu'est devenu ce petit phénomène ? Une grande artiste dans un tout autre genre. Le nom de Mariquita a succédé à celui de Fanny, et l'enfant, devenue femme s'est révélée comme la plus originale des danseuses ; puis, comme maître de ballet, des plus parfaits et des plus ingénieux.

Mlle Fanny-Mariquita a abandonné Thalie pour Therpsichore. A-t-elle eu raison ? Peut-être, n'eût-elle fait qu'une comédienne ordinaire, alors, que l'on a gagné, à cet avatar, une danseuse de premier ordre et un émérite professeur.

La pièce, faite pour Mlle Fanny, servait également de début à sa sœur, Mlle Joséphine, qui remplissait le rôle d'Adolphe, le mari miniature de la minuscule Cécile.

Le 16 juin : *Pierrot pâtissier* ou *Un Bailli aux abois*, pantomime comique en 4 tableaux.

Pierrot........................	MM. Paul Legrand.
Le Bailli........................	Laplace.
Nicolas........................	Dérudder.
Jolicœur........................	Vautier.
Sans-souci........................	Alexandre.
Un caporal........................	Delhomme.
La mère Simonne........................	Mmes Lefebvre.
Claire........................	Latour.
Annette........................	Isménie.

La direction distribuait à tour de rôle les Pierrots, tantôt à Paul, tantôt à Charles. Aussi quelle rivalité !.. quelle activité !.. quel déploiement de subreptices subtilités, pour que l'un ne connaisse pas les trucs nouveaux, que l'autre combinait.

Le 22 juin : *Les Pirates algériens* ou *L'héroïne de Malte*, pantomime en 7 changements.

Le Duc	MM.	Philippe.
Dunois		Vautier.
Dalmathe		Delhomme.
Pierrot		Deburau.
Nouradin		Frédéric.
Alamalek		Alexandre.
Yphraïm		Orphée.
Benouzu		Laplace.
Moralo		Dérudder.
Armide	Mmes	Lefebvre.
Olga		Latour.

C'était au tour de Deburau de jouer le Pierrot.

Ce fut dans cette pantomime, que débuta, effectivement, comme mime Delhomme, l'*Auguste* du cirque dont j'ai précédemment parlé.

Le 25 juin : *Les Troupiers de l'armée d'Italie*, pièce militaire en 5 tableaux.

Le 22 juillet : *Pierrot et les deux Lutins*, pantomime en 4 tableaux.

Cette fois c'était Paul Legrand qui créait le rôle de Pierrot.

Le 21 août : *La Fille de la Tamise* ou *Le Gnôme infernal*, mimodrame fantastique en 9 tableaux, traduit de l'anglais, par Charles.

Cette indication « traduit de l'anglais » est un comble pour qui a connu le bon Charles Charton, lequel, comme Figaro, ne devait connaître de cet idiôme que *Goddam*. Il est vrai que c'est le fond de la langue, prétend Figaro.

Le 7 septembre : *Roland*, vaudeville en 1 acte par M. Daniel.

Le 24 septembre : *Un Portier comme il y en a tant*, vaudeville en 1 acte.

Nous arrivons enfin à la réalisation de la promesse, faite par M. Billion, à Alexandre Guyon.

Le 7 novembre, se donnait la première représentation de : *Les trois Pierrots* ou *Pierrot le rusé*, *Pierrot le naïf*, *Pierrot le dévoué*, grande pantomime en 12 tableaux, précédée de : *Le Directeur et l'Auteur*, préface, et de : *Le baptême des Pierrots*, prologue, par M. Auguste Jouhaud.

DISTRIBUTION

Pierrot *le rusé*	MM.	Ch. Deburau.
Pierrot *le dévoué*		Paul Legrand.
Pierrot *le naïf*		Alex. Guyon.
Cassandre		Laplace.
Pierrot *père*		Philippe.
Léandre, *amant d'Isabelle*		Orphée.
Arlequin, *son valet*		Vautier.
Le Prince Kiki		Dérudder.
Muff-tall, *interprète*		Frédéric.
Le Directeur		Alexis.
L'auteur		Samson.
Gilles		Mousseron.
Un vieux muet		Victor.
Isabelle, *pupille de Cassandre*	Mmes	Latour.
Colombine, *sa suivante*		Estelle.
La princesse Kiki		Lefebvre.
Gillette		Lequien.
La bonne Destinée	Mlles	Hinaux. Julia.
La mauvaise Destinée		Jenny.
Une dame d'honneur		***

Suite du Prince, valets, insulaires, paysans.

Dans ses *Masques et Bouffons*, M. Maurice Sand désigne Kalpestri, comme le créateur de *Pierrot le naïf*.

Erreur, qu'il eût été facile au fils du célèbre écrivain de ne pas commettre, en consultant la brochure de la pièce, éditée par Dechaume ; ou même, en s'adressant aux interprètes de cette pantomime, existant en grand nombre, à l'époque à laquelle a été publié ce livre, si magnifiquement illustré, pour lequel M. Maurice Sand reçut la décoration de la Légion d'honneur ; ce qui fit dire aux pointilleux d'alors, que M. Maurice Sand portait la *croix de sa mère*.

Voici les titres des 12 tableaux de cette vaste conception mimique :

Préface :	*Le Directeur et l'Auteur.*
Prologue :	*Le baptême des Pierrots.*
1er tableau :	*Les trois Pierrots à vingt ans.*
2e id.	*La boîte aux lettres.*
3e id.	*Le prince Kiki.*
4e id.	*Les statues vivantes.*
5e id.	*Pierrot le dévoué, dans son ménage.*
6e id.	*Le royaume de Topinembourg.*
7e id.	*Les deux destinées.*
8e id.	*L'île des Ecritaux.*
9e id.	*Le ménage modèle.*
10e id.	*La fête foraine.*
11e id.	*La forteresse.*
12e id.	*Les trois Pierrots sont toujours frères.*

Je vais citer tout de son long la préface de cette pantomime ; car n'oublions pas qu'elle comporte *Préface* et *Prologue*.

LE DIRECTEUR ET L'AUTEUR

PRÉFACE

Le Cabinet du Directeur

Un directeur ne sait à quel saint se vouer pour faire de l'argent; quand un auteur se présente et lui offre une pantomime, en 12 tableaux intitulée : *Les trois Pierrots*. Dans cette pantomime, on s'est efforcé de sortir des chemins battus. On ne s'est point borné comme dans toutes les pantomimes passées et présentes à faire courir Léandre après Isabelle, Arlequin après Colombine, et Cassandre après tout le monde ; mais, on y trouve des caractères tracés, une intrigue suivie, des situations, des péripéties. Le Directeur est enchanté et croit avoir trouvé sa poule aux œufs d'or.

Et voilà !

Malheureusement, la pièce, après lecture de la brochure, ne répond pas aux promesses, faites par l'auteur, dans son prologue.

Certainement, ce ne sont pas les sentiers battus qu'il a parcourus ; seulement, c'en sont d'autres, que je trouve plus crevassés, plus rocailleux, plus bordés d'épines, que les battus.

Il n'y a ici ni fées, ni gnômes, ni sauvages, ni brigands, c'est vrai ; mais il y a « *La Bonne Destinée* » et « *La Mauvaise Destinée* » qui me semblent fort avoir mis un faux nez pour que l'on ne puisse reconnaître en elles *Le Satan* et *La Fée des Bruyères*, consacrés par Charles Charton et ses prédécesseurs.

Enfin, le but ou la fin couronnant l'œuvre, *Les Trois Pierrots* furent un succès immense.

Le 15 novembre : *Michel le noceur*, vaudeville en 2 actes.

Le 18 novembre : *C'est le Diable*, vaudeville en 1 acte.

M. Billion, — tourmenté par Jouhaud qui, après ses deux triomphes dans la pantomime, avait pris une grande importance au Théâtre et une incontestable influence sur son directeur, — M. Billion, dis-je, se décida à monter une seconde revue, malgré le quasi-insuccès qu'avait obtenu celle de l'année précédente.

Le 16 décembre mit au jour : *Les Haricots malades*, revue en 3 actes et 10 tableaux.

DISTRIBUTION

Soissons Ier	MM.	Alexis.
Flageolet		Mousseron.
Panaché		Samson.
Le Père Gargot		Victor.
Paillasse		Paul Legrand.
Le chevallier Rollac		Philippe.

Macadamisage Un somnambule	MM.	Orphée.
Rutly		Pelletier.
Lesurques Dubosc Le train de plaisir		Jules Bazin.
Un traiteur à 18 sous Fariboussol		Alexandre.
Un Magnétiseur M. Potdevin		Ferdinand.
Un maraicher		Laplace.
La scotisch		Vautier.
id.	Mlle	Anna.
La lentille Première société californienne	Mlle	Hinaux.
Le Génie de l'horticulture	Mme	Lefebvre.
La Mère Radis Camarazamour	Mme	Thierry.
Deuxième société californienne Sobenri	Mlle	Julia.
Marianne La Loterie	Mlle	Joséphine.
Troisième société californienne	Mme	Lequien.
Quatrième société californienne	Mlle	Estelle.
Quatre autruches et almanachs pour 1851	Mlles	Maria. Pauline. Mélanie. Marie.

Jules Bazin, dont on voit, pour la première fois, figurer le nom dans la distribution de cette revue, était un amoureux comique plein de verve et d'entrain.

Il quitta, l'année suivante, les Funambules pour aller au théâtre du Luxembourg, qui avait cessé complètement de jouer la pantomime et s'adonnait présentement au drame, au vaudeville, gaie et aux revues.

Du Luxembourg, il passa plus tard aux Folies dramatiques, où il débuta avec succès dans *les Aides de camp du Général.*

Enfin, il quitta les Folies dramatiques, pour le théâtre des Variétés, dans lequel il resta jusqu'à sa mort, survenue en 1871, quelque temps après la guerre.

Bazin dessinait et peignait très agréablement. Musicien, il touchait du piano, jouait du piston, pinçait de la guitare, de la harpe. Excellent tireur à l'épée, il était aussi de première force au billard.

Eh! bien, toutes ces aptitudes, toutes ces qualités, tous ces dons de nature, se combattaient en lui et lui barraient perpétuellement la route de la réussite. Le peintre tuait le musicien, qui tuait le comédien, lequel tuait le peintre.

C'est pourquoi, ayant pu être quelque chose, il ne sut pas être quelqu'un et se résigna à n'être presque rien.

Deburau ne jouant pas dans la revue, M. Billion s'empressa de lui faire reprendre une vieille pantomime.

Le 25 décembre, on donna : *Fra Diavolo*, pantomime en 4 tableaux, créée par Deburau père, en 1844.

Pour terminer l'année, j'ai à citer une bonne action de M. Billion.

Alexandre Guyon venait de tirer au sort. Il avait amené le numéro 4.

— Tu ne partiras pas, lui dit son directeur.

Et il lui donna un bénéfice qui rapporta 600 francs.

Aidé par un oncle, qui lui fournit le complément de la somme nécessaire, Alexandre put s'acheter un remplaçant.

Charles Deburau avait tiré en même temps qu'Alexandre et avait amené le numéro 517. Exempt.

CHAPITRE XXXVII

1851

Rentrée d'Amable

Les directeurs, qui se sont succédés aux Funambules, se sont inconsciemment légués l'horreur du nom de famille, sur les affiches.

Les artistes de leur théâtre s'appelaient Baptiste, Paul, Charles, Alexandre, Frédéric, Achille, Victor, etc., etc.

Les auteurs Eugène, Auguste, Charles, Maxime, Daniel, etc., etc.

Pelletier racontait qu'il avait eu toutes les peines du monde à obtenir que M. Bertrand le présentât au public sous ce nom de Pelletier, qui, par la suite, devait atteindre le summum de la célébrité, dans le parcours de la rue d'Angoulême à la Porte-Saint-Martin.

M. Bertrand voulait absolument qu'il s'appelât Edgard.

Pourquoi Edgard ?... Pelletier n'a jamais pu le savoir. Ceux qui ont connu le bon Pelletier, le voient-ils s'appelant Edgard ?

M. Bertrand aimait, du reste, à rire de cette singulière manie. Ainsi, il disait à qui voulait l'entendre :

— Ah ! si M. Victor Hugo consentait à ne s'appeler que Victor, je recevrais bien une de ses pièces.

Deburau père, lui-même, ne s'est fort longtemps appelé que Baptiste. C'est pour le distinguer d'un autre Baptiste survenu aux *Acrobates*, que M. Bertrand consentit à ce que le nom de Deburau figurât au bout du premier.

Le théâtre des Funambules contenait 776 places, dont je cite les prix :

Avant-scène	1 fr. 50 c.
Loges et balcons	1 fr. 50
Balcon de face	1 fr. 25
Premières de face	1 fr. »
Premier orchestre	0 fr. 75
Deuxième orchestre	0 fr. 50
Amphithéâtre	0 fr. 50
Parterre	0 fr. 40
Deuxième galerie	0 fr. 40
Troisième galerie	0 fr. 25

Ce qui faisait la fortune de tous ces petits théâtres — au Lazary les places les plus chères étaient à 0 fr. 75 — c'était précisément la modicité de ces prix.

Les baraques de la foire au pain d'épices, je parle des Cocherie, Delille, Marchetti, Legois, etc., etc..., rougiraient d'avoir, comme le Lazary, des places à 15 centimes. C'était le prix de la deuxième galerie.

Ces petites scènes avaient leur utilité, pourtant. Elles servaient d'entraînement aux jeunes auteurs dramatiques.

Voici le tableau de la troupe des Funambules pour cette année 1851 :

ADMINISTRATION

Billion, directeur.
René Landais, régisseur.
Charles Charton, chef du matériel et contrôleur général.
Degeorges, chef d'orchestre.
Manigaud, chef machiniste.

ARTISTES

MM. Paul Legrand.
Charles Deburau.
Pelletier.
Ferdinand.
Philippe.
Laplace.
Vautier.

MM. Dérudder.
Alexandre.
Victor Meteau.
Etienne.
Orphée.
Sauton.
Champeaux.
Landais.
Mmes Thierry.
Lefebvre.
Rosalie.
Delphine.
Saint-Ys.
Mancini.
Thérèse.
Georgina.

Mlle Isménie, l'agréable Colombine devenue Madame Jouhaud, ne faisait plus partie de la compagnie qu'accidentellement.

Le 5 janvier, on joua : *Pierrot et le Diable jaune*, pantomime en 10 tableaux.

Paul Legrand remplissait le rôle de Pierrot.

Le 12 janvier : *La Chaumière des Cévennes*, pantomime en 7 tableaux.

C'est encore Paul qui faisait le Pierrot.

Le 22 janvier : *Pierrot à deux faces*, pantomime en 6 tableaux.

Cette fois, c'était le tour de Deburau, d'endosser la casaque blanche.

Le 25 janvier : *Le Pacha du quartier*, vaudeville en 2 tableaux.

Le 25 janvier : *Pierrot maçon*, pantomime comique en 5 tableaux, par M. Charles.

Dans cette pantomime, éditée par Dechaume, on trouve des indications dans le genre de celles ci-dessous :

Paul, l'imprudent caissier du banquier Cassandre, est tellement amoureux, qu'il se promène la nuit dans les rues, avec l'argent que Cassandre lui a confié la veille.

Puis :

Les deux voleurs, qui ne sont pas des plus honnêtes, s'éloignent en sournois.

Le manuscrit termine ainsi :

Pierrot et Tapotte se marient et la chronique raconte qu'ils furent heureux et qu'ils eurent beaucoup d'enfants.

Le 8 février : *Pierrot récompensé*, pantomime en 11 tableaux.

Deburau : Pierrot.

Le 10 février : *L'Amour d'un Page*, pantomime en 3 tableaux.

Paul Legrand : Pierrot.

Le 19 février : *Benjamin*, vaudeville en 1 acte, par M. Daniel.

Ce même 19 : *Le Petit Enfant prodigue*, vaudeville en 6 tableaux.

Cette pièce, intitulée vaudeville, n'était pourtant qu'une pantomime, dont Alexandre Guyon créa le Pierrot, Vautier le Polichinelle, Dérudder l'Arlequin, et Antoine le Cassandre.

Les rôles parlant étaient Jocrisse père, joué par Alexis et Jocrisse fils joué par Pelletier.

Le 6 mars : *La Révolte du Caire*, pièce *historique*, en 11 tableaux.

Muley-ben-Omar	MM.	Paul Legrand.
Galois, dit l'invincible		Ferdinand.
Pothin		Pelletier.
Mourad-Bey		Philippe.
Amilcar		Frédéric.
Mohamed		Victor.
Osman		Samson.
Molek		Orphée.
Aboul-Abbas		Mousseron.
Mitto		Jules Bazin.
Fatime	Mme	Lefebvre.
Zaphira	Mlle	Hinaux.

Ce fut un succès énorme, que ce vaudeville sans couplets, intitulé pompeusement par l'auteur : Pièce historique !!!

Paul Legrand n'y mimait pas un seul instant ; mais, par contre, n'arrêtait pas de parler. Son personnage de Muley-ben-Omar était un vieux bavard, appartenant à l'emploi des premiers comiques marqués.

Jules Bazin a fait éditer, de cette pièce, une lithographie de sa composition, fort bien dessinée, représentant Paul Legrand dans ses deux costumes, Ferdinand en Galois, et Mme Lefebvre en Fatime.

Cette lithographie est fort rare à trouver maintenant, comme tout ce qui a rapport à ce petit théâtre.

Le 16 mars : *Les deux Cuisiniers*, pantomime en 4 tableaux.

Deburau : Pierrot.

Le 27 mars : *Amour et Contrariété*, pantomime en 6 tableaux.

Le 22 avril : *Les Pêcheurs napolitains*, pantomime dialoguée, en 10 tableaux, par Charles.

Pierrot	MM.	Deburau.
Le Comte		Frédéric.
Alvaro		Philippe.

Diégo..................................	MM.	Alexandre.
Roberto................................		Laplace.
Un lazzarone...........................		Orphée.
Premier pêcheur........................		Vautier.
Deuxième pêcheur.......................		Dérudder.
Troisième pêcheur......................		Antoine.
Un lazzarone, parlant..................		Benjamin.
Amanda.................................	Mmes	Lefebvre.
Adelina................................		Estelle.

Dans tous les manuscrits, conçus et écrits par Charles Charton, on est certain de récolter d'étonnantes révélations, qui bouleversent, de fond en comble, les notions les plus élémentaires de la Géographie, de l'Histoire des Nationalités, enfin, de tout ce qui, depuis des siècles, a été et est dûment établi, constaté, avéré.

Ainsi, dans ces *Pêcheurs napolitains*, je relève cette merveilleuse indication de décor :

La scène se passe à Naples. Au fond on voit Venise et au bas le Danube.

Jusqu'à présent, sans parler de Venise que l'on aperçoit de Naples, dans le lointain, les géographes nous avaient classiquement indiqué le beau Danube bleu, comme prenant sa source dans la Forêt, plus ou moins Noire, traversant l'Allemagne, la Hongrie et la Turquie, pour aller se perdre dans la mer, aussi Noire que la Forêt, témoin de sa naissance.

Eh ! bien, Charles Charton a changé le cours de ce fleuve. Il l'a détourné de ses devoirs. Il l'a arraché de son lit, et Venise la Belle le regarde, avec stupéfaction, lui donner un bain de pied et se jeter dans les bras de l'Adriatique.

Et, quel merveilleux panorama ensoleillé s'étend sous l'œil dilaté du spectateur abasourdi : Naples au premier plan et Venise dans le fond !

Les lagunes et le Vésuve en présence... C'est prodigieux d'inouisme.

L'indication du décor du cinquième tableau porte ceci : « *Les ruines évidentes de la ville de Naples* ».

D'après cet étonnant Charles Charton, Naples est entièrement détruite et ne nous présente plus qu'un amoncellement de ruines ! . et évidentes, encore !..

Le décor du septième tableau n'est pas moins curieux à définir que les précédents : « *Un mur de prison où il y a des cachots* ».

Voilà, certes, un mur qui doit, en épaisseur, laisser de beaucoup en arrière, celui que Jules César avait fait élever pour empêcher les Helvètes de pénétrer dans les provinces Romaines.

Habituellement ce sont les murs qui forment les cachots. Charles Charton ne l'entend pas ainsi ; il lui faut un mur pour fourrer des cachots dedans.

Il rénove l'architecture !.. A côté des ordres Dorique, Ionique, Corinthien, Romain et Toscan, Charton crée l'ordre Char (*en*) tonnesque. Et, ce n'est pas fini !.. comme dit mon ami Plessis.

« Dixième tableau : *Naples avec le Danube dans le fond.* (Toujours). *Sur l'un des côtés, une tour baignée par les eaux.* (Les eaux du Danube qui est dans le fond ?) *avec une fenêtre et un pont traversant le théâtre.*

Savez-vous à quoi doit servir ce pont ? A sauver une victime digne de sympathie, poursuivie par un abominable traître.

La victime a traversé le pont. Le traître va s'élancer sur ses traces, lorsqu'un pêcheur *scie sans bruit*, un des poteaux qui soutiennent le pont.

Vous avez bien lu ?... *sans bruit*... c'est écrit tout au long sur le manuscrit.

— Scier sans bruit, fit-on remarquer à Charles, cela paraît bien invraisemblable.

— Pas plus qu'autre chose, répondit l'auteur qui n'admettait aucune observation. Dans la pantomime, tout doit se faire sans bruit. Le spectateur n'a que des yeux et pas d'oreilles.

L'Ambigu-Comique avait donné, le 1er avril, la première représentation du *Comte de Morcerf*, drame en 5 actes et 10 tableaux, de MM. Alexandre Dumas et Auguste Maquet. C'était la première des suites, du célèbre drame en deux soirées *Monte-Cristo*. La seconde fut *Villefort.*

Le 16 mai les Funambules donnèrent : *Le Comte de Morbiche*, parodie en 8 tableaux, par Auguste Jouhaud.

L'affiche portait comme indication : *Troisième fournée de Monte-crie-trop*, en 7 tableaux ; suivie de *Fort-Ville, quatrième et dernière fournée et précédée d'un prologue.*

La scène se passait à Gonesse.

La quatrième partie, *Fort-ville*, n'était qu'un rondeau fort long, chanté sur l'air de *Vert-Vert*, par Albert de Morbiche, l'un des personnages de la parodie.

Alexandre Dumas était allé, sur l'invitation d'Auguste Jouhaud, voir jouer la parodie de son drame.

A la fin de la représentation, Jouhaud lui dit :

— Eh ! bien, croyez-vous que j'ai mis le nez dedans ?

— Absolument comme dans une truffière, lui répondit le grand homme.

Je tiens le mot de Jouhaud lui-même, qui ne le pardonna jamais au grand homme.

Le 23 mai : *Les Amours de Pierrot*, ballet-pantomime en 3 tableaux (reprise).

Pierrot : Deburau.

Le 5 juillet : *Le Démon*, pantomime en 7 tableaux.

Dans cette pantomime pas de Pierrot.

Le 4 août : *La Veuve du Soldat*, pantomime en 6 tableaux par Charles.

Pierrot : Deburau.

Le 14 août : *Mathilde*, pantomime chevaleresque en 9 tableaux, par M. Laurent.

Pierrot : Deburau.

Dans cette pantomime chevaleresque, il n'y avait pas un chevalier et pas un cheval.

Le 23 août : *Barbe-Bleue*, féerie en 16 tableaux par M. Daniel.

Mlle Isménie, dame Jouhaud, fut spécialement réengagée pour cette pièce.

Paul Legrand jouait Barbe-Bleue, *vieux seigneur ridicule*, selon l'indication du manuscrit.

Il parlait, il chantait, il était vieux, il était bête, il était bafoué, il était maladroit, enfin il était tout, excepté Pierrot.

La prédiction de défunt Bertrand s'accomplissait : *Je vous vois dans les grimes* ! avait dit le fondateur des Funambules.

Paul Legrand finissait par les jouer, et, paraît-il, y était parfait.

Dans ce personnage de Barbe-Bleue, il obtint un très grand succès.

— Il a renoncé à la farine, disait un journaliste, dans son compte-rendu de la pièce.

Et, à ce propos, j'interviens pour démontrer combien est impropre ce mot de farine, qu'ont employé tous les appréciateurs du passé, grands et petits, quand ils ont voulu qualifier la figure blanche de Pierrot.

Jamais, au grand jamais, une pincée de farine n'a touché la face blême des Deburau de tous les temps.

Le blanc qu'ils se mettent sur le visage, est composé d'une façon spéciale pour résister à la transpiration.

Au fait, pourquoi ne donnerais-je pas ici la recette du père

Deburau, recette qu'emploient du reste tous les Pierrots de profession.

Les amateurs en feront leur profit.

Voici la note, qu'à ce sujet, me communique Alexandre Guyon.

Deburau père, ainsi que Charles, n'ont jamais mis que du blanc d'Espagne, avec une légère couche de suif sur la peau, pour éviter la sueur. Seulement, Deburau père faisait d'abord bouillir son blanc dans de l'eau, qu'il changeait plusieurs fois ; ensuite, il en faisait une pâte, puis des petits pains qu'il faisait sécher sur une planche. Il ne s'en servait que quinze jours après.

Le 4 septembre : *La Lisette de Béranger*, vaudeville en 1 acte par A. Jouhaud.

Le 8 septembre : *L'Enfant révélateur*, pantomime en 5 tableaux.

Pierrot : Deburau.

Le 4 octobre : *Les enchantements d'Orimane*, pantomime fantastique en 10 tableaux.

Pierrot : Deburau.

Le 3 novembre : *Le Tonnelier et la Somnambule*, pantomime en 4 tableaux.

Pierrot : Deburau.

Le théâtre des Funambules manquait d'un premier rôle, pour ses pantomimes. Et, dans celle que l'on allait monter, il en fallait absolument un.

— Pourquoi n'engagez-vous pas Amable, dit Deburau à M. Billion.

— Un homme qui m'a envoyé un huissier.

— Parce que vous vouliez lui retenir une amende qu'il ne méritait pas.

— Il la méritait.

— Non ! puisque le pont était tourné.

— Le pont ne l'était pas.

— Moi, je vous dis qu'il l'était. Il y a des témoins. Vous n'avez qu'à demander à tout le monde. Et puis... dame... vous en avez besoin.

— C'est vrai, j'en ai besoin.

— Eh ! bien alors ?

— Dis-lui de venir.

Amable, qui regrettait amèrement son coup de tête, se présenta dans le cabinet de M. Billion, en lui disant : M. Billion, je vous fais mes excuses. Le pont n'était pas tourné.

— Et moi, je vous dis qu'il était tourné. Je le sais, j'ai pris mes informations. J'ai eu tort. Je vous reprends.

Voilà comment fut rengagé Amable, qui débuta le 17 novembre dans *L'Homme des Tombeaux*, pantomime en 8 tableaux.

Pierrot........................	MM.	Deburau.
Osselbourg........................		Philippe.
Loveinstein........................		Amable.
Léonello........................		Alexandre.
Birmann........................		Alphonse.
Premier officier........................		Vautier.
Deuxième officier........................		Derudder.
Elfrida........................	Mmes	Lefebvre.
Helmia........................		Georgina.
Brigitte........................		Thérèse.

Le 27 novembre : *Le Prisonnier de Plymouth*, vaudeville en 2 actes.

Le 2 décembre, les Funambules avaient, comme d'habitude, affiché leur spectacle ; mais, le coup d'Etat exécuté dans la nuit, par le prince Louis-Napoléon Bonaparte, président de la République, avait ameuté et *émeuté* la foule sur les boulevards.

Les théâtres ne jouèrent pas ; toutes les rues étaient occupées militairement.

Ce fut le 6, seulement, que se rouvrirent les portes du théâtre de M. Billion. Quelques autres directeurs osèrent agir de même, bien que la confiance ne fût rien moins que revenue. Paris était terrorisé. Chose étonnante, après ces barricades, ces arrestations, ces perquisitions, ces fusillades, ces tueries, cette monstrueuse guerre civile, les quelques théâtres ouverts firent tous salle comble.

Le 8 décembre, on donna la première représentation de : *Les mille et une Tribulations de Pierrot*, grande pantomime féerique en 15 tableaux, précédée de : *Le Pacte infernal*, prologue en 2 tableaux, par M. Charles.

PRINCIPAUX ROLES

Pierrot, fils de Cassandre........................	MM.	Deburau.
Gillot, » »		Alexandre.
Cassandre........................		Laplace.
Hourca, vieux turc comique........................		Dérudder.
Mufta, vieux turc comique........................		Vautier.
Pandolphe........................		Antoine
L'Esprit du mal........................		Amable.
Un vieux propriétaire........................		Motard.
L'amour........................	Melle	Marie.
Irma..... } ses trois filles	Mmes	Lefebvre.
Zéphirine. } ses trois filles...........		Thérèse.
Anaïs.... } ses trois filles		Georgina.

etc., etc., etc.

Cassandre et ses deux fils sont dans une grande misère. De plus Cassandre est malade. Gillot, le plus jeune des deux enfants, vend son âme au diable, pour sortir de cette affreuse situation. Pierrot également. L'esprit du mal leur fait signer un pacte ainsi conçu : « Je livre mon âme à l'Esprit des Enfers, à la condition d'être « riche, d'être aimé et de rendre la santé à notre père, vieillard infirme et goutteux. »

Alors, la chaumière se change en un palais resplendissant, et leurs vêtements sordides se transforment en riches habits.

Les trois hommes deviennent amoureux des trois filles de Pandolphe : Irma, Zéphirine et Anaïs.

Mais, Pandolphe leur préfère Hourca et Mufta, les deux vieux turcs ridicules. Il n'en pouvait être autrement.

De là, jalousies, querelles, poursuites, transformations.... pas toujours du meilleur goût ; mais, aux Funambules tout passait, même l'odeur.

Je cite le onzième tableau :

Une rue avec boutique de chocolatier. Un garçon est en train de piler du cacao. Pierrot poursuivi, lui demande sa place et agite son pilon avec frénésie. Pandolphe et ses amis arrivent en le cherchant. Tout à coup, la boutique se change en magasin d'un vidangeur. Le mortier de Pierrot se métamorphose en tinette, dans laquelle ses ennemis le plongent. L'Amour paraît, fait un signe et la boutique se transforme en café restaurant, où Pierrot est à table jusqu'au menton. Les poursuivants s'élancent dans le café, qui, alors, devient un hôpital de chiens malades. Pandolphe, Hourca et Mufta sont attachés par le cou. Des vétérinaires viennent leur administrer des lavements, encore plus fréquents qu'émollients. Puis, par suite de combinaisons symboliques, dont nous comprenons trop la haute portée (j'avoue pour ma part ne pas la comprendre, cette haute portée) l'hôpital se change en Temple de la Mort.

Enfin, après une foule de péripéties, l'amour finit par dire aux amants réunis :

Maintenant, mes amis, soyez heureux et venez célébrer vos unions fortunées au Temple de l'Amour.

Tout le monde s'agenouille, éclairé par un soleil tournant ; et les amants sont unis, à la lueur d'un feu brillant et vif, symbole de leur passion.

J'ai tenu, pour clôturer joyeusement l'année, à citer ces dernières lignes de l'heureux auteur, Charles Charton, dont on ne saurait trop proclamer le nom.

CHAPITRE XXXVIII

1852

Charles Charton for ever.

Quelques changements ont été opérés dans le tableau de troupe de cette nouvelle année.

A la place de M. René Landais, régisseur, je vois M. Alphonse Keller.

Cette fois encore, Paul Legrand est placé avant Deburau.

Sur une épouvantable scène, que vient faire Deburau, M. Billion promet que, l'année suivante, c'est lui qui sera premier.

— Si je suis encore dans cette boîte, murmure Charles.

Quelques engagements nouveaux : MM. Labranche, Raoul et Gélimer.

Ce dernier prétendait descendre de Gélimer, le dernier roi des Vandales, que vainquit Bélisaire, le faux mendiant oriental.

Ce Gélimer était fort mauvais comédien.

Aussi, M. Billion lui dit, un soir :

— Mais, Monsieur, je vous ai engagé pour être bon.

Gélimer lui répondit : Alors, je vois bien que je ne peux pas faire votre affaire.

Et il s'en alla.

Quelques départs : Ferdinand, Jules Bazin, Etienne, Sauton, Champeau.

Le 1er janvier on joua : *Les Cadeaux du jour de l'an,* vaudeville en un acte par M. St Preux.

Le 9 janvier : *Piarre et Nicoulas*, duo chanté par MM. Orphée et Landais.

M. Landais, déchu de ses fonctions de régisseur, était resté comme comédien.

Le 12 février : *Les inconséquences de Diane*, vaud. en 2 actes.

Le 23 février : *La fée Aurore*, pantomime en 1 acte.

Ce même 23 février : *Un coupe-gorge*, vaudeville en 1 acte.

Ce soir-là, Pelletier, qui jouait le principal rôle de la pièce, avait bu beaucoup plus que sa part, et même que celle des autres. Aussi, se trouvait-il dans un état d'ébriété, que ne tarda pas à remarquer le public.

Il entremêlait ses phrases de hoquets significatifs. Et, les titis habitués à ces sortes de rapports entre eux et leur comédien favori, s'en amusaient beaucoup.

Quand arriva le couplet au public, Pelletier, tout flageolant, entonna sur l'air du *Lazzarone* :

La force m'abandonne... (hoquet).

Un titi : — Ah ! j'te crois !..

Malgré moi je frissonne..... (hoquet).

Deuxième titi : — Eh ! bien va te coucher...

Et la mort me talonne.... (Là-dessus un hoquet formidable).

Premier titi : — T'es rien poivre, mon vieux Pelletier...

Pelletier, alors, lève la tête, dévisage son interlocuteur et lui dit : Eh ! bien, toi, j'te vas rien soulever l'cul, en sortant.

Puis, il salue, soutenu par Guyon, au milieu des applaudissements frénétiques d'un public en délire.

Peu de soirées se passaient, sans qu'il survînt des incidents de ce genre.

Le 11 mars : *Un petit Coquin*, vaudeville en 2 actes.

Le 15 mars: *Pierrot et les Bandits*, pantomime en 9 tableaux.

Pierrot : Deburau.

Le 29 mars : *Luciole*, vaudeville en 2 actes.

Le 15 avril : *Le Bavard et l'Entêté*, vaudeville en 1 acte.

Le 6 mai : *Arcadius* ou *Pierrot chez les Indiens*, pantomime en 11 tableaux, par Charles Charton.

Pierrot, *valet de Fernando*		Deburau.
Arcadius, *surnommé le Grand Esprit*		Amable.
Rolao, *chef indien*		Philippe.
Congo, *vieux nègre*		Vautier.
Zaco, *son fils*		Dérudder.
Zaougni, *sous-chef indien*		Laplace.
Zaougna, id. id.		Antoine.
Fernando, *capitaine espagnol*		Alexandre.
Balsamo, *officier*		Orphée.
Rodrigue, id		Landais.
Cora, *fille de Rolao*	Mmes	Lefebvre.
Isanie, *sa sœur et danseuse*		Thérèse.
Italie, id. id.		Georgina.

La scène se passe en Amérique, du temps de Christophe Colomb.

Dans la brochure d'*Arcadius*, éditée par Dechaume, je relève :

Premier tableau : La demeure du Grand Esprit des Indiens, *espèce de salle gothique allemande dorée*, fermée au fond par des rideaux de soie.

Que penser de cette *salle gothique allemande dorée*, chez les américains de Christophe Colomb ?

Si Christophe Colomb a découvert l'Amérique, je crois que Charles Charton ne le lui cède en rien, lui, qui découvre chez ces peuples neufs, l'art gothique allemand.

Deuxième tableau : *La vieille tente de Fernando.*

Dans cette vieille tente, Fernando dit à ses officiers espagnols :

— Messieurs, en devenant l'époux de la belle Cora, tous les Indiens me seront dévoués.

— *Balsamo :* Il en est un, que vous ne soumettrez jamais.

— *Fernando :* Tu veux parler d'Arcadius ?... *Je me fiche de lui !...* Il fera ma volonté comme les autres, vous en aurez bientôt la preuve *inextinguible.*

La garde amène Cora et son vieux père. La douce sauvagesse demande à son futur s'il est toujours disposé à l'aimer ? Et sur la réponse affirmative de l'Espagnol, elle lui envoie des petits baisers et autres m'amours.

Pierrot introduit Arcadius avec pompe.

Fernando : Eh ! bien, Arcadius, surnommé le Grand-Esprit, aurais-tu la bêtise de refuser de bénir mon union *incandescente* avec la belle Cora ?

Arcadius : On vous a fait des cancans sur moi. Pour vous prouver combien je suis bon enfant, je vous fiance incontinent l'un à l'autre.

Il leur unit les mains. *Surprise espagnole et indienne.*

Fernando ému : Arcadius, je ne serai pas moins généreux que toi. A compter de ce jour, je te fais caporal des zaïqui.

Nouvelle surprise espagnole et indienne.

Fernando : Viens recevoir les insignes de ton grade. *Passons dans un autre appartement*, où nous donnerons une petite fête.

Arcadius, avec mystère, à ses nègres : Pendant la fête, vous vous déroberez à tous les regards, et vous irez mettre le feu aux tentes espagnoles. Motus !...

Ne croyez pas que j'invente ? Tout cela est imprimé. D'un autre que Charles Charton, on pourrait croire à une parodie , mais Charles Charton était un convaincu, qui écrivait tout ce qu'il pensait, et pensait tout ce qu'il écrivait.

Veut-on une autre indication de décor, qui est loin de le céder aux précédentes ?

Troisième tableau : *Un palais indien, composé de plusieurs arcades et ouvert dans le fond, sur des jardins Asiatiques.*

Que l'on n'oublie pas que nous sommes toujours dans l'Amérique, *Au temps de Christophe Colomb.*

Et le scènario du tableau commence ainsi :

Un superbe cortège américain et andalou, entoure les heureux fiancés. Arcadius prend un air bonhomme et les unit complètement.

Je voudrais m'arrêter. Je ne puis, devant l'indication du cinquième tableau : « *Un site africain, avec une montagne en pente.* »

Et ce site africain se trouve, plus que jamais, en Amérique, à côté des jardins *asiatiques*, que j'ai cités plus haut.

Il faudrait tout reproduire.

Je me contenterai de signaler dans le sixième tableau : « *Un palais gothique avec des vasistas.* » Dans le septième : « *Une place asiatique.* » Dans le dixième : « *Une caverne lugubre et mal éclairée.* » Dans le onzième : « *Une chaîne de montagnes, baignées par la mer Caspienne!*

Voilà l'Amérique découverte par l'immortel Gênois, telle que la présentait au peuple français, le théâtre des Funambules.

Le 8 juin : *Pierrot et les Bohémiens*, mimodrame en 15 tableaux (reprise).

Pierrot : Paul Legrand.

Le 9 juillet : *Pierrot à deux faces*, pantomime en 8 tableaux.

Pierrot : Ch. Deburau.

Tout l'été, on ne fit que des reprises. *Bamboches et Taloches*, *Jacq-Trois-Doigts*, *Pierre le Rouge*, revirent « le feu de la rampe » suivant expression consacrée.

Enfin, le mois de septembre apporta une grande nouveauté. Le 10, on donna : *Les Joujoux de Bric-à-Brac*, pantomime en 15 tableaux et à grand spectacle, par M. Vincent-Rimbert de Neuville.

Divertissements de M. Vautier, mise en scène de M. Charles ; machines de M. Auguste Manigaud.

DISTRIBUTION

Pierrot	MM.	Ch. Deburau.
Bric-à brac		Paul Legrand.
Polichinelle		Vautier.
Arlequin		Dérudder.
Satan		Etienne.
Barbastoul		Alexandre.
Tournesol		Victor.
Roff		Landais.
Un vampire		Amable.
Un marchand de parapluies		Philippe.
Cassandre		Antoine.
Léandre		Orphée.
La Mort		Philippe.
Une cuisinière		Laplace.
Bengali	Mme	Saint-Ys.
Chimique		Lefebvre.
Hélène		Thérèse.
Mme Satan		Thierry.
La fée des ondes		Delphine.
Colombine		Georgina.

Une hôtesse.........................	Mmes Mancini.
Cacao	Amélie.

Vieilles femmes, petits sapeurs pompiers, paysans, lutins, démons, souris, nymphes.

1er	tableau :	*Le cabinet de Bric-à-brac.*
2e	id.	*Les joujoux.*
3e	id.	*L'envoyé de Satan.*
4e	id.	*Le chalet.*
5e	id.	*L'hôtellerie.*
6e	id.	*Ils sont dans le pétrin.*
7e	id.	*L'intérieur de la terre.*
8e	id.	*L'enfer.*
9e	id.	*Le glacier.*
10e	id.	*Le retraite de Cassandre.*
11e	id.	*Le champ de bataille.*
12e	id.	*Le boudoir de Bengali.*
13e	id.	*Le palais du Génie dans les Indes.*
14e	id.	*Dans les catacombes.*
15e	id.	*Le fond d'un fleuve.*

Il se chantait des ruisselades de couplets dans cette pantomime. J'y cueille, ou recueille cette ronde :

Air : *Nouveau*

I

BENGALI

Des petits maîtres fidèles,
De loyaux et bons amis,
Des femmes jeunes et belles
Qui n'aiment que leurs maris.....
Eh ! tire lire la la la
Chacun en conviendra
La la Eh ! lire la
C'n'est pas à Paris qu'on voit ça.

II

BARBASTOUL

Du café sans chicorée,
Du lait jamais baptisé,
Un'bouteill'bien mesurée,
Du vin qu'est pas composé....
Eh ! tire lire la la la
etc. etc.

III

ROFF

Entrer pour rien au spectacle,
Ou voir enl'ver des ballons ;
Sans craindre le moindre obstacle
Aller coucher sous les ponts....
Eh ! tire lire la la la
etc. etc.

IV

BARBASTOUL

Du crédit chez la laitière,
Des fontain's qui donn'nt du vin,
De l'usag' chez un'portière,
Du sang d'porc dans un boudin....
Eh ! tire lire la la la
etc. etc.

Nous avons affaire ici, à un auteur facétieux. J'en donne pour preuve, le texte de son *quatorzième tableau.*

Nous sommes dans les catacombes !... D'abord on aperçoit.... Brrr !.. Pierrot vous le dira ; le malin compère s'en acquittera mieux que moi. — Ah ! bah ! — Deux fantômes se présentent. — Pierrot les rosse. — La mort survient : il lui passe la jambe et l'envoie... bien loin. Enfin, Pierrot est... Tiens, il est arrêté ! Eh ! bien j'étais loin de m'attendre à cela. Et vous ? — Continuons, Monsieur ! — Avec plaisir Madame.

QUINZIÈME ET DERRRRRNIER TABLEAU

Grande réunion. — Bric-à-Brac, pris entre deux...... eaux, capipi... capitule. On se prend les mains, on s'embrasse, tout le monde est content ; on doit l'être, et.... bonsoir la compagnie.

Comme on le peut voir, M. Vincent-Rimbert de Neuville était un écrivain beaucoup plus réjoui que réjouissant.

Le 20 septembre : *Gaspard*, vaudeville en 1 acte, joué par Labranche, Raoul, Mmes Delphine et Augusta.

Le 6 novembre : *La Clé des Songes*, pantomime en 13 tableaux, par M. Octave.

La brochure, éditée plus que jamais par Dechaume, porte, comme indications générales, à la suite de : pantomime en 13 tableaux : *criblée de coups de pied et de pas mal de calottes, assaisonnée d'un ours et d'un éléphant, farcie de voyages, de naufrages et de sauvages, pleine d'esprit et de coups de bâton, et remplie d'un tas de choses, même de sens commun.*

Pierrot................................	MM.	Paul Legrand.
Cassandre................................		Laplace.
Léandre................................		Orphée.
Colombine................................	Mmes	Georgina.
Claudine................................		Thérèse.
Un aspirant de marine................	MM.	Vautier.
Un Jean-Jean / Un marchand de bric-à-brac / Un porteur d'eau................		Dérudder.
Un huissier................................		Alexandre.
Un chef de sauvages / Un marchand d'habits................		Philippe.

Un chercheur d'or........................	Amable.
Un témoin aveugle........................	Antoine.
Un témoin invalide........................	Landais.
Un employé de chemin de fer......	

L'auteur de cette pantomime, M. Octave, est un véritable écrivain, étant donné les fournisseurs habituels des Funambules.

J'excepte, de ces fournisseurs, Champfleury, le maître à tous.

La pièce se passe, peut-être à tort, mais, à travers un songe.

Dans une sorte de prologue, Pierrot riche veut épouser la coquette Colombine, fille de Cassandre, dédaignant l'amour de sa sœur de lait, la pauvre Claudine, orpheline, recueillie et élevée par lui.

Au moment de signer le contrat, un des témoins, brave invalide, qui a les deux bras coupés, ne peut signer et pour cause.

Léandre, l'amant préféré de Colombine, déguisé en notaire, profite de cette lacune, pour faire remettre la signature du dit contrat au lendemain.

Pierrot resté seul s'endort.

Alors, dans son rêve, il se voit marié à Colombine, dépensant sa fortune pour lui plaire, pendant que celle-ci se livre entièrement à son cher Léandre.

La brochure est semée de traits du genre suivant :

Avis aux gens qui prennent des femmes sans en être aimés, et aux pères qui marient leurs filles malgré elles.

Pierrot et sa famille partent en Californie. Une tempête se déchaîne et le vaisseau sombre en vue d'une côte.

Pierrot qui sait nager, se sauve, et tombe au milieu de sauvages qui veulent le manger. Il est sauvé par des chercheurs d'or européens, qui mettent en fuite les sauvages.

Il retrouve alors sa femme et son beau-père, que Léandre a préservés de la mort.

Bref, dans cette Californie, tant vantée, tant désirée, l'objet de tant de rêves, Pierrot est attaqué, pillé, volé, brûlé, ruiné et Léandre s'enrichit.

Ils reviennent en France.

Mais, que de déboires attendent encore le pauvre Pierrot !.. Il vend son hôtel ; son mobilier est saisi. Il n'a plus d'habits. Colombine, lui rendant ingratitude pour ingratitude, l'abandonne ouvertement en faveur de son rival.

Pierrot, dans une mansarde, couché sur un grabat, sans feu,

sans pain, va en finir avec la vie ; mais la Claudine abandonnée veille sur lui, et le retient, au moment où il s'élance par la fenêtre.

C'est sur ce jeu de scène, que finit le rêve.

Pierrot s'est réveillé en sueur. Il se tâte, il doute encore, rassemble ses idées, comprend la leçon que le Ciel lui a envoyée, par cet affreux cauchemar, revient à la raison et, dédaignant Colombine, épouse Claudine.

La brochure conclut ainsi :

C'est au village que la noce aura lieu. C'est dans la paix et la simplicité des champs que s'écouleront désormais leurs jours.

Converti par leur exemple, Cassandre lui-même, l'avaricieux Cassandre comprend qu'il ne faut pas séparer les cœurs qui s'aiment, et marie Colombine avec Léandre :

Ce qui prouve assurément
Que femme aime son amant.
Mais son mari.... pas souvent.
Finalement, que les songes
Ne sont pas toujours mensonges ;
Qu'a celui qui rêve chat
Femme fidèle sera ;
Mais que si vous rêvez chien,
Je ne réponds plus de rien.

Le 10 novembre : *Vingt ans après*, vaudeville en 2 actes.

Le 19 novembre : *Français et Troubadour*.

Le 27 novembre : *Pierrot sorcier*, pantomime comique en 10 tableaux, par M. Charles.

La scène se passe sous Louis XIV.

Pierrot, *sorcier, fils de Nocadamus*.........	MM.	Deburau.
M. de Bissac..............................		Alexandre.
Arthur, *son fils*..............................		Vautier.
Nocadamus, *puissant génie, sous la figure d'un vieux bohémien*..................		Philippe.
Mathurin, *jardinier*.........................		Laplace.
Gros-Pierre................................		Dérudder.
Mercour, *intendant*.........................		Antoine.
Mme de Bissac............................	Mmes	Lefebvre.
Juliette, *fiancée de Gros-Pierre*............		Georgina.

Quatre invalides, un tabellion, gardes-forestiers, bourreaux, paysans, paysannes, nymphes.

Cette fois, Charles Charton s'est amendé. Les perles, qui prenaient corps sous sa plume féconde, deviennent plus rares ; l'orient en est moins vif.

Plus de ces granules irisés, dont l'éclat chatoyant nous charmait l'œil, voire l'oreille et l'esprit.

De temps en temps, cependant, l'accident morbide se produit, la sécrétion nacrée reparaît.

Je n'aurai garde d'en priver le lecteur :

Juliette, la fille du fermier Mathurin, aime Arthur et est aimée du fils du marquis de Bissac, lequel est naturellement opposé à cet amour.

Mathurin, d'accord avec M. de Bissac, veut unir sa fille au paysan Gros-Pierre.

La noce est commandée, le tabellion attend, quand survient Pierrot, un jeune sorcier « qui n'est pas encore arrivé au grade de magicien ». — Ainsi le dépeint l'auteur. — « Dans le régiment des Génies, il est, comme qui dirait, un caporal du centre ».

Voilà donc Pierrot se transformant en valet, en marquis, en notaire, en invalide, en garçon marchand de vin, en débardeur, en pâtissier, en magicien, en bourreau, en grand seigneur, pour protéger les amoureux, auxquels il s'est dévoué. . . . . .

. . . .

Dixième tableau. — La salle des tortures est remplacée par un palais *asiatique*, (M. Charles en tient pour l'Asie) de la plus grande beauté.

Mme de Bissac est rendue vivante, aux caresses de son vieil entêté d'époux, dont le caractère s'est subitement adouci.

Nocadamus est redevenu un génie suprême.

Pierrot a revêtu un riche costume, de caractère : il le mérite bien, lui qui en a tant montré... de caractère.

Les nouveaux époux viennent embrasser leur bienfaiteur Pierrot, qui les serre sur son cœur et les conduit à l'autel.

Tout le monde s'agenouille. Le génie Nocadamus bénit les assistants.

Flammes de Bengale.

Ainsi se termine cette pantomime, dans laquelle, on le voit, M. Charles, gagné, sans doute, par l'exemple de M. de Neuville, a voulu, lui aussi, se montrer facétieux.

Le 30 décembre : *Le vieux et le nouveau Paris*, revue en 8 tableaux, de M. Auguste Jouhaud.

La revue de l'année précédente, du même Jouhaud ayant obtenu un succès honorable, et, par conséquent, rempli la caisse de M. Billion, l'habile directeur s'était, cette fois, moins fait tirer l'oreille pour accepter celle-ci, malgré le surcroit de dépenses que ce genre de spectacle entrainait.

M. Billion avait engouffré dans la revue nouvelle, près de *huit cents francs* !... somme colossale pour lui. Aussi disait-il à l'auteur :

— Hein !.. j'espère qu'on n'a pas lésiné !.. Aussi, n'est-ce point un succès *aladin* (il voulait dire anodin) qu'il nous faut ; mais un triomphe *vertigieux*.

Voici la complète distribution de : *Le vieux et le nouveau Paris*.

Le vieux Paris	MM.	Labranche.
Richard III		
Petit Pierre		Paul Legrand.
Mme Chicorée		
Un bourgeois		
Un guerrier		Pelletier.
Un curieux		
Un paveur		
Poussier		
Le roi Mignonet		Alexandre.
Luidgi		
Un monsieur		
Un maçon		
Laflûte		
Brigou		Orphée.
Un peintre		
Un décrotteur		
La statue d'Henri IV		Landais.
Jean		
Beaujonc		Ernest.
Ernest		
Lacave		Raoul.
Camion		
Un régisseur		Victor.
Un vieux monsieur		Antoine.
Un danseur		Dérudder.
Le nouveau Paris	Mmes	Saint-Ys.
Lutèce		Augusta.
La halle aux habits		
La rue de Rivoli		Delphine.
Jeanne		
La rue de la Tixerandrie		Lefebvre.
Madame Citrouillard		
La mère Radis		Thierry.
Une demoiselle de paveur		Amélie.
Une fille de boutique		
La frégate-école		Mancini.
Première danseuse		Thérèse.
Deuxième id.		Georgina.

Cette revue n'eut pas le succès de la précédente. Elle fut écrasée par celle du théâtre voisin, l'ancien théâtre *des Acrobates*, devenu le théâtre des *Délassements comiques* : *Le Bonhomme Dimanche*, qui fut jouée plus de cent fois. Chiffre de représentations, énorme pour l'époque.

Aussi, M. Billion sacrait-il toute la journée après Jouhaud, qu'il disait être un « *intalentier* ». Ce mot signifiait pour lui sans talent.

Par la suite, il se vengea de Jouhaud, en taquinant le pauvre homme, fort ennuyé de ne pas voir Isménie le rendre père.

M. Billion le poursuivait chaque jour en lui demandant : Eh ! bien, et Isménie ? Rien de nouveau ?..

— Non !

— Que voulez-vous, elle n'est pas faite pour *l'infanterie.*

Cela voulait dire que Mme Jouhaud n'était pas construite, pour produire des enfants.

CHAPITRE XXXIX

1853

Funambules intimes

Voici quels étaient, en 1853, les appointements des artistes de M. Billion :

Paul Legrand gagnait 60 francs par semaine.
Deburau, 50 francs.
Vautier, 110 francs par mois, payables par quinzaine.
Alexandre Guyon, 60 francs par mois.
Dérudder, 20 francs par semaine.
Laplace, 22 francs par semaine.
Philippe, 80 francs par mois.
Antoine, 60 francs par mois.
Pelletier, 120 francs par mois, payables par quinzaine.
Labranche, 12 francs par semaine.
Orphée, 15 francs par semaine.
Landais (René), 9 francs par semaine. (Il en avait 12 quand il était régisseur).
Charles Charton avait 25 francs par semaine.
Amable, 25 francs par semaine.
Mme Lefebvre, 15 francs par semaine.
Mlle Georgina, 50 francs par mois.
Mlle Saint-Ys, 15 francs par semaine.
Mme Thierry, 45 francs par mois.
Les autres petites dames variaient entre 6 et 9 francs.

Ces pauvres artistes pouvaient-ils vivre avec de si modestes appointements ? Guère !... ils vivotaient en travaillant d'une profession quelconque, pendant les loisirs que le théâtre leur laissait.

Ils accomodaient l'art à la sauce de l'industrie.

Ainsi, Laplace consacrait ses matinées à son ancien état de cartonnier.

Vautier était polisseur d'acier, ce qui lui permettait de travailler chez lui.

Philippe était épicier. Il s'était bâti, lui-même, une petite maison dans le haut de Belleville, ramassant un moellon d'un côté, un pavé de l'autre, une planche par ci, un morceau de fer par là ; il avait amalgamé tout cela de chaux, de plâtre, de tuiles recueillies un peu partout, et s'était trouvé, un beau matin, propriétaire, sans bourse déliée, et sans avoir eu recours au moindre architecte. Là dedans, il avait ouvert une petite boutique d'épicerie, que gardait un garçon, pendant qu'il était au théâtre.

Mme Lefebvre piquait des bottines de femmes.

Dérudder tenait un débit de vin, ou plutôt, le faisait tenir par sa femme.

Amable était tailleur dégraisseur.

Orphée, comme Dérudder, s'était fait marchand de vin.

Mlle Georgina était modiste.

Mlle Saint-Ys s'habillait en homme. Ce n'est pas une profession. Cependant, cela lui rapportait suffisamment pour vivre assez largement, et, se figurer par doux instants, qu'elle appartenait au sexe auquel elle ne devait pas sa mère.

Les camarades du théâtre l'avaient surnommée *Sanssesque*.

C'est, peut-être, le contraire qu'il eût fallu dire.

Alexandre Guyon était ciseleur.

Mlle Thérèse était fleuriste.

Le 20 janvier on joua : *Le Mirliton enchanté*, pantomime en 12 tableaux.

Deburau jouait Pierrot.

Dans cette mimique féerie, Pierrot visitant un atelier de peintre, regardait un tableau de grandeur naturelle, représentant un général, offrant à un paysan qu'il voulait enrôler, une bourse que celui-ci repoussait avec dignité.

Pierrot exprimait alors toute la pitié, que lui inspirait ce stupide campagnard. Il semblait lui dire : Es-tu bête, mon pauvre garçon !.. Est-ce que jamais on refuse de l'or !... Et joignant l'action à la pensée, il avançait, instinctif, la main dans la direction du tableau.

Tout-à-coup le bras du général peint s'animait, sortait de son cadre et laissait tomber la bourse dans la main tendue de Pierrot stupéfait.

Les personnages de la peinture se mettaient à vivre et Pierrot, de par le fait, qu'il avait touché la prime d'enrôlement, se trouvait être soldat.

C'était la seule chose saillante de cette pantomime, qui fit entrer quelqu'argent dans la caisse Billionnaire.

Le 7 février : *Une mauvaise Tête*, vaudeville en 1 acte.

Le 16 février, pour la première fois : *La Perche* par les frères Buislay.

Buislay n'était autre que Delhomme, le bégayeur dont j'ai raconté l'épopée ; l'*Auguste* du cirque d'hiver, le père de tous les *Auguste.*

Ce même soir : *Un Pas de Matelot*, par Dérudder.

Le 17 février : *Pierrot chez les Maures*, pantomime en 12 tableaux.

Pierrot : Deburau.

En 1852, boulevard du Temple, sur l'emplacement de l'ancien jeu de paume du comte d'Artois, M. Mayer, simple chanteur, avait ouvert une sorte de café-chantant, qu'il intitula effrontément et orgueilleusement Folies-Mayer. L'entreprise périclita, bien qu'on y eût innové *le sucre d'orge à l'absinthe*, que les belles petites des classes dirigées, s'amusaient à venir sucer gloutonnement, avec passion, avec rage, à l'heure à laquelle on ne prend plus l'apéritif. En resuçant un second, dès que le premier était terminé.

Un jeune musicien de talent, chef-d'orchestre du Palais-Royal, prit l'établissement des mains inhabiles de M. Mayer, et le transforma en un petit théâtre, auquel il donna le nom de *Folies-Concertantes.*

Hervé ! c'était Hervé, y créa l'opérette !...

Mais, son opérette était suivie chaque soir d'une pantomime. Pour jouer la pantomime, il faut des mimes. Il s'adressa à Paul Legrand, auquel il proposa de forts appointements, et, le paiement de son dédit à M. Billion.

Paul Legrand, heureux de ne plus se voir opposer Charles Deburau, n'hésita pas. Il traversa le boulevard, faisant engager avec lui, Cossard jeune, Saqui et Charlston.

Voilà donc les pauvres Funambules, avec le seul fils Deburau comme étoile, et une concurrence redoutable en plus.

Le 16 avril : *Les deux Arlequins*, pantomime en 6 tableaux.

Pierrot....................................	MM.	Deburau.
Arlequin....................................		Dérudder.
Cassandre....................................		Laplace.
Nicodème....................................		Vautier.
Lindor....................................		Amable.
L'alcade....................................		Philippe.
Un marchand d'habits....................		Labranche.
Lissette....................................	Mmes	Thérèse.
Isabelle....................................		Georgina.

Le 25 avril : *Les Banquistes*, vaudeville en 1 acte.

Le 23 mai : *Céline*, vaudeville en 2 actes.

Le 28 mai : *Le Mousquetaire et le Bandit*, pantomime en 7 tableaux.

Cette pièce fut donnée au bénéfice de Vautier.

Il faisait très chaud. Les théâtres se vidaient par enchantement. Triste perspective pour le bénéficiaire.

Vautier eut une idée géniale. Il fit annoncer sur son affiche que les *deux cents premiers spectateurs*, qui entreraient dans la salle, auraient droit à un chausson aux pommes. De plus, que dans *vingt* de ces gâteaux il y aurait *une pièce de dix sous*.

Lorque M. Billion vit l'épreuve de cette affiche, il entra dans une grande colère.

— Transformer mon théâtre en boutique de pâtisserie? Jamais! Voyez-vous Madame Billion, distribuant au contrôle, les chaussons aux pommes de M. Vautier. Non ! non ! et non !

Vautier fut obligé de renoncer à son idée. Le public vint quand même, parce que Vautier avait conçu une autre idée, à laquelle M. Billion ne s'était point opposé.

L'affiche portait en lettres majuscules :

EXÉCUTION D'UN GRAND BALLET

Or, voici ce qu'en scène, il se passa : On vit entrer deux danseuses portant un très long balai. Vautier, costumé en bourreau, s'empara du manche et d'un violent coup de hache, abattit la tête :

— Le balai est exécuté !... dit-il au public.

On hua, on siffla, on engueula Vautier, on le traita de canaille, de voleur, de mistoufleur.

Peu lui importait, la recette était faite.

Le 17 juin, on joua : *Un Diable au Paradis*, vaudeville en 1 acte.

Le diable était Pelletier. Le Paradis, celui de Mahomet, dont les houris étaient Mmes Thierry, Lefebvre, Augusta, Amélie, Valentine, Florine et Mancini.

Le 15 août, jour consacré à la fête de l'Empereur, M. Billion fit chanter une cantate, composée par Charles Charton, musique de Kriésel, chef-d'orchestre des Délassements comiques.

Cette cantate, dont le titre était *Le Neveu de l'Empereur*, mérite d'être citée, comme tout ce qu'a écrit, du reste, M. Charles Charton.

I

Nous avons dans notre Empereur
Un homme loyal et sincère,
Qui n'est venu sur cette terre
Que pour faire notre bonheur.
Voyageur, humble prolétaire,
Il fut pauvre ! Et nous l'aimerons
Car c'est au sein de la misère
Qu'il a gagné ses éperons.

Refrain

Mettons en lui notre espérance.
Mes amis, bénissons son nom.
Honneur à l'élu de la France,
Neveu du grand Napoléon !

II

Il pouvait partager son nom
Avec une autre souveraine.
Non ! il nous a donné pour reine
Presque une femme sans renom.
Mais qu'elle est belle ! O l'Eugénie
Dont son choix nous a gratifié.
Dans la tête, elle a du génie
Et dans le cœur la Charité.

Refrain

III

Place au livre de l'avenir !
Bientôt, dans quelque temps, peut-être,
Nous verrons soudain apparaître
Un héritier ! Il va venir !
Préparons-nous à faire fête !..
Parmi nous, pas un seul Judas !..
Car c'est lui qui sera la tête
D'un corps dont nous serons les bras.

Refrain

Cette poésie, que je retrouve dans les notes de Vautier, alla, d'après le dire de ce bonhomme, *remuer les entrailles populaires jusque dans leur fondement*.

Le refrain était chanté par toute la troupe réunie ; les couplets par la belle Mme Lefebvre, en peplum, un drapeau tricolore à la main.

M. Charles Charton reçut, quelque jours après, *cent francs* de gratification de la maison de l'Empereur.

C'était encourager l'auteur à renouveler sa prouesse poétique. Première faute, peut-être, de ce règne de dix-huit années ! car Charles Charton récidiva.

Le 18 août : *Une Nièce*, vaudeville en 2 actes.

Le 20 septembre : *Gusman la lâche*, parodie en 1 acte de *Gusman le brave*, que l'on donnait avec Ligier et Madame Mélingue à l'Odéon.

C'était, tout bêtement, l'aventure, amoureuse d'un étudiant en médecine, nommé Gusman, qui, pour être reçu docteur, lâchait sa maîtresse, une nommée Maria ; de là, le titre parodié Gusman *la* lâche.

Le 8 octobre : *Les 8 Merveilles du Monde*, pièce en 5 tableaux.

Le théâtre de la Porte-Saint-Martin venait de représenter : *Les 7 Merveilles du Monde*. Les Funambules en montraient une de plus au public.

Le 15 octobre : *Bougival*, vaudeville en 2 actes, pour les débuts de M. Achille et de M. Fiétez.

Fiétez est aujourd'hui employé à la mairie du Xe arrondissement, de Paris.

Achille venait du *Petit Lazari*. Ce comédien, beaucoup plus amusant à la ville qu'au théâtre, s'était fait, sur le boulevard, une réputation de mystificateur, qu'il savait être une grande partie de sa puissance sur le public.

Il avait toutes les audaces.

Dans une parodie de *Richard III*, à son théâtre du Lazari, il devait mourir en faisant l'imitation de Ligier, lequel mourait magnifiquement tous les soirs, à la Porte-Saint-Martin. A l'une des représentations il mourut, comme d'habitude; mais, soit qu'il eût fait plus d'efforts, soit qu'il fût indisposé, le mort poussa comme dernier soupir, une de ces notes *bassonnesques*, dont les navets organisent quelquefois la naissance.

Aux Funambules, le fait n'était pas rare.

La salle entière partit d'un immense éclat de rire.

Seul, un monsieur, ami de Joseph Prudhomme, protesta et s'en alla en disant : Ce n'est pas pour entendre ces sortes de choses, que j'ai payé ma place soixante-quinze centimes.

Alors, on vit le mort se soulever, et répondre au grincheux bourgeois :

— C'est le mort qui se vide.

Voilà, de quoi était capable, cet Achille, dont les traits qu'il lançait, ne guérissaient pas les blessures que sa verve populacière pouvait porter aux strictes convenances.

Le 22 octobre : *Les Frayeurs de La Braise*, vaudeville en 1 acte débuts de Mlle Florine.

Le 24 novembre : *Les Orphelins*, vaudeville en 1 acte, joué par Victor, Alexandre, Achille, Antoine, Mmes Amélie et Thierry.

Le 3 décembre, au bénéfice *des pauvres Polonais malades et indigents* : *La Cosaquie*, vaudeville-parodie en 3 tableaux.

Le 31 décembre : *Tout tourne*, revue en 6 tableaux.

C'était une petite revue, sans aucun frais, que M. Billion s'était décidé à monter, malgré le serment qu'il avait fait de n'avoir plus recours à ces *piteries*, — il voulait dire *pitreries*, — pour faire monter les flots d'or de caisse.

CHAPITRE XL

1854

Alfred, coiffeur de Talma !

Les Funambules périclitaient. La pantomime classique paraissait démodée, usée. Des bruits mélancolieux couraient, sur la fermeture prochaine du théâtre, dernier refuge de Pierrot, Arlequin, Cassandre et Colombine.

Bruits malveillants, répandus par les *Paulegrandistes* contre les *Deburauphiles*.

Déjà, en 1846, on avait dit : Avec Deburau la pantomime mourra. Ce à quoi, George Sand avait répondu dans le *Constitutionnel* :

On nous annonce la prochaine fermeture du dernier théâtre de la foire et la retraite de l'artiste éminent (Deburau) auquel la *farce* a dû chez nous cette prolongation d'existence.

Mais ce bruit est-il fondé, et l'éclipse de Pierrot est-elle croyable ?... N'est-ce pas là une de ces prédictions sinistres, comme il en a tant couru sur la fin du monde. Espérons encore que, quelque soit l'arrêt porté par le destin contre le théâtre des Funambules, la scène parisienne ne laissera pas disparaître le dernier des Pierrots, au point de vue de l'histoire, le premier des Pierrots au point de vue de l'art et du talent.

Dans tous les temps, on a écrit de ces phrases passées à l'état de clichés : *Le théâtre traverse une période de décadence. — Le Drame est mort. — La Tragédie ne bat plus que d'une aile. — L'Opérette a fait son temps. — Il n'y a plus d'artistes.*

Dans trente ans, l'esprit, aura changé ses pointes, ses allures, ses tournures, ses chutes, lesquelles ne sont qu'affaires de mode ; et ces mêmes jeunes d'aujourd'hui, voyant les nouveaux jeunes se pâmer aux nouveautés du jour, et bailler aux spirituelles pièces de MM. Meillac, Halévy, Dumas fils, Pailleron et Sardou, ces mêmes jeunes, devenus vieux à leur tour, diront : Il n'y a plus d'auteurs !... Il n'y a plus de public !.. La comédie est morte !

Et, il y aura quand même, et malgré ces dires, des auteurs de talent, un public très finement appréciateur, et des comédies charmantes, lesquelles, trente années plus tard subiront le sort de leurs aînées.

Je me vois contraint de faire ici le rappel d'une pièce, dont Champfleury ne parle pas dans ses souvenirs, et qui cependant fait partie de son domaine dramatique.

Le 23 mai 1849, avait était représentée sur le théâtre des Funambules : *La Cruche cassée*, ballet-pantomime en 1 acte, de M. Champfleury.

Dans le *Messager des Théâtres*, du dimanche 27 mai, le bon Charles Monselet, nouvellement débarqué à Paris, fait le compte-rendu de cette œuvre, fort bien venue, paraît-il.

Voici quelques extraits de cette amusante et spirituelle appréciation, de celui qui n'était pas encore M. de Cupidon :

M. Champfleury, à qui l'on a pu reprocher quelquefois de ne pas aimer assez le paysage et de faire cuire les rossignols pour les manger, vient de composer, avec ce gracieux ressouvenir de Greuze, un petit ballet en un acte que signeraient des deux pieds Dauberval et Blache père. La *Cruche cassée*, représentée mercredi pour la première fois au théâtre des Funambules, durera plus longtemps que l'auteur lui-même, quand bien même ce dernier arriverait à la fantastique longévité du corbeau, ce qui n'est pas certain.

Le théâtre représente des blés d'un magnifique jaune d'or, étoilés çà et là de fleurs rouges et bleues ; ces blés sont à hauteur d'homme, et sans doute l'on n'attend pour les faucher que la fin de la pièce. L'auteur ce cette abondante récolte s'est fait nommer avec juste raison ; ce n'est pas le soleil, c'est M. ***.

Au lever de l'aurore et du rideau, un Nicolas, maigre et rouge, qui semble possédé des exaltations amoureuses du coq, vient *siffler* une chanson en deux couplets sous la croisée d'une paysanne. Siffler, entendez-vous bien. Même que la flûte de Tulou en demeurerait paralysée d'étonnement.

L'amoureuse, éveillée, n'a que le temps de passer l'éternel et charmant costume de la *Fille mal gardée*, et de même que Nicolas lui a dit bonjour en chantant, c'est en dansant qu'elle lui répond : Pas mal, et toi ? Ce que voyant, Nicolas fait cadeau à mesdemoiselles ses jambes, d'une paire de jarretières en satin écarlate, qui mises aussitôt en leur lieu, ont donné des vertiges aux érotiques voyous.

Mais Nicolas, *toujours brûlant, sans ralentir*, selon la chanson de Boufflers, aspire silencieusement après une réponse, il veut la quittance de ses jarretières, et guigne les blés d'un air narquois. Jeanne, pudique, lui donne un coup de poing. Il insiste. Jeanne soulève rapidement un pan de sa jupe, arrache les deux rubans qui ceignent ses jambes, et les lui jette au nez, vlan !

Ainsi fâchés, ils se séparent. C'est alors que survient un garde-française.

Il danse avec Jeanne, qui danse avec tout le monde, et je m'aperçois que le drôle n'ignore point les *passe-pieds* et les *cotillons* de l'Opéra. La fillette est fascinée, de fil en aiguille elle se pend à son bras, et lui, par un détour à gauche, il l'attire doucement et scélératement dans les blés, où on les voit disparaître .... Voilà la cruche cassée.

Il faut dire néanmoins, pour la consolation des mœurs, que M. Champfleury raccommode cette cruche au dénouement. De même que le grand poète, il refait à sa Marion une autre virginité, avec une cruche en grès toute neuve. Le Nicolas, plus naïf qu'un opéra-comique entier, donne dans ce Godan et épouse comme un seul homme.

Ce petit ballet renferme dans son orteil autant de science chorégraphique que les ballets de Milon, de Gardel ou de Taglioni. La Cerrito des Funambules est mademoiselle Isménie, qui possède tous les éléments qui font une bonne danseuse. Elle sait baisser les yeux et faire une corne à son tablier ; sa jambe est ce qu'elle doit-être ; enfin elle a du *ballon*, comme disent les vieillards de l'Opéra.

Pour le Nicolas, je l'ai trouvé d'une joie à se casser le cou. Ce garçon qui se nomme Derudder, abonde en caprices dislocatoires et bruyants.

Toutes les fois qu'on joue la *Cruche cassée*, il y a des bouquets, des bravos et *des argents*.

CHARLES MONSELET.

Je reviens à notre année 185[illegible].

Le 18 janvier, on joua : *L'Étoile de Pierrot*, grande pantomime arlequinade en 12 tableaux, précédée de : *Le ciel, le feu et l'eau*. prologue en 2 tableaux par M. Charles.

Pierrot................................	MM.	Ch. Deburau.
Polichinelle, dit *Bosco*....................		Vautier.
Arlequin..............................		Dérudder.
Cassandre.............................		Laplace.
Le podestat Geronimo..................		Alexandre.
Le patron des moissonneurs......... Le père Polichinelle..................		Philippe.
Un maître d'hôtel.....................		Labranche.
Monsieur Denis........................		Lombardi.
Premier Pierrot.......................		Amable.
Deuxième Pierrot......................		Labranche.
Premier Arlequin......................		Georges.
Deuxième Arlequin.....................		Jules.
Un malade.............................		Williams.
Etoilette, *génie de la Lune*.............	Mmes	Amélie.
Ondine, *génie des eaux*.................		Valentine.
Proserpine, *génie du feu*............		Lefebvre.

Isabelle, *fille de Cassandre*............		Thérèse.
La mère Polichinelle................. Mme Denis...........................		Augusta.
Un parent de Pierrot..................	MM.	Amable.
Une vieille gouvernante............. Le notaire de Polichinelle..........		Antoine.

Musiciens, Archers, Diables, Sirènes.

Qui a lu une pantomime de Charles Charton, les a toutes lues. Pierrot et Bosco jettent Arlequin dans un bassin, pour le noyer. Apparaît la nymphe Ondine qui dit à Isabelle :

— Ton amour pour ce malheureux, qu'on a précipité dans ce bassin, me fait un devoir de te protéger et de rendre la vie à celui qui t'aime et qui peut te rendre heureuse.

Alors, la nymphe ressuscite Arlequin, en lui disant :

— Tu ne seras l'époux de celle que tu aimes qu'après avoir vaincu tes rivaux.

Et, elle lui donne comme talisman, une batte argentée.

Mais, une étoile se détache du fond du firmament, et vient se placer au dessus de la tête de Pierrot.

— Cette étoile est la tienne lui dit Etoilette, elle comblera tous tes désirs.

De son côté, Bosco voit apparaître un Génie :

— Je suis Proserpine, *la fille* de Pluton, commence à son tour le Génie. Voici un talisman qui te permettra de disputer à Arlequin et à Pierrot, la main d'Isabelle. Ces boules de feu, jetées à terre, éclatent à l'instant et comblent les désirs formés par le mortel, qui en est possesseur.

Et la lutte commence. Et Charles Charton répand à profusion les trésors de sa vaste imagination fantaisiste, continuant à semer des pépites d'or, dans le genre de celles-ci :

... Arlequin a l'*œil américain*.

... Polichinelle, par sa ruse arrache Isabelle à Pierrot, et l'entraîne *tout arrachée* dans un vilain caveau noir.

... Tous les bossus exhilarants, rient comme des *gens gratifiés de cette infirmité*.

... Soudain la maison se change en pot de nuit, ayant une seringue pour mât et des couches pour voiles. Ce pot de chambre renferme Pierrot, Cassandre, Polichinelle et le Podestat. *Ils naviguent sur la mer jaune.*

Je cite le dernier tableau dans son entier :

XIIe TABLEAU

Proserpine et Etoilette tiennent la nymphe des eaux sous leurs pieds. Elles la trépignent.

En présence du malheur incommensurable de cette pauvre nymphe, Polichinelle, Pierrot et consorts oublient leur haine.

Proserpine, la méchante, va l'étrangler; mais Ondine s'écrie : « Neptune, entends ma prière et délivre-moi de mes ennemis ».

Bruit de foudre et d'éclairs; le fond s'ouvre et laisse voir Neptune entouré de tritons marins. Il sort du sein des eaux, délivre sa fille et marie Arlequin à Isabelle, en brave dieu qu'il est.

Les familles de Pierrot, de Polichinelle et d'Arlequin accourent et célèbrent bruyamment et incontestablement cet heureux hyménée, en compagnie des Tritons et des Sirènes, également maritimes.

Tout ceci est extrait du manuscrit original que je possède. La petite brochure éditée chez Dechaume a subi quelques légères modifications.

De longues coupures ont été pratiquées pour l'édition. Le lecteur y perd, voilà tout.

Le 17 février : *Les Etourderies de Pierrot*, ballet-pantomime en 1 acte.

Figaro, *amant d'Isabelle*	X.
Farcino	X.
Bartholo	X.
Isabelle	X.
Baroco, *vieux seigneur*	X.
Povera, *caméristе*	X.
L'Alcade	X.
Deux alguazils	X.

Le manuscrit ne porte pas les noms d'artistes qui ont créé les rôles de ce ballet fort insignifiant.

Le 20 avril : *Ma dernière folie*, vaudeville en 2 actes.

Le 22 avril : *Barbe-Rouge et la Bohémienne*, pantomime en 9 tableaux.

Ce Barbe-Rouge est un vulgaire Barbe-Bleue, que Sara la Bohémienne, une fort appétissante sorcière, est chargée d'arracher à des hallucinations, qui menacent sa raison et sa vie.

Elle lui touche le cœur avec sa flèche d'or. Il la repousse. Ce n'est pas elle qu'il veut.

La sorcière, alors, lui montre Colombine, prête à épouser Léandre.

Barbe-Rouge s'éprend foudroyamment de la fille de Cassandre et l'enlève.

Mais, la Bohémienne, froissée d'avoir été méprisée par le tyran, protège Léandre, Cassandre et Pierrot, son valet.

La grosse partie comique existe dans l'amour que la Bohémienne met au cœur de la vieille comtesse Bradasse, pour le naïf Pierrot.

Cette vieille comtesse est la mère de Barbe-Rouge.

Inutile de dire que tout finit pour le mieux, dans le meilleur des mondes impossibles. Léandre épouse Colombine, et Barbe-Rouge meurt, écrasé par la pierre qui forme la porte d'un souterrain, dans lequel il avait enfermé la Colombine, cause de tout ce tapage.

Le 29 avril : *Les Cosaques*, pantomime en 4 tableaux,

Cette pantomime fit débuter un danseur comique de beaucoup de talent : Lombardi, qui, plus tard, joua les Arlequins.

Le 29 mai : *Les Circassiens*, pantomime en 9 tableaux, par M. Charles.

Pierrot	MM.	Deburau.
Alamech		Labranche.
Alfendi		Victor.
Albadi		Lombardi.
Oscar		Vautier.
Bambico		Alexandre.
Krabétroff		Philippe.
Orgoff		Amable.
Un sergent		Magny.
Barcoff		Antoine.
Chicoff		Dérudder.
Zulioka	Mmes	Lefebvre.
Isolka		Augusta.
Isamis		Georgina.
Boulamine		Thérèse.

Je ne possède sur cette importante pantomime, aucun autre détail que cette distribution.

Suivent un tas de reprises, jusqu'au 13 juillet, où l'on donne la première représentation de : *Les Tyroliens*, vaudeville en 2 actes, joué par Drouville, Victor, Alexandre, Mmes Valentine, Thierry, Augusta et Amélie.

Le 29 juillet : *Les deux Polichinelles*, pantomime en 6 tableaux, par Vautier.

Pierrot	MM.	Deburau.
Premier Polichinelle		Vautier.
Deuxième Polichinelle		Dérudder.
Pantalon		Laplace.
Scapin		Amable.
L'alcade		Lombardi.
La fée	Mmes	Lefebvre.
Isabelle		Georgina.
Pédrille		Thérèse.

Le coiffeur des Funambules s'appelait Alfred.

Puisque je fais l'historique de ce théâtre, pourquoi n'en citerais-je pas le coiffeur ?

Le coiffeur est un homme, comme.... Au fait, non. Pour les dames de théâtre, le coiffeur n'est pas un homme.

C'est un être à part ; c'est un personnage hybride, neutre, sans sexe et sans âge ; devant lequel les femmes abdiquent toute retenue de chemise, toute pudeur, et ne craignent pas de se montrer dans le déshabillé, dépourvu du plus simple appareil.

C'est le coiffeur... et voilà tout !..

Alfred avait, paraît-il, rasé Talma. Aussi, le nom du grand tragédien était-il devenu pour lui, le drapeau glorieux dans lequel il se complaisait à se draper majestueusement.

Que les puristes me pardonnent d'avoir fait un drapeau d'un nom de comédien ; mais j'avais absolument besoin de cette métaphore pour arriver à bien établir la silhouette de mon original.

Lorsqu'un acteur disait à Alfred :

— Mon vieux, ma perruque a l'air d'une salade de pissenlit.

Aussitôt Alfred se redressait et répondait : Mossieur !... j'ai rasé Talma !..

Et la moue dédaigneuse, qui accompagnait cette apostrophe lui tenait lieu de toute autre phrase défensive.

Souvent un acteur affectait de lui dire :

— Ce soir, tu m'as coiffé comme un cochon, Alfred.

L'artiste capillaire pinçait les lèvres et rispotait, digne, mais froid :

— Jamais Mossieur Talma, que j'ai eu l'honneur de raser, ne m'eût qualifié d'une semblabe épithète.

— Qui ça, Talma ?.. lui demandait-on pour le faire endêver... Le bric-à-brac de la rue d'Angoulême ?...

— Non, Mossieur, non !... Il n'y a jamais eu qu'un Talma !.. le grand !.. le sublime !... Celui qui ne parlait qu'en vers !.. et que j'ai eu l'honneur de raser.

Quand Alfred avait bu, pour peu qu'on l'y poussât, il imitait grotesquement le grand tragédien, donnant aux alexandrins qu'il citait et récitait, un nombre de pieds, beaucoup plus considérable, que n'en comporte la règle la plus élastique de la prosodie.

Tout avait son originalité dans ce petit théâtre ; même le coiffeur. C'est pourquoi j'ai tenu à le présenter au public.

Le 26 août : *La Queue de Lapin*, pantomime en 15 tableaux, précédée de *Grippe-Soleil*, prologue-vaudeville en 4 tableaux.

Pierrot........................	MM. Deburau.
Grippe-Soleil, *paysan*..........	Alexandre.
Arlequin........................	Vautier.

Léandre........................	Dérudder.
Cassandre......................	Laplace.
L'enchanteur Marcarana........	Philippe.
La fée Cascade..................	Mmes Amélie.
La fée des Lilas	Valentine.
La fée Barbotte.................	Mancini.
Madame Cassandre.............	Lefebvre.
Colombine......................	Thérèse.

Sur le manuscrit original de cette pièce, je vois que le prologue a dû s'appeler : *Grippe-Saucisse* ; mais le mot *saucisse* a été remplacé par *soleil.*

Voici un des couplets que chantait Grippe-Soleil à la fée Cascade :

Air : *Du petit mot pour rire.*

L'amour, ce satané crapaud,
Vous aurait-il, dans un assaut,
Fait déjà des misères?...
Il est gentil, il est malin
Et toujours le petit gredin
Se rit (*ter*) de vos manières,
Par le devant de vos derrières.

Autre couplet chanté par le même Grippe-Soleil :

Air : *Quand la mer Rouge apparut* :

Avec quelle ardeur mon cœur
Danse, cabriole.
Mais on dit que le bonheur
Coupe la parole.
On dirait, à mes transports
Que j'ai le diable dans le corps.

(*Se frappant l'abdomen*).

Quelle pé, quel pé
Quel tu tu tu
Quelle pé
Quel tu
Quelle pétulance !
L'amour me balance.

La *Queue du Lapin*, on s'en doute, est un talisman que la fée Cascade donne à son filleul Pierrot, pour protéger les éternelles amours d'Arlequin et de Colombine.

C'est, comme les féeries antérieures, une lutte de talismans contre talismans. Rien de saillant ! Rien de neuf.

Deburau, seul titulaire de l'emploi des Pierrots, ne pouvait suffire à tout le répertoire. Alexandre Guyon le suppléait fort souvent ; mais Alexandre jouait lui-même des rôles importants à côté de Deburau. Il fallait donc, quand Alexandre doublait Deburau fatigué, faire, du même coup, doubler Alexandre par un troisième.

Cela dérangeait tout le répertoire.

M. Billion engagea un troisième Pierrot, Guimier, dit Kalpestri.

J'ai déjà parlé de ce mime, qui s'était fait remarquer à la salle Bonne-Nouvelle. J'aurai à en reparler ; car l'année suivante, ce fut lui qui remplaça Deburau, lorsque celui-ci abandonna définitivement les Funambules.

Le 28 septembre : *La Famille Potichon*, vaudeville en 1 acte.

Le 5 octobre : *La Caverne des Serpents*, mimodrame en 6 tableaux.

Pierrot : Kalpestri.

Le 15 novembre : *Trois Tourtereaux*, vaudeville en 1 acte.

Le 16 décembre : *Le Berger suisse*, ballet pantomime en 1 acte.

Colin.........................	MM. Vautier.
Turlupin.........................	Dérudder.
Hermann.........................	Laplace.
Un seigneur.........................	Antoine.
Un postillon.........................	Amable.
Un valet.........................	Hippolyte.
Ketty.........................	Mlle Georgina.

C'est un ballet genre rococo. Colin est un tendre berger, sorti de l'officine de M. de Florian ; Ketty joue avec sa houlette, et se laisse prendre aux rubans bigarrés de cet instrument champêtre.

Un des personnages chante :

Filles qui hantez la coudrette,
Le serpent rampe sous les fleurs.
Ne jouez pas à la houlette,
Cela vous porterait malheur.

Le 23 décembre : *Le Panache rouge*, mimodrame en 6 tableaux.

Ce fut dans cette pièce que Kalpestri débuta, réellement et se fit remarquer.

Pas de revue de fin d'année. Pas de pièce de circonstance. Plus M. Billion arrondissait sa bourse, plus il devenait intéressé !... Intéressé surtout, à n'en pas laisser sortir les écus qui s'y étaient empilés.

D'ailleurs, prétendait-il, les revues, ça *pilule* partout. Il croyait dire : ça *pullule*.

Un soir, cet aimable directeur, légèrement fatigué, et éprouvant le besoin de s'aller coucher, dit à son régisseur : Keller, je dors debout ; aussi, je vais me glisser dans mon *porte-monnaie.*

— Eh ! bien, on ne le reverra pas de sitôt, mumura Deburau, qui l'avait entendu.

CHAPITRE XLI

1855

Dégringolade.

Chaque fois que j'ai trouvé une occasion de citer, à propos du petit monument que je reconstruis, ou, Th. Gautier, ou, Jules Janin, ou, Gérard de Nerval, ou, George Sand, ou, Baudelaire, ou tout autre sommité littéraire, je me suis empressé de le faire, persuadé que le lecteur me saurait gré de lui procurer le plaisir de cette incursion, dans un passé tant oublié, inconnu même pour certains.

C'est George Sand qui, cette fois, va tenir la plume :

Qu'y a-t-il de plus artiste que le peuple de Paris ? Allez voir avec quel sérieux tous ces gamins du faubourg regardent la pantomime inimitable de leur Pierrot bien-aimé ! Ils ne rient pas beaucoup ; ils examinent, ils étudient, ils sentent la finesse, la grâce, l'élégance, la sobriété et la justesse d'effet de tous ses gestes et du moindre jeu de cette physionomie si délicatement dessinée sous son masque de plâtre, qu'on la prendrait pour un de ces charmants camées grotesques, retrouvés à Herculanum.

Vous connaissez cette race particulière aux faubourgs de notre grande ville, race intelligente, active, railleuse ; à la fois, débile et forte, frivole et terrible ; faible d'organisation, pâle, fiévreuse ; des têtes prématurément dépourvues de la fraîcheur de l'enfance et prématurément pourvues de barbes et de longs cheveux noirs, avec des corps grêles, souples et petits. Là, il n'y a pas de santé. La misère, les privations, le travail ou l'oisiveté forcés, également destructifs pour la jeunesse ; un climat malsain, des habitations méphitiques, de père en fils un étiolement marqué, des conditions d'existence déplorables, c'en est bien assez pour ruiner la sève la plus généreuse.

Et pourtant, il y a là aussi une énergie fébrile, une habitude de souffrir, une insouciance moqueuse, une perpétuelle excitation des nerfs, qui font que ces pauvres enfants résistent à la maladie et à la mort, mieux que l'épais John Bull, gorgé de viande et de vin. Irritez cette population et vous la voyez héroïque jusqu'à la folie sur les barricades : idéalisez-la un peu et vous aurez le gamin de Paris, l'admirable création de Bouffé. Mais voulez-vous la voir dans le calme de la réalité ? Allez aux petits théâtres du Boulevard, allez la voir en face de son maître de grâces, de son professeur de belles manières plaisantes, de son insouciance dégagée, de perspicacité soudaine et de sang-froid, superbe en face de son idéal, enfin, Pierrot-Deburau !...

Dans une étroite enceinte, où la scène est à peine séparée de l'auditoire, où aucun des linéaments de la physionomie délicate d'un mime n'échappe aux regards avides de ses élèves, où tout est homogène, artistes et spectateurs, où alternativement ils s'étudient et s'inspirent les uns des autres, à force de se lire mutuellement dans les yeux; allez voir, d'un côté ces milliers de têtes crêpues qui se pressent, l'œil fixe et la bouche béante, le long des balustrades en fer; de l'autre, ces joyeux saltimbanques qui s'amusent pour leur compte et s'entassent jusque dans la coulisse, tous fascinés et électrisés par l'activité calme et l'entrain majestueux de Pierrot.

L'entr'acte a été orageux. Malheur à qui ose promener un lorgnon impertinent sur ces groupes pittoresques, entassés et suspendus d'une manière effrayante aux grilles du pourtour. Malheur aux toilettes ridicules qui se risqueraient à l'avant-scène, ou aux gens délicats qui porteraient trop visiblement un flacon à leurs narines! Mille quolibets inouïs, un hourra impétueux, des cris d'animaux, un luxe incroyable d'imagination, de tapage et de sonorité imitative, auraient bientôt fait justice de la moindre inconvenance. Mais que Deburau paraisse et aux premières acclamations d'enthousiasme, succède le silence du recueillement. Lui aussi semble recueilli, le Maître! Sa face blafarde est impassible. Il est enfermé dans la majesté de son rôle, et il semble en méditer toute la profondeur.

Je m'arrête. Quelque délicieuses, quelque délicates que soient ces observations si exactes, cette si fine étude de George Sand, j'ai peur que le lecteur ne me reproche de m'écarter par trop de l'histoire des Funambules.

Cependant tout ce que je viens de citer du brillant auteur de *Mauprat*, se rattache à cette histoire, on ne peut le contester.

Le 18 janvier on joue : *L'Automate de Pantin*, vaudeville en 1 acte.

Le 8 février : *Pierrot en Orient*, pantomime en 6 tableaux.

Pierrot : Deburau.

A cette époque, on remarqua qu'une loge d'avant-scène avait été grillée par ordre de la Direction. Tous les soirs, la grille était levée, de façon à cacher au reste de la salle, la personne qui venait occuper cette loge. Il n'en fallut pas plus pour éveiller la curiosité des titis curieux. Ils se postèrent à la sortie du théâtre, guettèrent le spectateur de la loge mystérieuse et découvrirent que ce spectateur était une spectatrice. Mais quelle spectatrice ?.. son nom ?.. son âge ?... C'est ce qu'aucun ne parvenait à savoir.

En effet, la dame ne se montrait jamais que la tête entourée d'un voile épais. Elle traversait le boulevard, gagnait la chaussée et montait dans une élégante voiture, qui l'entraînait rapidement au galop de deux superbes trotteurs.

Un soir, un gamin, plus avisé, ou plus intrépide, dans les deux cas plus curieux que les autres, sauta sur les ressorts du derrière de la belle voiture, désireux de savoir où *perchait* la dame voilée.

Le lendemain il revint dire aux habitués de l'endroit, que la mystérieuse spectatrice était une chanteuse de l'Opéra : Rosine Stoltz.

Le rossignol venait là pour le Pierrot. Mme Stoltz s'était follement éprise de Charles Deburau.

Ce duo d'amour eut une influence grande sur les destinées du petit théâtre. Charles n'arrivait plus à l'heure ; Charles négligeait son travail. Charles, grisé par l'équipage, les valets, l'hôtel les toilettes, les diamants, l'autorité, la notoriété et la beauté superbe de la cantatrice, se mit à devenir, sans s'en apercevoir, le pensionnaire le plus inexact, en même temps que le plus insupportable, de M. Billion.

Les amendes succédèrent aux amendes.

Charles les paya, sans que cela le fit revenir à de meilleurs principes de régularité. C'est alors que Kalpestri commença à percer sous Deburau.

Percer ! comme une image d'Epinal peut ressortir à côté d'une délicate esquisse, ou d'une virulente eau-forte.

Le jeu de la pantomime doit être tout de finesse et de légèreté Celui de Kalpestri était lourd, voire ordurier. Là où il fallait effleurer, il écrasait.

Il marchait en hippopotame dans des dentelles d'araignées.

Kalpestri fut le commencement de la fin des Pierrots.

Le 6 avril, on donna : *Les Tourtereaux*, vaudeville en 1 acte.

Le 5 mai : *Le Général de l'Empire*, vaudeville en 2 actes.

Le 22 mai : *La Veuve du Soldat*, pantomime en 6 tableaux.

Le 5 juin : *La Chasse au Succès*, pantomime en 5 tableaux.

Je relève dans la *Gazette des Tribunaux* du 11 juin, un fait amusant, qui appartient à l'histoire de la pantomime, parce qu'il prend naissance aux Folies-Nouvelles, à propos de Paul Legrand.

L'Exposition universelle battait son plein. Un sieur Bossier, venu de Picardie, pour admirer les splendeurs de cette première grande Exposition, dont le Palais de l'Industrie est resté le monument, s'en va le soir aux Folies-Nouvelles.

Il n'a, sans doute, jamais vu de pantomime, le brave homme. Aussi, quand Paul Legrand apparaît, muet éloquent, ne comprenant rien aux gestes de Pierrot, M. Bossier se met-il à crier : Plus haut !... Un éclat de rire part de tous les points de la salle.

Ce qui n'empêche nullement le spectacle de continuer. Au

bout d'un instant, impatienté de ne pas entendre davantage, le bon Picard renouvelle son interpellation : Plus haut !... crie-t-il de nouveau.

On rit encore, mais moins.

Une minute s'écoule, quand un troisième *Plus haut* ! se fait entendre.

Cette fois, le public se fâche. On crie : A la porte !... Le Bossier riposte !... On le bafoue, on le plaisante, on l'objurgue. Il se fâche. Alors, sergents de ville s'en mêlent et veulent expulser le fâché fâcheux.

Mais, le Picard a la tête près du bonnet. Il résiste aux bicornes Il les injurie !.. On l'emmène au violon.

Conclusion : Le 11 juin 1855, le sieur Bossier s'entend condamner par la police correctionnelle, à *huit jours de prison et à cinquante francs d'amende.*

Le 30 juillet : *Tout à Paris*, parodie *sans nom*, en 6 tableaux.

On jouait au Cirque-Impérial : *l'Histoire de Paris*, drame, de Théodore de Barrière et Henri de Kock.

On jouait à la porte Saint-Martin : *Paris !* drame, par X...

L'affiche, pendant trois jours, ne porta comme nom d'auteur, que cet X algébrique.

Tout-à-coup, le quatrième jour, l'affiche s'illumina du nom de Paul Meurice, remplaçant l'X mystérieux.

M. Paul Meurice avait fait finir sa pièce en 1799, immédiatement après la merveilleuse épopée de Bonaparte, général républicain.

Dans un épilogue en vers, l'âme de la France apparaissait et disait à l'âme de Paris :

> Arrêtons-nous au seuil du siècle, jour de gloire.
> A présent c'est la vie et ce n'est plus l'histoire.

La censure impériale n'autorisa la représentation, qu'à la condition de voir au moins figurer à la scène, la victoire de Marengo.

Paul Meurice, sincère républicain de combat, refusa.

Marc Fournier, directeur de la Porte-Saint-Martin, qui avait fait de grosses dépenses, écrivit lui-même le tableau exigé par la courtisanerie Napoléonienne, et la pièce fut jouée.

Dès lors, Paul Meurice déclara ne pas en être le père et refusa d'y laisser accoler son nom.

Le quatrième jour, comme je l'ai dit, Marc Fournier ayant passé outre et mis, en toutes lettres, le nom de l'auteur, sur ses affiches, Paul Meurice traduisit le Directeur devant le tribunal, lequel donna tort à l'anti-Napoléonien Paul Meurice.

De là, aux Funambules, cette désignation de *Parodie sans nom*.

Cependant, Charles Deburau manquait de plus en plus ses répétitions, se moquant des amendes que lui infligeait un inflexible régisseur.

M Billion commença à se fâcher de la négligence de son pensionnaire; occupé à gazouiller des mots d'amour, en filant au pied d'une Omphale qui n'avait pas de trône en Lydie, mais en possédait un sur la scène de l'Opéra.

Quelques paroles aigres avaient été échangées entre le Directeur et le Pierrot.

Un soir, la querelle s'envenima à ce point, que Charles envoya brusquement et lestement promener son ancien tuteur, lui déclarant, haut et ferme, qu'il ne remettrait jamais les pieds dans sa *boîte*.

M. Billion envoya du papier timbré à son pensionnaire.

Celui-ci répondit par le paiement de son dédit ; soit : 10.500 fr.

Le Directeur, empochant la forte somme, convenue entre les parties, n'avait plus rien à dire. La vue des bons billets de banque qu'il palpait, le fit même enchanté de la perte de son Pierrot.

Deburau parti, Paul Legrand en face aux *Folies-Nouvelles* — nouveau nom des *Folies-Concertantes* — cela désagrégea complètement cette unique troupe des Funambules, qui avait mis vingt années à se former et à se perfectionner dans ce genre spécial.

Le 5 juillet, Offenbach inaugurait aux Champs Elysées la salle des *Bouffes-Parisiens*, par un prologue de Méry, s'il vous plaît : *Entrez, Messieurs, Mesdames*, dans lequel paraissaient MM. Pradeau et *Dérudder*, en compagnie de Mlle Mariquita.

Déruder avait, comme Paul Legrand, comme Charles, abandonné le théâtre de M. Billion, pour venir créer le rôle de Polichinelle dans la fantaisie du poète des *Nuits d'Orient*.

Qui l'avait remplacé aux Funambules ?... Dastrovigne. Mais, Dastrovigne n'était pas plus capable de remplacer l'inimitable Arlequin, que Kalpestri ne l'était de remplacer Charles Deburau.

Quelque temps après, ce même théâtre des *Bouffes* donnait comme nouvelle pantomime : *Pierrot-Clown*.

Cette pièce était jouée par Dérudder, Laplace et Antoine Négrier. En perdant ces trois mimes de premier ordre, les Funambules étaient fortement atteints.

Il y avait, comme personnage accessoire dans cette pantomime, un *garde écossais, joueur de cornemuse.*

Or, savez-vous qui jouait ce cornemusiste aux Bouffes ?...

Albert Glatigny, le poète des *Vignes folles*, des *Flèches d'or* et du *Fer rouge*.

Glatigny faisait, du reste, partie des artistes jouant dans le spectacle d'ouverture, du théâtre Offenbachique.

Bien des fois, le pauvre Barde m'a dit : Les populations n'oublieront jamais, je l'espère, que j'ai eu l'honneur de créer entre Berthelier et Pradeau, le passant des *Deux Aveugles* ; c'est moi qui étais chargé de leur jeter un sou, pour amener le dénouement de l'intrigue !...

Pendant ce temps, M. Billion ne décolérait plus de l'abandon de ses plus illustres mimes.

Ce fut bien autre chose quand Amable s'en alla, lui aussi, aux Bouffes-Parisiens d'hiver (salle Choiseul) rejoindre ses camarades et débuter dans *Les Statues de l'Alcade*, pantomime en 1 acte.

Dame, plus les artistes aimés disparaissaient, plus le public abandonnait le petit théâtre.................

M. Billion, qui avait souvent recours à la caisse des Funambules pour combler le déficit du Théâtre Impérial du Cirque, dont il était devenu directeur, voyait avec désespoir ses recettes maigrir au point de devenir étiques.

Abandonné par ses acteurs français, il fit ce que M. Bertrand n'eût certes jamais fait, avec sa haine profonde des tueurs de Napoléon Ier, M. Billion engagea des mimes anglais, M. Forrest, un clown-pierrot de première force, et miss Sanger, danseuse et Colombine fort appréciable, secondés par M. Johnston et Allen.

Ils débutèrent le 5 juillet, par : *Dancing scotchman*, pantomime en 1 acte, et produisirent beaucoup d'effet.

Mais, ce Pierrot sauteur, ce Pierrot-Clown, ce Pierrot nouveau, que présentait aux titis Mister Forrest, les déroutait complètement.

Tous les soirs, le public réclamait Deburau, ce qui redoublait les rages de l'infortuné directeur.

Ces rages augmentèrent d'intensité, quand le bruit se répandit sur le boulevard, que Deburau était en pourparler avec M. Hiltbrumer, directeur des *Délassements Comiques* pour l'achat de son théâtre.

Concurrence devant, concurrence à côté !... Et quelles concurrences !... Les deux noms les plus puissants dans le genre :

Deburau et Paul Legrand !... C'était à concevoir l'hydrophobie.

M. Billion se garda bien de s'hydrophobiser, se contentant d'opposer ses fils d'Albion à ses redoutables antagonistes, et de construire un piédestal, pour y jucher son infinitésimal Kalpestri.

Malheureusement, le piédestal était de papier mâché et la statue qu'il y voulait élever de cire molle, prête à fondre sous les rayons ardents des deux soleils d'en face et d'à côté.

Le 17 juillet, les mêmes Mister Forrest et Miss Sanger donnèrent la première représentation de *Mother Goose*, pantomime en 12 tableaux.

Le 3 août : *Une Femme entêtée*, vaudeville en 1 acte.

Le 10 août : *Le Génie des Eaux*, pantomime dialoguée en 11 tableaux, par Ch. Charton.

Pierrot	Kalpestri
Le Génie des Eaux	Amable (1)
Pantalonèse	Frédéric
Jobardini	Vautier.
Arlequin	Gustave.
Léandre	Desmares.
Un garde	Bertotto.
id.	Vallier.
id.	Bardou.
id.	Alexandre.

M. Billion se vengeait de l'amitié d'Alexandre pour Charles, en le mettant bon dernier sur ses programmes.

La fée Zimmeline	Mmes Lefebre.
Finette	Thérèse
Babillarde	Augustina.
Nonchalante	Georgina.

En 1844, Ch. Charton avait fait jouer les *Trois Quenouilles*. Cette pantomime n'ayant obtenu aucun succès, son auteur têtu, persistant à croire qu'il avait fécondé un chef-d'œuvre, avait retouché quelque peu sa vieille pièce, et la servait de nouveau au public sous le titre du *Génie des Eaux*.

Voici l'analyse de cette pièce rapiécée, telle que la donnait le programme vendu dans la salle.

Premier tableau : Salon gothique. — Au lever du rideau, trois jeunes filles attendent leur papa, qui part pour aller à la guerre. Il arrive et toute la famille implore la fée, qui descend et donne aux trois filles, trois quenouilles

1. Amable ne débuta aux Bouffes-Parisiens que le 29 décembre 1855.

de verre qui se casseront si elles filent mal. Mais, pour plus de sûreté, le papa les enferme dans une tour.

Deuxième tableau : Jardin pittoresque. — Arlequin et Léandre au désespoir vont se noyer ; mais, le Génie des Eaux qui louvoyait par là, sort de son élément dans une gracieuse coquille, et leur dit d'un air AIMABLE (1) : Je vous prends sous ma protection, vous serez heureux.

Troisième tableau : Intérieur de la tour. — Pierrot, Arlequin et Léandre, qui sont montés dans la tour, offrent un grand diner. Le champagne tape les têtes et les quenouilles se cassent. Le père revient de la guerre plus tôt qu'on ne l'attendait et demande à voir les quenouilles ; mais, bernique, il y en a déjà deux de cassées.

Quatrième tableau : Chalet rustique. — Le père court après les ravisseurs ; mais ceux-ci sont entrés dans une maison qui s'affaisse, et découvre le plus beau paysage du monde.

Cinquième tableau : Une campagne. — Le père continue à courir après les amoureux. Pierrot se retourne, donne des claques à toute l'armée, même à son futur beau-père

Sixième tableau : Une mansarde. — Pierrot veut casser la quenouille à Finette ; celle-ci va céder, au moment où son père arrive avec son armée pour tuer les amoureux. Mais le Génie des Eaux, d'un coup de baguette, coupe les têtes et les bras de tous les soldats. Pierrot, voyant ce sanglant spectacle, ramasse les têtes et les bras des soldats et les *racommodent* (sic).

Septième tableau : Salon riche. Le mur du fond s'ouvre et on voit les amoureux qui font dodo. Le Génie des Eaux referme le mur et déclare une guerre à mort à la fée.

Huitième tableau : Salon bleu. Pour Finette promettre et tenir, c'est deux. Les trois amoureux se cachent, assomment les deux Cassandre, et Pierrot sort de la cheminée, blanc comme neige.

Neuvième tableau : Porte et mur de jardin, gardés par des *élèves génies*. — C'est-à-dire qu'ils sont mal gardés.

Dixième tableau : Paysage. — Les deux grands Génies se rencontrent et se battent d'estoc et de taille, et l'on reconnaît que les trois filles n'ont rien de cassé du tout, du tout, du tout.

Onzième tableau : Le Génie des Eaux amène tout le monde dans son magnifique palais sous-marin, éclairé par des flammes de Bengale. Union des trois filles qui ont leurs quenouilles intactes, en guise de fleurs d'oranger.

Le 15 août : *Les Ruses d'un Merlan*, vaudeville, joué par Pelletier, Adolphe, Victor, Lenfant, Auger, Mmes Mancini, Léontine, Herminie.

Le 23 août : *The white statue*, pantomime anglaise en 3 tableaux.

Le 16 septembre : *La Corne du Diable*, pantomime arlequinade, en 13 tableaux, précédés d'un prologue.

Vulcain, *vieille caricature*............	MM.	Alexandre.
Pied d'acier, *maitre de danse comique*..		Bardou.
Léandre, *seigneur Vénitien*..........		Vautier.
Arlequin...........................		Saqui.
Cassandre, *vieux Vénitien*...........		Paul (2).

1. Le mot *Aimable* est en capitales, parce que c'est d'Amable qu'il s'agissait.
2. Ne pas confondre ce nouveau Paul, avec Paul Legrand.

Pierrot, *son valet*	M.	Kalpestri.
Vénus, *épouse de Vulcain*	Mmes	Lefebvre.
Flamme-d'Amour, *sa fille*.............		Thérèse.
Colombine, *fille de Cassandre*.........		Georgina.

Valets, cuisiniers, femmes de chambre, cyclopes, gardes, nymphes, tailleurs, garçons de cafés, boulangers.

Le Pierrot de cette pantomime fut la première grande création de Kalpestri.

Deux débuts assez importants s'y produisirent : celui de Saqui, petit-fils de la célèbre danseuse de corde ; et celui de Bardou, un clown-mime des plus lestes et des plus adroits.

Voici la banale donnée de cette pantomime aphrodisiaque :

Vénus a abandonné son époux Vulcain pour aller, sur la terre, chercher l'amour, chez les pauvres mortels.

Sa fille, Flamme-d'Amour, s'ennuie très fort dans les forges de son grotesque père, Vulcain. Le boiteux a beau lui faire donner des leçons de danse par maître Pied-d'Acier, la pauvre petite ne désire qu'aller retrouver madame sa mère.

Pendant que Vulcain sommeille, celle-ci apparaît. Flamme-d'Amour se jette dans ses bras. Vulcain se réveille. Les deux femmes s'enfuient. Le frère cadet de Jupiter — l'auteur ne le désigne pas autrement — s'élance à leur poursuite, accompagné de son sautriot de confident, Pied-d'Acier.

Sur terre, nous sommes à Venise, dit le manuscrit. Nous pourrions être aussi bien en tout autre endroit ; car, pas une gondole ne vient *envenisionner* le tableau.

Arlequin aime (naturellement) Colombine, à la main de laquelle aspire certain seigneur Léandre, soutenu par Cassandre et son valet Pierrot.

Arlequin, repoussé, va se tuer, quand apparaissent Flamme-d'Amour et Vénus, qui font de sa batte un talisman et le persuadent qu'il ne faut plus aimer Colombine, mais bien Flamme-d'Amour, laquelle soudainement s'est voluptueusement éprise de lui.

Il est fait ainsi qu'elles le désirent. Colombine, de son côté, inspirée par Vénus, se met à aimer Léandre.

Alors, commence l'inévitable combat entre la batte enchantée d'Arlequin et la corne, sublime talisman, que le Destin a plantée sur le front du bon Vulcain.

Pierrot, soudoyé par Vénus, a scié la corne du forgeron. Celui-ci, dépossédé, de son pouvoir magique, se trouve forcé, après maintes péripéties, d'accepter les conditions que sa femme lui impose, c'est-à-dire l'union de Flamme-d'Amour avec Arlequin et celle de Colombine avec Léandre.

Cette pantomime obtint un grand succès.

L'engagement de Deburau aux Délassements-Comiques était officiellement connu.

La participation de Mme Stoltz, à la direction du théâtre rival des Funambules, était effective.

La chanteuse apportait à M. Hiltbrumer la somme de 110.000 fr., dont 30.000 étaient réservés à la réfection complète de la salle.

Charles Deburau était engagé comme artiste et directeur de la scène, pendant les huit années de l'engagement, qui commençait le 1er novembre 1855. Il avait 6.000 francs par an, comme Pierrot en chef et sans partage, et 2.000 francs comme directeur de la scène ; ce qui lui faisait des appointements de 8.000 francs, chiffre très fort pour l'époque.

Les Délassements avaient été fermés *pour cause de réparations*. M. Billion attendait leur réouverture avec terreur.

Le 21 septembre, il donna la première représentation de : *Pierrot et le Revenant*, pantomime en 15 tableaux.

Voici la distribution de cette pièce :

Pierrot	MM.	Kalpestri.
Calouche, *paysan*		Saqui.
Olibrius, *enchanteur malfaisant*		Alexandre.
Cassandre		Antonio.
Crampon, *jeune marié*		Vautier.
Sautriot, *cousin de Crampon*		Bardou.
La fée Tartelette	Mmes	Lefebvre.
Baraste, *fermière*		Thérèse.
Rosette, *sa fille*		Georgina.
Madelon, *jeune mariée*		Valentine.
Madame Grenadier		Thierry.
Une grand'mère		X.

Cette pantomime obtint un joli succès.

Le 23 octobre : *Les Prisonniers de la Tchernaïa*, pantomime en 8 tableaux, par Ch. Charton.

Le général français	MM.	X.
Le comte Corniloff		Vautier
Olga, *sa fille*	Mme	Georgina.
Williams, *capitaine anglais*	MM.	Alexandre.
Pierrot, *son domestique*		Kalpestri.
Darcourt, *officier français*		Saqui.
Bourcanoff, *intendant du comte*		Antonio.
Deux prisonniers français		X.
Deux id. anglais		X.
Deux cosaques		X.
Un officier russe		X.

La France était en pleine guerre avec la Russie. Charles Charton saisissant l'occasion au vol, s'était empressé de démarquer quelque vieux mélodrame, bien oublié, de l'affubler de costumes et de noms russes, de faire battre à plate couture les uniformes moscovites par les uniformes français, ce qui dégageait aux Funambules une poussière patriotique des plus absorbantes, et permettait de servir ce plat indigeste, bien chaud, bien bouillant à un public, qui ne demandait qu'à l'avaler.

Je dis « indigeste », parce que le Ministère ne put recevoir sans protester ce coup de pied du pauvre Ch. Charton, porté à une nation ennemie, il est vrai, mais, malgré tout, sympathique et courageuse.

L'ordre officiel arriva d'avoir à suspendre les représentations des *Prisonniers de la Tchernaïa.*

Tout autre que M. Billion eût été au désespoir ; notre impressario ne se démonta pas pour si peu. Il appela Charles et lui dit :

— Demain l'on jouera votre pièce quand même.

— Malgré la défense impériale ?

— Malgré cette défense. Seulement vous changerez le titre et vous l'appellerez : *Les Pirates du Calvados.*

— Mais... les costumes ?

— Nous changerons les costumes. Les Russes seront vêtus en pirates, et les soldats français en garde-côtes.

— Mais les noms des personnages ?

— Nous changerons les noms des personnages. J'ai pensé à tout. Ainsi le *Comte Corniloff* s'appellera le *Pirate Bazanino.*

— Et sa fille *Olga* ?

— *Olga* devient *Lucilia*. Pierrot restera Pierrot ; parce qu'il est Pierrot dans tous les pays et dans toutes les langues ; le vieil intendant *Bourcanoff*, je le baptise *Bouracanio.* Quant à l'officier français *Darcourt*, nous en faisons un jeune sous-chef de garde-côtes, sous le nom de *Marcelie.*

— Mais l'époque ?.. insista M. Charles. Quelle époque ?...

— Le magasin regorge de costumes Louis XIV. L'action se passera sous le règne du grand Roy !...

Charles Charton était stupéfait.

L'affiche fut, en effet, changée le lendemain 22 novembre, et porta en grosses lettres : *Les Pirates du Calvados ou Pierrot libérateur*, pantomime comique en 8 tableaux.

Pas un geste changé, pas une scène remaniée ; même intrigue, aussi édifiante que remplie de simplicité.

La fille du chef des pirates, (ancien comte Corniloff) aime un jeune homme, sous-chef de garde-côtes, ayant déjà servi, (la veille surtout) en Crimée, dans l'armée française.

De là, combats, scènes d'amour et tout le bagage constituant une pièce de théâtre Funambulesque.

Le manuscrit de cette pantomime contient des indications, comme seul, Charles Charton les savait concevoir.

J'extrais les titres de tableaux qui suivent :

2e tableau : *Un riche vestibule arcadé.*
5e id. *Une prison aux épais verroux.*
6e id. *Une place d'armes fermée d'un mur.*
7e id. *Un bois touffu semé d'arbres antiques et séculaires.*
8e id. *Les côtes du Calvados, au bas desquelles coule une petite rivière et ça et là, quelques habitations pleines des charmes de la solitude.*

Ce même décor, dans le manuscrit des *Prisonniers de la Tchernaïa*, est ainsi décrit :

Huitième tableau : *Les ravins de la Tchernaïa, entourés d'eau, et le camp des Français sur les collines, semées ça et là de petites villas et de chaumières.*

Le 2 décembre : *Ma Politique*, vaudeville en 1 acte.

Tous les revuistes des petits théâtres apportèrent à M. Billion des Revues de fin d'année, sans frais, connaissant la parcimonie du bonhomme. Il répondit à tous : J'ai juré que je ne monterais plus de revue.

— Pourquoi ?... lui demandèrent les évincés.

— J'ai juré ! se contenta-t-il de répondre ; se renfermant dans un majestueux silence, de même que les Hellanodices, quand ils juraient sur l'autel de Zeus Herkéios, de ne pas révéler pourquoi ils avaient condamné tel ou tel gladiateur.

M. Billion, parfaitement découragé, pensa, pour la première fois, à abandonner les Funambules.

CHAPITRE XLII

1856

Union de Fauvette et de Pierrot

Rosine Stoltz avait, à cette époque, 43 ans. Charles n'en comptait que 27. On sait ce que peut être la passion d'une femme de cet âge de grand'garde, qui n'est pas encore tout à fait la vieille, pour un jeune homme vigoureux et beau.

Elle s'accroche à l'amour, sentant que l'amour va l'abandonner. Elle y use ses ongles, ses lèvres à retenir sa proie ; car elle sait qu'elle sortira vaincue de cette lutte suprême, dans laquelle sa chair devient glu et ses bras tentacules.

Rosine Stoltz rompait en visière avec tous les préjugés, pour arriver à la conservation de cet amour effréné, le dernier peut-être dont elle pourrait embraser sa vie.

Et de fait, Charles Deburau méritait à tous égards d'être la cible de ces dernières flèches, lancées d'une main fiévreuse, par la plus belle des *Favorites*.

Il était charmant ce Deburau, dont s'éprenaient à première vue les dames enflammables de l'époque. Et l'Empire en fournissait beaucoup. Jamais le règne de la cocotterie ne s'était vu élever un tel trône. Cela avait une raison d'être. Paris transformé, était devenu la ville soleil, la ville aimant, attirant par l'éclat de ses feux et de ses plaisirs, tout ce que l'Europe avait de jolies filles, qui ne demandent qu'à se perdre pour se faire retrouver.

Et Charles Deburau était un appât fort séduisant pour ces entrepreneuses de détails voluptueux.

Voici le rapide portrait qu'en fait Maurice Sand, dans ses *Masques et Bouffons* :

> Le fils de Deburau est peut-être le plus joli et le plus élégant Pierrot qui ait existé. C'est par la souplesse, la grâce et la fantaisie charmante, qu'il s'est acquis, à bon droit, une grande vogue.

La nature semblait s'être donné à tâche de rectifier en lui l'irrégularité des traits allongés de son père, auquel cependant il ressemblait d'une étonnante façon ; mais, comme un portrait ressemble à sa charge.

A ce point que Jules Janin, lors des débuts de Charles, avait écrit :

C'eut été une épreuve à tenter de cacher la mort du père et de produire le fils sans en rien dire à personne. On n'eût jamais su que Deburau était mort.

Les Délassements-Comiques rouvrirent le 21 février par une revue en 16 tableaux intitulée : *Vous allez voir ce que vous allez voir !...* Auteurs : Guénée et Ch. Potier.

Au troisième acte, c'est-à-dire au cœur de la soirée, une pantomime avait été introduite, formant corps avec la revue. Cette pantomime portait comme titre : *Petit Pierrot vit encore*. Elle était jouée par Deburau-Pierrot, Antoine Négrier-Arlequin, (Négrier avait suivi Charles aux Délassements), Dinaux-Cassandre et Mlle Cèbe-Colombine.

Cela porta le coup de grâce aux agonisants Funambules.

L'année avait commencé, dans l'abandonné théâtre de M. Billion, par :

Au Diable le jour de l'an, vaudeville en un acte, donné le 1er janvier.

Puis, était venue toute une cargaison de reprises.

Le 5 mars : *Parapharagaramus* ou *les Statues vivantes*, pantomime-arlequinade en 4 tableaux.

Le théâtre représente un laboratoire d'alchimiste.

SCÈNE PREMIÈRE

L'enchanteur est assis à une table et écrit une lettre. De chaque côté sont assis deux diablotins. Devant la table est Arlequin. Quand sa lettre est écrite, il dit :

— Enfin, l'œuvre immense à laquelle je travaille depuis si longtemps, touche à son terme ; je vais donc pouvoir animer des êtres que je formerai de mes mains ; leur donner l'existence, la vie, comme le ferait Dieu lui-même. Allons, esprits soumis à ma puissance, venez à mon aide et secondez mes travaux. Cette lettre à son adresse. Il me faut une réponse immédiate.

Il envoie la lettre, qui monte toute seule (à l'aide d'un fil). On entend un coup de tam-tam. Les diables se relèvent. L'Enchanteur se remet à l'étude de ses livres.

SCÈNE DEUXIÈME

Après un instant de silence, un second coup de tam-tam ; et une lettre rouge revient. C'est la réponse attendue. L'Enchanteur la prend, l'ouvre et la lit.

Puis il dit : Eh ! quoi ! Le Seigneur Léandre est amoureux de Colombine, la pupille de Cassandre ? Mais ce dernier l'aime aussi et veut l'épouser. Et Léandre vient me demander ma protection. Eh ! bien, soit !... Je le servirai de tout mon pouvoir.

Voilà le départ de l'intrigue, laquelle, on le voit, n'est guère enchevêtrée.

Pierrot est le valet de Cassandre, Arlequin celui de Léandre.

Colombine a une suivante, Suzette, qui est amoureuse d'Arlequin.

Dans toutes les pantomimes on croisait l'amour, comme les spadassins croisent le fer.

Les efforts d'imagination ne sont pas énormes, pour arriver à ce que les prétentions de Cassandre et de Pierrot sur Colombine et Suzette soient écartées au bénéfice de Léandre et d'Arlequin.

Alexandre Guyon ne pouvait rester longtemps éloigné de son ami Charles Deburau. Celui-ci, presque directeur, ayant main haute dans l'établissement que voulait relever Mme Stoltz, sous le pavillon Hiltebrumer, ne tarda pas à faire des propositions d'engagement à son inséparable; propositions que le fidèle Alexandre s'empressa d'accepter.

Le pauvre M. Billion marchait, ou plutôt courait d'effondrement en effondrement.

Le 22 avril, il vit avec désespoir, débuter sur la scène de ce théâtre rival et maudit, Alexandre Guyon, dans : *Le Moulin du Diable*.

Ce *Moulin du Diable* n'était qu'un nouvel avatar des *Meuniers*. Charles Deburau jouait Nicolas et Alexandre Guyon, Grégoire.

Dans cette même soirée, Alexandre disait de plus, une grande scène d'imitation, intitulée : *Un diner d'artistes*.

M. Billion engagea alors, pour ses Funambules, un nommé Bunel, qui fit d'excellents débuts dans l'emploi comique.

Puis, Gabel, un gamin parisien qui, plus tard, acquit une certaine notoriété, en créant sur le théâtre des Fantaisies-Parisiennes, l'un des deux gendarmes légendaires de *Geneviève de Brabant*.

Le 20 mai : *Une Femme pour rire*, vaudeville en 2 actes.

Le 27 mai : *Pierrot et les Fils du Diable*, pantomime en 15 tableaux

Je ne possède aucun document sur cette pantomime.

Le 2 juin : *J'ai le gros Lot*, vaudeville en un acte.

Le 1er juillet : *Les Conseils de Cocotte*, vaudeville en 1 acte, joué par Alexis, Pelletier, et Mmes Jenny, Thierry, Rosalie, Amélie et Anaïs.

Le 28 juillet : *La Fille du Ciel*, ballet-pantomime en trois tableaux.

Ce ballet n'est qu'un décalque, sans vergogne aucune, de *La Fille de l'Air*, féerie des Folies-Dramatiques.

Mêmes lieux de scènes, mêmes personnages affublés d'autres noms, même marche de pièce et d'intrigue.

Au mois d'octobre de cette année 1856, M. Billion, écœuré, dégouté, abattu, vaincu, fourbu, vendit son petit théâtre des Funambules à MM. Dautrevaux et Angrémy, pour se consacrer à la seule direction du Théâtre Impérial, ancien cirque.

M. Dautrevaux était un employé supérieur de la Compagnie du Gaz, qui, à ses moments perdus, s'amusait à écrire de petites pièces qu'il faisait jouer aux Funambules. Peu à peu il s'était épris des mœurs théâtrales, à ce point qu'il fut le premier à solliciter de M. Billion, la cession de sa direction ; ce à quoi l'impresario funambulesque s'empressa d'acquiescer.

M. Dautrevaux n'était pas riche. Il s'adjoignit un de ses amis, M. Angrémy, marchand de tissus du faubourg Saint-Denis. Ces deux messieurs prirent comme troisième associé, pendant quelque temps seulement, M. Fléchel, le beau-père de M. Angrémy, le véritable bailleur de fonds. Mais la raison sociale de cette triplice fut Dautrevaux et Angrémy.

Un des premiers actes de la nouvelle administration, fut le rengagement d'Amable, qui s'ennuyait fort aux Bouffes-Parisiens, dont Offenbach excluait petit à petit la pantomime.

Le but des deux nouveaux directeurs était de reconstituer une troupe que M. Billion avait trop laissé s'effriter.

Ils engagèrent Mlle Réparata, danseuse d'un certain talent ; un mime Italien Antonio Rovero ; une seconde danseuse vint s'adjoindre à la première, Mlle Marie Olympe Martin ; puis Maria Kalpestri, femme du Pierrot, et Desmards, autre mime.

Ils tentèrent aussi de faire revenir Laplace et Dérudder ; mais, des engagements sérieux liaient ces deux artistes à leur théâtre.

Ils se rejetèrent alors sur de véritables danseurs, Pissarello, Bertotto, etc.....

J'oublie un engagement des plus importants : Forestier, un comique de valeur.

Si l'engagement d'Amable fut le premier qu'ils contractèrent, le *Génie des Eaux* fut la première pantomime qu'ils remontèrent pour la rentrée de leur prestigieux premier rôle mime.

Cette rentrée et cette reprise eurent lieu le 4 novembre, en même temps que la première représentation d'un vaudeville en 2 actes : *Chaillot*.

La pièce était de M. Dautrevaux. Il la contraignit à avoir du succès, la claque aidant.

M. Billion plaisanta fort les visées littéraires de son successeur.

M. Dautrevaux qui eut connaissance des sarcasmes de son prédécesseur, en conçut une violente animosité. Un jour que M. Billion, voulant se donner de l'importance, lui dit : Je viens de chez MON AMI, le garde des sceaux.

— Il ne vous a pas gardé assez longtemps, riposta M. Dautrevaux.

Le 26 novembre : *Les Frères Provençaux*, vaudeville en 2 actes.

Pelletier, en cuisinier, chantait ce couplet :

Air : *Ces postillons sont d'une maladresse.*

Je suis très fort en matièr' de cuisine.
J' sais fair' des plats remplis de variétés.
J' fais les poulets dits à la Crapaudine
Qu' c'est un' merveille !.. Et les rognons sautés,
Qu'on s' rong' les doigts après s' les êtr' léchés.
Ce dernier plat, vous le fait's de la sorte :
Vous tirez du bon vin, sans y goûter,
Puis, vous prenez vos rognons d'un' main forte
Et vous les fait's sauter. (*bis*)

Le 18 décembre : *Les Raseurs du jour*, revue en 2 actes, par Ch. Blondelet et Vinet.

Vinet était souffleur aux Délassements. Il avait reçu une assez bonne instruction ; avait été pendant quelque temps clerc chez un huissier ; mais, le goût du vin l'avait emporté sur le goût des protêts, et, de dégringolade en dégringolade, il avait roulé jusque dans le trou du petit théâtre de M. Hiltebrumer.

Blondelet, lui, acteur des Folies Dramatiques savait juste assez d'orthographe pour écrire : « *J'ai des' idées, mais je manque d'instrucsion* ». Il flaira Vinet et trouva en lui, en le gavant de litres à douze, un adjudant précieux.

Voici la désignation des personnages de leur revue :

Le Mensonge..........................	X.
La Vérité..............................	X.
Betty, le Châlet suisse............	X.
Le Marchand de crayons.............	X.
Le Pré Catelan......................	X.
Le Temple............................	X.
Mme Descuirs........................	X.
M. de Paintendre....................	X.
M. Despalerons......................	X.
Langue de vipère....................	X.
Infectados...........................	X.

Cinq centimes illustrés........................ X.
Le Progrès.. X.
La Pièce d'or..................................... X.
Les théâtres de Paris.......................... X.
La fée du Baptême.............................. X.
Le Gaz.. X.
Le faubourg Saint-Marceau.................... X.
Une servante...................................... X.

PREMIER ACTE

Le Palais de la Vérité

DEUXIÈME ACTE

L'Ile du Mensonge

On venait d'établir dans Paris, une certaine quantité de châlets de nécessité, à 15 centimes.

Entrait une suissesse, qui, après avoir vanté, puamment, l'utilité de ces odorants buen-retiro, chantait au compère de la revue :

Air : *du Charlatanisme.*

C'est très commode, en vérité.
Je le donne comme merveille.
Chacun a sa commodité ;
Avec le plus grand soin je veille.
C'est on ne plus curieux.
Dans mon chalet on est à l'aise
C'est un endroit délicieux.
Rien n'est plus charmant que ces lieux
Qui pourtant n' sont pas à l'anglaise. (*bis*)

Les délicats n'avaient rien à voir aux Funambules. Ils le savaient. Et, s'ils s'aventuraient dans ce conservatoire de la pantomime, ils devaient s'attendre à tout entendre, sans se boucher le nez, non plus que les oreilles.

La revue des théâtres était faite par la *Vérité*, qui chantait au *Mensonge* :

Air : *Antiquaire savant.*

Au théâtre, le soir,
Quand chacun va les voir,
Toujours avec plaisir
On va chez eux les applaudir.
A l'Opéra j'ai vu jouer *Le Corsaire.*
Ce fut, je crois, un succès de bravos.
Loges, pourtour, galerie et parterre
Ont retenti longtemps de ces échos.

Le théâtre va bien
Quand j'en suis le soutien.
J'ai pour lui des égards
Je suis déesse des Beaux-Arts.
De lui, toujours, moi je suis idolâtre.
Pour les plaisirs, et les jeux, et les ris
Rien n'est si beau, vraiment, que le théâtre.
Pour moi, vois-tu, c'est un vrai paradis.
. . . .

Les Zouav's à la Gaité
Ont manqué de gaité.
Il n'y avait vraiment.
Ni commenc'ment, ni dénouement.
Braves soldats, puisqu'on vous met en scène,
On aurait dû vous traiter en Français.
Chacun de vous se donna moins de peine
Pour remporter le plus brillant succès.

Dans *Le Fils de la Nuit*,
Lorsqu'on y voit le brick,
Le brick et c' qui s'en suit,
On s'écri' : quel chic a ce brick !
Salut à toi, cher *Marin de la garde.*
Tu s'ras toujours un très joli flambard.
Frèr's de la Côte, allez, que Dieu vous garde,
Voguez en paix, sur l'vaisseau de *Mari' Stuart.*

Un vaisseau, c'était bon ;
Mais deux vaisseaux, ah ! non !
C' qui fait qu' ces vaisseaux ont
Fait couler leurs pièces à fond.
De l'Ambigu quand j'ai vu *La Servante.*
Je me suis dit : c'est on ne peut plus beau.
Car chaque soir cette femme ensanglante.
Aussi des *Mers* c'est le plus grand *Fléau.*

Le Palais-royal a
Fait des farces, oui-dà
Et Grassot nous donna
Le Roi qu'à perdu la boula.
L' Gymnase aussi, par un charmant caprice,
Nous a donné ses œuvres des salons ;
Mais je n' goûte pas, quand il s'agit de *Vice,*
De nous montrer ces petits *Fanfarons.*

Les Zouav's des Variétés
Sont des variétés
Qui firent certain jour
C' qu'on appelle un joli p'tit four.
Allez donc voir la belle *Fanchonette.*
Que de bravos tous les jours on entend.
Aussi l' Caissier, en voyant sa Cassette,
Admir' Madam' Carvalho-Miolan.

Avec cet argument,
Cet homme assurément
Dit, comptant son argent :
C'est la pierre d'achoppement.

Georges Trévor, qui défend la misère,
Va, par ma bouch' les *Pauvres* (1) te l'ont dit.
Tu peux toujours te regarder le père
Et l'*Avocat* des *Pauvres de Paris*.

(*Reprise*) Au théâtre le soir,
etc., etc.

Cette revue termina l'année et commença l'autre. Elle eut du succès.

CHAPITRE XLIII

1857

Déclin.

Le firmament funambulesque s'obscurcit de plus en plus. Les étoiles de première grandeur se sont transformées en comètes, ne laissant aucune trace de leur sillage lumineux. La figure de Pierrot s'est ressentie de cette obscurité. Elle tourne au noir. Peut-être même, l'aspect de cette nouvelle face est-il la cause de cet alourdissement général. Son blanc n'égaye plus.

Les directeurs l'ont compris et cherchent toutes les façons de rendre, à leur petite scène, la vogue et le rire de jadis.

Le 18 janvier ils donnent : *Le Pied de Veau*, vaudeville-féerie en 11 tableaux.

DISTRIBUTION DE CETTE PIÈCE

Crétinot....................	MM.	Pelletier.
Alonzo		Rodolphe.
La Perche..................		Léonce.
Sottinez....................		Lenfant.
L'Enchanteur...............		Victor.
Pédrille....................		Auger.
Un geolier..................		Vautier.
Un juge.....................		Amable.
Un aubergiste...............		Victor.
Le chef des démons.........		Frédéric.
Furibonde..................	Mmes	Lefebvre.
Le Génie du bien...........		Amandine.
Emma.......................		Léontine.
Paquita.....................		Thérèse.
Barbonne...................	M.	Bardou.
Diavolette..................	Mlle	Mariani.

1. *L'Avocat des Pauvres*, à la Gaité.

Voici les indications que donne programme vendu dans la salle :

1° — Une forêt. — Un pistolet qui part. — Un arbre qui fait le service d'omnibus.

2° — Une place publique à Séville.

3° — Un salon chez Sottinez où la *male* et les chaises sont *enchantés*.... de faire des niches à ce bon M. Sottinez.

4° — Une ferme coquette, ou la nouvelle Belle-au-bois-dormant.

5° — Le boudoir des sorciers. — M. et Mme Merlin sont très méchants. Mais, le Génie du bien, qui est très gentil, donne un rendez-vous à Madame Merlin dans un bosquet, où le petit Génie gagne son procès.

6° — Carrefour des mauvais génies, ou la marmite du Diable.

7° — Un jardin avec portes et kiosques magiques.

8° — Une auberge. — Madame Merlin tient parole au petit Génie, qui fait cuire et manger le pied à Crétinos et le met lui-même à la broche.

9° — La Prison. — Don Crétinos pleure ses péchés. — Un juge qui est *aimable*, (toujours la même plaisanterie sur le nom d'Amable) le condamne à être brûlé vif.

10° — Le bûcher, qui est à la place où est morte Paquita, donne des regrets à Crétinos.

11° — Apothéose ! — Mariage général par le bon Génie. — Embrasement de la scène par les flammes du Bengale.

Cette féerie amusa, mais n'attira pas la foule.

On reprit *Barbe-Bleue*. Reprise perdue.

Le 30 janvier : *La Lorgnette*, vaudeville en 1 acte par J. Renard.

Enfin, le 11 mars, on décrocha la timballe avec : *Le Soldat Belle-Rose*, pantomime en 7 tableaux par Ch. Charton, le victorieux pugilateur des succès funambulesques.

DISTRIBUTION

Le Major Petrowski	MM.	Lenfant.
Le Boyard Mikaloff		Vautier.
Son intendant		Desmares.
Le soldat Bellerose		Amable.
Clairette, *sa femme*	Mlle	Thérèse.
Polino, *son fils*	MM.	Amable fils.
Pierrot, *garçon d'auberge*		Kalpestri.
Un brigadier		Bardou.
Un domestique		Bunel.
Un guichetier		Jean.
Garde-Françaises		Alexandre N. Gustave.

Le manuscrit donne comme indication : *La scène se passe en Russie sous Pierre Ier ou sous Catherine II.*

Cette fois, l'inimitable Charles nous fait jongler avec les époques, comme, ailleurs, il nous a fait voir *les Lagunes à Naples* et *le beau Danube bleu* aux pieds du Vésuve.

Pierre Ier régna sur toutes les Russies jusqu'en 1726, et Catherine II en 1770.

Mais, peu importait au brave homme. Ce n'était rien pour lui que l'écart d'un demi-siècle ?.. Rien !... Il eut aussi bien écrit : La scène se passe sous le règne de Louis XIV, ou de Louis XV.

Qu'est-ce que le soldat Bellerose, dont le nom semblerait faire croire que ce brave militaire a dû naître sur les bords, plus ou moins fleuris, de la Seine ou de la Marne ?.. Un grenadier russe !.. Et, si vous aviez demandé à Charles Charton pourquoi ce Russe s'appelait Bellerose, il vous eût certes répondu : Pourquoi s'appellerait-il autrement ?..

Le grenadier Bellerose est marié et père. Un vieux boyard, que Ch. Charton nous présente sous le nom de Mikaloff, s'éprend de la femme du grenadier. Aidé de son intendant, le vieux boyard enlève ou plutôt veut enlever la belle Clairette.

Le même Charles Charton admet, sans y chercher malice, qu'une femme peut aussi bien s'appeler Clairette, sur les bords de la Néva, qu'à la halle au poisson de Paris.

Mais, Mikaloff et son intendant sont empêchés par Bellerose, qu'est allé prévenir Pierrot. Le grenadier, qui était de faction, campe Pierrot de service à sa place, et s'empresse d'accourir pour protéger sa femme et son enfant, le petit Polino.

Charles Charton a jugé que Paul devait, en langue russe, se traduire *Polino*.

Le boyard, furieux de voir sa tentative avortée, fait arrêter le soldat, coupable d'avoir abandonné son poste, et veut le faire condamner par le major Petrowski.

Mais, Clairette, aidée de son fils Polino, que le traître a fait enlever et revêtir de riches vêtements, pour attirer chez lui, celle dont il veut absolument faire sa maîtresse, Clairette, dis-je, menaçant le vieux drôle d'un pistolet, lui fait écrire, qu'il ait à se désister de sa plainte, à la retirer et à accorder à Bellerose, comme indemnité, une somme de 2000 francs :

Et, voici comment conclut le manuscrit de Ch. Charton.

Polino semble dire au boyard en le narguant : Monsieur, je vous remercie de vos beaux habits. — Puis il lui en ratisse !... Le marquis (car le boyard est aussi marquis) veut le corriger ; mais, Pierrot lui présente le pistolet.

Alors tout le monde rit.

On le voit, Ch. Charton bouleversait les mondes, les époques ; mais ne bouleversait en rien sa façon d'opérer.

Le 2 avril, on joua *La Comète*, vaudeville en 1 acte.

Le 6 avril : *Pierrot trop aimé*, pantomime en 3 tableaux dont voici la distribution :

Piffendorf	MM.	Frédéric.
La Duchesse		Desmares.
Pierrot		Kalpestri.
Cassandre		Bertotto.
Un valet de ferme		Gustave.
Colombine	Mme	Lavau.
Un ténor de salon	MM.	Vallier.
Un cocher		Jean.
Un geolier		Bunel.
Un Bourgmestre		Antoine.
	Mlles	Evelina.
		Virginie.
Paysans et domestiques.		

On peut s'apercevoir, par ces noms d'artistes, très inconnus, que les Funambules possédaient une troupe, presque entièrement reconstituée.

Le 18 avril : *Les Faneurs*, vaudeville en 2 actes.

Le 24 avril : *Jocrisse ou les Infortunes d'un Coiffeur*, ballet-pantomime en 4 tableaux par Vautier.

Pierrot	MM.	Kalpestri.
Boniface		Delaquis.
Le Marquis de Boissec		Desmares.
Un bossu		Vailhé.
Un groom nègre		Secretin. ou (1) Bunel.
Un invalide		Berttoto.
Un sous-officier de garde-française.		Gustave.
Deux garde-françaises		Jean. Antoine.
Mme de Boissec	Mmes	Léontine.
Jeannette		Thérèse.
Un Sage		Kalpestri ou Lavau.

Un nouvel artiste, M. Delaquis, vient renforcer la troupe des mimes. Delaquis arrivait des Folies-Nouvelles, où il doublait Paul Legrand dans l'emploi des Pierrots.

Delaquis était un théoricien, je ne dirai pas des plus profonds, du moins fort excentrique. Il ne parlait que par parabole. On eut dit un prophète catéchisant.

Une de ses théories était celle-çi :

1. Note de la distribution affichée au foyer des artistes.

— Le derrière et le visage sont mêmes. Quand je reçois un coup de pied dans le second, c'est le premier qui exprime que le coup de pied a atteint son but. Le premier sent ; le second ressent.

Il avait épousé la femme d'un musicien, mort en jouant du serpent, dans la musique d'un régiment d'infanterie ; et il disait :

— Je suis la preuve qu'on peut vivre très heureux avec une moitié de serpent.

De même que Charles Charton, il avait conçu quelques pantomimes. Il disait alors de lui-même : Je ne suis pas de la force de Racine ; mais, je puis m'affirmer « radicule », car je me suis sorti moi-même de mon embryon.

Le 1er mai : *La Chevrière d'Austerlitz*, vaudeville en 1 acte.

Le 14 mai : *L'Homme des Bois*, pantomime en 3 tableaux.

Cet *Homme des Bois* n'était qu'un arrangement, ou plutôt un dérangement nouveau, de *Jocko, le Singe du Brésil*.

Le 26 mai : *La Fille maudite*, pantomime en 7 tableaux, avec *changements à vue*, *combats*, *évolutions*, etc., par Maxime Delor.

Jamais plus terrible et plus sombre action dramatique n'a été conçue, charpentée, écrivaillée et représentée.

L'auteur jongle avec les enlèvements d'enfants, les proscrits révoltés, les jeunes femmes séduites, la folie, la terreur, la cruauté, la condamnation des innocents, l'honneur des noms, les fusillades, les pétarades et nombre d'autres éléments fantaisistes, saugrenus, sinistres, stupéfiants, bien faits pour terrifier les imaginations naïves des spectateurs du petit Théâtre.

La scène se passe en Russie, sous le règne de Pierre-le-Grand. Pourquoi, aux Funambules, tant de pièces se passent-elles en Russie ? Parce que le magasin de costumes était encombré d'un grand nombre d'uniformes russes, et que les directeurs auxquels les auteurs apportaient une pantomime, dont l'action devait se passer en Espagne ou en Turquie, disaient, en confabulant avec ces derniers : Vous changerez les noms de vos personnages. Le comte Voronzoni s'appellera Voronzoff ; et, sa victime Bettina deviendra simplement Olga. Notre public préfère la Russie à l'Espagne.

Les auteurs se résignaient ne pouvant faire autrement.

Je donne la distribution de *La Fille maudite* :

Le comte Voronzoff..........	MM.	Lenfant.
Alexis, *son fils*..............		Vallier.
Péters, Mikaloff.............		Amable.

Micaël, *intendant*...........		Desmarcs.
Turiof, *chef tartare*..........		Delaquis.
Cocassino, *paysan*...........		Kalpestri.
Georges, *fils d'Alexis*........		Amable fils.
Olga, *fille de Péters*..........	Mmes	Lefebvre.
Daniella, *paysanne russe*.....		Lavau.

Paysans, paysannes, gardes, tartares.

M. Maxime Delor ne le cédait en rien, dans un autre genre, à son rival Ch. Charton. Le style de ses pantomimes atteint le paroxysme de l'ampoulé, au point de faire se tordre dans leurs linceuls, les Guilbert de Pixérécourt, Caignez, Victor Ducange et autres mélodramaturges, presque inconnus des sphères modernes; ces célèbres défunts n'eussent pas hésité, de leur vivant, à traiter le bon Delor de vieille perruque.

Pour donner une idée précise de l'écriture de Maxime Delor; je relève quelques-unes de ses phrases prises au hasard :

Le comte Voronzoff, pour terminer l'issue de cette scène, dit : Malheureuse fille d'un proscrit sans nom, sais-tu bien quel est le valeureux père de ton enfant ?

— Non !.. semble répondre Olga, avec anxiété et angoisse.

— Eh ! bien, apprends le donc !...

Et marchant à son fils, il ouvre sa souquenille et découvre aux yeux de la tendre Olga, les habits sompteux et les nombreux ordres dont la poitrine de l'infortuné prince Alexis est couverte.

Puis plus loin :

Le comte fait un mouvement de taciturne indignation. Péters, à son tour, lui montre ses vieilles cicatrices, découvre sa noble poitrine où l'on peut voir son vieil ordre de chevalerie. Mais le gouverneur au lieu d'admirer ces vieux débris de la splendeur passée du proscrit, s'en indigne et porte la main à son épée perfide.

Sur un signe de Pierre Ier, le palais s'illumine de mille feux. Turiof, Micaël et Cocassino sont plongés dans un profond étonnement. Un formidable cri de : Vive le Tzar ! anime ce tableau réparateur.

Un nouveau coup devait frapper le pauvre théâtre, et le précipiter plus avant, dans l'agonie finale.

Vautier, l'incomparable Polichinelle, la première pratique du monde entier, alléché, par les offres séduisantes du directeur des Folies-Nouvelles, signa, avec ce dernier, un engagement très avantageux, réduisant, par son départ, la troupe des Funambules à sa plus optime expression.

Vautier était le dernier de cette valeureuse phalange, qui avait élevé la farce, à la hauteur d'un art. . . . .

Avec lui, s'en allait la tradition, disparaissait la distinction, périssait l'art, s'enfouissait la délicatesse dans la fantaisie.

La pantomime se trouvait abandonnée à la direction suprême, à la volonté absolue d'un Pierrot brutal, qui voyait gros, jouait énorme, et pervértissait le goût du public, jusqu'alors respecté par la fine tradition, que s'étaient repassée Paul Legrand et Charles Deburau.

Vautier parti, Kalpestri régnait. C'est-à-dire la charge grotesque sans esprit, sans observation, stupide, souvent ordurière.

Le public ne s'occupa plus des Funambules. Les habitués possédant un certain tact — il s'en trouve plus qu'on ne suppose dans le peuple — allèrent aux petites places d'en face, retrouver Paul Legrand, Laplace, Vautier et Cossard cadet.

La belle Madame Lefebvre fut la seule qui résista aux offres engageantes des intéressés à la destruction complète de son théâtre, dont le nom magique n'attirait plus que de rares spectateurs.

D'abord, Madame Lefebvre voulut maintenir dans son cher métier de mime, l'élévation artistique, dans laquelle son éducation avait été formée; mais, peu à peu, elle fut entraînée par le tourbillon bourbeux, au milieu duquel s'ébattait lourdement Kalpestri, et ne tarda pas à y rouler avec lui.

Pauvre Kalpestri !.. Il fut l'auteur inconscient de la déconsidération de ces farces, que le grand Théophile Gautier n'hésitait pas à dénommer « filles d'un art sublime ».

Le 29 mai : *Le Gascon à trois visages*, ballet-pantomime en 1 acte.

Le 4 juin, tous les habitués des Funambules s'étaient portés au théâtre des Folies-Dramatiques. C'est qu'un début des plus importants, pour eux, avait lieu ce soir-là.

Le père Mourier, le légendaire directeur de ce théâtre, avait engagé Alexandre Guyon, et le présentait, pour la première fois à son public, dans : *Je reconnais ce militaire*, vaudeville en 1 acte.

. . . .

Les Funambules se ressentir encore, de ce voisinage gênant. Ses habitués allèrent voir Guyon.

Le 12 juin, on joua : *Le premier Passant*, vaudeville en 1 acte.

Le 2 juillet : *Brelan de nourrices*, folie-vaudeville en 1 acte.

Le 11 juillet : *Le beau Lancier*, vaudeville en 1 acte.

Ce vaudeville est bien fait ; spirituel parfois. L'ingénue Lucette, nièce d'un épicier nommé Dardouillet, cherche avec celui qu'elle aime, Jean Colas, autre naïf, le moyen le plus prompt d'arriver au mariage.

Elle chante :

Air : *Sœur Agnès m'a dit...*

Dans un beau roman que, pour sa boutique,
Mon oncle acheta, j'ai lu qu'deux amants,
Pour se délivrer d'un joug tyrannique,
S'en étaient allés loin de leurs parents.
Ce procédé-là m'a paru charmant.
Voilà comme un' fill' s'instruit en lisant.

Le 4 août : *Monsieur Bonaventure*, vaudeville en 6 tableaux.

Ce vaudeville ne fut joué qu'une fois. On n'aimait pas aux Funambules les pièces de longue haleine. Les titis trouvaient que *l'on parlait de trop*. Dans la pantomime ils acceptaient allègrement, vingt et même trente tableaux ; dans le vaudeville, deux commençaient à leur sembler long.

Le lendemain, 5 août, on donna : *Les Ficelles du sergent Mathieu*, vaudeville en 1 acte.

Le 8 août : *Le Loup d'Ecosse*, drame vaudeville en 2 actes. C'est la désignation que porte cette pièce, dans les journaux-programmes de l'époque ; mais le prospectus-indicateur, vendu *un sou* dans la salle, le qualifie autrement.

Je cite ce prospectus :

Le Loup d'Ecosse, vaudeville dramati-comique, en 2 actes, avec changements à vue, apparition, transformations, combats au sabre et à l'épée, etc., par Maxime Delor, auteur de *La Fille maudite.*

Robert	MM.	Philippe.
Edouard		Hippolyte.
Malcolm		Victor.
Crakfort		Achille.
Rigobert		Pelletier.
Farruck		Frédéric.
Aboul Saïd		Aimable (1).
Ascanio	Mmes	Armandine.
Thérésa		Lefebvre.
Margarita		Léontine.
Sarah		Maria.
La Vision		Augusta.

Ainsi commence le prospectus :

Robert, comte de Dumbar, surnommé le Loup d'Ecosse, à cause de sa férocité, a spolié le comté d'Inverness à Edouard, et assassiné la mère de Thé-

1. Tous les programmes de cette époque portent le nom d'Amable, ainsi orthographié.

résa. Celle-ci, que le ciel inspire, et dont l'âme de la mère demande vengeance, veut suivre dans les combats le sire Malcolm de Berwick, qui rassemble ses vassaux, pour voler au secours d'Edouard.

Thérésa, nouvelle Jeanne d'Arc, accomplit des prodiges de valeur.

A un moment, prisonnière de Robert, son ennemi, le bon Rigobert s'est introduit dans la prison de l'héroïne, et, pour la faire évader, lui propose de changer de vêtements. Mais il faudrait se dévêtir devant un homme. Sa pudeur native s'y oppose. Comme Virginie, sur le navire le Saint-Géran, elle préfère mourir.

Heureusement pour les Ecossais, elle ne meurt pas. C'est le traître qui est empoisonné par Rigobert.

Et le prospectus conclut ainsi :

La cause du juste, triomphe à son tour. Thérésa est l'objet de la manifestation la plus joyeuse. Edouard la proclame l'héroïne de l'Ecosse et tout le monde est à ses genoux.

On chantait une ballade dans ce vaudeville *dramati-comique*. La voici dans toute sa simplicité. C'est à croire qu'elle n'a pas été faite exprès :

I

Un soir je vis,
Regagnant ma chaumière,
Au pont-levis
Paraître la lumière
Du Farfadet
Qui cause notre crainte.
Puis, en effet,
Ce n'est point une feinte,
Mille lutins
Qui dansaient une ronde,
Esprits malins
Dont ce castel abonde.

Parlez plus bas de ce monstre odieux.
Craignez, craignez son pouvoir détestable.
Gais paysans, abondonnez ces lieux.
Eloignez-vous, c'est le château du Diable.

II

N'a-t-on pas vu
Le passant solitaire
Tremblant, ému,
Se courbant jusqu'à terre,
Lorsqu'un géant
A la voix menaçante
Apparaissant
Comme une ombre sanglante

Sortait le soir
De cet antre effroyable.
Il fait si noir
Dans le château du Diable.
Parlez plus bas, etc., etc.

III

Il faut frémir,
O mère de famille ;
Voici venir
L'ogre de jeune fille.
Cachez au fond
Le plus noir de vos caves
La vierge au front
Purpurin, aux yeux caves.
Car, sans souci
De faire un nouveau crime,
Le vieux maudit
En ferait sa victime.
Parlez plus bas, etc., etc.

Le 15 septembre on joua : *L'Ombre de Cassandre*, vaudeville en 1 acte par Ch. Blondelet.

Rubel débuta dans cette pièce.

Rubel, l'acteur le plus petit de Paris, n'avait encore joué, vu l'exiguité de sa taille, que sur des théâtres où se produisaient spécialement des enfants. C'est ainsi que, sorti du Théâtre Enfantin, il était allé chez M. Comte, directeur toléré d'un théâtre d'enfants, où il tenait l'emploi des *grands* premiers comiques.

A trente-cinq ans, il jouait encore à côté de gamins de douze ou treize ans, et ne paraissait guère plus âgé qu'eux.

Ses débuts aux Funambules furent heureux ; il resta à ce théâtre, jusqu'à sa fermeture, c'est-à-dire sa démolition.

Le 10 octobre : *La Fiancée de Pierrot*, pantomime en 4 tableaux :

1er tableau :		*L'orage.*
2me	id.	*Les Cascades.*
3me	id.	*Pierrot savetier.*
4me	id.	*Pierrot fiancé.*

PERSONNAGES

Julien, *jeune garde forestier*...	MM.	Hippolyte.
Vincent, *vieux bûcheron*........		Philippe.
Mathurine, *sa femme*..........	Mmes	Thérèse.
Rose, *leur fille adoptive*.......		Lavau.
Pierrot, *cordonnier*		Kalpestri.
Eugène, *jeune fat*		Delaquis.
Le notaire....................		Desmares.
Premier paysan................		Antoine.
Deuxième paysan..............		Jean.

Le 3 novembre : *Pâque-Fleurie*, vaudeville en 1 acte. Je possède un tableau des distributions, que l'on affichait au foyer des artistes, pour qu'ils connussent à l'avance, le travail qu'ils avaient à faire, et, par conséquent, à coordonner.

Le titre de cette pièce y est ainsi écrit : *Pâque-Dieu* et *Pâque-Fleurie*, vaudeville de M. Dautrevaux.

Le Dauphin	MM.	Lavau.
Le docteur		Frédéric.
Théligny		Bunel.
Babolin		Alphonse.
La Comtesse	Mmes	Rosalie.
Charlotte		Léontine.

Remarquez, je vous prie, ce prénom d'Alphonse, jouant le tout petit page Babolin. Le jeune homme qui, modestement, se glissait sur l'humble scène des Funambules, n'était autre qu'Alphonse Lemonnier, l'un de nos plus habiles directeurs et de nos modernes folliculaires, qui, sans conteste, peut se vanter de connaître le théâtre mieux que pas un, l'ayant pratiqué devant et derrière le rideau, comme administrateur, acteur, auteur et critique.

Alphonse Lemonnier, véritablement né comédien, parut successivement sur les scènes des Délassements et du Cirque Impérial. A quinze ans, il faisait ses premières pièces, jouait ses premiers rôles, écrivait ses premiers articles. Pourquoi, comme un tas d'autres, moins « talentés » que lui, n'est-il pas arrivé aux premières places ? — Parce que, comme le dit Figaro, en cette vie, le savoir-faire vaut mieux que le savoir. Et, que Lemonnier, philosophe digne de figurer dans l'antique Athènes, a toujours conservé son franc parler, dédaignant les flagorneries et les courbettes, et n'a jamais voulu sacrifier sa pipe bohème, au cigare aristocratique. On ne se doute pas de ce que peut l'influence d'une pipe, dans l'existence d'un homme.

Fils de comédien et de comédienne, enfant de la balle, ses premiers pas se firent sur des trappes et des costières ; ses premiers appuis furent des portants ; ses premières cordes à sauter, des guindes, des fils et des commandes.

Hippolyte Hostein l'avait pris en sérieuse affection. Il le fit entrer au Cirque, comme acteur, et se l'attacha ensuite comme secrétaire particulier.

Lambert Thiboust lui disait : Gamin, si tu as la force de venir me trouver au café des Variétés, sans fumer ta pipe, je te ferai recevoir une pièce au théâtre de Cognard.

Et, le jeune homme lui répondait : Monsieur Thiboust, si vous voulez venir me voir au café Achille, sans fumer un de vos infects cigares, je vous accorde ma collaboration, pour une pièce au Lazarri.

A part cela, ils eussent pu s'entendre.

Revenons à *Pâque-Dieu* et *Pâque-Fleurie*. La seconde partie de ce titre fut seule conservée.

A la première représentation, la pièce du directeur Dautrevaux fut abominablement sifflée — me raconte Bunel. On fut forcé de baisser le rideau avant qu'elle put être achevée.

Mme Rosalie, qui jouait la Comtesse, était la mère d'Alphonse Lemonnier ; elle avait du talent, et était très belle.

Mais, un nouveau deuil devait bientôt atteindre la gaieté du théâtre des Funambules.

Pelletier, l'inimitable Pelletier, que tous les imitateurs de l'époque ont imité, le fantoche Pelletier, l'inénarrable Pelletier accepta un engagement aux Délassements-Comiques.

Messieurs Dautrevaux et Angrémy, affolés, lui offrirent trente francs par semaine. Il résista, d'autant, à ces aurifères propositions, que le directeur du théâtre rival lui accordait cent cinquante francs par mois.

Cent cinquante francs par mois !.. Pour Pelletier, c'était le Pactole roulant, à travers la mansarde de l'honnête et brave garçon, ses paillettes d'or.

Aussi, disait-il à qui voulait l'entendre : — Me voilà sorti des bouibouis !... Je suis donc enfin dans un théâtre d'ordre !...

L'excellent homme débuta aux Délassements le 19 novembre, dans le rôle de Serinet, de *l'Escarcelle d'or*.

Son succès fut très grand ; ce qui, à nouveau, arracha quelques clients de plus au théâtre de M. Dautrevaux.

Le 21 novembre : *Une Médecine de cheval*, folie-vaudeville en 1 acte.

Le 5 décembre : *Le Diable au corps*, vaudeville-féerie en 1 acte, par Ch. Blondelet.

Californe, génie de l'or	Mlle Anna.
Thomas	MM. Gauché.
Lecoq	Rubel.
Marcel	Dubois.
Marthe	Mlles Augusta.
Musette	Leroy.

Cette pièce fait partie des distributions de 1857, affichées au foyer. Dubois un bon comique de l'endroit, m'affirme qu'elle n'a pu être jouée qu'en 1858, son entrée aux Funambules datant de cette époque. C'est possible. Cela doit être, même.

Le 31 décembre : *Qu'est-ce qui casse les verres* ? revue de Blondelet et Vinet.

Ce titre était le second vers d'une chanson idiote, qui avait sillonné la France, et écorché tous les gosiers et toutes les oreilles de ceux qui chantent, ou, écoutent.

Ch. Blondelet avait fait annoncer, dans les petits journaux, qu'il s'emparait pour sa revue des Funambules, du titre : *Ohé ! les p'tits agneaux !*

Grand avait été, à la lecture de cette annonce, le désespoir de MM. Cognard, directeurs des Variétés.

C'était, précisément, le titre qu'ils avaient rêvé pour la revue commandée à Clairville.

On fit mander Blondelet aux Variétés. On le pria de vouloir bien céder à M. Clairville ce fameux, ce flamboyant, ce magique : *Ohé !.. les p'tits agneaux !*

Blondelet demeura inflexible.

On fit miroiter à ses yeux, la perspective d'un engagement pour ce même théâtre des Variétés.

Il commença à faiblir.

On lui offrit de lui acheter son titre *Cinq cents francs !*

Il céda !

Ch. Blondelet, ayant vendu la propriété d'un vers qui n'était pas de lui, s'empressa d'accaparer le second vers de la célèbre chanson, et sa revue s'intitula : *Qu'est-c' qui cass' les verres* ?

Ch. Blondelet était le fils du faux sauvage, qui tambourinait sur quatorze caisses, au Café des Aveugles. Lui-même, avait succédé à son père, dans cet emploi de *Vendredi* civilisé, et de première baguette de France. On peut voir, par ses relations avec MM. Cognard frères, qu'il n'avait rien de la grande dignité d'Œil-de-Faucon, et du Grand-Serpent, et que ses façons de procéder se rapprochaient beaucoup plus, de celles des sauvages qui, alors, escortaient le Bœuf gras.

Passons à l'année 1858.

CHAPITRE XLIV

1858

Autour des Funambules.

En des temps reculés, le bois de Boulogne n'était pas encore le Bois de Boulogne, et s'intitulait noblement Forêt de Rouvray.

Or, vers l'an 1300, Béatrix de Savoie, ayant cédé au roi Philippe IV, dit le Bel, son poète favori, le troubadour Arnault de Catelan, le pauvre barde fut assassiné par ceux-là même qui l'escortaient, en la dite forêt de Rouvray.

Le roi Philippe avait fait élever, sur le lieu du crime, une sorte de pyramide, monument commémoratif, et brûler vif les assassins du chanteur de ballades.

Cet endroit du bois de Boulogne était depuis resté aride, marécageux. Vers 1856, l'édilité parisienne s'inquiéta, de voir cette lande effondrée, en pleine promenade à la mode. Nestor Roqueplan en obtint la concession pour quarante années, sous l'expresse condition d'y fonder un lieu de plaisir.

Trois mois après, huit mille arbres, les fleurs les plus rares, des pelouses de verdure, des kiosques, des cafés, des chalets, des pavillons, des restaurants, des baraques de marionnettes, des prestidigitateurs, un théâtre de fleurs, remplaçaient l'amas de cailloux et de sable, qui faisait, de cette partie du bois charmant, une solitude silencieuse et affligée.

La foule se précipita vers ce superbe établissement. Devant le monument, sous lequel gît, ou ne gît pas, l'infortuné Catelan, on dansa, on aima, on se grisa, on s'ébattit.

Tout cela, pour en arriver à vous dire que Vautier, le transfuge des Funambules, débuta, en 1858, au *Pré-Catelan* — c'était le nom du nouvel établissement — par une pantomime de lui, qu'il avait créée au théâtre de MM. Dautrevaux et Angrémy.

Cette pantomime avait pour titre : *La Fée Aurore*. Elle ne comprenait qu'un tableau.

Lors de sa création, les interprètes étaient Hippolyte, Gustave, Mmes Thérèse, Lavau, Léontine.

Au Pré-Catelan, on l'agrémenta d'un ballet, dont il fut beaucoup parlé sur le boulevard du Temple. Aussi, entreprit-on le voyage du bois de Boulogne, pour aller voir la petite pantomime d'antan, agrandie par les ronds de jambes et les entrechats-six, d'un tas de jolies personnes, plus ou moins en rut de chahut.

Le 9 janvier, — nous rentrons aux Funambules — on donna : *Le Remords*, vaudeville en 2 actes de M. Dautrevaux.

Cette pièce était jouée par MM. Gabel, Lavau, Frédéric, Achille Mmes Thérèse, Léontine.

On y chantait un couplet, qui se terminait par ces cinq vers, d'un réalisme, que ne démentirait pas le nouveau théâtre Naturaliste :

> Je peux bien t'le dire entre nous,
> O Jenny, mon cher ange,
> J'aim' pas les puc's, j'aim' pas les poux,
> J'aim' pas tout c'qui démange.
> Pas plus qu'la marchandise à M'sieur Domange.

On le voit, par cette citation, M. Dautrevaux n'était pas un poète dithyrambique et élégiaque.

Le 26 janvier : *Un Brelan de nourrices*, vaudeville en 1 acte par M. Stuard.

Le 1er février : *Une Vieille Moustache*, vaudeville en 1 acte par Ch. Foliquet.

Le 3 février : *Figaro*, ballet pantomime en 3 actes, par M. Laurençon.

Almaviva	MM.	Amable.
Bartholo		Laurençon.
Basile		Philippe.
Figaro		Gustave.
Un notaire		Bertotto.
Rosine	Mlles	Thérèse.
Suzanne		Lavau.

Le 2 mars, reprise des *Meuniers*, ballet pantomime en 1 acte, de Blache père.

L'engagement de Laurençon, danseur comique d'une merveilleuse agilité et d'une grande souplesse, était le seul motif de cette reprise. Il produisit un grand effet dans le rôle de Moulinet.

Le 19 mars : *L'Amour au village*, ballet pantomime, par Laurençon.

Le 14 avril : *Les Protégés de l'Amour*, pantomime féerie en 5 tableaux. Cette pantomime-arlequinade se terminait par un couplet au public, dans lequel Pierrot chantait sa partie.

Air de : *Madame Favart.*

L'AMOUR, *au public.*

Si l'ouvrage vous intéresse
Je vais répondre par un mot.
Messieurs, l'auteur de cette pièce.
(*Montrant Pierrot*).
Eh! bien, c'est mon ami Pierrot (*bis*).

PIERROT.

Parler ainsi, c'est un' boulette...

L'AMOUR.

Pourquoi donc, mon cher?... au surplus,
(*Au public*)
Si la chos' vous paraît trop bête,
Ma foi, vous ne reviendrez plus.

Cette pantomime, fort bien construite, d'extraits de toutes ses sœurs aînées, obtint un succès tempéré.

Le 15 avril, la Porte-Saint-Martin donnait la première représentation de : *Les Mères repenties*, drame de Félicien Mallefille.

Au moment où Dumaine, qui jouait le personnage de Régis de Plougastel, venait de lancer une tirade fulgurante contre les immondes pamphlétaires, tirade que le public avait fort applaudie, Frédéric Lemaitre, qui se trouvait dans une loge, se leva et dit à haute voix, s'adressant à Eugène Woestyn :

— A toi, Woestyn !...

Eugène Woestyn était alors rédacteur du *Figaro-Programme.*

Grand fut le scandale, comme bien l'on peut penser.

Woestyn, parlant de l'incident, écrivait le lendemain dans son journal :

De quoi se plaint M., Frédérick-Lemaitre? L'avons-nous jamais insulté? Jamais!
Devant les morts, nous nous découvrons toujours.

Ch. Blondelet et Vinet s'empressèrent de porter aux Funambules un à-propos, dans lequel se trouvait parodiée la scène scandaleuse, qui avait interrompu le spectacle de la Porte-Saint-Martin.

Cette parodie s'appelait : *Les Mères sans repentir*, parodie en 1 acte, *avec un scandale dans la salle.*

Elle fut jouée le 28 avril et n'obtint aucun succès.

Le scandale de la salle fut même sifflé.

Le 18 mai, on joua : *La Moresque*, pantomime à grand specle en 6 tableaux, par Charles Charton.

1er tableau :		*Le sang More.*
2me	id.	*Pierrot lazzarone.*
3me	id.	*Une ruse de Pierrot.*
4me	id.	*Cent ducats pour une femme.*
5me	id.	*Le cœur d'une mère.*
6me	id.	*L'écroulement.*

Les personnages de cette pantomime étaient :

Orsino, *comte de Castro*	MM.	Amable.
Alphonse de Médina............		Victor.
Eléna, *femme d'Alphonse*.......	Mlle	Rosalie.
Fernand, *son fils*...............	MM.	Amable fils.
Pierrot, *valet d'Alphonse*.......		Kalpestri.
Ramire, *officier supérieur*......		Hippolyte
Mahia, *moresque au service d'Orsino*..........................	Mlle	Thérèse.
Roberti, *tavernier*.............	MM.	Antoine.
Barbaro, *confident d'Orsino*.....		Desmares.
Piétro, *confident d'Orsino*		Jean.

Deux affidés, acolytes, soldats, paysans.

L'action se passe en 1610, écrit l'auteur, sous le règne de Ferdinand III, roi des Deux-Siciles.

L'historien-géographe fantaisiste, Ch. Charton, confond encore dans son indication, Ferdinand III avec Philippe III, d'Espagne.

Ferdinand III, le saint, roi des Deux-Siciles, de Castille et de Léon, est mort en 1252.

Ce ne peut donc être que Philippe III, dont Ch. Charton a évoqué la mémoire, puisqu'il régna de 1578 à 1621, et que l'action, ainsi qu'il est dit, se passe vers 1610.

Mais, Philippe ou Ferdinand, peu importait à l'audacieux perturbateur.

Voici par quoi débute le manuscrit :

Au lever du rideau, Orsino est assis, la main droite sur la table et la main gauche sur la garde de son épée. *De l'autre* il lit un papier.

Il faudrait citer tout ce manuscrit, malheureusement trop long, pour prouver au lecteur que Ch. Charton, au lieu d'apaiser sa verve transformatrice, se plongeait de plus en plus dans un insenséisme effréné.

Je cueille cependant cette fleur du bouquet formé par l'excentrique écrivain :

La frayeur d'Héléna s'augmente encore, quand Mahia s'approche sournoisement de la table gothique et soulève le tapis d'Orient qui la couvre. Heureusement Fernand, devinant l'intention de la moresque, a eu le temps de se glisser dans le cabinet secret, dont la porte est de même.

Voici encore une indication du second tableau :

Le théâtre représente une espèce de place d'armes, fermée au fond par un mur. Au milieu de ce mur, une grille qui laisse voir la campagne italienne. Au fond, des montagnes praticables, ornées de fleurs. A gauche, près du mur, l'entrée d'un château-fort, surtout en créneaux.

Et l'indication du quatrième tableau :

Une forêt. A droite, un rocher d'où s'échappe une fontaine entourée de broussailles. Près de cette fontaine, un banc vermoulu. Çà et là plantes agrestes ou odoriférantes.

Je m'arrête, pour raconter un fait sans précédent aux Funambules. Pelletier, engagé aux Délassements Comiques, eut l'audace de venir demander à ses anciens directeurs, de lui vouloir bien accorder une représentation à bénéfice. Et, chose extraordinaire, MM. Dautrevaux et Angrémy consentirent à leur pensionnaire fugitif, la faveur qu'il sollicitait d'eux.

Le 12 juin, le théâtre des Funambules jouait donc, au bénéfice de Pelletier, la pièce en vogue aux Délassements : *Les Odalisques de Ka-ka-o*.

Le *Figaro-Programme*, à qui j'emprunte ce détail, ajoute : Pas un titi qui ne répondra à l'appel de Pelletier : Capulet dînant chez Montaigu !.. Boileau faisant les honneurs à Rollet !..

Je veux retracer ici, des vers amusants qui coururent alors le boulevard, et qui ne sont pas étrangers à notre sujet, puisqu'ils concernent M. Billion, l'ex-directeur des Funambules ; c'est un sizain :

BILLION

Je suis bon z'avec mes acteurs,
Excellent z'avec les auteurs,
Dit Billion, à qui veut l'entendre.
Je suis t'économe en décors
Et chacun marche sur mes cors
Bien que j'aye le cuir très tendre.

M. Billion était furieux, des quolibets qui fondaient sur lui de toutes parts.

Il voulut un jour en finir une bonne fois, et résolut de provoquer l'un de ses plus cruels persécuteurs.

Victor Cochinat était né à Saint-Pierre (Martinique) de parents nègres.

D'un très beau noir lui-même, c'est ce journaliste teinté, que M. Billion choisit pour but de la plaisanterie, à l'aide de laquelle il espérait arrêter les brocards, dont il était accablé chaque matin.

Il lui adressa la lettre suivante :

Monsieur Cochinat,

Votre encre, aussi noire que votre peau, ne m'atteint pas de ses éclaboussures. Je me moque de vous et de vos *facécies* que je trouve très bêtes. Je puis être illettré, mais je ne suis pas un lâche, et je vous défends d'écrire mon nom dans votre sale petit journal (1). Ou sinon je vous provoque en duel à n'importe quelle arme : épée, sabre, pistolet et même à la *lence !* Je vous invite aussi à garder le *silance* sur cette provocation, que je désire ne pas ébruiter, et à laquelle vous répondrez si vous n'avez pas peur de pâlir, malgré votre couleur, devant un homme véritable, c'est-à-dire blanc.

Je vous salue,

BILLION.

Le brave homme avait cru être fort mordant et très spirituel en attaquant Cochinat dans la teinte plus que foncée de son épiderme. Mais les plaisanteries sur la nuance de l'amusant écrivain étaient épuisées depuis longtemps. Il eut été le premier à en inventer, si par hasard il en fut resté encore à trouver.

Il répondit à M. Billion :

Mon cher Directeur,

Le mot *lance* prend un *a* quand il n'y en a qu'une. Il prend un *e* quand il y en a six. Sur ce, vous seriez bien aimable de m'envoyer une loge, pour voir votre féerie : *Turlututu chapeau pointu*. Sinon, je publie votre lettre, et dame alors, gare à vous !

Ma main noire serre votre blanche patte.

VICTOR COCHINAT.

M. Billion, qui était loin d'être un sot, je l'ai dit, comprit qu'il avait commis une grosse faute et envoya la loge

Le 5 juin, Charles Deburau ouvrait aux Champs-Elysées, dans la petite salle, où les Bouffes-Parisiens avaient pris joyeuse naissance, le *Spectacle Deburau*, par les premières représentations de :

1° Les *Champs-Elysées*, prologue en un acte de M. Samson [2] dit par M. Goby.

1. C'était : *La Causerie* qu'alors Cochinat faisait, en collaboration avec Dunan-Mousseux.
2. M. Samson, de la Comédie Française.

2° *La grande Tante*, de Mme Caroline Berton [1]. M. Goby jouait également dans cette pièce.

3° La *Gigue américaine*, dansée par M. Dérudder.

4° *Le Retour de Pierrot,* pantomime jouée par Charles Deburau, Dérudder et Négrier.

Quelques habitués des Funambules désertèrent encore la salle du boulevard du Temple, pour aller revoir Deburau et sa troupe.

Le 29 juin, MM. Dautrevaux et Angrémy donnèrent la première représentation de : *Les Canotières de la Marne*, vaudeville en 2 actes.

C'était pour contrebalancer l'énorme succès qu'obtenaient aux Folies-Dramatiques *Les Canotiers de la Seine.*

Les *Canotières* ne coulèrent pas les *Canotiers*, et firent, dès la quatrième ou cinquième représentation, un plongeon, dont elles ne revinrent pas.

Le 9 juillet, on reprit : *L'Ours et l'Amateur des Jardins*, vieille pantomime en 1 acte.

Gustave Vautier, fils du célèbre Polichinelle, débuta dans le personnage de l'Ours.

Vautier fils sut se faire apprécier comme clown, plutôt que comme mime.

Rompu à toutes les souplesses du corps, à tous les tours d'équilibristes et de jongleurs, il pouvait aussi bien faire *L'homme serpent* que le *Prestidigitateur indien.*

Vautier père, dans ses notes, a écrit sur son fils :

> Gustave Vautier est né sur les planches. C'est un enfant de la balle. Il serait curieux de compter le nombre d'ours, de singes, d'autruches et autres animaux dont il a endossé la fourrure.
>
> Vous rappelez-vous, dans *Peau-d'âne*, à la Gaîté, cet orang-outang qui faisait si bien la culbute ? C'était Vautier fils. Il a parcouru toute la province. Il a tenu l'emploi dans les principaux théâtres et Alcazars de France. Et notre aimé et charmant Ch. Deburau l'a exhibé aux quatre coins du monde.

Le 5 août : *La Fête des Mariniers*, pantomime-ballet en 3 tableaux.

Le 1er septembre, les *Folies-Nouvelles* rouvrirent leurs portes avec Paul Legrand, Cossard, Laplace et Vautier dans les *Folies-Nouvelles, peintes par elles-mêmes*, à-propos de Charles Bridault.

C'était le dessus du panier des anciens Funambules, transporté en face. Donc la concurrence redoutable, implacable qui recommençait.

1. Mme Caroline Berton était la fille de M. Samson et la femme de M. Berton père, du Gymnase.

MM. Dautrevaux et Angrémy luttèrent quand même ; l'argent de M. Fléchel fondit dans leurs mains, et, le 8 septembre, ils donnaient : *Monbars l'Exterminateur*, pantomime en 6 tableaux et à spectacle :

1er	tableau :	*L'auberge de Pierrot.*
2e	id.	*Ozaï l'indien.*
3e	id.	*Pierrot et le flibustier.*
4e	id.	*La famille du colon.*
5e	id.	*La citerne.*
6e	id.	*Pierrot libérateur.*

DISTRIBUTION

Monbars, *surnommé l'Exterminateur, chef de flibustiers, 40 ans*	MM.	Philippe.
Morgan, *lieutenant de Monbars, 40 ans*		Devin.
Ozaï, *indien recueilli par Monbars, 30 ans*		Amable.
Laroupie } *flibustiers*		Joseph.
L'esclave } *flibustiers*		Vallier.
Lecornu } *flibustiers*		Jean.
Dom Lopez, *riche planteur, 50 ans*		Delaquis.
Antonia, *sa femme, 35 ans*	Mme	Lefebvre.
Inès, *fille de Don Lopez et d'Antonia, 15 ans*	Mlles	Adèle
Don José, *fiancé d'Inès, 17 ans*		Thérèse
Pierrot, *maître de posada, 30 ans*		Kalpestri
Johanna, *sa mère, 45 ans*	Mme	Augusta
Alvarez, *lieutenant de troupe, 30 ans*		Bunel
Marquitta, *jeune créole au service de Pierrot.*	Mlle	Baroux
Un négrillon		Amable fils

Soldats, flibustiers, colons, créoles.

Je n'entreprendrai pas le long et indigeste récit de la lutte qui se livre, pendant ces six fastidieux tableaux, entre la famille Don Lopez, protégée par l'Indien Ozaï, et le terrible boucanier Monbars.

Qu'il suffise au lecteur de savoir, que la vertu est récompensée et le crime puni, comme cela doit se passer dans tout bon mimodrame ; et, que le méprisable Monbars périt sous les coups de bâton de Pierrot, ce qui est vraiment une mort indigne d'un aussi digne brigand.

Le 7 octobre : *La-i-tou* et *Tra-la-la*, folie-vaudeville en 1 acte, par Ch. Blondelet et Michel Bordet.

Michel Bordet, qui devait, quelques années plus tard, débuter comme comédien au théâtre de Belleville, devint, de même que Vinet, un des fournisseurs attitrés de Ch. Blondelet.

Blondelet, très remuant, hardi comme deux pages... de Berlioz, mais moins savant, concevait une idée, la portait aussitôt à l'un de ses deux fabricants, Vinet ou Michel Bordet, et trois jours après, l'idée avait pris corps, sous forme de pièce, que Blondelet courait présenter au Lazarri, aux Funambules, ou à Bobino. Il s'acharnait sur le directeur et ne le quittait que lorsque, obsédé, fatigué, brisé, n'en pouvant plus, le pauvre impresario lui avait accordé la réception de sa pièce.

A ce point, qu'un jour, M. Coleuille, directeur de Bobino, devenu le théâtre du Luxembourg, lui avait dit : Prenez garde, mon cher Blondelet, il y va de votre vie. J'ai toujours de l'onguent mercuriel sur moi.

Blondelet ne se froissa pas de cette plaisanterie de mauvais goût, et revint, le mois d'après, présenter deux nouveaux manuscrits.

Sa collaboration, somme toute, en valait une autre. Il savait placer. Michel Bordet est mort le 18 mars 1892, à l'hospice de Saint-Mandé.

Voici la distribution des deux rôles de *La-i-tou* et *Tra-la-la* :

Cocatrix La-i-tou..........................	MM. Rubel.
Paul Gerbaud, *sous le nom de veuve Tra-la-la*	Forestier.

Ce petit vaudeville, en un petit acte, fut un gros succès.

Le 21 décembre, on joua : *Voyons c'que c'est*, vaudeville-féerie en 2 actes, par M. Auguste Jouhaud.

DISTRIBUTION

Phare VI....................	MM.	Frédéric.
Bec de gaz..................		Dubois.
Lampion, *confident de Phare*.		Rubel.
Le sire de Bel-OEil.........		Servien.
Carcelle	Mmes	Julien.
Toquandine..................		Anna.
La fée Nicoline		Augusta.
Fleur-des-Pois..............		Eugénie Palais.
La Brioche..................		Leroy.
La Calette..................		Maria.
Le Réveillon		Thérèse.
Le Grand Café...............	M.	Hippolyte.

Cette revue, car c'en était une, n'a pas été éditée ; mais M Dechaume en avait fait imprimer les couplets et rondeaux, qu'il vendait lui-même dans la salle, au prix de 25 centimes, à la condition que son nom, accolé à sa qualité d'éditeur, serait cité dans le courant de la pièce, et jeté ainsi aux oreilles indifférentes du public.

Blondelet accepta. L'opuscule parut.

J'en possède un exemplaire, ce qui me permet de reproduire ici, quelques-unes de ces étonnantes poésies.

Le Punch-Grassot venait de faire son apparition chez les liquoristes en renom, inventé, disait hautement l'excentrique comique du Palais-Royal, par un moine italien qui lui avait cédé sa recette.

Et, *Lampion*, un des personnages de *Voyons c'que c'est*, chantait sur l'air des *Cosaques*, le grand succès de la Gaîté :

Sans plus tarder, vite emplissez mon verre.
Je me méfi' surtout d'la nouveauté ;
En le goûtant, vrai, je serai sincère,
Je vous dirai s'il doit être vanté.
Versez ! Versez ! c'est par trop d'arrogance
De supposer qu'il ne peut être bon.
Quand l'Punch-Grassot vient d'envahir la France } *bis*
Versez en donc à chacun un canon.

Les deux derniers vers des couplets qui se chantaient dans les *Cosaques*, étaient :

Quand l'étranger ose envahir la France,
Il faut danser à la voix du canon.

Aussi, la parodie de ce refrain soulevait-elle beaucoup d'applaudissements.

Dunan-Mousseux, un journaliste d'infiniment d'esprit, avait inventé la *Revue-réclame.* Moyennant une forte prime, que lui allouait un inventeur, un débitant, un peintre, un marchand de bimbeloterie ou de salade, le joyeux Dunan-Mousseux, dans les revues qu'il faisait jouer sur les petits théâtres, glissait un calembour, un mot, un couplet, voire une tirade, selon l'importance de sa perception, rappelant au public le produit ou l'invention, pour lesquels le débitant avait été primé.

Il se faisait ainsi d'excellents revenus. Ce qui n'empêcha pas le brave et spirituel garçon de mourir très pauvre.

Blondelet ne manqua pas de s'emparer du truc, conçu par Dunan-Mousseux.

L'inventeur du Punch-Grassot — pas plus Grassot que le moine italien — mais, un simple distillateur dont le nom est modestement resté dans l'ombre, graissa... maigrement, mais graissa la patte de l'auteur-acteur.

Je cite encore, de cette revue, un rondeau assez amusant, sur le calembour.

Air : *Ne raillez pas la garde citoyenne*

PHARE VI

Sais-tu pourquoi l'épouse criminelle
Redoute tant le moment du dîner ?...
C'est qu'à sa montre, en retournant chez elle
Elle voit l'heure de la *soupe sonner*.

Sais-tu pourquoi l'on dit que la poussière
A toujours eu du faible pour le vin ?
C'est qu'elle est *grise* et bien souvent à terre,
Comme un pochard à la fin d'un festin.

Dans un Manille, *Oh !* (sic) toi, qui *n'est* (sic) qu'un âne,
Trouve-moi donc trois troupes de chameaux.
Un quart manille avec *trois quarts havanes*
Forment toujours ces cigares si beaux.

LAMPION

En quoi la terre et le bossu si drôles,
Diffèrent-ils ?... Vous n'êtes pas profond.
C'est que la terre est plate sur *les pôles*
Et qu'un bossu sur *l'épaule* est tout rond.

En quoi la terre et la pipe d'écume,
Répondez-moi, vont-elles différer ?
L'une se bourre avant qu'on ne la fume.
L'autre se fume avant de *la bourer*.

Pouvez-vous m'dire encor quelle est l'année
Qui, n'ayant pas de midi, ni de soir,
Journellement forme une matinée ?...
Vous n'savez pas ? Eh bien ! C'est *l'encensoir*.

Chez les Païens, quelle est donc la déesse
La plus moelleuse ?... Elle règne à Paphos.
Car c'est Vénus, la belle pécheresse,
Que Jupiter a fait sortir des *eaux*.

PHARE

Quels sont les mois que l'on voit dans la rue
Servant toujours à bâtir des maisons ?...
Trente et un jours forment leur étendue.
C'est pour cela que ce sont des *mois longs*.

Quels sont les cerfs qui portent un plumage ?
Chacun dira que ce sont les *cerfs-paons*.
Enfin, dis-moi, quels sont, dans un voyage,
Les voyageurs qui sont les moins contents ?

Tu n'en sais rien, je le vois à ta mine.
Ces voyageurs ce sont des animaux,
Dont le destin finit à la cuisine.
Bref, c'est nous tous quand nous partons *pour Sceaux*.

LAMPION

Tous ces bons mots ne sortent pas d'vot'tête.
Ne croyez pas ici nous monter l'coup.
Dechaume (1) les vend dans un recueil fort bête.
Où l'on en trouv' deux cent vingt pour un sou.

Je m'abstiens de citer d'autres couplets, tous étant de même farine, et l'année 1858, criant :

A demain !

CHAPITRE XLV

Sarrazin, auteur. — Gabel, soldat.

1859

Ceux, qui ont vécu à l'époque dont je rétablis la déjà lointaine histoire, ont certainement connu Sarrazin ?... le célèbre coiffeur Sarrazin !... l'incomparable barbier Sarrazin ?... le seul, l'unique Sarrazin, l'artiste capillaire, à nul autre pareil !...

Sarrazin s'était fait une spécialité de calembours, de mots, de nouvelles *au coup de peigne*, et avait une faconde inimitable, pour lancer à sa nombreuse et artistique clientèle, ses facétieuses saugrenuités.

Ses cartes portaient :

SARRAZIN

TROIS SALONS DE COIFFURE:

Rue du Temple........	198
Rue de Vendôme	28
Total...	226

Coiffeur artistique pour les uns ;
littéraire pour les autres.

1. Editeur, rue Charlot, 57. (*Note de la petite brochure*).

Chez lui, venaient se faire barbifier les artistes de tous les théâtres, les auteurs, les journalistes, qui passaient leur vie sur le boulevard du Temple. C'était à cette époque le quartier de la gent théâtrale, littéraire et bohême. Cette agglomération de salles de spectacle sur un seul point, faisait qu'auteurs, journalistes, acteurs se fréquentaient tous, dans ce populeux quartier, aujourd'hui si banal.

Sarrazin, de son œil à l'iris verdâtre, connaissait tout ce monde théâtriculant du Boulevard.

Aussitôt qu'un de ses clients franchissait la porte de son établissement, Sarrazin criait de sa voix sonore :

— Une barbe soignée à M. Bignon !... A vos armes, jeunes raseurs, et ne vous dites pas en contemplant cet honorable et grand artiste : *Est-ce Bignon ?*

On se pâmait !... de peu, je l'avoue ; mais, on se pâmait.

Ou bien :

— Messieurs les professeurs du rasoir, je vous confie la tête du savant et jeune auteur, M. Amédée de Jalais !... Faites, par la puissance de vos talents, que son aimable physique ne se ressente pas de son nom : *déjà laid*, et qu'il soit promptement transformé par vous en *déjà beau* ! !

— Quand je dis *déjà beau*, je ne veux rappeler en rien l'honorable M. Jules Vizentini, qui en porte encore à ses chemises.

Et cela n'arrêtait pas. Un calembour en amenait un autre. On riait. Aussi l'établissement de Sarrazin ne désemplissait-il pas.

Si je cite Sarrazin, c'est qu'il appartient à notre histoire ; car au commencement de cette année 1859, il fit représenter sur le théâtre des Funambules, un vaudeville intitulé : *Le Coup de peigne du Sarrazin.*

Sarrazin était-il réellement l'auteur de cette inepte pochade, qui n'eut que quelques représentations ?

Non, assurément.

Son père véritable était Dunan-Mousseux. Et voilà comment l'affaire s'était emmanchée. Un jour, Dunan avait dit à Sarrazin :

— Ah ! ça mon vieux, il s'agirait de régler notre compte. Voilà au moins six mois que je ne t'ai payé mes rasades et la ferraille de ma chevelure.

— Voilà même près de deux ans, Monsieur Dunan ; mais je ne suis pas inquiet, et j'attends l'année où vous aurez gagné *le moins* pour m'adresser à votre bourse.

— Pourquoi *le moins*, avait imprudemment demandé le bon Dunan ?

— Parce que, comme l'a dit notre auguste Empereur, avec vous *l'an pire, c'est la paye.*

Dunan, que rien n'émouvait, avait continué sans sourciller :

— Ecoute-moi, Sarrazin de mon âme, crois-tu — j'ai omis de dire que tout le monde tutoyait Sarrazin, — crois-tu qu'il soit au monde une gloire plus grande, une satisfaction plus intense, que celle de s'entendre applaudir comme auteur dramatique ?

— Je ne crois pas, Monsieur Dunan. J'en ai pour preuve M. Ernest Blum, quand il vient se faire friser le lendemain d'une de ses premières aux *Délassements.* Il déborde. Il exulte.

A cette époque, Ernest Blum possédait une ruisselante chevelure d'or.

— Sarrazin, je veux que tu éprouves ces exultations, ces débordements.

— Comment cela, Monsieur Dunan ?

— Je veux qu'à ta renommée « cheveuleresque » tu ajoutes celle de vaudevilliste applaudi. Ne te matagrabolise pas la cervelle à chercher. Voici une pièce que j'ai faite pour toi. C'est un petit chef-d'œuvre. Elle s'appelait d'abord : *La Découverte du Quinquina*, mais ce titre m'ayant été volé par M. Montigny, à l'époque où je venais au monde, et fort avant que je n'eusse l'honneur de connaître cet estimable directeur, je me contente de l'appeler aujourd'hui : *Le coup de fer du Sarrazin !...* Eh ! bien, c'est toi, Sarrazin, toi seul, qui signeras cet acte triomphant, que je viens de faire recevoir au théâtre des Funambules.

— Moi ?.. Moi, Monsieur Dunan ?...

— Oui, toi !... Je toucherai les droits, mais tu auras la gloire. Crois-tu que mes vingt-quatre mois de fer et de barbe te soient suffisamment payés de cette originale façon ?

— Trop, Monsieur Dunan, trop !... C'est une réclame que j'eusse payée cinq cents francs. Seulement... il y a un... seulement...

— Parle, Auguste !...

— Seulement, c'est le titre qui me chiffonne. Je n'aime pas *le coup de fer*.... j'aimerais mieux *le coup de peigne* du Sarrazin.

— Diable !... C'est que, dans son combat sarrazénique, mon héros tue son Hidalgo d'un coup de fer.

— Ne peut-on le faire tuer d'un coup de peigne, dans la formidable peignée, que doivent s'administrer vos deux personnages ?

— La peignée !.. tu as trouvé le mot ! Accordé, cher ami ! Je te fais toutes les concessions.

Et, voilà comment le coiffeur Sarrasin était devenu l'un des auteurs des Funambules.

Le 20 janvier, on joua : *La Pâtissière de Darmstadt*, vaudeville en 2 actes.

L'action de cette pièce devait se passer à la cour du prince souverain de Saxe. La censure ne l'entendit pas ainsi. Pourquoi ? On ne sait. Les Censeurs ont de ces mystères. Et le prince souverain devint simplement Carle Polden, capitaine de vaisseau.

Le manuscrit, que je possède, portait dans ses indications : *Seigneurs et Dames de la Cour*. Ces mots sont rayés et remplacés par : *Invités des deux sexes*.

A la date de ce même 20 janvier, on joua : *Un Triolet d'Infirmes*, folie-vaudeville en 1 acte, par Foliquet.

Le 2 février : *Les Enfants du Soleil*, pantomime à grand spectacle en 5 tableaux, *avec combats, évolutions etc. etc.*

Pierrot	MM.	Kalpestri.
Léonce, *gouverneur*		Delaquis.
Gonzalve, *officier espagnol*..		Amable.
Orcanor, *chef des pirates* ...		Philippe.
Amazili, *fils de Gonzalve*		Amable fils.
Jonathas, *pirate*		Antoine.
Octo, *pirate*		Wailhé.
Taoui, *pirate*		Degesne.
Ozaï, *chef indien*		Bertotto.
Anita, *indienne*	Mme	Lefebvre.
Velléda, *indienne*	Mlle	Thérèse.

DESIGNATION DES TABLEAUX

1er tableau :		*L'Indienne et le Pirate.*
2e	id.	*Pierrot dans la Savane.*
3e	id.	*Pierrot fétiche.*
4e	id.	*A qui le trésor ?*
5e	id.	*Pierrot sauvage.*

Cette pantomime eut du succès.

Le 19 février : *Joli Printemps, quand reviendras-tu ?* vaudeville en 2 actes, joué par MM. Frédéric, Forestier, Gauché, Mmes Augusta, Anna, Thérèse, Julien et Maria.

Le 3 mars : *Les Amours de Chonchon*, folie-vaudeville en 2 actes, jouée par MM. Bunel, Frédéric, Forestier, Mmes Désirée, Thérésa, Emma et Palais.

Le 20 mars, il y eut une *représentation extraordinaire* au bénéfice d'Amable, l'excellent premier rôle mime.

Elle était ainsi composée :

1° *Le jour du frotteur*, vaudeville en 1 acte, joué par les artistes de l'Ambigu.
2° *Le Maitre d'Ecole*, chansonnette par Joseph Kelm.
3° *Le Feu d'Artifice*, chansonnette par M. Edouard Clément.
4° *Le Diner du Général*, vaudeville en 1 acte, par les artistes du théâtre de Belleville.
5° *Fernando le Pécheur*, ballet-pantomime en 3 tableaux, joué et dansé par MM. Gustave, Bertotto, Degenne, Antoine, Wailhé, Vautier fils, Mmes Eugénie et Morin.
6° *Le surnuméraire*, chansonnette par M. Philibert.
7° *Danse des ballons*, par M. Degesne.
8° *Le trapèze*, par M. Alfred.
9° *Pas de deux*, par M. Frédéric et Mlle Rosée.
10° *Chauvin et Dumanel*, duo par MM. Michel et Blanc.
11° *Pierrot mitron*, pantomime en 1 tableau.
12° *La leçon d'écriture*, vaudeville en 1 acte, joué par MM. Hippolyte, Forestier, Mmes Anna et Thérèse.

Ce spectacle commença à cinq heures et demie et ne se termina qu'à une heure très avancée de la nuit.

Amable avait réalisé le maximum des recettes.

Le 24 mars : *La mère Gigogne*, pantomime arlequinade en 2 actes et 20 tableaux, *tirée du conte de M. Albert Monnier, par M. Maxime Delor ; mise en scène de M. Frédéric ; décors de MM. Sachetti et Desplaces ; trucs nouveaux de M. Marckewith ; costumes dessinés par M. Dallée, exécutés par Mme Garnier, musique de M. Borssat ; ballet de M. Monnet.*

DISTRIBUTION

Pierrot....................	MM.	Kalpestri.
Arlequin....................		Gustave.
Polichinelle....................		Vauthier fils.
Cassandre....................		Michelin.
Léandre....................		Hippolyte.
Le Monstre....................		Philippe.
Perchaud....................		Delaquis.
Un géant....................		Gauché.
Un ours....................		Antoine.
Un deuxième ours........		Wailhé.
Un paysan....................		Gauthier.
Sosie de mère Gigogne....		Antoine.
La mère Gigogne.........	Mmes	Lefebvre.
Ariel....................		Anna.
Colombine....................		Thérèse.
Pierrette....................		Maria.
Mme Polichinelle..........		Augusta.
Jeannette....................		Eugénie.
Agathe....................		Emma.
Le Génie....................		E. Palais.

PREMIER ACTE

1er tableau : *Le palais des géants.*
2e id. *Les nuages.*
3e id. *Les jardins et la maison de Cassandre.*
4e id. *La chambre de la mère Gigogne.*
5e id. *La grotte du diable.*
6e id. *L'avant-scène du diable.*
7e id. *La fontaine des amoureux.*
8e id. *Le grenier aux chats.*
9e id. *Les jardins embaumés d'Arlequin.*
10e id. *Le palais des Pierrots.*
11e id. *Le temple des Polichinelles.*

DEUXIÈME ACTE

12e id. *Pierrot dans le mortier.*
13e id. *La grotte des ours.*
14e id. *La place publique.*
15e id. *La maison singulière.*
16e id. *Les blanchisseuses.*
17e id. *La maison ronde.*
18e id. *L'antichambre de l'enfer.*
19e id. *Le volcan embrasé.*
20e id. *Le temple aérien.*

DANSE AU TROISIÈME TABLEAU :

Pas de caractère, par M. Gustave

La Polichinelle, par M. Vautier fils.

Final

Par MM. Gustave, Vautier fils et Mlles Eugénie et Morin

AU DIX-HUITIÈME TABLEAU

Pas des Bayadères

Par M. Kalpestri et Mlles Eugénie, Morin, Emma et Palais.

Ainsi commence le manuscrit de cette pantomime ; ce début indiquera le degré de sa valeur, son intrigue et sa marche :

Premier tableau. — Il paraît que la mère Gigogne, dont nous allons écrire l'histoire, était une gaillarde qui, à force de faire des enfants, avait obtenu l'immortalité. Mais, une fois dans le ciel, elle avait recommencé ses fredaines. Alors les Génies se sont assemblés pour lui infliger une punition méritoire. Ils la renvoyèrent sur terre avec ses enfants, en lui conseillant de veiller sur eux ; car si un seul se conduisait mal, ils perdraient tous leur immortalité. Tel est l'arrêt du Destin.

Mais, le petit Ariel, qui est très bien avec Mme Gigogne, craignant que le Diable ne se mette de la partie, emmène tous les plus jolis Génies du céleste empire, pour protéger la mère Gigogne sur la terre.

La mère Gigogne compte, au nombre de ses enfants, Pierrot, Arlequin et Polichinelle.

Elle descend sur terre, chez Cassandre, lequel est en train de marier sa fille Colombine avec Léandre.

Les enfants de la mère Gigogne deviennent amoureux de Colombine. De là, lutte entre Cassandre, protégé par le Diable, et les enfants de la mère Gigogne, que défend le génie Ariel.

Les péripéties innombrables qui surgissent de cette lutte, nous conduisent petit à petit au dix-neuvième tableau que je tiens à citer en entier :

Le Volcan embrasé ! — Arlequin se bat contre le Diable et sa fourche, et le pourfend ; puis monte prendre le diamant tant désiré. Le Volcan s'irruptionne, se crevasse, disparaît et laisse voir *le vingtième et dernier tableau*, qui représente *le temple aérien*, qui s'avance majestueusement sur la scène, environné de nuages. Cassandre consent au mariage de sa fille avec Arlequin, et tout le monde est heureux au milieu des flammes de bengale.

Dans cette pantomime, s'effectuait le second début de Michelin, qui arrivait des Folies-Nouvelles ; son premier début avait eu lieu dans une reprise des *Dupes*.

Michelin était un excellent Cassandre, jouant les Pierrots en double.

Le 3 avril : *Les Canotiers de Chatou*, vaudeville en 1 acte.

Le 11 avril : *Les Enfants de la Maison*, vaudeville en 1 acte, joué par Frédéric, Bunel, Gauché, Mmes Anna, Augusta et C. Leroy.

Le 9 mai : *Jeanneton et Gribouillet*, vaudeville en 2 actes, joué par Bunel, Charles, Gauché, Rubel, Dubois, Mmes Thérèse, Anna et C. Leroy.

L'armée Autrichienne venait de franchir la frontière du Piémont. C'était une déclaration de guerre, nette et franche, à la France, Napoléon III partit en guerre.

Aussi, le 17 mai, les Funambules donnèrent-elles : *Campagne d'Italie,* pièce en 2 actes et 4 tableaux, par M. Jules Berneret.

ACTE PREMIER (1796). — PREMIER TABLEAU

AUX ALPES !

DEUXIÈME TABLEAU

LE DÉPART DES VOLONTAIRES.

ACTE DEUXIÈME (1797) — DEUXIÈME TABLEAU

EN ITALIE.

QUATRIEME TABLEAU

RIVOLI ET MANTOUE.

Maurice, *vieux soldat*..........	MM.	Frédéric
Julien, *son petit neveu*.........		Hoffmann
Pivotin, *volontaire*		Forestier
Moucheron, *conscrit*...........		Rubel
Drogmann, *autrichien*		Hippolyte
Madeline, *cantinière*	Mmes	Thérèse
Jeannette, *fermière*............		Anna
Jeniska, *piémontaise*...........		Augusta
Pincette, *cantinière*............		Désirée.

Soldats français, autrichiens, italiens.

M. Hoffmann chantait dans cette pièce la cantate suivante :

JULIEN

1er couplet

Il est venu ce jour de délivrance ;
O ! sol fertile et si riche en beaux-arts
Oublie enfin dix siècles de souffrance,
Le despotisme a fui de tes remparts.
La Liberté te sourit et t'éclaire,
Astre éclatant dont voici le réveil
Réchauffe-toi sous ces flots de lumière
Et, comme l'aigle, admire son soleil. } *bis*

Refrain

Piémont, nous sommes tes vengeurs.
La France, en sœur, à toi s'allie.
Il n'est qu'un cri dans tous les cœurs :
Vaincre ou mourir pour l'Italie !

II

De ce beau jour, ah ! saluez l'aurore...
Italiens, l'avenir est à vous.
L'hydre *fatale* trop longtemps vous dévore
Et nous l'avons écrasée sous nos coups.
Frères, amis, marchez ; la route est libre.
Nous sommes là pour vous tendre la main,
Et de vos droits rétablir l'équilibre,
En vous servant d'appui dans le chemin.

Refrain

III

Oui, nous allons, terre sainte et chérie,
Te ramener, enfin, à l'âge d'or.
Plus d'un talent, plus d'un vaste génie
Va donc pouvoir reprendre son essor.
Non, ce n'est pas un esprit de conquête
Qui nous anime et guide en ce moment ;
Peuple opprimé, fier, relève la tête...
L'indépendance est à toi maintenant.

Refrain

Quelques allusions à la guerre qui se déroulait en Italie ; quelques lazzis bien chauvins ; quelques couplets où *succès* rimait avec *français*, *bataille* avec *mitraille*, *canon* avec *Napoléon*, *gloire* avec *victoire*, firent faire de l'argent à MM. Dautrevaux et Angrémi.

Le 7 juin fut représenté : *Le Danseur éternel*, ballet pantomime en 1 tableau, joué et dansé par : Gustave, Degesne, Vautier fils, Mmes Morin et Eugénie Palais.

Le 26 juin : *Bleuette la Glaneuse*, vaudeville en 2 actes, joué par Frédéric, Lavau, Dubois, Bunel, Mlles Anna et C. Leroy.

Le 12 juillet : *Le Diable au corps*, vaudeville en 1 acte de Ch. Blondelet, joué par : Gauché, Rubel, Dubois, Mmes Augusta, Anna et C. Leroy.

Le 5 août : *Les deux Renaud*, vaudeville en 1 acte joué par Dubois, Rubel, Gauché, Servien, Mmes Julien et Leroy.

Dans cette pièce, on entendait cette phrase étonnante, dite par le vieux soldat, joué par M. Frédéric.

— J'ai donné à mon pays la dernière goutte de mon sang, comme je suis prêt à la donner encore !...

Le 21 août : *Le Monsieur au Million*, vaudeville en 2 actes, joué par Frédéric, Rubel, Dubois, Bunel, Charles, Delaquis, Mmes Leroy et Anna.

Le 2 septembre : *La Fiancée de Pierrot*, pantomime comique en 4 tableaux.

Pierrot.....................	MM.	Kalpestri.
Julien.....................		Amable.
Vincent.....................		Bertotto.
Eugène Bauclair..............		Dubois.
Laccord, *notaire*.............		Servien.
La mère Vincent.............	Mlles	Augusta.
Rose.....................		Lavan.

Servien, qui jouait le notaire Laccord, était engagé comme mime, utilité dans le vaudeville, second régisseur et souffleur en double.

Cette fonction de souffleur en double, dans un théâtre où l'on ne parle que très peu, doit paraître bizarre.

Pourquoi cette amplification d'Eoles ?

Une explication est nécessaire.

Le père Joseph, souffleur en titre depuis nombre d'années était un petit bossu, ivrogne de grande marque, ce qui le faisait surnommer l'*Eminence grise*, par les lettrés de l'endroit.

Quand il était ivre, et qu'il se glissait dans son trou, sans que l'on se fût aperçu de son état « ébriétatique », au lieu de souffler, il interpellait, presqu'à haute voix, les acteurs en scène.

Et le public l'entendait leur dire : Est-il mauvais, c'cochon-là !... Si encore il savait un mot de son rôle !.. Mais non !... Faut que je lui souffle tout !.. Eh! bien, tu peux te fouiller, mon bonhomme !.. je suis pas là pour ça.

Alors, il n'envoyait plus un mot au pauvre acteur, qui, attendant la becquée, maugréait, barbotait et se repêchait comme il le pouvait.

Une autre fois, c'était : Dis donc, ma vieille, j'ai soif !... Payes-tu une chopine à l'entr'acte ?.. Tu ne réponds pas, fainéant ?.. Eh ! bien, patauge, ganache.

On jurait, on pestait après ce vieux gredin de père Joseph, on s'assemblait, pour demander son renvoi définitif ; mais le pauvre homme, quand il n'avait pas bu, était si honnête, si intéressant — il gagnait 60 francs par mois — il revenait le lendemain si penaud, il présentait si comiquement et si humblement ses excuses à ses camarades, en leur disant : « Vous êtes de grands artistes, vous aurez pitié d'un pauvre ver de terre, qui en avait bu un, de vin, en trop ! » que les colères s'apaisaient, que les menaces tombaient à néant et que les mains se tendaient vers le coupable, pleines de mansuétude et de pardons.

Alors solennellement, il étendait la main, et jurait, sur les cendres de Deburau, qu'il ne recommencerait jamais.

On sait ce que durent les serments d'ivrognes.

C'était surtout, quand il s'endormait dans son trou, que la présence de Servien devenait nécessaire. Celui-ci descendait aussitôt aux côtés du père Joseph, et s'adonnait alors à son emploi de souffleur en double.

Le spectacle terminé, on laissait l'ivrogne continuer son somme, et les pompiers, qui passaient la nuit au théâtre, avaient charge de veiller sur lui. Ils le connaissaient.

Le 30 septembre, on joua *Le Dindon*, vaudeville en 1 acte.

Le 14 octobre : *Pierrot étudiant*, pantomime en 8 tableaux.

Cassandre	MM.	Michelin.
Pierrot		Kalpestri.
Polichinelle		Vautier fils.
Arlequin		Delaquis.
Saulios		Amable.
Fildier		Vailhé.
Madame Minet		Antoine.
Colombine	Mlle	Therèse.

Le Brasseur..................	M.	Degesne.
Une servante................	Mlle	Anna.
Célestine....................	Mlle	Joséphine.
Un médecin.................	MM.	Bertotto.
Un parfumeur..............		Gauché.
Un vieillard.................		Forestier.
Elisa..........................	Mlle	Maria.
Un caporal..................	MM.	Frédéric.
Un jeune paysan...........		Eugène.

Cette pantomime est assez amusante.

Cassandre, médecin, ne veut accorder la main de Colombine, sa fille, à Pierrot, que lorsqu'il sera reçu docteur.

Pierrot part donc pour l'université de Fribourg ; car l'action se passe en Allemagne.

Pierrot, à Fribourg, est reçu par les étudiants ses confrères. On lui fait des farces qu'il rend amplement; il court les filles, n'étudie en aucune façon, si ce n'est l'amour de toutes les manières, ne paie pas les dettes qu'il fait ; est poursuivi de ce chef, et s'empare de l'uniforme du caporal, suivi des quatre hommes, chargés de l'arrêter.

Après une foule de tribulations, qui ressortent un peu du genre de celles, auquel le public des Funambules était habitué, Pierrot revient à son point de départ chez le bon Cassandre, lequel lui demande son diplôme de docteur. Pierrot, prend dans sa poche un morceau de journal français, et le montre au complaisant Cassandre, lequel, ne comprenant pas la langue de Noël et Chapsal, est persuadé que Pierrot est passé docteur, et convoque à une petite fête, tous les médecins ses confrères.

Pierrot alors, endosse la robe, se coiffe du bonnet pointu et s'arme de l'instrument cher à M. Purgon. C'est dans cet accoutrement qu'il reçoit la main de Colombine.

Le 15 octobre, le spectacle Deburau, des Champs-Elysées annonçait sa fermeture annuelle. Il ne rouvrit jamais.

Le 5 novembre, nouvelle concurrence redoutable pour les pauvres Funambules. Charles Deburau, par traité avec M. Sari, directeur des Délassements Comiques, venait jouer sur ce théâtre : *Le Duel de Pierrot*. Il était secondé par Dérudder, Négrier, Villemot, Créange, Mlles Esther, Eugénie et Palmyre, c'est-à-dire les principaux mimes, qui avaient fait les beaux jours du théâtre de MM. Dautrevaux et Angrémi.

Pour parer ce nouveau coup du fatal destin, les deux directeurs retriplèrent d'activité.

Le 8 novembre, ils donnèrent : *Jean Grivet le Postillon*, vaudeville en 2 actes, joué par Gauché, Hippolyte, Dubois, Lavau, Rubel, Mlles Anna et C. Leroy.

Le 13 novembre : *Le Démon de la Famille*, vaudeville en 1 acte, joué par Gauché, Rubel, Mmes Augusta et Mlle Leroy. L'encore jeune personne, qui se désignait sous le nom de Mlle Leroy, était mère de sept garçons et de sept filles, comme l'antique Niobé. Plus heureuse que la fille de Tantale, elle ne rencontra pas de Latone sur sa route, et put, par la suite, se faire faire une rente de cinq francs par mois, par chacun de ses quatorze enfants, tous vivants et bien portants. On les appelait ses « petits revenus ».

Le 19 novembre : *Les deux Gaspard*, vaudeville en 1 acte, joué par Lavau, Dubois, Gauché, Servien, Mlle Julien.

Le même 19 novembre : *Tout ou rien*, vaudeville en 2 actes, joué par Frédéric, Bunel, Charles, Delaquis, Mlles Leroy et Anna.

Le 3 décembre : *Rendez-moi mon Ernest*, vaudeville en 1 acte, joué par Gauché, Hippolyte, Bunel, Servien, Mlles Anna et Julien.

Ce soir-là, il y eut une surprise pour le public. Sans qu'il fut annoncé, Gabel entra en scène et débita en costume de chasseur à pied le monologue bien connu d'Alfred Vanault : *La Vision du Tasse*.

Gabel, forcé de partir pour son sort quelques mois auparavant, avait été incorporé dans le 19e bataillon des chasseurs, et avait fait, avec ce bataillon, la campagne d'Italie.

Gabel, tête folle, esprit indiscipliné s'il en fût, était bien le plus mauvais soldat de toute l'armée française.

C'était un inconscient. Alors que la retraite battait à huit heures du soir, il rentrait, sans y plus réfléchir, entre dix et onze heures, trouvant fort étonnant le lendemain, d'être porté au tableau des punitions.

Il tenait à ses chefs des raisonnements inouïs, leur disant :

— Qu'est-ce que cela peut vous faire que je rentre à onze heures plutôt qu'à huit ?

— Personnellement, cela ne me fait rien, lui répondait son sergent-major ; mais la discipline veut que vous soyez rentré à huit heures comme les autres, et je vous punirai toutes les fois que vous rentrerez en retard.

— Mais, elle est ridicule votre discipline. En quoi ça peut-il la gêner que je sois rentré deux heures plus tôt, ou deux heures plus tard ?

— Vos camarades s'y soumettent bien.

— C'est qu'ils n'ont pas à faire, vers dix heures. Moi, j'ai à faire à cette heure-là.

— Cela ne regarde pas le Gouvernement.

— Alors, si cela ne le regarde pas, de quoi se mêle-t-il ?...

Il avait fait la campagne d'Italie, toujours en retard de quelques heures sur son bataillon ; car, alors que l'ordre était donné de se mettre en marche à quatre heures du matin, rien ne parvenait à réveiller Gabel, qui commençait à s'étirer vers sept heures, déjeunait tranquillement, s'informait de la route qu'il devait suivre, et parvenait à l'étape une demi-journée à la suite des autres.

Naturellement, nouvelle punition. Ce qui lui faisait renouveler ses prodigieuses questions :

— Mais, qu'est-ce que ça vous fait que je parte en retard, pourvu que j'arrive ?...

Après la campagne, de retour en France, le bataillon vint camper à Saint-Maur, attendant que toutes les troupes réunies, pussent faire, dans Paris, l'entrée triomphale que l'empereur avait résolu de faire.

Les soldats étaient sévèrement consignés dans leurs campements. Nul ne devait franchir les portes de la capitale avant l'entrée générale.

Le lendemain même du jour où le bataillon avait campé, Gabel vint demander à son commandant la permission d'aller à Paris.

L'excellent homme — je parle du commandant — bondit sous sa tente.

— Comment, malheureux que vous êtes, lui dit-il, vous connaissez la sévérité des ordres qui ont été donnés, et c'est vous, criblé de punitions, qui avez l'audace de venir demander une permission ?

— C'est pour embrasser ma mère, mon commandant.

— Tous vos camarades en sont là. Moi-même, croyez-vous que je n'aie pas d'affections à Paris ? une femme, des enfants à voir ?... L'Empereur a voulu l'égalité pour tous. Aucune permission ne peut être accordée. Vous resterez consigné comme les autres.

Et Gabel, qui était du peloton de punition, à la grand'garde du camp, retourna à son poste, en se demandant : « Qu'est-ce que ça peut bien faire à l'Empereur, que je quitte le camp ou que je ne le quitte pas ?... »

Bref, pendant la nuit, il s'esquivait quand même, et faisait son apparition avec l'aube, dans sa bonne ville de Paris.

Cinq jours après, le 14 août, avait lieu l'entrée générale des troupes d'Italie, défilant par la barrière du Trône, et les grands boulevards.

En passant devant le café de la Porte-Saint-Martin, la première personne que vit le commandant du 19e bataillon de chasseurs à pied, fut Gabel, le corps penché en avant, sur la grille qui sert de garde-fou à cet endroit du boulevard, agitant son képi et criant à tue-tête : Vive le 19e chasseurs à pied !

Gabel fut condamné à deux nouveaux mois de prison.

Eh ! bien, cette apparition du 3 décembre, sur le théâtre des Funambules, était le résultat d'une nouvelle escapade.

En garnison à Auxonne, où son bataillon avait été envoyé, Gabel, qui plus que jamais était en prison, s'était fait conduire devant son commandant, et lui avait dit :

— Mon commandant, je voudrais avoir une permission de huit jours, pour aller à Paris.

Le commandant, qui peu à peu s'était habitué à regarder ce fantaisiste soldat comme un braque, lui avait répondu avec douceur :

— Mon ami, vous êtes en prison. Vous avez encore à faire, je ne sais combien de mois de punitions, je ne compte plus avec vous, je ne puis vous accorder ce que vous me demandez.

Et Gabel était retourné en son petit local, se disant plus que jamais : « Mais qu'est-ce que ça peut faire à ces gens-là, que j'aille à Paris ou que je n'y aille pas ?... »

Le soir même, il descellait un barreau de sa fenêtre, s'évadait, prenait le train de Dôle, qui le conduisait à Paris, et débarquait le lendemain aux Funambules, pour dire *La Vision du Tasse*.

Pendant trois jours, il débita ce monologue ; le quatrième il se reposa, toucha cinquante francs que M. Dautrevaux lui donna par commisération, et retourna à Auxonne, se reconstituer prisonnier.

Quelques temps après, il était expédié aux compagnies de discipline, et partait en Afrique, plus inconscient que jamais, se demandant : « Qu'est-ce que ça peut bien leur faire que je finisse mon temps en Afrique, plutôt qu'à Paris ?... »

Le 26 décembre, première représentation de : *Pierrot, Bobêche, et Galimafré*, pantomime-arlequinade en 12 tableaux.

PERSONNAGES

Cassandre, *directeur de troupe*...	MM.	Delaquis.
Pierrot, *son pensionnaire*........		Kalpestri.
Arlequin, id.		Gustave.
Léandre, id.		Amable.
Bobêche, id.		Bardou.
Galimafré, id.		Bunel.
Furisso, *chef de bohémien*.......		Devin.
L'Amour........................	Mlle	Maria.
Un sergent......................	M.	Antoine.
Colombine......................	Mlles	Lavau.
Pierrette........................		Adèle.
Léonora, *vieille servante*........ / Mme Loquet, *vieille portière*...... / Une garde-malade	M.	Bertotto.
La Fortune.....................	Mlle	Leroy.

1er tableau:		*La Fortune et l'Amour.*
2e	id.	*Pierrot, chef de brigands.*
3e	id.	*Le docteur Léandre.*
4e	id.	*Arlequin chez les Bohémiens.*
5e	id.	*Pierrot dans la caverne.*
6e	id.	*Le trésor transformé.*
7e	id.	*Pierrot, marchand de peaux de lapins.*
8e	id.	*Le carnaval de Venise.*
9e	id.	*Les portraits parlants.*
10e	id.	*Dans les nuages.*
11e	id.	*Le boulevard du Temple en 1815.*
12e	id.	*Apothéose.*

Je ne sais de quel auteur est cette pantomime, qui termine l'année de notre petit théâtre ; mais elle est beaucoup mieux écrite et plus stylée que les autres.

Le premier tableau se passe dans le jardin des Génies. On n'y voit ni Homère, ni Virgile, ni Shakespeare, ni Molière, mais des petites femmes aux museaux de souris, aux jambes d'échassiers, surmontées un peu plus par derrière que par devant, de maigrelettes rotondités, perceptibles à travers des tutus transparents.

Une, un peu moins maigre que les autres, arrive. C'est la Fortune. Elle a un bandeau sur les yeux et du coton dans les oreilles. On lui enlève son bandeau et son coton. Elle reste tout aussi peu grasse qu'avant.

En possession de la vue, elle cherche parmi les statues celles qu'elle veut favoriser de ses dons.

Ses préférences tombent sur Pierrot, Bobêche et Galimafré.

D'un coup de baguette, elle leur donne la vie et aussitôt, avec des gestes plus ou moins grotesques, les trois personnages descendent de leurs piédestaux.

C'est, maintenant, le tour de l'Amour, qui paraît sur un char lumineux, prend sous sa protection immédiate les statues d'Arlequin et de Léandre, et d'un coup de sa magique baquette, les tire de leur immobilité :

— Je vais vous embraser de mes feux, leur dit-il. Il est, sur la terre, une femme qui donnera son cœur au plus fidèle, au plus courageux, au plus adroit. Partez donc, et que le plus constant et le plus fort devienne l'époux de Colombine.

Ces protégés de la Fortune et de l'Amour, s'envolent vers la terre et arrivent, pour le second tableau, dans les environs de Berganine, en pleine campagne italienne. Là, habite le sieur Cassandre, directeur de la comédie italienne et père de Colombine.

Les uns se font agréer de l'impressario comme comédiens, les autres comme valets ; et la lutte s'engage entre ceux qui veulent la fille, et ceux qui préfèrent les écus de Cassandre.

Pierrot, à un certain moment, se croit chef de brigands. Léandre, déguisé en médecin, veut donner un « petit clystère » à Colombine et, se trompant de visage, l'administre à Pierrot affublé d'un costume féminin. Arlequin est pris par des bohémiens, et délivré par Pierrot, qui devient marchand de peaux de lapins. Tout cela nous conduit au onzième tableau : *Le boulevard du Temple en 1815* :

A gauche, un bâtiment avec estrade. Sur le fronton de ce bâtiment on lit : SPECTACLE DE BOBÈCHE. A droite, un autre bâtiment sur lequel on lit : SPECTACLE DES FUNAMBULES.

SCÈNE PREMIÈRE

Arlequin et Colombine accourent poursuivis par Pierrot, Bobêche, Galimafré, Cassandre, Léandre et Pierrette. Les amants se faufilent dans la foule, pour échapper à leurs adversaires ; mais ils sont bientôt en leur pouvoir. Cascades.

Cassandre gronde Colombine. Arlequin implore le vieillard. La Fortune et l'Amour s'avancent.

SCÈNE DEUXIÈME

Pierrot, Bobêche et Galimafré tombent aux pieds de la Fortune, tandis qu'Arlequin et Léandre s'inclinent devant l'Amour. Cassandre surpris, retient sa fille, que console Pierrette.

Pour que Cassandre soit surpris, il faut qu'en effet ce qui se passe soit bien extraordinaire.

C'est la première fois que dans une pantomime je lis cette indication : Cassandre *surpris*.

La Fortune prend alors la parole :

— Bobèche et Galimafré, vous avez perdu votre temps et n'avez guère songé à moi. Je veux vous forcer à m'aimer et voilà le temple où je viendrai souvent vous visiter.

La Fortune montre la gauche du théâtre, où se trouve le spectacle de Bobêche, lequel, en compagnie de Galimafré court se placer sur l'estrade. Pierrot veut les suivre, mais ceux-ci le repoussent, le bousculent, le font descendre précipitamment les marches, et il vient piteusement tomber le derrière par terre; au milieu des assistants. On le relève. Il menace Bobêche et Galimafré, qui lui font des pieds de nez, auxquels il répond par des lazzis.

L'AMOUR

— Quant à toi, Arlequin, ta convenance t'a fait mériter la main de Colombine.

Cassandre dit qu'il ne veut pas.

L'AMOUR *en montrant le théâtre des Funambules.*

— Voilà sa dot. Elle en vaut bien une autre.

PIERROT

— Et moi ?

LA FORTUNE

— Tu feras les délices de la maison Cassandre, et Léandre en sera le principal soutien.

Cassandre consent à l'union de sa fille. Pierrot s'empare de Pierrette qu'il embrasse sur les deux joues. Et tandis que Cassandre admire le cadeau de noces d'Arlequin, la Fortune et l'Amour remontent la scène, pendant que le fond du théâtre change.

DOUZIÈME TABLEAU

Apothéose

Un temple couvert de guirlandes de fleurs occupe le fond. Les deux Génies montent sur un trône placé sous la colonnade. Arlequin et Colombine s'agenouillent à leurs pieds. Les autres personnages sont sur leurs estrades respectives. La foule s'incline devant le tableau du fond, qui s'illumine par des flammes de Bengale.

CHAPITRE XLVI

1860

Durandeau, simple poëte

Les auteurs pantomimiques d'à présent ne doivent, ne peuvent que majestueusement mépriser les pauvres œuvres de leurs humbles confrères, qui les écrivaient à cette lointaine époque, où le boulevard du Temple avait créé un coin de Paris si spécial, si original, si amusant, si bigarré.

Les confectionneurs d'alors n'avaient aucune prétention. Faire rire un public de naïfs et d'enfants, était le but qu'ils visaient et atteignaient.

La pantomime de ces temps, déjà si éloignés, n'était qu'une linotte écervelée, bruyante, remuante, encombrante ; celle de nos jours a la prétention d'être aigle !... Son vol veut atteindre la nue ; son regard embrasse les plus vastes horizons.

Elle rejette, en les goguenardant, ces vieux airs explicatifs, à la portée de tous, accompagnant les situations; et, se fait escorter par des prix de Rome, novateurs de contre-points, de fugues, de dissonances expérimentées d'après l'ordonnance.

Celle-ci s'adresse à des esprits cultivés, sceptiques et blasés, susceptibles de comprendre le travail harmonique d'un musicien érudit ; celle-là ne *parlait* qu'une langue à la portée de tous, surtout des ignorants.

Le genre nouveau entraîne avec lui des frais considérables, qui ne permettent plus de l'offrir aux modestes bourses des esprits simples. Celui de jadis s'adressait particulièrement à ces miséreux en tout, dont il devenait le plaisir.

La pantomime, ayant changé de public, devait nécessairement changer de genre.

Elle s'est élevée, comme l'Opéra-Comique l'a fait, en passant des grivoiseries et des parodies du Théâtre de la Foire, où il a pris naissance, aux douces mélodies des Rossini, Boïeldieu, Hérold, Auber, Adam, pour arriver aux savantes productions des Meyerbeer, Ambroise Thomas, Gounod, Bizet, Saint-Saens et Massenet.

Elle a grandi comme le mélodrame l'a fait, en laissant s'effondrer le pathos, l'amphigourique, la prétentieuse phraséologie des Guilbert de Pixérécourt, Victor Ducange, Caignez etc..., pour arriver aux productions exactes des Henri Becque, Maurice Donnay, Jules Mary, Emile Moreau, etc..., en passant par les douces élégies et les situations si merveilleusement combinées des Anicet Bourgeois, d'Ennery, Brisebarre, et les grandioses et gigantesques épopées des Victor Hugo, Alexandre Dumas, Alfred de Vigny, Auguste Maquet, Frédéric Soulié, etc...

La pantomime, après un temps d'arrêt de trente années, est revenue au monde, transformée , perfectionnée, transfigurée.

Le chiffre total des dépenses que faisaient les directeurs des Funambules, pour monter une pièce en dix ou douze tableaux, ne suffirait pas actuellement, à payer la simple copie de la musique.

Revenons à l'ancienne formule.

Le 2 février, M. Dautrevaux fit représenter le *Diable d'or*, grande pantomime *Italienne*, féerie en 18 tableaux.

PERSONNAGES

Le Diable d'or	MM.	Amable.
Le Destin		Philippe.
Le Cauchemar		Vailhé.
Le Génie du bien		Olympe.
Pierrot, *bûcheron*		Kalpestri.
Cassandre, id.		Michelin.
Arlequin id.		Gustave.
Léandre, *vieux garde forestier*		Degenne.
L'air		X
La terre		X
Le feu		X
L'eau		X
Colombine	Mlles	Eugénie.
Les quatre saisons		X
Un marié	M.	Antoine.
Une mariée	Mlle	E. Palais.
Un charbonnier	MM.	Marius.
Un tambour de village		Hippolyte.
Trois hommes tenant des jeux		X
Une petite servante	Mmes	Anna.
Une servante géante	MM.	Bertotto.
Une maîtresse d'hôtel meublé		Antoine.
Deux fantômes		X
Un squelette		X
Un génie		X

Génies, diables, monstres, bûcherons, vignerons, cuisiniers, servantes, gardes, nains, pages, paysans, paysannes.

Rien de plus banal, de plus somnolent que cette longue et fastidieuse pantomime.

A force d'être battus, ces sentiers devaient finir par payer l'amende. Hélas ! les directeurs la soldèrent pour eux. La pièce ne fit pas le sou.

On se dépêcha de la remplacer, le 7 février, par *Marius l'Africain*, pantomime en 8 tableaux, de l'inépuisable M. Dautrevaux. Succès contesté. Le 27 de ce même mois, on donna : *Les Troupiers de l'Armée d'Italie*, pièce en 2 actes.

Le 12 mars : *Mentor et Télémaque*, vaudeville en 1 acte.

Le 17 mars : *Les Bons Enfants*, vaudeville en 1 acte.

Le 1er avril : *Barocot ou le Canard de Monseigneur*, vaudeville en 2 actes.

Le 25 avril : *Le Père Lantimèche*, pantomime arlequinade en 10 tableaux.

1er	tableau :	*L'amour et la folie.*
2e	id.	*Pierrot et le Génie rose.*
3e	id.	*Pauvre Arlequin.*
4e	id.	*Pierrot et la statue.*
5e	id.	*Un jour de noce.*
6e	id.	*Une drôle d'histoire.*
7e	id.	*Lantimêche au violon.*
8e	id.	*La ruse infernale.*
9e	id.	*Un bon tour de Pierrot.*
10e	id.	*Apothéose.*

PERSONNAGES

Lantimêche, *ex-apothicaire*	MM.	Michelin.
Léandre		Amable.
Arlequin		Gustave.
Pierrot		Kalpestri.
Satanor, *génie du mal*		Philippe.
Le Génie rose	Mlle	Maria.
Tremblotin, *valet de Léandre*	MM.	Degenne.
Deuxième valet de Léandre		Vailhé.
Une fruitière	Mlle	E. Palais.
Une harengère		X
(Le manuscrit porte, *une figurante*)		
Un aveugle	MM.	Marius.
Une statue *qui marche*		Hippolyte.
Un marié		Vautier.
Un aubergiste		Bertotto.
Colombine	Mlle	Eugénie.
Une mariée		Olympe Morin.

Paysans, paysannes, démons, valets, nymphes, génies.

L'actrice, désignée sous le nom de Maria, qui remplissait le rôle du Génie rose, était la femme de Kalpestri.

Pourquoi Lantimèche se nommait-il Lantimèche ? Pour qu'il ne se nommât pas Cassandre, et voilà tout. Car il n'était que Cassandre et rien que Cassandre, cet ex-apothicaire, père de Colombine.

Il passait par l'étamine de tous les malheurs et de tous les accidents, qui fondent habituellement sur les côtes du bonhomme.

Mais, il fallait un titre, avant tout, aux pièces des Funambules, et un titre qui portât ses lettres hypnotiques, jusques au tréfond des imaginations rétives, communes aux amateurs des théâtres populeux.

Or, *Lantimèche* est un nom qui tombe souvent dans les oreilles des classes ouvrières. Lantimèche est aussi répandu que Lustucru, Croquemitaine et la mère Godichon.

Le *Père Cassandre*, n'eut rien dit à l'œil des titis, familiarisés avec ce nom. *Le Père Lantimèche* évoquait immédiatement l'image d'un vieil ivrogne, auquel allaient arriver des amoncellements de mésaventures.

Le *Père Lantimèche* ressemblait à toutes les autres pantomimes.

Colombine aimait Arlequin, Arlequin aimait Colombine. Le Génie rose protégeait Arlequin, tandis que Satanor, le Génie du mal, défendait Léandre. Luttes, disputes, enlèvements, combats, transformations, jusqu'à minuit moins un quart ; cela aurait pu durer indéfiniment.

Car, au cas où le directeur eut dit à l'auteur : « Je ne veux pas que votre pièce finisse avant deux heures du matin », vous vous figurez peut-être que l'auteur eût été embarassé ? Pas du tout. Il eut simplement ajouté quinze tableaux à ses dix. Colombine eût été enfermée au fond de la mer, de par le talisman de Léandre. Elle eut été enlevée et transportée dans un nuage, de par le talisman d'Arlequin. Reprise par Léandre et confiée à la garde des Divinités infernales. Reenlevée par Arlequin, et conduite à travers les airs chez Mahomet, dont elle fut devenue une houri. Arrachée de nouveau au paradis du Prophète, et attachée sur les rocher de Prométhée, où elle eût été confiée à la garde de farouches Caucasiens. Reconquise par Arlequin et couchée dans un lit de roses, fabriqué par les Fées, etc., etc...

L'heure seule arrêtait l'intrigue et décidait de la durée de la pièce.

Cependant, il y avait eu fête le soir de la première, en l'honneur de la rentrée de Vautier, dans un rôle bien effacé, celui d'un marié, qui n'était que d'un tableau.

Vautier eut pu jouer le rôle d'Arlequin ; mais, père, avant d'être artiste, il avait craint de nuire à son fils, chargé du rôle, et avait dit à M. Dautrevaux, qui le pressait de jouer l'amoureux à la batte :

— Je vous assure que mon fils est plus souple que moi. Et puis, vous verrez l'effet que je produirai dans mon bout de rôle.

Le fait est la que salle entière éclata en applaudissements

lorsque l'excellent Polichinelle était entré, donnant le bras à sa fiancée.

Le 2 mai : *Marie trempe ton pain*, vaudeville en 1 acte par Blondelet.

Le 28 mai : *Cascades sur cascades*, pantomime comique en 7 tableaux.

PERSONNAGES

Mme Giffart, *marchande de fruits*..	Mme Augusta.
M. Giffart, *son mari*..............	M. Vautier, père.
Marguerite, *leur nièce*............	Mlle Thérèse.
La Tulipe, *sergent aux garde-françaises*......................	MM. Amable.
Pacot, *conscrit*.....................	Kalpestri.
Rosalie, *marchande de poissons*....	Mlles Maria.
Geneviève, *marchande d'oranges*...	Cécile.
Fanchette, *bouquetière*............	Olympe.
André, *fort de la halle*............	MM. Desmares.
François, *id.*	Pissarello.
Un marchand de vin..............	Alfred.
Un maître d'armes................	X.
Un caporal........................	X.
Mitron, *boulanger*................	X.
Une Normande....................	X.
Un cabaretier invalide............	X.
Une femme sauvage..............	X.
Un pitre..........................	X.
Une marchande de fleurs..........	X.
Un marchand de coco............	X.
Un id. d'oublis............	X.
Un id. de gâteaux..........	X.
Un escamoteur..................	X.
Un garde-champêtre..............	X.

La scène se passe sous Louis XV. *Costumes du temps.*

Je souligne à dessein cette amusante indication du manuscrit.

En lisant cette pantomime, on se trouve en face d'un scénario de vieux vaudeville, dans lequel Pierrot est devenu Pacot, Cassandre-Giffard, Colombine-Marguerite et Léandre-La Tulipe. Ce sont les aventures burlesques d'un conscrit, qui veut devenir l'époux de la nièce d'un marchand fruitier, et qui, pour parvenir à ses fins, commet tous les méfaits imaginables, voire inimaginables, et se rend coupable de tous les crimes que l'on peut imputer à Pierrot.

Tout cela était assez amusant et devint presque un succès. C'en eut même été un, si les Funambules de cette époque décadente, eussent été à même de constituer un succès véritable.

Etaient-ce les genres qui se transformaient, les esprits qui changeaient, l'interprétation qui faiblissait, ou, le goût qui se modifiait, nul ne le saurait dire ; mais, il y avait une cause certaine d'affaiblissement, d'anémie générale dans la « sanguinalité » du petit théâtre.

MM. Dautrevaux et Angrémi le sentaient bien. Leur caisse les faisait s'en apercevoir. Aussi, cherchaient-ils tous les moyens pour arriver à fournir de bonnes pièces, à ce qu'il leur restait de clientèle.

Leur erreur était, qu'ils se croyaient en possession d'une excellente troupe de pantomime, et surtout d'un merveilleux Pierrot. Qu'est-ce qu'une bonne pantomime ?.. C'est un bon Pierrot.

Et, ils en étaient arrivés à se figurer que Kalpestri pouvait aisément rivaliser avec Paul Legrand et Deburau, étant donné l'effet énorme qu'il produisait sur le public ; sans s'apercevoir que ce public n'était absolument composé que de la partie malsaine, celle que les exagérations et les grossièretés amusent ; l'autre partie ayant fui depuis longtemps, chassée par ces malséantes exagérations et ces triviales grossièretés.

Il y a, dans la pantomime, des scènes que l'on peut qualifier classiques, comme il en existe dans la haute comédie et l'opéra.

Ainsi, la scène connue, dans laquelle Arlequin et Colombine se courtisent, puis se disputent, pour se rapprocher chacun sur leur chaise, se mettre dos à dos, sentir, en remuant leur tête, rejetée en arrière, le frôlement de leurs cheveux, se retourner insensiblement et tomber dans les bras l'un de l'autre, pour s'embrasser d'abord, et s'endormir ensuite, la tête d'Arlequin doucement appuyée sur la poitrine de Colombine, est une scène classique.

Celle qui lui succède, dans laquelle Pierrot les surprend, enlève Colombine et prend sa place sur la chaise, aux côtés d'Arlequin toujours endormi, se faisant un sein de son chapeau, et se scandalisant pudiquement, quand Arlequin étend la jambe sur ses genoux, croyant, dans son rêve, l'étendre sur ceux de Colombine, est encore une scène classique.

Celle enfin, dans laquelle Pierrot se trouve chargé de la garde d'un enfant au maillot, le sien, ou celui d'un autre, peu importe, scène dans laquelle l'enfant criant, lui, Pierrot le prend dans son berceau, le berce, lui offre le mamelon, finit par s'apercevoir que ses mains sont humides, les hume, fait la grimace, désépingle le maillot, nettoye le moutard et le remmaillotte, en lui laissant les pieds libres, alors que la tête est soigneusement enveloppée des langes, est encore une scène classique.

Deburau père mimait cette dernière avec un tact, une délicatesse, une finesse de physionomie, qui faisaient que personne ne songeait à rien autre, qu'à rire.

Charles Deburau et Paul Legrand avaient hérité de la tradition de retenue et de sagesse, qu'avait su créer le grand mime.

Avec le pauvre Kalpestri, cette scène devenait sale, répugnante, ordurière, soulevait le cœur, donnait des nausées. Le public grossier, celui que j'ai désigné comme partie malsaine, l'accueillait avec force rires et bravos, et, c'est ce qui trompait MM. Dautrevaux et Angrémi, aveuglés ou plutôt étourdis par ces détestables acclamations.

Le 27 juin : *Comment donc, Commandant*, vaudeville en 1 acte.

Le 1er août, on donna : *Le Diable et son Train*, vaudeville en 2 actes.

Je ne possède aucun renseignement sur les pièces qui furent jouées à partir de cette époque, jusqu'au mois de septembre. Aucun journal ne donne plus le programme des Funambules. Les cartons de la censure ne me fournissent que quelques rares manuscrits, que j'ai classés à leur date. Les comédiens survivants, Dubois, Bunel, les mimes Paul Legrand, Alexandre Guyon, n'ont conservé aucune affiche, aucun programme, aucun document, ne se rappellent rien. Ces deux derniers avaient quitté depuis longtemps le théâtre de MM. Dautrevaux et Angrémi, cela n'a rien d'étonnant.

Je me vois donc forcé de glisser sur ce mois d'obscurantisme, pour arriver au 22 septembre, date à laquelle fut représentée une opérette en 1 acte : *Les Oies du Capital*, musique de Kriézel, le chef d'orchestre des Délassements-Comiques.

Son confrère des Funambules était un nommé Victor, piètre musicien, méchant camarade, aussi sévère pour les autres qu'il était indulgent pour lui-même.

Il ne manqua pas de dire beaucoup de mal, de la partition de son collègue d'à côté, lequel ne pouvait que rarement assister aux répétitions de sa pièce.

Le libretto était de Blondelet — c'est de lui que je tiens les faits qui suivent. — Victor parla tant et si haut contre ces pauvres *Oies du Capital*, que les artistes, convaincus d'un insuccès, ne répétaient plus qu'en rechignant, se refusant presque à apprendre leurs rôles.

Ce que voyant, Blondelet avertit Kriézel de la petite conspiration, qui s'ourdissait autour de sa modeste partition.

Kriézel, bien que fort timide, avait conscience de sa valeur personnelle — et, il en avait une. Il s'en fut trouver M. Dautrevaux et lui expliqua la machination *Victorienne* et presque victorieuse, dont il était victime.

M. Dautrevaux, outré, fit appeler Victor et lui lava fortement la tête, lui reprochant sa mauvaise confraternité et les moyens employés par lui, pour arriver à ce que la pièce ne se jouât pas.

— Elle se jouera quand même, entendez-vous, M. Victor?.., continua le directeur !... Elle se jouera malgré vous, et ceux que vous avez ameutés contre M. Kriézel. Sur ce, retournez à votre pupitre, et rappelez-vous que si quelque nouvelle preuve de votre malveillance arrive encore jusqu'à moi, je me verrai forcé de me priver de vos services.

Victor, furieux, alla trouver Kriézel et l'injuria. Kriézel, qui était la placidité en personne, avait été militaire.

Il chargea Blondelet et Bourguignon, un des artistes les plus amusants des Délassements, d'aller demander à Victor, ou des excuses, ou une réparation par les armes.

Victor demeura stupéfait, devant la visite offensive faite, fort gravement, par Blondelet et Bourguignon.

— Comment, ce Kriézel, si bonasse, si doux en apparence, cachait un tigre altéré de sang, sous sa toison moutonnière.

Il se fit répéter par deux fois le motif de la démarche, faite par ces messieurs, n'en pouvant croire ses oreilles. Et, par deux fois la solennelle provocation sortit de la bouche des austères témoins.

Je dis austère, j'ai peut-être tort du côté de Bourguignon ; car jamais l'excellent comique ne fût à jeun de sa vie. Et, il est permis de présumer que, ce jour-là, pour se donner beaucoup de l'aplomb qui lui manquait d'habitude, il avait dû tenter de se solidifier par quelques libations préparatoires.

A la fin, Victor s'impatienta, et, pensant intimider son adversaire, repondit aux témoins :

— Allez dire à celui qui vous envoie, que j'accepte son cartel. Il a besoin d'une leçon d'harmonie, je saurai la lui donner. Mes témoins s'entendront avec vous.

Victor choisit comme seconds : Amable et Vautier.

Amable tirait fort bien l'épée, la canne, le bâton.

Amable commença par prendre une paire de fleurets, mit en garde Victor, et lui dit en se plaçant devant lui :

— Maintenant, touchez-moi !...

Victor essaya vainement.. ....

Au bout de deux minutes, Amable dit au chef d'orchestre :

— Ecoutez, je connais Kriézel. Il vous embrochera comme un rognon. Je n'ai jamais rien vu d'aussi maladroit que vous.

— Alors, que faire, interrogea tout pénaud le chef d'orchestre des Funambules ?

— Aller franchement trouver celui que vous avez offensé et reconnaître loyalement vos torts, fit Vautier. Car, il n'y a pas à dire, les torts sont de votre côté, mon cher ami. Bien que nous soyons vos témoins, nous sommes forcés d'en convenir.

C'est, finalement, ce que fit le farouche Victor.

Il demanda pardon de ses injures à Kriézel, lequel, bon comme... non, meilleur que du pain, tendit généreusement la main à son rival, en l'art de se conduire aussi mal qu'il conduisait ses musiciens.

Par exemple, ce que Victor ignora toujours, c'est que la leçon d'armes et le conseil, à lui donnés par Amable et Vautier, n'étaient que le résultat d'une démarche faite auprès de ce dernier, par Blondelet et Bourguignon.

Blondelet avait dit à Amable :

— Il ne faut pas qu'un brave homme de talent comme Kriézel risque d'être tué, ou même blessé, par un imbécile comme Victor.

Ce à quoi Amable avait répondu :

— Je m'en charge !

Les Oies du Capital furent jouées avec succès.

Neuf chefs d'orchestre se sont succédés au pupitre du Théâtre des Funambules depuis sa fondation jusqu'à sa démolition. Vautier, dans ses notes, m'a conservé leurs noms. Les voici :

MM. Sirot, Milher, Joly, Charles Hubans, Louis Ludovic, Borsat, Victor, Baudoin, Degeorge.

Charles Hubans, parmi tous, musicien de talent, mélodiste distingué, a su se faire remarquer par d'agréables compositions et sa maëstria, à la tête des orchestres importants qu'il a dirigés.

Le 3 octobre : *A propos de bottes*, vaudeville en acte.

Le 6 novembre : *Le Sergent Lambert ou la Fille du Soldat*, pantomime à spectacle en 4 tableaux.

PERSONNAGES

Le feld-maréchal Steinberg....	MM.	Philippe.
Le chevalier Bettendorf........		Vautier.
Lambert, *sergent*..............		Amable.
Walter, *vieux militaire*.........		Degenne.
Pierrot, *son gendre*............		Kalpestri.

Pampispouf, *chef de troupe turque*........................		Michelin.
Frédéric, *soldat*................		Vailhé.
Marie, *sœur de Steinberg*.......	Mlles	Thérèse.
Thérèse, *femme de Pierrot*.....		Eugénie.

La scène se passe en Allemagne au XVIIIe siècle.

1er tableau : *L'invasion turque.*
2e id. *La fuite d'une sœur.*
3e id. *La demoiselle soldat*
4e id. *L'exécution.*

Vieille carcasse de mélodrame privé de la parole, et pourvu de toutes les infirmités inhérentes à l'âge de ce genre de pièces.

Un sergent devient amoureux de la sœur d'un Feld-maréchal. Cette sœur s'enflamme à première vue pour le beau sergent.

Mais le Feld-maréchal a déjà accordé la main de sa sœur à un antique chevalier, que, naturellement, la jeune personne repousse d'instinct.

Le sergent frappe le chevalier, qui a un grade dans l'armée.

Pour ce fait, il est arrêté, jugé et condamné à périr sous les verges.

L'exécution va commencer. Tout-à-coup, arrive l'ennemi. Le Feld-maréchal va se faire battre ; quand le sergent, délivré de ses entraves, fond sur les Turcs et les met en déroute.

Et, le manuscrit de la pantomime termine ainsi :

Comment Steinberg pourrait-il livrer au supplice celui qui vient de lui sauver la vie ? Il lui tend au contraire une main amie, et, au grand déplaisir du vieux Bettendorf, il unit sa sœur à Lambert, qu'il proclamme officier.

Le rôle de Pierrot n'est absolument qu'épisodique.

J'arrive à la tentative épique d'un homme d'esprit, d'un dessinateur original, d'un caricaturiste de grand talent. J'ai nommé Durandeau.

Emile Durandeau, l'auteur de charges si merveilleusement exécutées, le presque-rival de Daumier, le prédécesseur d'André Gill, avait voulu tâter aussi de la pantomime.

Il alla trouver M. Dautrevaux et lui en proposa une, qu'il avait fait jouer jadis pour l'ouverture des Folies-Nouvelles, où elle avait obtenu du succès sous le titre de : *L'Hotellerie de Gaultier-Garguille.* Il la lui narra séance tenante, avec sa bonne grosse figure, ses yeux en fanal de locomotive, sa voix gouailleuse et mordante, ses gestes écourtés, et fit tant et tant, que Dautrevaux;

conquis, se mit à rire à ventre de culotte déboutonné, et accepta d'emblée la reprise de cette pièce, qui fut immédiatement mise en répétition.

L'on a trop peu l'occasion de saluer une véritable originalité, dans ce répertoire poncif, pour que j'aie garde de passer devant celle-ci, sans faire participer mes lecteurs à ce plat, d'une saveur toute particulière et très forte en épices.

Le 30 novembre, les Funambules donnèrent donc la reprise de : *Les Quatre intrigants, ou Suites funestes des amours occultes d'une princesse désordonnée, ou, le fâcheux état de la péninsule avant Christophe Colomb, et ses découvertes*, pantomime en 1 tableau, par Emile Durandeau, simple poëte, musique d'HERVÉ.

PERSONNAGES

Gaultier-Garguille, *nourricier amoureux de la princesse*	MM.	Michelin.
Gilles, *garçon élève-nourricier*		Kalpestri.
Scaramouche		Pissarello.
Le Roi d'Espagne		Vautier, père.
La Princesse des Asturies	Mme	Lefebvre.
Deux domestiques, *masqués grotesquement*	MM.	Antonio. Vailhé.

DÉCOR

Une cour ; une étable-hangar ; instruments aratoires ; rien de ce qu'il faut pour écrire ; cris de coqs, paons, volatiles divers ; ânes, bœufs, etc. Sur un écriteau : GAULTIER-GARGUILLE, NOURRICIER, SEVRAGE EN TOUT GENRE. ON PORTE EN VILLE. *Un puits, un bahut, un berceau.*

SCÈNE PREMIÈRE

LA PRINCESSE, DEUX DOMESTIQUES, puis, GAULTIER

Le princesse entre avec précaution. Elle frappe à la porte de Garguille. Elle lui parle à l'oreille.

Garguille lui frappe sur le ventre, et se met à rire avec elle ; avec eux rient les deux domestiques.

LA PRINCESSE

— Qu'est-ce que c'est ?..

Garguille, également sérieux, flanque une giffle à l'un deux, et prie celui-ci de souffleter son camarade. Ceci fait, politesses de part et d'autre.

Garguille les fait entrer chez lui pour les réconforter.

Jusqu'à la dernière scène, les domestiques restent la tête passée à deux lucarnes, mangent des tartines et engraissent beaucoup.

SCÈNE DEUXIÈME

Resté seul avec la princesse, Garguille concupiscent, fait une déclaration à la belle endolorie qui l'écoute avec un majestueux dédain.

SCÈNE TROISIÈME

GILLES, SCARAMOUCHE, GARGUILLE, LA PRINCESSE

Garguille est surpris aux genoux de la princesse, qui respire des odeurs.

GILLES

— Qu'elle est belle !

SCARAMOUCHE

— Qu'elle est majestueuse !... et quel sac !

Garguille, prenant les devants, fait une demande formelle de la riche inconnue.

Gilles et Scaramouche se moquent du podagre.

A leur tour et en même temps, ils se présentent. Tous les trois sont également repoussés.

Douleurs d'enfantement, conçues dans la princesse. Elle rentre dans la maison précipitamment.

SCÈNE QUATRIÈME

GILLES, SCARAMOUCHE, GARGUILLE

Bénédiction des poignards. Vengeance des trois éconduits. Fausses notes à l'orchestre. Réprimandes tacites de Gilles, qui prend, ou plutôt, arrache un violon à un musicien et le lui casse sur la tête.

La scène continue comme si rien ne s'était passé.

Au serment, Garguille jure sur son sac, Scaramouche sur son épée, qui remue comme de la gélatine, Gilles sur un cœur, qu'il a dans sa poche.

Il prend la plume de Scaramouche, et avec des signes de douleurs, il transperce l'image de son âme.

Gifles réciproquement données et reçues ; raccomodement. Sortie de Scaramouche et de Garguille.

SCÈNE CINQUIÈME

GILLES, *seul.*

On entend un vagissement. C'est la princesse dans l'éloignement. Gilles se fait une guitare avec une casserole. Il essaye et frappe sur un chaudron pour prendre le diapason. Cascades. Serénade. Air de *la première nuit de noce.* Ah ! là ! là ! Bis ! Tout en levant les yeux au ciel, il fait ses fonctions de domestique. Il compte le linge. Pouah ! Il fait le déjeûner. Une omelette. Il casse les œufs, prend du lard et finit par manger le jaune des œufs, et mettre une perruque de Garguille dans son omelette, qu'il parachève grotesquement. Puis, il ouvre une sorte de bahut, d'où sortent immédiatement des cris perçants. On aperçoit une dizaine de marmots appendus à des crochets par leur brassière. Il en décroche un et procède au changement de langes, avec grand renfort de dégoût. Puis, ahuri par les cris, il le jette à la volée dans l'armoire, flanque une poignée de carottes et de choux aux autres, et ferme la porte sur eux. Ouf !

SCÈNE SIXIÈME

GILLES, ISABELLE, puis GARGUILLE, SCARAMOUCHE et le ROI D'ESPAGNE

Chut ! chut ! chut ! Nuit soudaine. Trémolo à l'orchestre.

— Voilà le poupard !... dit la princesse... Chut ! chut ! chut ! Mystère ! Mystère !...

Mystère, du reste, surpris par le roi d'Espagne, qui sanglote dans le fond, soutenu par Garguille et Scaramouche.

Surprise également, la princesse éperdue, jette le poupard à Gilles, qui le jette à son tour dans l'armoire, aussitôt fermée qu'ouverte.

Elle rentre dans la maison. Gilles se sauve d'un autre côté, le roi d'Espagne aussi.

SCÈNE SEPTIÈME

SCARAMOUCHE, GARGUILLE

Les deux drôles poussent des rires, en voyant le Roi d'Espagne s'enfuir, en proie à la plus vive douleur. Musique sombre. Complot. Substitution de l'enfant. Ils mettent un nègre à la place, dans un berceau placé dans un coin.

SCÈNE HUITIÈME

LA PRINCESSE, SCARAMOUCHE, GARGUILLE, LES DEUX DOMESTIQUES

Scène de drame

La princesse, suivie de ses deux automates, va droit au berceau.

— Ciel ! ô ! les monstres !... Mon enfant ?... Un petit enfant, Messieurs ? Pas plus haut que ça. Oh ! mais non ! Ce n'est pas possible !... Oh ! ma tête !... La croix de ma mère !...

Pleurs, colère, prières ! Elle donne de l'argent à Garguille. Scaramouche le prend, ou plutôt le vole. Puis :

— Ce n'est pas moi !

— Ce n'est pas moi !

— C'est lui !... Parole d'honneur !...

Un grand mouvement dramatique de la princesse des Asturies :

— Ah ! ah ! Eh ! bien, mais, qui est-ce donc alors ?

SCÈNE NEUVIÈME

LES MÊMES, GILLES

— C'est Gilles !... qui entre inopportunément. Il tombe à genoux écrasé par le poids des accusations.

— Grâce ! Pitié ! (*Dignement*). Je veux me défendre ! Je veux des juges, moi !

Il se met derrière un panier à poulets, et est surveillé par les deux sicaires de la princesse.

Commence un plaidoyer. Dénégations. Incrédulités. Rire prolongé. Tumulte.

Gilles agite une énorme cloche, et, après s'en être coiffé pour se déguiser, il cherche à fuir. Il est retenu par les deux gardiens.

Après une courte délibération, il est condamné à être pendu.

— Faites, dit la princesse aux deux braves.

Gilles à genoux. Prières. On le met au-dessus d'un puits, et on lui attache la corde au cou.

La corde, entraînée par le poids du patient, roule et le fait disparaître. On le remonte mouillé jusqu'aux os. Il beugle. On le pend plus court. La corde se détend. Il danse, les pieds à terre, un pas du dernier grotesque, et indique à l'infortunée, mais implacable princesse, que son fruit illicite est dans l'armoire.

— O ! ciel ! Délivrance !

SCÈNE DIXIÈME

LES MÊMES, LE ROI D'ESPAGNE

Le roi d'Espagne n'a rien vu, mais il a tout compris. Il pardonne.
— Dans mes bras ! Dans ses bras ! Dans tes bras ! ! !...
Les enfants, enfermés dans le bahut, ont grandi, comme par enchantement. Ils font invasion sur la scène, en gambadant et en poussant des cris d'aigle.

Ballet

Pas de deux, par Scaramouche et Garguille.

Pas de deux, par le Roi qui, avant, se mouche et éternue huit ou dix fois, et la princesse.

Pas final, par tous les enfants, les domestiques et Gilles.

A la fin du balet, chacun prend une pose comique, ridiculement gracieuse.

Et, la corde qui retient l'infortuné Gilles n'étant plus retenue, il retombe définitivement dans le puits.

Et voilà !

EMILE DURANDEAU,
simple poëte.

Cette fantaisie extravagante, qu'Hervé eut pu concevoir, et sur laquelle il avait écrit une musique plus abracadabrante encore, s'il est possible, que l'affabulation par elle-même, eut le tort d'être jouée aux Funambules, par des artistes remplis de foi, croyant à leur art, ne comprenant pas la parodie.

Un seul, Delaquis, créateur de son rôle aux Folies-Nouvelles, était à la hauteur de sa tâche ; mais, il fut fatalement entraîné dans la chute, par le reste de l'interprétation.

La folie Hervépileptique n'était pas encore comprise de l'autre côté du boulevard. Le public des Funambules en était encore à frissonner devant *La Chaumière des Cévennes* ou *Les Pirates du Calvados,* et les mimes à y croire.

Cette pantomime avait été jouée, je l'ai dit, pour l'ouverture des Folies-Nouvelles, où les spectateurs en communication absolue avec les extravagantes cascades d'Hervé et de Joseph Kelm, lui avaient fait un accueil des plus favorables.

Hervé, dans les idées de qui, cette forme entrait comme dans de la vaseline, avait composé une adorable petite partition, qui accompagnait en les élucidant, les péripéties excentriques de cette épopée charentonnesque.

C'étaient Paul Legrand et Delaquis qui, avaient représenté, lors de la véritable première, cette pantalonnade.

Aux Funambules, on termina l'année avec : *Jeannot et Beau Modèle*, pantomime-féerie-arlequinade en 3 tableaux, par Vautier.

PERSONNAGES

Cassandre, *vieillard avare et peu riche*	MM.	Michelin.
Arlequin, *bûcheron*		Gustave.
Jeannot, *neveu de Cassandre*		Kalpestri.
Beau Modèle, *marquis ridicule sous Louis XV.*		Vautier, père.
Un domestique du marquis		Alfred.
Colombine, *fille de Cassandre*	Mmes	Thérèse.
La Fée des Lilas		Maria.

Nous retombons — et retomber est ici bien le mot — dans la pantomime classique.

Toutes les scènes réputées amusantes, que l'on a exhibées depuis la création des Funambules, se trouvent amoncelées dans cette pièce.

Elle se termine de la façon la plus attendue et la plus banale.

La Fée des Lilas donne à Arlequin un gros sac d'or.

A la vue du sac, Cassandre, qui, jusqu'alors avait repoussé le frétillant bariolé, pour lui préférer le marquis de Beau-Modèle, change subitement d'idée, voire d'opinion, et accorde la main de sa fille à Arlequin.

La Fée des Lilas, triomphante, dit :

— Je veux une petite fête pour leurs fiancailles !
— C'est entendu ! fait Cassandre.

SCÈNE DIXIÈME ET DERNIÈRE

La Fée des Lilas lève sa *baillette* (*sic*), et tout le village, en habits de fête, *paraissent* (*sic*) l'embellir par leur présence.

Ballet

J'ai respecté l'orthographe du manuscrit original.

Le ballet était réglé par Vautier.

Voici les noms des chorégraphes, ayant exercé leur profession, comme maîtres en l'art de régler les pas, sur la scène des Funambules, depuis la fondation du théâtre :

Messieurs Sirot, Hugond, Henri Bordeaux, Gaudet, Laurent père, Laurent fils, Chéza, Paul Sauton, Laurençon et Vautier.

Tous ces gens ont gagné leur vie au-dessus de la terre, à trente centimètres du sol.

CHAPITRE XLVII

1861

Suite de la Direction Dautrevaux et Angremy

L'une des particutarités théâtrales les plus importantes des Funambules, fut toujours la machinerie.

Et, de fait, c'était merveille de voir la rapidité avec laquelle se produisaient les changements à vue, la ponctualité des trucs, la régularité des tranformations. C'était le triomphe des cordes à boyau et des fils de rappel.

Des pantomimes en 26 et 30 tableaux parvenaient à être jouées en moins de deux heures, sans un arrêt, sans un accroc, sans un manquement à la précise régularité.

Aussi, les chefs machinistes qui dirigeaient ces grandes manœuvres, étaient-ils fort réputés, et méritent-ils d'avoir leurs noms inscrits dans l'histoire d'un théâtre, dont ils étaient seuls à connaître si bien les dessus et les dessous, par la raison qu'ils en étaient véritablement, et, dans toute l'acception de la citation latine, les *Dei ex machina.*

Voici ces noms se succédant par époques :

MM. Lemoine, Donjon, Blene, Lambert, Patte, Maurice, Caron, Pigne, Maniguant, Simon Créange, Lebon, Braban, Colombier, Emile, Alphonse Pioger et Francisque Penot.

L'année 1861 débuta par la reprise d'un vieux mimodrame, remis à la scène, par, et pour Lombardi, excellent mime, dont j'ai déjà eu l'occasion de parler. Lombardi avait été promu régisseur.

Ce mimodrame avait pour titre : *Les Deux Forçats* ou *l'Inconnu.* Il comportait trois actes. Il fut repris avec succès le 6 janvier, jour des Rois.

Puis, l'on joua le 22 janvier : *Les 3 Conscrits bretons* ou le *Conseil de révision*, pantomime comique et militaire en 4 tableaux.

Le 2 février : *Le Valet du Diable*, ballet-pantomime en 1 acte, avec trucs, changements à vue, etc.

PERSONNAGES

Satan	MM. Gustave.
Astaroth, *son valet*	Degenne.
Pierre, *fermier*	Bertotto.
Jean, *garçon de ferme*	Michelin.

Colin, *garçon de ferme*....................	M. Pissarello.
Rose, *fille de Pierre*......................	Mmes Olympe.
Le bon génie...............................	Eugénie.

Paysans, Paysannes

Bonne petite pantomime, sans importance, très anodine, dans laquelle Michelin jouait le Pierrot, lequel, pour la circonstance, s'appelait Jean.

Le 15 février : *Le Carnaval des Egoutiers*, vaudeville en 2 actes.

Le 5 mars : *Un Coup de Rasoir*, vaudeville en 1 acte, par Ch. Blondelet.

Le 18 mars : *Pierrot et Polichinelle*, ballet pantomime en un tableau. (Reprise).

Le 17 avril : *Le Loup-Garou*, ballet villageois, mêlé de danse, en trois tableaux.

Ce ballet n'était qu'une falote pantomime ; mais, elle avait été baptisée ballet, parce que le Pierrot s'appelait Mathurin, au lieu de s'appeler Pierrot, et que le Cassandre se dénommait Picard en place de Cassandre ; de même que l'Arlequin avait pris nom Colin, bien qu'il ne fût en réalité qu'Arlequin, amoureux de Jeannette-Colombine.

On y dansait peut-être ; mais, dans toutes les pantomimes on dansait.

Le *Loup-Garou* eut du succès. Le rôle du Loup-Garou était tenu par un certain Alleaume, remplissant l'emploi des grimes, pères nobles et Cassandres.

Cet Alleaume était un bohême de la plus vagabonde espèce. Il se vantait de n'avoir jamais payé le premier sou d'un loyer quelconque.

Et c'était vérité ; voici comment il procédait :

Il entrait dans un logement, n'ayant absolument pour mobilier qu'un matelas et une paillasse sans bois de lit, une table boiteuse et une chaise branlante. Il oubliait de payer le premier terme. Quand le propriétaire le lui faisait rappeler par le concierge, Alleaume le traînait avec des promesses, jusqu'au second, qu'il négligeait également de régler.

Ces deux termes échus, il laissait à nouveau s'écouler le troisième, bataillant avec le concierge, trouvant des prétextes, et finalement, malgré tempêtes et objurgations, se refusant à quitter un logement, dans lequel il se trouvait tant et si bien à l'aise.

Le propriétaire parlait d'expulser, *manu militari*, le malencontreux locataire.

C'est alors qu'Alleaume appliquait sa méthode.

Il allait trouver le dit propriétaire, et lui disait :

— Monsieur, je conviens que je suis un locataire fort gênant, et je conçois que vous ayez le plus vif désir de me voir quitter votre immeuble. Pour atteindre ce but, vous allez obtenir contre moi, un arrêt d'expulsion !... Et vous aurez pleinement raison. Mais, cette expulsion va vous coûter.... — Il employait alors tous les termes de basoche, dont on se sert en pareil cas. — Donc, résumons : en tout, cela fera la somme de quatre-vingts francs.

— Quatre-vingts francs, c'est vrai, ripostait toujours le propriétaire en fureur, mais je serai débarrassé de vous !

— Eh ! bien, monsieur, reprenait flegmatiquement Alleaume, donnez m'en quarante et je m'en vais de bonne volonté. Vous gagnerez encore quarante francs, si ma proposition vous agrée.

Le propriétaire commençait par envoyer promener l'impudent locataire ; celui-ci faisait mine de sortir. C'est alors que la victime, poussée par l'appât de ces quarante francs à dépenser en moins, se décidait à s'exécuter, rappelait Alleaume, lui comptait les deux louis, et lui faisait donner en échange sa parole d'honneur, de déguerpir dès le lendemain, à l'aube.

Je dois dire qu'Alleaume était esclave de cette parole donnée. Le lendemain, il déménageait pour aller emménager ailleurs, payant avec les quarante francs qui venaient de lui être versés, le premier terme de son nouveau logement, où les mêmes faits se reproduisaient six ou neuf mois après, selon le degré de patience et de longanimité du nouveau propriétaire.

J'ai rencontré, depuis, cet excellent Alleaume. Il était fort propre ; mis presque bourgeoisement. Il m'a reconnu, comme je l'ai reconnu, malgré les trente années qui nous ont portés différemment sur terre, et donné rides et cheveux gris.

— Eh ! bien, mon brave ami, continuez-vous toujours à ne pas payer vos termes ?... lui ai-je demandé.

— Oui, monsieur, m'a-t-il répondu. Mais... aujourd'hui, d'une façon légale. Je suis *concierge !...*

Le 25 mars, on joua : *Moluk* ou *Le Fils du Désert*, pantomime en 4 tableaux de M. Michel Vautier.

1er tableau :		*La cabane de Zoraïme.*
2e	id.	*Le jardin du sérail.*
3e	id.	*Le sérail.*
4e	id.	*Le ravin.*

Aux Funambules, quand une pièce était usée sous un titre, on ne se faisait aucun scrupule de la reprendre quelque temps après, sous un autre titre, et tout était dit. On n'y regardait pas de si près.

C'est ainsi que *Moluk* ou *Le Fils du désert* avait déjà servi pendant de longs mois, sous l'enseigne : *Blanc et noir*.

J'ai parlé en son temps de cette pantomime ; je n'ai pas à revenir dessus.

Le seul fait que je me plaise à faire remarquer, c'est qu'à l'époque où elle fut représentée, sous le titre de *Blanc et noir*, elle n'était pas de Vautier, et que baptisée *Moluk*, le brave Polichinelle en était devenu le père.

Le 23 avril : *Une Femme en quatre*, vaudeville en 1 acte, par Alexis Jouhaud.

Le 30 avril : *Ah! quel plaisir d'être garçon* ! vaudeville en 1 acte.

Je relève dans cette pièce ce couplet qui provoquait quelques applaudissements.

Air de : *l'Héritière*.

Vos poulardes sont excellentes.
Partout on parle de vos vins ;
Vos saucisses sont succulentes
Et vos jambonneaux sont divins.
Vos pieds sont encore plus divins.
Vos boudins sont dignes d'un moine.
Or, je ne puis voir entre nous,
Un compagnon de Saint-Antoine
Sans aussitôt penser à vous (*bis*)

Le 6 mai : *Vendredi et Samedi* ou *L'Ile des Moyabambines*, folie-vaudeville en 1 acte, par Ch. Blondelet et Th. Vinet.

PERRSONNAGES

Pitonnet, dit Vendredi..........	MM. Forestier.
Loulou, dit Samedi, *son fils*....	Rubel.

Le 14 mai : *Le Retour de Pierrot*, ballet-pantomime en 1 tableau, par Vautier.

Le 5 juin : *Cassandre et son portrait*, pantomime en 1 tableau sur le manuscrit autographe, je lis cette distribution :

Cassandre........................	MM. Placide.
Léandre..........................	Amable.
Arlequin.........................	Musson.
Rosine...........................	Mmes Adeline.
Marton...........................	Fifine.

Ces noms de l'interprétation, portés sur le manuscrit original, jettent un peu de trouble dans mes dates et mes notes. Car l'époque à laquelle jouait Placide, est fort éloignée de celle à laquelle jouait Amable.

Y a-t-il eu deux Placides ? On m'affirme que non. Je crois, moi, pouvoir certifier le contraire. Celui-ci, ne pouvant être celui-là, qui, sous Louis XVI, avait donné des leçons au Comte d'Artois.

Le 22 juin : *Les Siamois à Paris*, pièce d'actualité en 1 acte, par Ch. Blondelet.

Le 15 juillet : *Pierrot clown* ou *Double-Blanc*, pantomime en 1 tableau.

Ce *Pierrot clown* n'était qu'une ancienne pantomime jouée, jadis sous le titre de : *Les Etourderies de Figaro*.

Figaro était devenu James ; Bartholo avait été transformé en Pantalon ; de même que le Podestat s'était transfiguré en Alcade, et Mlle Isabelle en Mlle Claire.

Quant au Pierrot de la nouvelle version, c'était le Forcino de l'ancienne.

Je tiens à citer, en passant, la façon originale dont l'un des régisseurs, attaché aux Funambules, mettait en scène les pièces à représenter.

C'est de Frédéric Belin que je parle. Enfant des faubourgs de Paris, Frédéric Belin ne se servait de la langue, — je ne dirai pas purement, mais, véritablement française, — que très accessoirement ; pour donner ses explications nécessaires, dans les mise-en-scènes qu'il indiquait aux artistes, l'argot était d'instinct l'idiôme qu'il pratiquait.

Il en était arrivé à demeurer absolument incompréhensible, pour ceux qui n'étaient pas spécialement versés dans ce langage pittoresque.

On citait de lui cette admirable phrase, adressée à un jeune figurant, arrivant de sa province, lequel dévoré de l'envie de jouer la comédie, était venu demander à remplir un petit rôle, quelqu'effacé qu'il fût :

— Tu représentes un dabe chouette ! Tu t'amènes sur le trimard, tu cognes à la lourde de la cambuse, la gonzesse s'affale, t'y joues des châsses, elle te rebouise ; mais tu ne flanches pas, tu lui jaspines que tu la trouves gironde, et tu chutes à ses arpions. Son frangin passe la sorbe. Il te refile un pain, tu ramasses ta viande et tu te cavales. T'as compris [1] ?...

1. Traduction : Tu représentes un père noble ! tu entres sur la scène, tu frappes

Et, le brave bachelier ès-argot, se figurait véritablement avoir été compris de son élève.

Ce qui n'empêcha pas Frédéric Belin d'être un des bons employés des Funambules.

Voici la liste des régisseurs, qui se sont succédés sur cette scène, depuis sa création :

Lafargue, auteur, metteur en scène et réglant les combats.

Gougibus, auteur, metteur en scène.

Sirot, metteur en scène et compositeur de musique.

Charles Charton, auteur, metteur en scène, réglant les combats et chef du matériel.

Eusanas, second régisseur.

Meignan, chef du matériel et régisseur.

Corses, régisseur général et auteur.

Alphonse Keller, régisseur général et auteur.

Hippolyte Messant, régisseur et auteur.

Frédéric Bélin, mettant en scène les pantomimes et réglant les combats.

Lombardi, troisième régisseur, puis, premier.

Landais, id. id.

Servien, id. id. et second souffleur.

Philibert Lemoine, deuxième régisseur.

Le 15 août, on chanta une cantate intitulée : *L'Aigle Impériale*, paroles de Charles Charton.

PREMIER COUPLET

Contemplez cet oiseau grandiose
Qui s'élance à travers les airs.
Il franchit les cimes ; il ose
Tenir en respect l'univers.
Il est le maître de l'espace.
Il domine même les cieux
Et le soleil qu'il voit de face
Ne lui fait pas baisser les yeux.

Refrain

L'aigle n'est pas oiseau de proie
C'est l'oiseau de notre Empereur !
Il tient la torche qui flamboie
Autour des noms Patrie ! honneur !...

à la porte de la maison, la jeune fille arrive, tu lui fais les yeux doux, elle te repousse ; mais tu ne recules pas, tu lui dis que tu la trouves gentille et tu tombes à ses pieds. Son frère montre sa tête. Il te donne un soufflet, tu te relèves et tu t'enfuis.

Dubois, qui m'a dicté ce couplet, n'a pu se rappeler les autres ; et, l'on en conviendra, c'est vraiment dommage pour les archives de la poésie, étant donné l'étrangeté de ce premier.

Le 12 septembre, on joua : *Le Violon magique ou le Talisman de Jupiter*, pantomime arlequinade et diabolique, en 2 actes et 19 tableaux.

Le mois d'octobre débuta par une grande pantomime-arlequinade-féerie, en 12 tableaux, *La Fée Carabosse*, d'après M. Cot d'Ordan, dit le manuscrit.

PERSONNAGES

Cassandre	MM.	Delaquis.
Léandre		Devin.
Pierrot		Kalpestri.
Arlequin		Gustave.
Le Diable vert		Hippolyte.
Un singe		Bardou.
Un savetier		Vailhé.
Un petit diable		X.
Un chaudronnier		Servien.
Un pâtissier		Vailhé.
Un liquoriste		Servien.
Un chasseur		Antoine.
Une nourrice, la mère Chèvre.		Bertotto.
Colombine	Mmes	Thérèse.
La fée Carabosse		Maria.
La sorcière des Roches-Noires.		Lefebvre.

1er	tableau :	*Une bonne action.*
2e	id.	*La reine du sabbat.*
3e	id.	*Les pieds de nez.*
4e	id.	*Jobin et Nanette.*
5e	id.	*La barbe de Pierrot.*
6e	id.	*La chaumière enchantée.*
7e	id.	*Le réduit de la sorcière.*
8e	id.	*Le flacon mystérieux.*
9e	id.	*La fusillade.*
10e	id.	*Pierrot dans le bain.*
11e	id.	*Les trois nourrissons.*
12e	id.	*Apothéose.*

L'on est tenté de croire, en lisant le manuscrit de cette pièce, que la plume de l'auteur, obéissant à ses idées rétrogrades, écrivait à reculons ; nous voilà complètement retombés dans l'insignifiante pantomime de nos arrière grands-pères. Les fées protectrices y surgissent de tous les coins de décors. C'est la lutte à outrance, entre la fée Carabosse et la Sorcière des Roches-Noires. Ces deux bonnes dames tiennent, chacune, fabrique de talismans, dont elles arment leurs protégés, dès qu'ils ont perdu ceux dont elles les avaient gratifiés. Les changements de lieux succèdent aux changements de lieux ; les transformations aux transformations, jusqu'à ce que la bonne fée Carabosse, sentant que la patience du public, quelque débonnaire qu'il soit, pourrait enfin se lasser, dit à la fée des Roches-Noires :

— Tu es vaincue !... Les amants ont été courageux et fidèles. Le Destin veut qu'ils soient unis. Tu n'as plus qu'à te retirer.

Ce que la fée des Roches-Noires s'empresse de faire, par une trappe, qui vomit du licopode en flammes.

Alors, sur un signe de la fée, le fond disparaît, et l'on aperçoit des jardins magnifiques, couverts de statues et de fontaines.

A la vue de ce prodige, Cassandre cède.

Cependant, Léandre et Pierrot ne veulent pas consentir. De sa baguette, la fée leur impose silence; puis, elle emmène Arlequin près de Colombine, qui l'attend au fond.

Pierrot prend son parti et engage son maître à en faire autant.

Tout le monde s'incline devant la fée Carabosse.

Flammes de Bengale.

Cette grande pantomime, qui obtint du succès, fut la dernière donnée en 1861.

On ne fit plus que des reprises, ce qui ne garnit pas beaucoup la caisse de MM. Dautrevaux et Angrémi.

Quelques vaudevilles nouveaux parvinrent cependant à voir le jour, triomphant encore, malgré le profond découragement de M. Dautrevaux.

M. Angrémi, las d'apporter de l'argent, commençait à faire grise mine à son associé. La discorde ne tarda à faire son apparition dans les relations administratives des deux associés, et l'on convint de se séparer à la fin de l'année théâtrale.

Un successeur à M. Dautrevaux était là, dissimulé derrière le paravent, prêt à apporter quelques capitaux pour faire revivre et mener à bien l'entreprise.

C'était M. Dechaume, le vendeur de la salle et l'éditeur ambitieux des Funambules, qui brûlait du désir d'en devenir le directeur.

Mais, n'anticipons pas, et réglons les comptes de cette désastreuse année 1861.

Le 30 septembre, on joua : *Un Patronët qui marie sa Fille*, vaudeville en 1 acte par M. Eugène Firmin.

Le personnage de Théocrite chantait à celle qu'il aimait, le couplet suivant :

Air : *Mam'zelle écoutez l'récit.*

Ton cœur a gardé mon nom
C'est-à-dire mon prénom,
Mon Dieu ! quelle extase est la mienne !
Ne rougis pas, aimable enfant,
Ou plutôt si, rougis ! vraiment
Ça t'va comme un gant, O ! Julienne !....
Sous ton regard mon cœur fond
Ainsi que la graisse au fond
D'la poële où les pomm's frit's se font
Pour les gens qu'ont peu de fonds.

Le 9 octobre : première représentation de *Chatillon* ou le *Vin à 8 sous*, tableau populaire en 1 acte, par Auguste Lecerf.

Le 21 octobre : *Deux monstres comme on en voit tant*, vaudeville en 1 acte, par Al. Dermé.

Le 2 novembre, reprise de : *Une heure* ou le *Démon de la forêt*, mimodrame en 5 tableaux.

Le 6 décembre : *Coquin de sort !* vaudeville en 1 acte.

Le 14 décembre : *Dans la rivière*, vaudeville en 1 acte.

Et le 25 décembre, pour les Fêtes de Noël et du jour de l'an, une reprise de : *Faust* ou *Le Diable et la Jeune Fille*, pièce dans laquelle Forestier jouait le personnage de Faust, et Rubel celui de son domestique Pétermann.

Cette fin d'année n'est à signaler que par le remplacement définitif de M. Dautrevaux, cédant ses droits au sceptre directorial, à M. Dechaume, lequel avait eu vent de la prochaine démolition du boulevard du Temple, pour le percement du boulevard du Prince-Eugène, démolition dont il était parlé depuis fort longtemps, sans que personne y ajoutât grande foi, M. Dautrevaux moins que personne.

CHAPITRE XLVIII

1862

M. Dechaume, directeur

Certes, si M. Dautrevaux eût soupçonné si proche, l'heure à laquelle devait se donner le premier coup de pique, dans ce vieux boulevard du Temple, que l'on croyait ne devoir jamais être démoli, il eût fait feu de toutes bûches, pour conserver sa moitié de direction, dans l'expectative d'une indemnité rémunératrice. Mais, le baron Haussmann, et quelques initiés, étaient seuls dans le secret des dieux de la Chambre « députationale », qui devait décréter la mort du plus curieux et du plus intéressant des boulevards de Paris.

On voyait bien s'élever, dans d'autres parties de la capitale, des sortes de forteresses que, l'on disait devoir s'appeler le Théâtre du Chatelet, le Lyrique, la Gaîté ; mais, comme il était aussi fortement question de la liberté des théâtres, ces nouvelles constructions paraissaient ne devoir qu'augmenter le nombre des salle de spectacles.

On se refusait à penser que le terrible baron osât toucher à cet ancien boulevard du crime, si gai, si populaire, si pittoresque et tant regretté depuis, par ceux qui l'ont connu.

M. Dechaume mieux inspiré, peut-être mieux informé, devint, à partir du 1er janvier, l'associé de M. Angrémi.

Une activité nouvelle se produisit alors dans le petit théâtre.

Le 9 janvier, on donna : *A qui mangera le lard*, vaudeville en 1 acte.

Le 13 janvier : *Les trois Sauvageons*, vaudeville en 1 acte.

Le 19 janvier : *Le joli Pêcheur*, vaudeville en 1 acte.

Antony, le joli pêcheur, revenait de se livrer à sa passion favorite, et la grosse Mathurine devait lui chanter ce couplet :

Air :

Connaissez-vous l'aventure
D'un' jeune fille et d'un pêcheur ?
Il offrait un' bell' friture
Au tendre objet de son cœur,
Sauf une jolie anguille
Qu'il gardait par devers soi.
Mais alors la jeune fille

Lui demanda le pourquoi ?
Confiez-moi votre anguille,
Dit la douce jeune fille
Quand j'en aurai fait mon bonheur
J'vous la rendrai, parol' d'honneur.

Le crayon rouge des frères Tranche-l'art, biffa net le couplet comme entaché d'immoralité.

Le 31 janvier donna le jour à une grande pantomime : *Le Crocodile de Java, en 12 tableaux, à grand spectacle, avec combats, incendie, démolition, jeux, danses, etc., etc.*, par Charles Charton.

Sur l'affiche, s'étalaient grassement ces détails attractifs, bien faits pour captiver l'attention du public, et l'engager à courir voir la pièce.

Qui donc, sur le boulevard faubourien, et dans le faubourg boulevardier, eût pu résister à l'effet magique de ces mots flamboyants : *Avec incendie et démolition ?*

PERSONNAGES

Van-der-burg, *Gouverneur des colonies hollandaises de Java*...
Nordick, *officier hollandais*..........................
Vandaël, *id. id.* ....
Wilmann, *chirurgien-major hollandais*....................
Pierrot, *aide-chirurgien à son service*.....................
Nikobar, *chef des indigènes*..........................
Achem, *vieux fou au service de Nikobar*....................
Tagal, *nègre au service de Nikobar*......................
Libao, *surnommé le Crocodile, chef révolté des indigènes de Java.*
Timor, } *Ses deux frères*...........................
Danao, }
Florès, *femme de Van-der-burg*.........................
Oliva, } *filles de Nikobar*..........................
Danaé, }

Javanais, Javanaises, soldats hollandais.

1er	tableau :	*La chasse.*
2e	*id.*	*Pierrot et son remède.*
3e	*id.*	*Le crocodile amoureux.*
4e	*id.*	*Les filles du roi de Java.*
5e	*id.*	*Le duel.*
6e	*id.*	*Un nègre fin.*
7e	*id.*	*La trahison.*
8e	*id.*	*Le supplice.*
9e	*id.*	*Où Pierrot s'esquive.*
10e	*id.*	*L'incendie.*
11e	*id.*	*Pierrot sauveur.*
12e	*id.*	*Le pont du diable.*

Rien qu'en lisant *Le Crocodile de Java*, conçu par le prolifique

Charles Charton, on rit à cœur joie, autant qu'à une représentation du *Tigre du Bengale*, de joyeuse mémoire.

De fait, cet alligator n'est qu'un homme, comme l'est l'amusant *tigre*, créé par l'inoubliable Sainville. Et je ne jurerais pas que le titre de la pantomime n'ait été inspiré à son auteur, par celui du réjouissant vaudeville. Car, ce *crocodile*, dans ses rages érotiques, se montre aussi plaisant que le *tigre* du Palais Royal, dans ses fureurs jalouses.

Nous retrouvons, naturellement, avec le bon Charles Charton ces précieuses indications de décors dont, seul, il possédait le secret.

Par exemple, celle du deuxième tableau laisse un instant pensif :

Une salle *gothique* ou *moresque*, dans le château des gouverneurs, à Batavia, ouverte au fond par une galerie et des portes latérales.

Cette salle mauresque ou gothique dans une île de l'Océanie, n'est-elle pas digne de celui que nous avons déjà vu faire couler le beau Danube bleu au pied du mont Vésuve ?

Et l'indication du quatrième tableau :

L'habitation royale de Nikobar. A droite : *une espèce de trône* ; à gauche un *portique javanais*, fermé avec des *nattes orientales.*

Une *espèce de trône* me semble bien déprécier la façon de régner du roi Nikobar. Quant au *portique javanais* fermé avec des *nattes orientales*, je crois que tout commentaire devient inutile.

J'arrive au sixième tableau :

Un site *asiatique* avec montagnes bleues, qui traversent le théâtre *de gauche à droite.* Cabane à droite. A gauche, une *espèce de hutte servant d'hôtellerie* et au-dessus de laquelle on lit : *Au repos de la montagne bleue. On loge à pied et à cheval.*

Tout d'abord, pourquoi les montagnes traversent-elles le théâtre de gauche à droite, plutôt que de droite à gauche ?

Si Charles Charton avait écrit une parodie, ce *site asiatique* dans une île de la Malaisie, *cette espèce de hutte servant d'hôtellerie*, cette enseigne de petit village européen, passeraient tout aussi bien que les anachronismes cocasses de *l'Œil crevé* ou de *Chilpéric* du divin Hervé ; mais, je l'ai déjà dit, Charles Charton n'écrivait que sérieusement, et sa pièce du *Crocodile de Java* est un drame des plus terribles dans lequel on lit des phrases ainsi conçues :

LÉBAO (*le crocodile*)

« — Frères de Java, je suis content de vous !.. Vous êtes exacts !.. Il faut enfin que Nikobar, notre roi déchu, qui favorise ces chiens d'Européens à nos dépens, sache bien que nous ne le souffrirons pas. Tout bon Javanais doit penser comme moi.

— Oui ! oui ! répondent les assistants.

LÉBAO

— Merci, Javanais. Je vois que je puis compter sur vous.

Tirant à part ses deux frères Timor et Danao, il leur dit de manière à n'être entendu que d'eux :

« — Fils de mon père, le traitre Nikobar vous avait promis de vous unir à Danaé et Oliva, ses deux filles. N'y comptez pas. Il m'avait promis que je lui succéderais, en sa qualité de chef de ses Indigènes de Java, et il a faussé sa parole. J'ai un projet féroce que vous connaitrez bientôt. Jurez-vous de me servir ?

Timor et Danao prêtent serment.

LÉBAO

— Nikobar, le Crocodile te dévorera ! Suivez-moi, mes frères Timor et Danao. »

Comme il était de nécessité absolue de trouver des noms pour baptiser ces Javanais, qui ne l'ont jamais été, je ne serais pas éloigné de croire, qu'ayant entendu, citer le vers de l'*Enéïde* : *Timeo Danaos et dona ferentes*, Charles Charton n'ait retenu ces paroles fameuses de Laocoon, et ne les ait transformées en *Timor* et *Danao*, pour en affubler les deux frères du Crocodile.

Ce que dit le Crocodile, à ses frères doit suffisamment indiquer au lecteur la donnée de la pièce. En ajoutant que Lébao aime idolâtrement la femme du gouverneur Hollandais, qu'il parvient à l'enlever ; mais, que, grâce à Pierrot, on ne tarde pas à la lui reprendre avant qu'il ait assouvi sur elle ses appétits satyriasiques, on connaîtra en son entier, le mélodrame mimé, ramassé dans l'ornière, qui servait d'encrier au modeste auteur des Funambules.

Je tiens à citer la déclaration, parlée, du Crocodile prisonnier, à la belle Florès, la femme du Gouverneur :

« — Belle Européenne, ma blessure est moins cruelle que celle que tu as faite à mon cœur. J'aurais pu fuir, car le coup que j'ai reçu ne m'enlevait pas l'usage de mes jambes ; mais je voulais venir jusqu'ici pour te dire l'amour que tu m'as inspiré. M'y voici ! Et je te le dis : Je t'aime ! Je t'aime ! Je t'aime ! Maintenant, écoute-moi. »

Et après cet *écoute-moi*, il cesse tout-à-coup de parler, pour continuer sa déclaration d'amour en la mimant.

Voici encore une exclamation du roi Nikobar, que, par erreur, son fidèle serviteur Achem vient de saisir à la gorge :

« — Par la panthère de Java, que cela ne t'arrive plus !... »

Enjambons ces montagnes de formidables cocasseries, pour arriver au dénouement :

« Lébao, rampant comme un crocodile, arrive près de Nikobar, tire son poignard et veut l'en frapper ; mais, le Gouverneur, qui l'a aperçu du coin de l'œil, ne lui en donne pas le temps, et lui brûle brusquement la cervelle. Les femmes épouvantées se jettent dans les bras de leurs époux et père. »

TABLEAU GÉNÉRAL

Flammes de Bengale.

Toujours !

Le 12 février, on joua : *Le Fantôme armé*, vaudeville en 1 acte.

Le 25 février : *Triste-à-patte*, vaudeville en 1 acte.

Le 3 mars, on fit une reprise du *Pied de veau*, féerie en 4 tableaux d'Auguste Jouhaud.

Et l'on continuait à ne pas faire d'argent.

Alors, Vautier alla trouver M. Dechaume qu'il connaissait de longue date, et lui dit :

— Vous ne relèverez le théâtre qu'en frappant un grand coup. La direction Dautrevaux l'a réduit à sa plus simple expression ; à votre place, pour bien faire comprendre au public qu'il y a eu changement de direction, je n'hésiterais pas à fermer quelques jours, et j'en profiterais pour faire décrasser la salle. Puis, j'afficherais la réouverture, comme une solennité des plus retentissantes.

M. Dechaume suivit le conseil.

Les Funambules furent fermés.

La petite salle s'était ressentie du découragement de M. Dautrevaux. Elle était tombée dans un état tel de dégradation et de malpropreté, que les pâles voyous eux-mêmes s'écriaient : Eh ! Gugusse, prends garde au mur, y salit les pattes.

Un soir, un titi facétieux avait affiché un avis ainsi conçu : On est prié de ne pas écraser ses poux sur le bord du balcon.

M. Dechaume fit nettoyer la salle, recoller du papier dans les loges, rehausser d'or quelques peintures, et, le 1er mars il rouvrait ses portes au public par :

1° *Le Père Funambule.*

2° *Le Rameau d'or.*

Le Père Funambule était un prologue de réouverture, en 2 tableaux par Théodore Lefaucheur, qui a écrit une *Histoire du Boulevard du Temple*.

On y voyait le Père Funambule avec ses deux fils Rococo et Progrès, se débattant entre les idées tourbillonnantes de l'un, et la tranquillité passive de l'autre.

Voici les personnages de cette pièce :

Le Père Funambule..........................
Le Progrès } *ses fils*..........................
Rococo }
Petitrot, *son domestique*..........................
La Variété..........................
Purgon, *médecin*..........................
Le Vaudeville..........................
Pa Presse..........................
La Réclame..........................
Un petit enfant..........................

On chantait, dans ce prologue, des couplets et rondeaux fort réussis.

Le père Funambule endormi, rêvait :

Air : *Le joli rêve que j'ai fait.*

Serait-ce un rêve que je fais ?
Je vois une gentille salle.
Où le public de chaque stalle
Veut applaudir à mon progrès
Qui répond à tous ses souhaits. (*bis*)
Retournant la vieille rengaine.
Mes ouvrages ont du succès.
J'ai la vogue, enfin je renais.
Je contemple une salle pleine...
Serait-ce un rêve que je fais ?

(*Se réveillant en sursaut, et regardant joyeusement autour de lui*).

Eh ! quoi ! ma salle est vraiment pleine...
C'est un bon rêv' que je faisais. (*ter*)

Le père Funambule expliquait ensuite ce qu'il était, et ce qu'il avait été :

FUNAMBULE

Moi, Funambule, célèbre sur la corde raide, j'eus deux fils de mon mariage avec dame Pantomime : Rococo et Progrès. J'espérais qu'ils seraient la consolation de ma perruque blanche, et jamais ils n'ont pu vivre d'accord.

ROCOCO

Dame, ce n'est pas ma faute, mon frère ne pouvait rester en place, et, vous le savez, je n'aime pas changer mes habitudes. Quand je reculais, il avançait toujours.

FUNAMBULE

Ah ! Pourquoi ton frère n'est-il pas là ?

ROCOCO

Vous lui avez donné du *balai*.

Alors, Progrès entrait en scène. Une dispute ne tardait pas à s'élever entre les deux frères, dispute dans laquelle Rococo disait :

— Ensuite, n'a-t-il pas introduit ici un accapareur, qui a presque fait oublier votre beau nom, mon père, pour donner le sien au théâtre. Car, pendant longtemps, on ne disait plus : Allons aux Funambules ; mais, allons voir Deburau, cet intrigant.

PROGRÈS

Oh ! ne touchez pas à ce nom là, vous le saliriez.

Air : *Eh ! quoi, vous sommeillez encore.*

Deburau, l'orgueil du théâtre,
Par son jeu plein de vérité,
Charma le public idolâtre.
Marchant à la postérité,
Son nom gravé, dans la mémoire,
Efface ceux de tous ses devánciers.
Dans le lieu, témoin de sa gloire,
On doit savoir respecter ses lauriers. } *bis*

Il y avait, ensuite, lutte entre la Pantomime ancienne, présentée par Rococo, et la nouvelle, sous les auspices de Progrès.

Un peu plus loin, Progrès présentait à son père : *La Presse.*

FUNAMBULE, *saluant*

La Presse ?... Je n'ai pas l'honneur de connaître....

LE PROGRÈS

Effectivement, la Presse, jusqu'à présent, ne vous a pas souvent rendu visite, excepté au temps bien heureux de notre grande illustration. Mais, aussi, vous êtes-vous montré digne d'attirer ses regards ?.. de fixer son attention ?

Air : *du Piège.*

La Presse, dans son équité,
Cherchant partout l'esprit, l'intelligence,
Au vrai talent fait la célébrité,
Frappe les sots d'indifférence
Frondant les travers, les abus,
Encourageant le bien, dès sa naissance,
Sa devise est, pour faire des élus,
Toujours justice, indépendance,
Oui, c'est justice, indépendance.

Ce, à quoi, Funambule répondait :

— Eh ! bien, à l'avenir, je veux obtenir son appui, mériter ses suffrages, et, de ce jour, je prie la Presse de m'honorer de sa présence et de m'aider de ses lumières.

Un peu plus loin, Rococo, qui ne voit que par la danse de corde, se met à railler la Pantomime.

Mais, Progrès s'empresse de défendre la joyeuse muette :

PROGRÈS

Oh ! ne méprisez pas la Pantomime !... Née avec le monde, elle doit grandir avec lui.

Air : *Rose et Marguerite.*

De tous les temps, cet art que l'on estime,
Sût amuser, parler au cœur, aux yeux.
Et l'on a vu plus d'un excellent mime
Laisser un nom illustre, glorieux.
Dans la splendeur de notre Rome antique
Un beau talent, Roscius, eût le don
De pousser l'art, presque jusqu'au magique,
En traduisant, par gestes, Cicéron.
Plus tard aussi, la nombreuse famille
De ces acteurs chers, au peuple romain,
Vit prospérer et Pylade et Bathylle ;
L'Empir' mourut et l'art mourut soudain.
Après un temps de terreur artistique
La pantomime eût de nouveaux succès,
Et par son jeu gracieux ou comique,
Sous Charles six, divertit les Français.
Se confondant dans nos mœurs, nos usages,
Elle resta... Mais un homme nouveau
Devait un jour tracer de belles pages
Dans son histoire, et c'était *Deburau.*
Mil huit cent trente, alors, vit ses préludes ;
Sans rappeler chaque création,
Je citerai quelques belles études
De ce talent, plein d'observation.
Lutin femelle est l'une des réformes
Qu'il apporta, car ce franc savetier,
Le Diable à quatre, en restant dans les formes,
Fut applaudi de Paris tout entier.
Tout différent, il parut dans le rôle
Du paysan d'*Amour et désespoir*.
Son jeu naïf, son désespoir si drôle,
Si naturel, nous charma chaque soir.
Se transformant alors, *Ma mère l'Oie*
Fut un succès des plus beaux, des plus grands.
Petits enfants, Pierrot fit votre joie,
En amusant aussi les grands enfants.
N'oublions pas *Noire et Blanc*, genre étrange,
Né de l'Egypte, il rembrunit les traits.
Puis aussitôt, *Le Songe d'or* nous change
Notre Pierrot en un vrai type anglais.

Où le public put à son gré s'ébattre,
C'est dans *Perrette ou les deux braconniers*,
Voyant Pierrot, brave, avant de combattre,
S'enfuir devant les ombres des gibiers.
Ensuite, vint la pièce *les Epreuves*,
Genre espagnol, rappelant Beaumarchais.
De ton talent, en nous donnant les preuves,
Pierrot-Bazile, à ton but tu marchais.
Enfin, j'arrive au *Marchand de salades*,
Puis au Jean-Jean dans *les Jolis soldats.*
L'un, vrai conscrit de nos franches parades,
L'autre, un finot qui fit rire aux éclats.
Si chaque rôl' pour l'art est un modèle
Qu'avec talent sut tracer à longs traits
Le grand artiste, un héritier fidèle,
Avec respect, a gardé ses portraits.
Digne héritier de cet artiste illustre,
Ramène-nous ce temps heureux et beau.
Avec succès tu soutiendras le lustre
De ce grand nom. N'est-ce pas Deburau ?

Ce prologue se terminait par une apothéose, dans laquelle on voyait le buste de Deburau père, couronné de lauriers.

Un des premiers actes administratifs de M. Dechaume, avait été le rengagement de Charles Deburau.

Et, Deburau rentrait ce même soir, dans la seconde pièce, *Le Rameau d'or*, féerie-arlequinade mêlée de chants et de danses, par Alex. Guyon et Th. Duché.

PERSONNAGES DU PROLOGUE

L'Enchanteur.............	MM.	Amable.
La Sorcière..............	Mmes	Lefebvre.
La Fée Céleste...........		Raymonde.
Loulou (gardes de Cassandre.)		X.
Doudou (gardes de Cassandre.)		X.
Chouchou (gardes de Cassandre.)		X.
Le Roi Trasimène.........		Desmars.

PERSONNAGES DE LA PIÈCE

Pierrot......	MM.	Deburau.
Cassandre..........................		Antoine Négrié.
Torticoli, son fils Arlequin........		Pissarello..
La princesse Trognon-Colombine .	Mlle	Thérèse.
La Fée Céleste.....................	Mme	Raymonde.
Le Roi Trasimène...................	M.	Desmars.
La Sorcière........................	Mmes	Lefebvre.
Loulou (gardes de Cassandre)		X.
Doudou (gardes de Cassandre)		X.
Chouchou (gardes de Cassandre)		X.
Un lion............................	MM.	X.
Un singe...........................		X.
L'enchanteur.......................		Amable.

TABLEAUX

1er	tableau :	*Le Talisman.*
2e	id.	*Le rameau d'or.*
3e	id.	*Farceur de chapeau.*
4e	id.	*Le refus de Torticoli.*
5e	id.	*Oh! le vilain cachot!*
6e	id.	*Le Cerisier.*
7e	id.	*Transformation de Torticoli.*
8e	id.	*Elle devient Bergère.*
9e	id.	*Polisson de Pierrot.*
10e	id.	*Sauve-qui-peut.*
11e	id.	*Un drôle de monstre.*
12e	id.	*Pierrot tailleur.*
13e	id.	*Le serpent de feu.*
14e	id.	*C'est trop chaud.*
15e	id.	*A moi la victoire.*
16e	id.	*Le puits du Diable.*
17e	id.	*La tour infernale.*
18e	id.	*Sous terre.*
19e	id.	*L'Olivier d'or. Apothéose.*

M. Dechaume s'était adressé, pour la confection de cette pièce très importante, étant donné la rentrée de Deburau, à deux hommes connaissant leur artiste, dans toutes les phases de son talent.

Or, qui pouvait le mieux connaître, ce Deburau, que son ami d'enfance, son inséparable, Alexandre Guyon. Celui-ci s'était adjoint M. Théodore Duché, neveu par alliance de Geoffroy, le grand comique du Gymnase et du Palais-Royal.

Tous deux, Guyon et Duché, s'étaient hardiment mis à la tâche et avaient fait pousser le *Rameau d'or*.

Cette pantomime diffère des autres, en ce que l'on y parle presque tout le temps ; l'on y chante même beaucoup.

Le roi Trasimène, qui probablement a tiré son nom de la victoire remportée par Annibal sur le consul Flaminius, est amoureux de la fée Céleste.

Un Enchanteur et une Sorcière, associés pour leur illicite et abominable commerce de philtres, métamorphoses, évocations et divinations, ont jeté, dans *le Ravin noir*, le talisman de la Fée Céleste, un Rameau d'or.

Le Roi Trasimène est descendu dans le ravin noir, a combattu et vaincu le crocodile monstrueux, dont les redoutables mandibules avaient la garde, s'est emparé du Rameau d'or et le rapporte à la fée Céleste, qui lui chante sur l'air de *Fanchon la vielleuse* :

Dans l'ombre et le mystère,
Bien des femmes sur terre
Coiffent leurs maris sans pudeur.
C'est toi qui m'as coiffée.
Ton rôle me paraît meilleur ;
Car quoi que l'on soit fée
On a tout d'même un cœur.

Là-dessus, l'Enchanteur paraît et dit :

« — Malheur à ce mortel ! »

Mais, sur un coup de baguette de la jolie fée, on se trouve transporté au milieu des nuages, dans la buée des quels on aperçoit un autel portant le Rameau d'or.

L'Enchanteur se précipite vers le talisman pour s'en emparer ; aussitôt le Roi Trasimène lui barre le passage :

TRASIMÈNE

Arrière, enchanteur maudit, arrière!.. J'ai donné mon cœur à Céleste. Je serai son époux ; ainsi donc, arrière !

L'ENCHANTEUR

A moi, mes fidèles serviteurs !..

Des monstres paraissent.

Emparez-vous de cet homme.

Trasimène se fraye un passage à travers les monstres et parvient à l'autel. Il s'empare du rameau d'or. Sur un nouveau signe de l'enchanteur, les monstres se précipitent sur Trasimène. Céleste, le voyant en danger, le fait disparaître par une trappe, avec le rameau.

L'ENCHANTEUR, *furieux.*

Si tu as secouru Trasimène, le rameau n'est plus en ton pouvoir. Rien ne peut te protéger contre mes enchantements.

Il fait signe aux monstres d'entourer Céleste.

Je te livre à un sommeil éternel.

Il étend le bras sur Céleste, qui soudain se trouve dans un asssoupissement qu'elle combat ; l'autel se change en nuage, dans lequel Céleste, à bout de force, s'affaisse et finit par s'endormir. Puis, on voit paraître au-dessus, une inscription en lettres d'or : VA REJOINDRE TRASIMÈNE ! *Le nuage s'élève peu à peu. L'enchanteur et la Sorcière voyant leur échapper Céleste sont en proie au désespoir.*

Je me permettrai de faire remarquer que, sur la scène des Funambules, les ordres du Destin ne s'exécutaient pas positivement à la lettre, bien que les lettres fussent d'or, d'après l'indication.

Car, pour rejoindre Trasimène, qui est parti dans les *dessous*, Céleste s'élevait dans les *dessus*. On m'objectera que tout chemin mène à Rome. Mais, rien ne me prouve que Romulus et Rémus eussent déjà fondé la grande cité bénie des Papes, à cette époque rétrospective de Fées, d'Enchanteurs, de Sorcières et autres cavaliers du fagot.

Les deux premiers tableaux qui forment le prologue de cette pantomime, furent accueillis assez froidement.

Il y avait de la gêne dans le public. C'est que l'on attendait Deburau !... Et Deburau ne paraissait qu'au troisième tableau du *Rameau d'or*.

Aussi, cette entrée souhaitée si impatiemment, si vivement désirée, fut-elle le signal d'une véritable tempête de bravos.

Je me reporte au manuscrit, et je lis : « *Entrée de Pierrot,* « *suivie de celle de Cassandre.* »

Et... c'est tout.

Eh ! bien, non. Cette entrée ne se faisait pas aussi simplement que l'indiquent les deux auteurs.

Elle était beaucoup plus préparée.

Je laisse à M. Théodore Lefaucheur, témoin oculaire et auriculaire de cette représentation, le soin de vous en narrer le détail :

Une porte tournant sur elle-même présenta Deburau au public. Décrire la pluie de bouquets, de couronnes, qui, de toutes parts, envahirent la scène ; les bravos, les cris, les trépignements enthousiastes qui retentirent de tous côtés, est chose impossible. Deburau, en proie a une vive et bien douce émotion, ne pouvait contenir ses larmes. Ce fut un beau triomphe que cette rentrée.

La pièce, à partir de cet instant fut un gros succès d'un bout à l'autre de la soirée, jusqu'à ce que la fée Céleste, arrive à dire à ses ennemis :

— Vil enchanteur, maudite sorcière, je vous ai vaincus. Vos domaines sont détruits. Vous vivrez désormais comme de simples mortels. Vos sujets sont mes esclaves.

Elle étend sa baguette sur eux. Ils s'agenouillent devant elle.

— Je veux réparer le mal que vous avez fait. Pierrot et Cassandre, reprenez votre forme primitive.

Après quelques cascades, Pierrot et Cassandre, qui étaient en monstres, finissent par s'embrasser.

— Cassandre, retourne dans tes domaines, avec ton fidèle Pierrot et tes gardes. Quant à vous, Arlequin et Colombine, à l'Olivier !.. L'hymen et la fortune vous attendent.

Changement

APOTHÉOSE

L'Olivier d'or !

Deburau, dans cette pantomime, fut épique. Il y apporta une finesse, une adresse, une souplesse, une composition, qui faisaient la pièce toute entière.

On n'alla pas voir le *Rameau d'or*, plutôt qu'une autre arlequinade ; on alla voir Deburau, jeune, alerte, fringant, pétillant, élégant, étincelant de verve, d'entrain, de souplesse et de fine fantaisie.

Deburau était ambidextre. Sa main gauche était aussi adroite que sa droite. Je pourrais même dire que ses jambes et ses pieds répondaient à l'agilité de ses bras et de ses mains. Tout en lui parlait à la fois. C'était un bavardage de membres.

Deburau revenait alors du Caire, où l'avait appelé le Vice-Roi d'Egypte, qui lui avait confié le soin de le faire rire à perdre l'haleine, ce dont l'excellent Pierrot s'était acquitté en échange des merveilleux appointements à lui servis, par la caisse Kédivale.

Le 14 mars, on joua : *L'Auberge des roucoulades*, vaudeville en 1 acte.

Le 28 avril : *As-tu vu les Japonais* ? vaudeville en 1 acte.

Le 1er mai : *Un jeune homme toqué*, vaudeville en 2 actes, par Charles Blondelet, joué par Mortreuil, Créange, Saint-Omer, Négrier, Mesdames Valentine, Henriette et Leroy.

Enfin, le 17 mai : *Les Mémoires de Pierrot*, en 2 actes et 22 tableaux, par MM. Théodore Lefaucheur et Alphonse Lemonnier. Ce fut la dernière pantomime, donnée aux Funambules du boulevard du Temple ; le décret de démolition ayant enfin paru, et les travaux devant commencer le 14 juillet de la présente année.

Le 14 juillet 1789, le peuple s'emparait de la Bastille et la démolissait, donnant son premier et gigantesque coup de pioche dans le « *rempart de la tyrannie* ». Le 14 juillet 1862, la tyrannie prenait sa revanche sur le peuple, en s'emparant de son boulevard du Temple, et en démolissant ce *rempart de joie et de plaisirs*.

Il y eut moins de tués dans cette dernière prise, que dans la première.

De blessés, c'est toute autre affaire. Demandez aux pauvres artistes restés sans engagements, aux victimes des faillites qui se succédèrent dans les nouveaux théâtres, appelés à remplacer les disparus, aux nombreux établissements de fêteries et d'esbats, que faisait vivre cette foire perpétuelle.

On n'alla plus diner chez *Passoir* : on ne put plus souper *aux Mousquetaires*. Le *Cadran bleu* se fit désert. Ce fut la mort du chausson aux pommes, et les prodrômes de la maladie, dont disparurent peu à peu les marchands de coco, avec leurs gobelets argentés, leur fontaine portative, surmontée d'une Renommée en zinc, et le tintinnabulement monotone de leur clochette en métal doré. En reste-t-il un aujourd'hui ?... A peine !... Revenons aux *Mémoires de Pierrot.*

La pièce fut conçue et écrite par Alphonse Lemonnier, seul.

Le défaut d'Alphonse Lemonnier, aux yeux de M. Dechaume, pour la complète réception de sa pantomime, avait été son extrême jeunesse.

Lemonnier avait à cette époque dix-huit ans, qu'il ne se donnait même pas la peine de paraître.

Malgré cet âge tendre, il avait déjà fait jouer aux Délassements trois pièces en un acte : *La Fête de ma Femme*, *Les Etrennes au Village* et *On n'en meurt pas.*

Ces petites pièces portaient toutes en elles, un cachet d'originalité, une valeur personnelle, qui donnait à croire que Corneille avait écrit pour elles son fameux vers :

La valeur n'attend pas le nombre des années

Cependant, M. Dechaume s'était trouvé empoigné, charmé, séduit par cette idée, fort originale, de faire faire à Deburau une récapitulation de tous les rôles, que son père et lui avaient joués sur le théâtre des Funambules.

Il proposa « au trop jeune écrivain », de lui adjoindre un collaborateur, ce que s'empressa d'accepter l'auteur imberbe, assoiffé de gloire et de lauriers, bien plus que de menue monnaie.

Ce collaborateur fut Théodore Lefaucheur, lequel apporta à la mise en scène de la pièce, son expérience de vieux praticien dramatique.

Théodore Lefaucheur était un brave homme, qui n'avait jamais pu être joué qu'au Lazari et aux Funambules ; mais, dont le nom avait cependant une certaine notoriété, sur les affiches de ces deux petits théâtres.

Le lever du rideau de la nouvelle pantomime réunissait en scène, tout le personnel des Funambules, depuis les directeurs jusqu'au garçon d'accessoires, passant par les machinistes coiffeurs, luminaristes, habilleurs, habilleuses, etc...

Au milieu d'eux, Pierrot !... mais, Pierrot en deuil, Pierrot vêtu de noir, Pierrot pleurant sur les ruines, en perspective, de son cher théâtre.

Chacun prenait part à sa mimique plaintive, partageait sa

douleur, lorsqu'apparaissait le Progrès rayonnant d'or et de pierreries, de gaze lamée et de paillettes ; lequel s'empressait de consoler l'infortuné Pierrot et ses compagnons de larmes, leur promettant un avenir brillant, dans un magnifique local tout battant neuf, construit exprès, pour la propagation et la glorification de la pantomime.

Hélas !... Cette promesse du *Progrès* ne se réalisa jamais. Le Temple promis se résuma en une petite salle enfumée, triste et sombre, prise sur les aménagements d'une maison de rapport, sise boulevard de Strasbourg. Là, les malheureux mimes désorientés végétèrent sans parvenir à vivre ; serrant chaque année d'un cran de plus, la ceinture qui leur opprimait le ventre, jusqu'à ce que les ardillons ne trouvant plus d'œillets, ces pauvres ventres vides, fissent crever de dessèchement leurs propriétaires épuisés.

Au mois de décembre de l'année 1882, Dimier dit Kalpestri, n'ayant pas mangé depuis deux jours, prit à crédit, un boisseau de charbon, s'enferma avec son chien Fidèle, dans le réduit, dont la propriétaire devait le chasser quelques jours après, se coucha paisiblemnnt sur son grabat, la tête de son unique ami appuyée sur sa poitrine, et s'endormit de l'éternel sommeil, faute d'un théâtre des Funambules, qui donnât aux deux humbles la pâtée quotidienne.

Puis, ce fut le tour de Vautier. Le pauvre bonhomme avait eu la précaution, lui, de se mettre de la *Société de secours mutuels des artistes dramatiques*, cette merveilleuse institution, fondée par le philantrope baron Taylor.

Les 500 francs annuels de la pension que touchait Vautier, de cette société, retardaient la mort du pauvre artiste, à bout de ressources. Mais, une nuit, ayant épuisé tous les moyens pour ne pas crever, il s'éteignit doucement, anéanti, vaincu, dans un bouge, au fond de Belleville, au milieu de la pourriture et de la vermine, que peuvent engendrer l'extrême misère et l'écroulement complet de l'individu.

Un péu plus tard, Antonio Rovero, presqu'aveugle, acceptait timidement l'aumône, que quelques charitables voulaient bien lui faire, sans qu'il l'appelât.

Pauvre Kalpestri !... Pauvre Fidèle ! Pauvre Vautier !... Pauvre Antonio !

Dans les *Mémoires de Pierrot*, Deburau se travestissait vingt-quatre fois, passant en revue, je l'ai dit, toutes les créations de son illustre père et les siennes.

Je passe la plume à Alphonse Lemonnier, qui me communique les notes suivantes :

Au Prologue, qui se passait devant la façade des Funambules, Pierrot était assis sur une chaise de fer, vêtu en habit noir, et lisant un journal qui cachait sa figure. Au milieu du tableau, il laissait tomber le journal et sa soudaine apparition produisait un effet énorme. Alors, il s'avançait vers le public, et mimait un rondeau que chantait Mademoiselle Juliette, placée dans le trou du souffleur, rondeau dans lequel Pierrot rappelait les vieux souvenirs des Funambules.

Deburau, dans cette longue pièce, jouait les rôles suivants :

1. Pierrot en costume de ville, noir.
2. Le Pierrot traditionnel, blanc.
3. Pierrot valet.
4. Pierrot chiffonnier.
5. Pierrot conscrit.
6. Pierrot marchand de salade.
7. Pierrot garçon marchand de vin.
8. Pierrot soldat.
9. Pierrot bédouin.
10. Pierrot brigand.
11. Pierrot avocat.
12. Pierrot forçat.
13. Pierrot pâtissier.
14. Pierrot mitron.
15. Pierrot maître d'armes.
16. Pierrot Wateau.
17. Pierrot Robert Macaire.
18. Pierrot maçon.
19. Pierrot cocher.
20. Pierrot propriétaire.
21. Pierrot boursier.
22. Pierrot mendiant.
23. Pierrot marquis.

Et, 24. Pierrot, revenant à son point de départ, c'est-à-dire au costume traditionnel.

Voici les noms des interprètes de cette pantomime :

MM. Deburau, Amable, Charles Charton, Rubel, Bunel, St-Omer, Dubois, etc., etc. Mmes Thérèse, Raymonde, Leroy, Juliette, Désirée, Lefebvre, etc

Je lis, dans *la Revue et Gazette des Théâtres*, à la date du 19 Juin, un compte rendu des *Mémoires de Pierrot*, signé Albert Glatigny. Mes lecteurs éprouveront, j'en suis certain, un véritable plaisir, à la lecture de cet article du poète des *Vignes folles* ; d'autant, qu'il émet sur l'art de la pantomime, une généralité d'idées, qu'il est, je crois, utile de faire connaître :

Comme ses voisins, le Théâtre des Funambules fait aussi ses adieux au boulevard du Temple. Où vont-ils aller ces mimes joyeux et charmants, aux beaux costumes, à la verte allure ?.. Qu'importe !.. Partout où la joie aura le droit de jeter quatre planches sur deux tréteaux, la fortune des Funambules sera faite. Sur ces planches, les belles filles dont le nom est Colombine, Angélique et Isabelle, les aventureuses créatures qui n'ont pas lu la récente *Histoire de ma mort*, publiée par le jeune Antonin Mulé, les acteurs de génie qui jouent Polichinelle et le grand comédien Deburau, nous raconteront encore le conte des Amours de la jeunesse affolée.

Aujourd'hui, il s'agit des *Mémoires de Pierrot*, que le théâtre des Funambules vient de représenter avec un grand succès. Certainement, ce drame est très bien ; mais on y parle beaucoup trop. On y chante un trop grand nombre de couplets, dont les rimes ont l'air d'avoir été à l'école, chez les poëtes raisonnables. Il y a beaucoup de bonne volonté dans les *Mémoires de Pierrot* mais cela ne suffit pas.

L'art de la Pantomime, né dans le ruisseau, où il fut rencontré par les poëtes bannis des théâtres graves, n'a pas le droit de pactiser avec le vaudeville. Qu'on nous rende les pièces féeriques où Léandre et Arlequin vivent dans une ignorance absolue de la poëtique bourgeoise. La barque toute prête à bondir sur les flots chanteurs, qui baigne les rives de la Cythère amoureuse, aurait tort de se transformer en bateau à hélice. Restons fous, restons amoureux, restons vivants. Ces restrictions faites une fois, j'applaudis de toutes mes forces.

Nulle part on ne rencontre un artiste pareil à Deburau. Il n'y a pas à dire. Deburau incarne en lui la sereine gaieté, l'élégance méprisée, tout ce qui constitue le grand art. Son fier sourire a d'inexprimables mélancolies ; c'est le sourire du Gilles de Wateau, un sourire tendre et doux, ironique et capricieux. Les attitudes de ce mime excellent n'ont rien de trivial, même quand il revêt les guenilles du chiffonnier. Il a réformé le Pierrot créé par l'illustre Gaspard et il a bien fait. Je tiens beaucoup moins à voir jouer un rôle selon la tradition, que de voir comment l'acteur nouveau le comprendra.

Fechter, à Londres, et Rouvière, à Paris, ont joué Hamlet et chacun d'une manière différente. Tous deux ont cependant très bien rendu *Hamlet*. Le Pierrot de Paul Legrand n'est pas le Pierrot de Kalpestri, qui n'est pas le Pierrot de Charles Deburau, lequel, ainsi que je le disais plus haut, n'est pas le Pierrot de Gaspard Deburau, et c'est toujours Pierrot et le public ne s'y trompe pas.

A côté de Deburau, je citerai le bon Vautier, le dernier Polichinelle du siècle, peut-être, et Mademoiselle Raymonde, sans compter d'autres demoiselles aux noms harmonieux également.

Mais pourquoi, à ce théâtre des Funambules, auquel Deburau est revenu, n'a-t-on pas rendu le vénérable M. Laplace ?...

Glatigny se trompait en écrivant que Charles Deburau avait réformé le Pierrot de son père. Glatigny, qui venait à cette époque de débarquer à Paris, n'avait jamais vu jouer le père Deburau ; sans cela il n'eut pas émis cette opinion ; le fils, à part quelques grandes qualités, que seul a possédées le premier des Deburau, fut la copie exacte de son père.

Glatigny avait un culte enthousiaste pour Charles Deburau. Dans ses vertigineuses pérégrinations de cabotinage, il traînait, au fond de sa malle, un vieux costume de Pierrot, qui lui avait été donné par le mime.

Un vilain jour, cette malle fut retenue par un misérable logeur de Marseille, auquel le pauvre barde devait quelques deniers. Ce qu'elle contenait fut vendu. Quel prix ! ! !

Plus tard, Glatigny me disait : Ce que je regrette de cette malle ce n'est pas l'habit noir et la chemise qu'elle contenait. On peut se passer d'habit et de chemise. Ce n'est pas le drame que nous avons fait ensemble, et que tu as eu le tort de me laisser trop longtemps ; un drame, cela se refait. C'est le costume de Pierrot que m'avait donné Deburau.

Le drame, dont il parlait, que j'avais écrit en prose et qu'il devait récrire en vers, n'a jamais été retrouvé, ni refait.

Pour honorer glorieusement les obsèques de son théâtre, M. Dechaume fit imprimer et vendre dans la salle, une chanson que Clairville, l'auteur charmant et trop oublié, de tant de petits chefs-d'œuvre, avait composée à la mort de Deburau.

Ce sera ma dernière exhumation, pour que tout, comme l'a dit Beaumarchais, finisse par des chansons :

LA MORT DE PIERROT

Air : *Contentons nous d'une simple bouteille*

I

Enfant rêveur, déjà morose et triste,
J'avais six ans, je m'en souviens encor,
Quand Deburau qu'on nommait Jean-Baptiste
Pour son début, joua le *Songe d'or*.
Dès ce jour là, soumis à son empire
Je me suis fait son spectateur fervent.
Honneur à lui, qui, le premier, fit rire
Un pauvre fou, qui n'a pas ri souvent.

II

Ah ! sans Pierrot, que deviendra Cassandre ?
Et, sur quel dos va frapper Arlequin ?
Qui poursuivra le rival de Léandre,
Battu, battant, rusé, gourmand, taquin ?
Pleurons, pleurons sur Cassandre et sa fille;
Par ses bons tours, par son comique appui,
Il soutenait cette vieille famille,
Qui ne pourra longtemps vivre sans lui.

III

A son convoi, la foule est accourue,
Riant encor de ses nombreux exploits ;
Mais Pierrot mort, en passant dans la rue,
La fit pleurer pour la première fois.
Pleurer Pierrot !... oui, Pierrot, c'est tout dire ;
Lui, que la foule avait vu s'illustrer !..,
Lui, qui souvent, la fit mourir de rire,
Devait mourir pour la faire pleurer.

IV

Près des titis qui venaient à l'église,
S'entretenir de regrets superflus,
De beaux messieurs à l'élégante mise,
Pleuraient aussi celui qui n'était plus.
Petits et grands, ces deux classes jalouses
Se trouvaient là sans haine et sans orgueil.
On a peu vu d'habits noirs et de blouses
Se réunir près du même cercueil.

V

Je ne sais pas s'il vivra dans l'histoire ;
Mais qu'elle en parle ou n'en souffle pas mot,
C'est en riant de ses titres de gloire.
Qu'on citera le règne de Pierrot.
Et, comme dit Béranger, notre Sage,
Lorsque d'Emile (1) il parle à l'avenir,
« Quel Roi vit-on laisser de son passage
Au pauvre peuple un si doux souvenir ? »

Le 14 juillet, après la dernière représentation des *Mémoires de Pierrot*, les artistes attristés, comme les gardes d'Hippolyte, en Argoliné, emportèrent leurs boites à grimes, les musiciens leurs instruments, les machinistes les décors, les ouvreuses leurs petits bancs, et les directeurs leur recette, leurs livres et leur indemnité. Les travaux de démolition, reculés de quelques jours pour donner aux Directeurs, le temps de déménager entièrement, ne commencèrent que le 20, avec l'aube.

Les titis s'étaient retirés le cœur gonflé. D'aucuns, voire des vieillards, passèrent sur les bancs, la nuit du 19 au 20, désireux de voir donner le fameux premier coup de pioche, dans le vieux boulevard d'amour, avec lequel s'en allaient tant de leurs souvenirs joyeux de jeunesse et d'illusions.

Quand ce premier coup du glas mortuaire, eut sourdement résonné, un gémissement profond partit de ces poitrines oppressées, et dans ce gémissement, l'on eut pu entendre : « Adieu, poulailler tapageur, dont les poulets chantaient comme des coqs, et sifflaient comme des merles ! Adieu, Paradis, dans lequel la casquette était déesse ! Adieu, reine des places, où, pour cinq sous, le plus humble devenait juge souverain ! Adieu, Théâtre de notre enfance ! Adieu, pâle Pierrot, Polichinelle paillard et ivrogne, Arlequin souple et leste, Léandre niais et ridicule, et toi pauvre Cassandre martyr !

1. Préface pour les chansons d'Emile Debraux.

Adieu, charmante Angélique, séduisante Colombine, tendre Isabelle ! Adieu, Fées célestes et diaboliques, aux gros maillots de coton rose ! Adieu, Hamadryades et Nymphes aux algues de papier verdi ! Votre dernière apothéose est un immense nuage de poussière, votre dernier machiniste un grossier manœuvre, dont la pioche est une faulx, semant la mort, là, où avait été la vie, la jeunesse, la folie, l'éclat de rire !

Le 7 décembre 1862, Leurs Majestés l'Empereur et l'Impératrice inauguraient en grand cortège, ce vaste éventrement de Paris, alors connu sous le nom de boulevard du Prince Eugène, faisant piétiner par leurs chevaux enrubannés, ce qui avait été les Funambules.

Les manuscrits, vendus au poids, furent achetés par Francisque jeune, grand collectionneur devant l'Eternel. Il en eut trois charretées pour soixante francs.

Ces manuscrits furent déposés, plus tard, dans la Bibliothèque de la Société des auteurs dramatiques, quand Francisque jeune en devint le Bibliothécaire.

A peine aujourd'hui en reste-t'il une vingtaine.

Que sont-ils devenus ?..

Disparus ! comme le théâtre, les artistes, les affiches, les programmes, tout, tout, tout !..

CHAPITRE XLIX

Noms et emplois des artistes, ayant paru sur le théâtre des Funambules, depuis sa fondation jusqu'à sa démolition[1]

DANSEURS DE CORDE

Pèpe Charigni.
Lange Charigni.
Joigni Charigni.
La famille Blondin.

1. Ces noms et les notes qui les accompagnent sont exactement copiés dans les souvenirs laissés par Vautier.

La famille Loyal.
François Lamy, première force.
Claude frères id. id.
Niémensec Deburau.
Etienne Deburau.
Alexandre, dit Franconi.
Constans Williams.
Charles Cossard, dit le Petit-Diable.
François Cossard, danseur de corde et premier rôle mime.
Isidore Jacquier, son élève.
Dauvergne, danseur et premier rôle mime.
Achille, élève de Mme Saqui.
Blanchard, dit la Corniche, danseur, et Pierrot sur la corde.
Fourreau, danseur de corde et mime.
Placide.

DANSEUSES DE CORDE

Madame Williams.
Mademoiselle Dombroski, (sœur de Deburau) surnommée la Jeune Hongroise, danseuse sur le fil de fer.
Manette, sœur des Charigni.
Marion, id. id. id. , rôles de soubrettes.
Rose Joissant, rôles de Colombine.

ARTISTES HOMMES

MIMES, DANSEURS ET COMÉDIENS

Félix Charigni, le premier qui ait joué les Pierrots, aux Funambules.
Jean-Baptiste Deburau, rôles de Pierrots, auteur.
Deloce, rôles mimes.
Thil, dit la Jeunesse, troisième rôle mime.
Dalau, rôles mimes.
Placide, Cassandre et montant sur la corde.
Henri Bordeaux, arlequin.
Gougibus, régisseur.
Dauvergne, premier rôle mime.
François Cossard, premier rôle mime.

Rice, premier rôle mime.
Frédérick Lemaitre, premier rôle mime.
Cozo, arlequin.
Lurbe, mime.
Détour, arlequin doublant Cozo.
Fontalard, premier rôle.
Philibert, dit le Beau, premier rôle.
Dominique Gougibus, arlequin.
Frédéric Bellerie, jouant des scènes dialoguées.
Girot, mime, compositeur de musique et chef d'orchestre.
Sagedieu, jeune premier comique de vaudeville.
Célestin, mime et jouant le vaudeville.
Hugond, mime et maître de ballet.
Robillard, comique grime.
Laurent aîné, arlequin, auteur et maître de ballet.
Laurent cadet, jeune premier rôle mime et Pierrot.
Adolphe (Torin), aîné, premier rôle.
Jules Juteau, arlequin et jeune premier.
Charles Danseray, dit Philippe, troisième rôle, mort fou.
Adolphe Cantel, confident de pantomime.
Charles Charton, premier rôle mime, Léandre, régisseur et auteur.
Sabra, mime.
Saint-Firmin, mime et jouant le vaudeville.
Laplace, Cassandre.
Rocher, comique grime.
Alphonse Guyon, jeune premier.
Maignan, père noble, financier.
Cossard jeune, arlequin et grime.
Laluyé, arlequin.
Poitevin, dit Savernay, rôles dans le vaudeville.
Bertin, dit Saint-Eugène, colin et amoureux de vaudeville.
Pelletier, premier comique.
Louis Meunier, jeune premier.
Sommet, utilité.
Laplace fils, rôles d'enfants.
Jules, danseur.
Alfred, mime.
Désormeau, danseur.
Emile Blanc, danseur.
Désiré Vautier, Polichinelle, maître de ballet et auteur.

Prudhomme, mime et jeune premier.
Tétrel, danseur.
Hyacinthe, mime.
Thiébaut, premier rôle mime et grime.
Martial, jeune premier et Léandre.
Antoine Négrier, Cassandre et grime.
Gustave, premier comique, chanteur de chansonnettes.
Paul Legrand, Pierrot et grime.
Marcelin, père noble.
Ferdinand Cordier, premier rôle.
Justin, premier rôle, débuta d'une manière remarquable dans *le Bonhomme Luc.*
Fougeron, dit Papillon, bas comique, très amusant, débuta dans *l'Ane et les carottes.*
Eugène Poligny, dit Gaëtan, premier comique.
Paul Bonjour, premier comique et chanteur de chansonnettes.
Germain, jeune premier comique.
Achille Bougnol, premier rôle et auteur.
Brazier, jeune premier de vaudeville et de mimodrame.
Jules Bazin, jeune premier.
Etienne, financier, débuta dans *Les Romans sous presse.*
Léonce, premier comique.
Clément, comique grime.
Samson, jeune premier.
Roux, jeune premier.
Charles Deburau, Pierrot.
Rodolphe, jeune premier.
Lafontaine, jeune comique et Polichinelle.
Belfort Devaux, premier rôle de vaudeville.
Orphée Augeraud, Léandre et amoureux comique.
Frédéric Bélin, premier rôle mime et grime, régisseur, auteur, débuta dans *Jacques-trois-doigts.*
Victor Méteau, père noble.
Francisque Hutin, jeune premier.
Dérudder, danseur comique, Arlequin et Polichinelle.
Alexis Auger de Beaulieu, jeune comique de vaudeville et auteur.
Amable Petit, premier rôle, élève de Cossard aîné, débuta dans *Richard cœur de lion.*
Labranche, premier comique marqué.
Delhomme, mime, utilité comique.

Charles Blondelet, jeune premier, auteur, débuta dans *25 minutes d'entr'acte*, et ne fut pas engagé.

Francisque, dit Amédée, mime et caricature dans le vaudeville.

Achille Dauboin, deuxième comique, débuta dans les Marins d'Argenteuil. Il était amusant et chantait fort bien.

Tassin, Cassandre.

Landais, mime, comique et régisseur, débuta dans *Barbe-bleue.*

Alexandre Guyon, premier comique et mime.

Benjamin, dit Meurt de soif, utilité.

Ajax, danseur comique et clown.

Raoul, premier rôle.

Neuville, danseur comique.

Emile Négrier, rôles mimes.

Dimier dit Kalpestri, Pierrot, débuta dans *Le Panache rouge.*

Paul Bellerive, amoureux comique, débuta dans *Le Chat botté.*

Alleaume, père noble et Cassandre.

Lenfant, comique grime.

Gustave, danseur et Arlequin, débuta dans *Le Marchand de salade.*

Roux, jeune premier.

Gaucher, père noble et comique grime.

Février, Léandre et danseur comique.

Blanchard, jeune premier.

Devin Séraphin, Léandre et Pierrot en double. Débuta dans *La corne du diable.*

Lavaux, comique de genre.

Michelin, Cassandre et Pierrot, débuta dans *La mère Michel et le Père Lustucru.*

Arthur, jeune premier.

Delaquis, Cassandre et Pierrot en double.

Fiétesse, jeune premier.

Forestier, premier comique.

Laurençon, Cassandre et maître de ballet.

Auguste, utilité.

Andereau, amoureux comique.

Primeau, danseur.

Charles Aubry, utilité.

Emile Mouette, utilité.

Gustave Vautier, danseur comique, Arlequin et Polichinelle.

Bertotto, Cassandre, débuta dans *La Corne du diable.*

Bardou, sauteur grotesque et mime.

Gabel, premier comique, débuta dans *Le premier passant*.
Degesne, sauteur grotesque et mime.
Hofmann, jeune comique.
Servien, utilité, troisième régisseur.
Charles Gay, jeune premier.
Valhié, mime, débuta dans *le Marchand de salade.*
Rubel, bas comique.
Secrétin, sauteur grotesque.
Joseph Bertrand, utilité, sauteur grotesque.
Lombardi, troisième rôle et troisième régisseur, débuta dans *Les Noces de Pierrot.*
Dubois, amoureux comique.
Antonio Rovero, Léandre et troisième régisseur.
Mortreuil, grime et chanteur de chansonnettes.
Girardot, comique.
Philibert Lemoine, utilité, deuxième régisseur.
Saint-Omer, jeune premier.
Bunel, jeune premier et mime.
Octave, jeune premier.
Pissarello, danseur et Arlequin.
Alfred, jeune premier.
Dastrovigne, premier danseur comique.
Démars, Cassandre en double.
Hippolyte Petit, comique grime et mime.
Charles Créange, utilité.
Amable fils, rôles d'enfants.

ARTISTES FEMMES

MIMES, DANSEUSES ET COMÉDIENNES

Mesdames :

Zélie Rébart, jouant le vaudeville et danseuse dans la pantomime.
Laurent, Colombine.
Betzy, mime et danseuse.
Marianne, amoureuse et mime.
Adèle, dit Tampon, soubrette et mime.
Julie Manmolifort, danseuse.

Juliette, Colombine et jeune première.
Borde, soubrette et mime.
Placide, duègne comique.
Sirot, utilité, marcheuse.
Thibaut, jeune première.
Félicité Gorces, premier rôle dans les mimodrames.
Tigé, coquette et mime.
Charlotte, jeune première.
Laidit, grande coquette.
Cossard, née Zélie Jolibois, premier rôle mime et duègne de vaudeville.
Gabrielle Sylvain, jeune première.
Céline Sylvain, soubrette.
Amélie Guerpon, soubrette.
Reine Bénédit, Colombine et jeune première.
Angéline Ponant, ingénue et joua la pantomime, débuta dans l'*Idiot*.
Marietta Laplace, rôles d'enfant, débuta dans *La chatte amoureuse*.
Mélanie Gobelonce, ingénue et mime, débuta dans *Un coup de tranchet*.
Louise, dite d'Argent, soubrette et mime.
Béatrix Teston, ingénue, danseuse et Colombine. Remplie de grâce et de légèreté. Au théâtre Conte, à l'âge de cinq ans, on ne la connaissait que sous le nom de la petite Taglioni.
Adèle Lévy, dite Armandine, soubrette.
Cossard, née Gambier, premier rôle mime.
Anna, travesti, débuta dans *Patatras*.
Héloïse Martial, ingénue et mime, débuta dans la *Tarentule*.
Alexandrine Raimbot, soubrette et mime, débuta dans *Patatras*.
Nelly Déprès, petits rôles.
Carolina Leporello, travesti et mime, bonne comédienne, débuta dans *Valence*.
Adèle Higanner, ingénue et danseuse, débuta dans *L'Ame de la morte*.
Thierry, mère noble et duègne.
Arnoux, jeune première.
Léontine Bellerive, soubrette.
Emma Bertrand, jeune première, débuta dans *La Pie borgne*.
Eugénie, soubrette, débuta dans *La Pie borgne*.

Demonchi, danseuse, débuta dans *Les 26 infortunes de Pierrot*, sortit des Funambules pour entrer au Cirque, première dauseuse.

Adèle Delahaie, danseuse.

Aurélie, première danseuse, débuta dans *Les Meuniers*.

Ernestine Delahaie, danseuse, débuta dans *La Femme du seigneur*.

Sophie Monet, danseuse.

Saintis, travesti.

France, danseuse.

Jenny, amoureuse.

Valérie Balthazar, mime.

Balthazar, soubrette.

Lequien, duègne.

Raynoir, duègne, débuta dans *Les Oies de dame Gertrude.*

Rosalie Lemonier, grande coquette, débuta dans *25 minutes*.

Lefebvre, premier rôle mime et duègne, remarquable dans les combats à l'épée, au sabre, à la hache et au bouclier, débuta dans *L'Ame de la morte*.

Joséphine Satin, jeune première.

Latour, Colombine et danseuse, débuta dans *Les Bohémiennes*.

Delphine, grande coquette.

Géorgina, Colombine et danseuse, débuta dans *Les Dupes*.

Léontine, ingénue.

Isménie Jouhaut, Colombine, danseuse et jeune première, débuta dans *Les Dupes*.

Pauline, jeune première et mime.

Thérèse Dupont.

Julien, grande coquette.

Valentine, jeune première.

Amélie Pernet, jeune première et fée dans la pantomime. Jouant *l'Etoile de Pierrot*, elle faillit être victime du feu qui avait pris à ses jupes de gaze.

Florine, soubrette.

Joséphine Bromerel, dite Augusta, duègne et mime

Mancini, grande coquette.

Estelle Tassin, jeune première.

Adèle Robert, jeune première.

Evelina Bertin, fille de Joséphine Bromerel, rôles d'enfant.

Camille Leroy, ingénue.

Leroy, sa mère, duègne.

Maria, soubrette et Colombine.
Estelle Lambert, jeune première.
Eugénie Palais, Colombine et danseuse.
Herminie, jeune première.
Désirée, jeune première.
Lavau, jeune première, Colombine et danseuse.
Olympe, Colombine et danseuse.
Raymonde, jeune première.
Eugénie Leroy, ingénue, Colombine et danseuse.
Gerbaud, rôles de convenance.
Bardou, duègne.
Dauvrit, duègne.
Cécile, jeune première.
Julie Colombier, jeune première.
Henriette Leroy, ingénue et mime.
Blanche, jeune première.
Léa, amoureuse,
Eléonore, utilité.
Jenny Cotel, utilité.

Tous ces noms, très ignorés, très inconnus, très perdus dans l'immensité tapageuse des gloires théâtrales, était-il nécessaire de les citer?... Assurément non !.. La plus grande partie de ceux et de celles qui les portaient sont morts. Les survivants, dont j'excepte au plus une douzaine, seront fort surpris de se voir ressusciter, alors qu'ils ont à peine vécu comme artistes. Encore, liront-ils ce livre et apprendront-ils qu'ils ont été imprimés tout vifs, ailleurs que sur les rares affiches du petit théâtre? On en peut douter. Mais, écrivant l'histoire des *Funambules*, je ne pouvais faire autrement que nommer ceux qui avaient participé à cette histoire. Réédifiant l'humble monument, je devais citer les marbres, les granits et les moellons qui ont servi à le construire. Ma tâche est accomplie. Paix aux morts!... Adieu aux vivants ! Les Funambules ont revécu une fois en passant. J'ai exhumé des cadavres fantoches. J'ai remué des cendres peut-être ridicules. *E finita la commedia !...*

FIN.

TABLE DES MATIÈRES

Baugé (Maine-et-Loire). — Imprimerie Daloux.

www.ingramcontent.com/pod-product-compliance
Lightning Source LLC
Chambersburg PA
CBHW051343220526
45469CB00001B/90
* 9 7 8 2 0 1 2 5 7 1 7 4 7 *